BECK'SCHE SONDERAUSGABEN

Herausgegeben von Ilse Schreiber

VERLAG C. H. BECK MÜNCHEN

Die Veröffentlichung der Briefe erfolgt mit freundlicher Genehmigung
der Niedersächsischen Staats- und Universitätsbibliothek Göttingen

Redaktionelle Bearbeitung von Gertrud Grote

Mit einem Vorwort von Joachim Kaiser

ISBN 3 406 05403 X

Nachdruck 1980 der zweiten, durchgesehenen und erweiterten Auflage 1963,
mit Genehmigung des Biederstein Verlags, München
Umschlagentwurf von Wolfgang A. Taube, München
© Biederstein Verlag, München 1961
Druck der C. H. Beck'schen Buchdruckerei Nördlingen
Printed in Germany

INHALT

Ich danke Dir mein Wohl, mein Glück in diesem Leben.
Ich war wohl klug, daß ich Dich fand;
Doch ich fand nicht. Gott hat Dich mir gegeben;
So segnet keine andere Hand.

Matthias Claudius an seine Frau Rebecca

VORWORT

Einer glücklichen Fügung ist es zu danken, daß ein umfang-
reicher Briefwechsel, ein zeitgenössisches Dokument hohen,
vielleicht höchsten Ranges, seit fast 200 Jahren als Familienerbe
pietätvoll weitergereicht, durch alle Fährnisse hindurchgerettet
wurde und heute der Öffentlichkeit vorgelegt werden kann.
Liebesbriefe sind es dem Ursprung nach; aber weil die Partner
nicht nur von ihrer Liebe sprechen, sondern auch von der Welt,
in der sie leben, von gesellschaftlichen und häuslichen Vorkomm-
nissen, von Lese-Erlebnissen und von berühmten Leuten, vom
ewigen Zwist griesgrämiger Professoren, dem Übermut des
Adels, dem Unmut der Bürger, . . . weil sie gescheit, persönlich
und erklärtermaßen ganz ohne Gedanken an eine spätere Veröffentlichung des Briefkonvolutes von alledem ebenso ernsthaft
reden wie von sich selbst (denn damals spielten die Zeitungen als
umfassende Informationsmittel noch keineswegs ihre heutige
Rolle, private Mitteilungen waren unerläßlich) – darum haben
diese Privatbriefe kulturgeschichtliches Gewicht.

Heinrich Christian Boie – Herausgeber einer einst berühmten
schöngeistigen Zeitschrift („Das Deutsche Museum'), später
rüstiger Landvogt im holsteinischen Meldorf – und Luise
Justine Mejer, die literarisch bemerkenswert interessierte, zarte
hübsche Tochter eines „Wirklichen Kriegssecretarius" aus
Hannover: diese beiden aufgeweckten, mitteilungsfrohen Kinder des 18. Jahrhunderts schrieben einander zwischen 1777 und
1785 ausführliche Briefe. Es ist kein von wilder Leidenschaft
diktierter Briefwechsel dabei entstanden, keinerlei intime Kon-
flikte brauchen zur Sprache zu kommen. Das persönliche Verhältnis zwischen den Schreibenden – so sonderbar es ist – wird
kaum je vom Schatten einer Disharmonie getrübt. Zwischen
inniger Sympathie, Seelenfreundschaft, vernünftiger Distanz und
echter Liebe bewegt sich die Beziehung der zwei Menschen hin
und her. Nachdem man aus (allzu) wohlerwogenen Motiven von
einer Ehe abgesehen und sich einzig aufs Briefschreiben be-

schränkt hat – es fehlt an Geld, um Luises Gesundheit steht es jahrelang schlecht –, wird 1785 dann doch geheiratet. Ein Jahr später stirbt Luise im Kindbett.

Wir haben es mit den Gefühls- und Gedankenäußerungen eines etwas „älteren" Paares zu tun. Beide waren bereits um dreißig (er: 32, sie: 30) Jahre alt, als sie anfingen, sich zu schreiben – und sie hatten die Vierzig erreicht, als es endlich zur Heirat kam. Doch gerade die Haltung dieses reiferen Lebensalters, dieser aufgeschlossen extrovertierte Ton ist für uns ein Glück.

Hier geschieht nämlich ein Wunder: aus Literaturgeschichten treten die Namen, aus Scherenschnitten die Figuren, aus unser aller Bildungsbezirk die blassen, berühmten Schatten heraus und werden lebendig. Denn die Briefschreiber schauen ihre Zeitgenossen, Freunde, Kollegen, Vorbilder ja nicht an wie Helden auf Postamenten sondern wie Mitmenschen. Überdies entsteht eine geradezu schlagende Unmittelbarkeit dadurch, daß alle anderen Personen natürlich immer nur in schräger – vom Zufall des hic et nunc solcher Privatbriefe abhängiger – Perspektive erscheinen. Da zieht nicht jemand sein Gesicht in strenge Falten, ordnet sein Jackett und spricht über Goethe, sondern es fallen Nebensätze, Zufallsbeobachtungen werden mitgeteilt, kleine Bosheiten nicht unterschlagen. Gerade die spontane, auf keinerlei Abrundung, Vollkommenheit oder überzeitliche Gültigkeit zielende Bekundung trägt den Stempel lebendigster Authentizität. Da die Briefschreiber in Hannover mit den Kestners befreundet sind – wenn sie auch kaum einmal ohne Spott der ständig Kinder kriegenden Lotte Kestner oder ihres, im Spiegel dieses Briefwechsels als Inbegriff höchster Langweile erscheinenden Gatten Johann Christian Kestner gedenken mögen –, tritt das Ensemble der Werther-Tragödie überaus leibhaftig ins Brief-Blickfeld. Nicht nur Kestner selbst (bei Goethe hieß er Albert, und ein „Albert" zu sein, heißt in diesem Briefwechsel, ein kümmerlicher Liebhaber und Gatte sein . . .) sondern auch die Verwandten des Werther-Vorbilds Jerusalem, der sich das Leben nahm, Engländer, Diplomaten und natürlich vor allem die unsterbliche, hier wegen ihrer Eifersucht und Geistesschlichtheit stets belächelte Lotte werden nur allzu lebendig; und wir blicken fragend vergnügt von ihnen hinüber zu Goethes Jugenddichtung oder auch zu Thomas Manns Alterswerk ‚Lotte in Weimar'.

Doch Boie, dessen eigene literarische Produktion unbeträchtlich, dessen literarische Vermittler- und Herausgeber-Funktion um so glänzender und wichtiger war, kennt nicht nur die hannoverschen Berühmtheiten. Er gehörte auch zum Göttinger Hainbund: die Grafen Stolberg, Hölty, Gerstenberg waren seine nächsten Freunde. Ebenso taucht Goethes Name (Goethe und Boie waren miteinander bekannt, der Boie-Biograph Karl Weinhold berichtet ausführlich darüber) immer wieder auf, und am Schluß des Briefwechsels ahnen die Schreibenden durchaus, daß Schiller, von dem man nur die ersten drei Dramen kennt, auf dem Wege ist, „der erste theatralische Dichter der Nation zu werden". Man schrieb damals das Jahr 1785! Freilich, weder Goethe noch Schiller, der 1785 ja erst 26 Jahre alt war, sind die großen Figuren dieses Briefwechsels. Ungeteilte Verehrung gehört vielmehr dem Manne, der diesem Paar zugleich literarisches Idol und guter Freund war: Friedrich Gottlieb Klopstock.

„Jetzt ist wahrlich eine Epoche, wo die Schriftsteller Geld verdienen", schreibt Luise aufgeklärt an ihren Freund, und es schwingt sogar ein wenig Mißmut mit, wenn sie im Hinblick auf einige Gedichte von Fräulein Jerusalem den stets aktuellen Ruf ausstößt: „Daß doch auch alles gleich gedruckt werden muß!" In der Tat, damals schossen die literarischen Journale nur so aus dem Boden. Man muß das Entstehen großer, eigener deutscher Dichtung geahnt und gespürt haben. Ein unschuldiger patriotischer Impuls war zweifellos mit im Spiele: endlich hatte man der zumal im Hannöverschen hoch geachteten und viel gelesenen englischen Literatur von Milton bis zu Richardson und Young nun etwas Eigenes entgegenzusetzen. Die Leute schreiben sich Goethes Dichtungen ab; um eine Abendunterhaltung feierlicher zu machen, liest Boie in Meldorf dem Aktuar Krück, der kein Berufsliterat ist, eine Idylle von Voß vor, „die er ganz fühlte und mit Tränen anhörte". Der Briefwechsel spiegelt eine Zeit kaum glaublicher literarischer Neugierde: Deutschland begriff sich gerade, wohl zum erstenmal, als Literatur-Nation, und es entstand für einige Zeit jene literarische „Öffentlichkeit", um deren Kontinuität wir Frankreich beneiden. So lebhaft war das Interesse, daß wir im Briefwechsel kaum jene Phasenverschiebung beobachten können, die normalerweise für die Aufnahme neuer Werke seitens der Zeitgenossen charakteristisch ist: Zeitgenossen pflegen immer die jeweils vorletzte Phase im Schaffen eines Dichters zu begreifen, über die der Dichter bereits hinaus ist. Goethe war schon „klassischer Weimarer", als man ihn noch für den Dichter vor allem des ‚Götz' und des ‚Werther' hielt; Schillers Jugenddramen setzten sich durch, als sich Schiller bereits mit dem ‚Don Carlos' beschäftigte. Solche Phasenverschiebung läßt sich natürlich auch im Hinblick auf politische Entwicklungen beobachten. Daß sie hier gering, oft kaum wahrnehmbar ist: das bestätigt nur die enthusiastische intellektuelle Anteilnahme der zwischen Lessing, Klopstock, dem Sturm und Drang und dem deutschen Idealismus kaum zu fixierenden Epoche.

Übrigens stünde uns ein Hochmut darauf, daß wir doch inzwischen alles so viel besser wissen, schlecht an. Was in den Briefen über Klinger oder auch Schiller ebenso spontan wie klug geäußert wird, könnte ohne aufzufallen noch heute in Literaturgeschichten Platz finden. So sind manche Geschmacksurteile noch über fast zwei Jahrhunderte hinweg überraschend gültig, während sich anderen, und zwar gerade den am persönlichsten gemeinten, „subjektivsten" Aussagen und Urteilen nur zu deutlich anmerken läßt, in welchem Maße doch das Innere, Innerliche, Psychische vom jeweiligen Zeitgeist geprägt wird. Menschen, Leidenschaften, Empfindungen gerinnen da plötzlich zum Ausdruck einer geistesgeschichtlichen Stufe. Der Mensch erscheint, hegelisch gesprochen, als Marionette des Weltgeistes.

So mögen sich auch die vielen, höchst lebendigen Widersprüche in diesen Briefen erklären. Noch wird, ganz rationalistisch, säuberlich zwischen Leidenschaft und Vernunft unterschieden. (Boie: „Was ich schreibe, ist Vernunft, nicht Leidenschaft, darauf rechne sicher".) Man mißtraut der Leidenschaft wie einem dämonischen Affekt. „Wir wollen uns weder quälen noch mißverstehen, sondern uns gegeneinander erklären wie Geschöpfe, die sich kennen und achten." Kein Wunder, daß Bekundungen grimmiger Menschenverachtung, abgründiger Verzweiflung, explodierender Gefühle diese Briefschreiber mehr beunruhigen oder abschrecken als faszinieren. Zeiten exzentrischer Gefühle waren noch nicht gekommen; aus den Sturm- und Drangdichtern wurden bürgerlich gesetzte, vertrauenswürdige Leute (Gerstenberg, Klinger), nur die „Genies" vermochten sich nicht so vernünftig wieder einzuordnen. Der Briefwechsel macht die historische Situation hinreichend klar: weder die gewiß immer noch vorhandene Kraft kirchlich hierarchischer Or-

thodoxie steht mehr im Mittelpunkt des Denkens und Empfin-
dens, noch auch der präzise Entwurf rationalistischer Welt-
deutung. Das Gebäude des Idealismus oder gar die Möglichkeit
einer subjektiven Vergottung des Selbst existieren hingegen noch
nicht. Dahinein, in diese zweifellos kaum direkt empfundene
„Leere" stößt nun die junge deutsche, empfindsame Literatur.
So läßt sich ihre breite Wirkung erklären. Drastisch und aufs er-
heiterndste treffen alle diese Tendenzen in jener beinahe dramatischen Episode zusammen, von der Luises Briefe von Ende 1783
bis März 1784 erzählen. Boie hat seiner Freundin einen Aufenthalt
bei den Stolbergs in Tremsbüttel verschafft. Dort wird die arme
Luise von der offenbar sehr exzentrischen, despotischen (übrigens gleichaltrigen) Gräfin Luise Stolberg in ein groteskes Lite-
ratur-Martyrium verstrickt. Der Tageslauf gleicht einem Lese-
Lauf (,,Man stopft hier die Menschen mit Lektüre, wie man
Gänse mit Nudeln stopft"), Luise muß pausenlos von morgens
bis abends vorlesen (,,Das entsetzliche Vorlesen greift meine
Brust an"), unentwegt wird gelesen, studiert, diktiert, abgeschrieben. Luise fühlt sich von Boie an die herrschsüchtige Literato-
manin förmlich verraten, beschwört ihn, sie abzuholen, und ent-
wirft ihm, der die aufgeweckte Gräfin schätzte, ohne die ,,Trems-
bütteler Tyrannei" sich vorstellen zu können, ein vernichtendes
Bild von den zwischen Haß, Unaufrichtigkeit, Hysterie und
Bildungsstreben schwankenden Zuständen bei den Stolbergs.
Dabei zeigt sich nun, daß Luise den Freiheitsdrang eines vernünftigen, alle blaustrümpfige Exaltiertheit meidenden weiblichen Wesens besitzt, während die Gräfin sich zur reinen Kari-
katur einer Emanzipierten macht und höchst unweibliche, für
Luise unausstehliche Gedanken auf eine absurde Spitze treibt.
Kein Wunder, daß die subjektiv gewiß gutwillige Gräfin später,
lange nach Luises Tod, zu Boies Überraschung noch einen Umschlag in krasse Bigotterie erlebte.

Doch seltsam mischen sich schon in unserer Luise konserva-
tive, aufgeklärte und moderne Vorstellungen. Sie begehrt dagegen auf, daß den Frauen nicht so viel Bewegungsfreiheit zugestanden wird wie den Männern, und findet es gleichzeitig seltsam, daß die Fürstin Gallitzin in Göttingen in der Leine zu baden
wagt; sie macht sich über die neidische Simplizität der (während
des Briefwechsels ihr fünftes bis achtes Kind bekommenden)
Kestnerin lustig und haßt doch die emanzipierten Vorstellungen

der Gräfin. Sie verachtet „raisonnierende" Frauen, lächelt über eine Malerin, faßt die Ehe als dienende Unterordnung des liebenden Weibes auf, spricht von dem schwächeren Verstand der Frauen, die sich auf religiöse Zweifel nicht einlassen dürften, beweist aber allenthalben Mut, Selbständigkeit, mitunter auch intellektuellen Hochmut und psychologische Feinnervigkeit. „Daß doch der Lavater so kindisch sein kann! Nur denke ich oft, daß die Gradheit seines Charakters Affektation ist, denn jetzt ist die Epoche der stark sein wollenden Geister."

Der Briefwechsel fällt in eine Zeit gemächlich sich ankündigenden Umbruchs. Noch werden Soldaten geprügelt, schlägt ein Vornehmer einen mahnenden Gläubiger halb tot, leistet der deutsche Adel sich tolle Hochmutsstückchen, ist Amerika erst fern am Horizont aufgetaucht, zahlen die reichen Engländer armen deutschen Privatlehrern ihrer studierenden Söhne kein Honorar. Aber die Bürgerlichen nehmen das keineswegs mehr als ein Naturereignis hin, sondern sie begehren auf, vergleichen den freimütigeren dänischen Adel mit dem deutschen, setzen die Gerichte in Bewegung, pochen auf ihr Recht. Zwar ärgert man sich, als Schillers ‚Räuber' zum Entstehen jugendlicher Räuberbanden führen, und macht das dem Werk zum Vorwurf, so wie man heutzutage die Jugendkriminalität mit brutalen Kriminalromanen in Zusammenhang bringt, aber es bleibt doch kein Zweifel daran, daß die überkommenen Ordnungen nicht mehr dauerhaft sind. Die Wünsche und Forderungen des Einzelnen drängen sich vor.

In solcher, nach außen hin wohlgeordneter Welt haben Luise und Boie sich kennengelernt. Luise lehnt zunächst die Ehe ab (1778). Ganz unvermittelt stehen in den Briefen neben hohen, schwärmerischen Gefühlen konkrete finanzielle Erwägungen. Dann geht Boie auf eine längere Reise nach Kopenhagen, schließlich landet der Herausgeber des ‚Deutschen Museums' 1781 als Landvogt in Meldorf.

Inzwischen warnt Luise ihn immer dringlicher davor, ein Hagestolz zu werden. Sie sucht ihm Bräute aus, lobt, preist, flicht aus Haaren fremde Mädchennamen. Sie selbst muß manche Werbung über sich ergehen lassen; so möchte der Bürgermeister von Osterode sie gern zur Stiefmutter seiner Kinder machen. In Boies Briefen schieben sich, nachdem er sich in Meldorf mit der ländlichen Gerichtspraxis und verwickelten Deichfragen immer besser vertraut gemacht hat, die sachlichen unliterarischen Gegenstände langsam in den Vordergrund. Allmählich erwacht auch seine Gärtnerpassion, die ihn einen späterhin in ganz Norddeutschland berühmten Garten anlegen läßt. Der Briefwechsel wird von seiner Seite ein wenig kühler, während Luise immer noch schwungvolle, noble Wendungen findet. Boie, ein wenig zur Selbstgerechtigkeit neigend, verteilt die Plätze an seinem Herzen. Luise sei die erste, Amalie (für die Luise sehr geworben hat) nur die zweite.

Zur Wendung kommt es erst nach der Tyrannei von Tremsbüttel. Die Gräfin Stolberg möchte die willfährig scheinende Luise ganz für sich behalten und zwingt gerade durch ihre beispiellosen Zumutungen die Liebenden zusammen. Jetzt soll doch geheiratet werden. Inzwischen ist das Jahr 1784 angebrochen.

Wie ißt man in Holstein? Wie sollen die Tapeten aussehen? Wie schön wird alles werden! Endlich ahnen die beiden Briefschreiber etwas vom großen Glück Liebender, wenn die Briefe auch immer handfester die (kulturgeschichtlich höchst aufschlußreichen) Einzelheiten der Ausstattung des gemeinsamen Hausstandes besprechen. Zeitloser Stoßseufzer Boies: ,,Alles kostet mehr, als ich geglaubt hätte". Doch nicht für Luise sollte er geplant haben, sondern für ihre Freundin Sarah von Hugo, die er 1788, zwei Jahre nach Luises Tod, heiratete. Luises Andenken wurde in Boies zweiter Ehe, in der vier Kinder heranwuchsen, heilig gehalten.

Am Anfang dieses Briefwechsels ertönt unüberhörbar ein finsteres Leitmotiv. Boie schreibt seiner Freundin von Lessings furchtbarem Schicksal: Lessing hatte sein neugeborenes Kind einen Tag später wieder verloren und kurz darauf die Gattin im Wochenbett. Boie und Luise äußern sich erschüttert über Lessings Schmerz. ,,Weh dem, der in solchen Fällen ein Herz hat", schreibt Boie. Luise geht Lessings Bitterkeit ,,durch die Seele". ,,Es ist der Ausdruck des tiefsten, gefährlichsten Schmerzes." Gleich zu Beginn ihrer Freundschaft scheinen die Briefschreiber von einem Geschehen angerührt, demgegenüber keine Vernunft, keine Gelassenheit, kein Trost hilft. Solcher Schmerz wird ,,gefährlich", weil er an den Ordnungen einer heilen, von Gott wohlbehüteten Welt rüttelt. Beide ahnen nicht – oder doch? –, daß auch sie Jahre später, nach nur einjähriger Ehe, vom gleichen Schicksal heimgesucht werden sollen.

Joachim Kaiser

VERWÖHNT DURCH FREUNDSCHAFT

Im Februar 1776 zieht der zweiunddreißigjährige Heinrich Christian Boie nach Hannover. Die Hoffnung, von seiner literarischen Tätigkeit zu leben, hat er vernünftigerweise aufgegeben und einen Posten als „zweiter Stabssekretär" beim Feldmarschall von Spörken angenommen. Die Berufsarbeit besteht aus viel trockenem Kleinkram; aber Boies Vorgesetzte, Spörken und nach ihm Hardenberg (der Vater des preußischen Staatsmanns), sind wohlwollende alte Herren. Auch der Oberstkommandierende, Prinz Karl von Mecklenburg-Strelitz, Schwager und Repräsentant des Landesherrn (König Georgs III. von England, der seit 1775 Krieg mit den amerikanischen Kolonien führt) und sein Bruder Prinz Ernst begegnen ihm freundlich. Boie ist bald in eine lebhafte Geselligkeit einbezogen. „Es gibt hier drei Klassen", schreibt er darüber, „den Adel, den Mittelstand (wozu alle Neuadlige und in Bedienung Stehende gehören) und die Kaufleute. Meine Stelle setzt mich mit allen dreien in Verbindung. In der zweiten Klasse leb ich, wie natürlich, meistens. Wer unverheiratet ist, besucht alle Gesellschaften und braucht nie wieder welche zu bitten."

Diese „zweite Klasse" besteht vor allem aus Juristen, vom jungen „Auditor" bis zum arrivierten „Hofrat"; die breite Mitte wird von den verschiedenen Gattungen der „Sekretäre" gebildet, zu denen auch Boie nun gehört. Doch der engere Freundeskreis, den er alsbald gewinnt, ist nicht in erster Linie durch Beruf und Gesellschaftsklasse bedingt. Zu seinen ältesten Bekannten, dem Kammersekretär *Kestner* und dessen Frau Lotte, die er schon früher besucht hat, ist er vermutlich durch Goethe in Beziehung gekommen. Kestners wiederum sind befreundet mit dem Kammersekretär *Mejer* und dessen Frau Rosalie, die sich auf ihre etwas oberflächliche Art für Literatur interessiert, aber den Verfasser des ‚Werther' wohl mehr aus Sensationslust 1774 in Frankfurt besucht hat. Goethe, dessen Lotte-Schwärmerei sie – jedenfalls mit Genuß – noch einmal zum Aufflammen brachte, schildert dann der jungen Madame Kestner, wie ihm zumute gewesen, „da mir das liebe Weibgen mit der wahren Stimme des Anteils sagte, daß Du noch an mich denkst". Er findet, daß die Mejers „recht gute Menschen sind".

Durch Lotte Kestner hat Goethe damals wohl brieflich von einer anderen Freundin aus Lottes hannoverschem Kreis gehört, denn er läßt diese einmal unbekannterweise grüßen. Es ist Luise von *Pestel*, geb. von Grävemeyer, eine impulsive Frau voll liebenswerter Widersprüche – bald enthusiastisch jubelnd, bald melancholisch, bald in idealen Vorsätzen schwelgend, bald in

Geselligkeit plätschernd, manchmal unvorsichtig und heftig, manchmal scharfsichtig und selbständig – in jedem Fall aber denen, die sie ins Herz geschlossen hat, treu ergeben; sie bleibt auch Boie verbunden bis ans Lebensende. Ihr Mann, kränklich und von pessimistischer Gemütsart, paßt sehr wenig zu ihr, doch man schätzt ihn als noblen Charakter und beklagt, daß er 1776, infolge seiner Beförderung, nach Celle versetzt wird. Dann ist da noch ein junges Ehepaar *Nieper*, der Mann Kanzleisekretär und bald Konsistorialrat; „die Niepern", eine geborene Böhmer aus Göttingen, wird 1784 verschwägert mit einer berühmten Zeitgenossin: ihr Bruder, Dr. Wilhelm Böhmer, heiratet Karoline Michaelis und ist rücksichtsvoll genug, seine gelangweilte junge Frau bald zur Witwe zu machen.

Boie tritt auch mit zwei älteren Paaren und dadurch mit deren erwachsenen Kindern in Beziehung. Im Hause des wohlhabenden Hofrats *Brandes*, eines eifrigen Kunstsammlers, zieht ihn vor allem die schöne Tochter Georgine an. Er überlegt, ob er um sie werben will und darf – man hält ihn schon für ihren Verlobten –, da fischt sie ihm sein verehrter Lehrer weg, der Göttinger Professor Heyne, ein Witwer mit drei heranwachsenden, ziemlich unbequemen Kindern. Georgine ist eine gute Partie, andererseits ist die Heirat mit dem angesehenen Professor für sie eine gute „Versorgung" – Boie resigniert verständnisvoll.

In sehr bescheidenen Verhältnissen lebt die Familie des „Commissairs" *Rehberg*. Der Vater stirbt schon 1779; die Mutter bemüht sich um Nebenerwerb, nimmt Pensionäre und Mieter ins Haus. Die Tochter Lotte gilt, nachdem Georgine Brandes geheiratet hat, als Boies Auserwählte. Der Sohn, ein zorniger junger Philosoph, sitzt vorläufig ohne Stellung daheim; später wird er seinen Weg machen.

Er und alle anderen unverheirateten, meist noch jungen Leute, die zum sogenannten Cirkel gehören, genießen dieselben Vorteile wie Boie: sie können überall zwanglos und ohne Gegenverpflichtung verkehren. Die Grenze zwischen älterem und neuem Adel ist auf beiden Seiten für die Junggesellen offen, und die „zweite" Gesellschaft hat geistig mehr zu bieten als die erste; so zieht Boies Kreis Leute an wie den sympathischen Offizier Karl von *Freitag*, den glänzend begabten Basil von *Ramdohr*, der frühzeitig den spöttischen Weltmann spielt, und die beiden Brüder von *Bremer*. Ernst *Brandes*, der Sohn des Hofrats, gebärdet sich mitunter am vornehmsten von allen. Etwas im Hintergrund hält sich der junge *Werner*; der Sekretär *Höpfner* und ein gewisser *Flügge* zeigen schon leise Neigung, Hagestolze zu werden.

Kein Mitglied des eigentlichen Cirkels, aber den meisten persönlich bekannt und Boie ehrlich zugetan ist der berühmte Hofrat *Zimmermann*. Seine bedeutenden Leistungen, seine anregende Unterhaltung, seine Eitelkeit, seine maßlose Heftigkeit (die er aber zügelt, wenn er als großer Arzt und Seelenkenner glänzen will), seine fast psychopathische Lieblosigkeit als Vater – das alles hat Goethe später in ‚Dichtung und Wahrheit' festgehalten, freilich mit der konzilianten Beschaulichkeit des Rückblickenden. In Hannover ist zu

Boies Zeit Zimmermanns eifriger Schüler *Marcard* bei den Freunden bedeutend beliebter als der gefürchtete Meister.

Am 1. September 1776 erlebt Boie das Sterben des jungen Hölty, und am 2. September entsteht seine Freundschaft mit Luise *Mejer*, die er bis dahin nur flüchtig gekannt hat. Die Stimmung des Trennungsschmerzes führt die beiden während einer Gesellschaft im Hause Brandes zu vertraulichem Gedankenaustausch, denn Luise beklagt den Abschied von ihrer besten Freundin Frau von Pestel, die jetzt nach Celle geht. Schon wenige Wochen später schreibt Boie an seine Schwester Ernestine, daß er Luise sehr verehrt. „Tätiger für ihre Freunde, wärmer für alles Edle, Schöne und Gute kenne ich keine. Schade, daß sie nicht gesund ist."

Luise ist die Kusine jenes Kammersekretärs Mejer (oder Meyer), der mit seiner Frau Goethe aufgesucht hat. Sie ist auch die Kusine der Dorothea Böhmer, der Mutter der jungen Frau Nieper und späteren Schwiegermutter der Karoline Michaelis. Ihre Mutter ist früh gestorben. Luise hat bis zum 20. Jahr Ersatz für alles, was ihr im Hause des Vaters mangelte, durch ihre Freundin *Julie Knigge* und deren Familie gefunden. Sie hat die angebetete Freundin, die früh heiratete und alsbald erkrankte, zu Tode gepflegt. Dann hat sie ihren Vater zu Tode gepflegt. Dann ihren älteren, verheirateten Bruder und zuletzt dessen Frau. (Die Familien starben damals reihenweise an sogenannten „auszehrenden" Krankheiten.) Als auch die Schwägerin begraben ist (etwa Anfang 1776), scheint Luise selber ernstlich krank zu sein. Das kann niemanden verwundern. – Ihr Vater hat das stattliche Vermögen der Mutter verwirtschaftet, Luise lebt nun zurückgezogen in einer kleinen Wohnung mit ihrem jüngeren Bruder George, der Jura studiert hat wie der Vater und alle männlichen Verwandten. Der Senior der Familie ist der Geheime Justizrat Mejer, der älteste Bruder des Vaters, ein kinderloser Sonderling, der das hannoversche Familienhaus in der Burgstraße bewohnt. Der „Oncle", wie er meist genannt wird, kümmert sich wenig um die Nichte; „die Mejern" ist das vermittelnde Element in der Familie. Luise hat ihre Mutter geliebt, den Vater nicht, und das war gegenseitig. Auch ihr Verhältnis zu George, der ihr, dem Onkel und den Vorgesetzten durch seinen Leichtsinn Sorge macht, ist kühl.

Dreißig Jahre alt, unbemittelt, kränklich, bei Verwandten herumgeschoben – alle diese Kennzeichen einer trüben Altjungfern-Existenz besagen bei Luise gar nichts. Sie wird im Freundeskreis geliebt, ja bewundert. Die jungen Frauen Kestner, Mejer, Nieper legen Wert auf ihre Gesellschaft, auch die Junggesellen Höpfner, Freitag, Brandes – und nun vollends Boie – sind ihr ergeben. Ihr äußerer Charme scheint vor allem in ihrer „Sanftmut" zu liegen, doch der Bruder ihrer Freundin, der bekannte Schriftsteller Knigge, rühmt später an ihr den „hellen, nüchternen Verstand", dessen Verbindung mit „Feinheit echten Gefühls" sie vor allen „schätzbaren Frauenzimmern" ausgezeichnet habe. Ihre Sicherheit zieht auch unfertige junge Menschen an.

Luise hat bisher kein näheres Interesse an einem Mann genommen; nun wird die Seelenfreundschaft mit Boie zum Mittelpunkt ihres Daseins. Es ist zunächst eine der empfindsamen Beziehungen, wie sie in jenen Jahrzehnten zwischen Männern und Frauen von Format aus echtem geistigem Bedürfnis gepflegt werden, bei den Durchschnittsgebildeten aber oft eine Folge der „Versorgungsehen" sind, in denen die zu früh verheirateten jungen Frauen ein Objekt für ihre romantische Sehnsucht oder ihre Koketterie brauchen, das ihnen die Langeweile vertreibt. So hält Luises Kusine, die Mejer, den jungen Freitag 14 Jahre lang in Fesseln, die sich von „Rosenketten" allmählich zu „eisernen Ketten" wandeln; Lotte Kestner sucht, vielleicht aus Geltungsbedürfnis, den brillanten Ramdohr an sich zu ziehen, selbst Luises alter „Oncle" liegt in den Banden einer berechnenden Frau Rudloff; der verwitwete Zimmermann hat eine anerkannte Freundin in einer Frau v. Döring; als ihr Mann sich deshalb schließlich versetzen läßt, wählt sie dem „Einsamen" eine gefügige junge Braut und folgt dann pflichttreu ihrem Döring nach Ratzeburg. Zu Ehescheidungen führen solche Verhältnisse fast nie.

Boie und Luise sind unverheiratet, das ist das Besondere an ihrer Situation und ergibt eine merkwürdige Mischung von gesellschaftlichen Rücksichten und von Freiheiten. Luise empfängt Boie in ihrem Zimmer – auch allein –, sie besucht ihn bei Krankheiten, wie er sie; aber sie sieht ihn wohl häufiger in Gegenwart Dritter. Sie will seine Interessen teilen, seine Arbeit am ‚Deutschen Museum' kennenlernen und die Werke seiner Freunde, für die sie bald Subskriptionen zu sammeln beginnt, ohne die kein neues Buch gedruckt werden kann. Im Sommer macht der „Cirkel" Ausflüge in die Gärten vor dem Tor oder Fahrten zum Deister, im Winter treffen Boie und Luise sich gern bei Kestners, von wo er sie nach Hause bringt. Die Briefe aus dieser Zeit sind oft Fragmente oder kleine Billets; ihr Ton wird noch vertraulicher, nachdem Luise Boies Heiratsantrag abgewiesen hat (1778).

BOIE   [Hannover, etwa Ende April 1777]

Gestern hab ich einen heißen Tag gehabt. Denken Sie, von acht bis elf mit Armhut und Degen herumzuwandern [um ein Amt für Bürger zu erbitten] – wie ich auf mein Zimmer kam, fand ich ein Billet von Claudius, der mich gleich nach 8 gesucht hatte, und ich durfte nicht wieder ausgehen bis nach Tisch. Eine Arbeit, die meiner wartete, mußte erst fertig sein. Wie sie's war, ging ich zu ihm und fand ihn so heiter und ruhig, als wenn er nichts aufgeopfert hätte und wenigstens einem einträglichen Amt entgegeneilte. Er bliebe einige Tage hier, wenn er's seiner Frau wegen wagen dürfte. Seine beiden Mädchen sind noch runder, frischer, vergnügter als zuvor und sprechen plattdeutsch, als wenn sie nie aus Wandsbeck gekommen wären.

Wie bedaure ich den armen, guten Bürger. Er kocht sich selber das Gift, das er trinkt, und kann sich nicht überzeugen, daß es

Gift ist. Auch darin, meine Freundin, sind wir gleich – wenn wir selbst kein Leiden haben, leiden wir in unsern Freunden. Heil mir! Daß ich wenigstens Eine verwandte Seele gefunden habe, der ich mich mitteilen und zeigen darf, wie ich bin.

LUISE   [Celle, Frühjahr 1777]
Gerne hätte ich Claudius gesehen. Mich freuet seine Ruhe.

Wenn Bürger nach Hannover kommen könnte, das würde jeden Wunsch übertreffen. Und käme nur Sprickmann nach Hannover! Er würde gewiß heiter werden, die Entfernung von dem Gegenstande seiner Qual und die treue Brust eines redlichen Freundes, ein Glück, welches er in seinem bitteren Zustande nicht kennt, würden sein Herz erleichtern.

Ich habe recht viel in Ihrem Buche wieder gelesen. Klopstocks Oden, auch sein ‚Tod Adams‘ ist geendet. Nun lese ich die letzten fünf Gesänge vom ‚Messias‘. Sehen Sie, teurer Freund, so vergeht ein Tag nach dem andern, jeder mit neuem Vergnügen gezeichnet. Dank Ihnen, bester, guter Boie, daß Sie meine Zufriedenheit mit mir teilen.

Den Abend, wo Sprickmann auf meiner Stube war, vergesse auch ich nicht, die untergehende Sonne würde mich immer an ihn erinnern, wenn ich sonst nicht an ihn dächte. Ich wollte ihm gerne einen Teil meiner innren Ruhe und Zufriedenheit geben, so gut bin ich dem Mann.   L.

BOIE   [Hannover, Spätsommer 1777]
Es war ein herrlicher Abend, und mir war's gar nicht recht, daß ich Sie schon verlassen mußte.

O Luise! Sie wissen es nun doch, was Sie mir sind, mir ewig sein werden! Meine Freundin! Ich weiß mir nichts Höheres zu denken als diesen Namen. Liebe selbst könnte mich nicht glücklicher machen als Ihre Freundschaft.

                      [Hannover] 4. Oktober 1777
Ich muß gestehen, gestern Nachmittag hatte ich Sie erwartet nach dem, was Sie mir schrieben und ich vorgestern der Kestner geschrieben hatte. Ich leugne nicht, daß ich das *disappointment* fühlte, und ich mag dem armen Kestner wohl kein sehr freundliches Gesicht gemacht haben, als er den Abend allein kam. Welche Bedenklichkeiten! Und diese nun erst? Ich war den ganzen Nachmittag allein. Pechell tat bei Tische groß gegen mich, daß ihn in seiner Krankheit eine Dame besucht und mich noch keine.

Das allerliebste Blumenkörbchen! Ich weiß es, Luise, daß Sie sich selbst beraubt haben und stelle mir den kleinen Überrest vor Ihrem Fenster just so klein vor, wie er ist.

Die Mejer kömmt also erst Sonnabend. Mir wird doch bei alledem die Zeit lang. Sie würde gewiß keine Bedenklichkeit gehabt haben, einen armen, lahmen Mann zu besuchen.

[Hannover] 10. Oktober 1777

Da schickt mir eben die Kestner einen kleinen Stuhl mit einem Kissen, auf dem, glaube ich, der Fuß doch bequemer liegen wird.

Wenn Sie gestern um drei gekommen wären, hätten Sie mich allein gefunden und wir wären vielleicht allein geblieben, doch für Lotte wars so besser. Also ist Ihr Leiden im Gesicht gestern Mitleiden mit Ihrem Freund gewesen? Mädchen! Mädchen! Sie verwöhnen mich. Weh mir, wo je ein Zufall mich von Ihnen trennt. Ich bin einmal an Ihre Freundschaft gewöhnt – und wie viele sind der Seelen, die einer solchen Freundschaft fähig sind? Ich war einmal mit der Halbfreundschaft zufrieden, hatte mich begnügen gelernt. Jetzt bin ich wieder sehr reizbar und empfindlich an dieser Seite geworden. Sonst hätte ich das Betragen der Kestner kaum bemerkt. – In einigen Tagen seh ich Sie also wohl wieder. Gebe der Himmel, daß ich dann allein bin, oder vielmehr, ich bin's fast immer.

LUISE   [Hannover] 21. November 1777

Ich habe eben eine Freude gehabt, lieber Boie, ein Brief von Kniggen mit elf Subscribenten auf Bürger, ohne [die,] die nun noch von Wolfenbüttel kommen. Sagen Sie's doch Bürgern, daß Knigge sich seiner erinnert.

BOIE   [Hannover] 22. November 1777

Für Ihr Billet meinen besten Dank. Auch ich habe gestern von Berlin noch dreizehn andre Subscribenten bekommen. Mit Hülfe meiner Freunde und Bekannten hoffe ich noch auf vierhundert zu kommen.

Von Ihnen und an Sie eigentlich schreibe ich heute nichts. Sie wissen ja, wie mit jedem Tage ich mehr fühle, was Sie sind, und was Sie mir sind. Solche Gefühle lassen sich kaum und müssen vielleicht gar nicht in Worte gekleidet werden. So lange Sie meine Freundin sind – und das können Sie nun nicht mehr aufhören zu sein – habe ich mit der ganzen Welt Friede.

LUISE   [Hannover] 11. Dezember 1777
Sehen Sie, bester Freund, einundzwanzig Subscribenten von
Celle für Bürger und fünf für Claudius. Unsere Pestel hat's gut gemacht, nicht wahr? Hier ist ihr Brief, worin Sie die Freude über
meine Reise [nach Celle] lesen müssen.
Heute gehe ich zu Kestners. Zum ersten Mal bitte ich Sie, kommen Sie auch ein Stündchen, wenn's möglich ist. Der Mond
scheint vielleicht hell, wenn wir weggehen. Daß Sie mich verwöhnen, ist gewiß, denn außer dem Wunsch, Sie so glücklich zu
sehen, wie Sie's verdienen, wünsche ich nichts – und das Herz
ohne Wünsche muß doch wohl sehr glücklich sein.

BOIE   [Hannover] 18. Dezember 1777
Es ist jetzt neun, bis jetzt hab ich lauter Sachen zu schreiben gehabt, bei denen weder mein Herz noch mein Geist zu sein brauchte.
Wo sie waren? Beide begleiteten meine Luise nach Celle. Wie
mag's Ihnen wohl gegangen sein, gutes Mädchen? Es war so
schlimmes, unangenehmes Wetter; Kestner wird alle Fenster auf-
gezogen haben, und Sie – ja, Ihnen muß sehr heiß geworden sein,
ehe Sie ihn nur gebeten haben, eins herunterzulassen. Aber Sie
sind nun da. So will ich's vergessen, mich freuen, daß Sie in den
Armen der Freundschaft sind. – Ihren Gedanken von Trennung,
nein, Luise! Ich kann mich von Ihnen nun nicht mehr trennen; Sie
haben mein Herz wieder geöffnet, das sich geschlossen hatte, meine
Augen geöffnet, daß ich die Dinge um mich sehe, wie sie sind –
was fing' ich armer Verlassener an, wenn meine Luise mir ent-
rissen würde? George mag aufs Land ziehen, wenn er will; müssen
Sie darum mit? Seinen Grillen ausgesetzt, den vielleicht noch
schlimmeren seiner Frau (denn heiraten *müßte* er!) – nein, Luise,
das kann nicht, soll nicht sein![1] – Das ist keine Deklamation! Ich
fühle in mir, daß es nicht sein kann.
Aber was sagt das liebe, fromme Weibchen an Ihrer Seite von
mir? Sagt sie nicht, daß der kalte ruhige Boie schwärmt?
Gute Nacht, Luise! Gute Nacht, ihr beiden edlen, frommen
weiblichen Seelen!
(den 19.) Guten Morgen, meine Beste, oder vielmehr guten
Mittag – ich bin eben erst zu Hause gekommen, hätte Sie also nicht
gesehen, wenn Sie auch hier gewesen wären. Oh, Luise! Luise!

[1] Luises Bruder erstrebte ein Amt in der Provinz.

Wie verwöhnen Sie mich. Nachdem Sie gestern Morgen geschrieben, hätte ich das nicht erwartet. Wie lieb ist mir das liebe hingekritzelte Briefchen! So hingestohlen auf's Papier. Aber dafür sollen Sie doch von mir den ersten Brief haben, obgleich nichts darin steht, als was ich Ihnen immer sage und nie genug sagen kann: daß *Du meine* Luise bist.

Wir haben heute keine Briefe aus England, wissen also nichts Neues. Die Leidner Zeitung hat die Bedingungen, unter welchen General Burgoynes Armee kapituliert haben soll. Wenn sie wahr sind, so werden wir wohl von den Braunschweigischen Truppen die ersten zuverlässigen Nachrichten bekommen.

Ich gehe zu Mejers. Addio.

[Hannover] 20. Dezember 1777

Sehen Sie, bestes Mädchen, wenn Sie mir noch lieber werden könnten, diese Trennung, so kurz sie ist, dieses alles würde Sie mir's machen, aber ich glaube nicht, daß es möglich ist.

Die Gesellschaft gestern war bunt und laut und groß. Ich spielte erst ein paar Stunden, dann schwatzte ich eine Weile mit Madam Böhmer, plagte Höpfner und die Mädchen die Reihe herum, damit niemand sagen könnte, daß mir etwas fehle. Die arme Zimmermann erwartete den Abend Briefe von dem Tode ihres Bruders, der in Straßburg gefährlich krank ist; ich sprach viel mit ihr und bin ihr recht gut geworden. Ihr Vater wird, bei seiner jetzigen Hypochondrie, ganz zu Boden geschlagen werden, wenn keine gute Nachricht kommt. – George war nicht da. – Bürger hat nicht geschrieben.

– Da, ein Paket Briefe! Einer von Sprickmann! Der arme, arme Mann! Von Ihnen schreibt er: „Gott soll ihrem Herzen vergelten, daß es mit dem meinigen Mitleid hat."

LUISE   [Celle] 21. Dezember 1777

Ein paar Worte zum Morgengruß, liebster Freund. Boie, wenn Sie's wissen könnten, daß ich mehr an Sie denke als Sie an mich. Lavater sagt, wir haben mehr Herz als die Männer, und mit dieser Wahrheit behaupte ich den Vorzug des Andenkens.

Jetzt ist der Herr von Harling bei unserer Freundin und nun ist doch wohl nichts natürlicher, als daß ich ans Fenster gehe und einige Zeilen für Sie, Lieber, zu Papier hinkritzele. Ihre Luise ist ein närrisches Geschöpf, die Pestel findet es auch, sagt aber doch:

„Der gute, liebe Boie muß alles wissen, was wir anfangen und denken."

BOIE   Hannover, 21. Dezember 1777
  Kein Tag ohne Pinselstrich!, sagte ein alter Maler; kein Tag soll hingehen, ohne einige Zeilen an meine Luise zu schreiben.
  Gestern hab ich den ganzen Abend bei der Kestner zugebracht. Ich schien ihr einen Gefallen zu tun, so blieb ich; und ich konnte ja auch von Ihnen schwatzen. Ihre Gesundheiten allerseits haben wir mit klingenden Gläsern getrunken. Ich gehe heute wieder hin, um zu erfahren, was ihr Mann geschrieben hat. Ich könnte bös auf ihn sein, daß er mich um einen längern Brief gebracht, Ihnen vermutlich lange Weile gemacht hat, wenn ich's nicht sogar natürlich fände, daß er gern bei Ihnen beiden ist, zumal da er in Celle nichts anders [sonst] hat.
  Gestern ist Diner beim cher Oncle gewesen, heute bei Rudloffs. Bei Niepers fand ich heut Morgen alle Welt. Ich mußte bleiben, weil die Böhmern es wollte. Am Ende lief's nur darauf hinaus, daß sie wissen wollte, wie's mit meinem Herzen stünde, nicht doch, ob ich bald heiraten würde. Ich sagte ihr, daß ich's damit anstehen ließe, bis ich eine Frau ernähren könnte.
  Zimmermann hat keine Nachricht von seinem Sohn. Ich bin morgen Mittag beim General Faucitt in großer Gesellschaft.
  (den 22.) Um eins kam ich heut zu Hause. „Von Luisen wärest du gekommen", dacht ich, „aber du findest doch nun wenigstens einen Brief von ihr." Keiner war da. Ziemlich unwürs, wie Wieland sagt, zog ich mich an – es kann noch einer kommen – und ließ mich hintragen. „Johann!, um vier Uhr mir Hut und Pelz nachgebracht, und die Briefe, wenn welche da sind!" – Johann kam; keine Briefe. – Um 8 ging ich zu Hause. „Keine Zeitungen da?", weil ich nach Briefen nicht mehr fragen durfte. „Nein." Ich kleidete mich aus, setzte mich an meinen Arbeitstisch. Endlich, nachdem er alles weggelegt, kommt Johann: „Ein Brief ist noch da." – „Und den bringt Er mir nicht?" Ich hätt ihn schlagen mögen. „Der muß von L. sein!" Und er war es! Haben Sie Dank, meine liebe, beste Luise! Zwar sollte ich so was nicht leiden, denn es ist nicht recht, daß ich Sie bei Licht schreiben mache und im Bett noch dazu – aber ich kann nicht zanken, bin leider noch nicht uneigennützig genug, ein Vergnügen nicht zu wollen, weil es Ihnen schaden kann. Es ist nicht recht, aber ich kann nicht helfen.

Wir hatten diesen Mittag gutes Essen und gute Gesellschaft: Brandes, Ramberg, Flügge, Mejer und einen Engländer Harvey. Man sah ihm im dreiundzwanzigsten Jahre schon sehr an, daß er gelebt hatte. Er hat 7000 fl. Einkünfte und einmal 23 000 an einem Abend verspielt. Wir waren munter genug, und am Ende mußte jeder seinen Toast geben.

Flügge ist sehr gnädig gegen mich und traut mir jetzt sogar ein wenig Geschmack zu. Sie hatten die Gesänge aus Goethens ‚Lila‘, einem Feenspiel für den Geburtstag der Herzogin von Weimar, die denn nun sind wie die meisten goethischen Verse, wenn er keine Knittelreime macht. Ich weiß, wie er solches Zeug aufs Papier gießt und es ansieht, und ein paar seiner würdige Ideen bezahlen mich genug für Verse, auf die er keinen Wert setzt. Aber nicht so diese Herren, die freilich die Füße in ihren Versen besser abzumessen verstehen.

Zimmermann liegt noch immer im Bette und bildet sich ein, zehnmal kränker zu sein als er ist.

Arme Luise! Also mit dem guten, ehrlichen, langweiligen Kestner ist's nicht genug? Auch die Könemanns müssen Ihnen Zeit nehmen, die Sie so viel besser brauchen könnten?

Nun gute Nacht, bestes, teuerstes Mädchen! Ich schlafe ein mit dem Gedanken an Sie und Dank dem Himmel, der Sie mir, der uns einander gegeben hat! Gute Nacht!

(den 23.) Ich bin vor Tisch über eine Stunde bei der Frau von Lenthe gewesen. Eine liebe Frau, die ich gewiß öfter sähe, wenn das ‚von‘ nicht wäre. Sie war noch ganz Dankbarkeit wegen meines Besuchs mit Mendelssohn, seit welcher Zeit ich sie nicht gesehen hatte.

Fr. v. L. hatte mir so viel zu erzählen von Weimar. Goethe mag's doch sehr arg machen, und wenn man auch nach der Billigkeit abrechnet, was sich abrechnen läßt, so bleibt doch genug übrig, das man weder rechtfertigen noch verteidigen kann.

Ich dachte noch wenigstens das Blatt voll zu schreiben, aber ich bin jämmerlich gestört worden und nun ist es bald Zeit, den Brief auf die Post zu schicken. Leben Sie wohl; ich umarme Sie in Gedanken. Tausend Grüße an die Schwesterfreundin.

LUISE   [Celle] 22. Dezember 1777

Gestern war ein verwünschter Tag. Bei Tisch waren [Hofrat] Backmeister und Kruse meine Nachbarn. Letzterer sehr süß. Er

machte mir einen Schrecken, worüber ich hernach gelacht. Nachdem er gefragt, ob die Pestel und ich uns fleißig schrieben, sagte
er: „Ich habe zuweilen das Glück, einige von Ihren Briefen zu
lesen." Sie können denken, was ich für ein Gesicht machte – bis er
endlich sagte, die Briefe an die Könemann hätt' er gelesen. Die
Pestel hat darüber gelacht wie ich, indessen konnte ich doch nicht
umhin, der Könemann es übel zu nehmen.

Leben Sie wohl bis morgen Abend, mein guter Boie. Luise ist
Deine Luise und ihre ganze Zärtlichkeit für *Dich*.

[Celle] 24. Dezember 1777

Heute über acht Tage, des Abends spät, sehe ich Sie wieder,
bester Freund! Kestner wird des Morgens fertig, dann essen wir
und fahren gleich fort. Hoffentlich sehe ich Sie dann noch bei
Kestners, will um zehn Uhr einen Wagen bestellen, und Sie bringen mich dann zu Haus. Dank auch für die paar Zeilen in der
Kestner ihrem Brief. Sie haben der guten Frau durch Ihre Gesellschaft Vergnügen gemacht, ihr einige von den lieben Liedern vorgelesen. Kestner schreibt lange, lange Briefe. Ich beneide ihn.

Der Doktor [Marcard] und Sie, Lieber, in einem Hause? – Und
wenn der Frühling kommt, wir so herumwandern, ohne von
Menschen begleitet, aber vom Himmel und Monde gesehen – und
denn der Doktor, der uns aufsuchen wird, um sich zu amüsieren –
Boie, das wäre doch grausam! Wir beiden verwöhnten Kinder
würden den Zwang sehr fühlen. Gute Nacht!

BOIE   [Hannover] 24. Dezember 1777

Ich habe gestern niemand gesprochen, weder die Kestner noch
die Mejer. Heute seh ich beide. Ich muß die fröhlichen Gesichter
der Kinder notwendig sehen.

Die englische Post hat gar nichts Neues mitgebracht als die
traurige Bestätigung von General Burgoynes Niederlage. – Wir
haben heut Abend unser erstes geistliches Konzert. – Leisewitz
werden Sie nicht wiedersehen; er geht Sonnabend von hier. Man
sagt hier, daß er verliebt ist, und ich halt es nicht sehr unwahr-
scheinlich. Es ist jetzt wenigstens gar nichts mit ihm anzufangen.

Auch in Wien wird für Bürger subscribiert, und es würde viel
geschehen, wenn ich dafür stehen könnte, daß das Buch durch die
Zensur käme.

Gestern gegen sechs ging ich zur Kestner und fand sie sehr
trostbedürftig. Ihr Karl war den Tag vorher sehr krank gewesen
und jetzt zwar besser, aber doch voller roten Flecke, die die Blattern zu verkündigen scheinen. Bei der Kestner war auch Ihr Bruder, den ich nicht gesehen hatte, seitdem Sie nicht hier sind. Er
hatte wie ich den Kindern etwas zum hl. Christ gebracht und war
nach seiner Art munter genug.

(den 26.) Ich bin gestern Abend bei der Kestner gewesen. Ich
nahm Höpfnern mit, weil ich in mir selbst nicht Stoff genug zur
Aufmuntrung fühlte; wir waren sehr willkommen und spielten
Whist bis gegen neun. Ich gehe heut Abend wieder hin, sie ist allein
und braucht Zerstreuung. Es sind die Blattern bei dem Kleinen,
aber es ist nichts dabei zu besorgen. Er ist nicht einmal sehr unruhig und hat, wie sie mir eben sagen läßt, diese Nacht wieder sehr
gut geschlafen. Kestner muß nichts erfahren; wenn er zu Hause
kömmt, wird alles überstanden sein. Ich fürchte nur für den ganz
Kleinen und für Wilhelm, der sie vielleicht noch nicht gehabt hat.
Beide sind gleich bei der ersten Besorgnis heruntergebracht worden.

Eben komme ich wieder von der K. Der Kleine ist kränker als
gestern, und so voll von Blattern als möglich. Ich bedaure die
arme kleine Frau von ganzer Seele. Sie hat so niemanden um sich,
der ihr Mut und Trost einsprechen könnte. Keine ihrer Freundinnen darf kommen. Ich will gern wieder den Abend bei ihr sitzen, da es ihr lieb zu sein scheint und ich beinah auch jetzt der
einzige bin, den sie hat. Wenn K. sich darüber wundern sollte,
daß sie nicht mehr so viel schreibt, so sprechen Sie ihn zufrieden.
Sie hat sich mit ihren Augen entschuldigt, die das Schreiben nicht
vertragen könnten.

Ich habe gestern einen großen Brief an Sprickmann geschrieben. Wenn ich bedenke, was ich seit vierzehn Tagen geschrieben,
so glaub ich fast, daß ich den Titel eines Sekretärs mit Recht trage.
Vierzig Briefe wenigstens, und große darunter. Wenn sie mir alle
so leicht und so zum Vergnügen würden, wie die an meine Luise,
so wär es noch was. Aber nein! Das wäre wieder nichts. Ich mag
nicht an alle Welt mit Vergnügen schreiben.

Noch keine Briefe da, und es ist schon zwei. Wenn die Briefträger doch ein Gefühl davon hätten, wie ängstlich man einen
Brief erwarten kann! Ich habe einige von Kestners Briefen an

seine Frau gelesen, und es ist mir doch herzlich lieb, daß ich nicht
mit ihm statt Ihrer correspondiere. Alles so gar umständlich und
ohne was auszulassen!

Tausend Grüße. Leben Sie wohl!

LUISE   [Celle] 25. Dezember 1777

Ich habe einen Brief von der Heynen erhalten, worin der Hofrat
[Heyne] auch einige Zeilen geschrieben. Es ist mir keine geringe
Freude, daß er meinen letzten Brief über Therese gelesen, alle Vorstellungen darin gebilligt, und das gute Kind nicht länger denn
Ostern in Hannover bleiben wird. Da habe ich doch mal was Gutes gestiftet, Boie. Jetzt, da ich so für mich nur lebe, niemand nützlich sein kann, ist mir auch diese Kleinigkeit große Freude.

Gestern fuhr der Prinz nach Hannover, den Weihnachten aus-
zuteilen. Sie sehen ihn also gewiß und erinnern ihn doch wegen
Bürgers Subscription! Hier findet er keinen mehr, unsere gute
Pestel hat alle nur lesenden Leute aufgegriffen. Überhaupt mag ich
doch immer lieber Hannover, es gibt auch sonderbare Leute genug darin, die alles kritisieren, allein hier kritisiert man und lieset
nichts als Torheiten. Unsere gute Pestel hat sehr viel von ihrer
Lebhaftigkeit verloren. Die Ursache ist, wie sie sagt, die steifen
Gesellschaften und noch mehr die gänzliche Gewißheit, keine verwandte Seele hier zu finden.

Nun noch sechs Tage, dann bin ich wieder bei Ihnen, Boie.

BOIE   [Hannover] 26. Dezember 1777

Freilich sollen Sie mich Mittwoch Abend sehen, wenn Sie kommen, und ich will Sie zu Hause begleiten. Luise! Luise! Welch ein
Viertelstündchen soll das sein! Und den folgenden Morgen bin
ich bei Ihnen, und Sie sind die einzige, der ich ein Neujahr wünsche. – Luise! Das erste Jahr unserer Freundschaft! Wer könnte
das schwinden sehen, ohne ihm Wünsche nachzuschicken?

Ich ging zur Kestner, wie ich Ihren Brief recht gelesen hatte,
fand sie heitrer, das Kind ruhiger.

Wenn ich diese Nacht nicht von Ihnen träume – gedacht hab ich
den ganzen Tag an Sie.

(den 27.) Ich bin diesen Morgen beim Prinzen gewesen und
habe beide gesprochen, beide sehr gnädig und ohne Vorwurf
Prinz Karl. Er hat bei mir noch auf ‚Asmus‘ subscribiert und Prinz
Ernst sich von selbst an Bürger erinnert. Von da ging ich zur Ar-

beit und schloß meinen Morgen mit einem Besuch bei der guten Kestner. Der Kleine ist so voll Blattern, als er sein kann, und die Augen sind ihm auch zugegangen. Ich glaube, daß ihn das so unruhig macht. Es bleibt dabei, daß Sie es Kestnern erst auf der Rückreise sagen, damit es ihn nicht zu sehr überrascht.

Heut fangen unsre schönen Assembleen wieder an. Ich bin bei der Böhmern gebeten und gehe hin, um mich ein wenig wieder bei der feinen Welt in Credit zu setzen.

Mich freuts, daß Ihre Vorstellungen wegen Theresens gute Wirkung gehabt. Ich suche tätig zu sein, aber wie wenig bin ich's gegen Sie! Mein Cirkel ist nur größer, aber verbreitete Wirksamkeit ist ja nicht so tätig, nicht so belohnend als die engere.

Der junge Zimmermann wird wieder besser. Der große Haller ist gestorben.

LUISE   [Celle] 28. Dezember 1777

Luise umarmt Sie, lieber Boie, für Ihren freundschaftlichen Brief. Sagen Sie der lieben Kestnern, daß ich ihren Kummer und Unruhe sehr fühle, und es bedaure, nicht bei ihr sein zu können. Sollte das Kind nicht schlimmer werden, sag ich dem Kestner nichts, es ist immer besser, daß, wenn er seine Frau gesehen, sie ihm mit einem ruhigen Gesicht sagt: „Karl hat die Blattern", als wenn er in furchtsamer Erwartung ist, ehe er wahre Nachricht erhält. Wenn die Mejern eine Frau wäre, die Kranken nützlich sein wollte, so überwände sie die Furcht vor den Blattern. Ich weiß es eben so wenig als sie, ob ich diese Krankheit gehabt, und habe schon manches Kind mit Blattern herumgetragen und hat mir nie geschadet. Sie hat mir einen sehr schwermütigen Brief geschrieben. Ich wette, der arme Mann fühlt meine Abwesenheit, denn alle üble Laune fällt nun allein auf ihn, sonst teile ich sie mit ihm.

Der gute Kestner wird empfindlich, daß niemand sich hier um ihn kümmert. Ich sprach ihn zufrieden, allein er meinte doch, da Sie gebeten worden, könnte er es auch wohl erwarten – und klagte über Stolz etc. Der ehrliche Kestner! Man sieht ihn hier für ‚Albert' an, und über seine schätzbare Seite hüpft man hinweg. Ich selbst, liebster Boie, muß mir oft seine guten Eigenschaften vorpredigen, um nicht die Geduld zu verlieren, und wenn ich's fühle, daß Ungeduld nahe, dann denke ich an Ihre Nachsicht und besinne mich. Wahr ist's, Boie, Sie haben sehr viel mehr Nachsicht als ich, Sie verzeihen leichter.

Georgen will ich mit der Nachricht erfreuen, daß Fräulein Berger vielleicht den Hofrat Backmeister mit fünf Kindern heiraten wird. Es ist seine Absicht, und die Cellischen Mädchen sagen nicht leicht Nein.

Gestern Nachmittag wieder bei Könemann zugebracht. Backmeister, Kruse und Schlepegrell waren da, mir alle unerträgliche Leute, ich kenne nichts ungezogeners als den neuen Tribunals-Rat, und doch wird er angebetet von den Damen. Auch habe ich Bars und Seebach kennen lernen, die gestern Morgen hier kamen zum Besuch. Seebach hat seine Frau in Weimar gelassen, sagte von der dortigen Verfassung weiter nichts, als daß alles sehr verwirrt wäre, und der Herzog seine Gemahlin gar nicht anders sähe, als [wenn er] ihr sehr selten einen Besuch abstattete.

Mittwochen Nachmittag bin ich in Hannover, sehe Sie, lieber Boie – und dann nicht wieder an Wegreisen gedacht.

BOIE   [Hannover] 4. Januar 1778

Dank, beste Luise, für Ihr Briefchen. Es geht mir doch nah, daß Sie mein Nichtwohlsein wissen, Sie leiden dabei.

Der arme Lessing! Er hat sein Kind verloren und die Frau ist in sehr großer Gefahr. Lesen Sie, was er schreibt:

„Meine Freude war nur kurz. Und ich verlor ihn so ungern, diesen Sohn! denn er hatte so viel Verstand! so viel Verstand! – Glauben Sie nicht, daß die wenigen Stunden meiner Vaterschaft mich schon zu einem Affen von Vater gemacht haben. Ich weiß, was ich sage. War es nicht Verstand, daß man ihn mit eisernen Zangen auf die Welt ziehen mußte? Daß er so bald Unrat merkte? War es nicht Verstand, daß er die erste Gelegenheit ergiff, sich wieder davon zu machen? – freilich zerrt mir der kleine Ruschelkopf auch die Mutter mit fort! – denn noch ist wenig Hoffnung, daß ich sie behalten werde. – Ich wollte es auch einmal so gut haben als andre Menschen. Aber es ist mir schlecht bekommen." – Welch ein Schmerz, eine Bitterkeit in dem Ausdruck! der arme Mann! Aber was mag auch das für ein Schmerz sein! Weh dem, der in solchen Fällen ein Herz hat! ... Luise, ich mag heute nicht schreiben, ob ich gleich Zeit genug habe.

LUISE   [Hannover] 4. Januar 1778

Ich habe diesen Morgen schon oft an ‚Stella' gedacht, wenn ihr Freund krank war, reisete sie mit ihrer Verwandtin zu ihm, war seine Pflegerin, seine Trösterin, und wenn er wieder hergestellt, ihrer zärtlichen Sorgfalt nicht mehr bedurfte, kehrte sie wieder zu ihrer ruhigen Wohnung zurück.

Die Bitterkeit, womit Lessing schreibt, geht mir durch die Seele, es ist der Ausdruck des tiefsten, gefährlichsten Schmerzes, wo auch jedes Wort der beruhigenden Freundschaft nichts helfen kann. Möchte doch seine Frau gerettet werden.

Ich bin bei Ihnen mit ganzem Herzen.

[Hannover] 28. Februar 1778

Die Mejer wollte Ihnen Pumpernickle schicken, ich denke, sie vergißt's nicht. Sie sprach davon, und mein Gedächtnis war etwas länger wie der Kestner ihres (mit dem Brei, den ihr Mann gern ißt und sie vergessen), versicherte also der M., sie würde Sie damit erfreuen. Sie haben das gelbe Zeug der K. für ihren Jungen gebracht, aber ein Stück vergessen. Schicken Sie's ihr, Lieber! Ich sollt's Ihnen zu verstehen geben. Aber da wir über das verstehen geben weg sind, bitte ich Sie ganz deutlich darum.

Von unserer Cellenserin hatte ich gestern Nachricht. Sie schickte mir ein Billet des Prinzen [Ernst]. Der gute Mann will gern schreiben und weiß nichts. Es enthielt eine Beurteilung des Spiels der einen Aktrize und eine Erzählung vom Feuer, so aber bald gelöscht worden, und wobei der Fürst eine arme Familie gesehen hatte („ein Anblick, den wir Fürsten nicht kennen") und [der] ihn zu Tränen gerührt hat. Schade, daß der Mann dem Charakter nach ein Frauenzimmer ist.

Morgen seh ich Sie, bester Boie. Wenn Ihre Augen nur recht klar sind! – Eau de Lavande hilft nichts, Boie, Luise sieht doch das trübe Wölkchen. Adieu, Boie.

[Hannover] 29. Juni 1778

Dank Dank, Boie, für das herrliche Stündchen. Lieber, Sie müssen mehr Leute kennen, um mehr Menschen glücklich zu machen. Das selige Gefühl innrer Glückseligkeit möcht' ich gerne allen Geschöpfen, die ein Herz haben, mitteilen, und da ich Ihnen *allein* diese Empfindung verdanke, wünschte ich, daß Sie mehr gekannt würden. Du würdest sie bessern, ohne daß Du es Dir selbst bewußt wärest, denn stillschweigende Exempel bessern am sichersten gefühlvolle Seelen.

Gestern abend schlief ich lange noch nicht ein, ich dachte und dachte, schaffte mir viel schöne Ideen und malte für Dich eine

Verfassung, die Dich zum Poeten machen würde, wenn Du auch nie einer gewesen wärest. Aber so wie denn oft Freude in Schwermut übergeht, so ging's mit mir auch.

[Hannover] 3. Juli 1778

Sie verzeihen gütigst, lieber Freund, wenn Sie uns auf dem Neuen Hause nicht antreffen. Da mein Bruder ausbleibt, kann ich [auch] nicht [kommen]. Wie sehr gern ich bei Ihrer lieben Gesellschaft wäre, wissen Sie, denn Sie haben meine Freude diesen Morgen gesehn, wie Sie mir Hoffnung zu diesem Vergnügen machten. Warum dürfen wir Mädchen nicht allein gehen? Ich bedächte mich keinen Augenblick, käme anstatt dieser Zeilen selbst. Sein Sie recht vergnügt, ich will in Gedanken Ihre Freude teilen.

[Hannover] 20. August 1778

Die Kestner läßt mir sagen, sie wollte gleich nach Tische mit mir spazieren gehn oder gegen acht Uhr mich abholen zu Dir. Du kannst leicht denken, was ich gewählt, wer weiß, was morgen hindert, und dann käme ich um ein paar glückliche Stunden. Du weißt ja, lieber Boie, daß es für Deine Wise[1] ein Fest ist, auf Deiner Stube bei Dir zu sein, ich will also geduldig den Abend erwarten, will lesen, weil man doch vieles so aus dem Kopf weglassen kann – eigentlich ist mir meine Stube und die ganze Welt zu eng.

Lebe wohl.

Luise an Frau von Pestel   [Hannover] 15. September 1778

Heute vor zwei Jahren waren wir beide noch zusammen, Luise, gingen nach Montbrillant mit Brandes, und beim Hereingehen ahndete es meinem Herzen, daß ich mit Boie sympathisieren würde. Du weißt es, wie mit jedem Tage unsre Freundschaft inniger und zärtlicher wurde, und nun? – Luise, wenn doch das alles nicht wäre! mein Herz wünscht dies [zwar] nicht, aber meine Vernunft, die bis jetzt geschlummert. Gott, Luise, nie, nie, wünschte ich Dich so bei mir als jetzt. Trennung oder ewige Verbindung mit Boie! Nun ists heraus. Wie es zugegangen, daß B. mir seine Idee gesagt, kann ich Dir nicht schreiben, ich glaube, auch nicht mal sagen, ich weiß auch nicht, was ich geantwortet. Es war Freitag Morgen, als Boie kam und wir übern Wall zur Kestner und Mejer gingen. Bei der Mühle, wo ich so manchen

[1] Niederdeutsche Abkürzung von ‚Luise'.

Abend einsam saß, und, wenn ich denn den Mond und die Sterne ansah, mir Trost in die Seele kam, nicht Hoffnung bessrer Tage, aber Mut, auszuharren in Geduld – da war's, wo Boie sagte . . . Ach, denke dir [selbst], wie's war, ich kann, ich kann's Dir nicht schreiben. Ich erschrak nicht, ich hätte mich den Morgen für nichts in der Welt erschreckt, aber das Herz wollte nicht schlagen, es wurde mir so felsenfest in der Brust – dennoch aber stand das Bild, Boie nicht glücklich machen zu *können*, so lebhaft vor mir, daß ich nur dieses empfand und sonst nichts.

Boie sagte: „Es ist nicht Täuschung." Aber es ist nichts als Täuschung. Der gute Junge fand hier keinen Freund, fühlte sich allein, unsre Seelen erkannten sich. Um glücklich zu sein, muß Boie eine weibliche Seele um sich haben, die Leere des Herzens wird nicht dadurch ganz ausgefüllt, aber doch vermindert. Er hat eine gewisse Zartheit (ich weiß es nicht zu nennen) in seinen Empfindungen, die man [sonst] in Männern, glaub ich, gar nicht antrifft, und in Weiberseelen so sehr selten findet. Ein *Freund* möchte dieses Gefühl übersehen, daher kann B. nicht *ganz* glücklich ohne ein weibliches Geschöpf sein, so wie er nicht ganz glücklich ohne Freund sein wird. Luise, und nun das unbekümmerte Entgegenkommen meines Herzens. Mädchen, Mädchen, warum war ich so unbesonnen? jede Falte in meinem Herzen kennt Boie, warum war ich nicht zurückhaltend, nicht argwöhnisch? Boies Herz ist vom Himmel zum Wohltun so ganz gebildet, er vergißt sich immer, wenn er zu jemands Glück oder Zufriedenheit etwas beitragen kann, daher auch die Parteilichkeit für seine Freunde, die ihm viele verdenken. Er findet mein Schicksal traurig, und der Gedanke, mir Ruhe zu geben, dazu das Bewußtsein, wie viel er *mir* ist, täuschen ihn, können ihn noch lange, lange täuschen, bis das ungütige Schicksal den Schleier zerreißt. Luise, Boie sollte alles für mich tun – und ich nichts wieder tun können für ihn?

Boie mich glücklich machen wollen? Es kann nicht sein und darf nicht sein. Luise, *Du* mußt Boie davon überzeugen, Du mußt ihn für sein eignes Herz retten. Ich wollte ihm Sonntag alles schreiben, aber ich konnte nicht.

Es ist mir unmöglich, mit ihm zu sprechen, noch gestern Abend, da wir mit Mejers auf dem Neuen Hause waren, fühlt ich's, daß es mir nicht möglich. Ich dachte an seine Mutter, und zitterte, mir dünkt, ich würde mich jetzt vor ihr verbergen, da ich sie sonst am Ende der Welt hätte aufsuchen mögen.

Luise, was ist das für eine Empfindung? sie ist mir bis jetzt immer fremd gewesen. Schreib ihm, Du kannst besser mein Gefühl auseinander setzen als ich selbst. Du hast Boie lieb, wünschest seine Zufriedenheit, wende also alles an, um ihn zu überzeugen, daß er nicht glücklich wird, wenn er seiner Idee folgt. Luise, denke Dir so das Ganze: kein Geld als zur Einrichtung eines Hauses und Haushalts – [ich] zwei Jahre nur jünger als Boie – meine Verwandten – der Alte, der mir nicht gut ist – Mejers, die immer genieren werden – Gott im Himmel, wie sollte und könnte ich Boie so viel Unangenehmes zuführen! Wenn er auch sich über alles dieses wegsetzen würde, so darf *ichs* in seiner Seele nicht tun. – Luise, warum kann Boie nicht ein Mädchen heiraten, die ihn *ganz* glücklich macht? Dieses war immer meine Idee. Hier ist keine, aber er geht ja nach Hamburg, warum sollte ihm [dort] nicht ein Mädchen gefallen? Ich würde ihn mit seiner Frau um die Wette lieben.

Du kannst ja so gut überreden – Boie wird Dir folgen.[1]

BOIE AN SEINE MUTTER   Hannover, 6. Oktober 1778

Sie brauchten sich wegen Ihres Nichtschreibens nicht zu entschuldigen, meine teuerste Mutter; aber ich hätte um Verzeihung zu bitten, daß ich Ihnen die ganze Zeit Ihres Aufenthalts in Wandsbeck nur einmal geschrieben.

Erhält der Himmel uns Frieden, wozu ich jetzt mehr Hoffnung habe als vor einigen Monaten, so sehe ich Sie unausbleiblich künftigen Sommer. – Meine Göttingischen Schulden sind alle bezahlt. Aber ich habe noch eine Bürgschaft auf dem Hals, die ich ganz bezahlen muß, und außerdem noch etwa 200 Taler aufgenommen. In einem Jahre denke ich, auch die Last vom Halse zu haben. Auf das Geld, das ich noch aus England bekommen muß, rechne ich fast gar nicht mehr, ob es mir gleich so gewiß versprochen ist, und ich alsdann in sehr guten Umständen sein würde. So hab ich die Beruhigung, daß ich mich durch mich selbst herausgezogen habe. Wegen des, was Sie haben aufnehmen müssen, sind Sie doch ganz außer Sorgen? Sie haben Kinder, die dafür sorgen werden, wenn Sie selbst nicht können.

---

[1] Frau v. Pestels Antwort fehlt. In jedem Fall hat Boie (der nicht nach Hamburg ging) Luises Entscheidung freundschaftlich hingenommen.

Meine Freundin hat sich über Ihren Gruß innig gefreut und erwidert ihn eben so innig. Einen sehr harten Sommer hat das liebe Mädchen gehabt, aber sie ist jetzt auf so gutem Wege der Besserung, daß ich sehr viel hoffe.

Viele Grüße hab ich diesen Sommer von Ihnen bekommen. Ich lerne auch viele interessante Menschen kennen, die hier durchreisen, von Hamburg kommen und dahin gehen. Basedow, schreibt mir Voß, hat sich bei ihm als der Bürgermeister von Otterndorf gemeldet. Das sieht ihm nun so recht ähnlich. Mit allen seinen Sonderbarkeiten ist er einer der würdigsten Menschen. Leid tut mir's, daß Sie nicht den Leibarzt Zimmermann kennen lernen, er ward durch eine Krankheit in Hamburg gehindert, nach Wandsbeck hinaus zu kommen.

Nun muß ich schließen. Gott erhalte Sie.

Ihr gehorsamster Sohn H. C. Boie.

LUISE   [Hannover] 16. Dezember 1778

Heute Dich nicht gesehen, lieber Boie. Morgen ist die Reihe an Deiner Wise, die Dich nun auch nicht sehen kann, nicht sehen will, wollte ich sagen, aber die Feder ist dem Herzen zu getreu. Lieber Junge, ich habe heute Bußtag im Ernst gefeiert. Kestner holte mich schon um drei Uhr ab, aber das gute Weib war grämlich und ich habe einen gar erbärmlichen Tag verlebt.

Adieu, Du einziger Boie.

[Hannover] Dienstag [Ende 1778]

Kommen Sie nicht zu mir, bester Boie, denn die Amtmannin H. will mich besuchen und wird spät weggehn. Ich bin grämlich, lieber Junge, nun sind's zehn Tage, daß ich Dich nicht allein gesehen habe – mir ist, als ob ich Dir so viel zu sagen hätte, aber wenn Du kommst, sag' ich Dir doch nichts, das weiß ich. Deine Augen sind heute gewiß so trübe als das Wetter. Und Deine Wise ist so dumm wie gestern.

Adieu, liebster Boie, ich kann nicht mehr mit Dir plaudern, aber an Dich denken, das kann ich und will ich.

[Hannover] 20. Februar 1779

Diesen Nachmittag besuchte mich die Mejer bis fünfe. Freitag kam auch auf ein Halbstündchen. Er dringt sehr darauf, Zimmermann zu consultieren, und die Mejer sagte, es sollte geschehen, so bald ich wieder matter würde. Ich muß mich also wohl gut halten, sonst wird's Ernst, denn Freitag ruht nicht.

Die Mejer hat eine lebhafte Unterredung mit dem Oncle gehabt, meinetwillen. Sie hat sehr dreist und gut geantwortet, und er hat mit vieler Höflichkeit sie verlassen. Ich mußte heute der M. doppelt gut sein, so viel Freundschaft und Achtung bezeugte sie mir bei dieser Gelegenheit.[1]

So viel ist ausgemacht, daß ich bis Michaelis hier im Hause bleibe, dann auf die Aegidien-Neustadt ziehe und mich so sehr einschränke als möglich.

BOIE AN FRAU VON PESTEL   Hannover, 26. Februar 1779

Sie haben durch Ihren letzten Brief unsre Luise unruhig gemacht. Wo wäre sie lieber als bei Ihnen, wo säh ich sie lieber, so viel ich auch dadurch verlöre! Aber – liebste Pestel, Sie haben keinen Begriff von ihrer Schwäche. An kein Fahren, nicht einmal von einem Ende der Stadt bis zum andern, ist zu denken. Vorgestern und gestern ist sie wieder aus Gefälligkeit bei der Mejern und Kestnern in zu großer Gesellschaft gewesen. Die Hitze, die bei der erstern selbst mir im Zimmer fast unerträglich ist, hat sie wieder sehr geschwächt. Wir müssen sie, wie vor dem Fahren, so vor heißen Zimmern und Gewäsch hüten.

Jeder, der sich ihr nähert, fühlt nach und nach ihren Wert. Sogar der Doktor Schmidt wird zärtlich und sanft, wenn er zu ihr kömmt! Er wird sogar galant, und ich mußte sehr lachen, als ich einen Rosenstock bei ihr sah, nicht zu raten wußte, von wem er käme, und endlich hörte: von Dr. Schmidt. Sie hat zugegeben, daß wir Zimmermann zu Rate ziehen wollen, wenn, bei aller unsrer Vorsicht, es nicht bald besser wird.

Das, meine liebste Freundin, mußte ich Ihnen sagen, damit Sie nicht auf den entferntesten Gedanken kommen, als wenn Luise andre Ursachen hätte, warum sie nicht bei Ihnen leben will. Schreiben Sie ihr bald und machen sie ganz ruhig.

Ihr ergebenster H. C. Boie

---

[1] Verhandlungen mit dem Familienoberhaupt sind wohl deshalb nötig, weil George Mejer als Amtsschreiber nach Osterode am Harz geht und Luises Verhältnisse neu geregelt werden müssen. In welches Haus sie dann zieht, ist nirgends überliefert; sie schreibt nur an Frau v. Pestel, sie könne dort Boie nicht so oft allein sehen wie bisher.

Luise, ich erhole mich, nun wird's drauf ankommen, ob meine innren Teile nicht von der bösen Materie angegriffen sind. Mein Fieber ist seit gestern weniger heftig.

Boie liest mir oft vor. Das März-Stück vom ,Museum' wird ganz herrlich. Du wirst es mit wahrem Entzücken lesen. Boie sagte: ,,Ich weiß jetzt auch, daß wahre Glückseligkeit nicht außer uns ist, weiß, wem ich dies Bewußtsein zu danken habe. Luise, Sie sterben nicht, gewiß nicht, der Himmel läßt es nicht zu, daß Sie Ihr Werk nur halb vollenden, denn ganz so gut, als ich sein will und muß, bin ich noch nicht." Er dankt für Deine Zärtlichkeit und Zutrauen.

Luise, kennst Du das wohl, wenn man an allem Teil nimmt und dabei doch so ist, als ob man nicht in der Welt wäre? Es ist ganz närrisch, ein stoisches Gefühl und doch auch nicht.

Daß doch der Lavater so kindisch sein kann! Nur denke ich oft, daß die Gradheit seines Charakters Affectation ist, denn jetzt ist die Epoche der stark sein wollenden Geister.

Heute habe ich vortreffliche Blumen gekriegt. Mein Rosenstock blüht auch noch, nur quält's mich, daß ich den Dr. Schmidt verlassen habe. Ich kann nicht mehr. Lebe wohl!

6. Mai 1779

Gestern habe ich ganz still auf meiner Bergère liegen müssen vor Mattigkeit. Die Männer, Luise, sind doch nicht ein bißchen geschickt, uns zu trösten, da sitzt Boie, wagt kaum zu fragen, wie's geht, spricht und unterhält mich auf's schönste, und macht, daß er wieder fortkommt. Mein Herz will oft zerspringen, aber ich verschluck's, und wenn Boie fort, fühl ich, daß ich weine. Wünsch mir Mut, der Berg ist noch nicht halb erstiegen und mir wird's schon so sauer – wie denn, wenn's gegen den Gipfel kommt, da es immer steiler geht? Boie grüßt und schickt hier etwas, behalte Du es. In Celle wird aber niemand subscribieren, denn was geht diese Leute Klopstock an? Adieu, beste Luise.

17. Mai 1779

Luise, ich habe ,Nathan den Weisen' von Lessing gelesen und bin noch voll davon. Boie kam gestern Nachmittag und hat vier Stunden gelesen. Sag niemand etwas davon, denn die orthodoxen Patriarchen werden schreien. Aber laß sie fluchen, es ist schön, herrlich, für Kopf und Herz geschrieben. Ein Jude Nathan, dem ich zu Füßen fallen möchte. Ein Sultan, seine Schwester, ein Tempelherr, ein Klosterbruder, ein junges Mädchen, Daja, eine Christin, die sie erzogen, und ein Patriarch. Dieser letzte ist nun freilich der leibhaftige Göz[1] in Hamburg, aber was schadet's? Luise, ich habs nun schon zweimal gelesen. – Lessings Idee ist, alle Religionen vereinigt zu sehen. Dahin kommt's auch freilich noch, so Gott will. Daja, die nun eine liebe, gute Seele ist und glaubt, die Christen könnten nur selig werden, und denn oft in Schwärmerei fällt, doch nicht besser handelt wie andere Menschen, lehrt ihre Begriffe der Recha, die sie aber nicht annehmen kann, nur einmal glaubt sie eine Art Wunder, worauf Nathan ihr sagt: „. . . Begreifst du aber / Wie viel andächtig schwärmen leichter als / Gut handeln ist?" Mehr will ich Dir nicht sagen, denn Du machst Dir so im einzelnen wohl gar keinen Begriff von dem Stücke.

Heute befinde ich mich just so, als da Du hier warest, ich kann wieder in der Stube herum gehn. Boie kann ziemlich ruhig reisen. Er ist so ins Arbeiten gekommen, daß ich ihn bewundere und mich freue. Klopstock und Stolberg kommen vielleich nach hier. Boie will so gerne, daß sie mich und ich sie sehe, aber laß sie nicht kommen. Wenn Du bei mir wärst, hätte ich Herz, aber nun habe ich gar keins.

Weitere Einzelheiten aus diesem Brief: „Die Kestner ist ganz wohl mit ihrem fünften Jungen." Prinz Ernst von Mecklenburg-Strelitz, „der alte Lord", hat sich offenbar Bücher geliehen, auf die schon andere warten, „er liest verzweifelt lange." Seinem Bruder, dem Prinzen Karl, der als Vertreter des Landesfürsten mehr Abstand wahrt als der joviale, bequeme Junggeselle, begegnet Frau v. Pestel, die nicht von altem Adel ist, nur ausnahmsweise bei gesellschaftlichen Veranstaltungen in Celle. „Du hast Unrecht, Dich vor Prinz Karl zu fürchten", schreibt Luise (die wohl durch Boie informiert ist), „er hat mehr Charakter als sein Bruder. Es ist aber immer gut, daß man den Leuten nicht zu sehr zu gefallen sucht."

Beide Prinzen gehen demnächst – Luise deutet es an – zum allsommerlichen „Campement" der Truppen; in dem Feldlager, das diesmal bei Herzberg aufgeschlagen wird, muß sich pro forma auch der Stabssekretär Boie einfinden. Es bleibt ihm aber viel Zeit für private Unternehmungen. Gleich auf der Hinfahrt kann er seine Freunde in Göttingen besuchen.

[1] Goeze, Hauptpastor in Hamburg, siehe Anhang.

Ich wohne im Dieterich'schen Hause, ich kann es sehen, daß ich ein angenehmer Gast bin. Den ersten Abend und gestern Morgen hab ich ganz mit Lichtenbergen zugebracht. Ich aß bei ihm und wir waren zusammen, bis ich auf den Ball ging. – Er wollte mir sogar seine Schrift wider Zimmermann vorlesen, die er schon lange hat drucken lassen. Ich wollte sie aber nicht anhören und er billigte meine Gründe. Ich wollte in die Kirche gehen und Koppen hören, von dem die Hannöverischen Damen schier entzückt sind, aber Lichtenberg hielt mich ab. Nachher ging ich zu Heynens. Therese ist etwas gewachsen, hübscher und auch artiger geworden, Marianne scheint ein allerliebstes Kind.

Bei Prof. Lichtenberg fand ich den jungen Professor Forster aus Kassel. Er hat mir ungemein wohl gefallen: sanft, munter, der Freude offen, Jüngling mit den Kenntnissen und der Reife eines Mannes. Seine Gesundheit, fürchtet er, ist durch die Reise um die Welt zerrüttet. Er klagt über schwachen Magen, und der Scharbock hat seine Zähne schon zerstört. Wenn ich ihn in Hannover getroffen, hätt' ich ihn Dir gebracht.

Nach Tisch machte ich Besuche. Ein paar Herren luden mich feierlich zum Ball. Ich hatte dort die Ehre, wie – ein Hannoveraner von den Hannöverischen sowohl als den Hiesigen aufgenommen zu werden. Mit Frau v. Lenthe hab ich gesprochen, als kennten wir uns schon lange. Fräulein v. Löw war die Gesellschaft zu bürgerlich. Mit Luise Brandes habe ich viel geschwatzt. Ihr Blumenbach gefällt mir doch nicht so recht. Therese forschte gleich, wie mir Forster gefiele, und es schien ihr sehr lieb, daß er mir gefiel. Sie hätte mir gern die Geschichte der ganzen Gesellschaft gegeben. Mamsell Michaelis ist – ein wenig wild. Sie kam gleich zu mir, und ich kannte sie nicht wieder, wie's mir mit mehreren ging. Aus Kindern waren Mädchen geworden, und andere unterdeß veraltet. Es schlägt zehn und ich muß mich ankleiden. In Hannover – hab ich an niemand was zu bestellen, wie ich noch an niemand gedacht habe als an meine Luise. Das Wetter ist so heiter. Wärst Du's nur auch!

[Göttingen] 30. Mai 1779

Gestern Abend ging ich zu Heynens, war mit Heynen in seiner Studierstube eine halbe Stunde allein, wir schwatzten von seiner ersten Frau und seiner jetzigen. Georgine lebt ganz für ihn und

schickt sich in seine Weise. Therese ist in der Tat sanfter geworden, schon ein artiges Mädchen und wird bald ein liebenswürdiges werden. Karl hat das meiste seiner Rohigkeit abgelegt. Ich
sah bei Tische, wie gut und unbeleidigend seine Stiefmutter ihn
auf seine Fehler aufmerksam zu machen weiß. – Bald ward unser
Ton herzlich; die Damen hatten schon von Dir geredet, jetzt fing
[auch] Heyne an. „Wenn sie doch bei uns wäre!" erscholl's von
allen Seiten. Therese mit dem Ton der Entzückung. Nun machten wir Projekte, und ich versprach, Dich heranzubringen, her-
zuschaffen auf irgend eine Weise, so bald Du wieder das Fahren
vertragen könntest. Dann wollten wir ganz zusammen leben, ich
wäre incognito da, und wir machten *Eine* Familie. Wie uns das
alles hob, wie glücklich wir waren!

Dank, Dank, mein bestes Mädchen, für all Deine Liebe, für
Deinen Brief. Ich war stumpf und erschöpft, wie ich [von Heynes]
kam. Dein Brief beseelte mich wieder.

Warum hast Du Herders Brief nicht gelesen? Herder schreibt
sehr freundschaftlich. Er will allerlei für's ‚Museum' zurecht
machen, unter anderm einige Briefe über alte Literatur.

Grüße den guten Kestner, wenn Du ihn siehst. Ich muß mich
losreißen. Tausendmal umarm ich Dich in Gedanken.

LUISE   [Hannover] 2. Juni 1779
Aber Du schreibst mir zu viel, lieber Boie, Du könntest mir
ein Blatt Papier mit Deinem Namen schicken, und ich wäre so
vergnügt wie eine Königin. Du lieber Zärtling! Ich begreife sehr
wohl, daß Du Deine Reisen, Unruhen und Zerstreuungen fühlst,
wenn man drei Jahre so ordentlich wie Du gelebt und denn mal
ein bißchen schwärmt, fühlt man's. Der Pyrmonter Brunnen soll
alles wieder gut machen.

Heute vor zwei Jahren ahndete es uns, am Deister, in dem
dicken Tannenwäldchen, auch da, wo wir die Ziegen fütterten,
daß wir Freunde werden würden. Nun ich jetzt ohne Dich bin,
lieber Boie, denke ich mir vergangene glückliche Tage wieder
zurück, sie erheitern mir manchen Augenblick, der ohne *Dich*
finster und trübe sein würde.

BOIE   Herzberg, 1. Juni 1779
Göttingen ist mir nicht gleichgültig geworden, aber so viel
ist doch gewiß, daß ich mich eben nicht dahin sehnen werde.

Bürger freute sich außerordentlich, mich wieder zu sehn, so seine Frau. Ich kam um Mittag [nach Gelliehausen] und blieb bis den andern. Seine Bauern scheinen ihn zu lieben, er begegnet seiner Frau mit Achtung und lebt übrigens sehr für sich. Einige prosaische Aufsätze hat er mir gelesen, an denen ich mich nicht wenig vergnügt habe. Nun geh ich zum Feldmarschall.

(den 2.) Und da blieb ich bis gestern Abend um zehn. Ich bin ein für allemal da eingeladen, Mittags und Abends. Der Alte war sehr heiter und spielte bis gegen neun noch Whist im Zelte. Die Lage seines Quartiers so wie überhaupt die von Herzberg kannst Du Dir nicht schön genug vorstellen. Aus einem Fenster übersieht man ganz Herzberg bis an den hohen Hügel, auf dem das Amthaus liegt. Die Prinzen [Karl und Ernst von Mecklenburg-Strelitz] wohnen da. Die Gesellschaft bei Tafel bestand aus achtundzwanzig Personen, wie immer.

Die Nation hier scheint treuherzig und gut zu sein. Meine Wirtin nahm mich anfangs nicht gern ein; aber wir sind schon die besten Freunde. Sie hat zwei Töchter, von denen die eine ganz hübsch ist, beide sehr freundlich, so wie auch der Sohn, ein Leinweber. Ich spreche mit ihnen, wann ich sie sehe, und sie sprechen gar gern. Mein Johann hat sich gewaltig bei ihnen insinuiert.

An Deinem letzten Brief, meine Beste, Einzige, lese ich immer noch. Wenn ich hier mit Luisen gehen könnte! dachte ich bei jeder schönen Stelle, bei jeder herrlichen Aussicht. *Gehen* – ich kann Dir nicht ausdrücken, mit welchem frohen, wehmütigen Gefühl, zusammengesetzt aus Hoffnung und Furcht, ich das immer dachte. Ja, meine – mehr als Schwester, mehr als Freundin – meine Luise! mein Herz sagt mir, daß wir das noch einmal wieder werden, und dann schlägt es vor Wonne. Wie könnt ich auch ein Leben ohne Dich denken! Du bist ein Teil von mir selbst, der edlere, der bessere! in Dir und mit Dir lebe ich nur!

(den 4.) Diesen Morgen bin ich mit dem Prinzen und Companie in den Gewehrfabriken gewesen. Mittags ward wie gewöhnlich beim Feldmarschall gegessen. Nicht lange nachher sah ich Dieterichen nebst andern bekannten Göttingern in zweien Kutschen ankommen. Sie wurden in der Papiermühle hinter dem Ort aufgenommen, wo ich sie gleich besuchte, und eben izt von da erst zurückgekommen bin. Es war ein ordentlich abenteuerlicher Weg im Dunkeln, und es mag mir morgen schauern, wenn ich den Pfad sehe, den ich gegangen bin. Er windet sich immer neben Abschüssen hin, und im Grunde fließt mit gräßlichem Geräusch ein freilich im Sommer sehr unschädlicher Bach. Mit den Göttingern ward recht herzhaft gelacht, und das wird morgen wieder geschehen, da ich mich glücklich von dem hochadligen Diner und Ball beim Feldmarschall losgemacht habe. Dieterich – mit Mühe enthalt ich mich des Schimpfens – hat zwei Briefe an mich in Göttingen vergessen. Einer ist gewiß von Dir, meine Liebe. Der böse Mensch! Und er bat so gutmütig und herzlich um Verzeihung, daß ich nicht einmal meinen Verdruß auslassen konnte, so ärgerlich ich auch war. – Wie voll Menschen es jetzt hier ist! Es war gestern Abend ein lustiger Anblick, alle die Fremden durch die neben dem Lager hinlaufende Allee fahren, reiten, gehen zu sehen.

LUISE   [Hannover] 4. Juni 1779
Jetzt vor vierzehn Tagen sah ich Dich zuletzt, lieber Boie. Wie mir doch die Tage so lang dauern, wenn ich Dich nicht sehe. Wir Mädchen mögen machen, was wir wollen, einen gewissen Grad von Aufopferung unserer Lieblingswünsche erreichen wir doch nicht. Ich *will* Deine Abwesenheit nicht fühlen und fühle sie jeden Augenblick. – Verzeih mir, wenn ich oft wiederhole, was ich schon geschrieben habe. Ich schlafe Nacht und Tag und bin doch müde; wenn ich mich dem Schlummer überließe, ich wachte glaub' ich gar nicht auf.
(den 5.) Kestner hat mich besucht diesen Abend. Er meint es herzlich gut, der Albert, aber Gott weiß es – wenn er mich auf vierundzwanzig Jahre Kranksein vorbereiten will, dann ist meine Geduld am Ende. Ich fühle immer den Nachhall von solchen Ermahnungen, sie machen mutlos, und ich armes Geschöpf habe so viel Mut nötig. – Gute Nacht, lieber Boie, geschwind verlasse ich Dich, es möchte Dir sonst auch so werden, als ob Albert bei Dir gewesen.
(den 6.) Die Mejer holte mich diesen Mittag, um uns auf die Esplanade zu setzen, wo die Sonne zuweilen hin blickte und wir vor dem Winde geschützt waren. Ich sitze in Pelz gehüllt und werde doch nicht warm.

BOIE   [Ellrich] 10. Juni 1779
Gestern nach Tische machten wir einen Spaziergang – Luise, lang hab ich keinen schöneren gemacht! – nach Walkenried, einem

ehemaligen reichen Kloster, jetzt braunschweigischem Amte, eine Stunde von hier. Man muß über einen nicht hohen Berg, von welchem man eine Aussicht in das Tal von Ellrich hat. Kommt man von der andern Seite den Berg hinunter, so hat man vor sich eine Wiese, wodurch ein klarer Forellenbach sich schlängelt, dahinter Saatfeld mit Büschen und Bäumen durchzogen, und ein Teil des Harzes mit seinen finstern Wäldern schließt die Szene. An der andern sind die Ruinen des ehemaligen Klosters, seit dessen Erbauung wenigstens achthundert Jahre verflossen sind, der Platz des hohen Altars und ein Teil des Schiffes gegenüber stehen noch, nebst einigen Kapellen und dem größten Teil des Kreuzgangs, welchen wir durchwanderten voll gegenwärtigen Gefühls der Nichtigkeit aller menschlichen Größe und Arbeit.

Göckingk hatte Bürgern den Vorwurf gemacht, daß er die ihm so nahe stehenden ‚Gleichen' noch nicht besungen, ich machte ihm den, daß er dieser wahrlich erhabenen Trümmer noch in keinem Gedichte gedacht, und er versprach, ihnen ein eignes zu weihen.

(Abends um 11) Noch eh ich schlafen gehe, ein paar Worte. Einen herrlichen Tag, einen der wenigen, die ich nie vergessen werde, hab ich gehabt. Göckingk ist ein überaus edler, vortrefflicher Mann, und wir sind nun Freunde auf ewig. Von neun bis nach zwölf waren wir allein, so daß wir fast das Ankleiden darüber vergessen hätten. Sein Herz war mir ganz offen, meines ihm. Er erzählte mir sein Leben, seine Liebe, alles; ich – sprach endlich einmal wieder von meiner Luise. Mädchen, Du sollst ihn kennen lernen, wahrscheinlich noch im künftigen Monat. Ich kann keinen Freund haben, ohne daß er der Deinige sei, und dieser ist's schon.

LUISE   [Hannover] 14. Juni 1779

Nun hab ich Dir in acht Tagen keine Zeile geschrieben. Zürne nicht, Du Bester, ich war keinen Augenblick weniger Deine Luise – aber da Du keinen Brief von mir erhalten konntest und alles so einförmig tot und kalt um mich ist, wollte ich Dir lieber gar nicht schreiben. Heute dacht ich Dich zu sehn. Marcard hatte es der Mejern einmal für ganz gewiß gesagt, daß Du kommen würdest, unser Project also war, Dir entgegen zu fahren. Der Gedanke machte mich ganz gesund, ich versuchte das Fahren, und konnte es vertragen, nun überließ ich mich dem wahren Wonnegefühl, Dich zu überraschen – jeder Glockenschlag machte mich horchend, ob nicht der Briefträger käme, mir ein Briefchen von Dir brächte, wo ich den Tag Deiner Zurückkunft gewiß erfahren würde, aber es kam kein Brief.

Donnerstag hat mich Zimmermann besucht. Er frug auch nach Dir, freute sich Deiner Reise und rechnet stark auf Deine Gesellschaft in Pyrmont.

(den 15.) Heute vor zwei Jahren war ich in diesem Augenblick in Deinem Kabinett und gab Dir meine ganze Seele. Boie, der Tag bleibt mir ewig heilig. Wohl mir, daß ich Deine Luise bin! – Das Herz ist zu voll, Boie – ich sage Dir nichts, wenn ich Dich morgen sehe. Die Kestnern kommt den Nachmittag, und ich kann Dich nicht an mein freudig pochendes Herz drücken – dann denke, daß ich nur halb glücklich bin.

LUISE AN FRAU VON PESTEL   [Hannover] 15. Juni 1779

Luise, meine Empfindungen sind sehr sonderbar, ich habe mehr Kräfte, kann also auch anders und lebhafter empfinden. Glaub nur, ich fordre jetzt alle Kräfte auf, jeden keimenden Wunsch zu ersticken. Ich darf nichts wünschen, wenn ich ruhig bleiben will. Zimmermann hat gesagt, ich wäre sehr viel besser, er hoffte mehr als er fürchtete, indessen käm es aufs Fieber an.

Gestern fuhren wir wieder (die Mejer, Freitag und ich) nach Platens Garten. Es tut mir sehr wohl, wenn ich in der Luft bin. Wenn ich nur sitzen könnte, aber ich muß liegen, sonst halt' ichs nicht aus, und das ist doch immer umständlich.

Da, ein Briefchen von Boie. Er schreibt mir von Gleims Studierstube zuletzt. Möchte er doch diesen Abend noch kommen können!

Boie ist in Hannover gewesen, aber bald wieder abgereist, um in Pyrmont mit dem Grafen Friedrich Stolberg und dessen Schwestern Katharina und Auguste (Goethes Brieffreundin) zusammenzutreffen.

LUISE   [Hannover] 6. Juli 1779

Ich empfinde Deine Abwesenheit viel tiefer wie voriges Mal, verdoppelte Zärtlichkeit für Dich ists nicht, denn ich kann Dich nicht [noch] mehr lieben, es ist also ein Grad von Gesundheit, den der Himmel mir wieder geschenkt. Ich werde nichts tun wie lesen und schreiben, denn die Trennung von Dir, Du Einziger, die Untätigkeit, worin ich leider lebe, kann ich mir sonst durch nichts erleichtern.

Kestners kamen um acht Uhr, und jetzt gehen sie weg (es ist nach zehn). Lotte wollte mir Gesellschaft leisten und mir den Gedanken unsrer Trennung verplaudern – sie meinte es so gut, und ich bin so kalt. Ich bin oft meiner Gleichgültigkeit böse, und doch kann ich nicht anders sein. Wir sprachen von künftigen Dingen, von Deiner Heirat. Die Einem wird Dir sehr zugedacht, lieber Boie – Deine Luise soll Dir das gute Mädchen in Erinnerung bringen, Dir alles so lebhaft vorstellen, daß Du Dich dazu entschließest: Zehntausend Taler, ein gutes, liebes Mädchen, die gewiß einen Mann glücklich macht, und was fordert Boie mehr? Ein Mädchen sich zu wünschen, die nie geliebt, die ihre ganze unbefangene Seele gibt, ist romanhaft.[1] – Ich habe mich aber für einen solchen Auftrag gar schön bedankt, weil Du mir zu lieb wärst, um Dir ein Mädchen vorzuschlagen, die ich gar nicht kennte, denn Du hättest jetzt Gelegenheit, Bekanntschaften zu machen, reisetest auch künftigen Frühling zu Deinen Verwandten, wer wüßte, was denn kommen könnte?

Nun bist Du gewiß in Pyrmont, liebster Boie, müde von der Reise eilest Du schlafen. Gute Nacht.

(den 8.) Den Hume lese ich mit sehr vielem Vergnügen. Er liegt auf meinem Bureau und macht ein gar gelehrtes Ansehn. Die Niepern rief gestern: „Gut, daß ich nicht so viel lesen soll!" Möchte ich doch die Frau weniger empfindsam machen können! Denke Dir, daß sie ganze Tage sich unglücklich glaubt, weil ihr kleiner Junge die Ziege mehr liebt als sie. Ich fand den Vorzug, den er der Ziege gibt, ganz natürlich, er spielt mit dem Tier und seine Mutter kann sich gar nicht zu seinen kindischen Einfällen und Ideen herunter stimmen. Das ist der Fehler der mehrsten Mütter, ihr Charakter sollte doch billig so biegsam sein, daß es ihnen nicht schwer würde, auf eine nützliche Art mit den Kindern zu tändeln. Sie seufzte, der Junge hätte kein Herz. Die Mejer antwortete: „Er wird vielleicht männlicher als sein Vater." Wohl dem Buben, wenn er es wird, dacht' ich.

BOIE   Pyrmont, 12. Juli 1779

Gestern hab ich nicht wie ein Brunnengast gelebt, und bin erst nach zwölf zu Hause gekommen; dafür aber kam ich auch erst nach sieben in die Allee. Der Nachmittag war ganz angenehm;

---

[1] Lotte von Einems Liebesgeschichte mit Miller war bekannt.

ich spielte eine Partie Whist, ging ein wenig in die Komödie und darauf mit Prinz Georg spazieren, der mir viel von seinen Reisen und besonders seinem Umgang mit Winckelmann erzählte.

Ich hab heut Abend sehr daran gedacht, daß ich nun schon acht Tage von Dir getrennt bin. Luise, Du hast mich verwöhnt. Ich kann so wenige Weiber *oft* sehen, und keine, die Eindruck auf mich macht. Über die Idee der guten Kestner hab ich lachen müssen. Es ist doch wirklich viel Freundschaft von ihr, daß sie die Einem mir zufreien will. Der Domdechant Vincke und der Minister Fürstenberg sind ihretwegen[1] vorigen Sommer zweimal [vergeblich] ausgefahren, weil sie bald in Herrenhausen und bald in Montbrillant sein sollte und sie sie gern sehen wollten. Das muß sie aber nicht wissen.

[Pyrmont, etwa 20. Juli 1779]

Diesen Morgen machte ich einen herrlichen Spaziergang mit Graf Fritz. Wir gingen nach den sogenannten Externsteinen. Sie geben einen der außerordentlichsten Anblicke, es sind eine Reihe sehr hoher, meist einzeln stehender Felsen, die ehedem oben durch die Kunst mit einander verbunden gewesen sind. Wozu sie gebraucht worden, kann ich nicht bestimmen. Oben sind Kammern eingehauen, zu denen man nicht mehr kommen kann. Daß die Überbleibsel nicht heidnischen Ursprungs sind, sieht man deutlich an den eingehauenen christlichen Figuren. Wir bestiegen mit Mühe nur den niedrigsten Felsen. Mir schwindelte oben so, daß ich mich anhalten mußte. Eine ehrwürdige Linde unten, die schönste und größte, die ich in meinem Leben gesehen . . . [hier fehlt ein Teil des Briefes]

Frau v. Booth hab ich kennenlernen. Sie ist trotz ihrer Malerei eine artige Frau. Ihre Schwester kannt ich schon vorher. Um sie ists doppelt schade, daß sie Rot auflegt, denn sie ist wirklich mehr als hübsch.

LUISE AN FRAU VON PESTEL   Hannover, 24. Juli 1779

Boie schreibt: „Der lieben Pesteln tausend Grüße. Montag, an meinem Geburtstage, aß ich beim Fürsten [von Waldeck]. Den Mittag bracht' ich so angenehm zu, als ich noch vor einigen Jahren

---

[1] Lotte Kestner war für literarisch gebildete Besucher Hannovers immer noch interessant.

nicht geglaubt hätte, daß man ihn bei einem Fürsten zubringen könnte. Es herrschte weder Zwang noch Langeweile bei Tische. Den Nachmittag war ich bei Gustchen, die ganz erträglich wohl ist. Wir gingen nachher spazieren. Ich immer mit Gustchen. Just den Schritt, den ich ehmals mit Ihnen ging. Wie ich da an Sie dachte! Ich glaubte Sie am Arm zu haben. Ich muß ihr und Katrinchen viel von meiner Luise erzählen. O, wenn Sie doch bei uns sein könnten! Gewiß, Ihnen würde wohl sein, Sie würden lieben und geliebt werden. Beide Gräfinnen wollen Ihre Freundinnen werden, sind es schon, das soll ich Ihnen nebst ihrem herzlichen Gruß sagen." Du siehst, daß unser Boie sehr glücklich ist. – Luise, ich muß aufhören – ein Brief von B. und einer von Katrinchen. Boie schreibt: „Viel hab ich in dem vortrefflichen Mädchen gesucht, sehr viel, aber das nicht, was ich heut entdeckt habe. Ihr Herz überströmt in unversiegender Fülle, wenn es sich geöffnet hat, und Geist hat sie. Ohne alle Kenntnis des Silbenmaßes, und ohne sie ihren Brüdern zu zeigen, hat sie einige Gedichte gemacht, die mit dem Stempel des Genies geprägt sind – ‚Rosalia‘, die Erzählung im ‚Museum‘, ist von Katrinchen. Du erinnerst Dich doch, daß ich schon davon geschrieben, aber sie nicht als Verfasserin nannte, weil ich wollte, Du möchtest das erraten."

Zuerst meinen herzlichen, warmen Dank für das schöne Geschenk, das Ihre Freundschaft mir gemacht hat. Es ist zu schön, als daß ich's tragen und dadurch mich in Gefahr setzen möchte, ein Band zu verderben, das Sie so fein, mit so viel Geschmack und, was das beste ist, allein und für mich gearbeitet haben. Zum Glück hab ich keinen Stock, an dem es zu hängen verdiente, und Eitelkeit, wissen Sie wohl, hab ich nicht viel, obgleich ich auch nicht ganz frei davon sein mag. Es bleibe also aufbewahrt bei meinen Kostbarkeiten. Hätte ich nur wieder etwas, das Sie auf eben die Art an mich erinnern könnte. Meine Hände können nichts hervorbringen; und die Zeit, wo ich noch an irgend eine eingebildete Chloe oder Phillis Reime hervorbrachte, ist – soll ich sagen glücklicher- oder unglücklicherweise? – ganz vorbei.

Lassen Sie mich aber nicht ins Tändeln kommen. Lieber ein Wort von unsrer Luise. Sie ist im ganzen unendlich besser, als sie war; aber von der völligen Gesundheit ist sie doch noch viel weiter entfernt, als ich vor einiger Zeit glaubte. Indeß hat Zimmermann, der sie künftig öfterer zu sehen verspricht, guten Mut, und das erhält meinen.

Wie sehr hab ich jetzt wieder gefühlt, was mir Luise ist! Ich hätte nicht gewußt, was ich anfangen sollen, seitdem ich wieder allein bin, wenn ich sie nicht hätte. Auch niemand sonst hab ich hier, und alles andre – ich glaube nicht, daß ich ungerecht klage – wie ist es mir jetzt so schal, so leer!

Hier sind die Schattenrisse der Stolberge, die Ihnen, da Sie sie kennen und ähnlich finden werden, gewiß angenehm sind. Schade, daß Sie sie nicht ein wenig mehr haben kennen lernen können! Luise hat sie kennen lernen und genug, um sie zu lieben.[1]

Ich lasse jetzt eine Sammlung der Gedichte von beiden Brüdern drucken. Sobald sie fertig ist, schicke ich Ihnen ein Exemplar.

Mehr als ich sagen kann, freue ich mich, daß Sie endlich, was Sie in Celle noch nicht hatten, gefunden haben – eine Freundin.[2] Das ist immer nahes, unmittelbares Bedürfnis. Um uns müssen wir ein verwandtes Herz haben, in das wir unsre Freuden und Leiden ausschütten können.

Wie gern säh ich Sie noch diesen Herbst! Aber ob's dazu kommen wird? Leben Sie wohl und empfehlen Sie mich Ihrem Herrn Gemahl. Ihres Andenkens und Ihrer Freundschaft bin ich sicher, wie Sie der meinigen.

LUISE AN FRAU VON PESTEL   [Hannover] 27. September 1779

Die Ahlemann kam den Nachmittag und blieb bis acht Uhr. Klockenbring holte sie ab. Boie kam um sieben. Wie die beiden Verlobten weg waren, sagte Boie: „Gott, Luise, wenn Sie verheiratet wären! Der Gedanke ist mir noch nie so lebhaft in mein Herz gekommen als diesen Abend bei dem Paare." – „Nun, warum, Boie?" – „Auch Sie wären nicht glücklich. Ihr Herz verlangt zuviel feine Empfindung, die wir Männer so selten haben."

Er hatte nicht unrecht. Klockenbring ist sehr ungestüm, mein Gesicht mochte wohl mein Mißfallen darüber gezeigt haben. Leider ist die Liebe der mehrsten Männer nur im Blute, nicht im Herzen, dennoch wird Klockenbring sehr glücklich mit seiner Frau sein, und sie mit ihm.

---

[1] Die Stolbergs waren auf der Rückreise von Pyrmont in Hannover gewesen.   [2] Wilhelmine v. Beaulieu.

Der Frau von Voigts[1] hab' ich geschrieben, gedankt und ungefähr gesagt, was mein Schicksal war und ist, denn es wäre unbillig, sie nicht damit bekannt zu machen. Klockenbring sagt mir, daß ich die Frau besonders interessierte, weil sie eine Freundin gehabt, die drei Jahre ein schleichendes Fieber ohne Husten genährt, nicht abgezehrt worden, nicht sehr entkräftet, und auf einmal gestorben [sei].

Ich hab ,Rosaliens Briefe' [von der La Roche] gelesen. Sehr viel Hübsches darin, aber ich mag den Ton nicht. Im Anfang (die Henriette) war Wielands Geliebte, eine Mme. Bondelie, die ungefähr zwei Jahr tot. Wieland ward ihr untreu und brach ihr das Herz. Die La Roche sprach von der Henriette mit dem rührendsten Ton und Gefühl. – Die Lebensbeschreibung der seligen Heynen schicke ich Dir. Die Frau verdiente einen vernünftigen Geschichtsschreiber zu finden, der die kleinen Umstände ihres Lebens und Original-Charakters ausmalte. Denke Dir, wie die beiden Leute sich geheiratet haben, Luise. Ohne Geld!

Der Engländer, der Boie 800 Gulden schuldet, ist Parlamentsmitglied geworden und hat eine reiche Erbschaft getan. Der arme Boie kriegt gewiß nichts, der Mann antwortet auf keinen Brief. Das ist doch grausam hart für Boie. Er arbeitet schrecklich und spart, aber was hilft es?

FRAU VON PESTEL AN LUISE   [Celle] 19. Dezember 1779

Ich kann zwar wegen Deines Nichtschreibens ruhig sein, weil ich mich auf Boies Wort verlasse, daß er mir Nachricht gibt, wenn Du übler wärst, indessen kann ich mich der Traurigkeit nicht erwehren, daß ich jetzt entfernt von Dir sein muß, da Du meiner am nötigsten bedarfst. Dein Schicksal erwart ich in Ruhe. Luise, solltest Du sterben, so glaub nur, daß ich keinen Schritt tue ohne die feste Überzeugung, daß Dein Geist mich umschwebt, und daß ich auf dieser Welt an Dir nichts wie das Sinnliche verliere. Du folgst gern meinen Gedanken, sonst kann Dich dieser Brief leicht traurig machen, einer andern wie Dir schickt' ich ihn nicht, aber in Deiner Seele liegen Kräfte, die selbst unter Leiden und Schmerz zunehmen, da Trost sehen, wo andre nur Labyrinth finden. Sieh, Mädchen, so kenn ich Dich. – Heut Mittag ißt Kestner bei uns, da muß ich aushalten.

[1] Siehe Anhang.

Kestner ist fort und es ist gleich sechs, nun soll ich Fritzen Tee machen. Heut Abend kommt Kestner wieder, das ist unausstehlich.

BOIE   [Hannover] 28. Januar 1780
    Ich fühle mich in der Tat besser, und wenn ich arg wollte oder sehr viel Unterhaltung zu finden glaubte, könnte ich wohl diesen Mittag mit von der Gesellschaft sein. Aber Du, die allein mich verführen könnte, bist nicht da, und ich will hübsch zu Hause bleiben.
    Ich ließ den guten Kestner Dienstag Abend zu einer Partie Whist bitten; die Antwort war, er sei selbst krank. Da hat der wackere Mann nun auch Dienstag nicht ausgehen dürfen, weil er Mittwoch nicht in den Klub gehen sollte. Die ganze Stadt, höre ich, soll wissen, daß die liebe Frau keine Erlaubnis geben wollen. Wenn die gute Kammersekretärin doch wüßte, wie lächerlich sie sich durch so was macht. – Wer gestern Mittag mit mir gegessen hat? Ja, Du rätst es nicht, Dein Herr Bruder. Er hat mich so gut unterhalten, als er konnte, und schien mich zufrieden um vier Uhr zu verlassen. Bald darauf kam Brandes.
    Lebe wohl, meine Beste! Nun sind's schon vier ganze Tage, daß ich Dich nicht gesehen.

LUISE   [Hannover] 28. Januar 1780
    Mir geht es gut, außer Mattigkeit, und ich glaube noch immer, daß mein Übel fort oder beinahe fort ist. Aber matt bin ich zum Erstaunen, keine Viertelstunde außer Bette, so bin ich ohnmächtig. Die ,Contes persanes' haben mich so sehr amüsiert, lieber Boie, sie scheuchten gestern meine Langeweile fort, wofür ich Dir herzlich danke. Ich habe auch vorige Nacht noch davon einen gar hübschen Traum gehabt. Ich erbte mit Georgen 200000 Taler und wollte mir ein Gut dafür kaufen am Rhein, Du wolltest Dich nach allem erkundigen, und wie ich Dir sagte: „Du gehst aber doch mit mir, Boie?", antwortetest Du verdrießlich: „Nein, Luise". – Der Verdruß über Deine Antwort weckte mich auf.

                                        [Hannover] 20. März 1780
    Lieber Boie. Die Mejern bittet Dich auf diesen Abend zum braunen Kohl, und ich – mach ja kein ernsthaftes Gesicht – werde Dich begleiten. Wir sollen um sechs kommen, es ist niemand

da als Freitag. Ich weiß, daß Du ein paar Stunden Langeweile
haben wirst, aber, lieber Junge, mach ein freundliches Gesicht
und geh mit mir. Ich will auch so ernsthaft sein als eine Frau von
80 Jahren, ich verspreche Dir, gar nicht zu schwärmen mehr, und
Dich so zu empfangen, als ob ich Dich seit gestern erst kennte.
Um sechs Uhr erwarte ich Dich. Lebe wohl.

Boie geht im Mai 1780 mit seinem Feldmarschall beruflich nach Lüneburg,
wo er auch Verwandte Luises sieht, dann nach Stade. Von dort aus will er
eine Urlaubsreise ins dänische Gebiet machen, die Stolbergs wiedersehen
und durch deren Beziehungen in Kopenhagen ein Amt zu erhalten suchen,
das einträglicher ist als die bisherige Stellung, in der er nie aus den Schulden
herauskommt.

LUISE   [Hannover] 18. Mai 1780
    Heut hab' ich Nachricht von Dir, lieber Boie, Du bist ein paar
Stunden bei unsrer Pestel gewesen und hast sie mit einigen Worten beruhigt – und dafür danke ich Dir. Der Himmel wird Deinen
künftigen Entschluß leiten – zu Deinem Glück. Ich glaube, daß
ich mehr daran denke wie Du selbst. Den Schmerz einer völligen
Trennung – Boie, zürne jetzt nicht mit mir, wenn meine Briefe
eine schwermütige Falte im Herzen verraten, glaub nur, ich bin
viel ruhiger, nun Du fort bist, ich bin so fest in mich selbst gehüllt, bin so einsam, daß, wenn ich nicht wüßte, der Himmel sieht
auf mich herab, ich mich allein glaubte in der ganzen Natur – Ach
Boie! Kehre Du Dich nur nicht daran, wenn ich unklug schwätze,
ich fühl' es, wenn Du mir diese Freiheit versagst, kann ich nicht
schreiben, es muß heraus, was im Herzen ist. – Wenn ich Dich bei
Deinen Freunden erst weiß, dann hab' ich mich vielleicht an Deine
Abwesenheit gewöhnt.
    Lotte Rehberg, die mich diesen Abend ein halb Stündchen be-
sucht, läßt Dich grüßen. Sie sagte mir, Dein ganzes Gesicht hätte
Deine Freude über Deine Reise gezeigt, sie hatte Dich wenige
Augenblicke, ehe Du in den Wagen gestiegen, noch gesehen und
umarmt. – Mir war, als wollte meine Seele sich Dir nachfreuen,
aber es ging nicht.
    (den 19.) Hier hab' ich Deinen Brief, liebster Boie. Gott segne
Dich tausendmal für die unerwartete Freude.
    Du hast also auch Ramdohr nicht gesehn? Je nun, es wird hier
wohl ein bißchen ungnädig genommen werden – denn gestern

Abend, nachdem mich die Kestner gefragt, was die Pestel von ihm schriebe? und ich antwortete: „Nichts", sagte sie: „Ramdohr ist doch ein Mensch, der wert ist, daß er bemerkt wird."

Kestner hat mich jetzt besucht und mir die Zeichnungen von Speck gezeigt. Lotte ist besser getroffen wie in dem Portrait, sie hat hier eine sanfte Miene, aber der Albert ist unausstehlich. Speck hat ihm einen Alberts-Blick in den Augen gegeben, den er doch nicht hat, es verdrießt mich drum. Beide sind schön gemacht.

Adieu, Boie. Habe Geduld mit Deiner Luise.

BOIE   Lüneburg, 20. Mai 1780

Wie ich gestern Abend zu Hause kam, fand ich Deinen Brief vom 16. tausend Dank für alles Liebe und Gute, was Du mir darin sagst. Dank auch für die Einschlüsse. Einer war von Schrödern, dem Schauspieler, und enthielt Nachrichten von seiner Aufnahme in Wien, die ganz außerordentlich und ein wahrer Triumph für ihn und die Kunst gewesen ist. Außer der goldnen Dose und Medaille hat ihm der Kaiser noch 200 Dukaten geschenkt und der Fürst Kaunitz ihn mit eigner Hand an den ersten Minister von Frankreich empfohlen, wohin er jetzt reist.

Wie ich gestern Morgen eben meine Briefe gesiegelt hatte, kam Kraut und blieb bis Mittag bei mir. Bei Oldekopp aß ich. Die Gesellschaft bestand aus Kraut und Timmermann mit ihren Frauen, zwischen beiden welchen ich saß. Die Timmermann ist nun ziemlich gesund, aber – häßlich geworden. Indeß war ich galant gegen sie und wir waren die besten Freunde. Von Dir sprach sie mit großer Freundschaft und wir tranken Deine Gesundheit. Sie will mir Dortchen[1] zufreien, wenn ich warten will. Was sagst Du dazu? Wir gingen zusammen in die Komödie, die herzlich schlecht gespielt ward. – Diesen Nachmittag will ich Visiten fahren.

(den 21.) Ich dachte noch allerlei diesen Morgen hinzuzusetzen, aber ich habe so viel für den Feldmarschall zu schreiben gehabt, daß mir die Zeit vergangen ist. Aber doch noch zwei Zeilen. Mein Abend bei Kraut war herzlich langweilig, Dank seis der erzlüneburgischen Gesellschaft, die Kraut gebeten hatte oder hatte bitten müssen.

Eben erhalt ich Deinen Brief. Wie hat er mich gerührt! O Beste, sorge meinetwegen nicht! Laß Dir nur wohl sein!

[1] Ihre kleine Pflegetochter, Luises Nichte.

Ach Boie! die Freude über Deinen Brief fühl ich ganz – mir ist so heiter und wirklich glücklich zu Mute, es ist mir, als ob ich mich so an Dich schmiegte wie den Abend vor Deiner Abreise. – Boie, um solch ein Gefühl, dauert es auch nur wenige Minuten, ertrag' ich gern acht trübe Tage.

Es ist mir angenehm, daß die Timmermann mir nicht böse ist. Gesteh nur, daß unsre Gesellschaften, auch die langweiligsten, immer besser und amüsanter sind wie die Lüneburger. Meine Antipathie geht so weit, daß zu einer Heirat mit einem Mädchen in Lüneburg erzogen Du meine Einwilligung gewiß nicht kriegtest, also wirst Du mein Neffe nicht, lieber Boie.

Daß Schröder in Wien gefallen, freut mich, weil es ein Beweis ist, daß auch dort das Natürliche immer mehr gefällt. Vor einigen Jahren war man noch nicht daran gewöhnt. Es ist mir eine wahre Herzensfreude, daß der Kaiser Leute von Talenten schätzt und sie belohnt. Aber was will Schröder in Frankreich? Garrick ist es vielleicht oft gelungen, einen Franzosen in Entzücken zu setzen, der kein Wort englisch verstand. Ich wünschte, daß er [Schröder] Dir ferner Nachricht von seiner Reise gäbe.

BOIE Stade, 1. Juni 1780

Trotz des Regens, der Kälte, des ewigen Schmausens in Lüneburg habe ich, einen Tag ausgenommen, wo ich ein wenig unwürsch war, mich herrlich befunden, und ebenso hier, trotz des Schmausens und der Hitze. Den 7. oder 8. reis' ich ab.

Der Kestnern hab ich, so viel ich mich besinne, nichts besonderes über ihre Art, mit Dir umzugehen, gesagt. Allgemein hab ich, wie oft, davon gesprochen, daß man Dich mit allen Unannehmlichkeiten außer Dir verschonen müsse. Vielleicht glaubt sie, daß Du für andre, besonders die Niepern oder Rehbergen, mehr Freundschaft habest als für sie, oder vielleicht amüsiert sie sich auch nur nicht bei Dir.[1]

Daß Du Theresen ernsthaft geschrieben, ist sehr gut. Sagt' ich nicht immer, daß es schlimm sein würde, wenn sie ihr Herz zu fühlen anfinge?

Leb wohl, Du Beste.

---

[1] Hier fehlt offenbar ein Brief Luises mit Bemerkungen über Lotte Kestner und Therese Heyne.

LUISE   [Hannover] 2. Juni 1780
    Heute sind es drei Jahr, als wir so glücklich auf dem Steinkrug
und im Deister waren. Ach, Boie! Erinnerung macht glücklich
und unglücklich –
    Denke Dir, daß meine Dortchen[1] die Gicht hat und recht elend
ist, ich pflege sie, so gut ich kann, aber sie leidet viel.
    Goethe hat an Kestners geschrieben, wie es ihnen und ihren
Kindern ginge? Er wäre vergnügt, hätte viel zu tun und arbeitete
gern in seinen Geschäften.
    Grüße die Vossen und ihren Mann zärtlich von Deiner Luise
und sei so glücklich, als ich's Dir wünsche.

BOIE   Stade, 7. Juni 1780
    Gestern nach Tische fuhr ich mit Haltermann hinaus nach
Agathenburg. Beide, der Amtmann Haltermann und seine Frau,
nahmen mich aufs beste auf. Sie wird in Stade allgemein gelobt,
aber eine gewisse Unbehaglichkeit ist um sie. Sie hat sieben Kinder, die alle frisch und gesund und, trotz der roten Haare von einigen, schön sind. Agathenburg liegt auf einer Höhe und hat hinter
sich eine fast unübersichtliche ganz ebene Fläche, meistens aus
Wiesen bestehend und mit Vieh bedeckt. Die Elbe, die man an
einigen Stellen sehen kann, und Berge und Türme hinter derselben, unter welchen die von Hamburg sind, schließen die Aussicht.
Die Haltermann hatte Deinen und auch meinen Namen in eine
Buche geschnitten. Deiner war nicht gut geraten. Dafür schnitt ich
ihn unter Nachtigallgesang noch einmal ein. Wollte der Himmel,
Du könntest einen Monat hier sein! es würde Dir gewiß gut bekommen. Von Dir ward denn überhaupt viel gesprochen. Gegen
zehn Uhr waren wir wieder in der Stadt und ich ging auf ein Picknick des Adels, wo ich gebeten war. Einige recht artige Gesichter
gibts doch darunter. Daß ich nicht tanzte, oder nicht tanzen wollte,
konnten sie gar nicht begreifen. Übrigens gings mir hier wie
allenthalben. Ich ward von den Offiziersdamen, wie sonst von
ihren Männern, mit Bitten, Sollicitationen und dergleichen überschüttet. Sie scheinen zu glauben, ich könne alles bei dem Feldmarschall ausrichten, und in hundert Dinge mag ich mich gar
nicht mengen. Nächst dem Marcardischen Hause,[2] wo sie nicht
wissen, was sie mir [alles] zu Gefallen tun wollen, habe ich mich

---

[1] Luises Mädchen.   [2] Elternhaus des hannoverschen Freundes.

keines mehr zu rühmen als des Haltermannischen. Kurzum, Luise, wo ich nicht noch unterwegs gedemütiget werde, komme ich als verzogen Kind zu Hause, wie ich ausfuhr.

(den 8.) Mehr als ich sagen kann, freue ich mich darüber, daß Du wieder gefahren bist und wenigstens das Gehen vertragen kannst. Du armes Mädchen! Zur Erholung Kranke verpflegen – der Gedanke hat mich lachen gemacht, so wenig lächerlich er ist. Das arme Dortchen! Sag ihr, daß ich sie bedaure. Unterdeß schwimme ich in lauter Freuden – wie das Schicksal so austeilt! Ich bin doch froh, daß der Lagertaumel einmal zu Ende ist. Bei Vossen denk ich mich zu erholen und auszuruhen.

LUISE   [Hannover] 8. Juni 1780

Gestern hatt' ich einen sonderbaren Tag. Mein Herz ward von vielen gemischten Empfindungen gleichsam durchwühlt – ich wollte Dir schreiben und zerriß das Blatt, wie ich schon oft getan, schrieb aber der Pestel und mir wurde besser. – Ich will Dir auch sagen die Ursache. Die Mejer hatte den sehr geschickten Chirurgus Keßler aus Wunstorf kommen lassen, um mich zu sehen. Der Mann hat sehr viel Glück und Kenntnisse, das weiß ich lange von ihm. Ich erwartete ihn nicht, und der Besuch war mir unangenehm, obgleich ich die Sorgfalt der Mejer nicht verkannte, aber bald hernach, wie ich ihn gesprochen, freute ich mich, daß er so alles Wort zu Wort wie Zimmermann beurteile. Er sagte, daß ich außerordentlichen Verdruß sehr viele Jahre gehabt haben müsse, sonst wär' es unmöglich, daß die Krankheit zu dem Grade gekommen. Die ganze Krankheit läge in dem Gallengange von der Leber zum Magen. Ein Geschwür wär es nicht, aber eine große Verhärtung der Galle. Weil nun durch jede Bewegung des Fahrens oder sonst Erschütterung der Magen bewegt würde, also die böse Stelle gereizt, daher könnt' ichs nicht vertragen, auch die heiße Luft des Zimmers nicht. Meine Nerven wären außer aller Schuld, sie litten, wären aber im Grunde nicht schwach, so wie ich überhaupt sonst sehr gesund sein müßte. Er wunderte sich über meine Heiterkeit, weil mein Kopf vorzüglich leiden müßte, ich gestand ihm, daß ich sehr traurig und gedrückt sein könnte, und er tröstete mit Geduld.

Da der Mann so vernünftig sprach, bat ich ihn, er möchte mir aufrichtig seine Meinung sagen. Er beteuerte, wenn ich diesen Sommer beständig die abführenden Mittel, die ich jetzt nähme, fort gebrauchen könnte, und den ganzen Winter nicht müde werden wollte, ähnliche Mittel zu nehmen, würde ich wieder hergestellt. Ich hätte Unrecht, nichts mehr gebrauchen zu wollen, denn an diesem Übel stürb' ich nicht, es wäre denn, daß durch die Länge der Zeit meine innren Teile litten und die Krankheit in Auszehrung überginge, die alsdenn sehr schnell sein würde. Jetzt schreib' ich Dir das alles mit Ruhe, gestern kämpfte ich mit mir selbst recht fürchterlich, ich war sehr unglücklich, heute aber hab' ich doch wenigstens die Hoffnung, wieder auszuharren in Geduld. Verzeih, Lieber, daß ich Dir beinahe eine medizinische Abhandlung geschrieben. Denk' dabei, Du läsest die Göttingischen Zeitungen.

– Boie, wenn Du mich sehen könntest! Zwei Briefe von Dir hab ich heute, jetzt, erhalten. Gott segne Dich tausendfach und lohne Dir jede Freude, die Dir mein Herz verdankt.

(den 9.) Nun Du weg bist, weiß ichs erst, daß Dich unser kleiner Cirkel wirklich liebt, es ist ein beständiges Fragen nach Dir, und sie freuen sich alle, daß es Dir so wohl geht.

Hör Boie, sollte die Vossen niederkommen und sie kriegt ein Mädchen, stehl' ichs ihr, die Jungens soll sie behalten. – Dreimal hab' ich Deine Briefe nun schon gelesen. Ich möchte sehen, wie Dich Deine Schwester empfängt. Sag' mir's ja, wenn sie zärtlicher als Deine Luise ist, denn das ertrage ich nicht. Jetzt bist Du wohl gar schon in ihren Armen – Boie, willst Du auch an mich denken und sie grüßen?

[Hannover] 11. Juni 1780
Du bist ein Liebling des Himmels, Boie. Gottlob, daß ich diesen Trost habe! Haltermanns Freundschaft für Dich macht mir wahres Vergnügen. Der Mann sorgte oft für meine Freuden in meinen Kinderjahren. Seine Frau soll eine edle Seele sein, sie ist aber kränklich.

Gestern Abend ging ich mit Lotte Rehberg, die mich abholte, auf Deinen Wall. Ich schämte mich meiner Anwandlung von Schwermut, die ich nicht unterdrücken konnte, Lottchen sympathisierte mit mir. Sie kommt wenigstens dreimal die Woche vor [vorbei], auch ihr Bruder, dem ichs doch immer anrechne, weil ich für ihn nie unterhaltend sein kann. – Die Kestner bleibt, wie sie ist, kalt. Ich sehe sie Augenblicke und die Augenblicke kosten sie etwas, aber ich entschuldige sie von ganzer Seele. Freude ist ihre Nahrung, wo sie die nicht findet, ist sie ungern. Heut Morgen kam sie, sah Dortchen recht fürchterlich leiden. „Es ärgert mich",

55

sagte sie, „daß du nicht klagst, dir ist nicht zu helfen, denn du willst ja alles allein verdauen. Du wirst sehen, was du am Ende davon hast." – Von Zimmermann hab' ich heute durch Marcard ein Kompliment bekommen. Mein Befinden wäre ganz über Zimmermanns Erwartung, er freute sich über meinen Heldenmut (Zimmermannsche Sprache), bäte um fortdauernden Gebrauch der Arznei, und wunderte sich, daß ich kein Fieber mehr hätte. – Der Fürst Orloff ist gestern Abend gekommen, um ihn zu consultieren, ehe er nach Pyrmont und Spaa geht. Heute sind sie beide in Herrnhausen, Esplanade etc. spazieren gewesen.

(den 12.) Die General-Auditeurin Hartmann hat mich gestern drei Stunden besucht, Marcard macht ein böses Gesicht, weil ich [heute] Fieber habe. Denke Dir die Güte der Hartmann, ich klagte, daß die Molken, auf der Apotheke gemacht, so elend wären, sie erbot sich gleich, mir jeden Tag, bis Dortchen sie wieder selbst machen könnte, meine Portion zu schicken. Sie war recht teilnehmend über die Fatalität mit Dortchen. Das arme Mädchen kriegt wieder spanische Fliegen, indeß verliert sich ihr Fieber. Sehr oft denkt sie an Dich, was Du wohl sagen würdest, wenn Du uns so sähest?

Viele herzliche Grüße von unsrer Pestel. Ihre Schwägerin heiratet – rate wen? Den Oberamtmann Dreppenstedt zu Koldingen. Einen Weiberhasser, der nun so verliebt in das Mädchen ist, daß es ein wahrer Spaß ist.

Nun gute Nacht, teurer lieber Boie. Grüße Vossens recht herzlich von Deiner Luise.

[Hannover] 14. Juni 1780

Gestern fuhr ich mit Mejers im offnen Wagen nach der Burg, wo wir Kaffee tranken und ich mich zwei Stunden sonnete. Heute nach sechs kam Lotte Rehberg. Schade, daß sie keine Grazie im Character hat! Die Ungleichheit ihrer humeur ist die wahre Ursache, warum sie nicht immer angenehm ist. Sie hat mir ihre kleine Herzensgeschichte mit Cramer erzählt, und weiß es wohl, daß Werner sie liebt. – Ich wollte, daß er sie glücklich machen könnte, sie verdient den besten Mann, aber Dir, Lieber, gäb ich sie nie, nie – Sie grüßt Dich herzlich. In der Zeit, wie ich auf dem Walle war, ist Höpfner da gewesen und hat mir ein Briefchen und eine Schachtel mit Feldblumen, Vergißmeinnicht und Rosen [von Jenny v. Voigts] mitgebracht, alle so frisch, als ob sie erst heute gepflückt. Unsrer Jenny Brief ist allerliebst. Sie hat Sprickmann

besucht und ist von seiner Frau sehr zufrieden, sie wäre eine herzensgute Seele, die ihr mit Tränen der Freude bekannt, daß ihr
Mann ihr anjetzt recht gut begegnete. Seine Tochter gliche dem
Vater und der Sohn der Mutter in allem. Wehe, dacht' ich, wenn
das Mädchen auch des Vaters stürmendes Gefühl und den Hang
zur Liebe geerbt hat! – Dir soll ich viel Zärtliches von unsrer
Jenny sagen. Die Übersetzung vom Ossian hätte sie nicht bekommen.

(den 15.) Ramdohr hat mich jetzt besucht, er geht morgen wieder nach Celle. Er grüßt Dich tausendmal. Kestners hab' ich heute
ein halb Stündchen gesehen. Sie waren recht vergnügt, daß Ramdohr gekommen. Gegen Abend kam Rehberg, der den Pyrmonter trinkt und dabei nicht arbeiten kann. Meine Dortchen liegt
noch beständig zu Bette. Gut, daß ich viel weniger matt bin, sonst
würd' es uns allen beiden übel gehn.

Nun tausendmal Adieu, teurer Boie. Ich umarme Dich von
ganzem Herzen.

Boie hat inzwischen von Stade aus seinen Urlaub angetreten, geht zuerst
nach Otterndorf zu Familie Voß, dann in Begleitung Vossens, der ganz
mit seiner Odyssee-Übersetzung beschäftigt ist, nach Brunsbüttel, dem
Stammort seiner Sippe. „Tausend Szenen der Kindheit und Jugend schweben mir vor, allenthalben umringen mich alte Bekannte", schreibt er von
dort an Luise, ehe er weiterreist in seinen Geburtsort Meldorf.

Boie   Meldorf, 20./21. Juni 1780
Ich bin hier in meines Vaters Hause – dessen Stelle jetzt ein
Vetter von mir bekleidet – auf der Stube, wo ich geboren ward
und nachher meistens lebte. Meine Luise kann sich ganz denken,
wie mir dabei ist. Geschlafen hab ich die Nacht wenig, und doch
war mir wohl und ists noch. –

So weit gestern. Morgen reise ich. Meine alten Freunde und Bekannten hab ich alle gestern besucht und mich ihrer gefreut, obgleich wenige darunter sind, mit denen ich jetzt leben möchte.
Unter den neuen Bekanntschaften, die ich seit langer Zeit gemacht, ist mir die von dem berühmtem Niebuhr die liebste, der hier
Justizrat und Landschreiber ist. Rührend und mir über alles angenehm sind die Proben der Liebe und Achtung, in welcher mein
Vater hier gestanden. Alles drängt sich herzu, was kann, um seinen
Sohn zu – – –

– sehen, hab ich wohl schreiben wollen. Nun bin ich hier und morgen Mittag, wills Gott, in Flensburg. Gestern früh reiste ich aus Meldorf.

Schöner kannst Du Dir keinen Weg denken als den hieher, wenn keine Sonne sticht. Denn unterwegs sieht man keinen Baum, eben so wenig findet man Korn; aber alles an beiden Seiten ist die schönste fetteste Weide und darauf Vieh, gegen welches alles hannöverische von Zwergart zu sein scheint. Mein Johann konnte des Sehens gar nicht satt werden, und er wird genug davon zu erzählen haben.

LUISE   [Hannover] 21. Juni 1780

Heute fühlt' ich die erste Freude seit Deiner Abwesenheit, oder besser zu sagen, die erste Freude, die Du mir nicht selbst gegeben, lieber Boie. Ich ging wie gewöhnlich allein zu Deinen Fenstern, ging immer weiter, und rate, wohin? – Nach des Prinzen Garten – da setzte ich mich und fühlte, daß mein Herz sich über diese schöne Erde freuen konnte. Gegen eins kam ich zurück und ging vor Kestners Haus, einen guten Morgen zu sagen. Die Kestner wollte sich tot wundern, denn ich war weder matt noch müde. Marcard hat mich von meinem fürchterlichen Kopfweh befreit. Ich habe seit vierzehn Tagen so gelitten, daß ichs gar nicht beschreiben kann. Marcard bat, des Abends ein Fußbad zu versuchen, ich hab es nicht allein vertragen können, sondern es tut mir wohl, und ich habe wieder Schlaf. Das ist in acht Jahren das erstemal, daß ich Fußbäder vertragen kann, ich bin voll Dank für die Erleichterung. Ich habe gestern und heute etwas wieder gelesen, den ‚Don Quichote', und herzlich schon darüber gelacht.

Fünf Spanier sind in Göttingen gewesen, um die Bibliothek und das Kabinett zu sehn, der eine davon ist Inspector des König-lichen Naturalienkabinetts in Madrid. Sie sind weit schon herum-gereiset, haben zwei Jahr in Paris gelebt, und reisen durch Niedersachsen, um den Harz und Bergwerke zu sehen. Es ist wohl selten, daß Spanier so reisen wie diese Herren. Diez[1] hat sich halb tot gefreut, wie sie ihm gesagt, daß sie noch niemand außer ihrem Vaterland angetroffen, der so gut spanisch spräche wie er.

---

[1] Professor in Göttingen.

Da störte mich Zimmermann, der Abschied nahm [vor einer Reise nach Ems], und – wie er sein kann, wenn er *will* – ausnehmend artig war. Er sagte: „Das Fieber nagte an Ihrem Leben, jetzt sind es nur noch innre Krämpfe, die abwechselnd stärker und schwächer sein werden, Ihre Nerven leiden nicht mehr, und ich habe jetzt die Hoffnung, die ich voriges Jahr gar nicht haben konnte, daß Sie völlig gesund werden." – Ich sagte nichts, er sah meinen Unglauben und antwortete, ich sollte Dir schreiben, was er mir jetzt gesagt, mit seinem *Herzensgruße*. – Wie Zimmermann weg, kam Marcard, Du hättest über ihn lachen müssen, Boie, so närrisch vergnügt war er über das, was Zimmermann geurteilt.

Zimmermann geht [inzwischen] auch zu Kestners, frägt, ob sie nach Wetzlar etwas zu bestellen oder ob sie mit ihm reisen wollten, er hätte einen viersitzigen Wagen. – Die Kestner antwortet: „Recht gern, wenn Sie's nur früher gesagt hätten." Gestern Abend spät kam Kestner angelaufen und sagte, Zimmermann reisete nun erst morgen, und er wollte nun so gern mit seiner Frau mit ihm reisen, er könnte nur nicht fertig werden, ob Zimmermann noch wohl ein paar Tage länger bliebe? denn so eine Reise umsonst zu tun, wäre doch der Mühe wert. – Beinahe hätt' ich gelacht – Albert dauerte mich, daß er das Leere des Kompliments nicht fühlte. Ich suchte ihm die Idee auszureden, aber es kostete Mühe, daß er sie aufgab. Sie grüßen Dich, auch Mejers und Freitag.

24. Juni 1780

Woher ich dieses schreibe? Ich sitze in des Prinzen Garten, auf einer Bank – über mir im Baume schlägt eine Nachtigall ganz vortrefflich, das ist der erste Gesang, den ich dieses Jahr höre. Gewiß hat hier noch kein Mädchen an ihren Freund geschrieben. Boie, wenn Du doch bei mir sein könntest, jetzt, diesen einzigen Augenblick! – Ich werde, wenn ich kann, jeden Morgen hieher gehen. Wüßte ich doch, was Du jetzt machst! . . . Da störte mich die Schildwache, sie kam vermutlich aus Neugierde, und ging schweigend vorüber. Keins unsrer Frauenzimmer wagte es, so allein zu gehn wie ich, mir macht es Freude.

Tausend Grüße von unsrer Pestel. Sie schreibt: „Was Du mir von Boie sagst, hat mich herzlich gefreut. Der liebe Junge! so ganz für häusliche Glückseligkeit geschaffen und sie doch entbehren müssen. – Käme doch der Voß nach Hannover!"

Boies nächste Station ist Flensburg, wo Mutter und Geschwister leben. Er wird mit Jubel empfangen und nach damaliger Sitte sogleich bei Freunden und Bekannten vorgezeigt, zumal die Familie mit ihm wohl ein wenig ‚angeben‘ will. Gutmütig fügt er sich in Besuchstourneen und in die unliterarische Geselligkeit, die man ihm bietet, nimmt echtes Interesse an kaufmännischem und industriellem Getriebe, genießt eine Wasserfahrt, versäumt bei alledem aber nicht, sich seiner Mutter zu widmen und ausführlich an Luise zu schreiben. Er erwähnt als bekannt, daß er in Dänemark schon Verhandlungen wegen einer festen Anstellung geführt hat. ,,So viel ist entschieden, daß ich die Stelle bei der Gesandtschaft nicht annehme. Aber ich weiß schon, daß mir andere Anträge gemacht werden.‘‘ Am 1. Juli setzt er seine Reise fort, zunächst bis Fünen, wo er von einem Grafen Reventlow nach Brahe Trolleburg eingeladen ist.

LUISE   [Hannover] 3. Juli 1780

Daß Du die Stelle bei der Gesandtschaft nicht annehmen wirst, macht mich herzlich vergnügt, denn sie war mir immer nicht recht nach Kopf. Kopenhagen ist der einzige Ort, wohin ich Dich wünschte. Gott segne Dich! Den Augenblick des Wiedersehens mit Deiner besten Mutter hast Du mir so getreu geschildert, daß ich Deine Freude mit Tränen des Dankes fühlte.

Der Geheime Rat Jacobi[1] ist drei Tage hier gewesen und [hat] sehr vielen Beifall gefunden. In fünf bis sechs Wochen kommt er wieder. Weißt Du, daß ihn der Kurfürst zu einer neuen Kameral-Einrichtung in Bayern voriges Jahr gebraucht, und die Leute sich durch diese Einrichtung so glücklich finden, daß sie Deputierte an ihn geschickt, um ihre Dankbarkeit zu bezeugen? Sie können nicht begreifen, wie ein Ketzer so handeln könnte.

Sonnabend sah ich unsre Pesteln [auf der Durchreise nach Rehburg]. Ich ließ mich des Morgens auf eine Stunde hintragen, fand aber zu meinem Leidwesen viel Gesellschaft. Alles, was wir uns sagen konnten, war von Dir, Du Bester, Einziger.

Das ‚Museum‘ von Juli und August ist gekommen. Weygand hat [bei]folgenden Brief eingelegt, auch den von Lenz, der Dir sehr viel Freude machen wird. Ich habe mich sehr über Lenzens Brief auch Gedicht gefreut. Der Mann ist nun gewiß wieder glücklicher als er vielleicht lange gewesen.

Julie Beneke ist im fünften Monat mit einem toten Kinde entbunden. Sie hat einen fürchterlichen Husten und schleichendes

---

[1] Friedrich Heinrich Jacobi, siehe Anhang.

Fieber, so daß Luise fürchtet, ihre Lunge hätte gelitten. Ich war herzlich traurig darüber, aber Marcard hat mir doch eine entfernte Hoffnung gegeben, daß nämlich der Husten Krampfhusten, und das Fieber Nervenfieber wäre. Marcard spricht, denkt und träumt zwar nichts als von Nervenfieber und Krämpfen – doch hab' ich dadurch Hoffnung bekommen.

Ich *wohne* jetzt, möcht' ich sagen, auf dem Wall hinter Mejers Hause. Meine Bank steht im Schatten, ich sitze da mit meinem Buche. Der Abend war [heute] so schön, ich ging zu Rehbergs, da hättest Du die Freude der Alten sehen sollen. Die Frau hat mich durch ihre Güte sehr gerührt. Ich setzte mich in den Garten, sie schnitten mir die schönsten Rosen, frugen nach Dir, sprachen von Dir – kurz, Boie, ich war vergnügt. Alle grüßen Dich.

Wenn Du die Stelle kriegst, dann bist Du glücklich – dann sag' ich nicht mehr: Du mußt heiraten, um glücklich zu sein, sondern: Warte, bis Du ein Mädchen für Dein Herz findest, dann vermehre Dein Glück.

Dortchen geht umher, aber ist nicht kuriert. Sie soll warm baden, und wenn es nicht hilft, muß sie nach Rehburg, denn ich muß das arme Mädchen wieder gesund haben.

Wenn Du nicht so weit von mir entfernt wärest, schriebe ich noch mehr. Lebe tausendmal wohl.

                                                            7. Juli 1780

Mit Kestner hab' ich mich wegen der Odyssee gezankt. Seine Frau überschrie mich, daß ich schweigen mußte. Sie behauptete, daß es jemand Vossen nachgerechnet, er würde doch dreihundert Taler Vorteil gehabt haben, denn die Zahl der Subscribenten wäre nicht geringe, und nun noch zu klagen und das Buch nicht heraus zu geben – – – Ich blieb kalt. Es verdrießt mich [aber], daß Leute davon raisonnieren, oder andren Narren etwas nachsprechen, was sie alle nicht verstehn. Die Kestnern wollte Franz Reden bitten, daß, wenn der Geheime Rat Jacobi wiederkäme und sie alsdann in Blumenau sein sollte, er ihr durch einen Boten gleich Nachricht davon geben möchte, denn sie müßte den Mann sehn.

An unsre [unsern] Stolbergen sag, daß ich an sie mit Freude und Dank denke. Boie, Du mußt bei ihnen bleiben.

BOIE   Brahe Trolleburg, 9. Juli 1780

Alles ist zur Kirche gegangen, und ich, der kein Wort Dänisch versteht, sitze hier und fang' einen Brief an meine Luise an.

Wer so einen ländlichen Aufenthalt bei Hannover hätte! Der Graf ist ein sehr liebenswürdiger, verständiger, rechtschaffener junger Mann, und die Gemahlin hat ganz meine Eroberung gemacht, ob ich sie eigentlich gleich noch nicht gesehen habe; denn in ihrer Wochenstube, wo ich gestern sehr oft gewesen bin, herrscht nicht einmal Dämmerung. Sie ist eine geborene Fräulein [von] Schubart und soll mehr schön als hübsch sein. Ihre Heiterkeit, Aufklärung, Kenntnisse, Witz scheinen groß zu sein, und ich finde es sehr begreiflich, daß der Graf seinen höheren Adel bei ihr vergessen hat. Ihre Mutter ist eine sehr würdige Frau und die älteste von ihren Schwestern [Charlotte], die Graf Fritz für das liebenswürdigste Mädchen in ganz Dänemark erklärt, hat mir im hohen Grade gefallen. Sie ist nur hübsch, aber wenige Schöne werden auch im Äußerlichen die Vergleichung mit ihr aushalten; so viel Geist, Seele, Grazie ist in ihrer kleinsten Bewegung. Die Freundschaft der Stolberge hat mich an einem Tage allen diesen edlen Menschen so nahe gebracht, daß ich mir selbst schon Monate und länger unter ihnen gelebt zu haben scheine. Von Kopenhagen aus wollen Fritz Stolberg und ich meinem Feldmarschall schreiben [um Verlängerung des Urlaubs zu erbitten]. Sollte ich künftig in Hannover zu leben fortfahren, so möchte ich doch nicht so kurz in Dänemark gewesen sein. Ich werde vermutlich die russische Flotte noch vor Kopenhagen finden, wenigstens die dänische, die auch auslaufen soll; ein Anblick, auf den ich mich nicht wenig freue. Wieland hat einen vortrefflichen Brief an die beiden Grafen geschrieben, den ich Dir in Abschrift mitbringen will. – Eben werd ich zur Taufe herunter gerufen. Leb also wohl. Aus Kopenhagen mehr.

LUISE   [Hannover] 11. Juli 1780

Deinen Brief vom 1. bis 3. Juli erhielt ich gestern ganz unerwartet, aber dafür auch mit doppelter Freude.

Der Landdrost von Busch schrieb an Dich aus Harburg, Du möchtest doch die Absicht zu hintertreiben suchen, daß der Stab nach Buxtehude verlegt würde. Die Stadt Harburg hätte bei Verlegung der Artillerie einen Verlust von 16000 Thlr. und würde durch diese Verlegung nach Buxtehude gewiß 8 bis 9000 Thlr. Schaden haben. Dieses würde den Ort verarmen.

Von dem schönen Zeuge, das Du mir geschenkt, kriege ich ein Kleid und ein Negligé. Das Negligé mach ich mir jetzt, um Dich

darin zu empfangen, mein Teuerster. Möchtest Du doch Deinen
Geburtstag in Kopenhagen feiern! Boie, wie zärtlich werd' ich
den Tag an Dich denken! Lebe wohl, Du Teurer, Bester!

In Brahe Trolleburg hat Boie den Grafen Fritz Stolberg und dessen
Schwestern Gustchen und Julie vorgefunden. Sie begleiten ihn nach Kopen-
hagen, wo er von einer Einladung des ihm von Göttingen her bekannten
Grafen Friedrich Reventlow (aus der älteren Linie der weitverzweigten
Familie) Gebrauch macht. „Seine Gemahlin, eine sehr liebenswürdige junge
Frau, empfing mich als einen lang erwarteten Freund. Wenige Fürsten
wohnen so gut als Graf Reventlow. Mein Johann, den ich dicht bei mir habe,
glaubt in einem verzauberten Schloß zu sein." Boie soll sich in den nächsten
Wochen auch möglichst viel auf dem Gut des Grafen Bernstorff aufhalten,
wo der noch unverheiratete Fritz Stolberg, Bernstorffs Schwager, den Sommer verbringt. Doch wird der eben erst Angekommene sofort von einer
dritten Seite beansprucht, als er im Hause Reventlow auch den Bruder der
jungen Gräfin, den Grafen Ernst Schimmelmann, kennenlernt; dieser
nimmt ihn auf sein Gut Seelust mit, und es folgt ein bewegtes Hin und Her
zwischen Kopenhagen, Seelust, Bernstorff und anderen Landsitzen, die
offenbar nahe beisammen liegen. Die jüngeren Mitglieder des großen Ver-
wandten- und Freundeskreises können von Tag zu Tag Gesellschaften,
Besuche, Ausflüge, Übernachtungen improvisieren; Geschäfte oder Hof-
ämter in Kopenhagen sind in dieser Jahreszeit nicht belastend. Boie berichtet
gewissenhaft von allem Kommen, Gehen und Fahren; seine Begeisterung
teilt er zwischen Schlössern, Gärten und adligen Familien.

BOIE   Kopenhagen, 13. Juli 1780
    Wie ganz was andres ist der dänische Adel als der unsrige! Ich
muß mich ordentlich selbst daran erinnern, daß ich kein vornehmer Mann bin, so ganz auf dem Fuße der Gleichheit nimmt
mich alles. – Graf Reventlow hat sich in den letzten Jahren sehr
ausgebildet, es kann ihm nicht fehlen, einer der ersten zu werden.
Wegen der bewußten Sache hat er als ein Mann mit mir geredet
und will mich nicht überreden. Ich will nichts tun noch beschließen, bis ich dem Grafen Bernstorff bekannt bin. Aber die
Gräfin überredet, indem sie es auch nicht will. Sie ist in der Tat
eine liebenswürdige Frau, und sie hat mich gestern ordentlich um
meine Freundschaft gebeten. Luise! Luise! wie werd ich verzogen, und Du, die Du mich allein wieder zurecht bringen könntest, wirst es wieder anfangen, wo die andern es lassen.
    Hindernisse wird es hier die Menge geben, eh ich wirklich in
hiesige Dienste übergehen kann, wenn ich mich auch dazu ent-

schließen sollte. Was mich sonst empfohlen hätte, wird mir bei den jetzigen Dänen schaden – daß ich in auswärtigen Diensten bin. Ich bewundre Dich, Luise, wie Du den Gedanken unsrer möglichen Trennung trägst. Ich weiß, was Du verlierst, denn ich weiß nur zu sehr, wie Dein ganzes Herz an Deinem Boie hängt. Aber vergiß ja auch nicht, was Du mir bist. Selbst hier, unter Freunden, wie ich sie mir nicht besser wünschen kann, *alles*.

(den 14.) Unser Mittag war allerliebst und ich habe einige interessante Menschen kennen gelernt. Gegen sechs Uhr fuhren wir zu unserm Rendezvous mit der Bernstorffischen Familie. Die Gräfin ist eine Stolberg. Schönere und besser erzogene Kinder als die fünf Söhne hab ich in meinem Leben nicht gesehen.[1] Zwei könnten durchaus Liebesgötter vorstellen. Wir fuhren mit ihnen nach Bernstorff, und denk mal – Gustchen führte einen Wagen. Leider regnete es und war überhaupt auch schon zu dunkel, um der ganzen Aussicht zu genießen.

Seelust, 15. Juli 1780

Ernst Schimmelmann wird mir mit jedem Tage lieber. Julchen (so will ich die Gräfin Reventlow künftig nennen) ist ein allerliebstes Weibchen, so gut, so natürlich und unverdorben, als man in der großen Welt kaum eins zu finden glauben sollte.

Nach Tisch fahren wir nun hinaus nach Hellebeck.

Boie besichtigt in Hellebek (nördlich von Kopenhagen, am Sund) mit Schimmelmann dessen Gewehrfabrik, „gegen die unsere in Herzberg nichts ist." Die dänische Landschaft bezaubert ihn, er zählt Seeland „zu den schönsten Ländern von der Erde", aber da er kein Dichter ist, muß er sich oft mit dem Wort „unbeschreiblich" helfen, auch lenken ihn die Menschen zu sehr ab. In Hellebek versucht er einmal eine längere Schilderung. „Zur linken Hand hab ich den angenehmen, ganz mit Blumen bedeckten Garten vor Augen, dahinter einen kleinen Landsee, an dessen anderm Ufer eine äußerst schön grüne Wiese (überhaupt ist das Wiesengrün in Seeland wegen der feuchteren Luft viel schöner als bei uns) sich den Hügel hinan erhebt, der oben mit einem herrlichen Buchenwalde bekrönt ist. Rechter Hand hab ich zuerst den Sund, der nicht breiter ist als ein breiter Fluß, und an dessen jenseitigem Ufer Schweden mit seinen grünen Hügeln, Kornfeldern, Wiesen, Dörfern und der Stadt Helsingburg sich ganz deutlich zeigt. Das Wasser wird immer breiter und breiter und das letzte, was ich erblicke, sind sehr

[1] Die älteste der drei Bernstorffschen Töchter, Lotte, ist bei Verwandten, die beiden jüngeren sind noch klein; Boie lernt sie diesmal nicht kennen.

hohe kahle Berge, die Cullen genannt, und nun folgt das unermeßliche Weltmeer ohne Ufer und Grenze." Doch gleich darauf nimmt er sich vor, nicht mehr so weitläufig zu sein, „sonst werd ich nie fertig", und er begnügt sich fortan meist mit Stichworten: Felder, Baumgruppen, Kronenborg, Helsingör, die Plattform, auf der Hamlet den Geist seines Vaters sah, das Schloß Marienlyst usw. Die Geschwindigkeit der Fortbewegung interessiert ihn bei jeder Unternehmung, zu Wasser und zu Lande, ganz besonders; er versäumt nie zu berichten, wenn sein eigenes Fahrzeug einen Rekord gehalten hat.

Am 18. Juli macht er in Begleitung der Freunde den zweiten Besuch in Bernstorff, diesmal bei gutem Wetter. Von Seelust aus schreibt er am folgenden Tag an Luise.

BOIE   Seelust, 19. Juli 1780

Katrinchen [Stolberg] war den Abend vorher gekommen. Wir freuten uns beide, uns wiederzusehen, und ihre erste Frage war nach Dir. Zuerst ging ich mit Fritz, seinen Garten zu sehen. Ein paar von den Kleinen, deren Freundschaft ich schon erworben, folgten uns, so wie die Damen bald nachher. Der Garten freute mich desto mehr, da manche von den Ideen, die ich immer hatte, darin ausgeführt sind. Unter anderm findet man einen kleinen Hügel ganz mit Reseda bepflanzt, und ganze Wäldchen von Rosen aller Art. Eine Stelle, der weiße Saal genannt, enthält lauter weiße Blüten. Die Federnelken sind auf Seeland in großem Kredit und mit Recht, weil überhaupt keine Blume die Luft mit einem süßern Duft erfüllt. Wir haben bei Hannover schöne Gärten im englischen Geschmack. So lieb würde Dir wie mir [aber] keiner sein als dieser. Beim Ausgang des Gartens kam der Graf Bernstorff zu uns, und ich war bald im tiefen Gespräch mit ihm, das nur unterbrochen, nicht geendet ward, bis wir davonfuhren. Du hast gehört, daß der große Bernstorff die Bauern auf seinem Gute frei gemacht. Sie wohnen einzeln auf ihren Höfen, der Wohlstand ist sichtbar, und nirgends in Seeland ist das Land so gut bebaut und trägt so wie hier. Gegen zehn Uhr fuhren wir erst weg und hatten vollends einen herrlichen Abend [in Seelust]. Ich mußte ihnen Ossians ‚Berrathon' nach meiner Übersetzung lesen, und Ernst Schimmelmann ward dadurch so zufrieden und offen, daß er mir zwei Aufsätze von sich selbst vorlas. Ich hoffe von beiden, wenigstens für meinen Privatgebrauch, Abschriften zu erhalten und sie Dir zu zeigen. Ich habe Ernst Schimmelmann mit jedem Tage lieber, und freue mich nicht wenig, daß auch er mir gut ist. Alle Zurückhaltung ist nun verbannt.

Ich war [in Seelust heute] den ganzen Morgen allein und brachte noch einige Verse für den Almanach in Ordnung. Da ich einmal im Reimen war, entstand noch folgende Kleinigkeit an die Gräfin [Reventlow], die ich ihr mit einem Kränzchen von Rittersporne bei der Toilette zuschickte:

„In süßern, heiligern, entzückungsvollern Stunden
Hat Liebe Dir den Kranz gewunden;
Doch Du verschmähest auch den Kranz der Freundschaft nicht,
In den ein Blättchen sich mir zum Gedächtnis flicht."

Ich hatte meinen Geburtstag halb vergessen, aber die Stolberge hatten ihn verraten. Sie alle, die Gräfin Bernstorff, der Kammerherr v. Schilde und der preußische Gesandte v. Bismarck aßen hier, und wir hatten einen sehr vergnügten Mittag. Ernst Schimmelmann brachte meine Gesundheit in einem Pokal von Champagner aus. Du hast keinen Champagner darauf getrunken, aber an mich gedacht hat doch keiner [so] wie Du. Um acht Uhr fuhr ich mit Ernst Schimmelmann weg und wir machten die 3 Meilen hierher in 2 Stunden. Das war eine vortreffliche Reise. Wir sind nun Freunde und haben es uns gesagt. Graf Bernstorff hat sich außerordentlich gütig in Absicht meiner erklärt, und wenn es von ihm allein abhinge, erhielt' ich gleich eine sehr gute Stelle in seinem Departement. Die Gräfin war heute noch viel freundschaftlicher als gestern. Sie ist ganz eine Stolbergin. Denke Dir so etwas zwischen Gustchen und Katrinchen, mit Gesundheit und mehr Ton der Welt verbunden. Sie wußte manche von meinen Reimereien auswendig und sagte sie mir so gut, daß sie mir beinahe selbst gefielen. Luise, wenn mir hier der Kopf nicht verrückt wird, so geht alles gut. Ich fürcht' es beinahe selbst. Wie wird Hannover darauf schmecken?

Boie wird in Schloß Fredensborg von dem mächtigen Minister Guldberg und vom Prinzen Friedrich empfangen. Man behandelt ihn höflich, aber das ist auch alles. Den großen Park – in dem er zufällig den geistesschwachen König sieht – beschreibt er Luise ausführlich; sein Interesse für Gartenanlagen und vor allem die Kritik, die er hier übt, verrät schon eine Begabung, die er später praktisch betätigen wird. „Das schönste ist der See, den man doch nie ganz vors Auge zu bringen verstanden hat; sogar hatte man ihn an manchen Stellen durch ein Geländer vom Garten abgesondert, damit ja niemand auf den Gedanken käme, er gehörte mit dazu."

Diesen Morgen bin ich auch [durch] einen großen Teil der Stadt durchgewandert, von der ich eigentlich noch nichts kenne. Der Bernstorffische und Reventlowische Palast, die beide äußerlich gleich sind, liegen zusammen, und nehmen allein schon einen großen Platz ein, wenigstens so viel als von dem Kalenberger Tor bis an die Kirche. Zwischen beiden sieht man gerade auf den Amalienplatz, wo die vortreffliche verfallene Statue Friedrichs V. steht. Die vier Seiten füllen vier Paläste, und von dem Platze sieht man gerad auf die unvollendete marmorne Kirche, die den erstgenannten Palästen gegenüber liegt. Ein schöneres Quartier gibt es kaum in ganz Europa. Hinter dem Platze ist der Hafen, und man sieht Wasser und Schiffe durch einen Durchschnitt der Gasse. Das Busschische Haus reicht an keinen dieser Paläste. Künftige Woche sollen wir auf einem Kriegsschiffe essen; dann will ich auch meine Visiten machen und die übrigen Merkwürdigkeiten Kopenhagens sehen. Die nächste Woche gehts wieder fort, und dann komm' ich Dir so nach und nach wieder näher, wie ich mich izt von Dir entfernt habe.

Ich werde gerufen. –

Wieder gestern keinen Brief von Dir, meine Luise! Und mit der vorigen Post auch keinen! Du bist doch nicht so krank, daß Du nicht schreiben kannst? Ich will mir das nicht denken. Vermutlich glaubst Du mich nicht mehr in Kopenhagen, wie ich denn, nach meiner ersten Absicht, auch nicht mehr da sein würde, und vielleicht nicht mehr sollte.

Ich hatte gestern einen Brief meiner Mutter, die unendlich froh ist, mich gesehen zu haben. Sie frägt mit großer Zärtlichkeit nach Dir. Man ist in Flensburg mit mir zufrieden gewesen, und auch das freut mich.

Luise Stolberg nennt mich izt Oberon, weil ich allenthalben bin. – Ich umarme Dich in Gedanken.

Ich denke immer an Dich mit wahrem Entzücken, denn ich fühl es, daß Du glücklich bist. Mittwochen, an Deinem Geburtstag, wurd' ich arg für meine Empfindsamkeit (aber nenn *Du* es nicht so) betrogen. Ich eilte zu des Prinzen Garten, um ganz in der Stille Dein Andenken zu feiern, wie ich nur wenige Schritte

vom Garten war, fing es an zu regnen, und nun kam ein Gewitter-
regen von zwei Stunden. Ich setzte mich in eine Ecke des Pavil-
lons, konnte zwar nicht schreiben, aber doch in Gedanken mich
mit Dir unterhalten. Ich hatte mich aber so erkältet, daß ich noch
denselben Abend Fieber bekam, welches noch anhält. Marcard
sagte: „Gut, daß es jetzt und nicht später geschehn, denn wenn
Boie wiederkommt und Sie dann Fieber kriegen, das verzeih ich
Ihnen nicht."

Zimmermann hat einen Ruf nach Petersburg erhalten. Du
kannst leicht denken, daß er ihn nicht annimmt, aber so was
schmeichelt seine Eitelkeit. Der Fürst Orloff will ihn gern mit
nach Frankreich und Italien nehmen. Auch das wird er nicht tun.
Zimmermann wird sich schon hüten, sich irgendwo im Schlafrock zu zeigen. Der Schlafrock ist für uns gut genug, unser Publikum steht nun einmal im schlechten Kredit, sein Galakleid schön
zu finden versteht es ja doch nicht. – –

Ein Brief, ein Brief von Dir, mein Teurer! Deine Beschreibungen scheinen mir bezaubernd, vielleicht nicht so, wenn *Du* nicht
da wärst. Doch kann ichs begreifen, daß der Gräfin [Luise Stol-
berg] hier voriges Jahr nichts gefallen wollte und sie auch sogar die Bäume nicht leiden mochte.

(den 22.) Viermal hab ich schon Deinen Brief gelesen und
einen Auszug daraus gemacht für unsre gute Pesteln. – Käthchen
mußt Du durchaus [noch einmal] sehen, ehe Du wegreisest. Bring
ihr den zärtlichsten Gruß von mir, auch Gustchen. Siehst Du,
Boie, Gustchen wird gesund!

Mit den Erzählungen aus Deinen Briefen schüttle ich alle die
Menschen aus unserm engern Zirkel auf und bringe ihre schlum-
mernde Seele etwas wieder in Bewegung. Sie gönnen Dir Deine
Freuden herzlich, auch die Kestnern recht herzlich. Glaub mir,
das gute Weib verbittert sich ihr Leben durch den verwünschten
Neid, es ist arg mit ihr. Ich muß lachen über Lottchen Rehberg,
die keine Ahndung davon im Herzen hat, sie kann die Kestnern
nicht begreifen. Werner hat mich schon oft besucht. Der Mann
liebt Lottchen, das ist sichtbar. Lottchen weiß es und fühlt es –
die Sache ist zum Scherz zu ernsthaft. Ich rate [ihr] also, natürlich zu sein, nicht zu freundschaftlich, aber auch nicht spöttisch,
und sich um die Zukunft nicht zu bekümmern.

Ich habe diese Tage Hirzel an Gleim über Sulzer gelesen, und
mit wahrem, innigem Vergnügen. Das Buch hat mir Freude und

Trost gegeben. Sulzer seine Frau machte ihren Mann ganz glücklich. Du glaubst nicht, was ich alles dabei fühlte.

In Göttingen gibt es wunderliche Geschichten. Therese gefällt den schwermütigen Herren so sehr – und hat unter vielen Eroberungen eine gemacht von einem pommerschen Edelmann, nachdem der Mensch lange geseufzt, geht er zu ihrer Mutter und hält förmlich um sie an. Georgine weist ihn ab, er aber zeigt die Einwilligung seiner Mutter und es wird ihm erlaubt, unter der Bedingung, gleich wegzugehn, an Therese zu schreiben, und in zwei Jahren um sie bei ihrem Vater anzuhalten. Der Mensch reiset nach Berlin, schreibt Theresen fünf Briefe, schenkt ihr ein hübsches Souvenir und verliebt sich in seines Wirts Tochter, um die er förmlich anhält und sich mit ihr verlobt. Seine Mutter sucht ihn zurück zu bringen, aber alle Vorstellungen helfen nichts. Was mich dabei ärgert, ist, daß Heyne nichts davon weiß. – Theresen hab' ich weitläufig über die Sache geschrieben und mit ihr gezürnt, daß *sie* ihrem Vater nichts davon gesagt, obgleich der Fehler in ihrer Mutter liegt. Das Gekünstelte in Georginens Character ist doch immer noch darin, warum nun nicht zutraulich ihrem Mann alles gestanden? er würde freilich den jungen Herrn ohne Bedingungen ganz abgewiesen haben. Therese ist eine förmliche Kokette – ganz nach Tante Luisens Manier. Ich schreibe ihr viele Wahrheiten, und sie nimmt sie gut auf – aber zufrieden bin ich mit *allem* nicht.

(den 23.) Heute bin ich ohne Fieber und habe auch von fünf bis acht auf dem Walle gewohnt. Höpfner besuchte mich auf meiner Bank, hernach Werner, darauf Niepers mit der Mejern und zuletzt George, der bis Freitag hier bleiben will. Höpfner frug nach Dir und sagte, Du nähmest ja dänische Dienste, wunderte sich darüber usw. Du kannst leicht denken, was ich antwortete. Donnerstag gehn Kestners nach Blumenau, verschiedne reisen nach Rehburg – es wird also nun recht leer hier.

(den 26.) Unsre gute Pestel schreibt mir gestern: „Die Welt wird mir durch Boies Beschreibungen schöner, und die Menschen seh ich, wie sie sein *müßten*, und wie sie in unserm Vaterlande nicht sind. Daß Boie [nur] dort bleibt! Du mußt es ihm vorstellen, daß eine mittelmäßige Stelle, mit seinen jetzigen Freuden begleitet, für ihn mehr wert ist als bei uns die beste."

(den 28.) Gestern Morgen macht' ich drei Besuche, nämlich der jungen Cleven, Md. Alberti und Rudloff. Die Alberti erwartet heute ihre Hamburger Schwiegerin, auch Md. Schmidt, Klopstocks Schwiegerin.

Freitag sagt mir, daß die Spaziergänge in Rehburg sich verschönern. Die Grävemeyern hat eine neue Einsiedelei anlegen lassen, die ganz allerliebst sein soll. Eine arme alte Frau wohnt darin. Sie hat ein reinliches, hübsches Bett, Tisch, Stuhl, Spinnrocken und Bücher in ihrer Zelle. Eine kleine Küche und Garten. Hinter dem Garten einen Kirchhof. Die Frau ist in grau gekleidet. Sie hat eine kurze Geschichte ihres Lebens auswendig gelernt, die sie erzählt, wenn sie gefragt wird. Auf dem Kirchhof liegen drei Steine, Grabmäler ihres Mannes und [ihrer] Kinder. Die Grävemeyern hat kürzlich das Märchen vom Rehburger Brunnen in die ,Anzeigen' setzen lassen, das auf diese Einsiedlerin Beziehung hat, und wovon sie die [unbekannte] Verfasserin ist.

Freitag kennt Deine dortigen herrlichen Gegenden. Er ist vor einigen Jahren den ganzen Sommer in Dänemark mit Hardenberg herumgereiset.

BOIE   Seelust, 24. Juli 1780

Julchen führte mich zu einer der schönsten Aussichten. Man übersieht Kopenhagen mit seinem Hafen und der Reede voll Schiffe, Hügel und Tal, Wiesen, Gärten, Wälder und Kornfeld dazwischen, und fast das ganze Gut Bernstorff mit dem schönen Wohnhause und den einzelnen Bauernhäusern. Ernst Schimmelmann und Reventlow kamen mit uns zu gleicher Zeit in Seelust wieder an. Wir tranken Tee und gingen endlich um 11 auseinander. Ich hatte mich eben ausgezogen, als R. in mein Zimmer kam: es wäre gar zu schön, wir müßten noch gehen. E. Sch. und Julchen waren schon im Garten. Der Mond spiegelte sich im Meer, die Nacht (wie denn überhaupt hier die Nächte heller sind als bei uns) war mehr eine liebliche Dämmerung. Gegen 2 Uhr suchte endlich jeder sein Bett.

Gestern um neun Uhr kamen Gustchen und Katrinchen mit zweien von den kleinen Bernstorffen, um mit uns zu frühstücken. Wir fuhren nach dem Tiergarten. Ernst Schimmelmann war Kutscher, Reventlow und ich die Bedienten, die Damen und Kleinen waren im Wagen. Bei einer schönen Quelle unter hohen Bergen frühstückten wir. Nachher gingen wir spazieren. Ich sah eine sonderbar gewachsene Buche und sagte im Scherz, daß wir alle hinaufsteigen und uns da Märchen erzählen müßten. Daraus ward Ernst. Wir saßen bald alle acht im Baume. Katrinchen war so hoch geklettert, daß sie hernach nicht wieder herunter konnte. Das gab einen neuen Spaß. Mittwoch fahren wir mit Bernstorffs aus und essen Abends beim Grafen Kagenek.

Kopenhagen, 25. Juli 1780

Mit Julchen fuhr ich gestern herein. Es war so warm, daß ich die Besuche nicht machen konnte, die ich zu machen vorhatte. Nach Tische fuhr ich mit Reventlow heraus nach Bernstorff, wo alle Montag große Assemblee ist. Graf Bernstorff hat alsdann Konferenz mit allen fremden Ministern, und viele andre kommen auch dahin. Ich wandelte zwischen lauter Sternen und Bändern. Mit dem englischen Gesandten, Mr. Eden, der nach Ernst Schimmelmann Fritzens bester Freund ist, ward ich gestern erst recht bekannt. Auch lernte ich die Gemahlin des französischen Gesandten kennen, die noch nach dem dreißigsten Jahre schön und sonst eine sehr artige Französin ist.

(den 26.) Ich habe keine Worte, Du Beste, Dir das Vergnügen auszudrücken, das Dein Brief vom 18.[1] mir gemacht. Dein ganzes Herz, Deine ganze Zärtlichkeit lebt und webt darin. Ich schäme mich, daß mein Ausdruck gegen den Deinigen so kalt ist. Aber mein Herz, Du weißt es, ist nicht kalt. Unsre Trennung, von der Du so großmütig, so aufopfernd sprichst, ist bei weitem nicht gewiß. Der Wille und der Wunsch vieler, selbst Mächtiger, mich hier zu behalten, ist da; aber der Schwierigkeiten sind unendliche. So gerade mich andern vorzusetzen, die zum Teil lange gedient haben, geht doch auch nicht. Sonderbar ist's, daß außerhalb meines Zirkels die Sache für so gut als ausgemacht angesehen wird, die es unter uns lange noch nicht ist.

(den 27.) Ich muß Dir noch meinen gestrigen Tag beschreiben. Der Mittag war ganz bürgerlich. Um 5 Uhr kam ich zu Hause, und wir schwatzten, schäkerten, schrieben Briefe und lachten zusammen, bis es Zeit zum Souper war. Um 9 Uhr setzte man sich hin zum Spiel und um 11 zum Essen. Das ganze Corps Diplomatique war da, ein paar Russen usw., in allem 16 Personen. Das ganze Gespräch ist französisch und für einen Fremden, der das erstemal in solcher Gesellschaft speist und von tausend Kleinigkeiten nicht en fait ist, nicht sehr unterhaltend.

[1] Dieser Brief fehlt.

Alle, die ich vorgestern besucht, haben mir die Visite wieder zurückgegeben.

Meine Briefe, dünkt mich, sind entsetzlich leer, kahl und kalt. In Menschencharaktere und das Detail, das eigentlich solche Briefe interessant macht, kann ich mich nicht einlassen. Aber es muß ja auch so was für unsre künftigen Unterredungen bleiben.

Bernstorff, 29. Juli 1780

Fritz und ich haben schon einen Morgenbesuch abgelegt. Jetzt sind wir hier und schreiben lauter gemeinschaftliche Briefe. Deinen Brief vom 21. erhielt ich gestern Abend. Meine Briefe werden immer kahler und kahler, zuletzt, fürchte ich, bloße Zeitungsextrakte, die nichts enthalten als: „heute hier und gestern da gewesen." Über Deinen letzten Brief sag ich wieder nichts. Wenn es möglich wäre, Dich mehr zu lieben und zu bewundern, als ich tue, so würd ichs jetzt tun. Ich habe mich untersucht und fürchte, ich sei des Grades der Aufopferung nicht fähig, die Entfernung meines innigsten Freundes selbst zu wünschen, weil ich ihn glücklicher dadurch fühlte. Fritz, dem ich die Stelle aus Deinem Briefe gelesen habe, sagt eben das.

Fritz Stolberg schreibt weiter:

In tausend Augenblicken des Tages denk ich wie Pope: „Life can little more supply than just to look about us and to die", aber bei dem Blick in ein schönes, heroischer Opfer fähiges Herz möchte man doch verweilen, wenn man nicht immer von Strudeln ergriffen, von Stürmen hin und her geworfen würde. Das werden wir Männer durch die Heftigkeit unsrer Empfindungen mehr als ihr, aber es wird uns dann so wohl, wenn wir ruhen am Ufer, und im weiblichen Mondschein uns erquicken lassen und uns des hohen Seelenadels freuen, der einigen unter Euch zu Teil ward. F. L. Stolberg.

Boie fährt fort:

An unsre Pestel noch ein Wort. Sag dem guten, lieben Weibchen viel, viel Gutes von mir. Ich darf's nicht sagen, daß Ihr beiden edlen Seelen mich mehr liebt, als ichs verdiene, und doch ists wahr. Ich möchte so gar oft das sein, was Ihr schon von mir erreicht glaubt. Ich bin unendlich glücklich in Eurer Liebe.

Ich ging mit Fritz spazieren und kam eben zurück. Am Ende eines düstern, sehr reizenden Gebüsches, wo niemand von selbst hinfindet und nur Eingeweihte [hin]geführt werden, steht eine marmorne Urne, Emilien heilig [Schimmelmanns frühverstorbener Frau]. Wir fanden sie mit einem Kranz von gelben Immortellen und mit Blumen umstreut. In stiller Wehmut gingen wir nachher wohl eine Viertelstunde in dem Walde, der das Gebüsch einschließt.

Leb wohl, Du Einzige, Beste!

Noch ein Wort, ehe ich siegle. Es geht mir wie den Liebenden, die beim Abschiede immer noch was zu sagen haben und nichts sagen, ich kann den Brief an Dich nicht schließen. Katrinchen und Gustchen haben mir tausend Grüße aufgetragen. Julchen [Stolberg] ist noch krank. Ich beschwöre Dich, verkälte Dich nicht wieder!

Seelust, 30. Juli 1780

Ich habe schreiben und Dir den Rest des gestrigen Tages erzählen wollen; aber wir sind den ganzen Morgen so vielfältig zusammen gewesen, daß ich nicht dazu kam. Hernach mußte man sich ankleiden, und den Mittag hatten wir eine Gesellschaft von fünfzehn Personen.

Die russische Flotte, die morgen früh, wenn der Wind so bleibt, Anker lichten wird, liegt gerade gegenüber auf der Reede. So bis gegen zwanzig Kriegsschiffe durch den Sund gehen und Kronenburg begrüßen sehen, muß ein sehr interessantes Schauspiel sein.

Mit Katrinchen habe ich nicht wenig von Dir gesprochen. Sie liebt und bewundert Dich wie sehr wenige Menschen, das soll ich Dir ausdrücklich sagen. Ich liebe und schätze sie mit jedem Tage mehr. Gestern hat sie mir den Anfang einer neuen Erzählung gelesen, die sehr gut werden kann. Sie war wieder nicht wohl gewesen und besser geworden, nachdem sie ihrer Jungfer einige Bogen in die Feder diktiert hatte.

(den 31.) Der arme Fritz! Er ist gar nicht so, wie er sein sollte und ich ihn haben wollte. Er muß lieben und eh er was findet, ihm Lyda[1] zu ersetzen, wird es nicht anders werden. Katrinchen kann das gar nicht begreifen, und freilich hält er sein Herz zu sehr als ein krankes Kind. Julchen [Reventlow] hab ich sehr lieb; Reventlow, so gut er ist, verdient sie vielleicht nicht ganz. Auch in Ansehung des Verstandes kann alles aus ihr werden.

---

[1] Gräfin Karoline Baudissin geb. Schimmelmann, im Freundeskreis sonst ‚Linchen' genannt, von Stolberg jahrelang geliebt.

Morgen esse ich beim Geheimrat v. Stemann. Er hat mich, ich weiß nicht wie viel Tage vorher, bitten und mich den Tag bestimmen lassen. Höher kann man doch schwerlich die Höflichkeit treiben.

Kopenhagen, 1. August 1780

Ich habe Dir noch nicht für Deinen gestern erhaltenen Brief vom 22. bis 25. Juli gedankt. Eh ich mich aber auf die Antwort einlasse, laß mich Dir sagen, daß ich auch einen von meinem Feldmarschall habe, daß er meine Reise hieher nicht übel genommen zu haben scheint, mir die gesuchte Verlängerung meines Urlaubs bewilligt und allenfalls noch etwas darüber. Ich fürchte, Luise, daß ich mich nun verführen lasse, noch acht Tage zuzugeben. Ich habe bei weitem noch nicht alles gesehen, was ich sehen möchte, und dann in der Tat finde ich auch, daß ich mit gutem Fug noch wohl acht Tage unter Menschen leben kann, die mich so lieb haben als ich sie. Du, die einzige, die was dawider haben könnte, hast gewiß nichts dawider.

Lotte Rehberg muß sich sicher mit Werner so [be]nehmen, wie Du ihr's gesagt hast. Er hat in der Tat viel Gutes, und wenn Lotte erst von den idealischen Männern ganz zurückgekommen ist, kann sie mit ihm glücklich sein. Grüß das liebe Mädchen und ihren Bruder. Die Geschichte mit Theresen würde mich lachen gemacht haben, wenn ich nicht Heynen so lieb hätte. Georgine – der Henker hole ihre und alle Kunst! Aber daß sie ganz zur Natur zurückkehre, ist wohl nicht möglich. Vielleicht dürfte sie auch sich nicht ganz zeigen, wie sie ist.

Mit der Stelle im auswärtigen Departement ist's nichts. Graf Bernstorff muß erstlich einen geborenen Dänen dazu nehmen, und dann, sagte er, könnte er mich auch nicht gleich so setzen, wie ich gesetzt werden müßte. Kurz, meine Beste, mit Aussichten komm' ich zurück, aber mit nichts mehr, Du kannst sicher darauf rechnen, daß ich noch ein Jahr bei Dir bleibe.

Ich drücke Dich in Gedanken tausendmal an mein Herz. Verbanne nur ja das Fieber.

LUISE   [Hannover] 29. Juli 1780

Wenn doch Graf Bernstorff so allmächtig wie Guldberg wäre! Es tut weh, lieber Boie, sehr weh – so ohne nahe Aussichten kehrst Du zu Deiner Luise zurück? Wie mich das quält, kann ich Dir nicht sagen. Gott gebe mir nur ein bißchen Gesundheit mehr, und ich will Dir gewiß etwas sein und eine Leere auszufüllen suchen, die Dir unerträglich sein wird. Wenn ich an Dein Herz gelehnt so ganz durch Dich glücklich bin, dann freuest Du Dich doch, und wir sind, was wir schon oft uns einbildeten, häuslich glücklich. Wir wollen der Vorsehung vertrauen, sie leitet Dein Schicksal, und da sie Dir diesen Sommer der Freuden viel gegeben – sollte sie nicht auch fernerhin die Spenderin neuer Art von Vergnügen oder Zufriedenheit für Dich sein?

Die Gräfin Bernstorff würd' ich nach Deiner Beschreibung mehr lieben wie [Gräfin] Luise Stolberg. Sie muß eine herrliche Seele sein. Und ihr Mann, und die Kinder – Boie, Du hast im Paradiese gelebt.

Gestern fuhr ich nach der Burg und alles wäre gut gegangen, aber Lotte Rehberg war nicht aufgeräumt, konnte ihre Laune nicht unterdrücken, bis endlich die Mejern es so übel nahm, daß ich viele Mühe haben werde, alles ins Reine wieder zu bringen. Schade um Lottchen, dann ist sie ganz unausstehlich. Ich nahm mir die Freiheit, ihr die Wahrheit zu sagen, sie versprach Besserung, aber sie kann sich nicht zwingen und lernt es nie, fürcht ich. Werner sah Lottchen verwundernd an, ging zu ihr, sagte ihr freundschaftlich, sie störe unsre Partie. Ihre kleine Eitelkeit wurde gekränkt, und sie zwang sich ziemlich. Ich fuhr mit ihr allein zu Haus, und da raisonnierten wir so lange, bis die Laune sich in Beschämung verwandelte.

Dein Haus wird nun nicht verkauft, sondern die Zimmer Deiner verstorbnen Wirtin auch vermietet. Es ist mir lieb um Dich, denn Du würdest doch auf Ostern nicht gern ausziehn.

In Champagner hab' ich Deine Gesundheit den 19. nicht getrunken, aber wohl in Liqueur ‚crème de rose‘, den mir Freitag brachte. Marcard kommt in diesen Tagen wieder.

(den 31.) Gestern Nachmittag besuchte mich der Oncle wohl eine Stunde. Er war ungewöhnlich artig – wünschte mir Besserung, dann sollte es mir nicht an Annehmlichkeiten fehlen. Er wolle Neujahr meine Apotheker-Rechnung bezahlen. Das Anerbieten nahm ich an.

Nachdem der Oncle weg war, holte mich Lottchen ab zu des Prinzen Garten. Wir waren vergnügt, nur störte mich Werner, der uns aufsuchte. Er brachte uns zu Haus, ging mit mir auf meine Stube und entdeckte mir das Geheimnis seiner Liebe für

Lottchen. Ich bat ihn, sich nicht Lottchen zu entdecken, weil ichs für Unrecht hielte, ein Mädchen binden zu wollen, da er keine nahe Hoffnung hätte, sie zu heiraten, sagte ihm ferner, so angenehm wie es mir wäre, ihn vergnügt zu wissen, müßte ich mir es doch ausbitten, uns nicht auf Spaziergängen aufzusuchen, auch nicht zu mir zu kommen, wenn er glaubte, daß Lottchen bei mir [wäre]. Diese Erklärung schien ihm unangenehm zu sein, aber ich kann nicht helfen, ich kenne ihn nicht genug. Daß er Lottchens Idee von Heiraten nicht erfüllt, ist gewiß, aber eine Liebe, die schon in ihrem Flügelkleide den Anfang genommen, schmeichelt sehr. W. ist übrigens nicht blind, kennt Lottchens Fehler, ihre öfteren Launen, und daß sie sich schwer an Einschränkungen gewöhnen wird, also laß es kommen, wie es will.

[Hannover] 1. August 1780

Guten Morgen, lieber Oberon. Ich habe laut gelacht über Kätchens Brief und Beschreibung mit dem Lilienstengel in Deiner Hand. Sie hat Recht, wärst Du Oberon, würdest Du aller guten Menschen Wünsche gern erfüllen. – Mir geht es ganz erträglich, wie Du siehst. Ich habe recht viel Hunger und schlafe, ohne aufzuwachen. Kann alles vertragen außer Erdbeeren und anhaltendes Gehen. Das Baden bekommt mir nicht übel, aber meine Augen leiden sehr, und alles Blut drängt sich nach dem Kopf.

Lebe wohl, teurer Boie.

[Hannover] 5. August 1780

Guter Boie, keiner versteht es, Freuden so zu vervielfältigen wie Du die meinigen. Ich weiß nicht, wie Du es anfängst, aber wenn ich einen Brief von Dir bekomme, dann – Du müßtest mich sehen, um mein Glück ganz zu wissen. Sag mir doch nichts von Kälte in Deinen Briefen. Sie tragen das Gepräge der Zärtlichkeit wie die meinigen, der Unterschied ist, daß Du Mann und Freund, ich Mädchen und Freundin bin.

Ich kann es begreifen, daß Du keinem vorgesetzt werden kannst, es wäre Unrecht, weil andre näheres Recht haben, aber in der Folge gehts vielleicht. Laß mich diese Hoffnung festhalten, sonst kann ich mich Deines Wiedersehens nicht freuen.

Der ,Siebzigste Geburtstag' von Voß ist vortrefflich. Ich bewundre, wie Voß kleine Umstände zu nutzen weiß, ich finde es nirgend so sehr wie bei ihm. Die Odyssee hat ihn gewiß diese ganz ihm eigne Art gelehrt. Leisewitzens Aufsatz kam mir mehr witzig als wahr vor, ich hab' ihn flüchtig gelesen, alles übrige nicht, was ich Dir geschickt.

Von unsrem Heyne hab' ich ein Briefchen. Georgine hat wieder ein Mädchen, und Therese nimmt es so übel, daß sie mir ihre Empfindlichkeit nicht mal verbirgt. Georgine hat [auch] wahrlich nicht Herz genug, sich *gut* in die schwere Situation einer Stiefmutter zu finden.

(den 7.) Boie, Du kommst mir zwar näher, aber freuen kann ich mich nicht. Ich möchte so gern noch ein bißchen besser sein, wenn ich Dich wiedersehe, und habe deswegen an den Pyrmonter zu trinken erinnert. Marcard ist [aber] furchtsam geworden, er bat noch um vierzehn Tage. Wir wollen sehen, wie es wird.

BOIE   Seelust, 11. August 1780

Heut bin ich zum letztenmal hier, und sobald der Wind gut wird, gehts dann fort. Gustchen ist diesen Mittag in großer Gesellschaft hier, welches ich ihr sehr hoch anrechne. Fritz muß bei Hofe sein, wenn große Cour ist. Aber morgen essen er, Gustchen und Käthchen noch zuguterletzt bei uns in der Stadt.

Gingan für die Mejer bring ich nicht mit, weil keiner zu bekommen ist, aber dafür hab ich gestern chinesische Seide gekauft. Alle Damen schenken mir noch einen Kupferstich zum Andenken. An diesen Sommer, Luise, werd ich mit Wonne zurückdenken, solang ich lebe, und mit Dank gegen Gott, der ihn mir gab.

Ernst Schimmelmann ist einer der edelsten Menschen der Welt! Der arme Gerstenberg ist in übler Lage mit seinen Schulden, die er nicht zu bezahlen im Stande ist. Ernst Sch. hat nun einen Plan für ihn gemacht, Bernstorff konkurriert, und ich habe von beiden den Auftrag, die Sache, wo möglich, mit ihm in Ordnung zu bringen.

Luise schreibt bis Ende August wenig. Niepers haben sie täglich bei sich, wohl um ihr finanziell etwas zu helfen. Zimmermann, der von der Reise zurück ist und ausruht „von allem Vergnügen der Schmeichelei", verordnet ihr eine sofortige Kur mit Pyrmonter Brunnen. „Der Pyrmonter greift furchtbar an", klagt sie, aber morgens glaubt sie sich etwas frischer zu fühlen. Da sie Boies Post aufmacht und sichtet, solange er abwesend ist, schickt sie ihm Beiträge fürs ‚Museum‘ nach, auch den Brief des Mitarbeiters J. K. Wezel, der einen neuen Roman ankündigt. „Der Roman kann nützlich werden“, meint Luise, „aber ich traue W. so viel Menschenkenntnis und besondere Kenntnis des weiblichen Herzens nicht zu, um zu erwarten, was ich wünschte. Das weibliche Herz hat gar zu viele Falten und Fältchen, und die meisten Männer trauen zu viel ihrem sogenannten scharfen Blick und werden doch betrogen.“ – Jenny von Voigts hat einen temperamentvollen Brief geschrieben, mit dessen Hieroglyphen Luise nicht fertig wird. „So viel lese ich, daß sie mit Sprickmann in Meinberg gewesen ist und da eine Luise kennen lernte, von der Sprickmann ganz bezaubert ist. Den Namen der Luise wie auch den Zusammenhang der Bekanntschaft kann ich nicht entziffern.“ Als besonderes Erlebnis verzeichnet Luise noch, daß sie zum ersten Mal das neue weiße Negligé aus dem von Boie geschenkten Stoff getragen hat. „Du glaubst nicht, wie allerliebst es ist.“ Zuletzt meldet sie, daß auch Kestners wieder in Hannover angekommen sind.

Boie ist Ende August mit dem Grafen Reventlow aus Kopenhagen abgereist. Auf dem Baudissinschen Gut Knoop bei Kiel wird Station gemacht; die junge Gräfin Karoline geb. Schimmelmann gefällt Boie sehr, zumal sie in kurzer Zeit 20 Unterschriften für die ‚Odyssee‘ beibringt. Dann geht es weiter nach Tremsbüttel, wo Boie Lotte Bernstorff, die älteste Tochter des Ministers, kennenlernt, „ein liebes Mädchen, so gut, so natürlich wie ihre Brüder“. Im Augenblick ist ihm aber eine andere Lotte wichtiger: Lotte v. Schubart, die Schwester der Gräfin in Brahe Trolleburg, die in Tremsbüttel zu Besuch erwartet wird. Boie möchte unbedingt mit ihr zusammentreffen; er beschließt also, nach ihrer Ankunft noch einmal wiederzukommen, inzwischen besucht er die Freunde in Hamburg, Wandsbeck, Lübeck, um seine Zeit zu nützen, die jetzt sehr knapp geworden ist. Zum Schreiben fehlt ihm die Ruhe.

BOIE   Hamburg, 1. September 1780

Wir fuhren heute früh aus und waren schon vor neun zu Wandsbeck. Claudius war herzlich froh, uns zu sehen, so wie sein gutes, treues Weib. Er hat vier Mädchen, eins niedlicher als das andre, und ich hab ihm schon mit den schönsten Farben die Zeit ausgemalt, wenn alle Jünglinge ihm seiner Töchter wegen den Hof machen werden.

(den 4.) Gestern Mittag aß ich mit Klopstock, Ebert und andern guten Leuten auf dem Garten eines Kaufmanns vor der Stadt. Nach Tische kam Campens Frau hinaus, und ich fuhr mit ihr, ihren Mann zu besuchen, bei dem ich Claudius und seine

Frau fand. Was ich bei Campen sah und hörte, hat mir alles sehr gefallen. Den Abend brachte ich mit Klopstock bei der Büschen zu. Ich habe jetzt alle Bogen des Almanachs. Es ist ein Stück von Voß an Göckingk darin, über den Mißwachs in der deutschen Poesie, das mir sehr viel Freude gemacht hat.

LUISE   [Hannover] 4. September 1780

Lohne Dir der Himmel die Empfindung von Vergnügen und Glück, die mir Dein Brief gibt. Nun schreib mir aber nicht; ich weiß Dich glücklich und freue mich auf mündliche Erzählungen. – Freuen? Ich weiß nicht, wie es ist in mir, Boie. Verzeih – aber Du nimmst mir beinahe alle Hoffnungen, daß meine Wünsche [wegen eines Amtes in Dänemark, nahe dem neuen Freundeskreis] erfüllt werden. Im Grunde meines Herzens liegt eine Kälte, Unempfindlichkeit für alles, als was [d. h. was nicht] auf *Dich* Beziehung hat, daß ich mir selbst ein Rätsel bin. Trennt mich der Himmel von Dir, Du Einziger, mach ichs wie die Nonnen im Kloster, ich setze mich in meine Zelle, schreib an Dich, freue mich Deiner, und bin tot für die ganze übrige Welt.

Diesen Morgen hat mir zu Ehren und aus Freuden Marcard in seinem Hause ein Dejeuner gegeben. Wir hatten Tee, Kaffee, Schokolade und Kuchen aller Art. Hernach wurden die Nußbäume geplündert. Alle waren munter. Marcard ist halb närrisch aus Freude, daß ich bis zu einer Bouteille [Pyrmonter Brunnen] gekommen bin. Wir tranken Deine Gesundheit in Kaffee und Schokolade.

Ich wünschte, daß Du in Lübeck Gerstenberg und die Winthem das Stück ,Selma und Selmar‘ singen hörtest. Vielleicht geht Klopstock mit Dir nach Lübeck. Denk doch an mich, wenn Dich die Winthem mit ihrem Gesange entzückt. Ich möchte gern [einmal] in meinem Leben eine schöne weibliche Stimme hören.

BOIE   Hamburg, 7. September 1780

Der gestrige war in Hamburg mein angenehmster Tag. Wir brachten ihn in einer ziemlich großen, aber ausgesuchten Gesellschaft zu. Sie bestand aus vielen der reichsten und angesehensten jungen Weiber und Herren der Stadt, von denen ich die letzteren fast alle von der Universität her kannte. Klopstock war auch da. Es war ein Picknick; jeder hatte seine Schüssel und seinen Wein geschickt, und damit aller Zwang verbannt sei, war nicht einmal ein Bedienter da. Herren und Damen warteten auf, und ich war der Mundschenk. Zwischen beiden Mahlzeiten war ich im Schauspiel. Schröder spielte Paul Wernern unverbesserlich, und einen besseren Riccaut hab ich auch nie gesehen. Ich war mit der Schrödern in der Loge und verschwatzte mit ihr den Teil des Stückes, der mittelmäßig gespielt ward.

Auf dem grünen Teich, 8. Sept. 1780

Gestern war ich den ganzen Tag bei Klopstocken, und wir haben endlich ein wenig ausgeschwatzt. Er hat mir sechs neue Oden vorgelesen. Neun Gesänge des Messias sind abgedruckt, und die Ausgabe ist so schön als korrekt. Von der kleineren bring ich zur Probe einen Bogen mit. Diesen Morgen machte ich ein paar Besuche und blieb bei Klopstock wieder bis Mittag, aß bei Büsch und fuhr gegen sechs hierher. Die Einrichtung gefällt mir sehr. Das Institut besteht aus zwölf Kindern, mehr will Campe nicht annehmen, weil er mehr nicht übersehen kann. Mündlich viel davon. Emilie Basedow war zum Besuch da. Sie hat ihr Latein vergessen und ist wie ein andres Kind.

LUISE   [Hannover] 11. September 1780

Beikommender Beitrag zum ‚Museum' von Herder wird Dir sehr angenehm sein, ich habe mit Vergnügen herein geguckt. Machte mich nicht der Pyrmonter so äußerst fatal, befände ich mich gut, aber ich bin erzdumm [davon], und fühle es nie mehr, als wenn ich Dir schreibe. Das schnelle, warme Gefühl von Zärtlichkeit, das mein Herz für Dich erfüllt, will sich nicht der Feder mitteilen. Du weißt, ich kann den Schlummer nicht ausstehn, und schlummre doch. Alle Menschen gratulieren mir zum Brunnen und sehen mich als ganz besser [gebessert] an. Sogar hat die Kestnern Hoffnung dadurch bekommen. Das arme Weib dauert mich, sie haben beide schreckliche Langeweile. Gestern sagte sie zu mir: „Wohl dem, der es so weit wie Du gebracht, alle Menschen entbehren kann und doch zufrieden ist!" Sie grüßen Dich wie auch Niepers. Herzlich gut sind diese, aber ich bringe täglich sieben Stunden mit ihnen zu, und das wird mir zu viel. Lebe wohl, mein Teuerster. Werde nur nicht müde, Geduld mit mir zu haben. Bald sehe ich Dich wieder, oft zähle ich die Tage, aber immer ist mir, als täte ich Unrecht an Dir.

BOIE   Hamburg, 12. September 1780

Die Gräfin Luise [Stolberg] hat mir einen lustigen Brief über mein Ausbleiben geschrieben, und nachdem sie gewaltig gezankt, setzt sie hinzu: „Alles bei uns sitzt unlustig auf den Hinterpfoten und das alles, damit der einzige Verzug des unbeständigen Ungefährs noch Lotte Schubart hier finde, die ich Sonnabend erwarte. Jettez votre bague dans la mer."

Boie geht noch einmal nach Wandsbeck, um sich von Claudius zu verabschieden. Er vermerkt in einem Brief an Luise: „Wandsbeck bestand noch vor wenigen Jahren bloß aus einigen Häusern und dem Schlosse, jetzt ist es ein sehr artiger Flecken, der bald eine Stadt werden kann." Von der Begegnung mit Claudius berichtet er keine Einzelheiten, wichtiger ist ihm, daß er ein Gespräch über Claudius mit dem Grafen Schimmelmann geführt hat, dem Vater seines Freundes, der im Wandsbecker Schloß wohnt. Dieser sehr begüterte alte Herr könnte Claudius aus seiner dürftigen Lage befreien, findet Boie, und sucht ihn also möglichst diplomatisch zu einer Hilfsaktion zu bewegen. „Er scheint auch was für ihn tun zu wollen", schreibt er an Luise, „aber was er tun könnte und müßte – ihm eine Pension geben, ohne Weiteres von ihm zu fordern – fällt ihm freilich nicht ein."

BOIE   Lübeck, um 1 Uhr [18. September 1780]

Ich bin nun hier, habe mich ein wenig angekleidet, will noch essen und dann zu Gerstenberg gehen. Klopstock wird Donnerstag wohl wiederkommen. Lotte Schubart wieder zu sehn, freu ich mich nicht wenig. Sie ist auf der ganzen Reise doch eigentlich das Mädchen, das mir am besten gefallen hat. Lache nicht, Luise. Sie ist ein Fräulein [d. h. von Adel], und so leicht verliebe ich mich nicht mehr.

(den 19.) Gleich nach Tische kam Gerstenberg und brachte mich zu seiner Frau und seinen Kindern, die ich erst nach zwölf Uhr verließ und heute den ganzen Tag wieder sehen werde. Ich fand Klingern bei ihm, der als Lieutenant in russische Dienste geht und von hier zu Schiffe nach Petersburg. Er hat im ganzen sehr gewonnen, seitdem ich ihn nicht gesehen habe, und ist auch körperlich ein schöner Mann. Beide, Gerstenbergen und seine Frau, fand ich ungefähr dem Bilde gleich, das ich mir von ihnen gemacht hatte. Sie sind ein edles Paar. Die Kinder sind allerliebst. Gestern Abend ward gesungen und gespielt. Er und sie sangen ‚Selma und Selmar'. – Deinen Brief empfing ich aus seinen Händen.

O Luise, wenn Du mir ganz wiedergegeben werden könntest! Über meine künftige Lage, unsre Trennung, Dein künftiges Sein und Bleiben will ich bloß mit Dir *sprechen.* Die Trennung ist nicht weit und gewiß nicht auf lange.

(den 21.) Nach den Gebäuden und Merkwürdigkeiten Lübecks mußt Du mich nicht fragen. Ich habe nichts gesehen; denn wo zwischen guten Menschen und selbst schöner Natur die Wahl ist, wähl ich immer die Menschen.

Was Du mir von Herdern mit Deinem letzten Briefe geschickt hast, hat mir freilich Freude gemacht, aber alle Leser des ‚Museums‘ werden sie doch nicht mit mir teilen. Diese letzten Monate des ‚Museums‘ haben mir gar keine Mühe gemacht. Alles ist so wie von selbst zusammengekommen, und überhaupt ist es gut, daß das ‚Museum‘ nun so etabliert scheint, daß ich wenig mehr als allgemeine Übersicht dabei zu tun haben werde. In dieser Hoffnung allein setze ich es fort.

Klinger hat wieder tolles Zeug geschrieben, voll Geist und Leben, aber leider mit Mangel an Delikatesse. Wenn er erst ganz reif ist, wird er sicherlich einer unsrer besten Scribenten.

Tremsbüttel, 22. September 1780

Die Gräfin empfing mich, wie ich kam, ließ mir nicht Zeit, den Mantel abzuwerfen, und führte mich in ihre Stube, wo ich Frau und Fräulein von Schubart schon vorfand. Nach Tische machten Stolberg und ich mit ihnen einen großen Spaziergang. Sie schlafen in dem nämlichen Bauernhause mit mir, und Lotte und ich gingen erst nach Mitternacht dahin. Unser Abend war allerliebst. Heute soll ich durchaus nicht weg. Morgen wollen mich die Damen nach Hamburg bringen, wo ich doch wenigstens noch einen Tag mit ihnen bleiben muß. Dann gleich über die Elbe und Tag und Nacht gefahren, bis ich in Celle bei unsrer Luise bin. – Ich schicke Dir einige Briefe aus Dänemark, die die Leere meiner eignen ersetzen mögen, und Dir Vergnügen machen werden. Ich kann Dir nicht sagen, mit welchen Empfindungen ich an unser nahes Wiedersehen denke. Ich drücke Dich in Gedanken an mein Herz. Bald, dem Himmel sei Dank! wird der Traum Wirklichkeit.

LUISE   [Hannover] 18. September 1780

Hundertmal im Tage mal’ ich mir die Szene unsres Wiedersehens mit dem Pinsel der Liebe und Freundschaft – und eben so oft folgt auch ein Verweis meines Herzens. Ich möchte Dich gern so lieben als ich sollte, um Deiner Freundschaft würdig zu sein. Marcard sagt mir oft: „Erfahrung lehrt mich, daß Ihre Natur alles erträgt, wenn man nur die rechte Zeit wählt und stufenweise handelt." – Bald [d. h. fast] sollt ich dies von meinem Herzen auch sagen. Ich beantworte nichts in Deinem Briefe, alles bis aufs mündliche. Boie, wenn Du Hannover näher kommst, und die Kälte der Gleichgültigkeit Dich anweht, und sie immer mit jedem Schritte zunimmt, dann erlaube mir, Dich durch die Macht der Sympathie wieder zu erwärmen. Bin ich nicht Deine Luise, die Dir der Himmel gab, jedes Wölkchen auf Deiner Stirn zu zerstreuen? Daß ichs nicht immer konnte, vielleicht auch künftig nicht kann – die Schuld liegt nicht in meinem Herzen.

Gestern war ich den ganzen Tag allein bei der alten Rehberg, die Kinder hatten Gesellschaft. Wir haben sehr interessant unsre Stunden verschwatzt. Auch von *unserer* Freundschaft sprachen wir, die sie mit den Worten billigte: Nur von meinem Herzen allein wäre sie sicher, ein anderes Mädchen, und in meiner Situation, würde sie doch tadeln, mein Herz aber wäre zu rein, und sie liebte uns alle beide zärtlicher um unsrer Freundschaft willen. Hättest Du es wohl geglaubt, daß die Rehbergen und ich uns so nahe kommen würden? Ich hab auch englisch lesen müssen, und sie verstand mich recht gut, es fehlte mir nur an Übung.

Marcard hab ich aufgetragen, dafür zu sorgen, daß auf Deinen Zimmern alles in Ordnung ist. Wenn Du den Tag Deiner Zurückkunft bestimmen solltest, so erwarten Dich Kestners zum Abendessen.

Leb wohl. Reise nicht des Nachts, wenn Du es ändern kannst, weil es so unsicher ist der Spitzbuben wegen, die hier herum streifen, und wovon schon sehr viele erhascht sind.

Ich erwarte Dich, mein Boie, mit unnennbarer Freude.

Nach Boies Rückkehr von der großen Reise schreiben Luise und er sich begreiflicherweise kaum. Später wird brieflich erwähnt, daß Boie in dieser Zeit oft „kalt" gewesen sei; er schwankt wohl zwischen seiner Anhänglichkeit an die Freundin und dem Gefühl, daß die Zukunft ihm noch andere Möglichkeiten bescheren könnte – in jedem Fall erscheint es ihm richtig, das Verhältnis etwas zu lockern.

Boie hat aus Dänemark eine Zukunftsaussicht mitgebracht, die er Voß brieflich wissen läßt: er ist in Kopenhagen als Landvogt von Süderdithmarschen vorgeschlagen worden, da der dortige alte Landvogt das Amt abgeben will. Ehe die Sache aber geregelt ist, tritt Graf Bernstorff von seinem Ministerposten zurück und die nunmehrige Herrschaft der Guldberg-Partei erscheint für Boies Hoffnungen ungünstig. Doch die Besetzung einer Landvogtei an der südlichen Grenze Dänemarks interessiert das neue Regime wohl nicht genügend; Boies Angelegenheit läuft weiter, und im Januar 1781 erhält er seine Ernennung zum Landvogt in Meldorf.

ZWEI NEUE LEBENSKREISE

Im März 1781 muß Boie nach Meldorf abreisen, weil der Vorgänger Eggers darauf drängt. Der Abschied von Hannover ist schmerzlich. Boie läßt viele Freunde zurück und geht nicht etwa in das ästhetische „Paradies" des vorigen Sommers, sondern in ein Land der großen Bauern und des prächtigen Weizens – das wohl geographisch seine Heimat ist, aber nicht die Heimat von Poesie, Kunst und Witz; zudem sind ihm die neuen Amtsgeschäfte gänzlich fremd. Er nimmt seinen Bedienten Johann mit und seinen jungen Hund Alekto, den man ihm in Tremsbüttel geschenkt hat.

Luise plant, da nun nichts mehr sie in Hannover festhält, zu ihrer verständnisvollen Freundin nach Celle zu übersiedeln.

Die Briefe aus den nächsten Jahren sind nicht alle erhalten, die vorhandenen sind mitunter Fragmente, dies ist jetzt besonders zu beachten.

LUISE   Hannover, 22. März 1781

Ich hörte Dich wegfahren, lieber Boie, und Dortchen sah Deinen Wagen. Daß Dich mein ganzes Herz begleitet, weißt Du – also nichts mehr von unsrer Trennung. Lebe wohl – ich habe noch niemand von unsern guten Freunden gesehen, gehe aber jetzt zu Kestners.

(den 23.) Du mußt Geduld haben, lieber Boie, denn ich weiß Dir vorerst nichts Gescheutes zu schreiben.

Die Kestner sagte mir sehr naiv: „Ja, wenn man nun Boie wieder ersetzt hätte, ließ ichs gelten." Das Wort ‚ersetzen‘ war mir so fremd. – Überhaupt ist ein allgemeines Bedauren in der ganzen Stadt, daß Du weg bist. Obgleich Du keine Freunde für Dein Herz hier gefunden, hast Du doch auch keinen zurückgelassen, der Dir nicht recht gut ist.

Lebe wohl. Gott segne Dich!

[Hannover] 25. März 1781

Deinen Brief aus Braunschweig, lieber Boie, hatte ich eine ganze Stunde vor mir auf dem Tisch liegen, eh ich ihn lesen mochte. Ich mag auch nicht an Dich denken, Dein Bild hab ich noch gar nicht ansehn können, und von Dir sprechen kann ich auch nicht. So zufrieden ich mit mir allein war, so möcht ich jetzt gar nicht zu Haus sein, ich fliehe mich selbst – fliehe den Gedanken, daß ich Dich nicht mehr habe, und fühle ihn wie einen Dolch im Herzen. – Meine Vernunft webt sich einen Vorhang vor die Vergangenheit, aber ich fürchte, meine Einbildung zerreißt die dünnen Fäden, und der Schleier wird nie fertig. – Boie, es sind keine Klagen, gewiß nicht, nur kleine Aufwallungen, die ich bald so in meiner Gewalt haben will, daß die Feder sie Dir nicht mehr verrät. Du mußt aber bis dahin Geduld haben.

Dein Brief war mir doch herzlich willkommen. Den Morgen Deiner Abreise pflanzte ich einen Myrtenzweig für Dich, ich seh's, daß er kommen [d. h. wurzeln] wird.

Gestern war der Mejern Geburtstag. Alle, die zu unserm engen Zirkel gehören, waren da. Sehr viel wurde von Dir gesprochen. Höpfner wollte einen Zank mit mir anfangen, als ob ich Dich schon vergessen hätte, weil ich nicht mit einstimmen konnte. Kestner wird wohl selbst schreiben, er hat einen Brief von Gökkingk erhalten und etwas für Dich, zum ‚Museum'.

Der Kurier hat die angenehme Nachricht mitgebracht, daß der Admiral Rodney 200 Transportschiffe, teils holländische, teils französische, genommen; auch ist die Insel St. Eustache in den Händen der Engländer.

(den 26.) Jetzt bist Du, lieber Boie, auf dem Wege nach Hamburg. Das Wetter ist vortrefflich. Das nahe Wiedersehen Deiner liebsten Freunde wird Dir das Unangenehme der letzten Monate versüßen, und alles vergessen machen.

(den 27.) Wenn ich weiß, welchen Tag Du in Meldorf ankommst, wird mir das Herz klopfen. Lottchen Rehberg grüßt Dich. Die Klockenbrink gestand sehr freimütig, ihr Mann wäre immer eifersüchtig auf Dich gewesen, zuletzt hätte er sein Unrecht gefühlt und Deine Abreise wäre ihm empfindlich.

Leb tausendmal wohl.

BOIE   Hamburg, 28. März 1781

Dank für Deine beiden Briefe, und um desto mehr, weil ich fühle, daß sie Dich was gekostet haben. Bestes Mädchen, Du fragst, ob Du Dich nicht vernünftig aufgeführt? Ja, bestes Mädchen, sehr vernünftig, wir mieden uns beide in den letzten Tagen. Du hast natürlich mehr gelitten als ich, und leidest noch. Mit mir wird's erst kommen, wenn die Unruhen vorbei sind.

Gestern Abend war ich [hier] in der Lesegesellschaft, mußte durchaus lesen und spielen mit drei hübschen Weibern. Daß ich mein Geld verlor, konnte nicht anders sein.

Der Himmel segne Sie mit dem besten Segen. Ich bekomme Besuch und muß früher schließen. Meine warmen Grüße und Empfehlungen an unsre Pestel, an Mejers, Kestners, Niepers, Freitag und das ganze Rehbergische Haus.

Ewig der Ihrige   H. C. B.

LUISE   Hannover, 30. Lenzen 1781

Ich habe den Shakespeare von Mejer geliehen und will, so lange ich [noch] hier bin, nichts als Englisch lernen. Da ich Shakespeare mit einiger Mühe lese, erfordert es mein ganzes Nachdenken, und ich muß etwas haben, was meinen Geist beschäftigt und Bilder entfernt, deren Kolorit zu lebhaft ist, um nicht bei jedem Blick zu verwunden.

Unsre gute Pestel wünscht Dir tausend Gutes. Fritz [ihr Mann] ist krank, er will Zimmermann konsultieren. Mejers, Niepers, Kestners grüßen. Ich soll so viel Freundschaftliches von ihnen schreiben, daß ein Folio-Blatt nicht hinreichend sein würde.

Lebe wohl, bester Boie.

BOIE   Meldorf, 3. April 1781

Hier bin ich also endlich. Ich ging gestern Abend gleich zu dem alten Landvogt [Eggers]. Er sowohl als seine Gemahlin konnten nicht freundschaftlicher sein. Der Wust der liegen gebliebenen Sachen soll sehr groß sein, aber auf der Entscheidung mancher davon ruht, wie man mir sagt, der Segen des Landes, so daß ich also noch wohl meinem Vorweser Dank schuldig sein muß, daß er mir Dank und Segen zu verdienen übrig gelassen hat. Mein Entschluß, mich nicht zu tief in die juristischen Sachen einzulassen, ist gefaßt, da ich mir dadurch alle Zeit zu höheren Absichten nehmen würde. Ich will noch einen Sekretär annehmen und deswegen nächstens nach Göttingen an Pütter und Böhmer schreiben.

LUISE   Hannover, 10. April 1781

Boie, Du hast mir einen kleinen Teil meiner verlornen Glückseligkeit durch Deinen Brief wiedergegeben. – Ich war voller Erwartung, wie der erste Anblick von Meldorf und der Menschen in Meldorf Dir sein würde. Verschwiegen hast Du mir in diesem

Briefe noch nichts, denn er hat das ganze Gepräge der Aufrichtig-keit. Lieber Boie, fühle nur erst, daß vieler Menschen Glück von Dir abhängt, und Du findest Ersatz für viele Annehmlichkeiten, die Du hier gehabt. Ich weiß wohl, daß sich Menschen nicht um-schmelzen lassen, aber ich wette doch, daß sich viele bemühen wer-den, Deinen Ton anzunehmen.

(den 11.) Heut Morgen hab ich mich zum erstenmal über Dein Bild gefreut, bis jetzt mocht' ichs nicht ansehn. Ich wand einen Veilchenkranz und hing ihn darüber.

Kestner freut sich, daß Du eine Partie Whist gefunden,[1] und sagt: „Ja, nun kann es Boie wohl aushalten." Ich freue mich auch, denn das Spiel ist nun einmal zur Notwendigkeit geworden, aber es ist doch Dein einziges Bedürfnis des Vergnügens nicht. Die vielen Arbeiten, die Du vorfindest, sind mir [nur] halb angenehm, und bald [d. h. fast] bin ich dem Alten darum böse. Lieber Boie, bitte, bitte, denke doch an Deine Gesundheit. Die Hoffnung, daß Du Geld zu Deiner Einrichtung bekommen kannst, ist mir unbe-schreiblich lieb, denn der Punkt hat Dich hier schrecklich ge-quält.

Gern möcht ich meinen Genius nach Meldorf schicken, um zu lauschen, wie und was von dem neuen Landrat geschnackt [d. h. erzählt] wird.

Johann seine Zufriedenheit ist mir herzlich lieb, denn die Ab-reise von hier hat ihm Überwindung gekostet. Was macht Alekto? – Jetzt bewohnt Marcard Deine Zimmer.

Einen Beweis von Ramdohrs Menschenkenntnis! Er kam zu mir mit einem traurigen Gesicht und einer schönen Kondolenz über Deine Abreise. Ich mußte lachen, so gern ich jemand gehabt hätte, mit dem ich hätte weinen können und mögen. Nun der Übergang von Traurigkeit zur Verwunderung, die ich auf seinem Gesicht las – Boie, schade, daß Du es nicht gesehn. Jetzt sagt er, ich bin kalt wie Eis und könne nie Gefühle für Freundschaft ge-kannt haben – worauf die Kestner geantwortet, ich hätte mir das alles aus dem Herzen wegraisonniert. Lottchen [Rehberg] hat den zweiten Teil der Kondolenz gekriegt und noch mehr gelacht als ich, also weiß er nun gar nicht, was er denken soll.

Das ,Museum' ist gut. Den Aufsatz aus Berlin über das Gesang-buch hab' ich sehr gern gelesen, er gehört zu der Geschichte unsers

---

[1] Schon hier fehlen offenbar Berichte Boies.

Jahrhunderts. Und das in Berlin! Mit Klopstocks Rechtschreibung wird's gehen wie mit dem neuen Berliner Gesangbuch. Jetzt schreit man dawider, und in einigen Jahren, wenn sich die Leute müde gestritten haben, wird sie angenommen.

An eine Haushälterin ist nicht zu denken für die Gräfin [Luise Stolberg]. Es melden sich keine.

Lebe glücklich und heiter und vergiß nicht, daß der Frühling so reizend ist.

Hannover, 17. April 1781

Daß Du doch Deine Bücher auskramen kannst und des Abends nicht allein issest, ist mir eine große Freude.

So ganz will mir Deine Verwandlung [noch] nicht in den Kopf, und ich begreif es sehr – da Du kein Mann bist, der seinen Wert in einer stolzen Miene zeigt oder, wie Shakespeare sagt, „nach geringerer Leute Hüten und Beinen ehrgeizig ist", – daß Dir das Repräsentieren im Anfang unangenehm sein muß.

Freitag ist jetzt mein Hofmeister, er sagt, daß er Dir keinen bessren Gefallen erzeigen könne, als mich vor allem, was mir durch meine complaisance nachteilig wäre, zu schützen. Gestern besuchte mich Höpfner und brachte mir einen Brief von Jenny. Tausend Zärtliches ist für Dich darin. Sie schreibt mir, daß sie den verstorbenen Abt geliebt und mit ihm versprochen gewesen ist. Ich weiß nicht, warum ich mir Abt als einen kalten Mann immer gedacht habe. – Jenny ist doch eine Schwärmerin.

Lebe wohl, lieber Boie. Unser Wiedersehen ist in den Schleier der Zukunft gehüllt. – Gott sei mit Dir!

BOIE   Meldorf, den 22. April 1781

Übermorgen denke ich auf einige Tage nach Brunsbüttel zu gehen, teils um meine Verwandten zu besuchen, teils um die Deiche zu besichtigen, deren Aufsicht eines der wichtigsten und schwersten Teile meines Amtes ist. Es ist hier alles in Zank und Zwietracht darüber, und ich soll zwei in ihren Meinungen sich ganz entgegengesetzte Parteien vereinigen. Ich habe seit meinem vorigen Briefe fast alle Abende schmausen müssen und freue mich, daß die Runde nun bald gemacht ist. Mit Niebuhrn hab ich denn auch den ersten Spaziergang gemacht, deren wir noch viele zu machen gedenken. Wir kamen in ein Dorf, wohin mein Vater mit einigen Freunden weiland alle Wochen zu gehen pflegte. Ich erkundigte mich nach dem und dem bei einem alten Bauern, der mich mit treuherziger Freude begrüßte.

Niebuhrs Kinder haben mich lieb, und [meinen] Alekto fast eben so sehr, der, weil ihm da sehr geschmeichelt wird, von selbst den Weg nach Niebuhrs Hause findet. Seit der Reise ist er sichtbar gewachsen und sieht weit wohlbehaltener aus als in Hannover. Die Dich von der hiesigen Gesellschaft interessieren können, hab ich alle beschrieben, bis auf den Etatsrat von Jessen und seine Gemahlin. Er ist ein einsichtsvoller, würdiger, aber etwas präciser und feierlicher Mann, seine Gemahlin eine überaus stille, sanfte und dabei kluge Frau. Weiter weiß ich Dir nun von mir nichts zu sagen.

Meine Bemühungen für Voß sind mir sehr geglückt. Von allen Seiten kommen Subscribenten, und ich zweifle nun nicht mehr, daß die Odyssee herauskommen wird.

‚Der Volkslehrer‘ ist von Dr. Jung, dem Verfasser des ‚Stilling‘, der aber nicht genannt sein will. Ich glaube, daß Jung den Ton für's Volk sehr treffen wird. Wenn er nur nicht zu viele religiöse Schwärmerei einmischt! – Im ‚Göttinger Magazin‘ stehen Nachrichten von Rousseau, die Du lesen mußt. – An Zimmermann hab ich geschrieben.

LUISE   Hannover, 21. April 1781

Ehgestern Mittag kamen Pestels und sind diesen Morgen wieder abgereiset. Ich nahm Dein Bild und ging gleich zu ihnen. Unser Wiedersehen war traurig. Mein Herz durfte zum erstenmal nach unsrer Trennung reden. Zimmermann hat Pesteln getröstet, aber nichts bestimmtes über seine Krankheit gesagt. Ich vermute beinahe, daß Pestels Krankheit Nervenschwäche ist. Zimmermann hat ihm auch keine Diät vorgeschrieben, da ich doch bei meinem Fieber in anderthalb Jahren weder Fleisch noch Fleischbrühe essen durfte. Sie freuen sich beide über meinen Entschluß, bei ihnen zu sein, ich habe mir schon die Besorgung des Gartens und andrer häuslicher Geschäfte ausgebeten. Nur sind wir noch uneins wegen des Wohnens. Eine Wohnung ist für mich gemietet. Aber Pestels wollen, ich soll demungeachtet bei ihnen im Hause bleiben.

Guter Boie, die Hand des Himmels, die Dich nach Meldorf führte, hat Dich nicht zu Deiner Qual dahin geführt. Große Freuden sind fast immer mit großen Unannehmlichkeiten verbunden, wenn Du nur erst wirksam bist, dann wirst Du heiterer werden, als Du es jetzt sein kannst. Ich fürchte nur, daß sich Kälte in Dein Herz schleicht, wenn Dein Herz nicht durch häusliche Freuden erwärmt wird. Unzufriedenheit fürcht' ich nicht, denn die liegt nicht in Deinem Character, Du wirst immer mit dem Himmel zufrieden sein, und doch manches Blümchen auf Deinem Wege unbemerkt stehen lassen, was Dich interessieren oder Dir lieb sein könnte. Für Deinen Brief dank ich Dir zärtlich. Glaub mir, Boie, es ist Wohltat für mich, wenn ich recht weiß, wie Dir ist, ich bin ruhiger, denn die nächste Verwandtin Deines Herzens bin ich jetzt noch.

(den 22.) Die Heynen kommt in der Mitte vom Mai, Ther. und Marianne auch. Ich freue mich doch zu diesem Wiedersehen.

Am Stillen Freitag ist der ‚Tod Jesu‘ in Göttingen im Konzert gegeben, wo drei Juden mit der größten Aufmerksamkeit zugehört haben. Die Studenten sind ihnen außerordentlich artig begegnet und haben ihnen die besten Plätze überlassen.

Der Bischof[1] amüsiert sich mit Schießen auf dem Neuen Hause und Ballschlagen außer dem Neuen Tore. Das Spiel heißt Cricket-Ball. Keiner kann dem Bischof gleich kommen in Schnelligkeit und agilité. Alle Woche ist Picknick von der Noblesse, und man sagt für gewiß, daß auch einmal Redoute zu Herrnhausen diesen Sommer sein wird. Ich schreibe Dir alles, was hier vorgeht.

Höpfner und Werner haben sich malen lassen. Jetzt läßt sich Freitag für seine Mutter malen. Noch will *ich* nicht daran denken, ich muß erst heitrer aussehn können. Morgen fang ich die Molken an. Ich würde mich vor der angreifenden Kur fürchten, wenn ich für mich selbst etwas fürchten könnte.

(den 23.) Da hab' ich einen sehr hübschen Brief von der Gräfin Stolberg erhalten, den ich morgen beantworten will. Mir wird bange, daß sie bös wird, denn sie kriegt [von hier] keine Haushälterin. Schreib' ihr doch bald, bester Boie, sie glaubt sonst, Du bist auf dem Wege zum Eismeer. – Dein Bild hat heute einen Rahmen bekommen. Wenn Dein Genius oft bei mir sein sollte und dann Dir wiedersagen könnte, was ich dächte, dann, fürcht' ich, hieltest Du mich manchmal für eine Erzschwärmerin. – Ich habe Roses Garten für mich gemietet, nun kann ich den ganzen Tag in der Luft sein. Marcard klagt jämmerlich über Deine Zimmer, sie sind heiß, niedrig, eng, die Fenster nicht dicht, ich weiß nicht, was alles noch mehr.

[1] Herzog Friedrich von York, siehe Anhang.

Im ‚Göttingischen Journal‘ soll das Leben von Rousseau stehen; zwar wohl ein sehr unvollkommener Auszug, der mich aber doch sehr neugierig macht. – Jacobi läßt uns mit allem so lange warten – den ‚Woldemar‘ kriegen wir wohl nie.

Sag’ mir ja, wenn ich Dir zu viel schwatze, denn wie Kestner an seine Frau schreibt, möcht’ ich Dir doch nicht gerne schreiben.

Lebe wohl, Du Einziger.

(den 24.) Ich habe der Gräfin so gut ich konnte geantwortet. Auf Michaelis schaffe ich vielleicht eine Haushälterin, aber Johannis ist keine Zeit, wo gute Leute gerne ab und zu gehn. Wenn sie mir nur nicht bös wird!

Mein ganzes Herz ist bei Dir.

Hannover, 26. April 1781

Ich schreibe Dir heute, lieber Boie, im Garten. Das Wetter ist nicht angenehm, doch scheint die Sonne oft und erwärmt mich. Ich sehe auf jedem Blatt und [jeder] Blüte die Vergänglichkeit, das Siegel, womit jede Freude gegrenzt ist, und gehe mit kälterem Herzen als ehmals vorüber. Lesen kann ich nicht, weil ich noch die Sonne suche, da denk’ ich mir dann dies und jenes, sitze [in Meldorf] neben Dir, wenn Du schreibst, und begleite Dich in die Gerichtsstube.

(den 28.) Fürchte nichts von meiner Reise nach Celle, wie kann ich mein bißchen Gesundheit besser anwenden als [um] andre zu trösten? Laß mich nur meinen Weg so fort schleichen, glücklich werd’ ich nie, – und unglücklich zu sein, dazu hab’ ich zu viel innre Ruhe, wenigstens kommt’s mir so vor, daß ich jetzt alles ertragen kann.

Ich freue mich zu den Subscribenten der Odyssee. Mit vielem Vergnügen hab’ ich den Aufsatz über Rousseau im ‚Göttinger Journal‘ gelesen, zufrieden bin ich aber doch nicht. Die kleinen Umstände von Rousseaus erster Jugend und Erziehung fehlen, und ich möchte gern alle Quellen wissen, woher er *Rousseau* geworden – möchten wir doch erst seine ‚Confessions‘ haben, denn dies alles sind doch nur Fragmente, nichts Ganzes.

BOIE   Meldorf, 28. April 1781

Am Mittwoch erhielt ich meine Bestallung, wie der alte Konferenzrat seine Entlassung, und Dienstag, 1. Mai, trete ich mein neues Amt wirklich an. Den Freitag darauf, an welchem Tag Du diesen Brief erhalten wirst, halte ich meinen Gerichtstag. Da denke Dir mich vor einem kleinen Tisch sitzend, die Feder in der Hand, mit einem ernsthaften Amtsgesicht, den Sekretär vor mir und Advokaten und Parteien um mich herum stehend. Meine Bestallung kostet 110 Thl. und der Titel, den ich noch nicht gesucht und folglich nicht habe, wird wenigstens eben so viel kosten. Einen Schreiber hab ich nun und habe lieber einen solchen als noch einen Bedienten mehr annehmen wollen. Einen zweiten Sekretär suche ich noch immer vergebens. Ich schicke Dir hier die Zeichnung meiner Wohnung, die ich das letztemal nicht finden konnte. Das Zimmer mit den blauen Fliesen ist die Gerichtsstube. In dem tapezierten Zimmer stehen meine Bücher rund umher, daneben ein großer neugemachter Schrank für Papier, und in der Mitte der Arbeitstisch. Gott gebe mir nun Mut, Kräfte, Entschlossenheit und Ausdauer, die ich alle sehr brauchen werde. Die Gemüter sind größtenteils auf das vorteilhafteste für mich vorbereitet, und es wird meine Schuld sein, wenn alles nicht geht, wie es soll.

(den 29.) Ich habe gestern gar keine Briefe gehabt. Wie es zugeht, mag der Himmel wissen. Der Sonnabend ist mir ein die ganze Woche erwarteter Tag, und wenn dann keine Briefe kommen – oh, 't is a disappointment hardly to be borne. Sag Rehberg, daß Prof. Sprengel in Halle Forsters Tochter heiratet. Auch mich fängt man hier schon an zu verheiraten. Du würdest lachen, wenn Du die sehen würdest, die mir ein Teil des hiesigen Publikums zuteilet. Das schlimmste ist, daß ich nicht mitlachen darf, weil alles gleich herum kommt, was der Hl. Landvogt tut und sagt. Gestern Nachmittag hab ich den ersten Damenbesuch gehabt, dem bald wohl noch mehrere folgen werden. Ich habe gleich erklärt, daß ich nichts als Tee vorsetzen könnte, und dabei bleibe ich. Mittags bin ich so eingerichtet, daß ich immer, wen ich will, bei mir zum Essen behalten kann.

Meldorf, 11. Mai 1781

Ich bekomme täglich mehr Mut und Gefühl, daß ich den Geschäften gewachsen sein werde. Gestern hab ich Verhör über eine Diebin gehalten und mehr herausgebracht, als mir lieb ist. Dies ist ein Mädchen von 21 Jahren, von der ich schon heraus habe, daß sie seit vier bis fünf Jahren gestohlen. Von der Unschuld der Sitten hier hab ich bei der Gelegenheit ein Beispiel erfahren. Eine Mutter und ein erwachsener Sohn, die nur ein Bett haben, schlafen ganz getrost in diesem Bette beisammen und geben dem Mädchen, das spät noch ein Nachtlager bei ihnen sucht, den dritten Platz. Verwünscht – da werd ich unterbrochen.

(den 12.) Nachdem ich gestern Nachmittag noch zwanzigmal unterbrochen war, ging ich zum alten Eggers, um mit ihm, wie ich fast täglich tue, über dies und das vorkommende Geschäft zu reden, darauf zu Niebuhrs Kindern, denen ich den Campischen Robinson brachte und dadurch keine geringe Freude verursachte, und brachte den Abend wieder bei der alten Frau v. Helm zu, die mir ein Teil des hiesigen Publikums zur Frau gibt, ob sie gleich wenigstens meine Mutter sein könnte.

Die Vossen ist von einem dritten Jungen glücklich entbunden und Mutter und Kind befinden sich vortrefflich. Er heißt, nach Gleim, Nantchen[1] und Hölty, Wilhelm Ferdinand Ludwig. Ich habe Vossen gebeten, mich zu besuchen, sobald er ohne Sorge wegen der Frau kann.

BOIE AN FRAU VON PESTEL   Meldorf, 14. Mai 1781

Ich weiß, meine teuerste Freundin, daß ich bei Ihnen keiner Entschuldigung bedürfte. Sie wissen, daß man leicht verführt wird, da ein wenig nachlässig zu sein, wo man am ehesten Verzeihung zu finden hoffen darf. Dazu kam, daß ich versichert war, Sie wüßten alles, was Sie von mir wissen wollten, durch unsre edle Freundin. Ich fühle an dem, was ich verloren habe, was das liebe Mädchen verloren hat. Ich habe hundert Gegenstände, die mich zerstreuen, Geschäfte, die mich ganz fordern, und immer fehlt sie mir. Kaum hielte ichs ohne diese Zerstreuungen und Geschäfte aus, so von allem, woran mein Herz hing, getrennt zu sein; sie hält es allein aus, weil sie so viel Stärke der Seele hat. Mit Sehnsucht seh ich der Zeit entgegen, wenn Sie beiden edlen guten Seelen erst wieder beisammen und sich alles sein werden, was Menschen einander sein können.

Mir wird ein solches Glück hier schwerlich werden. Ich habe einige würdige, edle, für mich gut gesinnte Menschen hier, und werd ihrer mit der Zeit vielleicht noch mehrere finden, aber ein Herz, so ganz für das meinige geschaffen, als ich in Hannover hatte, nie. Selbst die Aussicht, künftig eine Gattin zu finden, in der und mit der ich glücklich sein könnte, ist sehr zweifelhaft. Ich brauche durchaus Geld, wenn ich heiraten will, und wie selten fin-

---

[1] Göckingks Frau, Ferdinande.

det sich das beisammen, was ich nun nicht mehr entbehren kann, nachdem ichs einmal gekannt habe. Ich wäre der undankbarste Mensch, wenn ich klagte. Gott hat mich mit Wohltaten überschüttet und mir des Guten viel mehr gegeben, als ich verdiene. Ich bin hier fast von allen Seiten gleich mit Liebe und Vertrauen aufgenommen worden und habe die Aussicht, manches Gute künftig wirken zu können.

Ihrem Herrn Gemahl sagen Sie tausend Liebes und Gutes von mir. Ich bin und bleibe von ganzer Seele der Ihrige.

BOIE   Meldorf, 14. Mai 1781

Mein heißer Tag ist vorüber, und alles, dem Himmel sei Dank, viel besser gegangen, als ich dachte. Aber eh ich in die Landesversammlung hineinging, hatte ich einen sehr harten Stand. Mein alter Onkel Piel ist Kirchspielvoigt von Brunsbüttel; vor mehreren Jahren wird er schwach und fast blödsinnig; der Sohn wird statt seiner gewählt, heiratet und wird Vater von verschiedenen Kindern. Seit einem Jahre erholt sich der Alte wieder. Aber mit seinen Kräften ist auch sein eiserner Kopf zurückgekehrt. Er hat in der Deichsache mit der Landschaft einen Prozeß und will nun wieder Kirchspielvoigt sein, um seine Sache mit desto mehr Nachdruck durchzusetzen. Der Sohn hat auf das Amt geheiratet und kann es nun nicht aufgeben als mit Bewilligung der Obern. Am Morgen der Landesversammlung kommt der Alte zu mir und bittet mich, ihm, als dem ältesten Kirchspielvoigt, bei mir einen Stuhl setzen zu lassen. Ich versicherte ihm, daß das weder geschehen könne noch werde, daß ich nicht zwei Kirchspielvoigte *eines* Kirchspiels zulassen könne, und wenn er erschiene, sogleich die Versammlung aufheben müsse. Das schien ihn anfangs sehr zu wundern, er begriff aber endlich, daß ich Recht habe. Ich habe in der Versammlung nicht allein die Streitigkeiten vermieden, sondern auch die unruhigen Köpfe in so weit wieder zusammengebracht, daß der ganze Streit über die Erhaltung der Deiche und des von der Elbe sehr angegriffenen Ufers der Entscheidung dreier fachkundiger, von mir vorgeschlagener Männer überlassen ist. – Leider hab ich diesen Morgen wieder eine Inquisition, deswegen ich mich nun ankleiden will.

Meldorf, 23. Mai 1781

Ich gehe morgen früh um vier Uhr nach Brunsbüttel und werde den ganzen Tag an und auf der Elbe sein. Wir machen die Unter-

suchung, die der Anfang der Deicharbeit sein wird. Zwei Nachmittage hab ich wieder mit Verhören verderben müssen; denn
nicht weniger als drei Diebesgeschichten und Geschichtchen sind
jetzt im Gange. So viel hab ich schon gelernt, daß ich mich nicht
mehr davor fürchte. Wenn ich nicht zu sehr wüßte, daß wie die
neuen Regenten auch die neuen Landvögte verehrt werden und
man so viel Gutes von ihnen sagt, das sie nicht verdienen, hätte ich
Gelegenheit, ein wenig stolz zu werden. Gestern hatte ich den ersten Besuch in Meldorf. Der junge Professor Cramer[1] aus Kiel.
Ich wurde zu einer Fahrt ins Holz gebeten, um die Nachtigall zu
hören, die sich aber nicht hören lassen wollte. Cramer, der mit
Vorurteil wider Meldorf herkam, gefiel sich doch recht wohl hier.

(den 24.) Mein alter Onkel drängte sich mit Gewalt bei der Be-
sichtigung zu, weil er fürchtete, ich möchte von meinen Führern
verleitet werden, die andrer Meinung sind als er. Den alten Stür-
mer kann niemand in Ordnung halten als ich. Er glaubt sich von
Gott berufen, das Land zu retten.

Der alte Eggers und ich kommen hoffentlich auf einen dauer-
haften Fuß. Ich unternehme nichts Wichtiges ohne seinen Rat,
dadurch fühlt er nicht sehr, daß die Gewalt nicht mehr in seinen
Händen ist. Just mit meiner Art, die juristischen Sachen zu behandeln, ist er zufrieden.

Fürchte Dich nicht, daß ich [Diebe] hängen lassen muß. Wir
hängen überhaupt keine Diebe mehr. Das Mädchen wird ein paar
Jahre im Zuchthaus sitzen müssen. Übermorgen halte ich mit ihr
das letzte Verhör.

Der Bauer im Lande fängt an, Zutrauen zu mir zu bekommen,
welches mich nicht wenig freut.

Meldorf, 31. Mai 1781

Meine Amtserfahrung vermehrt sich mit jedem Tag. Dienstag
war ich bei einer Deichbesichtigung zu Büsum am äußersten Ende
von Dithmarschen. Diesen Morgen war Konsistorium, den Nachmittag hab ich sechs bis acht Leute abhören müssen, und wie ich
mitten im Verhör bin, wird mir berichtet, daß ein paar Meilen von
hier einer gewaltsam ums Leben gekommen ist. Ich muß den
Körper in meiner Gegenwart secieren lassen und reise morgen
Abend dahin. Gottlob, das schwerste von allem, die Deichsache,

---

[1] Siehe Anhang.

scheint recht gut zu gehen. – Siehst Du, Luise, so ist Dein Boie zum Geschäftsmann schon mehr als halb eingeweiht. Ich bin glücklicher, als ichs erwarten konnte und verdiente, und kann Dir nicht genug sagen, wie sehr mir alles hier gefällig zu werden und Vergnügen zu machen sucht.

Der Ton unsrer Gesellschaften ist schon um ein Gutes leichter und für mich angenehmer geworden. Ob es wirklich so ist, oder mir nur so vorkommt, weil ich mich daran gewöhnt, kann ich nicht entscheiden.

Ich habe gestern wieder ein Mädchen in Verhaft nehmen müssen, das, ohne Beruf, die Welt zum drittenmal vermehrt hat, und deswegen nach unsern Gesetzen ins Zuchthaus muß. Eben kommen die Gerichtsdiener mit ihrem Fang zurück.

LUISE   Hannover, 4. Juni 1781

Ich habe die ganze Woche nicht an Dich schreiben mögen, liebster Boie, weil mir nicht recht [wohl] ist. Die schnelle Abwechslung unsrer hiesigen Witterung macht alle Menschen krank.

Dank für die Zärtlichkeit, daß Du ungeachtet Deiner Geschäfte und Reise an mich geschrieben.

Freilich, lieber Boie, ist jede neue Regierung angenehm, weil jeder die Erfüllung seiner Wünsche [von ihr] erwartet. – Daß es Cramer bei Dir gefallen, ist mir sehr lieb, wenn nur Einer erst überzeugt ist, daß Du nicht in Sibirien lebst, wollen Dich schon mehrere Deiner Freunde besuchen.

Werner hat mir das ‚Museum' gestern Abend gegeben. Ich kann Dir nicht sagen, wie mir ist, daß ich mit niemand über dies und jenes sprechen kann. Ramdohr ist nach Celle, seine Großmutter zu bitten, daß sie ihm ein Kapital bewilligt zu einer Reise nach Frankreich und Italien. Ich soll Dich von ihm grüßen. Mit Kestners ist er auf einem besonderen Ton. Er herrscht über beide, sagt beiden geradezu die Wahrheit auf eine Art, die oft beleidigt, so daß es zu Zwistigkeiten kommt, aber sie können Ramdohr nicht mehr entbehren. Die gute Kestner ist jetzt unerträglich grämlich, ich vermute daher, daß sie den sechsten Jungen erwartet, wo nicht, bedaur' ich sie von ganzer Seele.

Der Bischof ist mit Prinz Karl in Celle gewesen, haben aber en famille gegessen. Einen Nachmittag sind alle die von sechzehn Ahnen präsentiert worden. Die Busschen, München, Lenthen sind die Damen, mit denen er fast täglich spazieren geht.

Der Kammerjunker Graf Platen hat einen seiner Kreditoren, der ihn vielleicht ein bißchen grob gemahnt, durch seinen Bedienten anhalten lassen und beinahe tot geschlagen. Der Mann ist trepaniert und wird, wenn er nicht stirbt, seine Gesundheit schwerlich wieder erhalten.

Heyne grüßt Dich. Er hat mich auf meinem Garten besucht. Ich bin auch mit *ihm* unzufrieden. Ein Mann in seinen Jahren, der sonst so weise, läßt sich so betören, durch Schmeicheleien von seiner Frau einschläfern, daß er die Kinder und alles vergißt. Du selbst könntest sein Betragen nicht billigen. Bei Theresen helfen schon keine Vorstellungen mehr, sie sagt „mein Vater haßt mich", und nun wird sie nichts mehr zurückhalten, dumme Streiche zu machen.

Ich denke an Dich mit Liebe und Freude.

BOIE   Meldorf, 7. Juni 1781

Voß blieb hier bis gestern Morgen. Einige kleine allerliebste Stücke für den Almanach hat er wieder gemacht. Er hat den Plan zu einem größeren Gedicht entworfen, das gewiß vortrefflich wird.

Unter andern Briefen hatt' ich gestern einen von Merck. Er schreibt: „Goethe lebt still für sich in seinen Geschäften weg und entzieht sich dem Hofe, so viel er kann. Seine Gesundheit ist nicht die beste. Ich wollte überhaupt, daß er aus dieser Galeere wäre."

Er [Merck] hat mit dem Herzog von Weimar Bürgern besucht. „Wie ist der gute Mensch abgespannt und in seine Situation versunken. Wenn er noch zwei Jahre so außer den Menschen lebt und es besonders mit seinen häuslichen Umständen nicht besser wird, so ist physisches und intellektuelles Leben dahin. Die Wärme und Güte des Herzogs taute ihn auf einige Zeit auf, allein er versank bald wieder."

(den 11.) Dank, meine Beste, für Deinen letzten Brief.

Was macht Ihr Weiber nicht aus uns Männern! Freilich wundert mich das, was Du von Heynen schreibst, aber begreifen kann ichs doch. Ich bedaure Therese, die in dieser Lage nicht wird, was sie werden würde und müßte. Es ist doch wohl gut, daß Georgine nicht meine Frau geworden ist.

Von Graf Reventlow hatte ich mit der letzten Post einen sehr freundschaftlichen Brief. Er bietet mir seinen Kredit für so viel

Geld, als ich brauche, und wenn ich bis künftiges Jahr Rat schaffen kann, es bar an.

Eine neue Delinquentin muß ich wieder einziehen lassen. Die andern beiden werden nächstens ins Zuchthaus wandern müssen.

LUISE   Hannover, 9. Juni 1781

Claudius ist ja nun Vater von fünf Mädchen! Nein, das ist zu arg. Die Alberti sagte mir's, die Dich grüßen läßt. – Georgine hat sich für ihren Bruder malen lassen, von Schroeder. Höpfner sah es, und in seiner Gegenwart wurde das Portrait fertig. Er sagte: „Wenn ichs doch kriegte!" Ich flüsterte Georgine zu, sie möchte es ihrem Mann geben. Sie wollte nicht, nun hat Höpfner das Bild mitgenommen, indem er gesagt: „Dein Bruder soll es nicht." Wie's möglich, daß Georgine nichts von dem feinen weiblichen Gefühl hat, davon hab' ich keinen Begriff, oder ob dies Gefühl ohne Zärtlichkeit nicht in uns ist?

(den 11.) Mit Freude drück ich Dich an mein Herz und sage Dir den besten Dank für Deinen lieben lieben, Brief.

Gedankt sei dem Himmel, daß Du Landvoigt bist! Die Zufriedenheit Deiner Seele hättest Du nie hier gefunden. Baue Dir bald ein Haus nach Deinem Sinn, eine Haushälterin schaff ich dann auch wohl, nur keine Frau, Boie, die fänd ich nicht, wie ich sie Dir geben möchte.

Wenn *unsre* Gesetze so scharf wären, wie viele Mädchen würden nach dem Zuchthaus wandern müssen! – Meine Haushälterin-Korrespondenz [mit der Gräfin Luise Stolberg] ist ordentlich lustig. Unsre gute Pesteln grüßt Dich tausendmal. Alle ihre Briefe handeln immer von Dir. – In Celle ist ein Engländer angekommen, der viel gebeten wird, Stafford heißt, Frau v. Arem die Cour macht und gewiß nichts mehr als ein Aventurier ist, denn er hat weder Adressen noch sonst Briefe vorzuzeigen, die das Gegenteil beweisen.

BOIE   Meldorf, 7. Juli 1781

Montag fängt das große Sommergericht an, in welchem ich präsidiere, und das bis zu Ende der Woche dauert. Dazu kommt heute der alte General-Superintendent Struensee, der morgen hier Generalvisitation hält.

Dank für die Liste der Offiziere bei den neuen Regimentern und für die andren Nachrichten.

7*

Ich zweifle sehr, daß Necker nach Berlin geht, aber nicht, daß der König [Friedrich d. Große] ihn dahin zu ziehen sucht. Es wäre für den ganzen Staat wichtig, wenn er ihn erhielte.

Wenn Dir zuweilen einfällt, daß Du nicht nützlich bist, so rufe sogleich Deine Bemühungen wegen Theresen Dir ins Gedächtnis. Ich bedaure das gute Mädchen, indem ich ihre Lage fühle.

Von den ‚Geschwistern‘ kann ich Dir noch nichts mehr sagen, als daß ich sie mit vielem Vergnügen gelesen habe; aber ich las flüchtig und hatte den Kopf voll von andern Sachen – ich komme schon einmal zu andrer Zeit daran und dann schreib ich Dir mehr.

Die zärtlichsten Grüße an unsre Pestel. Zieh nur immer zu ihr und setz Deine Bedenklichkeiten beiseite.

(den 9.) Der heutige Tag ist sehr feierlich und wichtig für mich, da ich zum erstenmal im offenen Gericht sitze und präsidiere. Ich habe meine Lektion gut gelernt, doch ist mir ein bißchen bange.

Gott befohlen.

LUISE   Hannover, 16. Juli 1781

Die gute Niepern hat gestern ihr [neugeborenes] Kind schon wieder verloren. Ich kann Dir nicht sagen, wie traurig die vergangenen acht Tage waren. Das arme Weibchen ist vernünftig, sie ist [aber] gar nicht wohl. Die Kestnern sagt, andrer Leute Krankheit wäre meine beste Arznei. Auch sie hat zu Bette liegen müssen, weil sie eine unzeitige Niederkunft gehabt.

In acht Wochen schreib ich Dir schon aus Celle. –

Möchtest Du doch erst ein Weib haben, ich wollte sie bitten, Dich an Deiner Arbeit zu hindern. Dein Kopf ist voll [von] Geschäfts-Sachen, und so bleibt das Herz verschlossen, und es muß sich [doch] aufschließen, die Leere muß gefüllt werden. Du tötest die Zärtlichkeit anjetzt und wann Du dann Dir ein Mädchen wählest, kann all ihre Liebe Dich nicht wieder erwärmen. – Doch ich darf nicht mehr davon schwatzen, lieber Herr Landvogt, ich sehe schon ein ernsthaftes Gesicht.

LUISE AN FRAU VON PESTEL   [Hannover] 18. Juli 1781

Gestern hatte ich ein sonderbares Gespräch mit dem Dr. Bruns, der mir bewies, daß eine Seele, die der feinsten Empfindungen fähig, nie in einem festen Körper wohne. Das fand ich hart, und ließ mich weitläufig mit ihm ein. Ich kann Dir seine Beweise nicht anführen, aber ich habe sehr darüber nachgedacht, ich mag den

Gedanken nicht. Mit Boie hatt' ich auch mal einen Disput hierüber, denn er behauptete, ich könnte meinen Empfindungen nach [d. h. meiner Sensibilität nach] nie einen gesunden Körper gehabt haben.

Der Niepern ihr Kind starb Sonntag Mittag. Du kannst leicht denken, wie sehr sie leidet, ich habe sie die acht Tage gar nicht verlassen. Das Kind wurde seziert, ich sah zu, wurde aber ohnmächtig. Die innren Teile des Kindes waren alle gesund, nur in dem Hauptgedärm waren drei Verengungen, wovon die eine so war wie abgebunden. Ein sonderbarer Natur-Fehler. Die alte Patjen und ich haben uns beinahe ein Kollegium von Bruns darüber lesen lassen.

Du hast Recht über ‚Rosaliens Briefe‘. Schöner wären sie, wenn die Verfasserin [Sophie La Roche] nicht an den Druck gedacht, aber das merkt man zu sehr.

BOIE   Meldorf, 18. Juli 1781

Zimmermanns Brief ist so freundschaftlich als möglich, aber voller Klagen. Er verliert alles in Hannover, nun er die Döringen verliert, seine Tochter ist auch noch immer krank, kurz, er ist nicht glücklich.

(den 19.) Ich habe in diesen Tagen viel hinter mich gebracht, und bin einmal so weit, daß ich kein einziges Reskript aus den höhern Kollegien unbeantwortet vor mir liegen habe. Auf den Sekretären das Ganze ruhen lassen, wie ich nach dem Beispiele so vieler andern Beamten könnte, hieße mich abhängig von ihnen machen, und am Ende wäre ich in desto größerer Verlegenheit, wenn einmal einer krank würde oder mir gar den Stuhl vor die Füße setzte. Und das erleichtert mir auch die Sache gar sehr, daß es bekannt wird, wie ich selbst arbeite.

(den 20.) Meine Abneigung vor unnötigen Prozessen und Geneigtheit, armen und geringen Leuten, wo sie Recht haben, ohne Umschweife zu ihrem Recht zu verhelfen, ist schon allgemein bekannt. Schwierigkeiten werd ich auf diesem Wege genug finden, aber ich habe den Mut, ihn zu verfolgen, und zweifle nicht, am Ende zu meinem Zweck zu kommen. So viel als möglich halte ich dabei die Advokaten in guter Laune.

[Meldorf] 25. Juli 1781

Mit dem Justizrat Behrens [in Heide] hab ich den Plan zur künftigen Anordnung einer Hauptschule für die beiden Dithmarschen überlegt. Er billigt ihn sehr und verspricht mir auf alle Weise die

Hand zu bieten. Vorher möchte ich noch gern unsre Armenanstalten und das Gesindewesen reformieren. Ich schreibe nächstens
an Hofrat Ahlemann wegen Nachrichten von der Einrichtung des
Hannöverischen Werkhauses.

(den 26.) Ich muß Dir doch geschwind erzählen, daß der König
mich ohne mein Ansuchen zum Justizrat ernannt hat. Mein Kollege Behrens in Heide ist Etatsrat geworden; das sollte ich auch
gleich werden, aber ich konnte mich nicht entschließen, darum zu
supplizieren. Die Kanzleigebühren betragen 225 Rthl., die mir
aber, wenn ich darum ansuche, nach einem aus Kopenhagen erhaltenen Wink, erlassen werden. Sonst wär es eine lästige Gnade.
Die Bestallung ist am 19. Juli unterzeichnet. Gestern Nachmittag
konnte ich vor lauter Gratulanten nicht zu Atem kommen.

LUISE   Hannover, 27. Juli 1781

Dein heutiger Brief hat wieder mehr Heiterkeit. Wie ich das
ausspähe, glaubst Du nicht – und wie ich mich dann freue. Doch
ja, Du weißt es, meine Empfindungen sind noch eben so lebhaft
(stürmisch, wenn Du willst), wie sie oft sein konnten, wenn ich an
Deiner Seite saß. Boie, wenn Du dies liest, so denke an mich mit
inniger Freundschaft – verzeih, wenn ich noch schwärme. Dein
Brief ist die Ursache. Nur ein Wort von Dir, das Heiterkeit oder
Zärtlichkeit verrät, und die kalte Luise ist auf dem höchsten Grad
der Freude.

Hardenberg kommt ganz unerwartet von London mit seiner
Familie zurück. Die Ursache seiner Zurückkunft bleibt noch ein
tiefes Geheimnis. Ungnade ists aber nicht, denn der König hat
einen sehr verbindlichen Brief an den Feldmarschall geschrieben,
worin er ihm Glück wünscht, der Vater solcher guten Kinder zu
sein.

Kestners empfehlen sich, auch hat die Sophie Buff für Dich
einen Gruß geschickt. Der gute Kestner wird mit jedem Tage
grämlicher. Nun ist auch leider an keine Whist-Partie für ihn mehr
zu denken.

Der Ruhm von Deinen Arbeiten ist, ich weiß nicht wodurch,
[bis] hieher erschollen. Überhaupt sind hier jetzt die Leute genau
von Deiner Gegend, auch von Deiner Situation unterrichtet.
Der Gedanke, daß Du stufenweise fühlst, wie viel Du vielen
Menschen bist und noch sein wirst, kann mich so ganz in eine
andere Welt führen.

(den 30.) Georgen hab' ich mein Projekt wegen Celle geschrieben. Er machte mir das Anerbieten, bei ihm zu wohnen, – aber er weiß, daß ich Nein sage, sonst täte er es gewiß nicht. Beunruhigen soll er mich nun einmal nicht, weil ich von seiner Seite gar keine Zufriedenheit erwarte. Doch glaubte ich, daß er zu viel Stolz hätte, um sich ein Schustermädchen zur Geliebten zu wählen. Die Leute wohnen in Osterode und George erhält die ganze Haushaltung.

Gebrauche doch den Geldbeutel, lieber Junge! Laß Dich durch die etwas engen Ringe nicht abschrecken. Sobald der Beutel erst gebraucht, verliert sich's.

Hannover, 13. August 1781

In Celle erwarte und suche ich keine Freunde. Die Pestel ist mir genug. Ruhe muß ich haben, die fehlt mir hier, weil man mich jetzt für gesund hält.

Brandes grüßt Dich herzlich. Er hat [nach Rückkehr von einer Reise] der Mejern, Kestnern und mir ein hübsches, aber zu solcher Art Galanterie zu kostbares Andenken geschenkt. Der Mejern ein Potpourri von Dresdner Porzellan, der Kestnern ein paar ganz allerliebste Schlösser zu Armbändern und mir die schöne Figur des Ganymed von Dresdner Bisquit. Mein Geschenk setzt mich in Verlegenheit, so gehts der Kestnern auch. Solche Präsente müssen nie von großem Wert sein.

Ich denke mit inniger Freude an Deine Geschäfte. Die Armenanstalten zu reformieren ist ein schweres Werk. Der Himmel segne Deinen Entschluß. Ahlemann wird stolz darauf sein, Dir die Einrichtung des hiesigen Werkhauses zu schicken.

Hannover, 16. August 1781

Hardenbergs werden in wenigen Tagen erwartet. Seine Projecte sind alle dahin. Madame hat die Cour des Prinzen [von Wales] angenommen, aber wohl nicht erwartet, daß ein Plan zur Entführung gemacht werden sollte. Sie erfährt dies Project, sagt es ihrem Mann, der gleich die Sache dem Könige schreibt. Der König weiß nichts von den bisherigen Torheiten des Prinzen, denn die Königin sucht ihrem Gemahl alles zu verbergen, weil sie seine Heftigkeit kennt. Er läßt den Prinzen rufen. Der Prinz leugnet alles. Wie ihm aber sein Vater das Billet von Hardenberg zeigt, wird er heftig und schwört, Hardenberg nie zu verzeihen, und sich an ihm auf eine auffallende Weise zu rächen. Hardenberg, der bald darauf zum Könige geht und dies erfährt, bittet gleich um die Erlaubnis, nach Deutschland zurückzugehn, und geht sechs Stunden darauf schon fort. Wenn auch der Prinz als König die Torheiten seiner Jugend vergißt, so ist doch Hardenbergs Verfassung nicht angenehm. Der Prinz hat an seinen Bruder [den Bischof] die ganze Geschichte geschrieben. Der sagt laut, er wolle die Rache seines Bruders übernehmen, Madame die Cour und [sie] dadurch verächtlich machen, oder ihr mit Verachtung begegnen. Hardenbergs wollen daher so bald als möglich auf ihre Güter gehn in Dänemark, um dem ersten Sturm von Neugierde und bösen Anmerkungen zu entfliehn. – Der alte Feldmarschall träumte es wahrlich nicht, daß durch die Frau, die er seinem Sohn gab, das Schicksal seines Sohnes vielleicht auf immer unglücklich würde. Es geht mir doch nahe. Du glaubst nicht, wie frei jetzt ein jeder davon spricht. Die Gräfin [Luise] Stolberg scheint neugierig zu sein, warum Hardenbergs unerwartet zurück kommen, ich kann es ihr nicht schreiben. Wenn Du sie siehst, magst Du es ihr mündlich sagen.

Der Oberstlieutnant Reinbold soll die Soldaten abscheulich prügeln lassen, und in der schrecklichen Hitze müssen sie exerzieren bis zwölf Uhr Mittags, und den Nachmittag wieder. Er gibt ihnen ferner nicht genug Handgeld. Seine Soldaten haben ihm laut, daß er es gehört, den Tod geschworen, sobald sie zu Schiffe sein würden. Das hat freilich nichts zu sagen. Genug, er wird gehaßt, und Wangenheim geliebt.

(den 18.) Glück zu der angefangenen Arbeit eines Werkhauses oder vielmehr zu einer Einrichtung der Armenanstalten. Wenn nur die Inquisitionen nicht so viel Zeit raubten. Sie sind nicht für Dich und müssen eines Deiner unangenehmen Geschäfte sein. In einem Jahre, lieber Boie, muß es ganz anders um Dich herum aussehen, dann siehst Du Deines Fleißes nützliche Folgen und erntest den Segen dafür ein. – Guter Boie, es ist keine Minute im Tage, wo ich mich nicht Deiner Zukunft freue, danke für jede Erinnerung voriger Zeiten, [aber] so gut sie auch waren, sind doch die jetzigen für *Dich* besser.

Nun hab ich auch das ‚Museum‘ gelesen. Der Brief aus Holland ist sehr amüsant. Auch sind die Briefe des Vaters an seinen Sohn immer besser, sie haben nur noch nicht genug Leben. In meinem Kopf geht es jetzt wie Kraut und Rüben durcheinander, ich bin wie ein gemietetes Eigentum. Ich hasse eine beständige Unruhe, die zu nichts hilft. Kestners sind heute nach Blumenau auf vier Wochen gereiset. Sie grüßen Dich wie auch die übrigen von uns. (den 19.) Ich habe Jenny [v. Voigts, geb. Möser] gesehen. Sie schrieb mir diesen Morgen, daß sie die Nacht angekommen, ich ließ mich um neun Uhr hintragen nach der Neuen Schenke. Jenny ist im Äußerlichen unangenehm, wozu auch der Geschmack in ihrer Kleidung noch beiträgt, aber sie spricht sehr gut und lebhaft. Beinahe hätte sie mich erstickt, so fest hielt sie mich, ich mußte mich los reißen und um Gnade flehen. Höpfner kam bald nach mir, aber das Liebkosen hatte kein Ende, ich mußte in ihren Armen liegen und wurde so gedrückt, daß ich endlich sagte, Höpfner lachte uns aus. Nichts half. Ich bin böse auf mich, daß ich kein Entzücken erzwingen konnte, ich bin doch sonst nicht gleichgültig, wenn man mir Freundschaft erzeigt, aber ich war wie Eis. Ich kenne auch das Ungestüme, Du kennst es auch in mir, hast es oft mit Geduld ertragen, aber dann wußte ich, daß Du und ich mit dem Himmel allein waren, es war so ganz anders. Jennys Mann ist ein ‚Albert‘, wie es scheint, ich begreife nicht, wie sie ihn gewählt. Was ich Dir alles [von ihr] sagen soll, kann ich nicht zur Hälfte bestellen. Mit Höpfner lebt sie in ewigem Gezänke, so auch mit Sprickmann, nur mit dem Unterschiede, daß Sprickmanns Aufführung ihrem Herzen Kummer macht, und sie als seine Freundin nicht zu dem allen schweigen will. Er ist jetzt mit der Fürstin Gallitzin zu Hofgeismar. Spiegel, der seiner Frau zu Ehren manche Elegien sang, heiratet ein junges Mädchen von fünfzehn Jahren. – Jenny hat mir von der Winckelmann, Schwester der Jacobis, eine Anecdote erzählt: so wie der Arzt sagte, daß sie sterben würde, verfällt sie in eine schreckliche Gewissensangst, sie wünscht, daß eine Ewigkeit da sei, und ist [doch] von unsrer Vernichtung nach dem Tode überzeugt. Sie wünscht ihren Bruder zu sprechen, von ihm Trost zu erhalten, denn er hätte sie in allen solchen Ideen unterrichtet. Da ich die Frau ziemlich genau gekannt und bei jeder Gelegenheit sie bat, nicht zu grübeln – denn unser Geschlecht müsse sich an einen einfachen Glauben halten, weil unser Kopf zu schwach – hat diese Erzählung tiefen Eindruck auf mich gemacht.

BOIE   Meldorf, 18. August 1781
    Zwei Tage hab ich nun schon Mittags und Abends in einer Gesellschaft von zwanzig bis fünfundzwanzig Personen speisen

müssen. Dabei müssen am Morgen noch Geschäfte abgetan werden.

Wenn ich erst meine eigene Einrichtung habe, will ich auf alle Weise diesem Traktieren entgegenarbeiten, das für Leib und Geist gleich schädlich ist.

(den 22.) Für diesen Winter werden wir, nach meinem Plan und Vorschlag, Gesellschaften ziemlich auf Hannöverischem Fuß haben, und ich denke überdies jeden Donnerstag-Abend sechs bis acht Personen, lauter Männer, zu mir zu bitten, um Gelegenheit zu haben, manchen braven Mann näher kennen zu lernen, und manche nützliche Einrichtung, die ich vorhabe, unter der Hand einzuleiten und vorzubereiten. Gespielt soll in diesen Gesellschaften so wenig werden als geschmaust.

Künftigen Sommer soll in dieser Gegend ein beträchtlich Stück Land eingedeicht werden. Auch ist gestern beschlossen worden, daß wir mit der Holzsaat einen Versuch machen wollen. Glückt das, so können nach Jahren große, nützliche Wälder da sein, wo itzt nichts als gänzlich ungenütztes Land ist.

Tausend Dank, meine Beste, für Deinen reichhaltigen Brief. Ich glaube nicht, daß ich Lotte [v. Schubart] in Tremsbüttel sehen werde. Sie ist wohl noch nicht von Norwegen zurück. Ach! Luise, ich bin noch weit vom Heiraten zurück und an sie – mag ich nicht ernsthaft denken. Ohne Geld kann ich nicht durchkommen.

LUISE   [Hannover] 24. August 1781

Ramdohr ist bei mir gewesen. Wir haben uns beinahe gezankt. Er ist den Umgang mit Kestners müde. Ich verteidigte und entschuldigte sie beide, mußte aber Szenen hören, die ich für Erdichtung hielt, bis mir Ramdohr versicherte, ich könne der Kestnern alles wiedersagen. Albert hat meine Achtung verloren; Lotte bedaur' ich, daß sie so ganz alles weiblichen Stolzes – wenn ichs nicht Delicatesse nennen mag (die zu selten ist, um sie zu verlangen) – vergessen. Sie hat R. gebeten, sie nicht zu verlassen: was sonst die Leute sagen würden? Ramdohr bleibt unerbittlich. Den folgenden Morgen läßt sie ihn zu sich bitten, weint, macht ihm Vorwürfe, daß er keiner wahren Freundschaft fähig; wenn sie das vorher gewußt, hätte sie ihn nie als Freund vom Hause angesehen – – Ramdohr wird insolent, sagt ihr bittre Wahrheiten, daß sie zu eitel sei und keine Frau, gegen die man wahre Achtung haben könnte – – und so verläßt er sie. Denselben Nachmittag wird sie krank. Dieser Zufall bringt Ramdohr zurück – er hat nichts bereuet, geht aber wieder hin. – Ich konnte weiter nichts darauf sagen, als daß ich ihn für einen schlechten Menschen hielte, wenn er gegen jemand etwas hievon sagen könnte, er mußte mir auch versprechen, nach wie vor den Umgang fortzusetzen. Die gute Kestner hat sich tief gegen Ramdohr erniedrigt. Eitelkeit ist freilich die Ursache. Sie kann das qu'en dira-t-on nicht ertragen, denn Ramdohr ist kein Mensch, der mehr als ihrer Eitelkeit gefällt. Alberts Betragen ist so dumm, daß ich gar nicht davon schreiben mag.

(den 30.) Heute ist auch die Lenthen zurückgekommen und endlich – Hardenbergs mit der ganzen Familie. Er soll elend aussehn. Sie kamen gegen neun Uhr diesen Abend, und doch haben sich viele des Pöbels vor das Haus gestellt und laut gerufen, daß sie die Maitresse des Prinzen von Wallis gewesen. Die Demütigung, die der Familie widerfährt, ist doppelt kränkend für sie, da ihre Aussichten so hoch und weit aussehend waren. Gottlob, Boie, daß Du den rechten Weg gewählt! Ich denke an Dich mit Ruhe und unbeschreiblicher Freude. Mein Boie – mein Freund auf *ewig*. Ja, das bist Du, ungeachtet unsrer Trennung, und wirst auch nie mit weniger lebhaftem Gefühl von Deiner Luise geliebt werden.

George will heiraten. Zwei Mädchen sind ihm vorgeschlagen, die beide Geld haben sollen, versteht sich. Eine davon ist fünfzehn Jahr, die scheint George vorzuziehen. Welche Torheit, wenn er sich jetzt mit dem Mädchen verspräche! Überhaupt muß er kein so junges Mädchen heiraten, denn die Frau muß ihn mit einem nicht gar zu spitzen Pantoffel regieren. Ein Zuwachs zu meiner Zufriedenheit wird es wohl nicht sein.

Mein zärtlichster Dank für den ,Messias' kommt freilich spät, denn ich habe das Exemplar schon einige Tage. In Celle will ich ihn mit der Pesteln lesen.

(den 1. Sept.) Ich wünschte, daß meine Sprache so reich wäre wie die von Rousseau, wenn er seine Empfindungen der Liebe schildert. Empfindungen will ich nicht borgen, nur die Kunst, sie an den Tag zu legen, wünscht ich mir mehr.

Nicht der Neuigkeit wegen schreib ich Dir alles; ich sehe manches als kleine Fragmente zu Beiträgen an, die unsre Erfahrung vom Menschen vermehren.

Lotte Schubart will ich nicht mehr nennen – von so etwas nichts wieder schreiben. Der Himmel hat so auszeichnend für

Dich gesorgt, daß ich mich schämen würde, wenn ich ängstlich für Dich sorgen wollte.

(den 2.) Heute sinds fünf Jahre, als Hölty starb – Du von dem Sterbebette Deines Freundes zu der Pesteln kamst und mir lieb wurdest, denn es war nun nicht mehr Ahndung, es ward mir den Tag Gewißheit, daß Du ein empfindendes, zu echter Freundschaft gestimmtes Herz hättest.

(den 3.) Danke der lieben Vossen für das Gedichtchen. Lichtenbergs Aufsatz gegen Voß hab ich noch nicht gelesen, nur gehört, daß Lichtenberg es zu grob gemacht. Es ist mir sehr leid um Voß. Was wird er tun? Die verwünschten Zänkereien, die keinen wie das Publikum amüsieren, das sie nicht versteht! Hier gibts etwas zu schwatzen, in Göttingen ists noch schlimmer. Ich wünschte, daß Voß in einer Stadt lebte, wo er die Welt näher kennte. Auf seine Weise bekehrt er ja doch die Menschen nicht. Lichtenberg kommt mir so hämisch dabei vor – die ganze Sache verdrießt mich herzlich.

Den 13. ist Leisewitzens Hochzeit.

Hannover, 7. September 1781

Vor einem Jahr sah ich Dich nach Deiner Reise zum erstenmale wieder. Gottlob, daß jetzt alles so ist, wie es ist! Du bist glücklich, und diese Gewißheit hatte ich vor einem Jahr noch nicht. Da hoffte ich – wünscht' ich, verwarf meine Wünsche, wünschte von neuem, bis endlich alles überstanden, und ich Dich vergnügt sehe.

George wird sich wohl das fünfzehnjährige Mädchen zur Braut wählen. Ich kann zu allem nichts sagen. Der Hofrat Lunde zu Clausthal ist ein reicher Mann, wie alle Leute *sagen*, seine Tochter lernt die Wirtschaft, was brauchts mehr nach dem gewöhnlichen Ton im Heiraten?

(den 8.) Die Fürstin Gallitzin ist seit einigen Tagen in Göttingen mit ihren Kindern, Fürstenberg, einem Herrn v. Laßberg, noch einem Herrn, der aber nicht Sprickmann sein soll. Man sagt, sie sei nach Göttingen gereiset, um die Professoren persönlich kennen zu lernen, da sie ihren Sohn nach dieser Universität schicken wird. Sie macht Aufsehn, besucht alle Professoren von Distinction, geht täglich auf die Bibliothek, reitet, badet in der Leine (wie die Medisance sagt), trägt abgeschnittene Haare, Beinkleider und einen Talar, ungefähr wie die Türken. Sie soll angenehm, sehr unterhaltend sein, viel Verstand und Kenntnisse zeigen, aber die Sonderbarkeit so weit treiben, daß sie es ganz vergißt, daß sie ein Frauenzimmer.

(den 10.) Diesen Morgen früh ist endlich die Zimmermann gestorben. Marcard hat bei dem Vater gewacht, dessen Vaterliebe durch die Gewißheit des sehr nahen Todes ganz erwacht, und wie alle seine Empfindungen in den ersten Augenblicken überspannt sind, so auch der jetzige Schmerz. Ich bedaure Zimmermann von Herzen.

Dank, teurer Boie, für die beiden Stücke des ,Museums'! Die Fortsetzung der Reisebeschreibung hab ich gelesen, sonst noch nichts. Du hast recht, lieber Boie, die Bemerkungen darin verraten viel Verstand, aber wenn ich nicht irre, ahmt die Grävemeyer die La Roche nach. Nicht in der Beschreibung der Gegenstände – da malt die La Roche stärker und mit bunteren Farben – aber in den Bemerkungen und Zeichnungen des Characters.

Von unsrer Luise die zärtlichsten Grüße. Sie hat nur einen Wunsch, daß Du uns künftiges Jahr besuchen möchtest. Ich wünschte es auch, aber verzeih, es geht mir mit Dir wie mit dem Andenken eines geliebten Toten; wenn der erste schreckliche Schmerz der Trennung vorüber, dann entfernt man das Andenken, bis es zu sanfter Trauer heruntergestimmt. – Vor meiner Abreise denk ich Zimmermann zu danken, daß ich unter seiner Aufsicht so weit hergestellt bin.

Lebe wohl, einziger Boie.

Boie hat am 4. September eine kurze Reise zu einigen Freunden angetreten.

LUISE   Hannover, 17. September 1781

Ich fühl es, lieber Boie, daß Du mir recht gut sein mußt, um mir jetzt zu schreiben, und möchte Dir gern sagen, wie lieb Du mir bist. Heute haben meine Empfindungen [aber] nicht ihr rosenfarbnes Gewand an, und wenn meine Seele en négligé ist, mag ich nicht vor Dir erscheinen.

Nach dem neuen Almanach verlangt mich, so wie ich überhaupt schon lange lesehungrig bin. Es ist wahrlich, als ob alle Lust zum Lesen nach Deiner Abreise von hier ganz verschwunden. Ich wüßte auch keine Bücher zu kriegen. Deine Bibliothek war eine unversiegende Quelle, woraus ich viel Freude schöpfte. – Mein Exemplar vom ,Museum' macht le grand tour. Frau von

Steinberg ließ ein Stück vom ‚Museum' fordern, wo etwas Patriotisches stünde. Ich mußte laut lachen.

Leisewitz bleibt hier bis Michaeli. Bei dieser Heirat ist mir etwas unangenehm, und das ist, daß ihm der Schwager jährlich 200 Taler und seine Mutter 100 gibt. Der Schwager hat Kinder und die Schwester harmoniert nicht mit dem Bruder. Ich begreif es [aber] wohl, wie Leisewitz dies annimmt, das Geld hat keinen Wert bei ihm, wäre er reich, er gäbe Tausende hin, um ein paar sich liebende Leute glücklich zu machen.

Von unsrer Cellischen Luise die freundschaftlichsten Grüße. Den 27. wird sie mich wahrscheinlich abholen, dann geht auch eine neue Epoche für mich an.

Lebe wohl, teurer Boie. Keiner kann sich Deiner Freuden mehr erfreuen – und bis jetzt kann Dich auch keiner Deiner Freunde mehr und zärtlicher lieben als Deine Luise.

[Hannover] 21. September 1781

Jenny ist wieder hier, lieber Boie. Mittwoch Abend brachten wir zu bei Westermacher, wo uns Höpfner gebeten. Ich erschien zum erstenmale in so großer Gesellschaft, und mir war wohl bis zehn Uhr, da fühlte ich mich ein bißchen matt.

Du hast recht geurteilt, Jenny und ich kommen uns nie ganz nahe. Ich bin aber Schuld daran, denn ich stoße sie zurück, und weiß es doch, wie weh es tut, wenn man nicht gleiches Gefühl findet, aber ich kann mir nicht helfen. Sie spricht, daß ich ganz ihr Ideal erfülle, und da das unmöglich, werd ich immer zurückhaltender. Sonst ist sie sehr amüsant, klug, aber sagt manches mit einem zu entscheidenden Ton. Das ist aber eine Anmerkung, die *mir* nur auffällt, weil ich nicht mag, daß Weiber über Bücher und Gelehrte *raisonnieren*. Eitelkeit ersetzt ihr manches, denn sie ist in ihrer Familie nicht glücklich. Ihr Mann ist ein Dummkopf. Gestern erzählte er mir, daß er hätte in kaiserliche Dienste gehen wollen; wie er aber gehört, daß Möser seine Tochter gern verheiraten wollte, und der sie heiratete, einer Bedienung [Anstellung] sicher wäre, hätte er gleich um seine jetzige Frau angehalten. – Sprickmann gehört jetzt zu dem Gefolge der Fürstin Gallitzin. Du, lieber Boie, wirst von ihm außerordentlich geliebt, aber auch gefürchtet, sagt Jenny.

Die jüngste Jerusalem hat mir geschrieben, aber der Brief hat meine Erwartung von ihr getäuscht, er ist weitläufig, alltäglich und unorthographisch geschrieben. Doch hat sie ein paar kleine Gedichte gemacht, die ganz artig sind.

Da, Dein Brief, mein Boie. Unendlichen Dank!

Heute sind Dörings weggereiset. Ich fühle ihre [der Frau] Trennung von Zimmermann mehr wie sonst jemand hier.

Alle Menschen aus unserm Cirkel grüßen Dich, bester Boie.

BOIE   Hamburg, 22. September 1781

Ich habe ganz herrliche fünf Tage zu Dreilützow [einem Bernstorffschen Besitztum] gelebt. Beschreiben kann ich sie nicht, das ist unmöglich. Außer der Familie waren die Gräfin und die beiden Komtessen Stolberg, die Gräfin Reventlow (Lottens Schwester) mit ihrem Mann[1] da, und Montag abend kam auch Ernst Schimmelmann. Graf Bernstorff hab ich noch mehr bewundern und lieben gelernt als vorigen Sommer. Auch wegen meiner politischen Verhältnisse ist mir die Reise wichtig, nur muß man bei Hofe nicht wissen, daß ich da gewesen bin. Die Kinder waren alle da. Die beiden jüngsten Töchter sind sehr liebenswürdig geworden. Von der Gräfin, Gustchen und Käthchen hab ich Dir viele Empfehlungen zu machen. Wir haben Deiner oft gedacht. Des Nachmittags hatten wir gesellschaftliche Spiele. Jeder mußte nach 30 bis 40 gegebenen sehr heterogenen Wörtern eine Erzählung oder so was liefern. Fritz hatte vor einigen Wochen auf solche Art Verse gemacht, die an mich gerichtet sind, und die ich Dir von Meldorf schicken will.

Bernstorff schien sich über meinen Besuch zu freuen. Die Art, wie man ihm mitgespielt, die er mir von selbst mit allen Umständen erzählt [hat], ist so klein als schändlich. Sein einziger Fehler ist, daß er der herrschenden Partei zu groß, zu redlich, zu selbständig war. Zwei Monate im Winter wird Bernstorff mit seiner Familie in Gartow zubringen und drei Frühlingsmonate in Borstel.

Ich habe einige treffliche Sachen fürs ‚Museum' hier vorgefunden. Vossens Streitigkeiten ärgern mich sehr, aber ich kann sie leider nicht ändern. Klopstock ist, glaub ich, der einzige, der sie billigt und Voß bestärkt.

Alles Zärtliche, Gute, Liebe, was Du mir in Deinen Briefen sagst, habe ich mit Tränen der Freude, Liebe und Dankbarkeit

---

[1] Lotte v. Schubarts Verwandte auf Brahe Trolleburg.

gefühlet. Glück zu Deinem Geburtstag! Mög er der Anfang zu einer Reihe vergnügter Jahre sein, die ich nun fast wieder zu hoffen wage. Daß Du bald in Celle sein wirst, belebt diese Hoffnung. Du wirst ruhiger, tätiger, folglich innerlich und äußerlich glücklicher sein. Der ‚Messias‘ ist ein Geburtstagsgeschenk, da ich izt kein andres habe.

Ewig der Deinige.

LUISE   Hannover, 25. September 1781

Ich kann Dir nicht schreiben, liebster Boie, kaum an Dich denken. Lotte Rehberg ist tödlich krank, und ich glaube nicht, daß Besserung zu hoffen ist. Zimmermann meinte Fleckfieber, aber es sind keine Flecken da, sie ist völlig bei Verstande und ohne alle Schmerzen. Ich komme nicht vom Krankenbette. Denke Dir die unglückliche Mutter! Das dachte ich nicht, Boie, – noch dies zu erleben, aber Trennung ist ja mein Los. Donnerstag sollte ich reisen, nun reis’ ich Sonnabend. Dann, hoff’ ich, ist Leben oder Tod entschieden. Ach Boie, Boie! Das Herz ist mir schrecklich gepreßt. Leb wohl.

BOIE   Meldorf, 1. Oktober 1781

Daß Du wieder in großer Gesellschaft erschienen bist, hat mich nicht eben gefreut, aber wohl, daß Du ohne Beschwerde hast da sein können. Jenny hab ich mir ungefähr so gedacht, wie Du sie beschreibst.

Bürger hat mir endlich einmal und sehr freundschaftlich geschrieben. Lies ja seine ‚Pfarrerstochter von Taubenheim‘. Die wiegt nicht allein seinen, sondern den größten Teil auch des Vossischen Almanachs auf. – Die Odyssee ist bis auf wenige Bogen fertig.

LUISE   Celle, 2. Oktober 1781

Wie ich [nach] hier gekommen bin, lieber Boie, weiß der Himmel. Den 29. Morgens fünf Uhr starb Lotte Rehberg, und um eins war ich schon im Wagen. Mein Kopf ist so verwirrt, daß ich mich nicht besinnen kann. Nun hab ich nichts in Hannover zurückgelassen, was meinem Herzen etwas nahe ist. Sieh, Lieber, so löset das Schicksal ein Glied nach dem andern von der Kette, die uns an die Welt knüpft. Ich habe Lotte sehr geliebt und ich war ihr teuer – es ist mir ein Trost, daß ich bis in die letzten Augen-

blicke ihres Lebens bei ihr gewesen und sie von mir und Lotte
Schlegel jede Arznei und Handreichung erhalten. Sie hat wenig
gelitten, denn bei den Konvulsionen war sie ohne Verstand, und
zuletzt ohne alles Gefühl. Die unglückliche Mutter scheint ruhig,
besorgt alles, und keine Klage spricht ihr Mund. Ich habe ohne
Abschied meine Freunde in Hannover verlassen. Marcard wollte
durchaus, daß ich fort sollte.

Dein Brief, den ich hier fand, weckte mich aus meinem Schlummer (denn so muß ich meinen Zustand nennen), und ich danke
Dir für alles, was Du mir schreibst. Gottlob, daß Du glücklich
gewesen! Du mußt mit mir Geduld haben, lieber, guter Boie, ich
bin sehr traurig.

Bücher, aber französische, find ich hier zu lesen. Viel Geschichte, die ich gern lese, wenn ich nichts fürs Herz haben kann.

Lebe wohl. – Daß ich in allen Vorfällen des Lebens Deine
Luise bleibe, das weißt Du doch?

Celle, 8. Oktober 1781

Ich freue mich Deines Briefes, Deiner Zärtlichkeit und der
Empfindung des Schmerzes für die guten Rehbergs. Du weißt
noch nicht alles. Sie [die Mutter] hat das Project gehabt, mich
zu sich zu nehmen, mir es aus Delikatesse nicht gesagt – und ich
bin [nun] hier. – Sag mir nach *Deinem* Gefühl, ob ich unrecht
gehandelt, ich quäle mich unbeschreiblich, unsre Luise darf es
nicht wissen. Brandes sagt, ich habe so handeln müssen für meine
Gesundheit, aber der Gedanke, ich kann einer unglücklichen
Mutter etwas sein und bins nicht, drückt mich zu Boden. Schreib
doch der Mutter. Der Bruder hat eine steinerne Indifferenz, er
sucht Zerstreuung und vermeidet den Namen seiner Schwester
zu nennen.

Ich habe hier so viel Gutes. Die Beaulieu und ihre Schwester,
die Düringen, hab ich schon dreimal hier im Hause gesehen.
Wir waren in dem ersten Augenblick Freunde. Ich soll Dich
grüßen von der Beaulieu. Die Frau hat Größe und Character,
und wäre, glaub ich, leicht glücklich, aber mit einem Mann voll
Vorurteilen und niedrigen Gesinnungen kann sie's nie werden.

Ich werde mich hier in keine Besuche einlassen. Leute seh ich
hier im Hause genug. Jeden Augenblick, wo die Sonne hervor
blickt, genieße ich der Luft. Mir ist wohl, daß ich nicht mehr
allein bin. Fritz ist mir sehr gut, wir schwatzen viel Politik, nur

werde ich keine Lieblingsbücher mehr haben können. Mit Dir ist
dieses Glück verschwunden, lieber Boie. Ich durchblättere französische Bücher aus der hiesigen Lesegesellschaft.

In Hannover sind alle wohl. Noch weiß keiner von unserm
Cirkel, daß ich hier bleiben werde.

Adieu, lieber Boie.

Frau von Pestel fügt hinzu:

Wenn ich jemals meine vorige Heiterkeit wieder finden kann,
lieber Boie, so ist es jetzt, da Luise bei mir ist. Denken Sie sich
meine Freude, da sie sich über meine Erwartung wohl befindet
und doch vorher traurige acht Tage und Nächte bei ihrer sterbenden Freundin zugebracht hatte. Wir führen ein paradiesisches
Leben. Lieber, lieber Boie, wenn Sie nächsten Sommer kommen,
hoffe ich, finden Sie uns als andre Geschöpfe, Luisen gesunder,
mich heiterer, und dann sollen Sie unsere Freude teilen. Ihre
Erzählung ist recht hübsch. Was Ihr Leute doch glücklich seid!
Daß Sie Ihre Zeit so vernünftig vertändeln können.

Adieu, lieber bester Freund, künftig werd ich manches Wort
unter Luisens Briefe flicken.

LUISE   Celle, 12. Oktober 1781

Seit zwei Tagen läßt meine Betäubung nach, ich lese den
‚Messias‘ vor, und nun wird meine Seele wieder gehoben. Die
Rehbergen sagt mir geradezu, daß ohne mich sie keinen Trost
findet, und bittet [mich], wieder nach Hannover zu kommen.
Noch bin ich unentschlossen. Gerne bliebe ich den Winter hier –
die Ruhe um mich her ist mir so wohltätig. Montag schreib ich
mein Project, hier zu bleiben, nach Hannover – aber auch, daß
ich im Sommer wieder hinkomme. Es soll nicht das Ansehen von
gänzlicher Entfernung haben. Ich fordre Deine ganze Geduld
auf, meine Gedanken über das alles zu lesen, aber ich muß *Dir*
davon schreiben – sagen mag ich [Pestels] nichts, und doch – die
Mutter – Boie, der Kampf ist hart.

BOIE   Meldorf, 18. Oktober 1781

Liebes, ängstliches Mädchen, quäle Dich doch nicht, wie Du
tust, und vergiß nicht, daß Du nicht *ganz* [nur] anderer, sondern
auch Deiner selbst wegen lebst. Du bist nun in Celle und wirst
auch da die Gelegenheit finden, nützlich zu werden. Mich freut,
daß ich Deinem Wunsche, der Mutter [Rehberg] zu schreiben,

zuvorgekommen bin. Ich schrieb ihr aus der Fülle meines Herzens.

Mit Vossen bin ich itzt eben in keinem angenehmen Briefwechsel, und will lieber abbrechen und ihn eine Zeitlang ganz seinen eigenen Weg gehen lassen als mich noch mehr ärgern. Seine Festigkeit nähert sich dem Eigensinn, und von Nachgeben und Verstehen anderer weiß er nichts.

Dein letzter Brief ist doch schon ruhiger als der vorige. Deine werdende Verbindung mit Wilhelminen [v. Beaulieu] freut mich. Wenn Dich der Gedanke wieder beunruhigt, daß Du die Rehbergen nicht hättest verlassen sollen, so bedenke, was Du unserer Luise [v. Pestel] bist und Wilhelminen sein wirst.

Leb wohl, mich rufen Geschäfte.

LUISE   Celle, 22. Oktober 1781

Ich glaube, nur Du verstehst die Kunst, mich zu beruhigen. Wie oft nur ein Wort von Dir, nur ein Blick, und fort war alles. – Wahr ists, Boie, ich bin zu ängstlich auf Dinge [bedacht], die andre betreffen. Darum hast Du auch Mitleid mit mir, sonst verdient' ich, daß du lachtest. Meinen Entschluß, den Winter hier zu bleiben, hab ich der Mejern, Kestnern, Niepern und Alberti geschrieben. Es ist so eingerichtet, daß ich künftigen Sommer wieder nach Hannover gehe, wo ich auf einem Garten wohlfeil ein Zimmer haben kann, und auf diese Art meine Zeit unter meinen Freunden teile.

Ich lese viele historische Bücher, Politik, um Pestel unterhalten zu können, und es gelingt mir vortrefflich. Wenn Luise in Assembleen gehen muß, schenk ich Fritzen Tee ein, sorge für den kleinen Georgen[1], und sehe mit Vergnügen, daß Fritz mit Heiterkeit fortschwatzt. Dazu befinde ich mich recht gut, esse des Abends und das bekommt mir, so daß ich des Morgens nicht mehr matt bin. Die Pesteln sagt oft: „Wenn doch Boie dich so sähe!" und Fritz spricht schon davon, wie wir Dich in Meldorf besuchen wollen.

Die Balladen sind von der jüngsten Jerusalem. – Ich habe es denken können, daß Jenny die Mejern mißfiele, denn ihre Art von Zärtlichkeit zu mir erregte natürlich Eifersucht in der M. Überhaupt mußte ich den Abend bei ihr Eifersucht erwecken, denn

---

[1] Georg v. Grävemeyer, Pflegekind der Pestels.

alle bezeugten mir sehr viel Freude, mich wieder wohl zu sehen. Seit Deiner Abreise hab ich viel Verdruß von dieser Seite [d. h. von der Mejer] gehabt. Manche Predigt und satirische Anmerkung, daß ich Dich vergessen, hab ich verschluckt, bis endlich wir uns zankten und ich mir alle Anmerkungen über meine Eitelkeit, Brandes, Rehberg, Werner, Freitag gefallen zu wollen, ernstlich verbat.

Voß hat Unrecht. Gib ihm nicht nach, Boie. Er wird schon wieder gut werden. Schade ists um Vossen, daß er in Otterndorf ist. Wohnte er in einer Stadt, wo er oft gezwungen würde, Leuten nachzugeben, die er *unter* sich fühlte, würde er toleranter. Ich fürchte nichts mehr, als daß sich Voß durch seinen Starrsin die Zukunft verdirbt. Es geht mir innig nahe, denn Voss ist meinem Herzen lieb.

BOIE   Meldorf, 23. Oktober 1781

So sehr Du der Rehbergen in Hannover Trost sein würdest, so mußt Du doch nicht wieder dahin. So viel, als sie sich jetzt, wo sie sich von allen verlassen glaubt, vorstellet, könntest Du ihr doch nicht sein, und Dein eigner Plan von Ruhe, Unabhängigkeit, Selbstgelassenheit wäre dahin. Mich dünkt, bei dem Gefühle der Pflicht gegen andere muß man auch die Pflichten gegen sich selbst nicht vergessen. Du warst jetzt wieder auf dem Wege, Dich Deinen Freunden aufzuopfern.

(den 25.) Frau von Beaulieu hat allerdings Größe und Adel in der Seele und ist gewiß der festesten Zuneigung und Liebe fähig. Schade, daß sie nicht wenigstens einen ihrer würdigen und ihre Vorzüge fühlenden Mann hat! So geht es oft. Vielleicht käme sie auch mit dem Mann noch aus, wenn sie nicht zugleich auch nach seiner Familie sich zu richten hätte. Mich dünkt dieser Familiengeist für eine Frau sowohl als einen Mann was Schreckliches. Der Himmel wird mich bewahren, daß ich nicht einst auch so nach andern mich zu richten nötig haben möge. Zwei sich ganz allein gelassene Menschen kommen schon mit einander aus, wenn selbst innige Seelen- und Herzensvereinigung zwischen ihnen unmöglich ist.

LUISE   Celle, 30. Oktober 1781

Hier, lieber Boie, hast Du einen Brief von der Rehbergen. Seit drei Tagen zittre ich um die Frau. Sie hat mir einen fürchterlichen Brief geschrieben, beinahe unsinnig. Sie macht sich Vorwürfe, daß sie die abnehmende Gesundheit ihrer Tochter nicht sorgsamer bemerkt hat. Ich fürchtete immer, daß diese Vorwürfe kommen könnten, denn es ist wahr, sie sah sechs Wochen vorher, daß Lottchen gar nicht wohl war, wollte aber Zimmermann nicht bemühen. Ich selbst machte einen Aufsatz von Lottchens Befinden, gab ihn der Mutter mit der ernstlichen Bitte, Zimmermann nicht zu schonen, und doch ging so ein Tag nach dem andern dahin. Jetzt spricht sie von Strafe Gottes und ewiger Verdammnis. Ich soll kommen aus Barmherzigkeit – und tausend solch fürchterliche Dinge mehr.

Schriebe mir Werner nicht alles, was vorfiele, wäre ich ganz von Hannover getrennt. Die Gesellschaften vereinigen sich wieder. Alle Woche ist einmal Konzert, Assemblee, und alle vierzehn Tage Picknick. Die Damen sind alle wieder vergnügt, vorzüglich die Mejern.

Den Prinzen hier [Ernst] hab ich vor einigen Tagen gesehen. Er kam des Morgens unvermutet, als ich der Pestel vorlas. Er war so gnädig als nur ein Prinz sein kann. Wir plauderten anderthalb Stunden, freilich nicht viel Gescheutes, denn er ist herzlich frivol. Er gab uns eine englische neue Komödie zu lesen: ‚The Chapter of Accident‘ – von einer Miß Lee – die er allerliebst fand und ich gar nicht besonders. Jammerschade, daß der Prinz kein Frauenzimmer geworden.

Ja wohl, Boie, verbittern oft Verwandte das Glück einer Ehe! Der Himmel bewahre Dich, daß Du in keine große Familie heiratest. Wenn Eheleute unabhängig sind und sich dann nur halb verstehen, sind sie doch glücklich. Denn eine gänzliche Übereinstimmung zweier Herzen, das ist etwas, was sich zu selten findet, um es zu erwarten.

Von der Pestel herzliche Grüße. Wir leben wie die Engel, so zutraulich und zufrieden. Ich wünsche, daß, wenn Du heiratest, Du so ruhig leben mögst wie wir Schwesterseelen. Ich studiere jetzt ordentlich die Geschichte. Den kleinen Georgen lehre ich Geographie. So lebt Deine Luise.

Celle, 5. November 1781

Goethe ist in Gotha gewesen, hat mit Gotters Komödie gespielt. ‚Die Geschwister‘ und die ‚Sechs Schüsseln‘. Die Herzogin hat der Gottern und den drei andern mit agierenden Damen Kleider geschenkt, und nach der zweiten Repräsentation hat der

Herzog einen Ball gegeben. Goethe will auf Gottern eine eigne Komödie machen. – Nicolai soll in Weimar mit Goethe eine Zeremonialstreitigkeit gehabt haben. Er hat gefallen und nicht gefallen in Hannover. Man klagt über Süffisance, aber was man ihm vorzüglich übel nimmt, ist, daß er in einem sehr verachtenden Tone vom Kaiser [Joseph II.] öffentlich gesprochen hat. Alle Preußen erheben gegen Auswärtige ihren König, aber vorsichtig ists doch immer nicht, den Kaiser darum herunter zu setzen.

Jenny kondoliert mir, daß Du in Lotten eine Braut verloren – es ist ihr von Braunschweig geschrieben. Gott bewahre, daß Dich nie solch ein Unglück träfe. Ich will gern alles verlieren, wenn Dir das Schicksal nur lächelt.

Künftig schreib ich Dir des Abends, dann ist die Seele ruhig, weil alles um mich herum schweigt. Du wirst sagen, Luise will wieder schwärmen. Aber ich schwärme ja nur, wenn ich an Dich denke, Du Einziger!

BOIE   Meldorf, 8. November 1781

Wenn die Damen in Hannover tanzen und sich amüsieren, so werden sie Dich freilich wohl in Ruhe zu Celle lassen.

Vorige Woche hab ich zwei wichtige Prozesse zur Zufriedenheit der Parteien entschieden, und ein paar eben so glückliche Vergleiche gestiftet. Das ist nicht Verdienst, sondern Glück, und vielleicht eine Folge des Zutrauens, das die Leute zu mir zu haben anfangen. Künftige Woche hab ich Gerichtstag, sehr viel zu tun, und werde Dir schwerlich schreiben.

Mit Vossen komme ich wieder auf einen guten Fuß, ob er gleich noch nicht begreifen kann, daß er Unrecht hat. Seine Streitschriften läßt er itzt besonders drucken. Die Odyssee ist fertig.

Ich freue mich, mehr als ich's ausdrücken kann, daß Du wieder heiter zu sein anfängst. Das Studium der Geschichte und die Erziehung des Knaben werden Dich angenehm unterhalten.

Luise hat auf eine eigene Wohnung in Celle verzichtet und ist jetzt im Pestelschen Hause mit ihren Sachen fertig eingerichtet.

LUISE   Celle, 11. November 1781

Hier sitze ich in meinem Stübchen neben Deinem Bilde, lieber Boie – das Bild hängt unter dem Spiegel, Deine Tasse steht auf der Kommode, und das Myrtenbäumchen – das Monument unsrer

Trennung – vor meinem Fenster. Was ich jetzt denke und empfinde, sagt Dir Dein Herz. Ja, wenn Du mal zu mir herüber
fliegen könntest! Doch nein, immer getrennt bleiben ist besser als
neue Trennung. Wiedersehen ist süß, aber es ist noch viel zu früh.

Heute hab ich die Bekanntschaft der Spörcken gemacht. Sie
sagte mir, daß Ernst Schimmelmann heiraten *sollte*. Sein Herz
wählte Käthchen – und seine Eltern wünschten die Heirat mit
einer sehr hübschen Fräulein Bülow, Tochter des Kammerherrn,
die Du vielleicht kennen wirst. So wenig wie ich auf solches Geschwätz achte, so hat mich dieses doch aufmerksam gemacht.
Es kann wahr sein, und ich fänd es natürlich, wenn er Käthchen
liebte – doch möcht ich, daß Gustchen seine Frau würde.

(den 12.) Erst sag ich Dir noch Dank für den Almanach. Der
Vossische hat freilich kein Stück wie ,Des Pfarrers Tochter von
Taubenheim', sonst ist er doch viel besser wie der Göttingische,
bei dem ich die Geduld verloren. Künftiges Jahr, denk ich,
setzt Bürger den ,Wilden Jäger' herein, mach dazu eine schnur-
rige Vor- oder Nachrede, so verkauft sich der Almanach wieder.
Die drei Lieder von Fritz Stolberg hab ich sehr lieb. Das Lied
,,Ich ging unter Erlen am kühlen Bach" hast *Du* mir noch vorgelesen. Ich freue mich *jetzt* schon der neuen Balladen, die Du
von ihm erhalten.

Die Beaulieu und Fritz würden sich geliebt haben, hätten sie
sich gekannt. Ihre Bewunderung für Fritz ist außerordentlich.
Wir werden uns noch darum zanken, wer von uns beiden ihn
am liebsten hat.

Voß wird schon ganz gut wieder werden. Du bist der einzige,
der etwas über ihn vermag.

Wie danke ich Dir, daß du das Schicksal von der Rehbergen
so tief fühlst! Beruhigung ist mir, daß Du sagst, ich soll nicht
zu ihr reisen, anjetzt, ich habe es nötig, daß *Du* mir das sagst und
versicherst.

Nun ich so viel von Prozessen höre, freue ich mich immer
mehr, daß Du das Glück hast, sie ohne Advokaten zu schlichten.
Wahrlich, die Frage: was ist das *Recht*? ist nicht zu beantworten.
Es gehört dem Stärkeren, wenigstens wird es dem gegeben.
Wenn mir Pestel Streitigkeiten vorlegt, die ich nach meiner
Meinung entscheiden soll, so entscheide ich gewöhnlich immer
dem Recht entgegen.

Du wirst Segen um Dich her verbreiten, wenn Du fortfährst.

Ich konnte gestern, nachdem ich Deinen Brief vom 11. in Händen hatte, nicht mehr schreiben, weil ich den Abend bei Niebuhr zuzubringen versprochen hatte. Ich habe auch gleich Dein Rezept von den Knackwürsten dahin gebracht. Sie sollen nun gleich gemacht werden, und wem ich danken werde, wenn ich sie esse, magst Du raten.

Freilich soll Ernst Schimmelmann mit der Fräulein Bülow, nach dem Wunsch seiner und noch mehr ihrer Eltern, sich verheiraten; aber er will nicht. Das Mädchen soll hübsch, artig usw. und doch kein Mädchen für ihn sein. Ich glaube nicht, daß er Käthchen liebt, obgleich beide im hohen Grad Freundschaft für einander haben. Gustchen wäre eine Frau für ihn, wenn – sie gesund wäre.

Daß Du Umgang in Celle finden würdest, sobald Du wolltest, daran zweifele ich nicht. Mich freut's nur, daß Du die Freundin der Frau von Beaulieu wirst. – Das glaube ich wohl, daß Du oft wider das Recht entscheiden wirst, wenn Pestel Dir seine Casus vorlegt. Das Beste ist, daß die Rechte sich auch oft zu dem, was recht und billig ist, beugen lassen.

Ich habe heute meinen Tag halb verschleudert, nun will ich mich wieder erholen und ein bißchen mit Dir schwatzen, liebster Boie. Der Prinz schickte diesen Morgen ein Buch, wovon er gesagt, daß es ganz vortrefflich sei. Eine Dame wäre die Verfasserin. Das Buch heißt ‚Natur, Roman und Empfindung'. Die Heyne schreibt ungefähr in dem Tone. Alltägliche Wahrheiten in einem sentimentalischen Schleier. Geschichte ist wenig darin, und die darin ist, mag ich nicht. Alle Menschen sind entzückt davon, und es wird, denk ich, so zerlesen werden wie der ‚Siegwart'. Das seh ich schon, daß man hier in Celle nicht zeigen muß, ob man das ABC weiß, denn die Menschen kennen nichts als – Karten. Noch einmal meinen Dank für den Vossischen Almanach. Er wird mir täglich lieber. Von Dir sind auch Verschen darin, ich kenne sie wohl. Vossens ‚Milchmädchen', ‚Mailied' sind allerliebst und in seiner eignen Manier. Ich meine die Kunst, Kleinigkeiten und kleine Umstände zu bringen und [ihnen] einen Wert zu geben, die sie unter eines andern Feder nicht kriegen würden und könnten. Welches Lied von Fritz Stolberg ich vorziehen soll, weiß ich selbst nicht. Das letzte Lied steht bei mir neben Lyda. „Ich dachte dem einen und einen nur nach." In diesem Augenblick, Boie, bin ich mit ganzem Herzen bei Dir, und fühle, daß Du es bist, dessen Bild immer und immer die Seele mir füllt. Wohl Dir, Boie, daß Du 30, nein, 25 Meilen [weit] sind's jetzt – auch noch ein Geschöpf glücklich machen kannst! Unter den vielen guten Menschen, die Dir mit ganzem Herzen danken, ist doch kein Herz, das zärtlicher für Dich empfindet als das meinige.

(den 23.) Heute hab ich eine Rede, die im hiesigen Klub gehalten, gelesen. Der Klub ist eine Nachahmung des Hannöverischen. Der Landsyndikus Jacobi hat die Rede gehalten. Ich habe laut gelacht, er nennt den Klub „die Schäferstunde des Genies". Ist das nicht ein schöner Witz?

(den 26.) Die Beaulieu war gestern nicht lange bei uns. Wir haben aber doch ‚Des Pfarrers Tochter von Taubenheim' und die drei andern Lieder von Bürger in Vossens Almanach gelesen. Der ganze Tag ward mir dadurch so wonniglich. Lache nicht über das Wort, Du verstehst mich. Die Beaulieu erzählte mir von ihrem Schicksal. Ihr Vater und Großvater sind auf *einen* Tag beerdigt. Vierzehn Tage hernach kommt ihre Mutter mit einem toten Kinde nieder – nach zwei Monaten bekommen alle sechs Kinder die Blattern. Die Mutter sieht zwei Kinder sterben, und wie die andern vier besser werden, kriegt sie selbst die Blattern und stirbt im 27. Jahre. Der Sohn ist damals neun Jahre und die jüngste Tochter anderthalb Jahre gewesen.

Dein guter alter Feldmarschall leidet fürchterlich an einer Art Steinschmerzen, er wünscht zu sterben und lebt immer so fort in den abscheulichsten Schmerzen.

Das Verschiedne in Deiner Arbeit gefällt mir sehr, es ist auch für Dich angenehmer als ein ewiges Einerlei, was Dich im Grunde nur aus Pflicht allein interessieren würde. Dann seh ich mit Vergnügen, daß noch kein Faden Deiner literarischen Korrespondenz und Freundschaft zerrissen ist.

Ich merke wohl, Du wirst das Recht nach Deiner Vernunft beugen, und wohl den Menschen, über die Du richtest! Hier im Lande möcht ich kein Tribunalsrat sein, ich wundre mich alle Tage über das viele Unrecht, was das Recht spricht. Ganz gelehrt werd ich noch, denn ich weiß Dir den Unterschied des Corpus juris und der Pandekten zu sagen – Scherz beiseite, ich wollte, Du könntest mich und Pestel belauschen. Ich kann den guten Mann amüsieren, denn ihm gefällt es, wenn man nach allem fragt. Von halb fünf bis sechs ist die Teestunde. Da schwatzen wir, und wenn Luise nicht zu Haus, am allermehrsten. Pestel ist so munter, als ich ihn kaum kenne, und sieht doch keine Gesellschaft, denn er mag keinen. Von [Pastor] Wichmann hatte ich mir eine gute Idee gemacht, freute mich des Predigers, aber lieber Himmel, sein Herz ist schrecklich leer, und dabei empfindsam. Sonst ein guter Mann.

Nachschrift Frau von Pestels:

Luise blühet auf, der Himmel segne die Bemühung der Freundschaft, auch ich fange wieder an, unter ihrem sanften Einfluß aufzuleben. Wie werden Sie sich über uns beide wundern bei unserm nächsten Wiedersehn.

Celle, 30. November 1781

Mir ist oft, als ob ich mich hier von einer langen Wanderschaft ausruhte – ich bin in mich selbst gehüllt, so wie ich war, eh ich Dich kannte.

Dein guter Feldmarschall hat drei Tage vor seinem Ende von seiner Frau Abschied genommen, und sie nicht wieder gesehen. An den König hat er auch noch geschrieben. Die öffentliche Beerdigung hat er sich verbeten. Seine Frau geht nach Hardenberg.

Die verlangten Schattenrisse sollst Du haben so bald als möglich. Keine von der Beaulieu Freundinnen haben ihre Silhouette. Dazu ist der Mann zu eifersüchtig. Ich will aber mal sehen, ob wir sie nicht abzeichnen können, wenn sie uns besucht. Was mir besonders an der Beaulieu gefällt, ist, daß sie mit ihrem Dummkopf von Manne immer geradezu umgeht, keine Umwege, keine Unwahrheiten, sie wird oft heftig, wenn er es zu arg macht, aber damit ist der Unwille vorüber. Sie ist in einem unausstehlichen Zwang. Keine Zeile darf sie schreiben, die er nicht liest, die Domestiken nicht ausschicken, wenn er nicht erfährt, wohin. Wüßte der Mann, daß sie Dir so gut wäre, er würde rasend. Fritz Stolberg darf sie nicht nennen, denn er [Beaulieu] bildet sich ein, seine Frau liebt ihn [Stolberg]. Das arme Weib verdiente ein besseres Schicksal!

Daß Ramdohr Deinen Brief nicht beantwortet, ist Verlegenheit, denn er möchte doch etwas von Deinem ehemaligen Cirkel sagen, und mit Kestners stehts immer sonderbar.

Lebe tausendmal wohl und vergiß Deine Freundin nicht.

BOIE   Meldorf, 3. Dezember 1781

Die Wahrheit der Versicherung unsrer Pestel, daß Du Dich besser zu befinden anfängst, seh ich aus Deinem Briefe selbst. Er hat eine ganz andre Miene, als die ersten aus Celle hatten. Wie froh ich darüber bin, sag ich Dir nicht. Gott erhalte Dich so und helfe Dir noch weiter.

Was von mir in Vossens Almanach steht, ist wahre Kleinigkeit. Nach der Anwendung, die Du von Stolbergs Liede „Ich dachte dem einen und einen nur nach" machst, wird es mir noch lieber werden, da es schon mein Lieblingslied war.

Arme Luise! Ich muß sorgen, daß Du mehr als juristische und witzige Speise erhälst. Von der kannst Du allein nicht leben. Nun bekömmst Du auch bald die Odyssee, an der Du Dich herzlich laben wirst.

Belauschen möcht' ich Dich und den guten Pestel wohl einmal. Das wußt' ich voraus, daß Du seine Favoritin werden würdest. Weh mir nun, wenn ich mal nach Celle komme. Da werd ich juristische Fragen entscheiden sollen und weiß so gar wenig davon.

Mit der Flott-Torte hats Zeit. Die Würste sind probiert und ziemlich geraten, aber so gut waren sie nicht als der Brandes ihre.

LUISE   Celle, 9. Dezember 1781

Meine erste Empfindung, nachdem ich die Nachricht von des Feldmarschalls Tode erhielt, war Freude, daß Du aus Hannover weg und glücklich bist. Der Bischof ist mit allen Offizieren der Leiche bis außer dem Tore gefolgt. Die Feldmarschallin bleibt den Winter über bei dem Landkommandeur zu Luckeln, und der Sohn geht nach Hardenberg.

Vorigen Donnerstag besuchte uns der Prinz wieder. Er war ziemlich vernünftig – mehr, als ich ihn zuerst sah, da er nur allerliebst sein wollte. Ich sollte mit ihm durchaus zu der Person gehen, die für die Königin die Stickereien macht.

Der Kanonikus Jacobi[1] ist übel daran. Hier[her] darf er nicht mehr kommen, wird aber jetzt nach Hannover auf vier Wochen gehen. Die Ursache ist Karoline Jacobi. Beide haben sich geliebt und versprochen, sich zu heiraten. Die Liebe dauert schon manches Jahr. Nun fällt es dem Mädchen ein, daß ihr Geliebter ein

[1] Johann Georg Jacobi, siehe Anhang.

Atheist, Deist, der Himmel weiß was, ist, und sie nimmt ihr Wort zurück. Jacobi rechtfertigt sich, aber umsonst. Keine Zeile erhält er mehr von seiner Karoline, und, was das mir unbegreiflichste dabei, so erzählt das gute Mädchen es jedem, der es hören will. Karoline will nicht ihre Seele in Gefahr setzen (wie sie sagt). Nach meinem Gefühl hat Karoline Unrecht. Ein reines Herz ohne Vorurteil würde nicht aufhören zu lieben, und wollte sie aus Ängstlichkeit nicht seine Frau werden, warum denn Zwist und Klagen und bös tun? Der Prinz sagte neulich sehr wahr: in Religionssachen hat jeder seine eignen Ideen, jeder geht den Weg für sich allein.

Schreib mir ja von allem, was Dich interessiert, mein Teurer, sonst möcht ich einschlummern. Mir kann schon jetzt manchmal bange dafür [davor] werden. Denk Dir, Lieber, wenn Du mich nach Jahren mal wiedersähest, und ich dann kalt wie Eis und träge Dir entgegenschliche – ich müßte mich hassen. Jetzt lebt noch alles in der Seele für Dich, Boie, keine Saite des Herzens ist verstimmt, heller tönen sie nicht, nur ihr Nachhall ist von längerer Dauer. Ein bißchen Gesundheit und Ruhe, wie verstärken doch die unsre Empfindungen. Mir ist wieder innig wohl, wenn ich mich mit Dir unterhalte. Mein Geist hebt sich wieder über die ganze Welt hinweg, und ist bei Dir, Du Einziger!

Celle, 7. Januar 1782

Du dachtest an Deine Luise. Dein Brief, lieber Boie, tat meinem Herzen so wohl – denn ich gestehe Dir aufrichtig, es war mit dem scheidenden Jahre ein unbeschreibliches Gefühl von Trennung in meiner Seele. In Deinem Herzen las ich einen kleinen Schein davon, und diese Sympathie tröstete mich.

Heute hab ich eine ernsthafte Szene mit der *P.* gehabt, und hoffe, daß ich [ihretwegen] an Zimmermann schreiben darf. Schwindsucht ists nicht, doch bin ich bange.

Die Beaulieu wird, wenn der Oberjägermeister von Oldershausen stirbt, der lange schon kränkelt, mit ihrem Manne nach Hannover ziehn. Dann ist doch keine Seele für uns mehr hier. Einen Grad weniger sind hier die Menschen wie in Hannover. So viel Stolz und Rangsucht kennt man in Hannover nicht.

Der Bischof hat sich wirklich an die kleine Busschen attachiert. Er wird viel ernsthafter und vernünftiger, und folgt in allem ihrem Rat. Die Königin ist sehr vergnügt darüber, denn die Busschen wird den Vorzug nie mißbrauchen. Die ganze Noblesse ist aber auch dafür wider sie.

Hökel hat Göttingen verlassen, und einige tausend Thaler Schulden hinterlassen. Der Mensch hat mir Sorge gemacht, Therese [Heyne] war zu sehr für ihn eingenommen. Ich hoffe, dies schlechte Betragen, das man nach seiner Abreise erst erfahren, wird das Mädchen klüger machen. Die Situation von Georgine wird täglich schwerer – dazu kommt das sechste Kind.

Du bringst gewiß einen ganz andren Ton in Deine Gesellschaften. Es war mir lieb, wie Du mir schriebst, daß Du zweimal Gesellschaft und [nur] kaltes Butterbrot gegeben hättest.

Die Pesteln wundert sich immer mehr, wie ich so heiter umherwandle, ohne jemand zu sehen als diejenigen im Hause (denn es ist selten, daß Besuch kommt). Mein Herz ist nie leer – ich habe meine eigne Welt, und das ist nicht die Welt, die mich hier umgibt. Laß mich immerhin ein bißchen schwärmen, Boie. Das Wort in Deinem Briefe, daß Du meiner Freundschaft *gewiß* bist, macht mich unbeschreiblich glücklich.

Sag mir doch, ob Du Deinen Johann noch bei Dir hast? Meine Dortchen wird mich verlassen, so bald eine gute Kondition vorfällt. Sie kann die Trennung von ihrem Geliebten nicht ertragen. Sie grämt sich, und das ist mir leid. Besser ists also, ich gebe sie ihrem Geliebten wieder. Lebt Alekto noch?

Ich mache keine Entschuldigung, daß dieser Brief so kahl ist. Mein Herz ist ganz Dein auf ewig.

Celle, 13. Januar 1782

Die Schlegeln schreibt mir, daß die Rehbergen den Plan gemacht hätte, daß ich Karoline zu mir nehmen sollte, wenn sie stürbe. Ich verspreche ihr alles, und überlasse dem Schicksal die Ausführung. Wahrscheinlich ist es nicht, daß ich mich des Kindes annehmen werde, denn Mutter und Bruder leben, und hoffentlich noch lange, aber wenn es sein sollte, will ichs mit ganzem Herzen tun.

Keiner kann in Hannover begreifen, wie Zimmermann es aushält, so ganz allein zu leben. Er geht durchaus zu keinem Menschen als zu Kranken. Es ist, als ob alle Eitelkeit bei ihm schliefe.

Die Redoute in Hannover ist magnifique gewesen. Alles, was man nur an Schmuck sehen kann. Hier sind die Namen. Tempelherr war der Bichof. Recha Frau von Bussch. Sittah die Geheim-

rätin von Bussch. Daja Frau von Wangenheim. Sultan Schloß-
hauptmann von Wangenheim. Nathan der Landrat Graf Hardenberg. Patriarch Obristlieutenant von Oeynhausen. Klosterbruder
Hauptmann von Osten. Emir Major von Wangenheim. Derwisch
Bremer. Kammerrat Graf Hardenberg und sein Bruder Karl im
Gefolge des Sultans und die Frau von Lenthe und Frau von Mü-
nich im Gefolge der Sittah. Nichts ist gespart [worden]. Die Dia-
manten sind von Christen und Juden auf den Abend geliehen
[worden].

(den 14.) Schreib mir doch, wenn ich sagen darf, daß Fritz Stol-
berg heiratet. Die Gräfin Baudissin muß sich doch über Fritzens
Entschluß lebhaft freuen, ihr Freund hat so lange gelitten, sein
Herz bedarf der Ruhe.

Ich lese Geschichte und Reisebeschreibungen. Du müßtest lachen, wenn Du unsren Streit oft anhörtest. Pestel und ich sind
englisch, und Luise auf der Amerikaner Seite. Ich bin den Ameri-
kanern nicht mehr gut, weil ihre ganze Idee von Unabhängigkeit
nicht ein Werk ihrer selbst, sondern der Franzosen ist.

Der kleine George kennt Dich nun auch schon. Ich muß ihm oft
von Alekto erzählen, und er kann Meldorf auf der Landkarte schon
zeigen. Der Junge macht mir viel Vergnügen, obgleich er nicht
ganz nach meinem Sinn ist. Wir Weiber sind bestimmt, den Kindern Erziehung zu geben, und Du glaubst nicht, wie wohl ich mich
fühle, ein Scherflein dazu beizutragen.

Sorge nicht, daß ich zu lange in Hannover bleiben werde. Meine
Gesundheit befindet sich hier zu wohl.

Mit der zärtlichsten Freundschaft drück' ich Dich an mein Herz.

BOIE   Meldorf, 13. Januar 1782

Ich trat mit mehr Empfindung der Wehmut in das neue Jahr,
als ich mir merken lassen wollte, und fühlte doppelt, daß wir getrennt sind und ich niemanden hier habe, der mich ganz versteht.
Aber ich wäre äußerst undankbar, wenn ich deswegen das unzählige Gute, das ich in meiner neuen Lage habe, verkennen wollte.
Was ich verlor, konnte ich nicht wiederfinden. Und doch möcht
ich itzt nicht wieder in Hannover sein.

Aus Kopenhagen hab ich das angenehme Zeugnis, daß die Col-
legia, mit denen ich zu tun habe, mit mir zufrieden sind. Auch von
Glückstadt und Schleswig weiß ich das. Wenn ich nur mit Sekretären besser versorgt wäre! Der alte Universitätsbekannte, den ich,

in der Hoffnung, ihn brauchen und dadurch versorgen zu können, zu mir nahm, will sich nicht anstrengen, wie er müßte, und tut nicht ein Viertel von dem, was ich getan habe. Der erste Sekretär, den ich von Eggers bekommen habe, hat ziemliche Kenntnisse, ist aber so ein Kleinigkeitenkrämer, so hypochondrisch, so furchtsam und langsam, daß ich oft aus der Haut fahren möchte.

An Motion wirds mir diesen Sommer nicht fehlen. Ich bin so mit Grenzbesichtigungen, Einkoppelungsgeschäften und den Deicharbeiten besetzt, daß ich schwerlich alles zu Stande bringen werde, was geschehen soll.

Leb wohl, meine teuerste Wise! und sei immer meiner wärmsten, zärtlichsten Freundschaft so sicher, als Du's jetzo bist. Ich *muß* schließen. Meine Stube soll reingemacht werden.

Meldorf, 20. Januar 1782

Im Winter, weißt Du wohl, gibts keine Veränderung als die in Geschäften. Aber *eine* Veränderung haben wir doch in der letzten Woche gehabt – eine Hochzeit. Die Schwester der Niebuhr war seit vielen Jahren mit einem Kanzleirat Eckard versprochen, der diesen Sommer aus Kopenhagen kam und wenige Meilen von hier eine Bedienung erhalten hat. Der Bräutigam kam Donnerstag zum Besuch; Freitag war Gesellschaft bei Niebuhr und auch unser Probst war da. Plötzlich sagt Niebuhr: „Da wir Braut und Bräutigam und den Geistlichen hier haben, könnten wir ja gleich Hochzeit machen." Und sieh! es ward Hochzeit, zur großen Verwunderung der Meldorfer, die von einer Braut im häuslichen Kleide und unaufgesetzten Haaren usw. bisher keinen Begriff gehabt hatten. Nun haben wir die Nachhochzeiten, die Schmäuse bei allen, die zur Gesellschaft gehören, und bei denen ich freilich nicht fehlen darf.

Die Gesellschaft war vorigen Sonntag bei mir sehr vergnügt. Es waren 24 Personen und wir hatten vier Spieltische. Bald werden mehr dem Beispiele folgen und mit der Zeit wird der Ton unsrer Gesellschaft freier und deswegen angenehmer sein. Der Aktuar Tresenreuter hat eine feine, artige Frau, die Kenntnisse und Welt hat und gerne liest, wovon sonst unsre Weiber nichts oder nicht viel wissen.

Für die Beschreibung der Hannöverischen Maskerade meinen Dank. Alle Nachrichten daher machen mir doch Vergnügen, weil ich die auftretenden Personen kenne.

Fritz Stolbergs Hochzeitstag sollst du erfahren, sobald ich ihn selbst weiß. Er bestimmt die Zeit selbst nach Goethen:
„Wann jede Blum' und jedes Blatt
ihr Eh'- und Wochenbettchen hat."
Alekto befindet sich, bis auf eine Krankheit an den Ohren, sehr wohl und ist in Dithmarschen so beliebt und bekannt, daß man statt des Sprichworts „bekannt wie der bunte Hund" sagen könnte „bekannt wie des Landvogts Hund".

Mein Johann bleibt wohl bei mir, wenigstens spricht er nicht mehr vom Weggehen. Er geht mit keinem Bedienten um, sondern mit lauter hübschen [d. h. angesehenen] Bürgersleuten, in deren Gesellschaft er auch gezogen wird.

Die Amerikaner werden, glaub ich, auch nun frei werden und einst sehr reich und mächtig. Sie werden an Europa das Unrecht rächen, das von da aus Amerika geschehen ist. So werden einst alle europäischen Kolonien in fremden Weltteilen für sich bestehende Staaten werden. Es ist unrecht und unbillig, daß Kaufleute dort herrschen und unterdrücken, wo sie bloß handeln sollten. Ein andres ist, ob die Amerikaner Ursache genug hatten, sich aufzulehnen, und ob die Menschen in einer Republik dort glücklicher sein werden, als sie's unter England waren.

Leb wohl, meine Teuerste, Beste.

(den 21.) Könntest Du mir nicht in Deinem nächsten Briefe das Rezept zu der Rahmtorte schicken? Sie soll zu einer Fête gebraucht werden, die den 11. Februar ist.

Meldorf, 24. Januar 1782

Ich schreibe Dir heute, meine Beste, weil ich Dir gleich eine Nachricht mitteilen muß, die Dich sehr interessieren wird. Das Mädchen, das Du mir zugedacht hattest, und von dem ich selbst zuweilen wünschte, daß sie die Meinige werden möchte, Charlotte v. Schubart, heiratet – *wen*, kannst Du nicht raten. Der einzige heiratet sie, dem ich sie ohne Neid gönnen könnte: Ernst Schimmelmann. Er ließ mir gestern sein Glück durch Hennings schreiben, und ich bin seitdem in einem wunderbaren Wirrwarr von angenehmen Empfindungen. Ob mich dieses Ereignis nicht weiter vom Heiraten abtreiben wird, ist eine andre Frage, denn nun kenne ich wieder das Mädchen nicht, von dem ich wünschte, daß sie die Meinige werden könnte. Charlotte Schubart konnte es nicht werden, denn – sie hatte kein Geld, und ich bin hier noch weit mehr als in

Hannover in der traurigen Notwendigkeit, nur nach Vernunft heiraten zu können.

Aber genug von mir. Die Heirat befestiget auf andere Art mein Glück, denn sie zieht das Band zwischen Ernst Schimmelmann und mir gewiß noch enger zusammen. Die Vermählung wird im Mai und auch in Holstein sein.

Ich umarme Dich in Gedanken.

Gestern und vorgestern mußte ich in Wind und Wetter herumlaufen und gestern noch dazu eine Sektion eines umgekommenen Menschen dirigieren.

LUISE   Celle, 26./27. Januar 1782

Die Pestel war gestern Mittag zum Schmause, schickte mir ein Billet mit einer Nachricht, die ich Dir melden sollte – mir war, als hätte mein Herz einen Verlust erlitten. Dein Freund Ernst Schimmelmann heiratet Lotte Schubart, ich freue mich auch, aber ich leugne doch nicht, daß die Zernichtung meiner Lieblingsidee mich Tränen kostet. Lotte hatte Eindruck auf Dein Herz gemacht, Boie, ich sah keine unüberwindlichen Hindernisse – Geld hat sie nicht, aber sie ersetzte diesen Mangel durch tausend angenehme Eigenschaften, die Dein Herz *warm* erhalten hätten. Deine Freundin wird sie noch mehr durch diese Verbindung werden, als sie es jetzt schon ist. Aber ihr Männer wollt doch endlich auch mal ganz geliebt sein, endlich mal sagen können: „Du bist mein. Auf ewig mein!" – Diese Idee ist dahin – wer weiß, auf wie lange Zeit! Nun heiratest Du gar nicht, oder nach Vernunft. Die lieben, kalten Vernunftheiraten sind ja auch manchmal glücklich! Denn wenn Ihr Männer erst so weit gekommen seid, bedarf Euer Herz der Zärtlichkeit einer weiblichen Seele nicht mehr, und Ihr seid glücklich, wenn Eure Frau für die Küche sorgt, Euch alle möglichen Bequemlichkeiten verschafft und nicht bös ist. Laß mich lieber nichts mehr davon schreiben – ich bin ganz verstimmt.

Ich habe ein herrliches Stück im Merkur gelesen. ‚Liebe und Selbstliebe'. Gut ists, daß Du nicht mehr bei mir bist, ich war ganz ungestüm vor Freuden, aber nun bliebs zur Hälfte im Herzen verschlossen – und dahin muß es auch endlich kommen. Das Stürmen will ich einwiegen, so wie Du Deine Zärtlichkeit, denn beides können wir nicht gebrauchen.

(den 27.) Der junge Iffland hat ein Trauerspiel gemacht: ‚Albert von Turneisen'. Das Stück soll schön sein. Er hat es seiner Schwester, Gotter und Goethen dediziert. Ich habe gleich durch ein paar Zeilen seine Schwester gebeten, mir das Trauerspiel auf vierzehn Tage zu leihen, um es Dir zu schicken.

Mir ists lieb, daß Du an Zimmermann noch nicht geschrieben hast. Er hat wieder einen Spaß mit der Regierung gehabt. Diese hat es vermutlich übel genommen, daß der König unmittelbar von London Zimmermann 400 Reichsthaler Zulage gegeben, und schreibt in dem Rescript, der König gäbe ihm die Zulage um des „besseren Auskommens" willen. Dieser Ausdruck hat Zimmermanns Galle erregt. Er schreibt wieder, daß er die Zulage nicht gesucht, daß er sie gar nicht bedürfte und, wenn er aus Geldinteresse dienen wollte, er die Einladungen nach Mailand und Petersburg würde angenommen haben. – Dazu kommt noch, daß die junge Kammerrätin Grote von einer Tochter entbunden und am Friesel einige Tage sehr heftig krank gewesen. Das Weibchen hat sich mächtig zu sterben gefürchtet und ohne besondre Not den Herrn Hofrat aus dem Schlafe wecken lassen, welches sehr übel genommen worden, indessen, da Malorti ihr Onkel und beim Bischof ist, sind die Klagen nur *leise*, aber doch so, daß jedermann sie hört.

In Hannover gehts ganz lustig zu. La belle Chüden verdunkelt alle Sterne kleinerer Größe. Mylord Apsley bezahlt ihr einen italienischen Sänger, um ihre schöne Stimme vollkommner zu machen. Er macht dem Mädchen große Geschenke, nicht aus Liebe, aber weil er gehört, die Familie ist arm. Chüdens geben oft petits soupers von jungen Herren. Es ist da im Hause eine wunderliche Aufführung.

Ja, wohl bist Du glücklich, lieber Boie! Das Schaffen und Bilden ist süß. In einigen Jahren wirst Du die Folgen Deiner Wirksamkeit erst ganz fühlen.

Die Heynen bittet Dich um ein Dutzend Paar dänische Handschuh. Sie soll mir aber erst einen zur Probe schicken, danach Du sie gütigst bestellen kannst.

Das Flott-Torten-Rezept bekomme ich vielleicht. Aber ich prophezeie Dir, sie gerät keinem als einem Koch, denn sie ist schwer zu backen.

BOIE   Meldorf, 3. Februar 1782

Der Gerichtstag dauerte von Montag bis Freitag. Wir hatten Session von morgens um neun Uhr bis Mittag und wieder von zwei Uhr bis meistens sechs, und in der Zeit sind sieben Prozesse von Bedeutung abgetan worden.

In Deinem letzten Brief erkenne ich Dich ganz. Es wundert mich doch, daß Du die Nachricht [von Lotte Schubarts Verlobung] früher erhieltest als durch mich. Hätte ich Lotten diesen Sommer gesehen – ich fühle, daß das, was ich gleich für sie empfand, hätte Liebe werden können, aber noch ist es nicht Liebe, und ich freue mich jetzt, daß ich sie nicht gesehen habe. Nun – Du hast wohl Recht; aber, Luise, ich heirate lieber gar nicht als ganz allein aus Klugheit. Wer weiß, was noch von der Vorsicht für Deinen Boie aufgehoben ist! Von Ernst Sch. selbst hab ich noch keinen Brief. Er, der sonst nicht schreiben mag, wird's jetzt noch weniger mögen, und Recht hat er. Hier weiß und bekümmert man sich auch um die Heirat. Ernst Sch. ist ein Mann von Bedeutung im Staate.

Zimmermann – ist und bleibt Zimmermann. Ich schicke Dir einen Brief von der Voigten.

Wenn ich nur das Rezept zu der Flott-Torte erhalte – fürs Geraten mag die Frau von Jessen sorgen, die mich sehr darum plagt.

Gute Nacht, meine Teuerste.

LUISE   Celle, 3. Februar 1782

Das Rezept von der Flott-Torte kann ich Dir nicht verschaffen, lieber Boie. Es ist weder für Geld noch gute Worte zu haben. Mir ists leid, aber der einzige Koch, der das Rezept hat, macht ein Geheimnis aus seiner Kunst.

Die vorige Redoute in Hannover ist wieder sehr hübsch gewesen. Sie haben den Nathan aufgeführt, aber noch besser als voriges Mal. Als Recha mit Nathan Schach spielen will, kommen folgende Personen als Schachspiel herauf [Luise nennt nun eine Menge von Adligen, die eine Pantomime aufgeführt haben]. Wie haben sich die Szenen in Hannover überhaupt verändert! Der Ton hat unstreitig gewonnen. Die Steifheit verliert sich, da der Bischof so ganz ohne allen Zwang ist.

Hier [in Celle] haben wir einen Doktor und Procurator Tresenreuter. Vielleicht ein Bruder des dortigen, dessen Frau ich kennen möchte, weil sie mit Dir doch manches amüsante Wort schwatzen wird, da sie gern liest.

BOIE   Meldorf, 9. Februar 1782

Ich schreibe Dir, meine Beste, gleich nach Empfang Deines Briefes vom 4ten. Morgen möchte ich gern mal wieder in die Kirche, werde Nachmittags Besuch haben, Abends in Gesellschaft sein, und wie es mit dem Schreiben am Montag Morgen geht, weiß ich schon aus leidiger Erfahrung.

Dank für Deinen Brief und die Hannöverischen Nachrichten darin. Die Idee vom Schachspiel [im Nathan] ist recht artig.

Der Cellische Prokurator Tresenreuter ist ein Bruder meines Aktuars.

Wahrscheinlich hast Du, wenn Du diesen Brief erhältst, die beiden ersten Stücke des ‚Museums‘ von diesem Jahre schon. Mich soll verlangen, wie sie Dir gefallen werden. Du schreibst nur nichts von der Odyssee. Hast Du sie etwa noch nicht?

Am 20. dieses hab ich eine für uns sehr wichtige Grenzbesichtigung. Der Streit darüber dauert schon hundert Jahre, und soll und muß jetzt entschieden werden. Gebe mir der Himmel Glück und Verstand dazu!

Nun hab ich mein Schlaf- und Wohnzimmer ganz mit eignen Möbeln und nach meinem Geschmack möbliert. Die Einrichtung würde Dir gefallen. Schränke, Tische usw. sind von einem Mahagoni ähnlichem, aber nicht so kostbaren Holze, das ich aus Hamburg bekomme; ich habe sie hier machen lassen.

In meiner Einnahme komme ich doch über 1600 Reichsthaler, aber die Ausgaben sind auch sehr groß. Allein der König hat fast 400 Taler von mir bekommen. Überhaupt sind die Abgaben und Abzüge für die Beamten äußerst drückend.

Mir ist der Kopf düster und schwer. Ein paar Tage für mein Herz, die ich hier nicht haben kann, würden auch dem Körper wohltun. Ich lege die Feder hin bis morgen oder übermorgen.

LUISE   Celle, 10. Februar 1782

Erst muß ich Dich von der guten Rehbergen grüßen. Der Sohn bekommt nie eine Stelle in Hannover. Bussch hat gesagt: die philosophischen Köpfe wären nicht in Geschäften zu gebrauchen. Er muß also sein Glück anderswo versuchen. Ich habe ihr [der Mutter] geraten, an Heynen, auch an den Grafen Bernstorff zu schreiben. Rehberg muß fort. Jedes Projekt mißlingt ihm. Er versauert, wird voll Unmut und bitter.

Der vollendete Gerichtstag gab mir Freude. Sieben Prozesse sind abgetan? Es ist, als ob ich Anteil daran hätte!

Wenn ich Georgen die Landkarte zeige, schlage ich, ohne zu wollen, immer die auf, wo Du wohnst. Das Kind weiß es auch schon. Er plaudert täglich von Dir, kratzt Dir Briefe, worin er schreibt, daß wir Dich besuchen wollen, und wenn er denn so schwatzt, bekommt er manchen Kuß, manch freundliches Gesicht von Deiner Wise.

Von der Gräfin [Luise Stolberg] hab' ich einen Brief. Ich soll für Lotte Schubart Drell schaffen zur Aussteuer. Bei diesem Auftrag kam mir der Gedanke: *Wär* es für Boie! Aber nun kein Wort mehr von irgend einer Heirat für Dich, bis Du mir es anvertraut, daß Dir Dein Herz entwandt ist. Die Gräfin schreibt mir auch, daß Gustchen hat Priorin werden sollen, die Ehre aber ausgeschlagen hat. Und daß Fritzens Braut und die Bernstorffs bald kommen werden. Wenn die Familie versammelt ist, könntest Du denn nicht auch mit in Tremsbüttel sein? Du gehörst ja zu der Familie.

Die Flott-Torte! Die Flott-Torte! Ich habe dem Koch einen Taler geboten für das Rezept, dabei versichert, es bliebe nicht im Lande. Aber umsonst. Ich kann nicht helfen.

Leb wohl, Du Lieber.

BOIE   Meldorf, 16. Februar 1782

Ich schreibe Dir wieder im Fluge. Meine Unlustigkeit und Trägheit, worüber ich in meinem letzten Briefe klagte, hat sich in einen Schnupfen aufgelöst, der jetzt wieder im Abzuge ist. Es war auch Zeit, denn ich werde diese Woche viel im Freien sein müssen. Diesen Abend fahre ich nach Heide. Mittwoch geht's zur Grenzbesichtigung, zu der der Himmel gutes Wetter und sein Gedeihen gebe.

Liebste Luise – ich darf es nicht sagen, daß Du mich mit parteiischen Augen ansiehst, und doch – ich bin selten oder nie mit mir selbst zufrieden. – Sonderbar hat mich die Anekdote von Deinem kleinen George berührt, der Meldorf auf der Karte zu finden weiß, und dem Manne Briefe schreibt, den er nicht kennt. Wenn ich es sonst nicht wüßte, wie ganz wüßt' ich aus diesem einen Zuge, daß ich in Deinem Herzen lebe.

LUISE   Celle, 26. Februar 1782

Georgen gab ich einen Kuß, und sagte, er käme von Dir. Der Junge sprang hoch auf und plauderte den ganzen Abend von Dir. Da ich ihm immer was erzählen soll, so erzähle ich ihm, wie artig Du als Kind gewesen usw. Das interessiert ihn erstaunend, und wenn er mal einen Verweis bekommen, so fragt er mich leise, ob Du wohl auch mal ‚Keife‘ bekommen hättest. Der Junge macht mir viel Freude. Er ist nur noch zu mädchenhaft, doch ohne Spuren von zu vieler Empfindsamkeit.

Celle, 4. März 1782

Zimmermann hat endlich geantwortet. Der Pestel Krankheit ist weder gefährlich noch drohend, sondern „excusez le gros mot, Sie haben die Hypochondrie, wie wir Männer sie zu haben pflegen“. Nun spricht er von feinen Empfindungen pp, daß sie ihm ihre Übel klagen möchte, daß er sie trösten wolle usw., daß er auch alles das litte, nur mit dem Unterschiede, daß er wüßte, *warum*. Genug von dem Briefe. Zimmermann hat dreifache Arznei verschrieben. Am Ende des Briefes ein Kompliment für mich mit den Worten: „Ich bin ihr immer innigst gut gewesen, wenngleich ich es mir nicht ganz merken ließ.“

Gestern erhielt ich einen Brief von Frau v. Voigts, worin sie mir schreibt, daß die Nachricht von Fritz Stolbergs Heirat ein liebenswürdiges Mädchen beinahe unglücklich gemacht hätte. Sie hat sich in Fritz verliebt, hat Hoffnung sich gemacht, sein Herz zu erobern, hat annehmliche Partien ausgeschlagen, und hat sich nun verlobt, weil es ihre Eltern haben wollten. Du, lieber Junge, hast [angeblich] auch eines Mädchens Herz erobert. Diesem unbekannten Mädchen bin ich herzlich gut geworden, und bin neugierig genug, mich ein bißchen nach ihr zu erkundigen, es freut mich doch, daß Du gefallen hast, Boie.

Die ‚Lebensläufe‘[1] schicke ich, Du wirst darin finden: die Briefe von Andreae und Freitag und – das Flott-Torten-Rezept. Die Kestnern grüßt Dich, sie hat es Dir verschafft.

BOIE   Meldorf, 9. März 1782

Ich habe mit der heutigen Post einen Brief von dem Edlen aus Tremsbüttel gehabt, wo er jetzt mit seiner Geliebten ist. Im Mai wird die Hochzeit sein. Die Bernstorffen ist in Borstel, nur eine Meile von Tremsbüttel, und wird vierzehn Tage bleiben. Sie sind also wieder alle beisammen. Die Glücklichen! Für den April des ‚Museums‘ hat er mir die Geschichte des ‚Pygmalion‘ aus Ovid geschickt, und für den Mai hat er schon wieder was in Prosa fertig.

---

[1] Verfasser: Th. v. Hippel, siehe Anhang.

So bekomme ich doch noch die Rahmtorte. Du hast Dir wegen der Grille von mir wahrlich zu viel Mühe gegeben. Dafür werd ich nie davon essen, ohne *Dir* zu danken.

Ich habe ein Bett mir in Hamburg machen lassen. Die Form ist simpel und edel, die Vorhänge grasgrün und weiß, wie auch mein Schlafzimmer tapeziert werden soll.

(den 11.) Jetzt wär ich nun mit meinen Sachen so ziemlich in Ordnung, bis auf die verzweifelten 400 Taler, die ich diesen Ostern an Nathan Levi bezahlen soll, und wozu ich noch nicht Anstalt machen kann, weil ich ein Kapital, das ich auf Ostern haben sollte, noch nicht bekomme. Du schriebst mir einmal, bestes Mädchen, daß die Pesteln durch ihren Bruder mich aus der Verlegenheit hätte ziehen wollen, worin ich bei meiner Abreise von Hannover war. Sollte nicht auf diese Art jetzt noch etwas zu tun sein? Versteh mich recht. Es ist mir bloß darum zu tun, daß der Jude zufriedengestellt sei und sich noch bis in den Sommer, oder spätestens bis Michaeli, gedulde, wo ich ihn gewiß bezahle. Wenn es nicht gut angeht, so sag kein Wort davon, und ich muß mir sonst zu helfen suchen. Geld kann ich hier so viel bekommen, als ich will, aber ich möchte [mich] aus sehr guten Ursachen niemandem [in meinem Umkreis] anvertrauen.

Hier sind Jacobis Schriften, noch unaufgeschnitten. Wenn Du im Lesen die Druckfehler anmerken willst, so hab ich ein Andenken von Dir.

LUISE   Celle, 11. März 1782

Ich fange dieses Blatt an mit einem Gruß vom alten Lord [dem Prinzen Ernst], weil er sich Deiner erinnerte auf eine Art, die mich freute. Du weißt, ich bin damit gewaltig zu bestechen, lieber Boie. Er war Sonnabend Morgen zwei Stunden bei uns. Kam mit einem großen Kasten unterm Arm, worin Manschetten. Ich habe keine Arbeit, die mich interessiert, will also mal Manschetten nähen für Dich, die Pestel hats mich gelehrt, und sie bat den Prinzen um ein gutes Muster. Es war sehr höflich, daß er sie selbst brachte. Dafür soll er auch morgen einen großen Kaffee hier im Hause verzehren.

Hast Du das erste Stück im ‚Göttingischen Journal‘ gelesen? ‚Über die deutsche Literatur‘. Der Ausfall gegen Klopstock schmerzt mich sehr. Seine Freunde haben ihm durch ihr Lob geschadet. Ich kann es nicht vertragen, daß man ihn *selbst* antastet. Mag er noch so viele Fehler haben, es ist nicht edel, sie zu ent-

hüllen vor dem Publikum. Errätst Du den Verfasser? Sagen darf
ichs Dir nicht, weil es mir, aus Furcht vor Deiner Ungnade, verboten [wurde].

Ich habe Dich als Oberstabs-Sekretär in dem Almanach der Bel-
letristen gefunden. Du stehst darin als „ein trefflicher Gesellschafter und einer der ersten Deklamatoren in Deutschland". Weiter
hab ich noch nichts [nach]gelesen. – Die Grävemeyer beantwortet
die Preisaufgaben der französischen Akademien. Sie kosten ihr
Zeit, Postgeld und die Kränkung, daß noch keine gedruckt ist.
Dieses sind ihre ganz geheimen Arbeiten, wovon auch Zimmermann nichts zu sehen bekommt. Eine Anekdote muß ich Dir noch
von ihr erzählen. Den letzten Redouten-Abend erscheint Frau
von Berlepsch als Nymphe. Die Grävemeyer findet sie so ent-
zückend schön, daß sie eine Stunde früher zu Hause eilt, und in
voller Begeisterung Verse an die Nymphe macht und die in der
Nacht noch an Zimmermann schickt (der schon geschlafen und
aufgeweckt worden), um sie vorher durchzusehn. Zimmermann
antwortet gleich, daß sie ganz allerliebst sind, und die Verse werden
des Nachts um drei Uhr zur Frau von Berlepsch getragen.

Die Kapitulation von Murrey hat allgemeinen Schrecken verursacht. Ein jeder seufzt nach Nachrichten von unsern Soldaten.
Die Ruhr hat eine schreckliche Verwüstung unter der Garnison
angerichtet.

BOIE   Meldorf, 17. März 1782

Heute nur wenige Zeilen, meine beste Luise, mein Schnupfen
ist ganz zum Ausbruch gekommen, ich habe dabei Gericht halten
müssen, bin noch halb krank und muß morgen reisen. Gefahr ist
nicht dabei, aber meine Zunge wird die Speisen kaum schmecken
können, die man mir vorsetzen wird.

Das Stück über die deutsche Literatur ist von einem guten
Kopf, der aber in manches noch nicht tief genug hineingedrungen
ist. Klopstocken wird sicher die Nachwelt schadlos halten, wenn
seine Zeitgenossen ihm unrecht tun sollten. Übertriebene Lob-
sprüche können auch nur eine Zeitlang schaden.

Das bewußte Stück[1] kommt nicht ins ‚Museum', aber gedruckt
wird es doch. Einfältiges Zeug wird doch immer gelesen, wenn es
nur impertinent dabei ist.

[1] Wohl ein Manuskript, in dem Lichtenberg angegriffen wird.

Ich hab alles gesäet und gepflanzet, was mir Andreae geschickt hat.

Leb wohl, meine Teuerste, und nimm heute vorlieb.

LUISE   Celle, 21. März 1782

Ich bin herzlich traurig, liebster Boie, über die Nachricht von dem Juden. Kann Rehberg die vierhundert Taler anschaffen, geschieht es gewiß. Lieber, lieber Boie, daß *ich* Dir nicht helfen kann! Unsre Pestel hat tausend Vorschläge, aber es ist nichts – ich hoffe viel von Rehberg.

(den 22.) Mein Myrtenbäumchen ist heute ein Jahr alt, über eine halbe Elle hoch, und bekommt nun eine Krone. Heute pflanzte ich zwei Myrtenzweige – übers Jahr drei – dann vier und so immer mehr – das sind Gedenkbäume! Besser noch als Lindenbäume. Schatten geben sie freilich nicht, aber sie werden älterer, und dann waren Myrten immer der Liebe und Freundschaft geheiligt. Wenn Du einen eignen Garten haben wirst, schick ich Dir ein paar davon.

Ich fange heute Manschetten von points für Dich an. Das ist eine Arbeit auf Jahre. Wohl mir, so täglich etwas zu nähen, das für Dich sein wird!

Leb wohl, lieber Einziger, ich drücke Dich an mein Herz.

(den 22.) Freude, lieber Boie! Rehberg leiht Dir die vierhundert Thaler bis Michaelis. Hier ist sein Brief. Dieser Freude bedurfte ich, um wieder heitrer zu werden. Unser George ist herzlich krank. Der arme Junge leidet geduldig. Hoffentlich geht es gut mit den Blattern. Pestel ist in einer Angst, die ich Dir gar nicht beschreiben kann.

Lieber Junge, feire ein bißchen Deinen Schnupfen, die Witterung ist gar zu bös. Du möchtest krank werden, denn so viele Kranke sind in vielen Jahren nicht gewesen wie jetzt in unsrer Gegend, besonders auf dem Lande. So oft der Wind stürmt, denk ich mit Mitleid an Dich. George ruft sogar dann: „Armer Boie, Wind weht!‟

Du schreibst ja wohl selbst an Rehberg? Leb wohl, mein Bester.

BOIE   Meldorf, 31. März 1782

Was bist Du für ein Mädchen, Luise! Aber wie kann ich mich über etwas wundern, was Dir so ganz natürlich ist. Seit Deinem gestrigen Briefe tut's mir nicht mehr leid, meine Verlegenheit Dir anvertrauet zu haben. Rehberg tut mir durch die Hülfe, die er mir in diesem Stücke leistet, einen Dienst, den ich nie vergessen werde. Ich schreibe und danke ihm natürlich selbst.

Von meiner Verkältung bin ich nun ganz frei. Der Wind hat uns gottlob wenig Schaden an unsern Deichen diesen ganzen Winter durch getan. Aber nun geht meine Not wieder an, da gegen Ende des künftigen Monats die Arbeiten an denselben und mit ihnen die Zänkereien über das Verhältnis dieser Arbeiten wieder angehn. Doch bin ich in einer viel besseren Lage als vorigen Sommer, da ich jetzt die Rechte und Ansprüche beider Parteien kenne, und beide erfahren haben, daß ich gerade durch gehe, und kein Privatinteresse mich schreckt noch blendet.

Frau von Voigts' Weigerung, Dir das Mädchen zu nennen [dem ich gefiel], macht mich noch neugieriger. Unsrer guten Pestel meine tausendfache herzliche Empfehlung.

Ich drücke Dich in Gedanken an mein Herz.

LUISE   Celle, 1. April 1782

Dein letzter Brief, lieber Boie, ist mir wieder ein sehr rührender Beweis Deiner Freundschaft. Ein Jahr Trennung (laß mich's Entfernung nennen, ich mag das Wort [Trennung] in keiner Bedeutung) hat den Knoten unsrer Zärtlichkeit noch fester geschürzt.

Aber warum wolltest Du denn das liebenswürdige Mädchen zu Itzehoe nicht sehen? Sie könnte Dir doch gefallen haben. Heiraten müssen nicht von andern gemacht werden, aber wenn Du keine Mädchen sehen willst, wie wirst Du denn eins erkennen, das einmal die Begleiterin Deines Lebens sein soll? Lieber Junge, werde nur kein Hagestolz.

Der Brief von der Gräfin Luise macht mir großes Vergnügen. Es ist viel von Fritz Stolberg gewagt, von 1800 Talern zu leben. Daß es gut gehen *kann*, davon bin ich überzeugt, aber seine Neigung zum Wohltun muß unterdrückt werden. Du tust gut, Dich genau zu erkundigen, wann Fritzens Hochzeit ist. Du mußt seine Freuden durch Deine Gegenwart erhöhen. Sehr rechne ich darauf, daß Du alle Jahr in dieser Familie Freuden einsammlest, um in Deiner Einsamkeit davon zu leben. Selbst wenn Du verheiratet bist, müssen diese Reisen geschehen.

Ich bin hier sehr glücklich. Nicht einen Tag hab ich auf der Bergère zugebracht, nichts von Fieber, aber ich habs auch meiner Gesundheit abgelernt, mit ihr umzugehen. Gestern und heute war ich spazieren, aber in dem Sande zu gehen ist unerträglich.

In Göttingen haben drei Studenten einen einfältigen Tropf von Hanstein jämmerlich vexiert. Dieser Landjunker gibt sich für einen Grafen aus, borgt ein samtnes Kleid, und fährt Visiten. Ein paar seiner Landsleute bereden andre, ihm die Gegenvisite zu machen, unter den Namen derer, die er besucht. Sie haben ihn in einen Orden aufgenommen, der gar nicht existiert, bitten ihn zum Essen, sagen, es sei große Gesellschaft, am Ende kommt weder Gesellschaft noch sonderliches Essen. Zuletzt spielt Karl Heyne Pharao mit ihm und gewinnt. Da kommt ein Student als Pedell verkleidet und ladet sie ein, den andern Morgen zum Prorektor zu kommen, weil sie Hazard gespielt. Nun wird dem Tropf so bange, daß er aufpackt in der Nacht und nach Kassel geht.

Unser George ist besser. Noch 100000 Dank für Deinen lieben Brief, den ich an Mund und Herz drücke.

Celle, 7. April 1782

Der Bischof hat ein englisches Regiment erhalten, worüber er sich außerordentlich gefreut. Den 2. April war Redoute in Hannover. Der Bischof als römischer Held. Er soll schön gewesen sein. Die Busschen als Nonne, ganz weiß mit einem blauen Skapulier. Verschiedene Damen als Griechinnen.

Der Wall ist jetzt unsre einzige Zuflucht, weil man vor Sand nicht außer Tor ins Feld gehn kann. Der alte Lord lauert uns immer auf, und es ist wahrhaftig herzlich langweilig, mit ihm auf und nieder zu laufen, wenn man gern allein sein will. Gestern Morgen bat er uns zu sich, aber wir dankten. Er nahm es ungnädig. Nun sind wir ihn los auf lange Zeit. Der Lord hat doch gar keinen Charakter. Ich habe ihn nun allerliebst, sehr vernünftig, albern, langweilig und [als]einen Geck gesehen. Ein wahres Frauenzimmer.

Sag mir doch, wie ichs anfange, Geld zu erhalten von der Gräfin Luise. Ich habe ihr vor verschiedenen Monaten für einige 60 Taler Wachslichter geschickt, und der Kaufmann ließ schon dreimal daran erinnern. Pestels mag ich den Vorschuß nicht zumuten.

Ich glaube nicht, daß ich Therese [Heyne] werde ganz in ihren Schranken halten können. Der Vater ist nicht gerecht gegen sie. Wo er die beiden Mädchen sieht, schimpft er, daß sie ihre Stiefmutter nicht genug lieben. Vor einigen Tagen war eine Szene darüber vorgefallen, die Theresen Ehre und Georginens kunstvollem Charakter Schande macht. Aber ich fürchte nicht so sehr die Zerreißung des Zauberschleiers der Liebe, als daß Heyne ungerecht gegen seine ersten Kinder wird.

(den 8.) Das ‚Museum' vom März hab' ich noch nicht. Wenn Du in den Streit von Lichtenberg verwickelt werden solltest, das würde mich schrecklich ärgern. Kälte ist das beste Mittel, um solche Leute wie Lichtenberg zum Stillschweigen zu bringen.

Ich bin mit Brandes unzufrieden. Er bringt die Damen gegen einander auf und hat seinen Spaß daran. Das ist nicht artig. Er ist der Liebling der Mejer durch Medisance, bei der Kestner durch sehr gut angebrachte Geschenke.

Leb wohl, teurer Boie. Daß Du mir auch abwesend so viel Glück geben könntest, das dachtest Du gewiß nicht bei Deiner Abreise.

Boie   Meldorf, 8. April 1782

Dank, den wärmsten Dank, meine beste Freundin, für Dein Schreiben vom 1. dieses. Du hast Recht: wir sind von einander entfernt, nicht getrennt, das können und werden wir nie sein.

Ich dachte wohl, daß Du über meine Weigerung, das Mädchen zu sehen, zürnen würdest. Aber, Liebe, ich war recht übel aufgelegt, ein junges Mädchen von fünfzehn zum erstenmal zu sehen und werde dazu diesen Sommer, wenn ich will, Gelegenheit genug haben.

Ernstlich denke ich an den Hausbau, weiter bin ich noch nicht. Wenn ich's bei der Kammer dahin bringe, daß mein künftiger Nachfolger im Amte das Haus, das ich baue, wieder von meinen Erben kaufen muß, so bau ich in Gottes Namen, und baue nach meinem Geschmack.

Von Heynen hab ich einen etwas empfindlichen Brief gehabt, doch meint er, daß ich bei dem Streit außer Spiel bleiben werde. Das Unrecht soll durchaus auf Vossens Seite sein, welches ich nicht glaube.

Sehr freu ich mich, daß Eure verdrießliche Blatternquarantäne vorüber ist. Grüß unsre liebe Pestel und ihren Fritz und den kleinen George tausendmal. – Die Freude muß ich Dir noch erzählen, die ich heute nach Tisch hatte, meine von Andreae geschickten Bäumchen sind alle voll Saft und einige haben schon große Knospen.

LUISE   Celle, 14. April 1782

Ich bekam die beiden Stücke vom ‚Museum‘, die ‚Lebensläufe‘,
‚Odyssee’ und das Trauerspiel von Iffland. Ein reicher Posttag.
Dank dafür, mein Boie. Im ‚Museum‘ las ich noch nichts, Pestel
hat es zu sich genommen, dann sind wir auch durch einen Schrek-
ken sehr verstimmt worden. Donnerstag fiel der Bediente von
Pestel mit einem Faß Wein die Kellertreppe hinunter und zerbrach das Bein. Wir glaubten ihn tot, es war eine fürchterliche
Szene. Gottlob, der Mensch leidet mit einer bewunderungswürdi-
gen Standhaftigkeit! Sein erstes Wort war die Bitte, daß die P.
doch ruhig sein möchte, er könnte ihre Angst nicht ertragen. Wir
stehen oft alle drei um sein Bett und wundern uns seiner Geduld
und Fassung. Kestner, der ein paar Stunden nach diesem Vorfall
von H. kam, war so kalt wie Eis, und sagte: „Ja, Sie sind auch gar
zu empfindsam. Es ist ja nur ein Bein, das will [wird] wohl wieder
anheilen.“

Aus unsrer Reise nach Hamburg im Mai wird nun nichts.
Zürne nicht, wenn ich Dir sage, daß ich den Wunsch, Dich in
Meldorf oder hier zu sehen, nicht lebhaft fühle. Unsre gute Luise,
die alles gäbe um einige Tage des Wiedersehens [mit Dir], versteht
mich nicht. Ich versteh’s ja selbst nicht, aber das weiß ich,
Mangel an Zärtlichkeit ist es nicht, es ist Furcht, wieder lachen
zu müssen, wenn das Herz blutige Tränen weint.

Die zurückgebliebenen Truppen in Stade sterben sehr an fau-
lem Fieber, es wird daher schon in Hannover geworben. Dieser
letzte Transport kommt also spät an den Ort seiner Bestimmung.
Den 11. Juni wird ein Lager bei Lüneburg sein.

Der Bischof hat Blut gehustet. Zimmermann auch. Es soll
beides nicht viel zu bedeuten haben. Ersterem ist das heftige
Tanzen, Reiten, Laufen verboten [worden]. Zimmermann ist
wieder im höchsten Grade hypocondrisch. Marcard ist bei ihm
ins Haus gezogen.

Sag mir doch manchmal, wie es Deiner Schwester und Mutter
geht, grüße sie doch auch von Deiner Luise.

Weißt Du, daß ein natürlicher Sohn von Winckelmann kürzlich auf noch traurigere Art wie sein Vater ermordet [wurde]?

BOIE   Meldorf, 15. April 1782

Die Kestnern hat mir einen langen freundschaftlichen Brief
geschrieben. Der Herr Gemahl scheint meinen Scherz, daß mein

Brief an seine Frau, nicht an ihn, gerichtet sei und von ihr beantwortet werden müsse, beinah übel genommen zu haben; aber mit ihm kann ich unmöglich korrespondieren. Er klagt, daß auf den Redouten kein Vergnügen mehr sei, weil der Adel sich so sehr absondere, der Bischof rede mit niemandem, als der vom Adel sei usw. Immer noch das Alte. – Über Deine Reise nach Hannover freut sich auch die Kestner sehr. Freilich wird der Eintritt in Rehbergs Haus Dir das Herz zerreißen.

Ich habe dem Grafen Stolberg, dem ich doch heute schreiben mußte, einen Wink wegen der Lichter gegeben. Aus solchen Sachen haben die Vornehmen selten Arg und es ist immer schlimm, ihretwegen in Auslage zu stehen.

Meldorf, 21. April 1782

Du weißt schon, meine Beste, wie es mir leider mit dem Schreiben geht; es kommt mir irgend ein unvorgesehenes Hindernis. So wieder heute. Ich mußte vorgestern Abend ein paar unruhige Kerle ins Loch stecken lassen, einer war entwischt. Unser Pöbel hier ist sehr verwildert. Wir haben der Wirtshäuser mehr, als so ein kleiner Ort haben sollte.

Von Fritz Stolberg hab ich wieder einen Brief. Auch von Gustchen Stolberg hab ich einen sehr freundschaftlichen Brief. Sie grüßt Dich in herzlicher Liebe. Nun sind Graf Schimmelmann und Stemann Minister geworden. Graf Reventlow, Bruder der Gräfin [Luise] Stolberg, ist Chef der Zollkammer.

Voß geht nach Eutin. Er kann die Marschluft nicht länger vertragen. Zum viertenmal hat er nun das Fieber, auch Ernestine hats wieder, so wie der kleine Heinrich es noch ohne Aufhören gehabt hat. Ich freue mich sehr über die Veränderung.

(den 22.) Ich kann mir vorstellen, wie die Szene mit dem armen Bedienten Euch erschreckt haben wird. Sag mir doch, wie es dem guten Kerl jetzt geht. Kestner sprach nach *seiner* Empfindung.

Von einem natürlichen Sohne Winckelmanns und von seinem Tode weiß ich nichts.

Meine Bäumchen haben fast alle schon Blätter oder Knospen. Das liebste darunter soll künftig Deinen Namen führen.

LUISE   Celle, 22. April 1782

Das ‚Museum‘ ist schön. Du mußt zufrieden sein damit. In Heynens Hause bist Du in den Bann getan. Ich habe einen Brief von Scheltworten von Theresen bekommen, der mich ärgert. Meine Antwort war kalt.

Kestner klagt wie sonst über Mangel an Höflichkeit des Adels. Seine Frau hat vorigen Winter nicht brilliert. Freilich sollte man dem Bischof mehr Freiheit verstatten mit Bürgerlichen zu reden. Nun der Adel in die bürgerlichen Konzerte gekommen, haben diese die letzte Zeit den Adel linker Hand liegen lassen. Beide Teile haben Unrecht.

Tausend Grüße von unsrer Luise. Der Diener ist nicht besser.

Celle, 28. April 1782

Die Mejern bat mich, bei ihr zu logieren. Ich schrieb's nur beiläufig der Rehbergen. Sie gleich zur Mejern, fällt ihr um den Hals und bittet, sie solle ihr doch nicht den letzten Trost rauben, ich müßte bei ihr die Zeit meines Aufenthaltes in Hannover wohnen. Mit wenigen Fäden bin ich an die Welt geknüpft, aber die wenigen sind doch stark.

Ich frug Dich, was Du von dem Kaiser dächtest, weil ich mitten unter dem Lobgeschrei über ihn lieber noch warten als mitschreien mag.

Celle, 5. Mai 1782

Ich hörte diesen Abend die Nachtigall zum erstenmal. Der Ton überraschte mich sonderbar. Wie so alles Beziehung auf Dich hat und Du mir denn gleich so gegenwärtig bist, begreif ich selbst nicht, die ganze Welt könnte ich entbehren, nur Deine Briefe nicht. Dein letzter traf mich in einer wunderlichen Stimmung. Die Ursache dieser Stimmung war der schnelle Tod der Frau von Osten. Sie war mit ihrem zweiten Sohn glücklich entbunden, befand sich hernach auch einen Tag wohl, bekam Erbrechen und starb an einer innren Entzündung, ohne daß jemand ihren Tod ahndete, selbst der Arzt nicht. Die Pesteln wurde gerufen, auch P. eilte hin. Ich war mit Georgen allein, nur der kranke Diener und die Köchin im Hause. Ich machte mir im Garten mit dem Kinde zu tun, aber nichts half mir, bis Dein Brief kam. Lange konnte ich die lieben Zeilen nicht lesen, aber das von Deiner Hand beschriebene Blatt, auf mein Herz gedrückt, gab mir Ruhe. Ich bin mit dem Tode so bekannt worden, daß mich kein Sterben mehr erschüttern sollte, und doch – Trennung – Abschied – schreckliches Gefühl! Osten hat ein hartes Schicksal. Die erste Frau starb im ersten Wochenbett. Diese im zweiten. Sie hinterläßt zwei Söhne.

Für unsre P. sind solche Szenen nicht, die reißen nur alles bei ihr nieder, was ich mit vieler Mühe und Sorgfalt erbauet hatte.

Höpfner ist drei Tage hier gewesen. Er hat Dich lieb, wir haben allerlei von Dir geschwatzt. – Der Bischof lebt nur für die Busschische Familie. Die kleine Frau soll allerliebst mit ihm umgehen. Er hat die Erlaubnis vom König erhalten, zu soupieren, wo er gebeten wird.

(den 6.) Warum das ‚Museum‘ aufgeben, lieber Boie? Hast Du jetzt andre Erholungen als die literarischen? Nein, tue es nicht. Die Streitigkeiten mit Voß werden vergessen. Wär' ich Voß, hätte ich Dich nicht in eine vorauszusehende unangenehme Verlegenheit gesetzt, da er ohne das ‚Museum‘ hundert Wege ins Publikum finden konnte. Hättest Du Weib und Kinder, ich antwortete Dir doch nicht anders darauf. Hören Deine literarischen Verbindungen auf, so zerreißt mancher Faden, der Dir lieb war.

Ich hoffe nun die gewisse Erlaubnis zu haben, daß Therese mit mir zugleich bei der Rehbergen sein wird. Therese klagt über die Brust, mir ist bange um sie. Das gute Mädchen bezahlt ihre Torheiten sehr teuer. Der junge Böhmer liebte sie und sagte es Vater und Mutter. Therese mocht' ihn gern, hat ihn aber unbeschreiblich durch Eifersucht gequält. Ich habs ihr oft gesagt, sie handelte wie eine ganz gewöhnliche Koquette. Sie baute Luftschlösser – und sie sind gescheitert. Böhmer ist mit Auguste Chüden verplempert. Die Schöne hat alle Anbeter ihm geopfert. Daß Therese unzufrieden ist mit ihren Eltern – die fehlgeschlagene Versorgung, beleidigter Stolz – alles zusammen schadet ihrer Gesundheit. Ich will sehen, das gute Mädchen heiter zu machen. Ich hoffe also viel von dieser Reise.

Sprickmann soll im höchsten Grade unglücklich wieder sein. Kürzlich ist in Münster ein Pasquill herausgekommen, wo auf den 1. April eine Bücherauktion angekündigt wird, worunter in zwei Quartanten ‚Die Freuden der Professorin Sprickmann über die Bekehrung ihres Mannes‘. Sprickmanns dortige Freunde und Bekannte sind darin schrecklich mitgenommen worden, er selbst noch am gelindesten.

Was sagt nun wohl Klopstock vom Kaiser? – Den Papst [Pius VI.] mag ich doch auch – wenn es nämlich wahr ist, daß er für seine aufgeopferten Meinungen und Wünsche keine Pension vom Kaiser nimmt.

Leb wohl, Du bester einziger Boie.

Vorigen Mittwoch war es ein Jahr, seitdem ich mein Amt wirklich antrat. Ich darf doch nicht ganz mit Mißvergnügen in dies erste hier verlebte Jahr zurückblicken. Wenn ich nur erst in den unglücklichen Deichsachen mir den Weg gebahnt hätte! Ich habe allenthalben mit Eigennutz, Eigensinn und Vorurteilen zu kämpfen, und muß jedes Wort abwägen, das ich spreche, jeden Schritt zehnmal überlegen, den ich tue. Was geschehen ist, kann ich nicht billigen, und will wenigstens nicht auf demselben Wege fortgehen, es mag kosten, was es wolle.

Ich habe Sonnabend wieder viel Gutes und Merkwürdiges für's ‚Museum' bekommen, aus Wien besonders erhalt ich viel. Sonnenfels hat mir einen Brief über die Gegenwart des Papstes [Pius' VI.] in Wien geschrieben, den ich dem ‚Museum' einverleiben werde.

Die Sachen, merke ich, wirken immer spät im Hannöverischen, und ehe der Verfasser nicht bekannt ist, wirken sie [überhaupt] nicht recht.

Meldorf, 13. Mai 1782

Es ist mir bei der Nachricht von dem Tode der Frau v. O gegangen wie Dir, er hat mich wehmütig gemacht. Wie viele sind von denen schon nicht mehr, die ich während meines Aufenthalts in Hannover kannte. – Gutes Mädchen! also erinnert Dich alles, was Dich trifft und rührt, noch immer an Deinen Boie. Wohl recht, weil er gewiß jede Empfindung mit Dir teilte und noch teilet.

Ich weiß nun, daß ich kaum in dem künftigen Monat werde reisen können. Das leidige Deichwesen, oder vielmehr Unwesen, erlaubts nicht. Das schlimmste ist, daß ich mich sogar delikat gegen den alten Konferenzrat [Eggers] benehmen muß, der von gewissen Menschen sich hat mißbrauchen lassen, und nun unter der Hand das alte System zu erhalten oder zu retten sucht. Aber es mag gehen wie es will, Reventlow und Julchen muß ich sehen.

Das Geld für die Handschuhe schick' an Klopstock, denn ich kann hier Euer Geld weder brauchen noch umsetzen.

Mag sein, daß ein wenig üble Laune dabei war, als ich in dem vorigen Briefe das ‚Museum' aufgeben drohte. Ich habe in den letzten Tagen wieder nicht wenig Gutes [dafür] erhalten.

Wer ist der Böhmer[1], von dem Du sprichst? Der Arzt? Therese ist eine Törin, daß sie den Mann nicht zu schätzen und halten wußte. Ich verspreche mir viele Vorteile für sie, wenn sie mit Dir zugleich einige Tage bei der Rehbergen sein sollte. – Daß Sprickmann nicht heiter sein müßte, urteilte ich schon aus seinem Stillschweigen. Das elende Pasquill kann ihn doch unmöglich so gekränkt haben!

Klopstock sprach schon vorigen Herbst mit großer Achtung vom Kaiser, und wird's gewiß nun noch mehr tun.

Meldorf, 18. Mai 1782

Dir nur alle vierzehn Tage schreiben!?[2] Liebes Mädchen! Meine Briefe machen Dir Vergnügen. Denkst Du, daß es mir keines macht, sie zu schreiben? Nimm sie nur, so wie sie sind, zuweilen kalt und trocken wie die Geschäfte, die ich treibe, und kurz und flüchtig obendrein. Ich entschuldige mich deswegen nicht, denn gewiß willst Du mich nicht anders haben, als ich jedesmal bin, wenn ich schreibe.

LUISE   Celle, 19. Mai 1782

Das Fieber ist nun ganz allgemein. In Hannover ist kein Haus verschont geblieben. Dreihundert allein von der Garnison sind krank. Die Musterung ist daher aufgeschoben. Die Ärzte sind zuerst angesteckt worden. Zwei Rezepte werden dafür ausgegeben: Brechmittel und Abführungen. Pestel ist übel daran. Alle unsre Leute. Mir ist nicht wohl, aber ich muß doch lachen über die wunderliche Krankheit.

Die Heynen ist von einem *Sohn* entbunden. Die Freude ist groß. Therese und Brandes stehen Gevatter.

Dein Brief, mein teurer Boie, ist mir so lieb. Wie glücklich bin ich doch, daß ich im Innersten der Seele eine Quelle reiner Freuden durch Dich habe.

Wie es wohl zugeht, daß die ,Lebensläufe' niemand vortrefflich finden kann? Das Buch soll hier in der Lesegesellschaft sein und keiner lieset es zu Ende. – Sprickmann bekümmert sich nicht um das elende Pasquill. Ich fürchte, er hat wieder etwas im Herzen, was nicht sein sollte. Jenny [v. Voigts] behauptet, er könne nicht treu lieben.

---

[1] Siehe Anhang. [2] Luises Äußerung ist nicht erhalten.

(den 20.) Ich wollte Dir noch recht viel schreiben, aber auch ich habe das ‚Modefieber‘ bekommen. Mein Kopf schmerzt zu sehr, um zu schreiben. Nach fünf Tagen ist alles vorüber, das ist das beste [daran]. Leb wohl, Du Einziger.

Celle, 24. Mai 1782

Ich will Dir nur mit zwei Worten sagen, daß ich wieder wohl bin. Heftiges Nasenbluten hat mich kuriert. Nun noch Heiterkeit, dann will ich schon wieder ins Geleise kommen. Aber dazu ist noch keine Hoffnung, ich sehe nichts als Kranke. Um uns lauter Trübsinn, dazu das Wetter. Eine unangenehme Epoche für Körper und Geist.

Mittwoch Abend ist die Prinzessin Karl gestorben. Sie folgte [kürzlich] ihrem Gemahl nach Hannover, um die Opera buffa zu sehen. Den Tag vor dem Feste bekommt sie die Krankheit mit Erbrechen, kommt den folgenden Tag zu früh nieder mit einer Tochter, die nur wenige Zeit gelebt, und am Mittwoch Abend folgt sie dem Kinde im Tode nach. Dieser Todesfall ist so traurig, sowohl für den Prinzen Karl wie für die sechs Kinder.[1] Prinz Ernst reisete gleich nach Hannover und ist dort auch krank geworden. Auf der Apotheke in Hannover ist beständig Wache, um die Menge der Leute abzuhalten, Unordnung bei ihren Forderungen der Arzenei zu machen.

Leb wohl. Es ist nicht der Mühe wert, dies Blatt zu überschicken, aber Du könntest mit Unruhe an Deine Luise denken – hier hast Du eine herzliche Umarmung.

Celle, 26. Mai 1782

Nenne diesen Monat nicht Wonnemond, lieber Boie. Er ist zu unfreundlich. Gestern und heute haben wir Sturm, daß mir beinahe bange wird. Gottlob, daß ich Deine Briefe habe, daß ich Dir wieder schreiben kann!

Wann wir nach Hannover reisen, hängt von dem kranken Bedienten ab, auch überhaupt von den Kranken hier und dort.

Luise [v. Pestel] hat die italienische Opera besucht. Der Prinz [Ernst] hat für sie eine Subscription zustande gebracht, und kann nun selbst nicht hier sein, er folgt der Leiche seiner Schwägerin ganz nach Strelitz. Das Bedauern über diesen Todesfall ist all-

---

[1] Siehe im Anhang: Mecklenburg-Strelitz.

gemein. Die Hoftrauer ist acht Wochen, drei Wochen tief, mit Pleureusen.

Hast Du das Trauerspiel von Iffland schon angesehen? Kennst Du die ‚Agnes Bernauerin‘? Es wird viel Aufhebens davon gemacht. Seitdem Du weg bist, lese ich nichts dergleichen. In allem finde ich Abschied und Trennung. Nie war ich so empfindlich.

Winckelmanns Beschreibungen der Entdeckungen in Herculanum amüsieren mich sehr. Ich erzähle manches daraus an Pestel, für dessen Unterhaltung ich gern noch mehr sorgen möchte. Jetzt sind wir bei der Medizin. Da er äußerst ängstlich ist über jeden Schmerz, den er fühlt, so erkläre ich ihm alle seine Übel auf eine Art, die ihn beruhigt. Er ist ein Mann, den ich mit allen seinen Eigenschaften ganz außerordentlich schätze, und ich zanke mich sehr oft mit Luisen, daß sie nach meinem Gefühl viel zu wenig für ihn tut. Beide grüßen Dich.

BOIE   Meldorf, 2. Juni 1782

Was ich so gar nicht befürchtete, ist doch geschehen, ich habe die Krankheit auch, und zwar seit Mittwoch. Der halbe Ort ist krank, und in der Kirche, erzählt mir mein Johann, hat man vor lauter Husten des Predigers Wort nicht hören können. Bei dieser Gelegenheit empfinde ich denn sehr, daß ich allein bin. Alle Welt plagt mich mit sehr höflichen und respektuösen Erkundigungen – und niemand besucht mich als der gute Niebuhr, der mich nicht verläßt, wie ich ihn nicht verließ, als er vorige Woche krank war.

Dank, meine Beste, für Deine beiden Briefe, die ich gestern durch Klopstock erhalten habe. Wie mich die neuen Beweise Deiner Freundschaft, Deines Deinem Boie so ganz hingegebenen Herzens gerührt haben! Gutes Mädchen! Nichts geht bei mir verloren.

Du wirst in den Zeitungen gelesen haben, daß Ernst Schimmelmanns und Lottens Hochzeit am 25. gewesen ist, und zwar zu Hellebeck, wo ich vor nun fast zwei Jahren so glücklich war. Ich weiß es von der Gräfin Luise, die mir auf dem Wege nach Brahe-Trolleburg geschrieben hat. Niemand schreibt sonst. Die andern sind zu zerstreut, oder zu glücklich.

Nun, Beste, leb wohl. Die wärmsten, zärtlichsten Grüße an unsre gute, gute Pestel, auch ihren sehr guten Mann und Deinen kleinen Liebling nicht zu vergessen.

Guter Junge! Du leidest, und ich von Dir entfernt? Du so allein, und ich bin andern eine Gesellschafterin, Pflegerin? Verzeih mir hier einen Seufzer, in Worte soll er sich nicht auflösen.

Wie stark meine Gesundheit [jetzt] ist, magst Du daraus beurteilen, daß ich am Dienstag von der Pesteln gezwungen ward, in die Oper ‚Pyramus und Thisbe' zu gehen. Das Haus war sehr voll, heiß, dumpfig, dazu die Pauken und Musik – [aber] ich empfand nichts Unangenehmes. Die Sänger und Sängerinnen sangen sehr gut, einige vortrefflich. Da ich noch nie eine Oper gesehen, war ich mit meinem Abend sehr zufrieden.

Es verdrießt mich, lieber Boie, daß Klopstock zwei meiner Briefe an Dich in die Hände bekommen.[1] Deinentwillen ist's mir mehr leid, denn meine Briefe grenzen oft an Tändelei.

(den 10.) Dank, mein Bester, für die beiden Bücher und für das ‚Museum'. Rousseaus ‚Julie' hab' ich gelesen, und nicht vergessen. Bei dem ersten Stück von Stolberg im ‚Museum' möchte ich ausrufen: „Wehe dem, der das nicht fühlt!" Und doch begreife ich wohl, daß darüber gehirnlos geurteilt werden wird. Die tiefe Achtung, Zärtlichkeit, die Fritz für Klopstock hat, macht seinem Herzen Ehre, so unsinnig vielleicht der Ausdruck davon in diesem Stück manchem sein mag. Wenn die La Roche es liest, wird sie bedauern, daß Fritz immer noch so sehr gegen die Franzosen eingenommen ist. Mein Vergnügen beim Lesen war lebhaft. Ich freue mich, daß Du von Wien viel Gutes erwarten kannst, denn die denkenden Menschen dürfen doch ihre Gedanken laut sagen, und es ist zu vermuten, daß die Literatur schnelle Schritte daselbst machen wird. Sag mir doch, ob Klopstock ein Geschenk vom Kaiser für seine Ode bekommen hat. Ich glaube so etwas nie, bis ichs von *Dir* höre.

Der Vize-Oberstallmeister von Bussch hat dafür, daß er voriges Jahr einen Mann auf der Straße schlug, weil er dem Bischof nicht aus dem Wege fahren wollte, 120 Thaler Strafe bezahlen müssen, mit dem Bedeuten, sich nicht wieder so unvernünftig und respektwidrig zu bezeugen. Dem Mann muß er ohnehin eine Geldsumme geben. Der Kammerjunker Graf Platen, der einen seiner Schuldner geschlagen, ist für sechs Wochen aufs

---

[1] Siehe im Anhang: Viktor Klopstock.

Clevertor¹ verurteilt. Er hat den König um Gnade gebeten, es ist noch keine Antwort da.

BOIE   Meldorf, 16. Juni 1782

Noch immer bin ich meines Fiebers nicht ganz los. Ich habe gelitten und hauptsächlich sehr gefühlt, daß ich allein war. Hättest Du, Beste, meine Krankenpflegerin sein können, ich wäre leichter durchgekommen; aber ich will Dich lieber in gesunden Tagen um mich haben. Ich habe einen ganz verständigen und erfahrenen Arzt, aber er wohnt in Heide und kann mich nicht besuchen, da mein Hauswirt auch ein Arzt ist, von dem ich mir ehrenhalber verschreiben lasse, ob ich gleich nichts von seinen Quacksalbereien brauche.

Über die Rückkehr Deiner Gesundheit freu ich mich von ganzer Seele. Daß Du in der Oper ohne Schaden hast ausdauern können, ist sehr viel.

Deine beiden letzten Briefe sind wieder durch Klopstock und offen in meine Hände gekommen. Daß er sie lieset, fürchte ich eben nicht; aber es ist mir doch nicht lieb. Ich schreibe also an K. und bitte ihn, das selbst zu ändern.

Ich hab auch nun die ,Confessions' von Rousseau, deren Du, da sie französisch geschrieben sind, dort leicht habhaft werden wirst. – Ich weiß nicht, ob Klopstock etwas vom Kaiser für seine Ode bekommen hat, zweifle aber daran. Die Ode hab ich für Dich abgeschrieben, und will, wenn das Fieber es erlaubt, einige Anmerkungen dazu machen, ohne welche Du sie vielleicht nicht ganz verstehen würdest.

LUISE   Celle, 16. Juni 1782

Lieber, teurer Junge! Ich bitte Dich, sei behutsam mit Deiner Diät. Du hast keinen Arzt. Es ist leicht etwas versehen. Wenn das Fieber vorüber, mußt Du Abführungen nehmen.

Vor acht Tagen heizten wir noch ein. Die Leute sterben sehr. Von Dir bekannten Leuten ist in Hannover der Konsistorialrat Grupen gestorben. Auch ist die Generalin Duplat zur großen Freude ihres Mannes verstorben.

Die Engländer in Göttingen haben des Königs Geburtstag und Rodneys Sieg zum zweitenmale gefeiert. Nicht allein Eng-

¹ Bezeichnung für das hannoversche Gefängnis, das am Clevertor lag.

länder, sondern jeder wahre Royalist hat ein paar Dutzend Lichterchen vors Fenster gesetzt. Vor den Fenstern der Engländer war des Königs und Rodneys Bild zu sehen. Die Art, wie sie letzteres erhalten haben, ist zu närrich, um Dir es nicht zu sagen. Sie bekamen Knöpfe in die Kleider mit Rodneys Brustbild, nach diesem Bilde mußte ein Maler die ganze Figur malen. Wie der Maler das Bild bringt, schimpfen sie, daß er den Admiral mit Stiefeln und Sporen gemalt. Der Mann macht ihm seidne Strümpfe. Darauf schimpfen sie noch mehr, daß R. [nun] einem Tanzmeister ähnlich sähe – endlich werden die weißen seidnen Strümpfe in Gamaschen verwandelt.

Bei dem Manövrieren im Lager ist ein Reiter gestürzt. Der Bischof hat ihn gleich weg bringen lassen und ist bei ihm geblieben bis zu seinem Tod. Der Bischof hatte noch nie jemand sterben sehen, aber er ist geblieben, und wie er die Todesblässe im Gesicht des Sterbenden wahr nimmt, kniet er nieder und nimmt eine seiner Hände in die seinigen. Ists nicht traurig, daß dieser Prinz von Menschen, die ihn erziehen sollen, verdorben wird? Freitag glaubt zwar, er würde tausend Torheiten machen, aber nie unedel handlen. Dazu wäre er zu gutmütig.

Von der Kestnern hab ich wieder einen Brief. Sie spricht von der Hoffnung einer besseren Welt. Armes Weib! Daß doch so wenige Menschen glauben wollen, daß es oft schwerer zu leben wie zu sterben ist! Die frohen Jahre der Jugend gehen bald vorüber, und dann wissen wenige weiter zu leben. Unsrer Pestel Krankheit ist das auch, diese hat aber Kraft zu kämpfen mit sich selbst. Glaub mir, ich philosophiere viel mit ihr, um ihr aus dem indolenten Zustande heraus zu helfen. Sie grüßt Dich zärtlich. Pestel seufzt, daß ich früher reise als er, und Georgen hat es schon manche Träne gekostet. Alle Neigungen, die in Georges Seele emporkeimen, werden ihn unglücklich machen; Ehrgeiz, Eitelkeit und Liebe werden seine drei Hauptfeinde sein. Er liebt die P. auf eine so närrische Weise, daß, wenn Pestel sie küßt, es ihn verdrießt, und wenn ein Mann der Pestel die Hand küßt, wird der kleine Narr feuerrot und nimmt geschwind sein Tuch, die Hand abzuwischen. Luise tut alles mögliche, dem Kind die Eifersucht abzugewöhnen, die sich nur auf sie erstreckt, aber Pestel verzieht den Jungen.

Woher nimmst Du die Zeit, Höltys Gedichte herauszugeben? Herzliche Freude hab' ich, daß Voß an eine zweite Ausgabe der

Odyssee denkt. Wenn die guten Leute [Familie Voß] so glücklich sind, bei Dir zu sein, so sag' ihnen doch, daß ich an dem allen den zärtlichsten Teil nehme.

Wenn ich Dir zu viel vorschwatze, so sags, lieber Boie, das mehrste ist zu unbedeutend, und doch möchte ich Dir oft unsre Kleinigkeiten schreiben.

Die Meldorfer schmausen mir zu viel, für Dich ist das gar nichts. Gute Nacht, Lieber. Wüßte ich doch, wie es Dir jetzt geht! Ich bitte und beschwöre Dich, nimm Dich in acht.

BOIE   Meldorf, 23. Juni 1782

Warum hab ich mit der letzten Post keinen Brief von Dir? Bist Du krank? ist Dir sonst etwas begegnet? oder haben die Posten die Verwirrung gemacht? Zweimal ist mein Fieber nun ausgeblieben. Ich nehme mich so sehr in acht, als wenn Du mich hütetest, gehe nicht in die Abendluft usw.

Dienstag nach Tisch kamen Vossens. Sie wohnten alle bei Niebuhr; ich wollte die drei Kleinen mit ihrem Mädchen hier behalten, aber die Niebuhr wollte durchaus Mutter und Kinder nicht getrennt wissen. Voß kam immer um neun zu mir und um elf kam die Mutter mit den Kindern nach. Wir blieben dann beisammen bis sieben Uhr und gingen darauf miteinander nach Niebuhrs, wo wir aßen. Gestern gegen Abend fuhren sie weg nach Brunsbüttel, und werden vielleicht nun schon auf der Elbe schwimmen. Die drei Jungen sind frisch und gesund und ganz die liebe Natur, aber den Eltern sieht man beiden das Fieber noch sehr an, das sie den ganzen Winter durch gequält hat. Voß hat ein paar herrliche neue Stücke gemacht, die Du im Almanach lesen wirst, eine Idylle, das völlige Seitenstück zu dem ‚Siebzigsten Geburtstag‘, und ein Lied, worüber unter andern Lichtenberg sich nicht freuen wird. An der Odyssee hat er schon wieder sehr gearbeitet. Seine Gedichte, worin er mit großer Strenge und Selbstverleugnung ausgestrichen und verbessert hat, werden Dir ein sehr liebes Büchelchen werden. Über die Hälfte der schon von ihm gedruckten Sachen ist verworfen. Beide Vossens grüßen meine Luise sehr zärtlich, und Ernestine bittet ihrer Saumseligkeit im Antworten wegen um Verzeihung. Daß ihre Jungen ihr keinen Augenblick Ruhe lassen, kann ich bezeugen. Sie ist ganz Mutter. Ich bin diese Tage über sehr glücklich gewesen.

Fritzens Hochzeit ist gewesen. Reventlow und Julchen haben mir geschrieben. Wir werden wahrscheinlich in den ersten Tagen des Juli zu Ahrensburg uns treffen, wo dann auch Ernst Schimmelmann mit seiner Gemahlin sein wird. Ein paar schöne Tage! aber dann werd ich armer Sklave auch den ganzen Sommer wohl an der Ruderbank bleiben müssen.

Lebe wohl, meine Teuerste.

LUISE   Celle, 29. Juni 1782

Das ‚Museum' freut mich, und ich danke Dir zärtlich dafür. Sollte der Plan zu dem Magazin der Erfahrungs-Seelenkunde ausgeführt werden, würd' es gewiß eines der nützlichsten Bücher werden, aber – wie wenig Menschen finden sich, die sich selbst so genau untersuchen mögen und können? So leicht und gern ich meinen Character der Prüfung andrer überlasse, so gestehe ich doch, daß ich den Grund meiner Handlungen, mein Denken und Empfinden [mir] nicht [selbst] so auseinandersetzen könnte. Und die es könnten, mögen es vielleicht nicht.

Die ‚Narrengeißel' hat Pesteln herzlich gefallen, mir auch. Wenn die Briefe über die Fabelgeschichte geendet, wünscht' ich, der Verfasser gäb uns eine Erklärung der nordischen Mythologie, damit die Damen etwas besser den Klopstock verstehen lernten. Hätte Frau von Beaulieu Zeit und Gelegenheit, sie wäre die einzige, die sich darum Mühe gäbe. Schade, daß das Weib so hingeworfen ist! Der Mann hustet vor einigen Tagen Blut. Da erschrickt er, eilt zu seiner Frau, ruft: „Je me meurs, je me meurs!" und nun bittet er wegen jeder Beleidigung um Verzeihung. Nach drei Tagen, wie die Furcht vorüber, ist er wieder unklug.

In Hannover denke ich die ‚Confessions' von Rousseau zu lesen, die mir Brandes wohl verschafft. Die mir von Dir geschenkte Odyssee lese ich des Morgens im Garten. An Bemühung, die gelehrten Anmerkungen zu verstehen, soll es mir nicht fehlen. Ich habe mir auch schon einen Plan auf künftigen Winter gemacht, wo ich des Abends spät wieder Englisch und Italienisch studieren will, wenn ich mich nämlich von einem Teil meines Briefwechsels in Hannover los machen kann.

Unsre arme Luise! Sie wird mit Arznei gequält und mag sie nicht gebrauchen. Sie soll auch reiten, das sie aber durchaus nicht will.

Heute bin ich von sechs bis zehn Uhr morgens spazieren gewesen, und habe keine Viertelstunde gesessen. Da es hier etwas geregnet, konnt' ich gut in dem Sande gehen.

(den 1. Juli) Donnerstag Abend denk' ich bei der Rehbergen zu sein. Es ist mir doch sonderbar zumute, daß ich Hannover wiedersehe, jede Stelle, wo ich Dich sah, vorzüglich mein Zimmer am Calenberger Tor. Das Zimmer, wo ich Dich zuletzt sah, will ich nicht wieder sehen.

AMALIA UND HEIRATSANTRÄGE

Im Juli 1782 wird Boie 38 Jahre alt. Sein kommendes Lebensjahr steht zum großen Teil unter dem Zeichen „Amalia". Er lernt die verwitwete „Justizrätin" Amalie von Schlegel (eine Verwandte der hannoverschen Schlegels, wahrscheinlich Tante der literarischen Brüder Schlegel) kennen und interessiert sich sofort mehr für sie als für ihre schon heiratsfähige Tochter, die sie begleitet, und die nach damaliger Auffassung eher eine passende Frau für ihn abgeben könnte. Wenn Boie Frau von Schlegel als „Mutter erwachsener Kinder" bezeichnet, ist dabei freilich zu bedenken, daß ihre Tochter nicht über 15, ihr Sohn nicht über 17 Jahre zu zählen brauchte, um als erwachsen zu gelten; sie selbst, die früh geheiratet hat und Boie „noch jung" vorkommt, wird also jünger als er und vielleicht auch etwas jünger als Luise sein. Boie hat reifen, verständigen oder geistreichen Frauen meistens den Vorzug gegeben vor blutjungen, äußerlich frisch aufgeblühten, seelisch und geistig aber noch unentwickelten Mädchen. In Lotte von Schubart, die Anfang zwanzig gewesen sein muß, fand er wohl Jugend und geistigen Charme vereinigt (auch Fritz Stolberg und Ernst Schimmelmann haben sich ja für sie begeistert), trotzdem ist es möglich, daß der Standesunterschied ihm unbewußt ganz recht war: man durfte Zuneigung verraten, ohne daß die Umwelt gleich von Heirat sprach und Entschlüsse forderte. Die Amalien-Episode, die peinlicher verläuft, scheint zu bestätigen, daß Boie in jener Zeit gern von verlockenden Möglichkeiten träumt, ihrer Verwirklichung jedoch ausweicht. Er schiebt – gewiß in gutem Glauben – dabei praktische Gründe vor; aber liegen die wahren Gründe nicht tiefer?

Luise meint es ehrlich, wenn sie zur Heirat mit Amalia rät. Wieviel Selbstüberwindung sie dazu brauchte, gesteht sie Boie erst nachträglich.

BOIE   Meldorf, 3. Juli 1782

Ein wichtiger Schritt in der Deichsache ist durch eine von der Regierung angeordnete Kommission getan, ohne daß ich sichtbar mit eingewirkt habe. Dafür hat es mein alter Vorweser desto mehr. Der Alte kann das Einmischen in Sachen, die ihn nichts mehr angehen, durchaus nicht lassen, und ich kann und werde das in der Deichsache nicht dulden, wie ich ihm mit der höflichsten und kältesten Entschlossenheit gesagt habe. Als ich nach Brunsbüttel kam, verbat ich alles Reden von Geschäften mit mir, weil ich keiner Partei Vorneigung zeigen wollte, ließ mich den mitgekommenen Damen vorstellen, und schien mich von dem Augenblick an nur um sie zu bekümmern.

Mit dem Kanzler bin ich in dem engsten und besten Vernehmen. Montag ließ ich mich von der Frau von Schulz verführen, noch drei Meilen weiter auf ein Gut des [dänischen Gesandten in Paris] Herrn von Blom zu fahren. Wir fanden dort noch mehr Gesellschaft aus Glückstadt und waren sehr vergnügt. Am Dienstag kam ich den Abend zeitig genug hier an, um einem Abendessen bei dem Etatsrat von Jessen beizuwohnen, wo ich dessen Nichte, die Justizrätin [Amalie] von Schlegel aus Kopenhagen und ihre Tochter fand. Die Tochter ist ein artiges Mädchen, die Mutter noch fast hübscher als die Tochter und beide sehr munter.

Freilich schmausen wir hier zu viel. So lange die Alten leben, läßt sich das nicht ändern. Ich hab immer dieselben Nachbarinnen.

Über Fritzens Heirat[1] kann ich nicht urteilen. Schulden hat er, Mittel sie nicht. Als [Haus-]Wirtin ist sie zu jung, am Hofe [als Hofdame] wird sie kaum dazu geworden sein. Vermutlich unterstützt sie der Bruder, der keine Kinder zu bekommen hofft. Wenigstens gereicht die Heirat der Familie zur Freude.

Ich bin heute recht wohl und schreibe dies in einem Kriminalverhör, während der mir gegenüber sitzende Aktuar die Aussagen der Zeugen niederschreibt.

In Hannover der edlen Rehbergin einen Gruß, sodann Höpfnern, und der Kestnern, die noch nicht ihren Trost in der künftigen Welt suchen sollte.

Nun, bestes Mädchen, ich muß mich losreißen. Gott befohlen!

LUISE   Hannover, 8. Juli 1782

Meine Reise hierher war für mich angenehm. Von meinem Eintritt hier ins [Rehbergsche] Haus und meinen Empfindungen des Herzens sag ich Dir nichts. Wir reden von Lottchen ohne Zurückhaltung. Alles ist aber in Verwirrung. Sie sagen ihre Gedanken zu laut. Sie sind unglücklich. Die Rehbergen verläßt mich um Mitternacht, um sechs Uhr früh pocht sie schon wieder an meine Tür. Bei der Mejern und Kestnern habe ich einen halben

---

[1] Mit Agnes v. Witzleben.

Tag zugebracht. Alles grüßt Dich herzlich. Sonnabend ging ich mit ihnen nach dem Neuen Hause. Die Kestnern ist sehr schwächlich. Sie ist mit dem Mann nicht mehr glücklich, das ist der Grund von allem. Er ist eifersüchtig, hält sie für eitel, klagt über Mangel an Attentionen – und sie ist von Ramdohrs Grillen angesteckt. Ramdohr zernichtet, ohne es zu wollen, die Ruhe der beiden Eheleute.

Die Döringen will durchaus, daß Zimmermann heiraten soll.[1] Mittwoch geht sie mit ihm nach Pyrmont und Luise Berger begleitet sie. Das ist ein Mädchen, die Zimmermanns Herz nicht gewinnen kann. Boie, wenn ich Dir ein Mädchen geben könnte, ich wählte ein Geschöpf, das Du *ganz* lieben würdest.

Marcard ist auch nach Pyrmont, die Societät zu vergrößern. Ich habe ihn noch gesehn, da er im Begriff war abzureisen. Er war sehr mit meinem Befinden zufrieden, und quälte mich nicht Zahnschmerz schon lange, befände ich mich vortrefflich. An diesem Übel leiden sehr viele Menschen. Leisewitz hat es neun Monate und ihm hilft kein Mittel.

Guter Boie, wie ist doch Dein Weg so uneben. Daß Du gezwungen wirst, so erzpolitisch zu handeln, tut mir weh. Wenn Du nur zum Ziel gelangst, mags drum sein. Die Deichsache ist, denk ich, Deine Hauptarbeit. Ist die einmal vollendet, wird Dein Herz leichter, auch die Arbeit leichter.

Wären meine Empfindungen ruhiger, ich dankte Dir mit allen Tönen meines Herzens für Deinen lieben, lieben Brief. Habe Geduld mit Deiner Wise. Gefällt Dir der Geldbeutel? Ich dachte, Du müßtest einen neuen Spielbeutel haben.

Gute Nacht, mein Teurer.

Hannover, 19. Juli 1782 [Boies Geburtstag]

Ich ging diesen Morgen fünf Uhr in den Garten des Hauses, das Du hier bewohntest. Eine Stunde blieb ich und dachte mir vergangne Freuden. Mir war so feierlich, als ob Dein Genius daherum wandelte, meine Empfindungen erriete, und mitleidig mich trösten wollte. Ach, Boie, verzeih meinem Herzen. Sei glücklich, und meiner Zufriedenheit fehlt nichts. Ich hätte gern mein Versprechen erfüllt und Dir mein Bild geschickt. Schroeder ist [aber] noch nicht wieder hier. Er weiß, daß er es machen soll.

[1] Vgl. S. 18

Ich seufze nach dem Montag, wo ich einen Brief von Dir, Du Einziger, erhalten werde.

Die Mejer feiert heute Deinen Geburtstag. Sie ist äußerst behutsam mit mir, und das ist mir lieb. Daß die Kestnern und Niepern nicht mehr hier sind, ist mir leid[1] und doch würde die Rehbergen dadurch verlieren. Hier im Hause ist die äußerste Verwirrung in allen Dingen! Lottchens Tod fühle ich jeden Augenblick mit Wehmut, und wäre die unglückliche Mutter weniger bitter, weniger heftig, und murrte nicht wider den Himmel, würde mein Herz zerreißen. Du weißt, bei solchen Empfindungen behält man mehr Mut, als wenn das Gefühl sanfter ist. Oft hab' ich versucht, die arme R. zu trösten, alles ist umsonst. Sie stößt die Leute mit Härte von sich, jedermann geht ihr aus dem Wege. Wenn ich ihr vorstelle, daß Lottchen [nun] unendlich glücklich ist, antwortet sie: „Das ist kein Trost, ich hätte sie *auch* glücklich gemacht." Dann macht sie sich Vorwürfe aller Art, und so wechselt eine Szene mit der andern ab. Die Abendstunden sind mir die fürchterlichsten. Sie schläft wenig und ich also auch, denn sie läßt mich nicht von sich. Jetzt ist sie ausgegangen, daher schreib ich Dir diese Zeilen. Wie es zugeht, daß sie noch lebt und gesund ist, begreif ich nicht. – Der Sohn ist gleichgültig, lacht mit Bitterkeit über Dinge, worüber andre weinen.

(den 21.) Ich habe meinen Brunnen getrunken und ging nach dem auf den Lindner Berg. Die Erinnerung an Dich, Du Einziger, traf mein Herz so, daß ich meine Rührung nicht verbergen konnte – aber niemand bemerkte es, denn es war ein Jubelgeschrei um mich her, daß ich ohne Mühe den Berg erstiegen. Fürchte nur nichts für meine Gesundheit, es wird gut gehen.

Ich ging auch an der katholischen Kirche vorbei, wo wir so manchen Abend das Lämpchen schimmern sahen. Die Bäume sind umgehauen und die ganze Gegend des Walles sieht einem Chaos ähnlich. Die Stelle, wo wir auf der Bank das Plätschern der Fische hörten, ist nicht mehr. Der schöne breite Graben wird um die Hälfte zugeworfen, Häuser und Gärten kommen dahin. Das Tor wird weggebrochen.

Die Gesellschaft der Madame Schlegel muß Dir sehr angenehm gewesen sein. Sie soll eine sehr artige und vernünftige Frau sein, wie ihre hiesigen Verwandten sagen. Ihre Tochter rühmst Du mir ganz kalt, nimm's nicht übel, ich wünschte, daß sie Dir gefiele.

---

[1] Beide waren inzwischen ins Bad gereist.

Gute Nacht. lieber Boie. Du wirst es meinem Schreiben ansehn, daß ich schon halb schlafe.

(den 22.) Morgen Abend kommt Brandes mit Therese, ich
freue mich herzlich zu diesem Besuch, denn ich bedarf Erholung. Möchte ich's Dir doch sagen können, wie vergnügt
ich bin, daß Dein Fieber Dich ganz verlassen. Jetzt bist du
noch bei Deinen Freunden. Vor zwei Jahren den 24. Juli flocht-
test Du mir einen Kranz von Rittersporn in Gesellschaft der
Stolberge.

Schreib mir doch immer, wie es mit den Deichsachen steht.
Bekümmre Dich doch um Mll. Schlegel, und sei doch nicht so
unverantwortlich gleichgültig gegen die Mädchen. Da Du die
Mutter liebenswürdig findest, ists auch wohl die Tochter. Um
Furcht vor einem Hagestolz in Dir zu erregen, müßtest Du
Flüggen sehen. Nach allem, was ich höre, dauert er mich herzlich.
Höpfner und Brandes essen mit ihm, sonst sieht er keinen. Nie-
mand bekümmert es, ob er in der Welt ist oder nicht.

Hier im Hause grüßen sie Dich, lieber Boie. Jenny grüßt Dich
auch. Sprickmann ist wieder im höchsten Grade unglücklich.

BOIE   Meldorf, 28. Juli 1782

Deine Briefe vom 15. und 19. fand ich gestern bei meiner Zurückkunft von Brunsbüttel vor. Für Dich, meine Beste, hab ich
jetzt keinen größeren Wunsch, als daß Du wieder in Celle sein
mögest. Wie es jetzt ist, ist Hannover nichts für Dich.

Mit offnen Armen empfingen mich Julchen und Gustchen
Stolberg [in Wandsbeck]. Gleich stand ein Wagen vor der Tür,
um Reventlow und mich in die Stadt zu Fritz Stolberg zu bringen.
Seine Gemahlin empfing mich als den Freund ihres Geliebten.
Sie ist allerliebst. Ganz das Bild der Unschuld, der innigsten, hin-
gegebnen, glücklichen Liebe. Ihr ganzes Wesen ist kindlich, nicht
kindisch, daher Fritz von ihr sagt:

> „Es sehnt sich jedes Menschenkind,
> zu ha'n ein Weib, zu ha'n ein Kind.
> Mich, mich erhörte Gott geschwind.
> Er gab in Dir mir Weib und Kind."

Bei unsrer Zurückkunft nach Wandsbeck gingen wir zu Linchen Baudissin.[1] Sie befindet sich nach ihrer Art sehr wohl, und

---

[1] Siehe Fußnote S. 73 und Anhang.

sieht ihrer Entbindung im September entgegen. Von ihrem Benehmen bei Fritzens Heirat muß ich noch einen ganzen Brief schreiben. Die Lage aller drei ist äußerst sonderbar.

Julchen Reventlow ist durchaus dieselbe. Ganz Liebe für ihren Mann, ganz Freundschaft für ihre Freunde. Sie ist magrer geworden, leidet auch sehr oft an innerlichen Krämpfen, die uns auch in diesen Tagen ein paar Stunden raubten. Reventlow schießt mir künftiges Jahr vor, was ich zu meinem Hausbau brauche, so daß ich von dieser Seite nun außer Sorgen bin. Ernst Schimmelmann und seine Lotte seh ich, wenn möglich, noch diesen Herbst, auch Graf Christian und seine Gemahlin.

Außer Vossen sah ich [in Hamburg] Ebert und seine Frau, Klopstock und die Winthem, Professor Cramer. Auch Gustchen Stolberg war da, die Sonnabend wieder nach Uetersen wollte. Mein Geburtstag ward begangen. Ich fuhr mit Vossen zu seiner Frau und fand sie im heftigen Fieber. Da ich doch durchaus mit ihr ein wenig sprechen mußte, blieb ich, bis der Paroxysmus etwas nachließ, und der nahe Torschluß mich nach Wandsbeck zu eilen zwang. Hier hatte ich noch ein allerliebstes tête á tête mit Julchen und Linchen. Bei Julchen und Reventlow blieb ich noch bis ein Uhr.

Den ganzen [nächsten] Tag bis Sonntag Morgen brachte ich bei Klopstock auf seinem Garten zu. Ein kleines Zimmerchen, das, außer nach Norden, von Fenstern umgeben ist, hat Gelegenheit zu einer reizenden Laube gegeben. Klopstock hat einen Weinstock durch drei ausgehobne Scheiben in das Zimmer geleitet, und Blätter und Trauben zeigen, wie wohl sich der Stock in der vermehrten Wärme befindet. Stolberg hat eine seiner schönsten Oden auf diese Laube gemacht.

Sonntag Mittag fuhr ich aus Hamburg, trank Kaffee in Uetersen bei Gustchen, war um neune in Glückstadt. Dienstag Morgen machte ich mit dem Kanzler und Vizekanzler alle noch zweifelhaften Punkte in der Deichsache ab, speiste in großer Chapeau-Gesellschaft und war Abends spät in Brunsbüttel. Mittwoch früh besah ich die Arbeit und fand alles vollendet, was ich befohlen hatte. Abends bis Donnerstag früh um vier Uhr war ich auf dem Ball bei dem Etatsrat von Jessen. Die Schlegeln tanzte wenig oder gar nicht. Wir plauderten meistens beisammen. Es ist eine feine Frau und – ich kann mir nicht helfen – ich ziehe die Mutter der Tochter vor. Ein andermal mehr von beiden. Sie reisen nächsten Donnerstag. Ich wollte, sie blieben hier. Mit fast allen hiesigen Damen hab ichs ihrentwegen verdorben.

Auf Deine Briefe sag ich lieber nichts, weil ich doch weder Raum noch Zeit habe. Für Deine Empfindungen an meinem Geburtstage nimm den Dank meiner Seele.

LUISE   Hannover, 30. Juli 1782

Ich freue mich herzlich Deiner glücklich verlebten Tage, mein Boie. Antworten kann ich, so lange ich hier bin, auf nichts.

Gestern saß ich zum erstenmale vor Schroeder, nun bin ich ruhig, denn das unerfüllte Versprechen meines Bildes hat mich schrecklich gequält. Das Bild bekommt eine langweilige Miene, ich kann nicht anders. – Leb wohl, Du Bester.

BOIE   Meldorf, 4. August 1782

Unsre Gesellschaften bestanden aus 25 bis 30 Personen, und wir sind sehr munter, einmal sogar wild gewesen. Mir, ich gesteh es Dir, kostetete es Mühe, in den Ton zu kommen, und doch fühlte ich, daß das Geräusch mir Wohltat war. Die Trennung war auf beiden Seiten schwer. Ich hatte mich nach und nach, ohne selbst zu merken, wie weit michs hätte führen können, an die Schlegeln attachiert, und sie, ich fürchte, noch mehr an mich. Das ist erstaunend anziehend und gefährlich. Die Schlegel ist ein liebenswürdiges Geschöpf, gut, sanft, voll Gefühl, mit einem Herzen, das vielleicht bis jetzt nicht gefunden hat, was es suchte, dabei noch jung und hübsch, obgleich Mutter zweier erwachsener Kinder. Aber sie ist keine Frau für mich. Ich muß eine Frau mit Geld, oder keine. Ich liebe sie noch nicht, aber ich fühle sehr, daß ich sie hätte lieben können. Aber untröstlich würde ich sein, wenn ich in ihrem Herzen Empfindungen geweckt und genährt hätte, die sie unglücklich oder minder glücklich machen könnten. So weit ich meiner Herr gewesen bin, ist mein Ton bloß munter und unterhaltend gewesen, aber wem entschlüpft in *der* Lage zuweilen nicht mehr? Kurz – es ist für uns beide wohl gut, daß wir nicht an einem Ort leben. Ich habe mich, so weit es mit Delikatesse geschehen konnte, gegen sie erklärt, und sie schien vollkommen zu begreifen. Wir werden uns schreiben, und Du sollst, wenn sie schreibt, wie sie spricht, ihre Briefe lesen. Was gäb ich jetzt darum, wenn ich ein paar Stunden nur mit Dir schwatzen könnte!

Wie freu ich mich auf Dein Bild!

Ein paar Minuten zum Schreiben zu erhaschen ist mir fast unmöglich. Du mußt Geduld haben mit mir. Den 12., denk ich, kommen Pestels, mich von hier abzuholen. Wie ich aus diesem Hause kommen werde, weiß ich noch selbst nicht. Die Rehbergen wird äußerst heftig, wenn sie nur von meiner Abreise hört. Sie sagt, daß sie ein näheres Recht auf mich habe als die Pesteln.

Zimmermann und Marcard sind von Pyrmont zurück. Willst Du recht höflich sein, so wünsche Zimmermann Glück zu seiner Heirat. Marcard will von der seinigen nichts gesprochen haben, Zimmermann nimmt aber Gratulation an. Seine Braut soll, nachdem sie ihn kennen gelernt, so furchtsam und ängstlich mit ihm umgehn, daß es jeden dauert.

Der junge Bernstorff, Bruder der Frau von Schardt in Weimar, ist kürzlich in Frankfurt gestorben. Goethe heiratet ein Fräulein Beuss oder Beust, und läßt sich adeln. Dr. Chüden hat zwei seiner Söhne nach Weimar gebracht, und viel Gutes von Goethen erzählt.

Daß ich hier im Hause wie eingesperrt sitzen muß, hat alle meine Freunde gegen mich aufgebracht. Gut, daß Therese hier ist, sie wünscht sich aber auch fort. Die unglückliche Rehbergen hat nach meiner Überzeugung Anfälle von Wahnsinn. Sie glaubt leider an kein zukünftiges Leben, und ist so bitter, so spottend auf alles, was Religion ist, sieht so mitleidend auf mich und Theresen herab, weil wir einfältig genug sind, anders zu denken als sie, daß ich oft keine Contenance zu halten weiß. Dabei dankt sie's ihrem Sohn, der ihr die Vernichtung nach dem Tode gelehrt. – Boie, schrecklich ist mir dies alles, und ich beneide ihr keine Vorzüge des Verstandes mehr. Sie und der Sohn leben in einer beständigen Unruhe und tun alles dazu, um gehaßt zu werden. Ich möchte gern helfen, gern beruhigen, wie kann ich? Lottchens Tod hat alles zerrüttet. Du glaubst nicht, wie mir zumute ist! Leb wohl, ich werde gestört.

Hannover, 12. August 1782

Dein Brief hat mich zu Tränen gerührt. Deine Freundin Schlegel interessiert mich von ganzer Seele. Ich wünschte, sie wäre dort geblieben, Du hättest Dich freilich noch mehr attachiert, aber warum soll Dein Herz leer bleiben? Du hättest Dich in ihrer Gesellschaft wohl befunden, Dein Herz wäre wieder erwärmt, die Schl.

wäre geworden, was Dir Luise in Hannover war. Ach Boie! Wir Weiber befinden uns immer wohl, wenn wir eine vernünftige Liebe im Herzen haben. Du weißt nicht, wie süß es ist, wenn man auch nur in der Idee für jemand lebt, den wir lieben. Diese Zärtlichkeit erhält uns gut und edel.

Ja, nur eine Stunde mit Dir, Du lieber Einziger – und für uns beide, denk ich, wär es Wohltat.

Mein Bild bekommst Du durch die Mejern. Schroeder besorgt den Rahmen und das Einpacken.

Morgen früh schleiche ich mich zum Hause heraus und nehme von keinem Abschied. Sonnabend hatte ich die letzte fürchterliche Szene an Lottens Grabe. Ich bin sehr glücklich, daß ich wieder nach Celle komme.

Dieterichs jüngste Tochter ist in Göttingen an einem Faulfieber gestorben, und Lichtenbergs Schöne an der nämlichen Krankheit. Du weißt es vermutlich, daß er immer ein junges Mädchen bei sich gehabt. Diese ist siebzehn Jahre alt geworden.[1] Vier Jahre wohnte sie bei ihm, und hat in der ganzen Zeit niemand gesehn als Lichtenberg. Er soll ganz untröstbar sein.

Ich umarme Dich, lieber Boie, mit inniger Zärtlichkeit.

BOIE   Meldorf, 12. August 1782

Dem Himmel sei Dank, daß Dich dieser Brief wieder in Celle finden wird. – Was Du mir von der Rehberg schreibst, hat mich mehr erschreckt als das von ihrem Sohn, und Du hast Recht, für sie zu zittern.

Wenn ich Zeit, Ruhe und ganz die Laune zum Schreiben gehabt hätte, würde mein letzter Brief Dir noch mehr Vergnügen gemacht haben, das Du in Hannover so sehr brauchtest. Ich habe natürlich in diesen Tagen viel Leere gefühlt, aber viel mehr auch nicht. Von der Schlegel habe ich durch ihren Onkel aus Kiel Nachricht. Ich weiß durch andere, daß sie dort sehr still gewesen ist. Ich schreib ihr heute, oder hab es vielmehr schon halb getan.

– – Eben erhalte ich eine Nachricht, die mich nicht weniger außer Fassung setzt. Die Gräfin Bernstorff, Frau des Ministers, ist in einer frühzeitigen Geburt gestorben. Man erwartete die Niederkunft erst am Ende Oktober. Gott, was ist das Glück, das Leben der Menschen!

---

[1] Marie Steckard, siehe Anhang unter ‚Lichtenberg‘.

Keinen Brief von meiner Luise? Du bist doch nicht krank, bestes Mädchen? Alles, was Du in Hannover gehört, gesehen, empfunden, könnte Dich zu stark erschüttert, das kaum ein wenig wieder in Ordnung gebrachte, nur zu zarte Gebäude Deines Körpers zerrüttet haben. Ohne Ursache schweigst Du gewiß nicht.

Ist es auch so schlechtes Wetter jenseits der Elbe als bei uns? Unsre Marschen sind so durchgeweicht, daß kaum mehr darin zu fahren ist. Und morgen, wenn es nicht zu stark regnet, muß ich doch wieder nach Brunsbüttel. Meine Gegenwart dort ist zu notwendig.

Von der Schlegel hab ich noch keinen Brief. Mich verlangt recht sehr danach, weil ich auf die Wirkung meines Briefes an sie neugierig bin.

Von Bernstorff weiß ich seit dem unglücklichen Fall nichts. Ich konnte mich bei der ersten Nachricht gar nicht fassen.

LUISE   Celle, 19. August 1782

Ich hörte, so wie ich hier ankam, die traurige Nachricht von dem Tode der Gräfin Bernstorff, glaubte aber, es sei die verwitwete in Weimar, bis ich Deinen Brief erhielt, lieber Boie. In diesen Tagen werden es drei Jahre, daß die Stolberge in Hannover waren, und wir mit ihnen. – Armer Bernstorff! Lange wird er unglücklich sein. Wenn nun der Wunsch Deiner Reise erfüllt wird, siehst Du Deine Freunde in Trauer. --

Unruhig werd' ich nicht durch die Schlegel. Du ruhst in meinem Herzen mit einer Sicherheit, die nie aufhören und nie vermindert werden kann.

Tausendfachen Dank für den Abdruck der Briefe von Linchen [Baudissin]. Im Anfang wollten sie mir nicht gefallen. Die Sprache schien mir etwas empfindsam. Die Worte „Ach" und „Beste", die zu oft wiederholt werden, mochten auch wohl dazu beitragen. Linchens Ausdruck ihrer Empfindung weicht ganz ab von dem der Stolberge. Vielleicht tue ich ihr Unrecht, aber mir ist, als ob sie [nur] den Nachhall von Stolbergs Gefühlen zeichnete, wobei ihr eignes Herz leerer bleibt als ichs wünschte.

Die ,Confessions' bekomme ich von Werner. In Hannover hab ich keine Zeile angesehn. Die Rehberg hat einen Eindruck auf mein Herz gemacht, der sich lange nicht auslöschen kann. Ich bin froh, daß Karoline mir nicht anvertraut wird, wenn die Mutter stirbt. Die gute Mutter glaubte, ich hätte 400 Taler im Jahr zu verzehren; wie ich ihr aber alles sagte, renoncierte sie gleich und dachte auf Frau von Reichen. Karoline hat lange nicht das Gefühl, was Lotte hatte. Sie wird allerliebst im Äußerlichen, aber sie spottet laut über jeden Menschen und über Religion. Therese hat sich auf dieses Sujet beinahe mit der Mutter brouilliert. Ich habe Theresen [nur] des Nachts gesprochen, und dann noch wurden wir belauscht. Unsre Briefe wurden zu lesen gefordert, und solche Dinge mehr. Ich halte alles, was ich da im Hause erfahren, für Folgen eines zerrütteten Geistes.

Therese ist nun auch wieder in Göttingen. Wir freuen uns, daß wir uns gesehn. Das Mädchen kann noch einmal *sehr* gut werden, sie denkt edel bei allen ihren Torheiten. Nur fürchte ich für ihre Gesundheit.

Zimmermann spielt die Rolle eines Liebhabers von zwanzig Jahren. Die erste Bitte an seine Braut war – daß sie sich schminken möchte, was sie auch seitdem tut. Die Döringen ordnet alles an. Die Hochzeit ist bald, weil die D. weg will. Bis dahin ist die Braut hier bei ihrer Großmutter. Gestern besuchte sie uns. Sie ist indolent, ihre Mutter ist melancholisch gewesen, und die sie kennen, fürchten das nämliche Übel für sie, wenn sie nicht glücklich wird. Diese Heirat setzt alle Leute in Verwunderung.

Kestners sind jetzt nach Quenstedt in Sachsen zu seiner Schwester. Albert ist eifersüchtig, nicht allein auf Ramdohr, sondern auf jeden jungen Menschen, der seiner Frau ein Kompliment macht. Er sagte mir naiv: „In den jetzigen Zeiten muß man nicht mehr heiraten, denn die Weiber sind nur höchstens auf einige Jahre dem Manne treu, dann verdrängt ihn ein andrer."

Alle Societät hat aufgehört in Hannover, seitdem die Wintervergnügungen zu Ende. Pestels sind ziemlich wohl und munter nach ihrer Kur und grüßen Dich herzlich. George ist so wild geworden, daß er alle Lust zum Lesen verloren.

Dank für Deinen Brief. Ich möchte die Schlegel kennen, damit ich ihr von Dir schreiben könnte. – Gott, nur eine Viertelstunde mit Dir! Welches Glück! – Der Himmel segne Dich.

Celle, 26. August 1782

Du hast Deinen letzten Brief an mich in der sanftesten Stimmung Deines Herzens geschrieben. Boie, Du bist der Schöpfer meines Glücks. Nur ein Wort, daß ich Dir lieb bin, – obgleich ichs weiß, daß Du mein Freund bist – hat doch eine eigne Wirkung auf mein Herz.

Ich hatte am Freitag einen sehr angenehmen Abend. Die Lenthen mit den beiden Komtessen Bernstorff[1] kamen zum Tee. Wilhelmine gab mir von allem Nachricht, was ich von den Stolbergen zu wissen wünschte, und sprach viel von Dir.

Die verstorbene Gräfin Bernstorff hat oft über Mattigkeit geklagt in den letzten Monaten ihres Lebens. Sie ist an einer Entzündung gestorben, wie so viele Wöchnerinnen. Ihr Gemahl hat ihr selbst die nahe Todesgefahr angekündigt. Sie hat unerschrocken die Nachricht angehört. Ihr Gefühl hat sich verklärt wie das Gefühl eines Engels. Mit der freudigen Gewißheit des Wiedersehens nimmt sie Abschied von ihm und empfiehlt ihm ihre Kinder. Darauf läßt sie den Hofmeister kommen und empfiehlt auch ihm ihre Kinder. Die drei jüngsten sollten nach Gartow geschickt werden.

Denke Dir, daß die Gräfin Luise [Stolberg] so fürchterlich von Krampfkoliken leidet, daß die Ärzte ihr kein langes Leben versprechen. Die guten Menschen leiden ja alle an Krämpfen. Julchen Reventlow muß ein Engel sein, [aber] wird man sie ferner so behandeln wie bis jetzt, kann sie nicht besser werden. Zimmermann würde schrecklich schimpfen, wenn er ihre Kurart hörte. Wilhelmine hat mir auch von Fritzens Gemahlin [Agnes] erzählt, von ihren zehn Geschwistern. Sie schildert sie mir, wie Du sie mir geschildert. Ihr Verstand wäre nicht kultiviert. Sie lernte gern von Fritz, dessen Glück sehr dadurch vergrößert würde, daß er seiner Geliebten Ideen erweiterte und berichtigte. Jetzt lehrte er sie Englisch. Seine Heirat hätte die Familie ungern gesehen. Graf Bernstorff hofft aber, daß Fritz durch diese Heirat in die Notwendigkeit gesetzt werden wird, ein geschäftliches Leben anzufangen. – Wilhelmine gefällt mir doch nicht ganz. Die jungen Mädchen haben mir alle nicht Unschuld genug, auch sie nicht.

Alberti war wieder krank, einige Tage nach Zimmermanns Zurückkunft von Pyrmont bekommt er Blutspeien. Madame A. schreibt an Z. Darauf antwortet er in einem Billet: „Sie sind die leichtsinnigste Frau, die ich kenne. Ihre wunderliche, immer übel angebrachte Ängstlichkeit, Ihr verwünschter Küchenzettel kosten

---

[1] Aus Gartow, Nichten des Ministers und der Frau v. Lenthe; siehe Anhang.

Ihrem Mann das Leben. Ich muß Ihnen nur geradezu sagen, daß er nicht wieder besser werden kann." Und in dem Tone fort. Er (Z.) hätte seine Pflicht getan, sie aber tötete ihren Mann. Die Alberti mag sein, wie sie will – das hat sie nicht verdient. Ihr Mann hat zum Unglück das Billet zuerst gelesen, und beide sind sehr traurig seitdem.

Jetzt hast Du hoffentlich schon einen Brief von der Schlegel?

Hab' ich Dir geschrieben, daß Goethe Kammerpräsident ist, und der Herzog ihm vom Kaiser den Adelstitel ausgewirkt? – Dr. Schmitt in Hannover hat sich auch adeln lassen. Es steht in den Zeitungen. Ich mußte laut lachen, als ich es las.

Das Wetter ist hier sehr unangenehm. Beständig Regen und Gewitter, kalt und windig. Mit dem Winde vertrage ich mich nicht, weil das ganze Haus sehr zugig ist.

BOIE   Meldorf, 26. August 1782

Wie haben mich Deine beiden Briefe von gestern gefreut, meine teuerste Luise! Den wärmsten Dank für Deine Teilnahme in Ansicht der Schlegel. Du machst mir das Herz wieder leicht. Sie hat mir noch nicht geantwortet, welches sie seit zweien Posttagen hätte tun können. Hätten wir nur eine Stunde allein miteinander reden können, so hätte sich das alles zwischen uns erklärt. Jetzt konnten es nur Worte sein, die andern zum Teil nicht entgingen. Sie war in den letzten Tagen sehr betrübt, und machte sich Vorwürfe, mir vielleicht Empfindungen gezeigt zu haben, die kluge Frauenzimmer, wie es heißt, sorgfältig uns Männern verstecken sollen. Ich sagte ihr, daß dieser Mangel an Kunst sie mir noch werter machte. Wenn sie eine Freundin um sich hätte wie meine Luise, wär ich ruhiger, als ich jetzt bin. Sie ist gar nicht in der Lage, aus Klugheit heiraten zu müssen, da sie für sich überflüssig zu leben hat. Nach ihres Mannes Tode hatte sie sich, durch Überredung ihrer Verwandten, mit einem Mann versprochen, der reich, übrigens ein elender Kerl ist. Sie zerriß dieses Band selbst, sobald sie ihn kannte. Mit der Freude einer Gefangenen, die sich aus ihrem Käfig befreit sieht, kam sie hieher und hat mir selbst gestanden, daß der erste Tag unsres Umgangs, wo ich mit ihr sehr wenig sprach, sie zu meiner Freundin aufs Leben gemacht hätte.

Vossens haben geschrieben. Es gefällt beiden in Eutin viel mehr, als sie sich vorgestellt hätten.

Der arme Albert! Wie ihm das jetzt erst einfällt, eifersüchtig zu werden! Er sollte doch auch wissen, daß an beiden Seiten Gefälligkeiten und Aufopferungen erfordert werden. Wenn man so gar nicht liebenswürdig ist, Liebe fordern als ein Recht –? Es wäre alles vielleicht auch gut geblieben, wenn Ramdohr sich nicht hinein gemischt hätte. An Lotten muß ich doch auch wohl wieder einmal schreiben.

Wenn mir die Schlegel antwortet und ich in der Folge sehe, daß sie meine Luise kennen zu lernen ganz verdient, führe ich Euch gewiß zusammen. Ich danke Gott, daß ich Dich habe, obgleich so viele Meilen uns trennen.

Meldorf, 1. September 1782

Laß mich Dir erzählen, in welcher Lage ich jetzt mit der Schlegel bin. Du hast recht, meinen vorletzten Brief hatte ich in sehr sanfter Stimmung der Seele geschrieben, ich schreibe diesen in noch sanfterer. Sie hat mir geschrieben und macht mir kein Geheimnis daraus, wie sie für mich fühlt. Ich ehre und liebe diese Offenherzigkeit und werd ihr ebenso antworten und sie ganz in mein Herz sehen lassen, wie ich kühnlich darf. Sie fehlt mir, das empfind ich in der unbeschreiblichen Leere, die mich, wohin ich gehe, umgibt. Ich würde sie lieben, wenn ich sie noch nicht liebe. Das gute Weibchen war durch ihren Onkel hier, mit dem sie beständig korrespondiert, von mir eingenommen. Sie sah mich und fand mich dem Bilde ähnlich, das sie sich gemacht hatte, glaubte vielleicht noch mehr zu finden, kam mir entgegen, und ich wich nicht zurück. Als ich zurück wollte, konnte ich nicht mehr, nahm mir zehnmal vor, zu reden, und immer konnte aus leidiger Delikatesse das Wort nicht über die Zunge. Daß meine Hand frei wäre, wußte sie durch mich selbst. So schrieb sie an ihre Mutter nach Kopenhagen von nichts als mir. Diese glaubte ihre liebste Tochter bald nach Neigung verbunden zu sehen, und so glaubten alle, wie die Sch. zurück kam. Sie war [aber] traurig, denn ich hatte nicht geredet. Die Mutter schreibt an den Onkel hieher und dieser verlangt Erklärung von mir. Stelle Die meine Verlegenheit vor, Luise. Die Schlegel hat sechstausend Taler bar Geld. Ich, Du weißt es, habe einige Schulden, muß noch mehr machen, und ich mag mich so knapp einrichten als möglich, die sechstausend Taler gingen wenigstens ganz damit auf. Nun hätten wir nichts als meine Einnahme hier, die, bei dem Aufwand, den ich als der erste hier machen müßte, kaum oder gar nicht hinreichen würde. Ihre Kinder würden die meinigen, das Geld aber gehört nach meinen Begriffen, da es von dem ersten Mann kommt, vielleicht diesen. Es kämen vielleicht mehrere [Kinder] dazu. – Ich mag nicht weiter an die Folgen dieses Schrittes denken. Die Sch. hat, ohne dieses Geld, als Witwe fünfhundert Taler Pension, lebt in einer großen Stadt, in Gesellschaften, wo sie hervorsticht und glänzt – hier [hätte sie] nichts zu aller Entschädigung als die Liebe eines Mannes. Nein, Luise, ich kann und darf nicht weiter. Entscheide Du selbst.

(den 2.) Ich habe [an Amalie] geschrieben und wünschte, daß ich Dir den Brief beilegen könnte; aber es sind zwei volle Bogen, abschreiben kann ichs unmöglich und ebenso unmöglich ist, es abschreiben zu lassen. Was der Brief für eine Wirkung haben wird, soll mich verlangen.

Auf Deinen Brief hätt ich so viel zu sagen und kann das heute auch nicht mehr.

LUISE   Celle, 2. September 1782

Ich hoffe, mein Teuerster, daß Du mit diesem Brief zugleich das Bild Deiner Luise erhältst. Es ist am Freitag auf die Post gegeben. Dem Bilde wirst Du nicht ansehen, was so tief in meinem Herzen wohnt, da doch jeder Gesichtszug Dir das Gefühl der innigen Zärtlichkeit sagen sollte. Verzeih diese Kälte. Und wenn Du nicht von Schroeder zufrieden bist, verzeih auch ihm. Der arme Schelm ist so unbarmherzig dabei von Rehberg kritisiert worden, daß ich seine Geduld bewunderte. Ist der Rahmen simpel und hübsch geraten?

Mir ist, als ob ich Dir von neuem wiedergegeben, seitdem ich hier bin. Dank, mein Boie, für die warme Zärtlichkeit Deines Herzens. Mich verlangt vielleicht mehr noch nach Briefen von der Schlegel wie von Dir. Ich verstehe auch ihr Stillschweigen. Ich glaube, daß es sehr viel kosten muß, Empfindungen einzuschränken, denen man sich mit Vergnügen und sorglos überlassen hat. Für *sie* ist es jetzt besser, daß sie Dich nicht sieht. Ich finde es sehr natürlich, daß sie Dich auf den ersten Augenblick geliebt. Dein Herz hat die Zartheit eines Mädchenherzens, mit jeder männlichen Tugend geziert.

Ich habe die Bernstorffs auf dem [Lentheschen] Garten besucht. Die Lenthen bezeugte mir auszeichnende Höflichkeit. Ich will und muß mich aber zurückhalten und kann ihre wiederholten Einladungen nicht annehmen, sonst komme ich in den Visiten-Ton, und den mag ich hier am allerwenigsten. So lange wie wir wieder hier, sind wir keinen Tag ohne Besuche. Frau von Pless ist von ihrer Reise nach der Schweiz wieder zurück. Sie hat den alten Bodmer besucht. Auch Lavater hat sie gesprochen, ist in seinem Hause gewesen, hat seine Frau und Kinder gesehn. Sie ist sehr von Lavater eingenommen. Was mich befremdet, ist, daß Lavater ganz ungefragt Bemerkungen über Physiognomie macht. So sagt er zu Frau von Pless, ihr Bedienter hätte das Gesicht eines Engels, das müßte ein ganz vortrefflicher Mensch sein. Und [er] ist ein Mensch, der durch Schmeichelei seine Herrschaft hintergeht, trinkt und spielt. Fräulein Schack hat heimlich über den guten Lavater gelacht. Der Bediente selbst auch. Frau von Pless ist aber sehr zufrieden.

Zimmermann schreibt viermal die Woche an seine Braut, und jedesmal zehn bis zwölf Bogen. Der Umgang der künftigen Frau Hofrätin ist schon bestimmt, er erstreckt sich allein auf Hugos, Papens und Hinübers. Ganz Celle findet zwischen Zimmermanns Braut und mir eine auffallende Ähnlichkeit. Viel Ehre für mich. Z. darf es aber nicht erfahren, er würde es sehr ungnädig nehmen.

Schreib ja an die Kestner, wenn Du Zeit hast. Albert mag immerhin darüber brummen. Du machst dem guten Weibchen Freude, die leider wenig Freude mehr in der Welt hat. Ja, wohl hat Ramdohr, ohne es zu wollen, die häuslichen Freuden dieser beiden Leute verbittert.

Morgen ist die Hochzeit meiner Dortchen, und am Mittwoch reiset sie mit ihrem Burkard nach Hannover. Sie bittet mich, Dich zu grüßen. Diese Trennung geht mir recht nahe.

Tausend Grüße von Pestels, auch von Georgen. Lebe wohl. Gottlob, daß wir beide mit gleicher Empfindung sagen: ,,Ich danke Gott, daß ich Dich habe.''

BOIE   Meldorf, 8. September 1782

Dein Bild hat mir leider die Post nicht gebracht. Ich wäre, dünkt mich, ruhiger geworden, wenn ichs so angesehen hätte. Nun – die nächste Post wirds bringen. Es sind freilich noch acht lange Tage, aber dann bekomm ich mit der nämlichen Post vielleicht Antwort aus Kopenhagen und brauche dann vielleicht so eines Anblicks noch mehr als jetzo. Seit gestern ist mein Brief in Amalias Händen. Es war Vernunft und ruhige Überlegung, die ihn mir diktierten, und doch hab ich mehr als einmal ihn wieder zurück gewünscht.

Man kann hier nicht begreifen, wo meine Heiterkeit hin ist, und glaubt wohl gar, daß mir große politische Pläne im Kopfe stecken. – Zusammen dürfen die Sch. und ich nicht mehr sein, wenn wir uns nicht heiraten. Mir graut sogar vor der Reise nach Kopenhagen im künftigen Frühling.

Über Lavaters noch fortdauernde physiognomische Schwärmerei hab ich nicht anders als lächeln können. Die Ähnlichkeit zwischen Zimmermanns Braut und Dir hab ich ehmals auch gefunden, aber sie ist nur in einigen Zügen. Genau angesehen, seid Ihr Euch auch äußerlich kaum ähnlich.

(den 9.) Ich habe in dieser Zeit alles hervorgesucht, mich von mir selbst zu entfernen, und habe sogar Verse gemacht, fremde nämlich so umgeworfen und ausgearbeitet, daß der Verfasser sein Kind kaum wieder kennen wird.

Wenn ich nicht Besichtigungen oder Amtsreisen habe, komm ich höchstens in den Garten, in welchem mir meine frisch wachsenden amerikanischen Bäumchen und Sträucher großes Vergnügen machen. Spazieren gehen kann ich um Meldorf bis jetzt noch nicht. Der Anblick der kahlen Gegend macht mich traurig.

LUISE   Celle, 9. September 1782

Die Empfindungen, die Dein Herz bei dem Briefe an die Sch. durchbebten, empfind' ich Dir nach, so wie auch Deine ängstliche Erwartung ihrer Antwort. – Hätte ich doch Geld! Ich wollte es so künstlich der Sch. in die Hände zu spielen wissen, daß sie glauben müßte, es käme vom alten Onkel. Sind Deine Schulden bezahlt, Dein Haushalt eingerichtet, so kannst Du, glaub ich, mit Deiner Einnahme auskommen.

Dieses ist das dritte Blatt, das ich an Dich schreibe, liebster Boie. Die beiden ersten sind im Feuer. Ich hatte tausend Ideen, Pläne, Träumereien, wie ich das Glück Deines Herzens mit dem übrigen verbinden wollte. Jeden Abend schlief ich ein, höchst zufrieden mit meinen schön erbauten Luftschlössern – und des andern Morgens – –

Amalia ist das erste weibliche Geschöpf, was Dein Herz gerührt hat, so lange Du in Meldorf bist. Und Du mußt den Gedanken an die zärtlichste Verbindung mit diesem lieben Weibe unterdrücken – Boie!

Sag mir doch, ob's eine Sünde ist, die ‚Confessions‘ von Rousseau zu lesen? Für Frauenzimmer nämlich. Jeder lacht, wenn davon gesprochen wird. Werner versprach mir das Buch, jetzt schreibt er, ich könnte es nicht lesen.

Mein Bruder hat jetzt um ein junges Mädchen von fünfzehn bis sechzehn Jahren angehalten. Ihre Eltern sind reich, wohnen auf dem Harz. Der Vater hat den Titel Hofrat. Ich sage zu alledem nichts. Geschieht's, so reise ich künftigen Sommer zu ihm.

Frau von Voigts grüßt Dich herzlich. Lisette von Vincke will gern ihr gegebenes Wort zurück haben, aber ihre Eltern bestehen auf dieser Heirat mit Spiegel. Das arme Mädchen. Ihr Herz ist noch ganz mit Fritz Stolbergs Bild erfüllt.

Die Kestnern ist einen Tag bei Eberts gewesen und soll Dich und mich von ihnen grüßen. Sie ist zufrieden von ihrer Reise nach Sachsen, hat die dortigen Frauenzimmer sehr phlegmatisch, und die Männer munter gefunden.

Kannst Du mir für Pestel die neue Dänische Justiz-Verordnung schicken? Er bittet Dich darum, und grüßt Dich.

BOIE   Meldorf, 15. September 1782

Ich muß heute gar kurz mich fassen, weil ich Mittwoch nach Ahrensburg gehe. Ernst Schimmelmann und seine Charlotte haben mich eingeladen und hoffentlich werd ich auch Graf Chr. Stolberg[1] und seine Luise in Tremsbüttel finden. Ich brauchte Zerstreuung und sieh! da gibt mir der Himmel sie auch schon. Ich werde jetzt die Gräfin Sch. ruhiger sehen können, als vielleicht vor einigen Monaten.

Dein Bild! – Wie soll ich Dir die Freude beschreiben? Es hängt in meiner Schlafkammer zwischen meinen besten Kupferstichen, wo das Bild von Julchen sonst hing. Ich finde sehr viel Ähnlichkeit, obgleich nicht vollkommene: was in Deinem Gesichte für mich ist, die sanfteste Seele, das reinste Herz, konnte vielleicht kein Maler hinein bringen. Schroeder hat alles getan, was er konnte, und mehr, als ich von ihm erwartete. So lange ich in Hannover war, hat er kein Bild gemalt, das diesem gleichkommt. Es wird hier viel Aufsehen machen, wie schon gestern, wo viele Leute zu mir kamen, weil Jahrmarkt war. Die ganze Neugier unsrer Damen wird rege. Johann kannte Dich gleich.

---

[1] Christian, den älteren Stolberg, nennt Boie in seinen Briefen fast nie mit Vornamen, weil er ihm nicht so nahe steht wie Fritz.

Die vorige Post brachte mir von der Schlegel einen Brief, [aber] noch nicht Antwort auf den meinigen. Hier einige Stellen: „Machen Sie sich meinetwegen keine Vorwürfe. Sie gaben mir nie die geringste Ursache zu hoffen, daß ich je die Ihrige werden könnte. Sie suchten nicht durch Schmeicheleien meine Zuneigung zu erwerben; aber oh! wie konnten Sie wissen, daß das eben der Weg war, mich ganz an Sie zu fesseln? Gegen alle schönen Sachen, die man mir sagt, pfleg ich auf der Hut zu sein. Ich fürchtete nichts und ward dadurch weniger behutsam. Das war unverzeihlich, da Sie gleich in der ersten Stunde einen Eindruck auf mich gemacht hatten. – Wie kann man meinetwegen so in Sie dringen? Glauben Sie gewiß, daß ich nicht Schuld daran bin."

Mir ist viel leichter nach diesem Brief ums Herz. Das übrige bleibe dem anheim gestellt, der alles zum Besten lenkt und uns auch unsre Torheiten nicht zu schwer büßen läßt.

Von dem Rahmen des Bildes hab ich noch kein Wort geschrieben. Er ist wirklich sehr schön, nur zu kostbar.

Wandsbeck, 22. Sept. 1782

Ich reisete Mittwoch Nachmittag von Meldorf ab, fuhr den größten Teil der sternenhellen, reizenden Nacht durch und war den folgenden Tag in Ahrensburg. Ernst Schimmelmann ist glücklich mit seiner Lotte, beide empfingen mich als ihren Freund, sie selbst unbefangner, als wir vor zwei Jahren in Tremsbüttel mit einander waren. Sch. klagt nur, daß er sich aus den Geschäften nicht loswickeln kann, sonst würde er mit seiner Gemahlin ein [Jahr] oder ein paar Jahre reisen.

Tremsbüttel ist ein wahrer Feenaufenthalt geworden. Das Haus ist klein, aber nicht ein Winkelchen ist ungenutzt und alles mit dem größten Geschmack angelegt und verzieret. Das Wetter erlaubte nicht zu gehen, so konnte ich mit dem Grafen die neuen Anlagen nur durchlaufen. Der Wald zieht sich in nicht zu weiter Ferne um das Haus und bildet ein Amphitheater. Tremsbüttel ist ein wahres Heiligtum der Freundschaft, und nicht leicht ein Ungeweihter wird es betreten. Es liegt so aus dem Wege und die Zudringlichen hält *Ein* Blick der Gräfin [Luise] ab. Von Dir sprach sie mit Freundschaft und erzählte Lotten ihre Bekanntschaft mit Dir, und was Du mir wärest. Notwendig, sagte sie, müßtest Du einmal zu ihr kommen. Die [von Luise empfohlene] Haushälterin steht in großen Gnaden.

Luise, welch ein Stück hab ich von der Gräfin gelesen! Sie hat die unvollendete Zugabe Rousseaus zum ‚Emile' vollendet und in ein Drama gebracht. Es ist wahrlich ein kleines Meisterstück geworden; hoher Geist, tiefes Gefühl, herrlicher Dialog und die edelste, wahrste Sprache ist darin.

Julchen Stolberg war auch da mit der nächstjüngsten Bernstorff. Ein allerliebstes Kind, dessen Anblick mir jetzt [nach dem Tode der Mutter] ein Jammer war. „Da ist der ‚Freund'", sagte sie gleich, wie sie mich sah.

(den 23.) Nach der Kirche ging ich mit E. Sch. und Lotten zu Claudius. Wir fanden Gustchen mit der kleinen Luise Bernstorff da. Claudius wohnt recht artig itzt. Er hat einen ganz hübschen Garten, und hinter demselben auf der Wiese auch eine Kuh, welche zu halten ihm die Gräfin erlaubt und [ihn] dadurch sehr glücklich gemacht hat. Er wird in diesen Tagen hier essen, welches mehr ist, als er noch je hat tun wollen.

Ernst Schimmelmann hat mir Vorschläge, nach Kopenhagen zu gehen, getan; aber wie die Sachen itzt stehen, wag ichs nicht. Ich bleibe lieber, wo ich bin. An Einkünften gewönne ich auch wenig oder nichts.

Ich muß mich ankleiden. – Doch noch das: von Amalia Sch. habe ich wieder einen Brief gehabt, der nichts weniger als ruhig ist. Sie gesteht mir, daß sie ohne mich nie glücklich zu werden hofft. Gott! wär die Sache auf eine oder die andre Art erst in ihrem Gleis! – Da wird schon [nach mir] geschickt.

[Wandsbeck] 25. September 1782 [Luises Geburtstag]

Mein erster Gedanke diesen Morgen war an Dich, meine Luise. Gott erhalte Dich mir und allen, die Deinen Wert kennen, noch viele Jahre. Hier ist ein Almanach, den ich gestern aus Hamburg für Dich mitgebracht. Ich habe das heutige Datum mit Fleiß eingeschrieben. – Vorgestern brachten Ernst Schimmelmann und Lotte mich nach Hamburg, setzten mich bei Büsch ab, wo jetzt mein Standquartier ist. Nach Tische kam Klopstock. Wir gingen miteinander zu Dr. Mumsen, wo Fritz Stolberg schon war. Gustchens Anblick, ein wahrer Anblick des Jammers, hatte ihn sehr traurig gemacht. Er ist als Ehemann rund und fett geworden. Nicht so Agnes, die sehr blaß war. Sie kann das Reisen nicht vertragen, und überdem hat der Tod der Gräfin Bernstorff ihr ein zu frühes Wochenbett verursacht. Wir gingen zusammen in die Komödie, plauderten mehr, als wir von der Komödie sahen und hörten.

Ich brachte gestern Mittag Büsch mit hieher, und Abends lasen wir die ‚Räuber‘, ein Stück, das vorgestern gespielt war, und, wenigstens zum Teil, ein Meisterstück der schrecklichen Gattung ist. Des Verfassers Namen ist Schiller, der dadurch sehr berühmt werden wird. Einige Szenen würde vielleicht Shakespeare selbst für seiner würdig erkennen.

Ich drücke Dich in Gedanken an mein Herz. O Luise, warum kann ich nicht auch so zu Dir reisen wie zu den andern? Ich bin ja jetzt nur 12 Stunden von Dir [entfernt].

LUISE   Celle, 23. September 1782

Hätte ich in den Augenblicken, da meine ganze Seele nur mit Amalia beschäftigt war, bei Dir sein können, Du wärst vielleicht nicht so bald ruhig geworden, Boie. Ihre Offenheit des Herzens gefällt mir. Sie und ich empfinden verschieden, der Unterschied ist, daß sie mehr Welt hat als ich. Ihre Zärtlichkeit ist auch vielleicht lebhafter. Ich habe für sie eine eigne Empfindung, die sich mit der Zeit in Worten ausdrücken wird.

Ich freue mich, daß Du mit meinem Bilde zufrieden bist. Die Schönheit der Malerei hat die Mejern und Kestnern eifersüchtig gemacht. Die Kostbarkeit des Rahmens verdrießt mich, um so mehr, weil ich ihn ganz schlicht und an der inwendigen Seite mit einer Reihe Perlen bestellt hatte. Perlen setzt man um das Bild eines Toten, dacht ich. – Eine wunderliche Grille, nicht wahr? Laß den Rahmen abnehmen, lieber Boie. Du siehst mich gewiß im Leben lieber in schlichter Kleidung als in einem Kleide von Goldstoff, was sich durchaus nicht für mich paßt.

Sag mir nur recht viel von der Gräfin Charlotte Sch. Der Himmel verzeih mir's, aber sie kostet mir immer noch einen Seufzer.

Der ‚Emile‘ attachiert mich sehr.

Tausend Grüße von der Pesteln.

Celle, 25. September 1782

Unser kleiner George brachte mir diesen Morgen, als ich noch nicht aufgestanden, die schönsten Blumen. Der Junge war allerliebst. Seit Tagen schwatzt er immer von einer Reise zu Dir. Er hat keinen andern Gedanken. Neulich sammlete er von uns Geld zu der Reise. Oft lachen wir, daß er so viel von Dir spricht. Der kleine Narr geht Ostern zu einem Hofmeister, und das wird ihm wohltun, denn Pestel verzieht das Kind unverantwortlich. Es hat überhaupt keine Anlage, einmal glücklich zu werden. Dabei hat George Verstand und jetzt einen sonderbaren Widersprechungsgeist. Er setzt alles verkehrt, was er spricht, liest von der rechten zur linken Seite, und wenn ich ihn einen Buchstaben lehre, macht er ihn auch verkehrt. Die Ursache davon kann ich mir in einem Kinde von vier Jahren nicht erklären. Es erschwert aber sehr seine Erziehung.

Frau von Lenthe ist eine sehr vernünftige Frau. Ich sehe sie gern, aber mein Herz wird nie warm bei ihr, und ich glaube, daß sie mich für eben so kalt hält als sie selbst ist, und mir deswegen gut ist. Nächst Frau von Beaulieu gefällt sie mir am besten unter den Frauenzimmern, die ich hier kenne.

Die Pestel und ich gehen des Abends in Pelze gehüllt bis 8 Uhr in der Vorstadt spazieren. In Hannover durften wir das nicht wagen, hier aber begegnet uns niemand. Die Häuser sind verschlossen, und die Menschen sitzen darin bei ihrem Lichte und arbeiten. So überraschten wir die Beaulieu, die an einem Tisch saß, alle ihre Kinder um sich herum, und lehrte ihnen lesen.

(den 30.) Dein Brief macht mich sehr glücklich, lieber Boie. Den wärmsten Dank für Deine Zärtlichkeit und für Dein Geschenk. In den sechs Jahren unserer Freundschaft warst Du mir *alles* und bist es gewiß in meinem folgenden Leben auch.

Ich gestehe Dir aufrichtig, daß der Plan vom Grafen Sch., Dich in Kopenhagen zu haben, mich beunruhigt hätte, wenn ich nicht wüßte, Du lässest Dich nicht blenden. So viel Gutes [wie] Du in Meldorf schaffst, könntest Du in Kopenhagen nicht nützen. Der Nutzen Deiner Geschäfte verliert sich [dort] mehr, Du siehst ihn weniger. Tue es nicht. Sei glücklich in der Stille, wo Du die Belohnung Deiner Arbeit siehst und empfindest.

Wie Du die gute Schl. wiedersehen wirst, ohne ihre Liebe zu verdoppeln, weiß ich nicht. Ich wünschte ihr Selbstüberwindung um Deinetwillen, aber ein Herz voll Liebe hat vielleicht diese Stärke nie. Jetzt bedaure ich Dich mehr als sie, denn ihr Kummer verfolgt Dich, armer Junge. Ich fühl's.

Dein Urteil und Beifall über das Stück ‚Die Räuber' würden machen, daß ich das Stück läse, aber ich kann's nicht lesen. Du

glaubst nicht, wie ängstlich ich anjetzt für eine gewisse Gleichheit der Empfindung in mir sorge, mein Herz ist seit Deiner Abreise ein gar närrisches Ding geworden. So wie Asmus sagt: „Nachtigall, Nachtigall! Ach! Sing mir den Amor nicht wach!"
Lebe wohl. Auf ewig Deine Luise.

BOIE   Meldorf, 28. September 1782

Vorgestern Abend um zehn Uhr war ich wieder hier. Dein Brief war das einzige, was ich von allen auf dem Tische liegenden Papieren las. Den innigsten Dank dafür.

In meiner Abwesenheit hat Dein Bild hier großes Aufsehen gemacht. Mein Hauswirt würde viele Besuche deswegen bekommen haben, wenn ichs nicht verschlossen – oder, wie man meinte, mitgenommen – hätte.

Mein Geist wird Dich an schönen Abenden auf Deinen einsamen Spaziergängen begleiten. Mich würde der Sand nicht abschrecken, wie mich die Einförmigkeit und Reizlosigkeit hier nicht vom Gehen abhalten würde, wenn ich nur ein Wesen meiner Art mir zur Seite hätte.

An die Kestner will ich nun gewiß schreiben. Welche Sächsinnen sie gesehen hat, daß sie sie für phlegmatisch hielt, begreife ich nicht. Ich habe sehr muntre Sächsinnen gekannt.

Hier eine Stelle aus Amaliens letztem Briefe: „Sie irren sich, wenn Sie glauben, daß ich nur eine erst keimende Neigung zu überwinden hätte. Sie ist viel zu tief eingewurzelt. Ihre Schonung und Achtung fesselte mich mit unauflöslichen Banden. Diese sind durch Ihre Briefe noch verstärkt worden, sonderlich durch diesen letzten, den einzigen in seiner Art."

(den 29.) Von Amalien wieder ein Brief. Sie will mir in dem nächsten Briefe die Geschichte ihres Lebens erzählen und verlangt dafür, von Dir etwas zu wissen. Sie schreibt: „Sie wollen, ich soll nicht traurig sein; nun, so will ich es auch nicht sein. Sie haben mir Ihre Zuneigung geschenkt. Seien Sie sicher, liebster B., für die mir zugestandene wärmere Empfindung nähme ich gern einige kummervolle Jahre hin."

LUISE   Celle, 4. Oktober 1782

Seitdem Amalie in Dein Schicksal verwebt ist, hat mein Herz mehr Beschäftigung. Meine Empfindungen für Dich sind mannigfaltiger. Wenn Amalie dauerhaft lieben kann, wird sie Dein und

Du – trotz allen Hindernissen – gewiß glücklich, Boie. Du hast wenigstens ein Schicksal in Liebe und Freundschaft, das nur wenigen bestimmt ist. Warum ich seit heute den Gedanken ganz fest gefaßt habe, daß Amalie Dein Weib wird, weiß ich Dir selbst nicht zu sagen. Ich bin ruhig, auch wenn Amalie nicht ohne alle Kunst Dich liebte. Ich weiß nicht, Boie, ob nicht etwas Kunst in der Liebe notwendig ist. Die enge Verbindung wird leicht einförmig, es fehlt ihr an Reiz. Es gibt tausend Mittel, die ein kunstloses Herz nicht wissen kann. Wenn Amalie Dein ist, zeig ihr meine Briefe. Sie muß glauben, daß ich Deiner Freundschaft nicht unwert bin, muß meine kleinen Schwärmereien und auch meine Tändeleien verzeihen, wenn wider meinen Willen das Gefühl von Trennung, von Rückerinnerungen auf dem Papier steht. Ist A. von den Stolbergs gekannt? Vermutlich wohl. Sie gefällt gewiß.

In diesem Monat, 1774, kamst Du zum erstenmale nach Hannover. Da sah ich Dich, Du Teurer! Mein Geist ist beinahe immer um Dich.

(den 5.) Den 2. war Zimmermanns Hochzeit in seinem eignen Hause. Die von Marcard ist in vierzehn Tagen.

Die ‚Streifereien‘ sind höchst langweilig. Der Verfasser spricht von Gelehrten, als ob jeder sie kennte, und *sieht* doch keinen. Aus Hannover nennt er Zimmermann, Schlegel, Dich und Hofrat Joung. Von allen sagt er eigentlich – nichts. Von Dir, daß Du schon nach Dithmarschen abgereist. Das ‚Pyrmonter Brunnenarchiv‘ schicke ich Dir. Pestel schimpfte über das, was der Verfasser im ersten Teil über die paar Zeilen sagt, die Du in Pyrmont der hübschen Jüdin geschrieben, und die Pesteln so sehr gefallen.

Mittwoch reisten Bernstorffs von hier. Wilhelmine hätte sich [sonst] an mich attachiert und ich mich an sie. Hier sind einige Zeilen, die sie mir den Abend vor ihrer Abreise schrieb.

(den 7.) Die beiden letzten Stücke vom ‚Museum‘ sind vortrefflich. Einen sehr angenehmen Tag verdanke ich Dir dadurch.

In Hannover und auch hier freut sich alles über die Zernichtung der schwimmenden Batterien.[1] Pestel und ich haben heute auf des Generals Elliot Gesundheit getrunken. Wir beide sind sehr politisch. Ich freue mich, daß mich das so sehr interessiert, es macht Pesteln Vergnügen.

---

[1] Siehe Anhang unter ‚England’.

Diesen Morgen um zehn Uhr ist eine Versammlung der Landschaft angesetzt; so lange man mich allein läßt, schreib ich. – Die
Briefe von Kopenhagen kommen schneller als die von Celle.
Wahrscheinlich wird der Sonnabend künftig Dein und *ihr* Brief-
tag sein. Die Empfindungen, die ich für Euch hege, fließen ohnehin zusammen, so verschieden sie auch sind. Ruhiger scheint das
gute Weib nach und nach zu werden, aber es strömt eine Zärtlichkeit in ihren Briefen, der zu widerstehen unendlich schwer ist. –
Wer bin ich, Luise, daß mir die innige Freundschaft, die Zärtlichkeit zweier so edlen Geschöpfe ward? Ich fühle mich so tief unter
dem Ideal, das sich beide von mir gemacht, und doch könnte ich
das, was ich selbst als Täuschung ansehe, nicht zerstört fühlen,
ohne unglücklich zu sein.

Was Du über den Rahmen Deines Bildes schreibst, hätte mich
ihn bald von dem Bilde reißen machen. Wenn er nicht bei dem
Reichtum auch mit Geschmack gemacht wäre, hätte er ohne
Gnade weichen müssen. Gut, daß der Künstler die Perlen nicht
angebracht hat, die Du daran haben wolltest.

Du hast in allem Recht, was Du über meine Berufung nach
Kopenhagen schreibst. Der Revolutionen nicht zu gedenken, die
wir dort gewiß noch haben werden. Der Kronprinz wird künftiges Jahr majorenn und kommt in den Staatsrat. Das ist schon eine
große Veränderung. Ich werd ihm vorgestellt werden.

In meinem letzten Briefe hab ich der A. Sch. von Dir geschrieben, aber ohne Dich zu nennen, welches ich auch noch nicht [so
bald] tun will.

Ich habe mich jetzt in einigen Stuben ganz neu und artig eingerichtet. In meine Bibliothek hab ich einen Ofen setzen lassen. Dein
Bild hängt in der Schlafstube, die alles enthält, was meinem Herzen am nächsten ist. Ein Kanapee, mit Pferdehaaren überzogen
und im neusten Geschmack gearbeitet, ist jetzt unterwegs. Auch
hab ich einen Wagen in Hamburg gekauft, den ich bei meinen vielen Reisen nicht entbehren konnte.

Es wird mir vorgestern geschrieben, daß der Versuch wider
Gibraltar mit den schwimmenden Batterien sehr übel abgelaufen
ist, sie sämtlich zerstört sind und 1200 Spanier dabei ihr Leben eingebüßt haben.

Wegen der 400 Taler, die Rehberg haben soll, bin ich abermals
in Verlegenheit. Sie waren mir vor Michaeli so gewiß versprochen,

nun kann ich sie nicht anders als in Banknoten bekommen, woran man itzt fast 9 am Hundert verliert. Ich schreibe noch nicht an R., da ich noch einen anderen Ausweg zu finden hoffe. Sonst muß er bis Weihnachten warten. Von Graf Reventlow bekomm ich erst Geld im nächsten Frühling.

Nun, Teuerste, nimm vorlieb heute. Ich muß eilen, daß ich mit dem Ankleiden fertig werde.

LUISE   Celle, 15. Oktober 1782

So wie der Sonnabend für Dich ein doppelt angenehmer Tag ist, so ists mir der Dienstag, nun ich mit Amalien zugleich schreibe. Der Zettel von der guten Tresenreuter[1] hat mich sehr überrascht. Den Zeilen seh ichs an, daß Du froh gewesen, [ihr] Dein Herz zu öffnen. Ich empfand es sehr, wie wohl Dir sein muß, daß Du ihr von Amalien und Luisen reden kannst. – Jedes Stück Möbel, womit Du Deine Zimmer bereicherst und Deine Bequemlichkeit und Ordnung vermehrst, gibt mir Vergnügen. Ich sehe Deine kleine Wirtschaft immer größer werden.

Ich habe den ersten Teil der ‚Confessions‘ gelesen. Der gute Rousseau wurde doch von seinen Kinderjahren bis zu seinem Tode mißverstanden. Mich verlangt sehr nach dem zweiten Teile.

Wenn George in seinen Spielen sich mit Dir unterhält, redet er immer mit meiner Figur vom Ganymed.

BOIE   Meldorf, 19. Oktober 1782

Morgen geb ich zum erstenmal ein Diner. Es kommen königliche Kommissarien hieher, die den Zustand der Pferdezucht im Land untersuchen sollen, zu denen ich denn so viel Herren, als mein Zimmer fassen kann, bitten werde. – Von Amalien wieder ein Brief. Ich bin nicht wenig neugierig auf ihre Geschichte. „Ich will Ihnen alles mit der größten Offenherzigkeit entdecken“, schreibt sie mir, „damit Sie ja nicht besser oder schlechter von mir denken, als ich es verdiene. Noch hab’ ich keinen Brief an Sie geschrieben, über den ich mir nicht nachher Bedenken gemacht. Bald erröte ich, daß ich Ihnen zu viel gesagt, und dann wiederum, daß ich Ihnen nicht alles gesagt habe. Wie es mir auch gehen wird, so hab ich Ihnen [doch] immer ein Glück zu danken, das ich nie vorher genossen habe: zu lieben und es sagen zu dürfen.“

---

[1] Siehe Anhang.

Ob ich Amalien liebe – Du magst mirs glauben oder nicht – weiß ich selbst noch nicht recht; [nur] das weiß ich, daß mein Herz jetzt viel beschäftigter ist als sonst, und daß bei allen schmerzhaften Gefühlen darin mir doch die Zeit unendlich schnell verfließt.

Hier ist Amaliens Schattenriß. Sie hat ihn mir mit dem letzten Briefe geschickt. Er ist nicht unähnlich, aber was mich hauptsächlich in ihrem Gesichte anzieht, ist nicht darin.

Brunsbüttel, 20. Oktober 1782

Zwei Briefe meiner Luise erhielt ich gestern Abend hier. Dein Glaube, Luise, gibt auch mir beinahe Glauben, ob ich gleich die Berge der Hindernisse noch immer als Berge sehe.

Die in dieser Jahreszeit äußerst beschwerliche und unangenehme Deichschauung hab ich zu meinem nicht geringen Vergnügen geendigt und fahre nach Tische wieder nach Meldorf zurück. Dies stolze Fahren mit Sechsen – anders ist nicht durch die Marsch zu kommen – wäre mir gestern beinahe verleidet worden. Die Flut und stürmische Witterung hatte das Wasser so angeschwellt, daß wir nicht am Fuß des Deiches, sondern oben fahren mußten. Eins der Pferde ward scheu, und machte die andern mit verwirrt. Es war ein Glück, daß viele Menschen dabei waren, die Wagen und Pferde halten konnten.

Von Amalien hab ich die Geschichte ihres Lebens. Mich dünkt dies Herz mit allen seinen liebenswürdigen Schwächen und Weiblichkeiten ganz offen vor mir liegen zu sehen, und ich liebe es seitdem noch mehr. Sie liebte ihren Mann nicht, war nicht *ganz* glücklich mit ihm, fand [später] einen, den sie hätte lieben können, dieser mußte Kopenhagen verlassen. „Der Schmerz", schreibt sie, „verleitete mich zu wünschen, daß ich ihm meine Neigung möchte gestanden haben." Es ist ein einziger Brief in seiner Art. Ich würde geliebt sein, Luise, ich habe das Bedürfnis, es zu sein, und doch – mich schreckt der Gedanke an Nahrungssorgen unwiderstehlich zurück. Und doch – Herz des Menschen! – steh ich für nichts, was kommen kann. Leb wohl, bis morgen.

Meldorf, 21. Oktober 1782

Schick mir ja die ,Streifereien' nicht. Ich hab an dem ,Pyrmonter Brunnenarchiv' genug. – Was verstehst Du denn nicht in der Ode von Fritz St.? Sie ist an Ernst Schimmelmann gerichtet und der Dichter klagt, daß jener die Dienste des Staates, in denen ein edler Mann doch nichts ausrichtet, noch immer nicht aufgibt. Fritz mag so Unrecht nicht haben, obgleich Ernst Schimmelmann auch nicht Unrecht hat, daß er einen ansehnlichen Posten in dem Staat bekleidet, in dem sein und seiner Familie Geld rouliert.

LUISE   Celle, 22. Oktober 1782

Hier ist die Silhouette von Amalia zurück. Ich hätte sie Dir gleich am Freitage wieder zugeschickt, aber der Freitag war für uns ein unruhiger und mitleidsvoller Tag. Unsre Nachbarin, Frau von Schlepegrell, starb nach einem Leiden von 20 Stunden, nachdem sie zwei Minuten vor ihrem Tode einen toten Sohn geboren. Das Schreckliche dieser Verfassung, die allein durch Nachlässigkeit und Eigensinn der Hebamme so fürchterlich war, machte mich unfähig, Dir eine Zeile zu schreiben.

Die Silhouette hab ich mit Bleistift abgezeichnet, sie hat für mich sehr was Angenehmes, auch ohne das natürliche Interesse, womit sie mein Herz ansieht. Du mußt mir verzeihen, daß ich etwas der Pestel verraten habe, der Schattenriß gab dazu Gelegenheit. Sie hat tausend liebenswürdige Eigenschaften aus dem Schattenriß bewiesen.

Mit den ‚Confessions‘ bin ich nun ganz fertig. Wie gern wüßte ich mehr von Rosseaus Unglück! Ich muß alles von ihm lesen, was ich verstehen kann.

Von Sprickmann hab' ich einen Gruß durch Kestner bekommen. Ramdohr ist jetzt wieder in Hannover. Nur selten sieht er Kestners. Es ist mir innig leid, daß die häusliche Ruhe und Zufriedenheit im Kestnerschen Hause vielleicht auf immer entflohen ist.

Ich umarme Dich, lieber Boie. Leb wohl.

BOIE   Meldorf, 27. Oktober 1782

Wir haben einen Fremden hier gehabt und wieder drei Tage nach Meldorfer Art und Weise geschmauset.

Ein neuer Beweis, wie sehr unsre Gedanken zusammentreffen, ist unsre gleiche Teilnahme für Rousseaus merkwürdiges Buch, das den allgemeinen Beifall, den man ihm geben müßte, nicht erhalten wird. Was gäb ich, die Fortsetzung bis an seine letzte Trennung von der Welt zu lesen! Sie soll ganz gewiß existieren, wird aber so bald noch nicht gedruckt werden, weil zu viele berühmte und mächtige Menschen mit seinen Farben darin gemalt sind. Dies gilt besonders von Alembert, Diderot und anderen Enzyklopädisten. Daher der Haß, mit welchem sie ihn in den letzten Jahren seines Lebens und nach seinem Tode verfolgt haben. Fragmente aus seinem Leben könnt ich Dir genug erzählen, aber was Zusammenhängendes hab ich nicht.

Ich bin sehr zufrieden, daß Du unsrer P. von Amalien erzählt und ihr auch den Schattenriß gezeigt hast. Mit der nächsten Post erwarte ich in einem Taschenbuche, das A. in „diesen Tagen der Unruhe" für mich gestickt, den Rest ihrer Lebenserzählung. Nenne, was ich für Dich empfand, noch empfinde, beste Luise, nicht Vorbereitung zu diesem Gefühl [für Amalie]. Es ist das selbe Gefühl, wenn gleich um ein sehr weniges anders modifiziert. Ich könnte nicht lieben, würde nicht glücklich sein in der Geliebten, wenn sie Dich nicht liebte und ehrte, wie ich. „Schreiben Sie Ihrer Luise", schreibt Amalie, „daß mich verlangt, sie kennen zu lernen und mir ihre Freundschaft zu erwerben. Sagen Sie ihr, wie sehr ichs ihr Dank weiß, daß sie Ihnen das Leben so versüßt. Nach einem so langen, vertrauten Umgang, wie schmerzhaft muß die Trennung gewesen sein! – Ihnen, liebster Boie, verdank ich die gute Meinung, die das edle Mädchen von mir gefaßt hat."

Lies hauptsächlich das dritte Buch in Stolbergs Griechischen Gedichten. Das ist ihm am besten gelungen, wie er auch am meisten con amore daran gearbeitet hat.

Leb wohl, bestes Mädchen.

LUISE   Celle, 25. Oktober 1782

Heute waren wir spazieren nach einem nah gelegenen Dorfe. Das Wetter war heiter, doch schien mir die ganze Natur *a picture of delay:* die gelben Blätter, die ein Sonnenblick noch trauriger machte, das Flattern einzelner Vögel, die mit jeder ihrer Bewegungen das sterbende Laub abschüttelten, die Abendglocke, die um fünf Uhr von der Stadt zu uns herüber schallte. O, wie süß ist Schwärmerei, Boie! Dieser Spaziergang gab mir eine melancholische Stimmung. Es ist die Saite der sanften Wehmut, da ich meinen Kopf auf Dein Herz legen möchte und Dir sagen: „Unsre Freundschaft stirbt nie. In einer bessren Welt blühet sie schöner wieder auf."

                                               Celle, 29. Oktober 1782

Ist es Schwärmerei, die durch fast beständiges Denken an Deine Situation entsteht, daß ich vertraue, es wird Dir wohlgehen? Meine Achtung für Amalie geht zur Bewunderung über. Sie liebte ihren Mann nicht und machte ihn dennoch in hohem Grade glücklich, dies erinnere ich mich von Schlegels [in Hannover] gehört zu haben. Der Mann hat die Frau angebetet. Wenn das eine Frau kann für einen Mann, den sie nicht liebt, wie glücklich muß der sein, den sie liebt! Lieber Boie, Du handelst gewiß recht, wenn Du Amaliens Liebe alle Gründe entgegen setzest, die Deine Vernunft Dir vorsagt, aber *Liebe* besiegt jedes Hindernis. Boie, Du hast das Bedürfnis, Dich anzuschließen an ein Herz, das nur für Dich lebt.

(den 29.) Hier hast Du eine Elegie von Fritz Stolberg auf den Tod seiner Schwester, die ich abgeschrieben. Pesteln hast Du mit dem Epigramm eine große Freude gemacht. Er dankt Dir dafür wie ein Kind für die Puppe.

BOIE   Meldorf, 4. November 1782

Ich habe gestern sehr viel geschrieben und kaum Zeit gefunden, einen angefangenen Brief an Amalien zu vollenden, den ich den Abend vorher an die Tresenreuter zu senden pflege, damit sie die Aufschrift mache und den Brief auf die Post gebe, alles um der Neugierde willen, die jeden meiner Schritte [hier] begleitet. Ich will mich aber nicht wundern, wenn am Ende mein öfteres Sehen der Tresenreuter und daß sie jeden Sonntag einen versiegelten Brief von mir erhält, einen andern Stoff zum Gerede gibt, doch das ist unschädlicher.

Das Gemälde Deines Abendspaziergangs hab ich mich nicht enthalten können für A. abzuschreiben. Hier sind, weil Du doch gern liesest, was das holde Weib schreibt, ein paar Zeilen aus ihrem letzten Brief: „Ihre Vernunft ist ein so edler unzertrennlicher Teil Ihrer selbst. Sie lassen sich von ihr lenken, und, wenn Sie finden, daß sie Ihnen vorschreibt, was am besten ist, so muß ichs ja auch glauben, wenn es gleich meinem Herzen wehe tut. Mag aus mir werden, was da will, so sei der Vorsehung Dank, die mich diesen Sommer nach Meldorf führte und die größte Süßigkeit über mein Leben verbreitete. – Brauchen Sie zu Ihrer Einrichtung etwas Kapital, so schreiben Sie mir, wie viel Sie haben wollen. Sie wissen, daß mein Geld dadurch nur Wert in meinen Augen erhält."

Was ich geantwortet habe, kannst Du Dir denken, aber gerührt hat es mich unbeschreiblich. Luise, ich denke oft, daß es gut ist, daß ich sie jetzt nicht sehe. Wenn ich so einen Brief von ihr erhalte, fühl ichs, daß ich, wenn sie mir das alles mit dem süßen Ton ihrer Stimme, mit ihren großen, sanften, braunen Augen sagte, nicht widerstehen, sie in meine Arme schließen und der Bund auf ewig geknüpft sein würde. Gegen die Zeit, daß ich nach Kopenhagen komme, will ich mein Herz mit dreifacher Kälte und Stärke wappnen, wenn – ich kann. Daß Du diese Liebe billigst, für sie Wünsche gen Himmel sendest – Luise, ich schwör es Dir, ohne Deinen Beifall wär ich fähig, die Stimme des Herzens zu unterdrücken; jetzt werde nun Ehe daraus oder nicht – die Liebe ist da.

Ich wünsche mit Dir, daß die La Roche nicht eigentlich Schriftstellerin würde. Erstlich, weil ich die eigentlichen Schriftstellerinnen nicht mag und dann [weil ich] mit Dir glaube, daß die ‚Pomona‘ kein großes Glück machen wird. Empfehlen will ich sie indeß, wo ich kann. Amalie und Charlotte Schimmelmann werden in Kopenhagen sie einführen.

Wie, wenn Du einmal ein paar Zeilen, ja nicht mehr, an Amalien schriebest und mir zur Einlage schicktest? Sie wird nicht wagen, Dir zuerst zu schreiben.

Ich drücke Dich an mein Herz für die Mitteilung der Elegie. Besonders gerührt hat mich [darin] das Bild der kleinen süßen Luise, weil ich dies Kind so sehr lieb habe.

LUISE   Celle, 5. November 1782

Oft hatte ich den Gedanken: Boie wird durch Zeit und Abwesenheit weniger Boie für mich sein. Aber wenn es so ist, so bleibe ich [doch] Luise. Du könntest die ganze Glückseligkeit meines Herzens zernichten, fühlen solltest Du nie die Wunde in meinem Herzen. Aber alles ist ruhig in meiner Seele.

Hier schicke ich Dir ein allerliebstes Gedicht von Herder, vielleicht hast Du es noch nicht. Korrigiere das Gedicht, ich hab' es von Therese, die erbärmlich schreibt.

Wenn Du die hiesige Kritik über die ‚Confessions‘ hörtest, Du müßtest die Leute bedauern. Mein Herz findet oder sucht Entschuldigung für Rousseaus Torheiten und Fehler. Nur das einzige – daß er seine Kinder aux enfants trouvés[1] geschickt hat – da schweige ich, und doch begreife ich die Ursachen. Unglück und Krankheit machten, daß er alles aus einem andren Gesichtspunkt

[1] Ins Findelhaus.

ansah. – Er hat die Warens wohl falsch beurteilt, doch war ihm diese Täuschung gut, seine Liebe für die Frau bewahrte ihn vor tausend Torheiten. Sie interessiert mich, obgleich ich ihr nie verzeihe, daß sie aufhörte Rousseau zu lieben.

Frau von Beaulieu war gestern ein Stündchen bei uns. Ich muß Dir doch eine Anekdote von ihrem siebenjährigen Mädchen erzählen. Schon öfter ist das Kind zu dem Vater geeilt, wenn er seine Anfälle von Tändelei bekommen, und hat gesagt: „Küsse mich, Vater, so viel du willst, aber laß Mama zufrieden, sie kann das Küssen nicht ausstehn." Die Mutter hat das Kind oft darüber berufen, aber es ahndete ihr nicht, daß das mehr als [ein] kindlicher Einfall war. Ehgestern liest das Mädchen in einem von Campens Büchern, daß alles Unglück dem Menschen zum Besten diene. Es läuft zur Mutter, zeigt ihr die Stelle, umarmt sie schluchzend und ruft: „Mama, du bist unglücklich, ob du es mir gleich nicht sagst. Aber Gott gab dir den Vater zum Mann, damit du gut und fromm werden solltest. Das Unglück ist zu deinem Besten, nun seh auch niemals finster mehr aus." Die Mutter zitterte vor Schmerz und Empfindung, konnte dem Kinde nicht antworten, und das Erscheinen des Mannes machte der Szene ein Ende.

Zimmermanns Frau lebt so ohngefähr wie Mamsell Zimmermann lebte. Sie geht den Nachmittag aus und auch zum Abendessen, ohne ihren Mann. Ramdohr ist ihr declarierter Freund. Ich wünsche ihr Vorsicht, denn Ramdohr schwatzt viel von Empfindungen. Er geht nur [noch] selten zu Kestners, deren gegenseitiges Mißvergnügen leider so bekannt ist.

Sag Amalien recht viel Freundschaftliches von mir.

Celle, 10. November 1782

Amalie fühlt's, daß Du nicht widerstehen wirst. Sie sieht dem Kampf Deines Herzens gegen Deine Vernunft mit einer ahndungsvollen Gewißheit ihres Sieges entgegen. Ich müßte Dich nicht kennen, wenn Du widerstehen könntest. – Zeig ihr aus meinen Briefen, was Du willst. Es ist kein Wort, was ich Dir geschrieben, das ich zurücknehmen möchte.

Amalie schreibt schön und hat zum Vergnügen jungen Frauenzimmern Anleitung im Stil gegeben. Ihr Mann war sehr stolz auf diesen Vorzug. Zwei Silhouetten von dem lieben Weibe bekommst Du bald, wenigstens hab ich sie in Hannover nach meiner Zeichnung bestellt.

Wenn die Leere in meinem Herzen schmerzt, fühle ich die Worte von Herders Gedicht tief:

„Statt der Feste, statt der Kronen
schlich er oft zu seinem Baum.
Süßer Baum, hier will ich wohnen,
statt der Feste, statt der Kronen."

Vergessen kannst Du mich nicht, Boie, Du sagtest mir ja, daß ich Deiner verstorbenen Schwester gliche.

So bald Du Deiner guten Mutter Deine Liebe vertraust, schreib mir's doch. Ich will ihr dann ein paar Worte zum Beweis meines zärtlichen, ehrfurchtsvollen Andenkens schicken.

(den 11.) Frau von Grävemeyer[1] hat mir die Geschichte von Marcards Liebe erzählt. Im vorigen Frühling ist seine Freundschaft für die Hedemann zur Liebe gereift. Er hat die Heirat gescheut aus Furcht vor Nahrungssorgen. Die Liebe der Hedemann für ihn hat die Sorgen verscheucht. Sie haben sich beide sehr klein eingerichtet und die Hedemann, die als Mädchen sich um keine häusliche Arbeit bekümmern mochte und wollte, kocht selbst, mit Hilfe einer einzigen Magd. Sie soll sehr munter sein, gar nicht mehr so kalt und unteilnehmend, geht aus, sucht Gesellschaft und Marcard soll vergnügt sein. Seine Freunde sagen, sogar auch Zimmermann anjetzt, daß beide glücklich sein würden. Noch ein Beweis gegen Deine Vernunft, Boie! Reise nach Kopenhagen, den Bund der Liebe zu schließen.

BOIE   Meldorf, 10. November 1782

Ich habe morgen Gerichtstag und muß deswegen noch viele Akten lesen und vergleichen.

Mit der vorletzten Post erhielt ich das versprochene Taschenbuch, darin zwei Paar für mich gestickte Manschetten nebst einem natürlich und schön gemalten Vergißmeinnicht lagen. Ich habe letzteres gleich unter Glas setzen lassen, und es hängt über einem kleinen altarförmig gearbeiteten Tisch, auf welchem eine Vase von Wedgwood steht, unter dem Bilde meiner Luise. Amaliens Bild, wenn ichs auch hätte, dürfte ich nicht zeigen. Das Vergißmeinnicht ist statt des Bildes [von Amalie]. Das Taschenbuch würd ich vortrefflich gearbeitet nennen, auch wenn die Hand, die

---

[1] Frau v. Pestels Schwägerin Molly von Grävemeyer war mit Angehörigen auf der Durchreise in Celle.

es für mich gestickt, mir nicht so lieb wäre; der Kestner ihres, so schön es ist, verschwindet ganz dagegen. Es ist auf weißem Atlas gestickt, größtenteils mit Band, lila, violett, braun und grün. Inwendig ist, statt des Namens, ein Ritterspornkranz und ein Vergißmeinnicht gegenüber. – Mir ist sehr wohl, da ich nun fast gewiß bin, daß die beiden, die meinem Herzen so über alles teuer sind, sich lieben werden wie Schwestern.

Von Vossen hab ich einen traurigen Brief. Sie haben ihren ältesten Knaben, dem Ansehen nach ein starkes, gesundes Kind, verloren und die kleine Frau hat, wohl vom Schrecken, wieder das Fieber und ist dabei guter Hoffnung.

Herders Gedicht ist ein mir sehr liebes, ob es gleich, wie alle seine Gedichte, etwas Unvollendetes, Hingeworfenes hat. Schade, daß er ihm nicht die Glätte und Ründe gab, deren er fähig ist.

Das Geschichtchen, das Du mir von Frau von Beaulieus kleiner Tochter erzählst, ist sehr merkwürdig, und muß die Mutter nicht wenig getroffen haben. Dabei fällt mir ein anderes von Niebuhrs Sohn, einem Knaben von sechs bis sieben Jahren ein, das ein Beweis seines Nachdenkens ist und uns alle sehr in Verlegenheit setzte. Er hörte von ungefähr, daß eine Schlange drei Tage, nachdem sie getötet worden, noch gelebt habe. „So ist es mit Christus auch wohl gewesen, Papa?"

LUISE   Celle, 17. November 1782

Unsere Gesellschaft ist gestern wieder abgereiset und, was Du kaum glauben wirst, lieber Boie, ich habe mich mit Frau von Grävemeyer gar gut amüsiert. Solch eine Art Frau hatte ich noch nie in der Nähe beobachtet. Sie ist das aus Eitelkeit, was andre aus Empfindung für das Schöne und Edle sind. Echtes Gefühl in der Seele kennt sie nicht, ihre sehr leichte Reizbarkeit der Nerven täuscht den, der nicht den Stempel echten Gefühls unterscheidet. Sie hat ein ganz außerordentliches Gedächtnis, spricht nicht im Buchton, aber kleidet das, was sie sagt, in eine gewisse Eleganz ein. Damit verbindet sie sehr viel Sanftheit, so daß, wenn ich ein Mann wäre, sie mich durch ihre nachgeahmte Natur so täuschen würde, daß ich sie gewiß liebte. Wir waren des Abends bis ein, zwei Uhr zusammen. Mir kam kein Schlaf, und sie verplauderte den Schlaf gern. Hättest Du ihre Erklärung meiner Mienen – meines Gehens, Bewegung meiner Hände, der Art mich zu kleiden – gehört, Du hättest gelacht, Boie. Sie behauptet, daß ich in meinem Gang viel Ähnlichkeit mit der La Roche hätte. – Auch ihre Schwester Sarah v. Hugo hat mich sehr interessiert, ein edles Mädchen, frei von allen Prätensionen. Ich habe noch manches über Zimmermann gehört, was alles zu seinem Lobe gesagt ward, ich mir aber nicht so vorteilhaft erklärte. So viel ist gewiß, die Stolberge sind nicht für Zimmermann gemacht. Ihr Gefühl wird von ihm lächerlich beurteilt, es ist zu *sprühend*.

Jenny schreibt mir als ein Geheimnis, daß sie vielleicht mit ihrem Vater auf 6 Wochen nach Hannover kommt. Möser soll den Bischof, welcher künftigen August majorenn wird, in der dortigen Regierungsform unterrichten. Ich soll Jenny mit meinen [hannoverschen] Freunden bekannt machen, das tue ich ungern. Des guten Weibes Häßlichkeit vergißt man, aber ihre Eitelkeit ist zu auffallend dabei. Sie hat mir die Gedichte von der Jerusalem *gedruckt* geschickt. Daß doch auch alles gleich gedruckt werden muß! Sprickmann hat seine heitre Epoche anjetzt.

In Hannover hat man seit acht Tagen viel vom Bischof und der Busschen zu schwatzen. Auf einem Picknick, wo ihr Mann sie gebeten, nicht zu tanzen, weil er ängstlich über ihre Gesundheit ist, schlägt sie dem Bischof dreimal einen Tanz ab, bis endlich er sagt, nun, so wolle er *auch* nicht tanzen. Die B. tanzt also mit ihm. Ihr Mann, der dergleichen nicht an seiner Frau gewohnt ist, geht gleich zu Hause, setzt sich zu Pferde und reitet nach Rethmar, wo er drei Tage bleibt. Die Busschen hat auf dem Picknick gute Contenance gehalten. Der Bischof schreibt den folgenden Tag an B., entschuldigt sich und versichert, daß er durch sein Betragen ihm nie wieder Gelegenheit zu Verdruß geben würde. Seitdem bezeigt der Bischof ihr die größte Achtung, redet aber wenig mit ihr und mit andern Damen gar nicht, geht auch in der Oper nicht mehr in ihre Loge, wo er sonst die ganze Vorstellung über zu sein pflegte. Bussch reitet mit dem Bischof aus, so wie sonst, und man bemerkt keinen Kaltsinn [an ihm]. Indessen will er doch mit seiner Frau nach seinen sächsischen Gütern. Die kleine gute B. verdient diesen Verdruß nicht. Es geht mir recht nahe.

(den 18.) Jetzt bekomme ich Deinen Brief vom 10. Deine Beschreibungen rühren mich innig. Boie, Du bist wahrlich der einzige Mann in der Welt, der so lieben und zugleich ganz Freund sein kann. Ich könnte es bereuen, daß ich *einmal* an Deiner Freundschaft gezweifelt, lieber Boie, aber Du beruhigst mich so süß, daß ich – noch öfterer zweifeln möchte.

Gestern Abend erhielt ich Briefe aus H. mit Nachrichten über die Busschen. Ihre Verwandten haben ihr alles erzählt, was zum Nachteil von Bussch gereicht. Der Mann lebt im höchsten Grade ausschweifend, die Frau wußte es nicht, hätt es auch [vorher] nie geglaubt. Jetzt fühlt sie sich durch diese Entdeckung sehr unglücklich. Heute sind sie gereiset, und werden die Karnevalszeit in Dresden zubringen. Am vorigen Donnerstag ist sie wie gewöhnlich auf dem Picknick erschienen. Der Bischof hat mit ihr einen Tanz getanzt, Tränen im Auge, und sie hat oft ihre Tränen abtrocknen müssen. Sie ist gewiß auf lange, wenn nicht auf immer, unglücklich. Vielleicht ists gut, daß sie gewaltsam aus ihrer Lage heraus gerissen wird, Liebe schleicht sich gern ins Herz – und wann war Liebe glücklich?

Lebe wohl, geliebter Boie.

BOIE   Meldorf, 18. November 1782

Mich dünkt manchmal jetzt, ich wandle an einem Abgrunde, ich fühle manchmal und glaube, daß ich mich zu weit [habe] hinziehen lassen, und doch bin ich eigentlich noch nicht aus der Stelle, wo ich stand. Ein sehr freunsdchaftlicher Brief der Gräfin Luise [Stolberg] hat mich nachdenkend, sinnend gemacht. „Gott bewahre Sie vor jeder nicht guten Verbindung. Gute Leute werden am ersten getäuscht. Darum heißt es: seid klug wie die Schlangen, aber ohne List wie die Tauben. Guter Boie, ich wünsche Ihnen ein gutes Weib. Keine Städterin, um des Himmels willen!"

Leb wohl, Beste, Einzige, meinem Herzen ewig die Nächste!

LUISE   Celle, 25. November 1782

Mir ist oft, als ob ich Dir etwas abzubitten hätte, Boie. Beleidigung ists nicht, es ist etwas, wofür ich keinen Namen finden kann. Die Freundschaft der Gräfin Luise für Dich macht einen tiefen Eindruck auf mein Herz. Das, was sie fürchtet – fürchtete ich, so lange ich Dich kenne, vorzüglich im Anfange Deiner Zärtlichkeit für Amalie. Aber, liebe Gräfin, in den Städten wohnt auch noch Unschuld und Liebe. – „Sei, Erwartung, gegrüßt, des Weisen Stärke / Und Zufriedenheit du mit dem, was Gott schickt! / Leitet ferner, ihr führtet / Schönen, einsamen Pfad . . . "

Boie, diese Ode hat mein Herz getroffen. Die Klopstockischen Oden bringen meinen Geist zu einer Höhe, wohin mich [sonst] kein Gesang bringen kann. Noch gestern las ich die ,Allgegenwart' und die ,Frühlingsfeier'. Frau v. Beaulieu war bei uns und ward so heiter bei dem Lesen, ich sah durch ihr Gesicht die Helle ihrer Seele. Finsternis lag um ihre Stirne, da sie kam – und sie verließ uns gestärkt zu Leiden und neuer Duldung.

Boie, Du sagtest der La Roche zu viel Gutes von mir. Ich habe ihr [nun] eine kurze Erzählung meines Lebens gemacht, woraus sie sieht, daß ich eigentlich gar keine Erziehung nach den ersten zehn Jahren meines Lebens genossen habe, und daß allein Freundschaft mich gebildet.[1] Habe ihr gesagt, daß ich drei Jahre nach dem Tode meiner Julie [Knigge] Dich [zuerst] gesehn, und Du mich Schmerz und Krankheit nicht allein überwinden, sondern auch hättest vergessen gelehrt.

Lebe wohl, bester Boie. Schon hab ich eine kleine Sammlung [Dichtungen], von Deiner Hand abgeschrieben, die ich oft lese. – Auf ewig, ewig Deine Wise.

BOIE   Meldorf, 1. Dezember 1782

Ich wußte, daß ich Dir Vergnügen machen würde, indem ich Dir die Klopstockischen Oden abschrieb. Mich soll verlangen, ob Du bei den drei letzten ohne Erläuterung zurecht kommen wirst. Wohl Dir, daß Du der edlen Frau v. Beaulieu die Oden vorgelesen und ihr dadurch neuen Mut in die Seele gegeben.

Du hast mich nicht verstanden, meine Teuerste. Ich will nichts von Dir in den Druck geben, selbst nicht Fragmente aus Deinen Briefen. Ich scherzte, indem ich es schrieb.[2] So wenig ichs tun werde, so sehr bin ich doch überzeugt, daß Deine Briefe an mich der lesenden Welt eine ungewöhnliche Erscheinung und den Edlen darunter ein Geschenk sein würden, das sie würden zu schätzen wissen.

Den innigsten Dank für das, was Du von unsrer Freundschaft und deren Einfluß auf Deine Bildung an die La Roche geschrieben hast. Wohl mir, wenn ich Dich früher gekannt hätte! Ich würde auf manche Abwege nicht gekommen sein.

Amalien hast Du mit Deinem ersten Briefchen eine sehr große Freude gemacht.

1 Luise meint hier nicht die angemessene Schulbildung, – für die hat ihr Vater zweifellos gesorgt, sonst wäre sie auch nicht in Berührung mit der Tochter eines *Freiherrn* von Knigge gekommen. Ihre Äußerung bezieht sich auf den frühen Tod der Mutter.

2 Die vorhandene Korrespondenz dieses Winters ist merkbar lückenhaft.

Die Tresenreuter verehrt Dich. Sie würde ganz was andres geworden sein, als sie ist, wenn sie von Jugend auf unter Menschen gelebt hätte, die sie hätten bilden können. Sie besitzt einen Grad der Beobachtung und eine Schnelligkeit und Richtigkeit darin, die mich oft in Verwunderung setzt.

Im Rousseau wirst Du noch viel mit Belehrung und Vergnügen lesen.

LUISE   Celle, 3. Dezember 1782

Mit vieler Teilnahme lese ich die Beschreibung von Deinen beiden Gesellschaften. Das Feine im Scherz schenke ich den guten Meldorfern gern, wenn sie nur fröhlich sind bei Dir und fühlen, daß Boies ganze Seele Wohlwollen und Liebe ist. Die Leute in Hannover waren ja auch so gern bei Dir. Wenn nur der Schmausereien weniger werden, so wird der Ton noch mehr gewinnen. Dein Exempel kann die Gesellschaft umschaffen, und ich wette, es gelingt dem kleinen Souverän von Meldorf, denn Du besitzest die Kunst, alles nach Deinem Willen zu leiten.

Die La Roche hat jetzt auch an Zimmermann geschrieben und ihm ihre ‚Pomona‘ empfohlen. Das ist der dritte Brief, den sie an ihn schrieb, ohne eine Antwort zu erhalten. Und weißt Du, warum sein Stillschweigen? Du erinnerst Zimmermanns Besuch bei der La Roche auf seiner damaligen Reise. Z. schreibt vor dem Tisch der La Roche ein Rezept. Sie nimmt die Feder und sagt: „Ewig sei mir die Feder teuer, weil Zimmermann damit schrieb.“ Z. fängt laut an zu lachen und geht weg. Die La Roche fühlte das Lachen nicht, sie dachte nur an die Feder. Seitdem ist Z. so kalt gegen sie, das tut mir doch weh, denn sie verdiente das nicht. Sollte die Gräfin Charlotte [Schimmelmann] wohl einige Exemplare der ‚Pomona‘ nehmen? Ich wünsch es sehr.

Celle, 9. Dezember 1782

Ich möcht es Amalien abbitten, daß mein Brief sie wehmütig stimmte.[1] Sag ihr etwas von mir, ich weiß nicht, was – aber daß ich sie herzlich liebe.

Nach Tische des Abends spielen Pestels ein halb Stündchen Picket. Diese Zeit nütze ich und lese englisch, die Geschichte von Philipp dem Zweiten von Watson, die mich außerordentlich

[1] Siehe 2. Fußnote S. 191.

interessiert. Brandes hat es mir geschickt und verspricht mir alle englischen Bücher zu schicken, die ich will.

BOIE   Meldorf, 9. Dezember 1782

Ich entschuldige mich nicht wegen des kurzen flüchtigen Briefes; Du bedarfst, das weiß ich, nur ein Andenken allenfalls von einer Zeile.

Von Amalien liegt in diesem Brief ein Blättchen. Die Locke – weil meine Haare noch in Unordnung sind – folgt mit dem nächsten Brief. Was meinst Du, wenn ich von Wilhelmi aus den dreierlei Haaren noch ein Andenken für jedes von uns machen ließe? Deine Haare an der Uhr trage ich noch; aber der Name in der Uhr – ich habs Dir nicht sagen mögen – ist verloren oder gar, was noch schlimmer wäre, von fremder Hand genommen.

Der Deinige ewig und immer.

Meldorf, 16. Dezember 1782

Ich bin in diesen Tagen von tausend Geschäften und kleinen Verdrießlichkeiten hin und her gezogen worden, und Lichtenbergs hämischer Angriff trug auch eben nicht bei, die gute Laune wieder herzustellen. Das Schlimmste ist, daß ich manches werde öffentlich sagen müssen, was ich nicht gern sage.

Das alles bestärkt meinen Entschluß, das künftige Jahr das letzte sein zu lassen, in dem ich mich mit der Literatur abgebe, und Dohmen die Direktion des ‚Museums‘ ganz zu übertragen. Wie gefällt Dir der ‚November‘? – Es ist mir so sehr Bedürfnis geworden, mich mit meiner Luise über alles zu unterhalten.

Warmen Herzensdank für alles Zärtliche, Liebe, was Du mir und von Amalien schreibst. Sie liebt ihren Boie nur zu sehr. Ich hab ihr gestern nach einigen kurzen und flüchtigen Briefen einmal wieder weitläufig geschrieben. Auch hab ich ihr meine kleinen Gedichte geschickt. Aber, Luise, Du kannst Deinem Boie trauen. Den Platz, den Du in meinem Herzen hast, kann niemand, selbst nicht Amalie, auch wenn Du ihn ihr abtreten wolltest, einnehmen. Das wird sie selbst fühlen und einräumen, wenn sie einmal ganz die Meinige würde. Wird das je geschehen?

Die Haare begleiten diesen Brief. Du wirst sie an dem A. und B. leicht unterscheiden.

Daß Du wieder Englisch liesest, freut mich. Wollte der Himmel ich könnt’ es auch.

Meinen Wagen hab ich nun probiert. Er ist von der Form wie Freitags Kaleschwagen, der mir so gefiel, nur ganz von Holz und auswendig braun lackiert. Ich habe 100 Thaler dafür bezahlt. In den Weihnachtstagen fahr ich nach Glückstadt.

Meldorf, 23. Dezember 1782

Die Zeichnung der drei Myrtenkränze ist sehr artig. Das Zusammenflechten der Haare ist – nicht gut. Ich will selbst Luisens und Amaliens Haare nicht zusammengeflochten und lasse mir, denk' ich, von Amaliens Haaren allein einen Ring machen. Was sagst Du dazu?

Ich ärgere mich jetzt, daß ich mich über Lichtenbergs so hämische Seiten geärgert habe, und bin fest entschlossen, gar nicht zu antworten, und alle seine Bewunderer von mir denken zu lassen, was sie wollen. Wenn Vossens Lage nicht ein Wort von mir erfordert, schweig ich gewiß. Das ist beschlossen, daß ich die Direktion des ‚Museums' nicht länger führe als in dem künftigen Jahr. Ich habe schon deswegen an Dohm geschrieben. Es wird mir wirklich aus dem Winkel heraus, in dem ich jetzt lebe, und bei meinen andern Geschäften die Direktion zu lästig, und das Postgeld, das hier so teuer ist, nimmt mir fast allen Vorteil. Ich will künftig allein meinem Amte und den Wenigen leben, mit denen mich das Herz verbindet.

Fritz Stolberg schreibt jetzt Satiren. Eine ganz treffliche macht den Anfang des nächsten Jahrgangs vom ‚Museum'. Sie ist an Voß gerichtet, und Voß wird antworten. Das soll so durchs ganze Jahr gehen. Die Gräfin hatte wohl recht, auszurufen: ,,Wehe den Narren, wenn die beiden zusammen kommen!" Sie sind sehr glücklich miteinander.

Für Deine Hannöverschen Staatsnachrichten den besten Dank. Der Deinige nun und immer.

LUISE AN FRAU V. GRÄVEMEYER   Celle, 31. Dezember 1782

Dame Luise [v. Pestel] wollte Ihnen ein stark koloriertes, lustiges Bild von unserm Ach und Weh darstellen, aber der schnelle Tod des Präsidenten von Schlepegrell hat die muntere Laune in düstre Hypochondrie verwandelt. Luise will also nicht schreiben, ich bin durch den Eindruck, den dieser Tod auf Papa Pestel macht, so verstimmt, daß ich fühle, ich bin nicht wert, mich mit Ihnen heute zu unterhalten.

Merck ist gewiß der Verfasser der physiognomischen Charakterzeichnungen. Ich bin nicht so parteiisch für unsere Nation wie Klopstock, aber möchte doch wohl sagen, Merck neigt sich zu sehr nach den Ausländern hin. Verzeihen Sie mir, gnädige Frau, diesen kleinen Beweis von Patriotismus. Ich sehe nicht mit scheelen Augen auf den besser ausgemalten Charakter der Franzosen, glaube auch, daß es sehr unbillig ist, ihnen das Ohr in den Versarten abzusprechen, das diese Nation gewiß hat. In der Musik wird es ihnen allgemein nicht zugestanden. Die theatralische Grazie ihrer Kupferstiche und Gemälde ist freilich dem durch die Antike verwöhnten Auge nicht reizend, aber sie sind charakteristisch. Sie passen zu dieser Nation.

Sie glauben nicht, wie wenig wir jetzt lesen. Schade um die Zeit, die uns ungenützt entflieht. Lange schon wünscht' ich Müllers ‚Geschichte der Schweiz‘ zu lesen, ich weiß manches daraus, das mein Verlangen verdoppelt. Winckelmanns Geschichte der Kunst kann ich Ihnen vorerst nicht verschaffen, liebe Frau von Grävemeyer, denn sie ist jetzt nicht in des Besitzers Händen.

Warum können Sie mir nicht jede Woche nur *eine* trauliche Abendstunde schenken!

Ich wünsche nicht gerne zum Neuen Jahr, denn ich kann die tönenden Wünsche nicht leiden.

Verzeihung, wenn ich etwas vergessen habe. Aber ich schreibe unter dem lauten Jubelgeschrei von Kindern.

BOIE   Meldorf, 5. Januar 1783

Den wärmsten Dank sag ich meiner teuersten Luise auch für ihren letzten Brief aus dem vorigen Jahre. Mein erster in diesem – in meinem Herzen drängen sich die zärtlichsten Wünsche für Dein Glück, und Dank für den Himmel, der Dich mir gab – wird wieder kurz werden. Ich leide an den Nachwehen der Festtage, nicht weil ich mir den Magen verdorben oder der Kopf mir vom getrunkenen Punsche schmerzte – unsre Leute machen mir diese Nachwehen, denen diese Tage der Völlerei und des Schwärmens nicht gut sind. Es sind so viel Unordnungen vorgefallen, daß ich noch acht Tage zu untersuchen und strafen haben werde. Gestern fuhr ich zwei Meilen, um einen erbärmlich zerprügelten Mann abzuhören, der nicht zu mir kommen konnte und dessen Zeugnis ich haben mußte. Es war sehr kalt, aber sonst waren Weg und Wetter vortrefflich, daher mir diese Reise eher zum Nutzen als Schaden gereichen wird. Morgen früh gehen die Abhörungen schon um neun Uhr [wieder] an.

Amaliens Name aus ihren Haaren, von Deiner Hand für mich gestickt, welch ein Geschenk! Luise! Du bist ein einziges Mädchen! Ich drücke Dich in Gedanken an mein Herz und sage kein Wort mehr darüber.

Für den Staatskalender danke ich zum Voraus.

Als Verse sind die Verse von Therese schlecht, aber es ist Geist und Herz darin.

LUISE   Celle, 6. Januar 1783

Ich bin mit Dir nach Deinem Briefe vom 30. Dezember[1] sehr zufrieden. „Amalia oder keine!" – so muß es sein, Du Einziger.

Ich habe Lichtenbergs Aufsatz gelesen – und sage wieder: Schweige, bester Boie, was auch Voß machen will. Lichtenberg kann Deinen Charakter nicht verdunkeln. Seine Pfeile treffen Dich nicht. Von seinem Aufsatz will ich nichts weiter sagen, als daß er herzlich langweilig, und für einen Mann, der nach Witz jagt, nicht witzig genug ist. Die Mejern hat mir einen wahren Kondolenz-Brief über den Aufsatz geschrieben. Das Bedauern hatte kein Ende. Ich antwortete lachend, gesteh Dir aber doch, daß ich *nicht* lachte.

Kestner ist [von hier] abgereiset und hat mir noch einen warmen Gruß an Dich aufgetragen. Den Tag vor seiner Abreise hatte er zu Gaste gegessen, und mehr Wein getrunken als gewöhnlich. Er war sonderbar. Ich sollte durchaus die Grenzen der gegenseitigen Complaisancen der Eheleute bestimmen. Das war kein Sujet für mich, denn nach meiner Philosophie bestimmt die das Herz, und da wäre ich schlecht mit ihm weggekommen. Ich sehe daraus, daß Kestner nicht so ruhig ist, als ichs wünschte.

Pestel ist in eine deutsche Lesegesellschaft eingetreten. Viele Reisebeschreibungen sind darin und Romane. Doch auch die ‚Lebensläufe', Stolbergs Gedichte aus dem Griechischen und das ‚Befreite Jerusalem' von Tasso. Vielleicht finde ich noch manches, was auch P. amüsiert. Wir beide müssen wirklich auf Nahrung zur Unterhaltung denken, da wir nicht ausgehn. Ich hätte es nie geglaubt, daß sich Pestel so ganz an mich gewöhnen würde. Er saß Stunden vor meinem Bette, da mußte auch gegessen und Tee

---

[1] Auch dieser Brief fehlt.

getrunken werden. Beide guten Leute grüßen Dich herzlich. George auch. Der Junge lieset jetzt recht gut. Im Robinson. Rafs Naturgeschichte ist ihm doch noch das liebste.

Lebe wohl, Du Einziger. – Auf ewig Deine Luise.

Celle, 13. Januar 1783

Du hattest mir zugewinkt, lieber Boie, daß mein Name in Deiner Uhr nicht mehr vorhanden sei, ich müßte die Stelle ersetzen. Es ist *mir* angenehmer, wenn Du den Namen Amalia darin trägst. Sollte die Uhr nicht gut zugemacht werden können, so lege den Namen zwischen Bücher, daß die Haare platter sich legen. Dein Ring ist bestellt. Die Maße mußt Du mir aber noch schicken.

Jetzt weiß ich, wer das Mädchen ist, der Du gefallen, die Dich liebt, bester Boie. Aber ich nenne sie Dir nicht, Du mußt erst ein bißchen raten. Indessen ists mit der Liebe nicht so ernstlich wie Lisettens Zärtlichkeit für Fritz Stolberg. Ich kenne das Mädchen nicht persönlich, sonst aber weiß ich sehr viel von ihr. Sie hat Verstand und Talente und war eine gute Freundin meiner verstorbenen Julie. Es liegt nur an mir, so bin ich mit ihr im Briefwechsel.

Ich lese jetzt die Wielandische Übersetzung des Horaz, die mich so attachiert, daß ich immer mit Überwindung das Buch aus der Hand lege. Pestel weiß den Horaz beinahe auswendig. Sag' ich ihm eine Stelle, die mir vorzüglich gefällt, so deklamiert er sie mir gleich in Latein vor. Ich fühle das Schöne in den Briefen, aber was ich aus dem Griechischen gelesen, ist mir doch lieber. Für Leute, die mehr Verstand als Herz haben, die das Feine dem Herzlichen vorziehn, ist Horaz ihr Liebling.

Deine Briefe nach Göttingen sind besorgt. Du solltest auch nur sehen, was aus Theresen würde, darum schickte ich Dir ihr sogenanntes Gedicht. Wir schreiben uns alle Woche, und ich freue mich immer über ihre Briefe, weil sie mich amüsieren. Könntest Du die Verschiedenheit meiner Korrespondenz sehen, Du müßtest lachen. Die eine [Briefschreiberin] klagt, die andre fordert Rat, die dritte liebt. O, es ist ein sonderbares Wesen, wenn die hannöversche Post kommt. Dazu schreibt mir Werner Politik und hypocondrische Grillen, Kestner Neuigkeiten und Beschwerden über Mangel an Schlaf und [über] Spannungen, wofür ich nichts Besseres zu verordnen weiß, als auszureiten.

Die Pestel grüßt. Apropos, unsrer dreier Haare folgen auf einander der Farbe nach. Die von Amalia sind die dunkelsten, dann Deine und meine. Tausendmal lebe wohl.

BOIE   Meldorf, 20. Januar 1783

Hier schick ich Dir das heute vor acht Tagen aus Kopenhagen erhaltene Zeug. Madam Niebuhr, die sich darauf versteht, sagt, daß es von der besten Art und nicht zu teuer ist.

Aber was meine Freude bei dem Empfang des Päckchens so groß machte, war Amaliens Bild mit roter Kreide, freilich nicht ins Schöne gezeichnet, aber mir doch sehr, sehr angenehm. Dabei hatte ich einen so zärtlichen Brief und gestern schon wieder einen. Ihre Freude, daß ich ihren von Dir gestickten Namen in der Uhr trage, ist nicht klein. Die wärmsten, herzlichsten Grüße soll ich Dir bringen.

Jenny hat mir viel Liebes von ihrem würdigen Vater geschrieben und eine neue kleine Schrift von ihm über das Zölibat der Geistlichkeit geschickt. Auch er will nicht, daß ich Lichtenberg antworte.

LUISE   Celle, 20. Januar 1783

Ich habe eine unbeschreibliche Freude, daß die Stolberge und vielleicht auch Voß die ungelehrten Geschöpfe mit den Griechen bekannt machen werden. Ich habe den Horaz geendet. Horaz selbst fühlt den Vorzug der Griechen. Die beiden letzten Briefe ,An August' und ,An Piso und seine Söhne', sind mir die liebsten. Wieland muß das deutsche Gewand modernisiert haben, denn ich finde allenthalben etwas, wobei ich ausrufe: ,,Tout comme chez nous!" Unter anderm eine Stelle in dem Briefe an August ist mir der Klagen wegen aufgefallen. Horaz sagt: ,, . . . wie wolltest Du, daß ich zu Rom, in diesem ewigen Wirbel von Plackereien und Zerstreuungen, Gedichte schreiben könnte?" Und nun zählt er die Unannehmlichkeiten auf, worunter sich auch die Hunde auf der Straße befinden.

Ob ,Pomona' gefallen wird? Das mag ich nicht entscheiden. Nützlich kann sie sehr werden, weil so viel Belehrendes darin ist. Das junge Frauenzimmer, woran die Verfasserin sich wendet, ist fünfzehn Jahr alt. Nun werden die Kenntnisse stufenweise steigen. So wenig als möglich wünscht ich von der La Roche selbst darin zu lesen, denn ihr Stil ist immer nicht natürlich genug.

Das Unangenehmste bei unsrer Lesegesellschaft ist, daß die Interessenten nicht alle bezahlen, also nur einmal im Jahre neue Bücher angeschafft werden können. Da der Doktor Thaer die Direktion hat, kann er, ohne unhöflich zu sein, seine Patienten nicht wohl mahnen.

Den kleinen Niebuhr bewundre ich. Das wäre ein Junge, den ich oft sehn möchte! So wird unser George nie, nie.

Mit Deinem Ringe mußt Du Geduld haben. Ich habe ihn bestellt. Ein „A" mit einem Myrtenkranz herum.

Ich bin auf ewig Deine Wise.

BOIE   Meldorf, 26. Januar 1783

Ich hätte meiner teuersten Luise so gerne schon mit der Donnerstagspost für ihren lieben Brief vom 13. gedankt, den ich erst Mittwochen erhielt; aber ich war so wenig Herr meiner Zeit, daß ich auch nicht ein halbes Stündchen zu der Unterredung mit der Freundin meines Herzens finden konnte. Gestern wieder ein Brief, und auch von Amalien zwei zu beantworten. Wie reich bin ich! Deine Antwort an Amalia ist trefflich, aber – sie hat mir Tränen ins Auge gebracht. Amalia sei mir, werde mir, was sie will, in meiner Gesinnung für Luisen hat sie nichts geändert, kann und wird sie nichts ändern.

Herzlichen Dank der lieben Pesteln, daß sie mir die verunglückte (wie Du sie nennst) Stickerei aus unseren Haaren erhalten hat. Ich finde sie nichts weniger als verunglückt. Das Stück ist zum Bewundern, und ich begreife nicht, wie Du das herauszubringen im Stande gewesen bist. Ich habe das kleine Gemälde schon mit einem Brief an die Büschen nach Hamburg geschickt, um dort unter Glas und in einen kleinen Rahmen gesetzt zu werden. Dies Stück und kein andres soll unter Luisens Bild hängen. Wenn Du nur Deinen Augen keinen Schaden getan hast!

Mich freut so sehr, daß Dir Horaz gefällt. Wielands Übersetzung ist sehr gut – wenn ich je etwas daran aussetzen sollte, so wär es das, daß Wieland zu sehr seine eigne Manier hinein gebracht und den meist kurzen und eleganten Dichter zu schwatzhaft und weitläufig gemacht hat. Dein Urteil über Horaz und die Griechen ist so wahr, daß mancher feine Kenner sich schämen würde, wenn er's läse.

Von den Bremers, die mich besucht haben, wirst Du, wenn Du sie öfterer siehst, manches von mir und Meldorf hören können. Beide haben Verstand; aber den jüngeren hab ich doch lieber.

Wer das Mädchen ist, Luise, ich kann's nicht raten. Neugierig bin ich, das kann ich nicht leugnen, und ich will auch nicht einmal es Dir verbergen wollen.

Mein Brief ist kahl, aber verzeih, Liebe, ich kann heute keinen andern schreiben. Gott befohlen.

LUISE   Celle, 27. Januar 1783

Amaliens Bild in Deinen Händen? Boie, das ist ein Geschenk, das für Dich einen unschätzbaren Wert hat. Ich weiß am besten, wie lieb ein Bild ist, wenn der Gegenstand entfernt ist. Und doch, Lieber, Einziger, hör auf meinen Wunsch, mißdeuten kannst Du ihn nicht. Was meinst Du, wenn Du das Bild, das ich von Dir habe, Amalien schicktest? Denke Dir Amaliens Freude. Sagen mußt Du ihr nie, daß *ich* das Bild hatte, das könnte ihr die Freude verderben, und mir die meinige. Denke nicht daran, daß meine Freunde Dein Bild bei mir vermissen würden. Alle Antworten übernehme ich gern. – Diese Idee hab ich schon lange mit mir herumgetragen. Soll ich Dir das Bild schicken?

Therese schreibt mir, daß Blumenbachs nach der Schweiz reisen, und daß sie mit ihnen diese Reise macht. Im ersten Augenblick fuhr mir der Wunsch durch den Kopf: könnt ich doch mitreisen! Der folgende Augenblick ließ mich die weite Entfernung von Dir, Du Einziger, fühlen, und fort war der Wunsch und das ganze lachende Gemälde der Schweiz. Ich möchte doch nicht weiter von Meldorf sein, als ich jetzt bin. Ich könnte ohne das Bewußtsein, wie es Dir erginge, nichts von dem Vergnügen einer so angenehmen Reise empfinden.

Ich muß Dir doch eine hübsche Anecdote von unserm Bischof sagen. Er ist als Ehrenmitglied des wöchentlichen englischen Clubs aufgenommen worden. Bei seiner Aufnahme hat er den bürgerlichen Gästen das Kompliment gemacht, daß er sich freue mit ihnen bekannt zu werden, da er bisher keine Gelegenheit gehabt, sie zu sehen. Vor acht Tagen haben der Hofrat Brandes und Höpfner auf dem Club gegessen. Der Bischof spricht mit Brandes von seinen Kupferstichen. Brandes antwortet, daß ihm ein Kupfer fehle, wodurch seine Sammlung unvollständig bliebe. Den folgenden Morgen, noch eh Brandes aufgestanden, schickt ihm der Bischof das ihm fehlende Kupfer zum Geschenk.

Dem Tode unsres vortrefflichen Bodmer weihe ich eine herzliche Träne. Die Stolberge werden seinen Tod laut beklagen.

In dem Gedanken, daß Du anjetzt noch immer Boie, mein Boie, bleibst, liegt mein einziges Glück.

BOIE   Meldorf, 3. Februar 1783

Nein, liebste, beste Luise, das nicht! durchaus nicht, wenn Du mich lieb hast! ich bitte Dich, laß den Gedanken fahren. – Du verstehst mich so gewiß, als ich Dich verstehe, wenn ich Dich bitte, Amalien das Bild nicht zu senden. Für Dich, und Dich allein ist es gemacht, aus Deinen Händen kann und darf es nicht kommen. Ich weiß, daß das Bild Dir lieb ist, weiß auch, daß Du es aufopfern und dazu lächeln könntest, aber, teuerstes Mädchen, Du sollst nicht mehr aufopfern, wenn *ich* es ändern kann.

Amalia hat mir eine für mich mit vielem Geschmack gestickte Weste (lila und grün mit einer zarten goldenen Ranke auf weißem Grunde) geschickt. Ich will ein sittichgrünes Kleid dazu machen lassen, beides aber nicht eher tragen, als wenn ich sie [Amalia] in Kopenhagen sehe. Sie grüßt Dich auf das herzlichste.

LUISE   Celle, 3. Februar 1783

Verzeih Deiner Luise den [für Dich] unangenehmen Augenblick bei dem Lesen meines Briefes an Amalien. Nun wirst Du oft denken, daß Luisen etwas im Herzen ist, was nicht sein sollte. Laß mich nur immer einen Teil meiner Empfindungen verschlucken. Wie wenig es mir gelingt, siehst Du ja aus meinen Briefen. Es ist wahr, Vorsatz ists, daß ich mich nicht von meinen Empfindungen hinreißen lassen will, wenn ich an Amalia schreibe. Mit Dir ists auch Vorsatz, nur kann ich den nicht allemal ausführen. Unsre Trennung hat freilich meinem ganzen Selbst durch die totale Erschütterung eine andre Richtung gegeben. Es heftet sich nichts [Neues] an mein Herz. Nur die Erinnerung an Dich erfüllt meine Seele. Zum Beispiel: vor einigen Tagen kam der Lieutnant von Baars. Ich mag den Menschen nicht. Er hatte aber eine Weste an so wie Deine weiße, mit einer blauen Einfassung. Ich redete freundlich mit ihm. Die Pestel frug, wodurch der Mensch in Kredit gekommen? Ich lachte und schwieg. Ebenso trage ich ein häßliches Band, weil es die Farbe Deines Pelzes ist, und mir daher auffiel. Hundert Ideen durchkreuzen meinen Kopf, was ich wohl alles für Dich arbeiten möchte, wenn ich könnte, und so bewirkt beinahe alles um mich her eine Kette von süßen oder schwermütigen Erinnerungen. Und nun willst Du, lieber Boie, daß ich meine Schwärmereien und Torheiten im tändelnden oder rührenden Ton Amalien vorschwatzen soll? Boie, ich kanns nicht. Ich kann auch der P., unter deren Augen ich immer bin, nichts [davon] sagen. – Fragst Du warum, wage ich nicht zu antworten, weil ichs selbst nicht weiß. Sei [aber] überzeugt, daß kein Mangel an Vertrauen gegen Dich und Amalie mein Herz brandmarken kann.

Ja, die jüngste Jerusalem ist das liebe Mädchen. Sie hat dadurch einen großen Teil von meiner Zärtlichkeit gewonnen. Wenn Du nicht der erste bist, der ihr Herz gerührt, ists mir nicht ganz recht. Obgleich diese Idee nichts als (wieder!) Schwärmerei ist. Aber ich habe diesen Gedanken so gern. Es ist mir, als wenn Du nur solchen gefallen könntest, die noch nie geliebt. Die *erste* aufkeimende Neigung hat eine jungfräuliche Reinigkeit, die für wenige Männer schätzbar und für Dein Herz Bedürfnis ist.

Dem jüngsten Bremer bin ich so gut wie Du. Der ältere macht zu viele Prétensions und ist nie vergnügt. Natürlich sind sie als Fremde die Ersten hier. Beiden gefällt Frau von Beaulieu ungemein. Sie lassen Dich grüßen.

Der Bischof hat den Hofrat Brandes besucht, seine Bibliothek und Kupferstich-Sammlung gesehen, und viel Vergnügen darüber bezeugt. Ich glaube wirklich, der Hochadel [er]leidet nächstens eine Revolution. Alle Gesellschaften an bestimmten Tagen haben ganz aufgehört. Ohne den Bischof bei sich zu sehen, will aus Stolz niemand Gesellschaft geben, und der Bischof bekümmert sich zu wenig darum, seitdem er die uneingeschränkte Erlaubnis erhalten, hinzugehen, wo er will. Nach der Majorennität des Bischofs wirds noch besser kommen, weil er dann *ganz* nach seinem Sinn handelt.

Mein Bruder heiratet bald. Im Sommer will ich doch zu ihm. Sein Mädchen ist unschuldig und gut. Sie hat mir schon dreimal geschrieben, daß ich bei ihr wohnen möchte.[1] Der Pesteln haben diese Bitten schon Tränen gekostet, obgleich sie es weiß, daß ich mich nicht von ihr trenne. Und George sagte neulich: „Du darfst nicht weggehn, Du bist *auch* meine Mutter."

Leb wohl, einziger Boie. Sei Deiner Luise gut und denke nie wieder, daß es mir an Zutrauen fehlt.

---

[1] D. h. Luise soll ganz zum Bruder übersiedeln, der in Osterode bleibt.

BOIE   Meldorf, 10. Februar 1783

Innigen Herzensdank für Deinen letzten Brief, Du gutes, liebes
Mädchen. Ich lese so klar und rein in Deinem Herzen, als wenn
es mein eignes wäre, und wohl mir, daß ich das darf. Du solltest
nur Dir nicht die Mühe geben, dem Freunde Deines Herzens
(der bin und werd ich ewig, trotz jeder andern Verbindung, sein)
einen Teil von Dir selbst verbergen zu wollen.

Wie gefällt Dir der ‚Januar‘? Ich denke, er hat gute Aufsätze,
doch wird der ‚Februar‘ viel interessanter. Der ärgerliche Druckfehler im ersten Stücke wird Dich nicht beirren, und Du wirst
bald sehen, daß die Hemmeln Hummeln sein sollen.

Was Du mir von dem Bischof schreibst, freut mich alles.
Grüß die edle Beaulieu, wenn Du sie siehst.

LUISE   Celle, 10. Februar 1783

Dank der teuren Amalie für das neue Geschenk der Weste. Sie
muß hübsch sein, und ich freue mich schon im voraus, wenn Du
in dieser Weste, in dem grünen Kleide, das Du Dir dazu machen
lassen willst, Amalien besuchen wirst. Ich errate, wie das alles
kommt. Das Band wird geknüpft, dann schreibst Du mir: Luise,
freue Dich mit mir, Amalie ist nun ewig mein! – Sag Amalien,
was Dein *Herz* Dir eingibt, Boie.

Anstatt die wilden Wälder von Graubünden, die schwindeln-
den Höhen vom Gotthard, die sanfteren Szenen von dem stillen
Genfer See zu sehen, reise ich [bald] nach dem Harz, wie ich hoffe,
nach Göttingen, nach Münden und habe dann außer dem Vergnügen der Reise noch die innre Freude, auf dem ganzen Wege
denken zu können: Hier reisete auch Boie!

Apropos: soll ich Dir alle Woche von diesem Jahre die In-
telligenz-Zettel schicken? Wenn in diesem Jahre so viele Dieb-
stähle darin angezeigt werden als in dem vorigen, wirst Du Dich
wundern. Dem Oberkammerherrn v. Löw ist Uhr, Dose und
Geldbeutel gestohlen, von seinem Zimmer. Und dem Land-
drosten H. kommt vor einigen Tagen ein ganz rechtlich geklei-
deter Mann auf die Stube, nachdem er sich durch die Bedienten
hat melden lassen. Dieser Mensch fordert ein Almosen, H. gibt
ihm zwei Pistolen. Diese nimmt er nicht, sondern fordert 200,
die im Schranke verschlossen wären. H. versichert, er hätte den
Schlüssel zum Schranke nicht, und will klingeln. Der Fremde hält
den alten erschrockenen Mann auf und fordert mit Ungestüm,

als von ohngefähr der Kammerrat Graf Hardenberg ins Zimmer kommt, und der Fremde sich mit einer tiefen Reverenz empfiehlt. Er ist auch nicht ertappt.

Ich gehe täglich spazieren, und bin nie heitrer als in der freien Luft. Die Veilchen kommen bald. Den 28. Februar 1779 waren wir, Du und ich, in Linden. Da pflücktest Du mir die ersten Veilchen.

Die dänische Verordnung über die Einschränkung des Luxus hat mir sehr gefallen. Erstreckt die Verordnung sich auf Holstein auch? *Du* wirst nicht dawider sündigen, das weiß ich.

BOIE   Meldorf, 17. Februar 1783

Erinnerst Du Dich noch der Zeit, als ich vor einigen Jahren die Rose am Fuß hatte? Ich wenigstens werde nie Deiner zärtlichen Sorgfalt, Deiner Ängstlichkeit, Deines Wunsches, meine Pflegerin sein zu können, vergessen, und indem ich dies schreibe, seh ich Dich noch vor Augen, als Du das erstemal mit der Mejern in mein Zimmer tratst. Ungefähr so gehts mir jetzt wieder. Seit Freitag hab ich zu Hause bleiben müssen, und mein Kanapee, auf dem ich die meiste Zeit liege, kömmt mir jetzt zustatten. Die Schmerzen sind sehr erträglich, wenn ich nicht auf den Fuß zu treten versuche. Mürrisch bin ich nicht, aber doch kann ich nicht [ver]bergen, daß ich mich zuweilen sehr allein fühle, und doch von den meisten, die mich besuchen, keine Gesellschaft habe.

Von Amalien, meine Teuerste, hab ich Dir viel Schönes und Liebes zu sagen und inliegendes Blättchen zu schicken. Ach, Luise, es hängt auch hier noch ein Vorhang, hinter welchem ich noch nicht weiß, wie es aussieht. Ich bin mit meinen Zweifeln lange noch nicht fertig. Vielleicht zwar, daß sie, wie Du glaubst, *ein* Blick besiegt. Nur noch nicht im Mai. Ich werde bis dahin unmöglich mit meinen Deicharbeiten fertig.

Die Verordnung wider den Luxus gilt auch für Holstein. Der übertriebene Luxus einiger Parvenus und durch Aktienhandel plötzlich in die Höhe Geschossenen hat sie veranlaßt. In meiner Ökonomie wird sie wenig oder gar keine Änderung machen.

LUISE   Celle, 17. Februar 1783

Ramdohr ist hier seit einigen Tagen, und reiset morgen wieder nach Hannover. Er schickt Dir sein Trauerspiel zum Andenken. Mir gefällt es von Anfang bis zu Ende nicht. Ramdohr hat sich selbst in dem Character des Kaisers Otto geschildert. Stefania ist zusammengesetzt das Bild der jetzigen Blumenbachen und unsrer Kestnern. Ich verzeihe Ramdohr, daß er Eitelkeit als die einzige Triebfeder alles Guten in unserm Geschlecht hält, denn sein Glauben ist meistens wahr. Doch kommt es auch viel darauf an, was es für Frauenzimmer sind, die Euch Männer zuerst interessieren, darnach bildet sich das Ideal, das immer bleibt, nur hie und da die Farben verändert. – Ramdohr frug mich, ob ich denn so in stiller Einsamkeit hier wegleben wollte, ich würde doch Pläne haben und Wünsche? Gar keine, antwortete ich. Pläne hätte ich nie gemacht. Die Erhaltung meiner Freunde wäre mein einziger Wunsch, und ich versicherte, daß ich glücklich sei. Das schien R. zu wundern. Die Gesellschafterin eines hypocondrischen Mannes zu sein, damit die Frau alle Tage ausgehen und brillieren könnte, wäre doch keine Situation, die sehr glücklich machte. Ich versicherte R., daß er die Verfassung und die Personen hier im Hause zu wenig kennte, um zu urteilen. Daß es mich innig freue, nützlich zu sein.

Sag Amalien ein Wörtchen der Freundschaft von Deiner Luise, Boie. Nur gib mir, lieber Einziger, keine Versicherung mehr von der Fortdauer Deiner Freundschaft.

Celle, 24. Februar 1783

Boie, Du hast das Podagra, und Amalie und Luise sind nicht bei Dir? Du leidest und bist allein! – Ich habs gewiß nicht vergessen, was ich empfand, als Du die Rose am Fuß hattest. Bei Deinem ordentlichen Leben kann der Anfall von Podagra nicht oft kommen, und das tröstet mich. Aber gewiß, Lieber, machst Du Dir nicht Bewegung genug!

Amaliens Brief macht mir viel Vergnügen. Aber Deine Bedenklichkeiten bei dem Gedanken der Zukunft –! Wie gern möcht' ich Dich überreden, Boie. Ich möchte bei Dir sein, neben Deinem Kanapee sitzen, und mit Dir über Amalien schwatzen! Du hast meine Idee von Dir und ihr verwirrt. Ich bin nicht ganz mit Dir zufrieden, Du müßtest Amalien mit mehrerer Wärme lieben. Nicht Strohfeuer, Boie, denn das erlischt, aber Wärme, die mit Zutrauen zum Himmel und Dir selbst verbunden ist.

Werde bald besser, teurer Boie. Wir grüßen Dich herzlich. Ich möchte gern alle Minuten fragen: Boie, was machst Du? – Aber wo ist Antwort? – Adieu.

BOIE   Meldorf, 3. März 1783

Gestern bin ich zum erstenmal in Schuhen wieder ausgewan-
dert, nachdem ich mich ein paarmal in Pantoffeln hatte austragen
lassen. Viel übler ist Amaliens Onkel [daran], der alte würdige
Etatsrat v. Jessen, der an Steinschmerzen sehr leidet und doch so
guter Laune dabei ist, daß ich mich, als ich ihn vorgestern besuchte, herzlich schämte. Ich habe meine Krankheit an A. auf eine
Art geschrieben, daß sie nicht erschrecken wird. Ich fühle Deine
Lage in Absicht des guten Weibes und doch, Luise, kann und
will ich, so lang ich nicht ganz gewiß bin, nicht weiter gehen.
Vielleicht besiegt eine Stunde mündlicher Unterredung alle Bedenklichkeiten. Du bist nicht mit mir zufrieden, gutes Mädchen,
und ich wundre mich nicht darüber, ich bin es eben so wenig.

LUISE   Celle, 3. März 1783

Es muß nicht [so einsam um Dich] bleiben, wie es jetzt ist, Boie.
Was sind denn kleine Annehmlichkeiten, überflüssige Bedürf-
nisse gegen Zufriedenheit und stilles häusliches Vergnügen?
Boie, verzeih, aber ich halte es nicht lange aus, daß Du allein bist.
Sag mir nur ein Wort, daß Du Dich bald entschließen, bald Deine
Hindernisse zu überwinden suchen willst.

Mit Deinem Briefe zugleich erhielt ich Nachricht von Wilhelmine Bernstorff. Fritz ist glücklich mit seiner Agnes, so sehr wie
er es sein kann. Sie macht ihn bald zum Vater. Seine Einnahme
hat sich verbessert, seitdem er Landdrost geworden. Gustchen
ist erträglich wohl. Katharine aber kränkelt, sie hat oft den unangenehmen Zufall, daß sie die Stimme auf einige Stunden verliert.
– Gestern waren Bremers bei uns zum Tee. Wenn ich nicht sehr
irre, so hat Ramdohrs Schnickschnack den ältesten Br. auf die
Idee gebracht, unsrer Frau v. Beaulieu die Cour zu machen. Suchte
er sein Interesse für die Frau mehr zu verbergen, fürchtete ich, daß
es Liebe werden könnte, aber er ist sehr natürlich mit ihr. Und
Beaulieu, der sonst so närrisch eifersüchtig ist, mag Br. gern leiden
anjetzt. Wäre die Frau nicht unglücklich und hätte nicht ein leeres
Herz – – und für Br. ist die Neuheit einer Aventure verführerisch.
Ich will noch ein paar Worte an Amalien schreiben.

                                              Celle, 10. März 1783

Jetzt in diesem Augenblick drück ich meinen Mund auf Dein
Herz; verzeihe, liebes Herz, ich will nie wieder sagen: bin nicht

mit Dir zufrieden. Jede Deiner Entschließungen sei mir heilig. Verzeih!

Ich habe Bremer wieder gesehn. Wahr ist's immer, daß Frau v. Beaulieu einen Teil ihres guten Rufs dem ältesten Bremer aufopfern wird. Er weiß zu viel von ihrer unglücklichen Situation, und sie denkt zu wenig daran. Ihm schmeichelt das Gerücht, daß er einer Frau die Cour macht, die allen Leuten bisher gleichgültig begegnete. *Sie* hat den Gedanken, daß ihr Mann so gereizt werden soll, daß er eine Trennung mit ihr wünscht. Ich nehme mich bei dieser Geschichte sehr in acht. Das bemerken Bremers. Aber ich kenne den Ton der jetzigen jungen Leute zu gut. Kunstlos mit ihnen umzugehen ist nicht ratsam. Man kann nicht vorsichtig genug handeln.

Der General Elliot hat die braven Hannoveraner der Gnade des Königs vorzüglich empfohlen. Auch die beiden Feldprediger. Die englischen Prediger haben sich die Zeit der Belagerung von Gibraltar ihres Dienstes dispensiert gehalten, die deutschen aber der Kugeln und Bomben nicht geachtet. Die Offiziere bekommen nebst den Soldaten den Sold, den die Engländer in Kriegszeiten zu bezahlen gewohnt sind, Rationen etc. und was dazu gehört. Die Prediger werden auch wie im Felde besoldet, und dazu erhält jeder 500 Pfund zum Geschenk [wegen] ihres Wohlverhaltens. Die wirklich außerordentliche Tapferkeit der Hannoveraner soll nach der Relation von Elliot den König und die Engländer sehr frappiert haben. Man glaubt auch, daß die Offiziere Medaillen oder sonst ein Andenken erhalten würden.

Der Vize-Oberstallmeister v. Bussch wird in diesen Tagen wieder in Hannover erwartet. Er soll so eifersüchtig sein, daß er seine Frau nicht einen Augenblick allein läßt, und sie jeden Morgen mit Vorwürfen quält, daß sie vom Bischof im Schlafe geredet.

Lebe wohl, Boie. Gebrauche doch auch genau Deine Arzeneien, und schreib mir ja recht aufrichtig, wie es Dir geht. Ich will auch gewiß nicht wieder unruhig werden.

Mit ewiger Zärtlichkeit bin ich Deine Luise.

BOIE   Glückstadt, 22. März 1783

Meine Besuche sind nun alle gemacht, und wenn ich nun noch acht Tage bliebe, würde des Schmausens kein Ende sein. Vorgestern Abend bracht ich bei der guten Frau v. Schulz zu. Sie schien ihren alten Mann noch nicht vergessen zu haben, und ich halte ihre Betrübnis für unverstellt, obgleich ich sie von einiger Koketterie und Begierde zu gefallen nicht frei sprechen kann. Ich gehe vor Tische wieder zu ihr, und es kann leicht sein, daß das bisherige Publikum mir Absichten auf die schöne Witwe beilegen wird. Sie ist angenehm und unterhaltend, aber auf mein Herz würde sie nie Eindruck machen.

Die Nachricht, daß Graf Bernstorff Gustchen Stolberg heiraten würde, scheint doch nicht so ganz ohne Grund. Eine bessre Mutter würden seine Kinder, eine angenehmere Gesellschafterin er nicht leicht bekommen; nur ihre Kränklichkeit steht im Wege, die aber vielleicht nicht incurabel ist. – Das hab ich Dir noch nicht gesagt, daß ich die [mir] vermeinte Braut in Itzehoe abermals nicht gesehen habe; aber alle Welt sprach mir noch davon und wollte die Partie machen.

(den 23.) Gestern Mittag aß ich bei dem Geheimen Rat v. Eiben, und brachte den Abend bei der Frau v. Schulz mit des Kanzlers Gemahlin und einer Gräfin Ahlefeld, einer angenehmen jungen Witwe, zu. Wir machten eine Partie Whist. Ich bin des unruhigen, müßigen, schmausenden Lebens müde, und sehne mich in meine Einsamkeit zurück. Wenn ich meinen Aufenthalt hier nehmen könnte, ich würde es nicht wünschen, der Ton in der vermischten Gesellschaft gefällt mir nicht.

Ich muß mich nun zur Kirche ankleiden, will aber vorher diesen Brief siegeln. Morgen früh um sechs Uhr reise ich und morgen Abend – wohl mir! hab ich Deinen und Amaliens Briefe.

LUISE   Celle, 24. März 1783

Liebster Boie, Du kannst alle meine Briefe derjenigen zu lesen geben, die Dein Herz hat, aber Du kannst mir keinen Brief von Amalia mitteilen, ohne daß *sie* es billigt.

Deine so sehr gehäuften Geschäfte ängstigen mich, und ich möchte Dich beinahe bitten, Deinen Secretairs einen größren Teil davon zu übertragen. Du hältst die unablässige Anstrengung nicht aus. – Deine Reise nach Itzehoe und Glückstadt macht mir Vergnügen, weil ich weiß, daß sie Dich zerstreun und bei dem heitern Wetter Deiner Gesundheit gewiß sehr wohltätig sein wird.

Meine Reise zu Heynens ist nun gewiß. Beide freuen sich, mich dort zu sehen. Die Hofrätin bedarf meiner, da Therese weg ist. Theresens Abreise ist mir schmerzhafter als ich glaubte. Ich bin so verwöhnt durch ihre Briefe, die das wahre Bild ihres Herzens sind, daß ich sie vermissen werde. Das Mädchen bleibt ein sonderbares Gemisch von Edelmut, Größe der Seele und tausend Torheiten, wozu Eitelkeit und Schwärmerei sie verführt, die aber ihrem Herzen eigentlich nicht schaden. Ich hoffe, die Schweizer Reise wird ihren Charakter, der mir immer noch zu männlich ist, sanfter machen.

Am Dienstage hatte ich einen Besuch von dem wunderlichen Bürgermeister aus Lüneburg.[1] Sein erster Blick war auf Dein Bild, seine erste Frage nach Dir. Ich antwortete, daß ich alle Woche Briefe von Dir erhielte, und Du würdest diesen Sommer nach Kopenhagen reisen, um [Dir] eine Frau zu holen. Boie, Du hättest laut gelacht, wenn Du des Mannes Gesicht gesehen! – Denselben Nachmittag besuchten mich auch ein paar Franzosen, die sieben Monate in Göttingen sich aufgehalten und mir einen Brief von Theresen brachten. Es war der Graf Miroménil mit seinem Hofmeister. Letzterer ein gewaltiger Schwätzer. Sie blieben drei Stunden und reiseten von hier nach Hamburg. Bremers kamen auch zum Tee, und erzeigten mir dadurch einen wahren Gefallen, um die Unterhaltung zu vermehren.

Noch bin ich mit dem ältesten Bremer zufrieden. Seine Situation ist erstaunend schwer, durch alle Umstände und Verbindungen, worin Frau v. Beaulieu ist, und durch die Heftigkeit ihres Charakters. Eine verheiratete Frau darf nie so lieben, wie ich *Dich* liebe, ihre Verfassung mag noch so unglücklich sein, und sie vielleicht entschuldigen. Die Männer haben mehr Vorrechte von der Natur erhalten, ihr Herz verliert auch nicht dabei, wenn es geteilt ist, aber wir sind minder gut, wenn unsre Zärtlichkeit nicht auf *einen* Gegenstand gehefet [ist]. Gut, daß Bremers gegen Johannis von hier gehen, und am Ende des Jahrs zwei Jahre auf Reisen!

Die Kestner ist von einer Tochter entbunden. Du kannst leicht denken, wie groß die Freude darüber sein muß. – Ein paar Zeilen aus einem Briefe von der Mejern muß ich doch hieher setzen. „Ich hatte jetzt einen Besuch von Ramdohr, der mir ein Andenken brachte. Rate, Luise, was es sein kann? Es ist Boies Portrait, was Ramdohr nach dem Deinigen zeichnete. Das Bild hängt schon in meiner Stube. Ich werd' es oft freundlich ansehn. Sag' dies an Boie." Diese Attention gefällt mir von Ramdohr.

[1] Schütze, mit Luise verwandt.

Der Bischof hat Bussch kalt empfangen. Freitag ist zugegen gewesen. Wie Busschens beide weg sind, kehrt sich der Bischof zu Freitag und sagt: „Die kleine Frau sieht elend aus. Meine Unvorsichtigkeit hat sie gewiß auf immer unglücklich gemacht." Dabei ist er im Zimmer auf und nieder gegangen, [um] die Tränen besser zu verbergen. Er hat Freitag als Freund gebeten, Busschen zu bewegen, daß er nicht in Hannover bliebe. Ich freue mich, daß Freitag in dieser Sache der Vertraute geworden. Hoffentlich geht nun alles gut. – Bussch geht nicht aus, unter dem Vorwand, er sei nicht wohl.

Pestel ist besser, aber noch nicht so, daß er aufs Gericht gehen kann. Ich lese ihm des Morgens ‚Reise nach Griechenland' vor, von Christ. Gouffier. Alles, was Griechenland anbetrifft, interessiert mich. Sonst sieht es wüste aus in meinem Kopfe. Die Krankenbesuche [für Pestel] dauren den ganzen Tag fort, und ermüden etwas meine Geduld.

Lebe wohl, einziger Boie.

Celle, [Ende März 1783]

Mit innigem Vergnügen lese ich, daß Du Deinen Aufenthalt in Meldorf nicht mit dem von Glückstadt vertauschen möchtest. Ich habs mir [nun] einmal so fest in den Kopf gesetzt, daß Du ausgebreitetern Nutzen in Meldorf stiften kannst. Der jüngste Bremer hat mir neulich Deine Gegend beschrieben. Ich fand alles angenehm und reizend.

Vorige Woche schickte ich Theresen einen Gruß von beiden Bremers. Sie schildert mir die beiden Brüder mit folgenden Worten, die zwar nicht ganz ihr eigen sind, aber doch viel Wahres enthalten: „Sähen beide Brüder eine Stadt brennen, so würde der älteste erst mit schwarzer Empfindung über den Grund und die Ursache reden, wie die Vorsicht oder das Schicksal solch ein Unglück zulassen könnte. Er würde innig gerührt dastehen und das Unglück der Menschheit fühlen, dann sich besinnen, ob wohl vor ihm ein Assessor von Adel Feuer gelöscht, und, fände er das nicht, sich ängstlich umsehn, ob auch einer seiner Bekannten es sähe und es morgen am Hofe erzähle. Der jüngste würde zu dem Wasser rennen, löschen, retten, schreien, fluchen, nicht bedenken, ob er Taube, Stumme, Menschen oder Tiere rettet, und wenn er mitten in dieser Szene einen Menschen den Purzelbaum über einen brennenden Balken schießen säh, würde er so darüber lachen, daß ihm die Tränen in die Augen kämen. Wäre das Unglück vorbei, so machte er hundert Pläne, dem Übel künftig abzuhelfen, und den Schaden auf alle mögliche Weise zu ersetzen. Den jüngsten wählte ich mir zum Freunde. Den ältesten zum Gesellschafter, weil er von sehr guter Konversation ist."

Die Geschichte des ältesten Bremer mit Frau v. Beaulieu macht Aufsehn. Es läßt sich nichts dazu sagen. Sie hat eine ganze Zeit ihres Mannes wahnsinnigen Launen alles aufgeopfert, als der Mann gestern durch anhaltende Infamien das arme Weib so reizt, daß sie aufspringt, ein Messer ergreift, und (wie sie selbst sagt) ihm, wenn er nicht zu ihren Füßen vor Schrecken gefallen, das Messer in die Brust gestoßen hätte. Sie kam darauf zu uns gelaufen, um ruhiger zu werden. Bei allem diesem innren Tumult frägt sie doch beinahe jedesmal, daß sie mich sieht, nach Dir, lieber Boie.

Jetzt in diesem Augenblick schreibst Du vielleicht an mich. – Ich umarme Dich, Du Einziger.

BOIE   Meldorf, 31. März 1783

Vorgestern endlich erhielt ich Dein Schächtelchen (Herzensdank Dir, Du einziges Mädchen!) und Deinen Brief vom 24. – Leider ist der Ring[1] – wenn ich abergläubisch wäre, welche Folgen könnt ich daraus ziehen! – zu eng, und ich kann ihn nicht tragen. Nur bis an das Gelenk des Fingers kann ich ihn bringen. Mein Maß war nicht zu eng; aber ich sehe wohl, ich hätte, weil es von Zwirn war, es lieber zu weit machen sollen. Ob sich der Fehler abhelfen läßt? Es muß und soll, denn tragen muß ich den Ring können. Ich habe noch keine Haarflechte so in einem Ring liegend gesehen; es ist allerliebst. Daß ich den Ring am 22. hätte empfangen sollen, hab ich sehr gefühlt.

Die Geschichte mit Br. und unsrer Frau v. Beaulieu fängt an mich sehr zu interessieren. – Die Tochter der Kestner freut auch mich. Was Du vom Bischof schreibst, ist wieder sehr und von einem Fürsten außerordentlich gut. – Könntest Du mir von den Braunschweigischen und Hannöverischen Armenanstalten nicht einiges Detail [be]schaffen? Es wird ja was darüber gedruckt sein. Hier ist noch ein wahres Chaos in diesem Stück.

Um meine Reise nach Kopenhagen, beste Luise, sieht es noch windig aus. Mein jetziger Plan ist, Bernstorffs im August nach

[1] Vgl. Luises Brief vom 20. Januar 83.

Kopenhagen zurück zu begleiten. Sehen muß ich Amalia in diesem Jahr durchaus wieder.

Vorigen Sonnabend starb der alte v. Jessen. Wohl ihm, daß er ausgelitten hat.

Meldorf, 6. April 1783

Ich habe gestern die beschwerliche Gerichtswoche geschlossen, die mir durch die vielen Menschen, die ich sehen, die Gesellschaft, die ich bei mir haben oder besuchen muß, noch beschwerlicher wird als durch die Geschäfte selbst. Morgen haben wir Jahrmarkt, welches an einem so kleinen Orte, wo dann das ganze Land zusammenfließt, einen ganzen Festtag macht.

Wenn der jüngste Bremer meine Gegend schön findet, so weiß ich nicht, wie das zugeht. Die Marsch ist, wenn Bohnen und Raps-Saat blühen, das Korn die Felder bedeckt und die Weiden voll Vieh sind, beim ersten Anblick freilisch schön; aber um Meldorf sieht es an einer Seite meistens aus wie um Celle; man kann vor Sand nicht gehen. An der andern Seite ist Marsch.

In Theresens Urteil über die beiden Bremer ist viel Wahrheit. Ich hätte ihrer Flüchtigkeit kaum so viel Beobachtung zugetraut. – Was Du mir von der Frau v. B. schreibst, macht mich zittern. Gott gebe ihr Mut und lasse sie nicht fallen.

Ich klagte in meinem letzten Briefe, daß mir der Ring zu eng sei, seitdem hab ich noch mehr Ursache zu klagen. Ich steckte ihn vorigen Sonntag an den Finger, zog ihn ab, weil er mich drückte, und steckte ihn in ein Papier gewickelt in die Tasche. Mit diesem Papier warf ich ihn bei meiner Zuhausekunft auf den Schreibtisch, schrieb den ganzen Abend, schrieb den folgenden Morgen und warf, als ich endlich die Briefe gesiegelt hatte, müde und froh die Papierschnitzel, mit denen mein Schreibtisch bedeckt war, und unter ihnen meinen Ring, in den Ofen. Nun geh ich ins Gericht und denke an keinen Ring bis gegen Abend, wo er mir einfällt, ich ihn suche, nicht finden kann, und endlich, nachdem allenthalben vergebens gesucht ist, an den Ofen denke, die Asche herausnehmen lasse, und – ich kann Dir nicht sagen, wir mir ward! – den Ring verbrannt und kohlenschwarz finde. Nichts ist gerettet als das Gold, das mir just von gar keinem Wert war. Ich habe mich nicht wenig über den am Ende doch nicht natürlichen Vorfall geärgert, gegrämt – ich mag nicht mehr daran denken. Wie bekomm' ich einen andern Ring wieder? Hast Du noch wohl so viel Haare übrig? Amalia muß nichts davon wissen.

Schick mir den Ring zurück, lieber Boie. Ich habe gestern
Abend Nachricht erhalten, daß er weiter gemacht werden kann.
Wie, dafür muß Wilhelmi sorgen. Sollte es nicht möglich sein,
daß Du einen Ring zum Maße dabei schicktest?

Ich wollte Dir heute recht viel und herzlich schreiben, aber es
geht wieder nicht. Wir haben drei unruhige, traurige Tage erlebt.
Der Oberappellationsrat v. Osten[1] ist diesen Morgen um drei Uhr
gestorben. Neun Tage krank an einer Blatterrose, die nicht ganz
ausbrach und dem Mann aufs Gehirn fiel. Die Pesteln und ich sind
diese Tage wechselweise in dem Hause gewesen. Traurigere
Szenen kannst Du Dir nicht denken. Zwei elternlose Kinder von
ein bis zwei Jahren – und zwei Schwestern, die von ihrem Bruder
erhalten wurden. Das alles, lieber Boie, hat mich wieder niedergedrückt! Du mußt Geduld mit mir haben. Pestel ist ganz außer sich.

Mitten in diese so geknickte Verfassung kam der alte verwünschte Bürgermeister[2] mit einem Heiratsantrag, ermahnte mich
recht herzlich, doch endlich zu schwärmen aufzuhören, weil man
zuletzt den Verstand darüber verlöre. Der Mann, den er mir zugedacht, ist reich, Du kennst ihn, und ich schätze ihn seit elf Jahren
sehr. Ich will ihn aber nicht nennen, weil ich die Geschichte aus
dem Kopfe haben will.

Sieh, Boie, ich klage – und empfinde doch, daß es Unrecht ist, so
schwach zu sein. Du hast mich so oft in Deine Arme genommen,
und dann ward ich wieder heiter. – Von der Lenthen sollte ich
Philosophie lernen. Niemand blickt in ihr Herz, sie verrät sich nie.

Morgen kommt Kestner. Sein kleines Mädchen heißt: Charlotte Albertine Friederike Dorothea. Über die beiden ersten Namen wird viel raisonniert, weil keine der Gevatterinnen so heißt,
und sie auffallend sind.

Ich drücke Dich mit Zärtlichkeit an mein Herz.

Boies Antwort auf diesen Brief – er muß sie kurz vor Antritt einer Reise
zu Verwandten und Freunden geschrieben haben – ist nicht mehr vorhanden.
Aus Luises folgendem Brief geht hervor, daß ihre Ablehnung des Heirats-
antrags dem Freund Anlaß gab, über ihre Zukunft nachzudenken, sich selber
vielleicht Vorwürfe zu machen, und sie zu fragen, ob ihr Gefühl für ihn nicht
auf einer „Täuschung" beruhe, die für sie verhängnisvoll werden könne.

---

[1] Vgl. Luises Brief vom 5. Mai 1782. [2] Schütze, s. S. 209.

So sehr ichs bereue, Dir, lieber Boie, in den unruhevollen Augenblicken geschrieben zu haben, wo die Seele wie auf Meeres-
wogen hin und her getrieben wird, so schmerzhaft ist dieses Gefühl in mir durch Deinen Brief erneuert worden. Du wirst ruhiger
werden, nachdem Du dieses Blatt gelesen.

Ich schwöre Dir bei Deinem Bilde, vor welchem ich sitze und
Dir schreibe, daß ich, auch wenn ich Dich nie gekannt, nicht
anders handeln würde als jetzt. Was war es, das mich zurückhielt,
meine Hand hinzugeben, *eh* ich Dich gesehen? Gleichgültigkeit
gegen Dein ganzes Geschlecht – und, Boie, so ists noch. Du könntest mir den Vorwurf mit Recht machen, daß ich meinen Platz
nicht ausfüllte, wenn ich untätig oder bloß zu meinem Vergnügen
lebte. Ich war es nie, bin es auch jetzt nicht. Jeder Ort, jede Familie,
wo ich am mehrsten nützen kann, ist meine Welt. Ich folge meinem Lebensplan, den ich mir schon in früher Jugend entwarf, und
fühle innre Ruhe. Unabhängig ist ein Weib nie, in *keiner* Verfassung. Für mich ist es Unabhängigkeit, wenn niemand ein Recht
auf mein Herz hat, dem ichs nicht geben könnte. So gewiß Du
auch glaubst, daß ich einen Mann, den ich schätze, glücklich machen würde – welcher Mann in der Welt ist mit einem andern guten Geschöpfe nicht ebenso glücklich wie mit mir? Ich darf also
einen jeden bitten: laßt mich doch meinen eignen Weg gehen. Ich
weiß nicht, warum, woher ich ein so wunderlich gestimmtes Geschöpf geworden bin, aber ich bins, Boie. Laß michs sein. Mein
Schicksal mag sein wie es will, es ist immer *gut* für mich, hängt von
einer unendlich gütigen Vorsehung ab. Wenn ich nach *meiner*
Überzeugung handle, kannst Du mich dann tadeln?

Als ich Dich zuerst sah, blutete noch mein Herz von dem Ver-
lust meiner Julie, an der mein ganzes Herz hing. Langsam, nicht
schnell wurdest Du, was sie mir war – wurdest mir mehr, als die
Freundin mir war. Du erhelltest meine Seele, indem Du meinen
Geist bereichertest, und süße Empfindungen entwickeltest, deren
Dasein ich nicht in mir ahndete. Reine, unschuldvolle Freude,
Heiterkeit, Zufriedenheit, eine gewisse Festigkeit im Charakter
gabest Du mir. Ich gab Dir mein ganzes Herz auf ewig. Dein
Glück war mein Glück, und so ists noch. Hoffnung der Unzer-
trennlichkeit, Bewußtsein, einzig geliebt zu werden, Verlangen
des Wiedersehens – alles dieses ist ja nicht in meiner Seele, lieber
Boie. Das Bewußtsein, Deinen Weg auch durch kein Sandkorn

uneben gemacht zu haben, ist mir mehr als Unzertrennlichkeit. Ehe Du Amalien liebtest, war ich nicht ganz ruhig. Ich kannte Dein Herz, Dein Bedürfnis, geliebt zu werden und zu lieben. Mir war, als hätt' ich Dir durch meine Zärtlichkeit die Gelegenheit dieses Verlangens gehindert. Mir war, wie *Dir* jetzt ist, ehe Du diesen Brief erhältst. Jetzt atme ich freier. Du wolltest mich nach der Zurückkunft aus Dänemark an Trennung gewöhnen, und warst oft kalt. Ich fühlte oft die Kälte, nicht die wohlmeinende Ursache derselben. Ich habe keinen Brief von Dir – so lieb sie mir alle sind, so zärtlich und traulich ihr Ton – der meine *Täuschung* bestärkt oder unterhalten hätte. Du kannst also ganz ruhig sein, teurer, einziger Boie. Glaubst Du nach allem diesem, daß ich mich täusche, so laß mir meine Täuschung. Ich kann nicht leben, ohne einen Gegenstand im Herzen zu haben, an den ich mich hefte. Stolberg sagt:

> „Erhalt die schöne Glut im Herzen rein,
> Und zittre, wenn das blaue Flämmchen wankt.
> Es wankt von jedem Hauche, der's nicht facht.
> So lang es hell im Herzen lodert, wärmt
> es durch und durch den ganzen Menschen, glüht
> in edlen Worten und in edler Tat."

Dieses Gefühl stellt sich mir in Deinem Bilde dar. Da hast Du die Erklärung meiner Empfindungen, für die ich keinen Namen weiß, denn es ist mehr als Freundschaft, und weniger als Liebe.

Kannst Du mich nun noch von Dir weisen, Boie, da die Quelle aller meiner Lebensfreuden in diesem Gefühl ruht? in Dir? – Laß mich, wie ich bin. Und wenn ich Dir noch oft im Sturme so wie im Sonnenschein schreibe, so gönne mir den Vorzug, mein Herz nimmer vor Dir verschließen zu dürfen – das ist meine einzige Bitte, Boie, bedenk es, mein einziger Wunsch. Gib mir von Deiner Freundschaft, was Du willst, und wenn die Zeit und Entfernung Empfindungen verwittert – so gib mir nichts, aber laß mir nur das blaue Flämmchen, lieber Einziger! Ich bin überzeugt, daß, wenn die Gräfin Luise mein Herz ganz kennte, sie würde sagen, so streng sie ist, strenger wie alle übrigen Stolberge: „Bojele, laß Luisen immer sich täuschen, wenn es Täuschung ist. Es gibt ja Menschen, die ihr ganzes Leben sich täuschten und glücklich waren."

Mir ists herzlich lieb, daß Du jetzt in Flensburg bist. Du siehst Deine gute Mutter und Vossens, alle heiter und wohl, wirst *auch* dadurch heiter und wohl. Gern schickte ich Dir diesen Brief nach F., aber er möchte Dich verfehlen, und es ist mir viel daran gelegen, daß Du *ruhiger* wirst.

Daß ich noch nie etwas von Bodmern gelesen, ist mir sehr leid. Ich fühle überhaupt, daß ich immer mehr vom Lesen zurück komme, und nichts zur Entschädigung dafür wiederkriege. Vielleicht ist künftigen Winter mehr Ruhe um mich.

Frau v. Beaulieu grüßt Dich herzlich. Ihre jetzige Verfassung bringt sie mir immer näher. Bremer fragte mich gestern, ob es wohl möglich wäre, daß man sich an einen Gegenstand heftete, der nichts geben könnte als die zärtlichste Teilnahme, Achtung und Freundschaft? Du errätst meine Antwort. Ich kann Dir nicht sagen, wie sonderbar mir dieses Gespräch auffiel (weil ich Deinen Brief hatte). Ich billige die Beaulieu nicht, aber entschuldige sie. Alle ihre Empfindungen sind gespannt, daher die Schnelligkeit ihrer Neigung zu Br., der sich nicht für sie paßt. Boie, sieh da den Unterschied, und sprich *mich* von Täuschung frei.

Ich kann Dir heute nicht vernünftig schreiben, mags nicht, denn ich habe nur den einen Gedanken, wie ichs wohl anfange, daß ich Dir Freude mache.

Wie gehts Deinem Garten?

Lebe wohl. Ich drücke Dich an mein Herz. Laß mich Deine Luise ewig bleiben. Es ist so süß, mit ruhigem Herzen Dein zu sein! Ists nun nicht besser jetzt, als wie es hätte sein können, wenn – – ? Grüße Dein liebes Weib von mir aufs zärtlichste.

BOIE   Meldorf, 24. April 1783

Kannst Du es verzeihen, meine Teuerste, daß ich Dir nun seit vierzehn Tagen nicht schrieb? In Flensburg war ich so durchaus nicht allein, daß ich kaum ein paar Zeilen zu Stande bringen konnte, die mein jüngster Bruder an Amalia mit nach Kopenhagen nehmen sollte. Herzensdank für Deine beiden Briefe. Du hast mich beruhigt. Mehr sag ich heute nicht, weil mir nur wenig Zeit übrig ist, und weil – genug, ich bin ruhig.

Meine gute alte Mutter erinnerte sich Deiner, meine beste Luise, und trug mir die zärtlichsten Grüße an Dich auf. Eine Schwiegertochter wie Dich ist ihr höchster Wunsch. „Eine solche? Mama, es gibt keine solche mehr." – Voß ist heiter und zufrieden in und mit Eutin. Seine Klage ist nur, daß Fritz Stolberg weggeht.

Was Du mir von Frau v. Beaulieu und Bremer schreibst, interessiert mich ungemein. Aber Glück freilich für sie, daß Bremer
kein glühender Liebhaber ist.

Kestner wird die ‚Iphigenie'[1] wohl nicht zum Lesen aus der
Hand geben?

Ja, Luise, es ist mir lieb, herzlich lieb, daß Du reisen willst und
kannst. Heyne hat mir mit Freude geschrieben, daß Du einige Zeit
dort sein wirst.

Von Bodmer kannst Du höchstens den ‚Noah' lesen, der, so gut
er stellenweise ist, doch nicht anzieht, wie gute Poesie tun muß.
Fritz Stolberg hat eine Elegie auf Bodmer gemacht, worin er
auch sehr edel die nicht edle Eifersucht des alten Mannes berührt.

Lebe wohl, Du einziges Mädchen.

Meldorf, 5. Mai 1783

Luise, welch einen Beweis des Zuvorkommens aller meiner
Wünsche hast Du mir wieder gegeben! Zwar diesen Wunsch hätt
ich nicht haben können, daß Du mit eigner Hand das Ganze, und
für mich, abschreiben solltest.[2] Ich meinte nur, ob es nicht möglich
wäre, das Goethische Stück *einen* Posttag hier zu haben. Ich muß
heute bei Deinem Abschreiben – was mir dem Stücke Wert geben
würde, auch wenn es keinen hätte – stehen bleiben, denn bis itzt
hab ich mir kaum einen Blick hinein erlauben dürfen, aus Furcht,
daß ich sonst nicht mit allen Schreibereien fertig werden würde.
Zanken darf ich mit meiner Luise wegen der vielen, gewiß in kurzer Zeit abgeschriebenen Blätter nicht, so sehr ich könnte und
sollte. Denn ich muß Dir gestehen, dieser neue Beweis Deiner Gesinnung für mich ist mir höchst angenehm gewesen. Wenn das anhaltende Sitzen Dir nur nicht geschadet hat! Die Indiskretion laß
Dich nicht reuen; Publizität bekommt die Iphigenie dadurch nicht
mehr, als ihr edler Verfasser ihr geben wollte.

Ich Dir Deine Täuschung nehmen? Nein, bestes Mädchen, das
hab ich eigentlich nie gewollt. Jetzt bin ich beinah ruhig. Du bist
ein so eigentümliches Geschöpf, daß Du darfst, was andre Weiber
gewiß nicht dürfen. Wenn ich den Gedanken, der mich einige Zeit
gepreßt hat, nicht verfolge, fühle ich sehr, daß in dem, was ich

---

[1] Goethes erste Fassung (in rhythmischer Prosa), von ihm selbst an
Kestners gesandt. [2] Luise hat Boie inzwischen eine Abschrift der ‚Iphigenie' geschickt; ihr Begleitbrief ist nicht mehr vorhanden.

Täuschung nenne, auch mein Glück liegt, und daß ich gewiß in der Anhänglichkeit des edelsten Mädchens glücklicher als durch etwas [anderes] in der Welt bin.

Am Sonnabend erhielt ich von der Büsschen Deine Haarstickerei zurück, zu der sie auf meine Bitten einen Rahmen [hatte] machen lassen. So reich er ist, so ist er doch nicht überladen. Das Bild wird allgemein bewundert, ich nahm es gestern mit in Gesellschaft, und die Buchstaben A. H. L. werden viel zu raten geben.

Den Brief der La Roche schick ich Dir heute noch nicht zurück. Du könntest gewiß etwas für die ‚Pomona‘ schreiben, aber daß Du [es] wollen sollst, sag ich Dir nicht.

Fritz Stolberg ist gewiß glücklicher, als man es bei einer zweiten Liebe zu sein pflegt. Er liebt seine Agnes sehr und macht sie glücklich, wie er durch sie glücklich ist. Er wird diesen Sommer Vater, und das wird das Band noch mehr zusammenziehen. Was allein einigen Mißlaut in die Verbindung bringen könnte, ist ihre [Agnes'] Familie, die nicht ist wie die Stolbergische und die mit ihr verbundenen [Familien]. Agnes bildet sich [aber] immer mehr und mehr nach ihm.

Von Amalia die zärtlichsten Grüße. Sie wird jetzt meinen Bruder gesehen haben, der in Kopenhagen bleibt, und den ich ihr empfohlen habe.

Ich hätte vor einigen Wochen sehr unglücklich sein können. Ein Kerl hatte auf dem Markt eine Kleinigkeit gestohlen; ich ließ ihn [gefangen] setzen, um ihn den folgenden Tag mit einer kleinen Korrektion laufen zu lassen. Unterdeß macht er den Versuch, sich mit einem sehr stumpfen Brotmesser den Hals abzuschneiden, und sägt wirklich ganz unmenschlich hinein. Der Schmerz muß groß gewesen sein, er stillt das Blut, bindet sein Halstuch wieder um, und erst beim Verhör ward die Tat entdeckt. Allein der Gedanke: was werden die Leute von mir sagen! hat ihn dahin gebracht.

Ich wollte ein paar Zeilen schreiben, und sieh da, es ist ein Brief geworden. So schwer kann ich mich losreißen von Dir. Ich umarme Dich.

LUISE   Celle, 5. Mai 1783

Deinen letzten Brief, liebster Boie, trug ich zwei Stunden bei mir, eh ich den Mut hatte zu lesen. Du bist so freundlich mit Deiner Wise. Ich darf noch sein, was ich war, Dir war, Du Einziger! Es tönt alles so süß mir in die Seele!

Sieh, Boie, so viel vermagst Du über mein Herz. Findest Du, daß ich Unrecht handle, so folge ich dem leisen Wunsch Deiner Seele, und werde irgend die Begleiterin eines Mannes, dem ich nützlich sein kann. Der Mann mag sein, wer er will, er soll zufrieden mit mir sein. Dein Bild soll ihm nicht schaden. Er soll der Richter meiner Handlungen, meiner geheimsten Gedanken und Empfindungen sein. Und wenn ich gut bin und der Mann das fühlt, wird er Dich segnen. Nun kein Wort mehr davon.

Vossens sind mir sehr lieb. Die Jungens möcht ich sehen! Ich glaube, meine Ideen über Erziehung der Kinder treffen mit den ihrigen zusammen. – Vossens Zufriedenheit gibt mir das Gefühl eines Triumphs über seine Feinde. Lichtenberg hat ausgetobt. Die jungen Leute in Hannover haben alle einen fatalen Ton anjetzt. Sie urteilen so dreist über Literatur, als mancher Mann von Erfahrung nicht tun würde. Rehberg und Brandes sind à la tête und von Lichtenbergs Partei.

Siehst Du, Einziger, wie gut ich raten kann, da ich Dir die ‚Iphigenie‘ schickte!

Gern schickte mich Marcard nach Pyrmont, der stärkenden Bäder willen; [aber] mir ist so wohl, als ich nie gewesen bin. Die Pestel sagt oft: „Wenn Boie Dich doch einmal so wohl wiedersähe!" Und ich, die ich Dich liebe, Boie, bin doch so wunderlich, diesen Wunsch nie zu fühlen.

Apropos, vergiß den Ring von Amaliens Haar nicht. Der Gedanke an den verbrannten Ring ist mir so unangenehm, wie er Dir ist. Ich fürchte, das liebe Weib möcht' ein Unglück ahnden mit dem Ringe, wenn sie Dich sieht und den Ring nicht.

Der Bischof geht nach Berlin zur Revue. Er wird so ernsthaft anjetzt, daß er weder Ball spielt, noch heftig reitet und tanzt. Seine zärtliche Achtung für die Busschen daurt noch fort, aber er besucht sie nicht mehr.

Gestern Nachmittag war Frau v. Beaulieu bei uns, die Dich grüßt. Ihr Mann war ehgestern so betrunken, daß er der Pesteln einen Heiratsantrag tat. Er wollte Pesteln seine Frau dafür geben.– Noch bin ich mit Bremer zufrieden. Er ist kalt und *will* warm sein. Aber das ist gut in der Verfassung unserer Beaulieu.

Seit ein paar Tagen wird George den ganzen Tag zum Hofmeister geschickt. Ich hoffe, das Verzogne, was diesen Winter in den Jungen hinein gekommen, soll sich nun, da er mit andern Kindern ist, verlieren.

Sag mir, wodurch Du ruhig wirst, Boie. Ich kann alles, will alles, wenn es Dir nur Freude macht. Ich wollte, daß Du an mich nicht dächtest, es geht mir *immer* gut.

(den 9.) Um ein Uhr kam ich von Engsen[1] zurück diesen Morgen, und bin außer Müdigkeit vortrefflich wohl. Mejers, Freitag, Höpfner grüßen herzlich. Letzterer klagte jämmerlich, wie so alle Freude dahin wäre, seitdem Du und ich nicht mehr in Hannover, und ich mußte ihm die Hand darauf geben, daß ich seiner nicht vergessen wollte. Die Ursache dieser freundlichen Empfindung war wohl, daß er im Wagen die Launen der Mejern sehr gefühlt hatte.

Daß Du ‚Iphigenie‘ noch nicht gelesen, begreife ich sehr wohl. Lese ich doch nichts und habe keine Geschäfte. Komtesse Wilhelmine schreibt mir Gustchens Heirat, und ist sehr vergnügt darüber. Die Kinder freuen sich sehr, daß Gustchen ihre Mutter wird.

Die Gräfin Luise kann die ‚Pomona‘ nicht leiden. Ich begreifs wohl, dennoch ist die Monatsschrift von vielem Nutzen.

(den 10.) Mein Brief wird Stückwerk, liebster Boie. Verzeih. Gestern Abend störten mich Bremers. Ich disputiere viel mit dem ältesten, der nicht glücklich sein *will*, denn alle die kleinen Freuden achtet er nicht, ist ganz empfindungslos dafür. Er hofft, sein Herz soll einmal von der Liebe elektrisiert werden, und ich behaupte, daß diese Leidenschaft nie in sein Herz kommen kann. Er sieht Frau von Beaulieu selten. Sie liebt [ihn] wirklich mit den feinsten Empfindungen, und hält seine Kälte für Delicatesse. Er staunt sie an, begreift sie nicht, und möchte gern mehr Zärtlichkeit geben, wenn er fähig wäre.

Es liegt mir am Herzen, Dir die Einrichtung der Armenanstalten zu verschaffen. Der Beitrag [der Vermögenden] ist reichlich. Die Stadt ist in verschiedene Quartiere eingeteilt. In jedem Quartier sind bestimmte Armenherren, die in die Häuser gehen müssen, das Geld zu heben. Was jeder gibt, schreibt er in ein Buch.

Lebe wohl. Frau v. Lenthe schickt, wir möchten zu ihr kommen, ich muß mich also anziehn.

Boie   Meldorf, 19. Mai 1783

‚Iphigenie‘ ist ein herrliches Stück. Ich habe Dir fast bei jeder Szene gedankt, die ich las. Besonders freut mich die edle Einfalt,

---

[1] Luise und die hannoverschen Freunde treffen sich in diesen Jahren mehrmals zwischen Hannover und Celle.

die durch das ganze Stück atmet. Mehr schreib ich, wenn ich das Stück wieder gelesen habe. Ich hoffe, Dir gegen den Winter eine ähnliche Freude zu machen, und Dir etwas aus dem Sophokles oder Euripides zu schicken.

Daß die am Tage meiner Abreise gepflanzte Myrte so gut angeschlagen ist, freut mich. Die Art, Zwiebelgewächse im Winter recht gut zu treiben, teile mir doch einmal mit.

Von Amalien habe ich Dir nichts als zärtliche Grüße zu sagen. In Kopenhagen ist alles wegen der zu weit getriebenen Spekulationen und des Aktienhandels in Bestürzung, und verschiedene große Bankerotte sind ausgebrochen, die zum Teil tragische Szenen veranlaßt haben. Davon handelt fast ihr ganzer Brief.

Lebe wohl, beste Luise. Ich darf die leere Seite nicht [mehr] anfangen, weil ich sie sonst voll schreiben würde. Inliegend ein Brief von Katharine Stolberg.

Luise an Sarah von Hugo   Celle, 23. Mai 1783

Wie schön ist doch dieser Mai, teure Sarah! (Erlauben Sie mir diesen traulichen Ton, mein Herz liebt Sie, ich kann nicht mehr so fremd mich mit Ihnen unterhalten.)

Ich dachte, Sarah könnte auch wohl einmal zu uns kommen im Frühling oder Sommer. Wollten Sie nicht in Gesellschaft gehen, könnte ich bei Ihnen bleiben, läse Ihnen vor. Sie würden hier ganz nach Ihrem Sinne leben können, ohne allen Zwang. Denken Sie doch daran, ob es nicht möglich ist. Pestels begleiteten Sie dann wieder nach Rehburg.

Vor einigen Tagen las ich ,Iphigenie auf Tauris' von Goethe. Es war Manuscript. Ich durft's nicht aus der Hand geben, sonst hätt' ichs Ihnen geschickt, denn Ihnen und Ihrer Frau Schwester würd's gewiß gefallen. Es wird hoffentlich gedruckt, darum will ich nichts mehr davon schreiben, sonst nehme ich Ihnen den Reiz der Neuheit. Und wenns nicht gedruckt wird, will ichs Ihnen doch verschaffen.

Sie sind eine Freundin von ,Asmus', liebe Fräulein von Hugo; wollen Sie den vierten Teil desselben haben?[1] Auf Ostern kommt er heraus. Da die Nachdrucker auf Raub ausgehen, so wünscht Claudius seiner Leser Namen zu wissen, damit doch nicht alles geraubt wird und ihm nichts oder wenig bleibt. Es kostet einen

---

[1] Siehe Anhang: Claudius.

oder einen halben Taler, ich weiß es selbst nicht genau. Haben Sie Freunde und Bekannte, die ‚Asmus‘ lieben, sagen Sie's ihnen und geben mir die Namen oder sagen mir nur die Anzahl der Exemplare. Wär's Asmus nicht, ich bäte nicht darum, denn der Subscriptionen wird man müde, aber der begnügsame Claudius verdient einen Vorzug.

Oft werd ich mich Ihrer erinnern auf meiner kleinen Reise. Möchten Sie doch so wohl sein bei Ihren Molken, wie ichs anjetzt bin! Luise Pestel gebraucht die Kur ordentlich, und das Übel wird geringer.

Gott gebe Ihnen mehr Gesundheit! Das ist mein einziger Wunsch für Sie.

Dank, liebes Fräulein von Hugo, für die gütige Erinnerung an meinen Bruder. Hoffentlich besuche ich ihn diesen Sommer. Ich freue mich zu dieser Reise, denn die Braut soll ein blondes, hübsches, liebes Mädchen sein. Leben Sie wohl, meine lieben Damen. Wir Luisen lieben Sie herzlich.

BOIE   Meldorf, 25. Mai 1783

Ich freue mich von ganzer Seele Deines Briefes, meine teuerste, einzige Luise. So wie Du ruhig bist, bin ichs auch.

Nun darf ichs Dir gestehen, daß ich wieder am Fuße gelitten habe. Meine Verkältung, über die ich klagte, suchte da den Ausgang, und fand ihn. Ich hatte nur einen Tag Schmerzen und könnte itzt springen, so leicht bin ich.

An die Gräfin Luise, deren Zettelchen ich wieder beilege, schreib ich mit der morgenden Post. Aber, Luise, warum unmöglich, daß Du einmal nach Tremsbüttel kommst? Du würdest da so im Schoße der Freundschaft sein, und sieh, wenn Du Wiedersehen [mit mir], neue Trennung fürchtest, ich verspreche Dir, ich will nicht hinkommen.

Daß Du alle die Ermüdungen so gut trägst, ist Beweis Deiner wiedergekehrten Gesundheit, die sich durch die Reise und das Bad gewiß noch mehr stärken wird.

Die ‚Iphigenia‘ ist halb in Versen geschrieben, und halb nicht. Wenn Goethe den Vers selbst zerstört hat, hat er ihn nicht genug zerstört. Vielleicht aber soll alles Vers sein, und die Abschrift, die Du gehabt hast, hat das nicht gehörig unterschieden.[1] Das Stück

---

[1] Die Abschrift war vermutlich richtig. Vgl. S. 224.

ist vortrefflich. Klopstocks ‚Tod Adams‘ ausgenommen, hat unsre Sprache noch keines, das so ganz im griechischen Geschmack wäre. Möcht' ich Dir nur bald ein Stück von Sophokles oder Aeschylus schicken können!

Daß Du übrigens [d. h. im übrigen] nicht lesen kannst, bedaure ich nicht sehr. Wer Geist und Herz hat wie Du, braucht durch Lesen weder erwärmt noch genährt zu werden.

Die Nachtigall ist mir beinahe eine schöne poetische Dichtung geworden. So lang ich hier bin, hab ich keine gehört.

Ich fahre diesen Nachmittag mit der Frau v. Jessen und Niebuhrs aus. Die erste lieb' und schätz' ich immer mehr. Sie entwickelt sich ordentlich erst, seitdem ihr Mann tot ist, der ein braver, guter Mann, aber so steif und feierlich war als möglich, und niemandem erlaubte, sich anders zu zeigen als nach den Vorschriften der vieille cour, nach dem er sich selbst gebildet hatte.

Amalie grüßt Dich sehr. Ich glaube nicht, daß ich sie liebe, obgleich ihr mein ganzes Herz ergeben ist. Für Liebe – fürchte ich noch immer – bin ich zu kalt geworden. Das bleibt aber fest wie ein Felsen steht: sie oder keine, und das weiß sie auch. Ich habe sie weder getäuscht, noch Erwartungen unterhalten. Ich bin mit ihr sehr zufrieden, und nach Luisen ist mir kein Weib so wert, ich fühle nur, daß ich weder sie noch mich glücklich machen würde, wenn ich sie in meinen jetzigen Umständen heiratete. Besser nicht volles Glück itzt, als gewisses Unglück für die Zukunft.

Die Kassendefekte nehmen bei uns – leider – sehr überhand. Alles Folgen des immer mehr um sich greifenden Luxus, der endlich alles stille, häusliche Glück stören und unmöglich machen wird. Ich nehme, wie Du Dir vorstellst, keinen geringen Teil an dem allem.

Ich bin jetzt ernsthafter gestimmt als sonst, fühle aber, daß die Heiterkeit, die vielleicht die Grundlage meines Charakters macht, nur schlummert, nicht erloschen ist.

Den Frühling, so lockend er ist, genieße ich fast nur in meiner kleinen Anlage von Bäumen, in der sich immer eine neue, mir zum Teil unbekannte Blüte nach der andern entwickelt.

Nun, beste Luise, der Himmel sei mit Dir.

LUISE   Celle, 2. Juni 1783

Hätte Amalia keine Kinder, keine Verwandte, kein Vermögen, dann wollte ich dir sagen: Nimm Amalia zu Dir. Warte nicht, bis ein Haus gebaut ist. Ein Stübchen für Dein liebes Weib gibt Dir Dein Wirt wohl. Du wärst dann nicht mehr allein, Boie. – *Du* nicht heiraten, da Du den Genuß häuslicher Freuden ganz fühlen würdest? Wenn ich doch A. kennte, um etwas sagen zu können, aber leider muß ich schweigen – ich mag Dich nicht überreden. Heftige Leidenschaft ist zum Glück des Lebens nicht notwendig, sie ist ohnehin nicht von Dauer. Solltest Du nicht bei einem einfachen, nach *altem* Brauch und Sitte geführten Haushalt mit Deiner Einnahme leben können? Da Du der Erste in Meldorf bist, kannst Du ganz nach Deinem Sinn leben. Wann auch hie und da etwas befremdet, tuts nichts, die Leute werden Dich doch nachahmen, und sich wohl dabei befinden. Überlege das alles, Boie. Es ist mir unmöglich zu denken, daß sich A. bei der Gewißheit beruhigt: „Amalia oder keine." – Und gab Dir denn der Himmel ein Herz, um einsam zu leben? Ließ er Dich denn zwei gute Weiberseelen finden, um getrennt von beiden zu sein? Liebe und Freundschaft sind zum *Glück* in uns gepflanzt – und Qual ist Dein künftiges Leben, wenn Du Amalia nicht heiratest. Sollte A. nicht auf den Winter zu ihrer Tante kommen können? Du wärst dann den Winter nicht allein, und würdest es entscheidender empfinden, ob sie Dir ganz sein könnte, was Du wünschest.

Du warst ernsthaft gestimmt, als Du Deinen letzten Brief schriebst. Sag mir doch immer, wenn Du nicht heiter bist. Ich schreibe Dir alle meine Launen. Es ist Trennung des Herzens, Boie, wenn Du mir nur im Sonnenschein schreibst. Und dies ist die Trennung, die Deine Luise fürchtet.

Die Verse der ‚Iphigenie' hab ich auch wohl zum Teil [beim Abschreiben] zerstört. Ich fühlte, daß es Verse waren, und dann auch wieder nicht, so daß ich nach genauer Untersuchung, die mich noch verwirrter machte, fort schrieb, und mich an nichts kehrte. Sobald es Verse sind, müssen doch nicht am Ende die Worte geteilt und die letzte Silbe zu der andren Zeile übergetragen werden? Das kann doch nicht sein? Du siehst, Lieber, daß ichs so gut verdorben haben kann als der Abschreiber des Stücks.

Den 15. denke ich von hier zu reisen, nach Hannover zur Niepern, Ende dieses Monats zu meinem Bruder, dessen Hochzeit morgen sein wird. Ich sehe alle Leute in Hannover gern wieder, aber jeder will mich für sich allein haben. Die Niepern ist noch die billigste.

Kestner schickt Dir dies Büchelchen, nebst einem herzlichen Gruß von ihm und seiner Frau.

Gestern war ich wieder auf Lenthens Garten, wo ich nie oft genug [hin]komme. Die beiden kleinen Mädchen[1] wissen von Boie nichts mehr, und das verdrießt mich. Wir werden sonst ganz bekannt. Die Gräfin[2] und Frau v. Lenthe überhäufen mich mit Höflichkeiten. Die Lenthen ist aber natürlicher wie ihre Schwester. Beiden merk ichs sehr an, daß sie mich gern einmal in Gartow hätten, um Emilie[3] aufzuschütteln. Jetzt sind Herr und Frau von Schardt[4] aus Weimar da. Sie hat nun drei unglückliche Wochenbetten gehalten. Die Kinder alle nicht lebendig geboren.

Der Bischof hat dem König in Preußen außerordentlich gefallen. Er hat den jungen Prinzen anderthalb Stunden allein unterhalten, sozusagen examiniert, und öffentlich seinen Beifall bezeugt.

Gewiß schreibe ich Dir jede Woche auf meiner Reise. Mir wäre das nicht Schreiben an Dich Strafe. Leb wohl.

Boie hat sich unbewußt eigentlich schon gegen die Heirat mit Amalia entschieden. Die Entwicklung, die ihn langsam von Amalia fort und zu Luise hin führt, beginnt innerlich wohl nach der Auseinandersetzung über Luises Zukunft. Seine Briefe an Luise werden allmählich zärtlicher als früher. Amalia wird seltener und zugleich sachlicher erwähnt. Im Augenblick befaßt Boie sich wohlwollend, aber ohne Begeisterung mit ihrem Plan, zu den Verwandten (v. Jessen) nach Meldorf zu reisen.

LUISE   Celle, 13. Juni 1783

Ein herrliches Projekt, wenn Amalia auf den Winter nach Meldorf geht. Boie, die Nachricht macht mich unbeschreiblich glücklich. Ich will Dir nicht sagen, was ich alles davon erwarte, denn Du schreibst immer so rätselhaft über die Sujets, daß ich meine hübschen Ideen auch für mich behalte.

Bald erhältst Du den Ring von Amaliens Haaren. Ich will dem Ring eine kleine bezaubernde Kraft [mit]geben. Trag ihn ja immer am Finger, Boie.

Schön ist [jetzt] unser Abendspaziergang, lieber Boie! Gestern war's halb zwölf, als wir zu Hause kamen. Wir folgten einer Leiche von fern. Das Tribunal hat in fünf Monaten seinen Präsidenten, zwei Oberappellations-Räte, zwei Kanzellisten, einen Pe-

---

[1] Töchter des verwitweten Ministers Bernstorff. [2] Gräfin Bernstorff, die Tante der Kinder. [3] Die eigene jüngste Tochter der Gräfin. [4] Bruder und Schwägerin Charlotte v. Steins.

dellen verloren, und der hiesige Cirkel der Gesellschaft in einem
Jahre fünfzehn Personen. Das sind doch viel Tote in so kurzer
Zeit!

Mit beiden Bremers möchte ich doch nicht täglich umgehn, so
wie diese Zeit. Beide leben nur in dem, was um sie ist, sie nähren
sich von nouvelles du jour. –

Lebe wohl, Boie. Halte mir's zugute, wenn ich so leer und flüchtig schreibe. Du weißt nun ganz, wie sehr ich Dich liebe, nicht
wahr, Boie? – Bitte, schone Deine Gesundheit; ich kann's nicht
aushalten, wenn Du leidest, und ich hier so sitze, immer zu Dir hin
möchte und nicht kann.

Celle, 16. Juni 1783

Da ich hörte, die Stolberge kämen [nach] hier, schrieb ich gleich
nach Hannover, daß ich erst den 23. von hier ginge, denn die Gräfin Luise schreibt mir: „Sie müssen, bis ich wieder zurück bin,
nicht reisen. Bitte! Bitte! Ich habe Ihnen etwas zu sagen. Bringe
Ihnen meine opus mit und mehr." – Bleiben kann ich unmöglich,
bis sie zurück kommt, aber genug, ich sehe sie. Eine Freude, die
mir so sehr unerwartet ist, und mich unbeschreiblich glücklich
macht.

Gestern war ich bei Frau von Lenthe. Heute geh ich wieder hin.
Die Reisenden müssen vor ihrem Garten vorbei. – So wie ein Wagen rollte, pochte mir das Herz gar gewaltig. Ich hatte den sonderbaren Gedanken: wenn Boie auch käme! Ich weiß, daß ich
Dich nicht sehe, und doch ist mir närrisch zu Mute. Die ganze
Nacht konnte ich das erwartende Gefühl nicht los werden, habs
noch und verlier es nicht, bis ich alle Ankommenden gesehen.
Mein Herz will durchaus nicht hören, wenn ich zu ihm sage: Boie
kommt nicht.

Wilhelmi hat mir den Ring geschickt, er ist wie der vorige, aber
nicht so hübsch. Die Pestel sagt, ich wäre blaß geworden, als ich
den Ring gesehn. Wahr ists, ich glaube, mir war zu Mute wie Dir,
da Du den verbrannten Ring aus der Asche suchtest.

– Da störte mich Frau von Lenthe. Mittwochen esse ich bei ihr.
Boie, wenn ich Dich auch sähe! Es ist unmöglich, das weiß ich.
Ein unbegreiflicher Widerspruch ist in mir, von Wünschen und
Nichtwünschen, von Verlangen und Nichtverlangen, von Freude
und von Wehmut. Ich war ja oft eine Törin, und Du hattest Ge-
duld mit mir.

Ich grüße Dich, Du Einziger. In Hannover ist Deine Heirat gewiß, wem sie Dich zudenken, weiß ich nicht. – Adieu.

Celle, 20. Juni 1783

Da fahren sie hin, die Stolberge mit Julchen [Reventlow]. – Es ist jetzt halb fünf Uhr Nachmittags. Mein Herz ist jetzt, da sie fort sind, so weh. Käthchen fand ich sehr still, gar nicht wie vor vier Jahren. Julchen ist ein Engel, ein herrliches, redendes Gesicht. Ich muß Dir noch sagen, lieber Boie, daß mich die Stolberge nicht wieder gekannt haben, weil ich so wohl aussehend. Gräfin Luise sprach rätselhaft. Ich weiß nicht, was es sein kann. Du würdest es mir schreiben, lieber Boie, und ich sollte meinen Entschluß der Gräfin schreiben – sollte ja nicht Nein sagen, oder Gründe zum Nein ihr schreiben. Beim Weggehn umarmte sie mich und sagte: „Luise, nicht Nein, es soll Ihnen gewiß wohl werden." – Du wirst es mir schreiben, es kann doch Niemanden als die Gräfin [Luise] betreffen. Ich wagte nicht, neugierig zu sein, sagte nichts von Amalien. Aber du hast wohl getan, recht wohl, daß Du nicht mit gekommen. Ich wäre ein Kindskopf gewesen, wenn ich Dich gesehn – und dann das Wegreisen – – Nein, nein, Boie, nicht wiedersehn ist besser.
Leb wohl. Leb wohl.

Hannover, 1. Juli 1783

Ich will wenigstens versuchen zu schreiben. Du sollst entscheiden über meine Reise zu Gräfin [Luise].[1] Ich will Dir sagen, was ich dagegen habe: das Anerbieten der Gräfin kommt allein von Dir. Du willst, daß Luise glücklich sein soll. Die Pesteln schreibt mir, ich soll ja einen Teil des Winters zur Gräfin gehen, weil es Dir Freude machte, Du mich dann sehen würdest. – Aber, Boie, Pestels bin ich notwendiger im Winter wie zu jeder andren Zeit. Laß mich in Celle, wo ich nützlich bin. Künftges Jahr ist's vielleicht auch der Gräfin lieb, mich zu sehen. Trennen kann und werde ich mich nie von der Pestel. Dann, Boie, überlege auch, ob ich der Gräfin gefallen könnte, wenn sie mich genauer kennte. Es ist schwer, ihr zu gefallen. Die Gräfin Bernstorff zu Gartow, die kleinen Kinder, die sich entsetzlich vor „Tante Luise" fürchten,

---

[1] Luise hat inzwischen erfahren, daß die Gräfin sie im nächsten Winter bei sich haben möchte.

haben mir viel davon erzählt. Dazu kommen die Klagen von Lotte Bernstorff; ihr Vater, auch Graf Christian haben oft Tränen des Mitleids im Auge[1], wagen aber nichts zu sagen, um die Gräfin nicht noch mehr aufzubringen. Würde ich Klugheit genug haben in solchen Situationen? Du weißt, ich ehre und liebe die Gräfin, aber ich fürchte sie auch. Boie, sorge nicht für Deine Luise, nur für Dich allein. Überlege das alles, und laß mich bei der Pesteln, der ich so viel bin.

Freitag Morgen, also den 4., reise ich um drei Uhr von hier, in Northeim treffe ich meinen Bruder, und fahre noch denselben Tag nach Osterode. Alle Deine Freunde grüßen Dich. Leb wohl. Hier schicke ich die Nachricht von den Lüneburgischen Armen-anstalten, wonach die hiesigen eingerichtet sind.

Hannover, 3. Juli 1783

In ein paar Stunden, um Mitternacht, fahre ich von hier. Gestern Abend ging ich um den Wall. Ich ging [hier] einst mit Dir. Ist es nicht unsinniger Widerspruch, Dich immer zu lieben, Deine Ab-wesenheit schrecklich zu fühlen, und Dich nicht sehen wollen?

Meine ehemalige gute Dortchen ist ein glückliches Weib. Zweimal besucht ich sie. Ihre erste Frage war nach Dir. Sie sieht ihrer Entbindung entgegen.

Pestel ist gar nicht wohl. Die Pesteln wollte Dir einen launigen Brief über eine sonderbare Herzens-Eroberung schreiben, die ich gemacht. Sie hat nicht [gleich] können, und nun ist der Spaß vor-über. Bremers wollten sich tot lachen. Du wirst auch lachen, wenn ich Dir sage, daß es der Hofrat Strube ist. Wüßte es seine Schwe-ster, die Döringen, sie verziehe mir nie.

Hannover wird sehr verschönert. In ein paar Jahren, wenn alles ist, wie es sein soll, wird es Dir gefallen.

Lebe wohl, Du Teurer. Schreibst Du der Gräfin Luise, so sag ihr, daß ich auch hier keine Köchin kriegen kann, sie wollen nicht so weit weg. Boie, vergiß Deine Luise nicht.

BOIE   Meldorf, 3. Juli 1783

Wie es mir nun leid tut, Luise, daß ich mit den Stolbergen nicht nach Hannover gegangen bin, kann ich Dir nicht sagen. Wenn ich nicht fast gewiß gewesen wäre, Dich zu verfehlen, so würde mich

---

[1] Lotte wurde von der Gräfin sehr streng behandelt.

kaum Deine Furcht vor dem Wiedersehen abgehalten haben, Dich zu überraschen.

Die Gräfin Luise ist, bei ihrem täglich von mir mehr anerkannten hohen Wert, gegen Leute, die sie nicht, oder nicht genug kennt, wirklich zuweilen nicht, wie sie sein sollte. Ich sag ihr das geradezu, und sie nimmt es gut auf.

Ob Amalia herkommt, ist ungewiß. Die Tante hält es für besser, daß wir uns in Kopenhagen sehen, wo des müßigen Geschwätzes nicht so viel sein wird. Ich hätte die Reise gern gesehen, aber überreden kann ich die Tante nicht, da ich für den [günstigen] Ausgang keineswegs stehen kann. Der Brief, den ich jetzt an das gute Weib schreibe, wird mich was kosten. Ihr Vermögen reicht zu unsrer Einrichtung kaum hin, und ich würde nie vergessen können, daß es ihren Kindern gehört, da es ganz von dem ersten Mann kömmt. Sie muß nichts als meine Freundin sein, und wird es auch endlich werden. Ich heirate fürs erste wieder nicht. Schelten kannst du mich nicht, Luise, wenn Du gleich, was ich dir sage, für zu kalt und vernünftig halten solltest.

Leb wohl, meine Teuerste! Ich muß an den andern Brief, und wollte Gott, er wäre schon geschrieben.

LUISE   Osterode, 5. Juli 1783

Ich konnte vom Schicksal keinen bessren Tag zur Reise als den gestrigen erwarten. Es war schön und kühl nach einem Gewitter geworden. Ich fuhr halb eins aus Hannover. Niepers Diener war mein Begleiter. Unser gewöhnlicher engerer Zirkel war mit mir Donnerstag Abend auf Schleichers Garten. Mein ganzes Herz war bei Dir. – Die Gegend [bis] hieher hat mich sehr interessiert, an einigen Stellen ist sie äußerst romantisch. Ich hatte Deine mir geschenkte Lorgnette bei mir, lange hab' ich Dir nicht so herzlich dafür gedankt als gestern. Um sechs Uhr war ich in Northeim. Meinen Bruder fand ich schon lange mich erwartend, setzte mich in seinen Wagen und war halb elf Uhr hier. Ich wundre mich, daß ich nicht mehr ermüdet bin.

Meine Schwiegerin ist ein Kind, siebzehn Jahr, aber so delikat wie ein Mädchen von dreizehn. Sie ist hübsch, mehr noch angenehm, und so ganz Unschuld, daß ich sie gleich lieb hatte. Sie ist herzlich, weiß nichts von Launen, ist mit allem zufrieden, aber sehr furchtsam, wie Kinder, die nichts kennen als was sie ganz nahe umgibt. Sie verläßt mich keinen Augenblick, weil sie nicht allein zu sein gewohnt ist. Mein Bruder ist derselbe. Du weißt, was das sagen will. Hier wird er geliebt. Er hat vielleicht wohl getan, ein gutes, liebes Kind zu heiraten, das ihm so gern Folge leistet. Von der andren Seite ists übel, denn sie versteht durchaus nichts, will aber gern lernen. Das Haus ist nach hiesiger Bauart schön und [innen] wirklich niedlich. Die Wände weiß ohne Tapeten, Betten [d. h. Bettumhänge] von Leinen und alles so simpel, wie es zu den weißen Wänden gehört. Ein Mädchen, was kocht, und ein Bursche, das ist die ganze Wirtschaft. Da hinter diesem Hause kein Garten ist, verlier ich eine große Annehmlichkeit, die ich gewöhnt bin. Morgen kommt der Bergarzt Lentin, den ich wegen des Badens fragen muß.

Diese Stadt ist größer, aber sonst wohl so wie Einbeck. Als ich heute nach meines Bruders Garten ging und einen Teil der Stadt sah, dachte ich immer: so ist gewiß Meldorf.

(den 6.) Der Doktor Lentin ist ein artiger, feiner Mann, hat im Profil viel Ähnlichkeit mit Zimmermann, aber er hat weniger Selbstgefühl. Morgen nehme ich Medizin, und Montag fange ich an, täglich zu baden, dabei den Pyrmonter zu trinken. Ich mußte L. von meiner Krankheit erzählen. Er wunderte sich, daß ich noch lebte, noch mehr aber, daß ich kein Nervenübel hätte.

Meine Kur hindert mich auszugehn, was mir lieb ist. Ich hoffe in drei Wochen nach Göttingen zu reisen. Gern möchte ich [dann] mit Pestels wieder nach Celle zurück reisen können. Die Rehbergen verbittert mir meinen Aufenthalt in Hannover zu sehr. Beim Weggehn sagte sie mir, vor Unwillen zitternd: „Auf Ihrer Rückreise sollen Sie vierzehn Tage bei mir logieren und ich lasse Sie in der Zeit nicht aus der Haustür." Das heißt tyrannisieren, Boie. Bei der Niepern war ich gern. Sie genierte mich nicht.

Sag mir ja, daß Du mir gut bleiben willst, wenn ich diesen Winter nicht hingehe zu den Stolbergen.

(den 7.) Noch einen Morgengruß, Du Einziger. Boie, ich bin entsetzlich weit von Dir. Meine Schwiegerin habe ich sehr lieb. Sie ist so innig gut, aber ein Kind. Daß doch Eltern *Kinder* heiraten lassen!

Osterode, 10. Juli 1783

Mir ist wohl bei Brunnen und Bad, lieber Boie. Das Bad ist sonderbar. Das Wasser wird um fünf Uhr Morgens verfahren, und um sieben Abends ists erst bis milchwarm abgekühlt. Länger als zehn Minuten kann ichs noch nicht aushalten. Nach dem Bade eine Stunde ins Bett. Ich schwitzte so ganz entsetzlich danach, daß ich das erstemal glaubte, ich müßte durchaus krank werden, ich fand mich aber gestärkt. Des Morgens sechs Uhr trinke ich Brunnen, um acht Kaffee, und von neun bis elf gehe ich allein spazieren. Dies allein Gehn ist meine Brunnenbedingung, denn sonst hätte ich im ganzen Tage keinen ungestörten Augenblick, wo ich an den Einzigen denken könnte, der meine Seele so ganz füllt.

Gestern Morgen ging ich an einem Arm des Flusses Söse herauf. Der Fluß ist klar, fließt über Kieselsteine hinweg, Schmerlinge fängt man darin. An einer Seite ist ein naher Berg, worauf ein altes Gemäuer von Wachtturm oder Schloß. Der Boden ist hier sehr felsicht, also unangenehm zu gehen. Heute erstieg ich den Berg. Am Ende [des alten Gemäuers] fand ich eine Kirche. Ich durchkreuzte Kornfelder und felsichte Hügel und kam endlich zu einem hiesigen berühmten Spaziergang, der Allee, die eine Krümmung hat, und deren Bäume noch klein sind. Mein Bruder wunderte sich des Umherwanderns. Du, teurer Boie, bist mir dabei so gegenwärtig. Wärst du nicht, dann würde mir sein wie allein in der ganzen Schöpfung. Diese Gegenden haben etwas Melancolisches. Hier singt auch nie eine Nachtigall, und des Morgens und Abends ists so kalt, wie ichs mir bei Dir [in Meldorf] auch denke.

Hier ist ein Briefchen der La Roche. Wenn ich der guten La Roche *meine* Ideen über Liebe sagen wollte, würden sie ihr närrisch scheinen.

Ich lese meiner Schwiegerin den ‚Oberon' vor. Eigentlich, um keine Langeweile zu haben. Das kleine Weibchen ist aber dabei so aufmerksam, so voll natürlicher Empfindung, daß es mich sehr freut. Schade, daß der Keim, der in ihr liegt, nicht gepflegt wird! Ich wünschte, sie wäre nicht ganz so unwissend in Wirtschaftssachen. Sie weiß durchaus nichts, und mein Bruder macht alles verwirrt.

Pestel ist wieder elend. Boie, ich kann diesen Winter den Mann nicht verlassen. Seine Frau kann ihn nicht so beruhigen; denn sie folgt seinen Kranken-Ideen nicht so wie ich. Oft wünsch ich mich jetzt schon nach Celle zurück, so Angst wird mir.

Es ist mir, als ob ich in Nordamerika wäre, so weit von Dir, Du Einziger.

Liebster Boie, Dein Brief vom 3. gibt mir Freude und Schmerz. Boie, ich vergoß Tränen, ich kann nichts zu den Gründen sagen, aber es verwundet meine Seele, daß du kalt [gegen Amalia] scheinen mußt. Kennte ich Amalia, Du wärst nicht sicher, daß ich ihr einen Dir sonderbar scheinenden Brief schriebe. Kann sie nicht Dein sein, müßtest Du es ihr schreiben, denn jedes Fünkchen Hoffnung nährt die Liebe und wird Flamme.

Gestern sprach ich bei der Amtmannin einen Doktor Vogel aus Ratzeburg, der Zimmermann besucht hatte. Zi. hat Vogel erzählt, daß er einen Besuch von holsteinischen Grafen und Gräfinnen gehabt. Er hätte ihnen Reisen nach Frankreich und Italien vorgeschlagen, das einzige, was man vornehmen und reichen Leuten raten müßte. Armes Julchen, dacht ich, du bist nicht in den Händen eines mitleidigen Arztes!

Es ist mir ganz lieb, einmal in einer so kleinen Stadt zu sein, um die wenigern Bedürfnisse dieser Leute zu sehen. Die Simplizität gefällt mir sehr, die hier in allem, nur nicht in dem Putz der Weiber herrscht, der ist eben so kostbar und viel geschmackloser wie in Hannover. Jetzt lehre ich Henriette nähen. Sie ist herzlich folgsam, und ich bedaure mit jedem Tag, daß das Weibchen nicht noch jetzt erzogen werden kann.

Die Bremers werden in diesen Tagen in Celle examiniert.[1] Der älteste hat mit mehrerem Fleiß gearbeitet. Ich bin mit seinem Betragen gegen Frau v. Beaulieu zufrieden. Das gute Weib reiset in diesen Tagen zu ihrer Schwester, und hat die Idee, nicht wiederzukommen. Br. hat ihr das abgeraten, ihr alle Gründe vorgestellt. Sie nimmt das übel, beschuldigt Br. der Kälte, er bittet sie dennoch, es nicht zu tun, denn der Mann läßt ihr die Kinder nicht, und ohne die Kinder lebt sie nicht. Die gute Pestel ist auch gegen Bremer [d. h. gegen seine Auffassung], er appelliert an mich, ich schreibe morgen der P., daß Bremer Recht hat. Trennung unter *den* Umständen – fünf Kinder – es geht nicht.

Die Lenthen ist auch sehr unglücklich, aber auf andre Art. Sie hat jetzt allen ihren Domestiken aufgesagt. Die P. schreibt, sie hätte auch ihr die Ursache nicht entdeckt, [denn] nach ihren Grundsätzen scheuet sie einen solchen Grad von Zutrauen. Ihr

---

[1] In Celle, dem Sitz der höchsten hannoverschen Justizbehörde, legten Juristen, die Karriere machen wollten, eine letzte Prüfung ab.

Vermögen wird von ihrem Mann durchgebracht, sie soll Schulden bezahlen. – Daß die beiden einzigen mir interessanten Frauen in Celle so unglücklich sind!

Leb wohl, Du Teurer.

BOIE   Meldorf, 13. Juli 1783

Daß Du in Hannover gewesen bist, ist mir sehr lieb, [eben]so wie daß Du itzt nicht mehr da bist. Es würde mir gehen wie Dir, wenn ich ohne Dich einmal wieder dahin käme. Hundert Gegenstände, Örter würden mir Erinnerungen unserer gottlob durch die Trennung nur befestigten Freundschaft sein. – Der Gräfin schreibe ich heute, was Du wider den Besuch in Tremsbüttel hast. Mehr als ein Besuch soll es fürs erste nicht werden. Du bist in Celle, sagst Du, notwendiger. Ich fühle das, denn ich weiß, was Du dem guten Pestel, der ohne Dich nicht leben kann, geworden bist; aber einen Monat, und wenn's auch zwei wären, wird er Dich entbehren lernen. Du wirst der Gräfin gewiß gefallen, wenn sie Dich genauer kennt. Du bist die einzige, die auf sie gehörig wirken kann. Das fühlen und glauben Graf Christian und Graf Bernstorff. Ich leugne nicht, daß sie gegen Lotten manchmal zu strenge sein mag, doch liebt sie L. in hohem Grade, und was sie tut, glaubt sie zu ihrem Besten zu tun. Ganz gewiß, Luise, sie ist eine große Frau, in der ganzen Bedeutung des Wortes. Von den Menschen, die sie beurteilen, kennt sie unter hundert kaum einer [wirklich]. Nützlich werden – überlege das recht – kannst Du schwerlich in einer Lage des Lebens mehr als in dieser. Sieh alles dies aber nicht als Überredung an. Ich möchte niemanden, ja am wenigsten Dich, die ich liebe wie mich selbst und mehr, zu etwas überreden.

Daß Amalia nicht hieher kommt, hab ich Dir schon geschrieben. Ich hatte gestern einen Brief von ihr, Du kannst Dir vorstellen, daß sie traurig ist. Ihre Tante hat, als Tante, Recht, ich selbst hätte [aber] gewünscht, sie hier zu sehen, und bin gewiß, daß es für sie besser, und für mich nichts dabei zu besorgen gewesen wäre. Ich verzweifele nicht, auch ihre Neigung in zärtliche Freundschaft verwandelt zu sehen.

Die Vossen ist wieder von einem Sohn entbunden. Mutter und Kind befinden sich wohl.

Boie hat in diesen Tagen die Gelegenheit genützt, ein Haus zu kaufen. Er berichtet Luise in der nächsten Zeit eifrig von seinen Plänen, bei denen wieder die Anlage des Gartens im Vordergrund steht. Aber er verkauft das Haus weiter, noch ehe er es bezogen hat.

Meldorf, 19. Juli 1783

Mein erstes Geschäft diesen Morgen sind diese Zeilen an Dich, meine Teuerste. Mit dem Gedanken an Dich erwachte ich, und der Gedanke, daß Du vielleicht in dem nämlichen Augenblick an mich denkest, erfüllte mich mit wehmütiger Wonne. Das ist nun der dritte Geburtstag, den ich feire, seitdem ich von Dir getrennt bin, Du holdes, edles Mädchen. Gefeiert wird er hier nicht, weil ichs nicht mag, daß einer seinen eignen Geburtstag begeht; aber ich habe doch den Abend bei dem lieben Niebuhr zuzubringen versprochen.

Also noch immer begleitet Dich das Bild Deines Freundes auf Deinen einsamen Gängen? Gutes, bestes, einziges Mädchen! Auch kein Tag vergeht, da Du mir nicht gegenwärtig bist. Wir müssen und werden uns wiedersehen. Alle, die ich im hohen Grade liebte und ehrte, hab ich noch immer wiedergesehen; und von Dir sollt ich auf immer getrennt sein? Nein, Luise!

Ich schicke Dir eine schon vor einiger Zeit für Dich abgeschriebene Klopstockische Ode. Sie ist etwas schwer, doch nicht undeutlich, wenn man sich Zeit läßt.

Die ungeheure, so lang anhaltende Dürre scheint sich endlich in Regen aufzulösen. Gott gebe es. Das Korn auf dem Felde ist halb verbrannt, die Wiesen sind's ganz, und das Vieh hat in unsrer Wassergegend kein Wasser. Noch käme der Regen recht. Ich zitterte schon vor den Folgen.

LUISE   Osterode, 19. Juli 1783

Diesen Mittag erhielt ich von der P. den letzten Brief aus Celle. Pestel soll baden zu Rehburg. – Bremer hat bis auf den letzten Augenblick vernünftig gegen Frau v. Beaulieu gehandelt. Ehe er nach Hannover zurück reisete, haben sie sich zum letztenmale bei der P. gesehen, wo Bremer nicht mit Bitten aufgehört hat, bis sie ihm wiederzukommen versprochen. Br. hat von ihr keinen Abschied genommen; wie sie merkt, daß er weg ist, stürzt sie zu Boden, liegt einige Minuten ohne Bewegung, steht endlich auf, zieht ein Papier aus der Tasche, worin ein Ring, den Br. ihr zum Abschied geschenkt, steckt den Ring an den Finger und sagt: „Nun Mut, mein Leben durchzujammern, der Ring soll mich an mein Versprechen erinnern." Br. hat [danach] noch einmal die P. besucht und geweint. – Ich kann Dir nicht sagen, Boie, wie ich diese Szenen gefühlt. Du bedaurst das unglückliche Weib, darum schreib ich sie Dir. – Vielleicht bringen Pestels Sarah von Hugo mit nach Celle. Das sollte mir lieb sein, denn ich habe das Mädchen gern.

Gestern war ich auf dem Amt[haus]. Generalsuperintendent Wagemann war da. Er erzählte mir, daß Bürger einen Prozeß im Preußischen gehabt und, da er ihm zu lange gedeucht, sich selbst an den König gewandt hätte. Der König habe Bürger geantwortet, daß er sich freue, bei dieser Gelegenheit ihm seine Achtung zu bezeugen und ihm dies auf eine tätige Art zu beweisen. Der Prozeß ist gewonnen, und jeder glaubt, daß B. nächstens in preußische Dienste gehen wird. Dich wirds freuen. – Wagemann sprach auch von den Streitigkeiten mit Voß. Er bedaurte Voß und sagte geradezu, Heyne und Lichtenberg hätten sehr Unrecht.

Mir geht es hier ganz gut. Den ,Oberon' hab' ich vorgelesen, nun lese ich Komödien. Das kleine Weib amüsiert sich dabei.

Osterode, 23. Juli 1783

Du bist meinem Herzen so unbeschreiblich gegenwärtig. – Gute Amalie! was fühlst *du*? Du verwandelst deine Liebe in Freundschaft? Als ob es so leicht mit der Verwandlung wäre! Täusche Dich nicht, Boie, Amalien muß die Herabstimmung mehr kosten denn Dir. Ich empfinde ihren ganzen Schmerz. Deine Lage, Boie, ist äußerst sonderbar.

Der Doktor Lentin interessiert mich. Er hat Kenntnisse und wahres Gefühl, aber Himmel, was sind die Harzer für Leute! Lentin sagte, endlich hätte er sich so herabgestimmt, daß er zufrieden lebte, versicherte mir aber dabei, daß jedes interessante Gespräch ihn auf Monate wieder unglücklich mache. Gestern brachte er den Tag bei mir zu.

Osterode, 27. Juli 1783

Diesen Morgen ging ich früh aus, den Harz hinauf. Am Fuße des Berges Häuser, die so einsam da stehen, mit Bäumen umgeben. Es ist eine Ziegelbrennerei und heißt die schwarze Hütte. In einem Eichhölzchen ruhte ich, und es war mir [so], als den 2. Juni 1777, da Du bei mir am Fuße des Deisters saßest. Dein Genius flüsterte mir Wiedersehen ins Herz. Wiedersehen ohne Schmerz, das der Himmel nur seinen Lieblingen schenkt.

Diesen Mittag aßen wir bei dem Hofrat Lunde, meines Bruders Schwiegervater, und den Nachmittag und Abend schmauseten wir bei dem Bürgermeister. Hoffentlich reise ich den 14. oder 15. nach Göttingen. Meine Abreise wird dem kleinen Weibchen Tränen kosten, auch ihren Geschwistern, die alle gute Kinder sind. Der älteste ihrer Brüder [Wilhelm] ist mein Favorit. Er ist so herzlich und wahr, kennt keine Furcht. Gestern sagt' ich von ohngefähr, daß man in Hannover schöne Butterkuchen hätte, die ich gern äße. Diesen Morgen um 4 Uhr geht er nach Clausthal (es sind drei Stunden von hier) und als ich von meinem Spaziergang zu Haus kam, fand ich einen Kuchen, den ich den Hannöverischen sehr vorziehe. Ich muß mich hüten, keinen Wunsch zu äußern, sogar der alte Vater liefe für mich nach Clausthal.

Der Amtmann hat weitläufig mit mir von meinem Bruder gesprochen, und bezeugte mir auf sein Gewissen, daß George sich so ganz den Geschäften gewidmet hätte, daß er mit Beifall einem Amt vorstehn könnte. Das freut mich doch sehr.

BOIE   Meldorf, 28. Juli 1783

Die Sache mit Amalia scheint sich nach und nach einzuleiten. Sie wird ruhiger. Was ich gelitten habe, denkst nur Du Dir. *Sie* darf ich es nicht merken lassen. Hätten meine Umstände es erlaubt, ich hätte ihr gewiß meine Hand geboten.

Was Du mir von dem älteren Bremer in Absicht der Frau von Beaulieu schreibst, macht ihn mir sehr lieb.

Dein Paket vom 14. erhielt ich gestern Abend. Der Ring ist nun schön, sehr schön, und wird mir auch in dem jetzigen Verhältnis [zu Amalia] lieb sein.

Im August des ‚Museums' wirst Du Proben aus dem Sophokles und Aischylos der beiden Stolberge und eine schöne Epistel von Ebert finden.

LUISE   Osterode, 1. August 1783

Wie sehr bedaur' ichs, Boie, daß Du die Amtmannin nicht kennst. Sie erfüllte mir gestern die Bitte, von Klopstocks Meta zu erzählen. Meta hat die Amtmannin sehr geliebt, ihre Briefe [be]zeugen's. Klopstock hat die Briefe seiner Meta zurückgefordert. Sie hat ihm die Bitte erfüllt, aber die interessantesten Briefe mit Weglassung der darin vorkommenden Namen, in ein Buch geschrieben behalten. Boie, die Briefe sind vortrefflich. Ernste, strenge, scharfe Beurteilung darin und das wärmste Gefühl des Edlen. Ihre Liebe zu Klopstock war oft Schwärmerei, aber wenn dieses Kolorit etwas milder wird, so trifft sie die Saiten *meiner* Zärtlichkeit für Dich. Es ist gut, Boie, daß der Tod diese Geliebten so früh trennte. Beide hätten ihre Liebe überlebt. Meta war eifersüchtig, sogar auf Männer. Klopstock war mit Frauenzimmern tändelnd, sein Herz kannte keinen Widerstand. Beide wollten keine Überwindung ihrer selbst ausüben, weil einer von des andern Liebe dieses Opfer erwartete. – Die Amtmannin liebt und schätzt Klopstock sehr. Sie bedaurt, daß das Lob seiner Freunde ihm mehr geschadet als Hochschätzung erworben, da er ohnehin sehr empfindlich auf Lob und Tadel wäre, diese Empfindlichkeit aber zu verbergen sich bemühte.

Leb wohl, teurer Boie. Ich gehe ins Bad. Jetzt begreif ichs, daß das orientalische Frauenzimmer gern badet. Es ist mir eine gar behagliche halbe Stunde, ein Mittel, den Körper sanft einzuschlummern.

(Abends) Mit Georgen hatt' ich heute eine zärtliche Szene, die erste in meinem Leben. Er bat mich mit weinenden Augen, von Göttingen wieder hieher zu kommen.

BOIE   Meldorf, 3. August 1783

Als ich gestern Abend müde und abgespannt von sechs in Hitze und Staub zurückgelegten Meilen und einem zweistündigen Herumwandern auf den Deichen zu Hause kam, fand ich zwei Briefe von Dir, meine Beste, und einen von Graf Stolberg, und ich war gleich anders gestimmt. Die Gräfin Agnes ist entbunden, und zwar von einem Sohn, Mutter und Kind befinden sich vortrefflich. Die Freude von Fritz kannst Du Dir vorstellen.

Die Geschichte von Bürgern scheint mir etwas apokryphisch, doch mag etwas daran sein. Er hatte Ländereien im Preußischen und kann also leicht zu Prozessen kommen.

Wie freut's mich, daß Du im Stande bist, wieder so weit zu gehen und selbst Berge zu ersteigen! Man lebt doch nur auf dem Lande wie ein Mensch.

LUISE   Osterode, 8. August 1783

Gestern fuhren wir um sechs Uhr nach dem Harz. Der Weg hinauf ist sehr hübsch, aber nicht so romantisch als bei Osterode. Eine schöne, weite Aussicht, wo man den Weißenstein bei Kassel sehn kann, ist auf dem Heiligenstock, aber die ewigen Nebel verschleiern [oft] sehr die Gegend. Auf dem Langenberge begeg-

neten uns Wolken, sie zogen langsam an uns vorüber. Der Po-
stillon hielt auf mein Bitten still, nachher sah ich das Phenomen
noch zu Clausthal. Diese Bergstadt gefällt mir sehr, breite Straßen,
gute Häuser von Holz und mit Schiefer gedeckt. Eine hübsche
Kirche. Das Amtshaus so wie die beiden andren königlichen
Häuser, die Münze und der Zehnte (wo meines Bruders Schwiegervater wohnt) sind schöne Gebäude. Wilhelm, mein Favorit,
zeigte mir seines Vaters Kabinett, die verschiednen Stufen aller
Arten von Erz. Um 10 Uhr besahen wir die Münze, es wurden
Gulden geprägt. Nun nach einer Grube. Ich wollte aber nicht
einfahren, ließ mich durch die Leiter abschrecken. Wir aßen zu
Mittag bei dem guten Doktor mit seiner Familie. Nach Tisch
fuhren wir nach einer Eisenhütte. Ich war verwundert, als ein sehr
artiger Mann mir am Wagen entgegen kam und mir alles genau
erklärte. Da sah ich die Puchwerke und jede Stufe des Schmelzens,
auch den Silberblick, den mir den Mann schenkte, der Silberblick ist schön an Farben. Das erste Schmelzen in dem hohen
Ofen sieht, wenn es ausfließt, so aus, als ich mir die glühende
Lava des Vesuvs vorstelle.

Auf der Rückreise bekamen wir ein Gewitter (das fünfte in
einem Tage). Die Dunkelheit ward schauerlich in den hohlen
Wegen der Berge. Wir kamen an Lerbach vorbei, das Dorf liegt
ganz zwischen zwei Bergen eingeschlossen, so daß die Leute im
Winter oft zuschneien. Auf einem der Berge fuhren wir und sahen
[unten] Licht in den Häusern, das sich bei der Dunkelheit ganz
allerliebst ausnahm. Der Himmel wurde heller, nahe am Wege
leuchteten Johanniswürmchen, und mir neben über der freund-
liche Mond. Ich tat, als ob ich schliefe, und dachte an Dich. So
einmal mit Boie zu fahren, Hand in Hand! Wiedersehen jauchzte
in meinem Herzen.

Der Wurm in den Tannen hat schon 500000 Stück von unsrem
Harz zernichtet. Es ist ein überaus großer Schade, wozu kein
andres Mittel als umhauen ist.

BOIE   Meldorf, 9. August 1783

Es ist mir schon zur Gewohnheit geworden, während Deiner
Reise jeden Posttag einen Brief von Dir zu erhalten. So geschwind
ist Dein Boie verwöhnt, Luise. Ich bin müde von Besichtigungen
zurück gekommen. Der Zweck ist wichtig und geht darauf,
einige Tausend Morgen niedriges, aber sehr gutes Land wasser-

frei zu machen und seinen Wert dadurch wenigstens um die Hälfte zu vermehren.

Deine Spaziergänge freuen mich nicht wenig. Die Liebe der Leute für Dich ist ein Beweis, daß sie gut sind. Aber welch ein Mensch müßte auch der sein, der Luise kennte und nicht liebte? Deine Freude über des Amtmanns Urteil von Deinem Bruder teile ich ganz. In Hannover, wo seine Eitelkeit so viel mehr Nahrung hatte oder sie sich schaffte, wäre vielleicht nie was Rechtes aus ihm geworden.

LUISE   Osterode, 12. August 1783

Ja, wohl genießt man das Leben nur auf dem Lande. Mit Bedauern seh ich aber hier die Menschen an. Der Ton ihres Umgangs ist niedrig. Ich sehe und höre Dinge, die mich beleidigen. Die Weiber folgen ihrer Sinnlichkeit ohne Zurückhaltung. Die Amtmannin lacht über meine Bemerkungen. Seit einigen Tagen lasse ichs absagen, wenn ich gebeten werde. Die Ursache ist wunderlich: Vor allen Frauenzimmern wurde ich von dem Bürgermeister gleich in der ersten Gesellschaft ausgezeichnet. Der Mann spielt hier eine große und wichtige Rolle. Ich sprach viel mit ihm, dazu gab ich mir Mühe, jeden zu unterhalten, weil ich den Schein des Stolzes zu sehr hasse. Es kam die Rede auf Heiraten bei [dem Vorhandensein von] Stiefkindern. Ich sage, daß das ein wichtiger Entschluß sei, und es wohl allein darauf ankäme, wie sehr der Mann interessierte, um dessen Kinder ein Mädchen sich aufopfern müßte. Dem Herrn Bürgermeister gefällt das so sehr, daß er die Idee kriegt, ich könnte eine gute Stiefmutter bei seinen beiden kleinen Kindern abgeben. – So geh ich nicht mehr in Gesellschaft, unter dem Vorwand eines Schnupfens. Den 22. reise ich gewiß nach Göttingen. Mein Bruder begleitet mich dahin.

Ich habe in den Zeitungen die letzte Verordnung des Kaisers über die Ehen und mariages de conscience mit Vergnügen gelesen. Wenn die natürlichen Kinder Anteil an der Erbschaft der Eltern haben, und die Rechte, oder beinahe die Rechte der ehelichen genießen, so, glaub' ich, brauchte man auf keine Mittel zu denken, den Kindermord zu verhüten.

BOIE   Meldorf, 16. August 1783

Wilhelminens Brief schick ich Dir hier wieder. Du siehst die Sache aber noch nicht aus dem rechten Gesichtspunkt. Das Projekt, Dich mit den Stolbergen und Bernstorffen zu vereinigen, ist nicht von mir. Die Stolberge und Bernstorffe kennen Dich durch mich. Ich habe, seitdem sie Dich kennen, nicht einmal sehr viel von Dir gesprochen. Sie sollten Dich durch Dich selbst kennen lernen. Schon vorigen Sommer und früher hatte mir die Gräfin Luise ihren Wunsch, Dich auf einige Zeit in Tremsbüttel zu haben, geäußert. Der Wunsch ward dringender, und als ich sie alle diesen Sommer wiedersah, sprachen wir fast von nichts als davon. Ich bin nämlich überzeugt, daß nur unter diesen in aller Absicht edlen Menschen Dein Herz so glücklich sein wird, als es zu sein verdient. Daher schrieb ich Dir nur von einem Besuch in Tremsbüttel, nicht von der gänzlichen Vereinigung mit ihnen, die die Stolberge wünschen.

Gustchens Hochzeitstag hab ich gewußt. Von Amalien, die immer ruhiger und vernünftiger wird, und nachgerade einzusehen anfängt, daß auch sie aus Liebe eine große Übereilung zu begehen im Begriff war, viele Grüße.

Meldorf, 24. August 1783

Deine beiden lieben Briefe vom 8. und 12. erhielt ich am vorigen Mittwoch, als ich eben bei mir selbst an einem feierlichen Diner saß. Ich mußte sie bis Abends uneröffnet in der Tasche behalten.

Vor allen Dingen muß ich Dir mein flüchtiges, herumschweifendes Leben seit vorigem Sonntag erzählen. Meine Arbeit ward von dem Kanzler und Vizekanzler aus Glückstadt samt den andern Herren untadelhaft befunden. Der Geh.Rat von Eiben ist ganz in meine Ideen hineingegangen. Am Mittwoch fuhr ich mit Tagesanbruch hieher zurück, um mein großes Diner für achtzehn Gäste vorzubereiten. Den folgenden Tag brachten wir ganz in Konferenzen zu. Ich beredete die Herren, gestern noch zu bleiben, um mit mir eine gewisse niedrige Gegend in hiesiger Nachbarschaft zu untersuchen, der ich eine Abwässerung verschaffen muß, weil sie auch im Sommer bei jedem Sturzregen überschwemmt ist. Sie halten den von mir gemachten Plan für sehr ausführbar. Wir fuhren von da nach Büsum, dem äußersten Punkt in Norderdithmarschen, auf den an einer Seite die Eider, an der andern die Elbe losstürmt, und auch diese Reise hat meine Kenntnis in Deichsachen sehr erweitert.

Ich fühle heute meine Strapazen, und meine Luise wird sich nicht wundern, wenn ich ihr nicht viel mehr als diese magere

Chronik schreibe. Wie lieb mir die beiden Briefe gewesen sind, mag ich Dir heute nicht einmal sagen.

Amalia schreibt mir itzt wieder mit ziemlicher Heiterkeit. Sie grüßt Dich aufs zärtlichste.

Welch ein Bild machst Du mir! Ich will es nicht ausmalen. Der Bürgermeister in Osterode, der sogar Deine Vorzüge empfindet, hat mich lachen gemacht. Armes Mädchen! Frau Bürgermeisterin in Osterode und Stiefmutter! – Ich spreche Dir nie mehr von Täuschung und Schwärmerei. Gewiß nicht!

Ewig der Deinige.

LUISE   Göttingen, 27. August 1783

Georgine steht jetzt auf, und ich habe mich ins Gartenhäuschen geschlichen, um mich mit Dir zu unterhalten. Von meinem Aufenthalt hier kann ich Dir nur so viel sagen, daß ichs deutlich merke, daß die ganze Stadt gegen Heyne ist. Er ist glücklich mit seiner Frau, denn ungeachtet ihrer Indolenz muß er mit ihr zufrieden sein in seiner Lage, aber er ist sonderbarer Laune. Wär' ich zehn Jahre hier, ich bliebe immer fremd. Mich verlangt nach Celle. Wenn Wilhelmine meinen Brief der Gräfin gezeigt hat, so reise ich im Jenner [zu ihr], da sind die trüben Monate für den armen Pestel bald vorüber.

(den 28.) Heute nur zwei Worte. Ich war zu Mittag gestern bei Böhmers allein mit ihren Kindern. Friederike heiratet den Kanonikus Meyer zu Hamburg, sobald er sein Probejahr zurückgelegt hat. Lichtenberg hält sich jetzt zwei junge Maitressen. So wie ich merke, ist er wenig beliebt.

Abt gibt hier jetzt Komödien. Heute sind die ,Räuber' zum zweiten Male aufgeführt. Heyne sagt, sie hätten's gut gemacht, war von dem Stück ganz erschüttert.

Göttingen, 4. September 1783

Heut über acht Tage reise ich, lieber Boie. Es hat mir viel Mühe gekostet, mich von hier los zu winden. Meine Erfahrung von Menschen hab' ich vergrößert auf meiner Reise. Gott weiß es, die berühmten Männer gefallen mir nicht. Doch schätze ich Heynen sehr – freue mich nur, daß er mir nicht ist, was Du meinem Herzen bist. Meine Zeit ist ganz Georginen gewidmet, die Gegenden [hier] bleiben mir leider unbekannt. Ich habe aber auch viel genossen in Osterode. Die Natur hat meine Seele gestärkt, das Bad meinen Körper. Hier bin ich so steif wie versteinert, empfehle mich gehorsamst, wenn ich das Zimmer verlasse, wie vor alters den Kindern gelehrt wurde. Ich habe sehr wenig Ton der Welt, möcht ich ihn doch auf Unkosten meines herzlichen Gefühls nicht lernen. –

BOIE   Meldorf, 8. September 1783

Heyne ist ein gefühlvoller, tätiger, denkender und rechtschaffener Mann, den nur der Professor und Geschäfte halb unterdrückt haben. Daß er nicht geliebt wird, davon ist wohl die Direktion der Universitätssachen, die er in Händen hat, die Hauptursache. Bei den vielen Ansprüchen der so leicht reizbaren Gelehrten ist dies nicht anders möglich. Ein häusliches, zurückgezogenes Leben hat er immer geführt. Seiner ersten Frau fehlten die äußeren Vollkommenheiten (sie war sonst eine treffliche Frau), besonders Ordnung und Reinlichkeit, die er sehr vermißte, und deswegen allein [schon] Georgine schätzen wird.

Lichtenberg ist bei allen seinen schätzbaren Eigenschaften zu sehr Egoist, zu wenig liebenswürdig, um geliebt zu werden. Man sagt, daß er die beiden jungen Mädchen nur bei sich hat, um sich daraus eine Frau ganz nach seinem Sinn zu bilden.

LUISE   Göttingen, 10. September 1783

Morgen früh sechs Uhr geht's von hier, mein Boie. Ich bin so froh über meine Abreise, daß ich mich beinahe schäme, da man mir so viel Güte bezeugt hat.

Ja, wohl ist Heyne von Arbeit erdrückt! Glücklich lebt er mit Georginen, viel glücklicher wie mit seiner ersten Frau. Mit der war er [entweder] auf dem Gipfel des höchsten Glücks, oder unzufrieden mit ihr. Georginens Indolenz kann er nicht so empfinden, denn er hat zu viele Geschäfte, um sie öfter sehen zu können als bei Tisch. Ich schätze und liebe Heyne wie Du, aber in seiner Seele liegt zu viel Stolz auf seine Gelehrsamkeit. Nicht der Stolz, den oft das Gefühl innrer Würde gibt. Doch ziehe ich seinen Stolz Zimmermanns Eitelkeit sehr vor. Heyne entfernt sich zu sehr von Menschen, ist bitter gegen die Welt. Das ganze Haus hat einen Genie-Ton. Die Kinder beten den Vater an, aber außer ihm gibts auch keinen Sterblichen, der nicht ein Gegenstand ihrer Verachtung wäre. Ich staune oft, wie Heyne das leiden kann, und dazu lacht. – Karl ist ein ungeleckter Bär, aber ein guter Mensch. Marianne ein unleidliches, launisches Mädchen. Die Kleinen werden abscheulich verzogen, haben eine unbegreifliche Heftigkeit, so wie Karl und Therese. Georgine läßt Heynen sich tot arbeiten und verschönert und verziert alles um sich her. Der Haushalt kostet entsetzlich. Er liebt seine Kinder zärtlich und trägt sich oft nach Tisch mit dem kleinen Eduard herum, der ein ganz herrlicher Junge ist. Georginens Verfassung mit den Stiefkindern ist so, daß sie mich töten würde. Sie predigt den ganzen Tag Moral, und wird laut ausgelacht. Dann gehts ans Zanken. An Georginens Stelle wär ich unglücklich, mir wäre der Rang, das hübsche Haus etc. nicht Ersatz, [aber] es ist gut, daß die mehrsten Weiber nicht so denken. Sie sind glücklich und machen auch andre glücklich, beides mit leichter Mühe.

Leb wohl, lieber Boie. Da kommt Marianne.

BOIE   Meldorf, 15. September 1783

Willkommen in Celle, meine teuerste Freundin! Nun wirst Du mir wieder schreiben wie sonst!

Du wirst mich in der vorigen Woche sehr bedauert haben, wenn das Wetter dort auch so schlecht gewesen ist als hier. Das Wasser stand so hoch am Deiche, daß mein Wagen fast bis an die Achse hineinging. In Norderdithmarschen wäre, wenn die Hilfe noch eine Stunde ausgeblieben wäre, das Wasser eingebrochen, und vielleicht sogar bis hier gedrungen. Ich mag mir das Elend nicht denken. Wir haben auch sehr viele und starke Gewitter gehabt, in Norderdithmarschen hat der Blitz einen Turm eingeäschert und bald [d. h. fast] auch den Verlust der Kirche verursacht. Hier haben wir nur ein paar Häuser eingebüßt.

Daß Heyne mir Gerechtigkeit widerfahren läßt, ist mir doch lieb. Voß sieht ihn in einem zu ungünstigen Licht, er ist nichts weniger als hitzig und auffahrend, welches Heynes Fehler von je gewesen ist. Im Umgange wird das leicht wieder gut gemacht, aber nicht, wenn die Übereilung einmal gedruckt ist und Professorstolz sie hernach zurück zu nehmen hindert. Wenn Lichtenberg nicht schweigt, so dauert der Streit gewiß noch lange. Welch ein Glück für Lichtenberg, daß er einen edlen Mann vor sich hat, der ihn nie in den Dunkelheiten seines Privatlebens, sondern nur die Seite angreifen wird, die er der Welt zeigt.

Ich kann es übrigens sehr begreifen, daß Du nicht in Göttingen unter allen den gelehrten Menschen leben magst. Ich war ihrer auch so überdrüssig geworden, daß ich um keinen Preis mein Leben dort hätte zubringen mögen.

Wie sehnlich werd ich nun Deinem ersten Brief aus Celle entgegensehen!

LUISE   Hannover, 19. September 1783

Deine reisende Luise ist noch nicht an Ort und Stelle. Am Montag kommt die Pesteln, mich nach Koldingen abzuholen, wo wir ein paar Tage bleiben werden. Beinahe ist's mir lieb, bester Boie, daß Du jetzt nicht ruhig an mich schreiben kannst, da ich Dir weiter nichts sagen kann, als wo ich in der Welt bin.

Meine Reise ging schnell. Ich habe [hier] täglich Cour, und geh aus. Bremers waren auf dem Lande bei ihrer Mutter. Brandes schreibt ihnen, daß ich kommen würde, sie setzen sich also zu Pferde und kommen auch. Ich sehe sie täglich, so auch Brandes. Gestern kam Höpfner. Kestners grüßen. Sie ziehen jetzt aus ihrem Hause.

Denke Dir, lieber Boie, daß ich von Marcard zu einer Partie fine gebeten wurde mit Frau von Grävemeyer und Zimmermann. Ich glaube, die Ehre hab ich der Gräfin Stolberg zu danken, denn ich sagte, daß ich im Jenner hinreisen würde nach Tremsbüttel. Sie finden meine Reise sehr beneidenswert.

BOIE   Meldorf, 21. September 1783

Jetzt schreib ich diese Zeilen, und soll in einer halben Stunde gekleidet und im Wagen sein. Ich würde selbst Dir nicht schreiben, will Dich aber den 25. September nicht ganz ohne eine Zeile von Deinem Freunde lassen. Gott erhalte Dich, teures Mädchen, mir und allen, die Dich lieben, noch viele Jahre. Gott segne Dich und vergelte Dir, was Du Deinem Boie warst, bist und ewig, ewig sein wirst. Mein ganzes Herz wird am 25. bei Dir sein. Auch von Amalia hab ich Dir die zärtlichsten Grüße zu bringen.

Ich drücke Dich in Gedanken an mein Dir ganz ergebenes Herz.

Luise hat bis vor kurzem ein Wiedersehen mit Boie stets entschieden abgelehnt. Im Juli ändert sich ihre Haltung ein wenig. „Dein Genius flüsterte mir Wiedersehen ins Herz." Es ist die unbewußte Reaktion auf Boies Abwendung von dem Heiratsprojekt mit Amalia. Etwas anderes kommt hinzu: als Luise 1778 Boies Heiratsantrag abwies, und noch lange danach, war es in erster Linie ihr leidender Zustand, der sie zur Resignation bestimmte oder sogar zwang. Jetzt fühlt sie sich im Vergleich zu früher gesund und frisch; der natürliche Wunsch, Boie wiederzusehen, wächst mit ihrer physischen Kraft, und ehrlich, wie sie ist, spricht sie ihn an ihrem Geburtstag ohne Umschweife aus, anstatt, nach Art vieler Frauen, den Mann dahin zu bringen, daß er drängt und sie die zaudernd Nachgebende spielen kann.

LUISE   Koldingen, 25. September 1783

So wenig Ruhe ich auch habe, liebster Boie, muß ich Dir doch heute ein paar Worte sagen. Ich bin nicht gestimmt, wie ich sein sollte, wenn ich mit dem Einzigen mich unterhalte. Ich fühl's, daß das umher Wandern nicht wohl tut. Die Gegenstände gehen alle so schnell vorüber. Kopf und Herz ruhen nimmer. Und doch bin ich so glücklich! Unaussprechliche Wohltat gab mir der Himmel in den verlebten Jahren. So viel Freuden! Ich drücke Dich an mein Herz, Boie. Gottlob, daß mir niemand die Gewißheit rauben kann: wir sind Freunde auf ewig, und kein Schicksal kann mich von Dir los reißen!

Grüße Amalia von mir am heutigen Tage. Sie wird meinem Herzen ewig teuer bleiben. Sie liebte Dich, litt viel um Dich, und duldet vielleicht noch manchen Kampf. Ich will Dir nichts mehr darüber sagen, aber traurig bleibt mir diese ganze Geschichte. Du hättest Amalia diesen Winter sehen können, wärst vergnügt gewesen, das Du nun nicht sein kannst. – Wenn nur ihre Neigung zu Dir nicht zu bekannt wird, und unangenehme Folgen nach sich zieht!

In keinem Deiner Briefe sagst Du mir ein Wörtchen von unserm Wiedersehen – und doch, ich gesteh es, ist dies Wiedersehen der einzige Bewegungsgrund meiner Reise nach Tremsbüttel. Ich habe mein Herz genau untersucht, dieser Schimmer süßer Hoffnung, die mir die Bitterkeit der zweiten Trennung nicht ganz fühlbar macht, ist sehr stark und mächtig in mir. Ich redete von der Reise mit der guten Pestel. Sie glaubt nun, ich lasse mich überreden, bei der Gräfin auf immer zu bleiben. Dieses Mißtrauen kränkt mich. Du könntest mir einen großen Gefallen tun, lieber Boie, wenn Du mir in Deinem nächsten Briefe schriebest: es wäre Dir leid, daß Sarah Hugo nicht in den paar Monaten zur Pestel kommen wollte, wenn ich in Tremsbüttel sein würde. (Sarah will kommen, aber durchaus nicht bleiben, wenn ich weg reise.) Sag alles, was Du ersinnen kannst, das gute Weib zu beruhigen. Deinen Brief will ich ihr dann zeigen. Ich kann die P. nicht so bekümmert sehen.

In Hannover sprach ich von der Reise, aber nicht mit Gewißheit. Es war auch nicht einer, der da nicht sagte: „Sie müssen reisen." Mein Bruder nur nicht, weil ich's ihm absagte, den Winter in Osterode zu bleiben.

Celle, 2. Oktober 1783

Mit Deinem zärtlichen Gruße an meinem Geburtstage und mit diesem Briefe der Gräfin[1] ward ich hier empfangen. Denke Dir meine Freude und inniges Dankgefühl.

Heute hab' ich der Gräfin geantwortet, daß ich Weihnachten zu ihr komme. Auch hab ich mit einem Wink erwähnt, daß meine Reise nur ein Besuch ist. Ich verlasse die gute Pestel nie als wenn Du zu mir sagst: „Luise, komm zu mir und bleibe bei mir und meinem Weibe". Ich bin der P. viel schuldig, kann ihr viel sein. Der gute Pestel weiß nichts von allem.

Mit zitternder, wehmütiger Freude denk' ich an unser Wiedersehen. Wiedersehen muß ich Dich, Einziger! Du sollst sehen, nach den ersten vierzehn Tagen in Tremsbüttel wird meine Seele neue Kräfte gewinnen. Und das wünsch' ich, daß Du mich nicht mit schlummernder Seele wiedersähest.

Die Rehbergen machte mir einen Vorwurf: ich hätte mein Herz in zu viele Teile geteilt, und wäre dadurch für keinen ganz. Ich mag nicht die halben und viertel Freunde – und doch kann sie Recht haben. Es ist wirklich, als ob ich zwei verschiedne Herzen hätte, eines ganz allein für Dich, das andre Herz ist geteilt. Ich schäme mich, es Dir zu sagen, daß ich das Vertrauen so vieler Leute habe, und ihnen gar nichts wieder gebe. Sie verlangen auch nichts als Interesse an ihrem Schicksal. Die Rehbergen war über Bremers verwundert, die mich täglich, jeder allein, des Tags verschiedene Male besucht haben. Der älteste hatte mir viel von seinem Herzen zu erzählen, der jüngste viel von seinem Prozeß mit Frau von Lenthe. Dem ältesten hatte ich [jetzt, in Celle] verboten zu kommen, aus Furcht vor Anmerkungen über Frau von Beaulieu, die noch nicht wieder hier ist, und ihren Mann durch ihr langes Ausbleiben in Schrecken setzt. Er hat die Idee, daß irgend jemand ihr dazu geraten.

---

[1] Der Brief ist nicht vorhanden.

Ich habe zum letztenmale bei der Rehbergen gewohnt. In acht Nächten hab' ich keine Stunde geschlafen. Wenn ich vor Müdigkeit einschlummerte, so weckte sie mich gleich [wieder] mit ihren Unterhaltungen. – Mir ist sehr wohl anjetzt.

Höpfner grüßt Dich herzlich. Auf seine Bitten wird Jenny ihr Mann Forstmeister. Dieser Titel macht den albernen Menschen auf kurze Zeit glücklicher.

Grüß Amalia und sag doch Deiner treuen Mutter, auch Vossens ein Wort der Liebe von Deiner Luise. Mir ist wirklich, als ob ich von Dir entfernt gewesen wäre und Du mich in Deine Arme wieder schlössest. Du hast mir viel gewünscht, Boie. Der Himmel bestimmt mein Schicksal. Leb wohl.

BOIE   Meldorf, 6. Oktober 1783

Ich bin seit einigen Monaten niedergedrückt, unaufgelegt, untätig, stumpf, mit mir selbst öfterer als mit andren unzufrieden usw. Ich suche mich heraus zu reißen, bleibe dann allein und fühle mich sehr allein. Auf meinen Schultern liegt freilich viel Bürde, aber doch seh ich, wenn ich mich recht besinne, daß dadurch nichts besser wird. Daher die leeren Briefe, die ich Dir und allen meinen Freunden seit Monaten schreibe, daher auch vielleicht, daß ich mich der Freude, die Freundin meiner Seele und meines Herzens wieder zu sehen, noch nicht ganz überlassen, ihr davon noch nichts geschrieben habe. Nun freilich, da dies Wiedersehn ein Hauptbeweggrund Deiner Reise wird, fühl' ich auch lebendig die Freude, Dich, Du Beste, Holde, wieder zu umarmen, und keine Hindernisse halten mich von der Reise nach Tremsbüttel ab. Daß Dein Entschluß, zu reisen, fest steht, freut mich unbeschreiblich. Leid tut es mir übrigens aber sehr, daß Sarah von Hugo unsrer Pestel nicht in den paar Monaten, die Du in Tremsbüttel zubringst, Gesellschaft leisten will. In Gesellschaft dieses guten Mädchens wäre ihr die Trennung doch minder peinlich vergangen. Ihre Vernunft kann nichts wider die Reise haben. Daß ihr Herz recht sehr viel dawider hat, wundert mich wenig. Ich wollte nur, daß Du nicht erst im Winter reisen müßtest, doch bei gutem Wetter und bei guten Wegen (anders mußt Du nicht reisen) lassen sich die paar Meilen leicht machen. Wie werd ich nach Tremsbüttel fliegen, wenn ich Dich dort erst weiß!

Von Amalia hab ich viel Herzliches zu sagen. Sie schreibt – und ist auch, wie ich von andern weiß – itzt viel heitrer, aber alles führt sie noch zu sehr zurück auf den, der gern wünschte, daß sie weniger an ihn dächte, und so überzeugt ist, als sie es auch schon sein müßte, daß beide nie dauerhaft glücklich zusammen gewesen wären.

LUISE   Celle, 7. Oktober 1783

Ich habe heute Dein Päckchen Briefe durchgelesen, die ich während meiner Abwesenheit von hier erhalten habe. Lieber Boie, wie viel hast Du gearbeitet! Nun ich's auf einmal übersehe, wird mir Angst, und ich zittre für Deine Gesundheit. Möchte man Dir doch einen vernünftigen Aktuar geben, und Du Dir selbst tätigere Sekretaire wählen können! Es geht so nicht mit Dir, Du Einziger. Das ist der erste Punkt, worüber ich mit der Gräfin sprechen werde.

Wie schön sind die Chöre aus dem Sophokles! Ich habe sie gelesen und wieder gelesen. Auch in der Übersetzung dieser beiden griechischen Dichter unterscheiden sich die beiden Stolberge. Christian wählt doch immer das Sanftere. Gleich der Anfang „Heilige Unschuld" reißt die Seele aus dem tiefsten Schlummer. Die Griechen sind eine unversiegende Quelle für Herz und Geist. Ich begreif' es nun immer mehr, wie wohl es tut, die Alten zu studieren.

Eschenburgs Beitrag zur alten deutschen Literatur ist auch etwas für mich. Haschka wird von der Liebe gebildet, das seh ich seinen Gedichten an. Das Lied an den Mond von Haschka ist auch wieder so hübsch:

„Als ich von ihm zu dir empor,
Von dir auf ihn herunter schaute,
Da war mein Aug' so klar wie du.

Jetzt ist es trüb, denn, lieber Mond,
Ich misse ihn schon lange, lange,
Den ich noch lieber seh' als dich!"

In Hannover besuchte ich dreimal Dein Haus, ging auf Deinen Vorplatz, unten in Deine Zimmer, in Deinen Garten. Ging auf dem Wall hinter Deinen Fenstern und dachte, wie es war.

Die vier Museums-Stücke hab ich noch nicht ganz gelesen. Du hast gewiß die Verse von Kosegarten auspoliert?

Blumenbachs und Therese kommen den 15. nach Göttingen zurück. Therese nicht glücklicher. Sie hat sich an alle verkehrten Köpfe adressiert, ist halb gelehrt und halb Freigeist geworden.

Ein unnützes Geschöpf für die Welt, das ich aber dennoch herzlich liebe. Sie hat verschiedne junge Leute wie im Strudel mit sich fortgerissen. Das hasse ich, denn das Herz verliert dadurch den reinen Glanz der Unschuld. Auch sie fühlt das, klagt heftig über sich selbst. Ich bedaure das arme Mädchen, und bedaure Heynen, der sich so viel für Therese von dieser Reise versprach.

Der Bischof verdient die Liebe des Publikums, das ihn anbetet, beinahe. Der Umgang mit der Busschen daurt auf eine sehr eingeschränkte Art fort.

Lebe wohl, Du Einziger. Wenn Du doch mit Deinen Deichschauungen erst fertig wärst! Jetzt folge ich Deinen Geschäften wieder. Ich hatte den Faden verloren. Grüß Amalia aufs innigste. Ich kann nicht an sie denken, ohne Weh in mir zu fühlen. – Hier schicke ich Dir einen sehr schmutzigen Handschuh von der Heynen, mit Bitte, ihr zwei Dutzend davon zu verschaffen. Die Pesteln und ich bitten auch um ein Dutzend nach dieser Probe und ein Dutzend Fingerhandschuhe, die nicht weiter als diese sein müssen.

Celle, 12. Oktober 1783

Dein ganz vortrefflicher Brief entlockte mir Tränen, und als ich ihn der Pestel reichte, weinte sie im Lesen, sagte aber weiter nichts als: „Ich will an Boie selbst ein paar Zeilen schreiben." Wäre die Hoffnung des Wiedersehens mit Dir nicht, bester Boie, ich glaube, daß mein Entschluß wankend würde, aber Dich Einzigen wiederzusehen – der Gedanke überwindet alles. Du bist mir so gegenwärtig, daß mir ist, als könnte ich mit Dir reden. Boie, Boie, in Deinem Leben hast Du Deine Luise so glücklich nicht gesehn, als ich dann sein werde.

Mach', daß Du den 22. März in Tremsbüttel bist. Wenn auch die Natur ihre ganzen Blüten an diesem Tage auf einmal entfaltete, mein Herz fühlte den frühen, schnell aufkeimenden Frühling nicht – nur Deine Gegenwart. Halte mir's zugute, Boie, wenn ich schwärme oder wieder tändelnd werde. Nahes Wiedersehn! Oft ist mir, wie's bei jeder Vorstellung vom großen Glück ist, daß ich zittre. Dann häuft sich die Furcht und bildet sich zu Ahndungen, die mich quälen. – Aber wie ich da nun ins Schwatzen komme.

Ich werde ein reisendes Mädchen, denn komm' ich von Tremsbüttel zurück, geht's nach Osterode, ins Wochenzimmer. Das kleine Weibchen, so ganz neu in der Welt – und soll Mutter werden! Sie schreibt mir so süß klagend, hofft auf meinen Trost, und daß ich komme. Pestels reisen wahrscheinlich früh im Jahr, ich kann also ihren Wunsch leicht erfüllen.

(den 13.) Asmus[1] sagt: „Es gibt Freundschaften, die im Himmel beschlossen sind, und auf Erden vollzogen werden". Sollte die unsre nicht auch unter diese gehören, liebster Boie? Laß mir diesen Lieblingsgedanken, Boie. Heute hab ich das Büchelchen gelesen, und mir ist unbeschreiblich wohl. Welch ein Vergleich mit den Holunder-Freundschaften! Paul Erdmanns Fest – die Vorrede – alles, lieber Boie, machte mich froh und vergnügt. Bei dem Sermon ,An die Mädchen' fiel mir ein, daß anjetzt der Schönheit nicht mehr so gehuldigt wird als sonst. Gibt es nicht mehr so viel Schönheiten, oder sitzen die Köpfe der Männer fester? Das ,Lied hinterm Ofen zu singen' kannt' ich noch nicht, es friert einen an.

Morgen les' ich Höltys Gedichte. Sein Leben las ich. Sein Todestag ist mir noch so neu als gestern. Du kamst von dem gestorbenen Freund zur Pestel, wo Brandes und ich waren. Habe keine meiner damaligen Empfindungen vergessen.

(den 14.) La Roche ist zum Besuch bei Jacobi gewesen. Jacobi ist viel mehr von dem Manne wie von seiner Frau entzückt. ,Pomona' wird hie und da herzlich langweilig. Ich wollte, die Verfasserin schriebe selbst weniger darin. Ich mags mir nicht gestehn, sonst sagt ich: die L. R. hat sich ausgeschrieben. Dennoch bleibt es eine sehr nützliche Monatsschrift für Frauenzimmer.

Die zurück kommenden Truppen aus Amerika haben es hier einige Tage lebhaft gemacht. Die Leute sahen ganz wohl aus, selbst die bei Saratoga gefangen wurden. Sie klagten auch nicht über Mangel, nur ist ihnen hart, daß sie reduziert werden. Auf den Straßen und auf dem Walle standen Soldaten, von Einwohnern umringt, die ihnen erzählen mußten. Der Prinz bewirtete die Offiziere, die bei der Kaiserlichen Armee wohl Dienste suchen werden, wenn der König von Preußen sie nicht nebst den Gemeinen nach Polen schickt. Die Offiziere machten ein Gemälde des Luxus, der in Amerika herrschte, und das mit dem, was mir Heyne davon erzählte, übereinstimmt. Es ist doch traurig, daß der Luxus einen aufblühenden Staat in der Knospe tötet! – Der Vize-Gouverneur war auch hier aus Gibraltar. Gern hätt' ich ihn

---

[1] Siehe Anhang: Claudius.

von der Belagerung und der außerordentlichen Tapferkeit unsrer Soldaten und vom Kaiser reden hören mögen. Er soll mit so viel Feuer erzählen und hat jeden unsrer Offiziere aufgesucht, die er aus dem vorigen Kriege kennt. Sehr viele Braunschweiger sind in Amerika geblieben, selbst ein paar Offiziere und ein Prediger.

Der Major Dachenhausen hat kürzlich einen Beweis gegeben, daß er ein Bösewicht ist. Er hat seine eigne Tochter, ein Mädchen von sechzehn Jahren, verführt und entehrt. Die Mutter merkt es, frägt das Mädchen, die sehr naiv alles gesteht. Der Vater hört das Examen, kommt mit bloßem Degen ins Zimmer, verwundet einen Säugling, den die Mutter auf dem Schoße hält, und wird durch das Geschrei der Frau abgehalten zu morden. Er entflieht, auch das unglückliche Mädchen, die hieher zu einer Frau von Trott, ihrer Mutter Schwester, geflüchtet ist, die ihren Aufenthalt sehr geheim hält. Die Geschichte wird mit Mühe unterdrückt.

Der Bischof ist krank gewesen am Gallenfieber. Bei seiner Zurückkunft von Osnabrück hat man ihn mit einer sehr hübschen Illumination überrascht. Auch nicht ein Haus vom Calenberger Tore an bis zum Schloß ist kärglich erleuchtet gewesen.

Deine Deichschauungen haben doch nun wohl bald ein Ende? – Wenn Du *strafen* sollst, so zittre ich, Boie, denn ich weiß, wie viel Du dabei selbst leidest. Zum Tode ist's doch nicht?

Boie, wär ich in Meldorf, ich würde Dich so lange zum Ausgehn plagen, bis Du fühltest, es täte Dir wohl.

BOIE   Meldorf 13. Oktober 1783

Verlange nicht, bestes Mädchen, daß ich die Begriffe der Gräfin Luise von Dir herabstimmen soll; wie könnt' ich das? Dafür will ich, so sehr ich kann, sorgen, daß Du in Tremsbüttel Dir selbst überlassen bleibest und nach der Reise der Gräfin[1] wiederzukommen nicht überredet werdest.

Einen Aktuar hab ich nun wieder, einen jungen Mann, dessen Geschicklichkeit und Tätigkeit man rühmt. Das schlimmste ist, daß er die hiesige Verfassung erst kennen lernen muß. In vierzehn Tagen erwart' ich ihn. Wenn ich nur mehr allein sein könnte, so hielt ichs mit der Arbeit wohl aus. Die leeren Gesellschaften rauben mir zu viel Zeit.

---

[1] Wohl die alljährliche Badereise. Vgl. S. 294.

Mich freuen Deine Urteile über einzelne Stücke des ,Museums'. Seitdem Du nicht lasest, erfuhr ich kaum von jemand ein Urteil. Das Gedicht von Kosegarten hab' ich mit scharfer Feile angreifen müssen, eh es ward. Das Ganze bedeutet wenig, aber Szene und das Detail sind oft sehr schön.

Herzensdank für alle die Erinnerungen an mich. Ich werde Dich wiedersehen, Luise, und fühle ganz die Wonne, die in dem Gedanken liegt. Die Handschuhe sollen bestellt werden.

LUISE   Celle, 20. Oktober 1783

Diesen Morgen las ich in den Zeitungen zweimal Deinen Namen. Du glaubst nicht, Boie, was mir Dein Name, wenn er mir unerwartet kommt, für Empfindung macht. So wie ein unvermuteter Blitzstrahl erschreckt, so ist dieses ein schneller, süßer Schauer.

Boie, ich kann mir nicht helfen, daß ich unzufrieden mit Dir bin, wenn ich an A. denke, und doch seh ich Deine Gründe ein. Meine Vernunft billigt sie – aber das arme Weib! Wenn sie nicht etwas leichtsinnig ist, oder viel Eitelkeit hat, kann sie sich nicht trösten. Ist sie das, müßte sie Deine Frau nicht werden, ist sie's nicht, wehe ihrem Herzen! Amalia muß nie für ihre Zärtlichkeit bestraft werden, Dein Andenken muß ihr heilig bleiben.

Höltys Gedichte hab' ich mit einem wehmütigen Gefühl wieder gelesen. Daß Hölty so schwermütig liebend schreiben konnte, und kein Mädchen liebte, begreif' ich nicht. Das Melancolische in seinen Gedichten kam freilich wohl von seiner [schwachen] Gesundheit. Ich habe Hölty nie gesehen, aber sein Todestag bleibt mir immer gegenwärtig.

Freut mich doch, daß ich Deine Feile an den Versen von Kosegarten gemerkt habe.

Hast Du Nachricht von der Gräfin?

Celle, 28. Oktober 1783

Du bist ein ganz herrlicher Boie, daß Du so antwortest auf den Brief der Pestel. Wenigstens denkt jetzt das liebe Weib mit Gewißheit an die Reise und gewöhnt sich an den Gedanken.

Natürlich, daß ich jetzt oft schon [im Geist] neben Dir sitze, Dir das Trübe von der Stirn küsse, und so glücklich bin als ich einst war. Aber, lieber Junge, Du mußt dann auch anders sein, als Du jetzt bist. Ich muß Dich vergnügt wiedersehen.

Das Tagebuch der Müntern[1] hat mir viel Freude gemacht. Übrigens ists eine kleine Eitelkeit, daß sie ihr Tagebuch hat drucken lassen. Sie malt sehr gut Gegenden etc., aber ich gestehe Dir doch, daß ich, so hübsch ichs fand, zuletzt ermüdete. Therese schreibt besser. Sie taucht ihren Pinsel in hundert abwechselnde Farben, immer der Natur getreu, aber nie ermüdend, nie so in einem Atem wie diese. Es hat mich nicht wenig amüsiert, grad das entgegengesetzte Urteil über verschiedene Personen zu finden, die Therese auch beschrieben. Die Müntern hat mehr Herz als Therese, oder letztere ist durch den einmal eingeführten Ton in ihres Vaters Hause verstimmt. – Die Heynen ist heute vor acht Tagen wieder mit einem Mädchen niedergekommen. Nun sind der Kinder sieben. Gott erhalte Heyne! Wie viel er arbeitet, kannst Du daraus sehen, daß er seit dem Tode seiner [ersten] Frau 2000 Taler für jede der beiden ältesten Töchter belegt hat, dabei den wirklich kostbaren Haushalt geführt und noch immer das Haus durch Bequemlichkeiten oder Möbel verschönert. Es ist edel von Heynen, daß er für seine beiden Ältesten spart. Die Jüngsten haben doch etwas von der Mutter, und auf diese Weise können die Ältesten nicht scheel sehen, wenn der Kinder mehr kommen.

Frau von Beaulieu kommt nun bald von Dannenberg zurück. Endlich ists beinahe in Ordnung mit ihrem Mann. Er verpflichtet sich zu einer Art Trennung. Jeder wohnt allein im Hause. Die Kinder bleiben der Gegenstand ihres gemeinschaftlichen Interesses. Der Mann muß einen Hofmeister nehmen zur Erziehung seiner Söhne. Den Haushalt besorgt die Frau. Seine Familie soll sich anheischig machen, den Mann zu seinen eidlichen Verpflichtungen anzuhalten. Wann das nicht geschieht, verlangt die Frau gerichtliche Trennung.

Nun kannst Du denken, lieber Boie, was Bremer und ich zu überlegen hatten in Hannover. Bremer war ganz meiner Meinung; eine Frau, wenn sie Kinder hat, muß sich nie gerichtlich von dem Vater ihrer Kinder trennen, sie mag noch so wichtige Ursache dazu haben. Geschieden könnte die Frau von Beaulieu wohl werden. Die Untreue der Männer ist aber jetzt so in Mode, daß doch am Ende die arme Frau vor der Welt immer getadelt würde. Ich hoffe, künftig soll sie etwas bessre Tage haben. Bremer zeigte mir seine Briefe an sie. Er ist so vorsichtig in dem, was er sagt, daß

[1] Siehe Anhang.

ichs kaum begreife. Sie schreibt ihm allerliebst natürlich. Bei dieser Gelegenheit hab' ich die Gesinnungen beider Bremer genau untersucht. Der jüngste hat einen erstaunenden Eigensinn, ist grob, wenn er heftig wird, und stolz auf seinen Verstand. Sein Bruder verschenkte [lieber] die Hälfte seines Vermögens, eh' er jemand in einer unangenehmen Ungewißheit lassen sollte.

Weißt Du, Lieber, daß es in diesem Monat acht Jahr sind, da ich Dich zum erstenmale einige Augenblicke bei der Kestnern sah? – Acht Jahre, Boie!

Nun leb wohl, sonst hör ich nicht auf.

Celle, 31. Oktober 1783

Gestern bekam ich das ‚Museum' von diesem Monat. Du mußt doch Deine wahre Freude daran haben, lieber Boie. Das Stück von Alxinger ist trefflich. Ja, mehr von dem Manne, der so frei und kraftvoll sagt, was er denkt. Das sollte doch helfen, dächt' ich, daß man bald nicht mehr früge: „Wie denkst, was glaubst Du?", wenigstens in einem Lande, wo Josef II. Kaiser ist. Freilich vergeht aber noch wohl ein ganzes Menschenalter, eh es dahin kommt. Der Verfasser des Aufsatzes über das Händeküssen ist mein Mann. Dürft es zwar nicht laut sagen, sonst möchte manches Frauenzimmer einen Stein nach mir werfen, aber es ist sehr wahr, die Weiber sind Schuld an den Rangstreitigkeiten, und es ist ihre Bestimmung gar nicht, eine Rolle in der Welt zu spielen. Sie sollen gute Gattinen sein und gute Mütter, nach dem ganzen Umfang dieser Bedeutung, mehr nicht. ‚Die Schöpfung' hat mir unter den Gedichten am wenigsten gefallen, [das] kommt wohl auch daher, daß ich eben im ‚Messias' gelesen, mir also den Geschmack verdorben habe.

Jenny ist in Münster gewesen mit ihrem Mann und Rehberg. Hat die Fürstin Gallitzin viel gesehen, auch Fürstenberg. Beide bilden Sprickmann zu einem andren Menschen. Sein Blut wird kühler, er macht also der Torheiten weniger. Jenny klagt, daß Sprickmann und Rehberg sich kein Frauenzimmer ohne Schwäche des Herzens (faiblesse) dächten. Beide suchten mehr Sinnlichkeit als Vergnügen des Herzens. – Schreib mir ja von Gerstenberg.

Celle, 7. November 1783

Heute könnte ich Fritz Stolberg [zum Geburtstag] einige späte Herbstblumen darreichen. Ich eilte, Levkoien, Heliotropium und

den letzten blühenden Zweig meines Myrtenbäumchens abzuschneiden, um wenigstens doch die Blumen gepflückt zu haben,
die der 7. November wohl lange nicht so schön gesehn.

Die Pestel geht jetzt wenig aus. Ich darf sie keine Minute verlassen. Doch gewöhnt sie sich an den Gedanken der Reise.

Ich habe Theresen gebeten, ihre Briefe in Ordnung zu bringen und mir die Geschichte ihrer Reise als ein Andenken zu
geben.

Vor drei Wochen ist ein französischer Abbé in Straßburg ge-
henkt, den Therese acht Tage lang in Zürich gesehn. Ein Mann
von 28 Jahren. Das schönste, ausdrucksvollste Gesicht. Eine ein-
nehmende Figur, viel Geist, sehr lebhaft, mit Bescheidenheit verbunden. Dabei Kenntnisse. Jeder hat sich um den Menschen bemüht, jeder hat sein Engelsgesicht nicht genug ansehn können.
Und dieser Mensch ist seit seinem 17. Jahre ein Dieb, wird ein
Giftmischer, und nun ein Mörder. Der Mord hat ihn in die Hände
der Justiz geliefert, die ihn zum Rad verdammt. Seine Schönheit,
die allen Menschen Mitleiden eingeflößt, hat die Strafe auf der
Gerichtsstätte zum Hängen vermindert. Theresens Brief entfiel
meinen Händen, als ich dies las, und ich konnte mich lange nicht
erholen. Ich möchte wohl die ganze Geschichte des Unglücklichen wissen. Daß Verbrechen sich nicht auch auf dem schönsten Gesicht zeichnen sollen, weil Schönheit das unparteiische
Auge bestechen kann, will mir nicht recht in den Kopf.

Der gute Bischof ist, fürcht' ich, unglücklich durch sein Herz.
Seine Lebhaftigkeit hat sich ganz in Schwermut verwandelt. Er
besucht die Busschen nicht, seitdem sie aus Sachsen zurück ist,
spricht sehr wenig mit ihr, aber sieht sie immer an mit tränenden
Augen. Die Eifersucht des Mannes ist abscheulich. Die ganze
Stadt nimmt Anteil an der unglücklichen B. Vielleicht wäre des
Prinzen Neigung nie Leidenschaft geworden, wenn sie nicht so
gereizt worden wäre. Busschens Freunde raten ihm, er soll sich
mit der Frau entfernen, aber er findet ein Vergnügen daran, die
Frau dem Prinzen zur Qual unter die Augen zu führen. – Prinz
William[1] wird auch durch Liebe gebildet werden. Die älteste
Tochter des Prinzen Karl hat sein Herz erobert. Sie hat das An-
genehme ihrer Mutter, aber mehr Verstand, Kenntnisse, und
singt schön. Prinz Karl sieht diese Neigung gern.

---

[1] Siehe Anhang. Eine Heirat kam nicht zustande.

Ich will versuchen, ob dieser Brief noch mit der fahrenden Post abgehen kann. Ich muß Dir sagen, daß ich gestern nachmittag von vier bis acht ganz allein bei der Tresenreuter[1] gewesen bin. Sie ließ mich bitten. Wir haben entsetzlich von Dir geschwatzt, lieber Boie. Sie hat mir Amalia ganz so geschildert, wie meine Idee von ihr war. Es befremdete mich [nur], daß sie sagte, A. könnte mit Dir nicht glücklich sein. Du könntest Deinem ganzen Charakter nach nie eine solche lebhafte Liebe erwidern. Amalia würde das lange nicht fühlen, aber doch endlich es bemerken und höchst unglücklich sein. Du müßtest keine Frau haben, die Liebe verlangte oder Dich durch ihre Zärtlichkeit genierte. Du hättest ein innres Gefühl von Freiheit, das Du keinem Geschöpf in der Welt auf lange aufopfern könntest. Die Tresenreuter hat Recht. Ich habe sie gebeten, A. in meinem Namen zu beruhigen, denn Hoffnung hat A. noch. Bei einer Liebe wie die ihrige bleibt Hoffnung, so lange wie Du unverheiratet bist.

Wie Du so wankend wurdest in Deinem Entschluß mit Amalia, prüfte ich meine Empfindungen, und fand, ich könnte für Dich alles aufopfern. Da schrieb ich Dir, gern wollte ich zu Dir kommen, wenn Du Amalia heiratetest. Es muß für Dich in meinen Äußerungen viel Widerspruch liegen, vielleicht in meinen Empfindungen sogar. Ich kann sie Dir [aber] alle erklären, so genau weiß ich alles, alles.

Deine ganze Verfassung mit Amalia ist entsetzlich schwer. Ich fühle Deine Empfindungen dabei, Boie, und bedaure Dich. – Alles, was mir die Tr. von Meldorf erzählte, hat mich nicht dagegen eingenommen. Es ist, wie es in kleinen Städten zu sein pflegt. Du kannst nicht glücklich darin leben, wenn Du nicht heiratest.

Über das Wiedersehen, Boie, schreiben wir uns noch. Es kann nicht ohne Amalias herzlich guten Willen geschehen. Du bist A. mehr schuldig wie mir. Sie gab Dir ihr Herz zum Tausch für das Deinige, das tat ich nicht. Sie kann durch Dich unglücklich werden, ich nie.

BOIE   Meldorf, 12. November 1783

Drei liebe Briefe von so lieber Hand an einem Posttage – wie könnt' ich anders, meine teuerste, einzige, geliebteste Freundin,

---

[1] Boies Meldorfer Vertraute, in Celle zu Besuch. Siehe Anhang.

als gleich antworten! Ich bin wirklich diesen Abend allein zu Hause geblieben, um Dir und Amalien mit der morgenden Post schreiben zu können, und doch ist es fast zehn Uhr, da ich diesen Brief anfange.

Daß Du die Tresenreuter endlich gesprochen hast, ist mir lieb, ob ich gleich mit ihr keineswegs zufrieden bin. In Absicht meiner und Amalias hat sie völlig recht. Eine Liebe wie die Amalias kann nicht ohne Eifersucht sein, und die verbirgt sie mir auch keinesweges, wie sie sich überhaupt, glaub ich, ganz ohne Rückhalt mir zeigt, wie sie ist. Bei Dir ist ihr [aber] wohl kaum der Gedanke gekommen. Sie weiß, daß Du in gewissem Verstande meine einzige Freundin bist, und es ewig bleiben wirst, hofft und wünscht auch nichts mehr als meine zweite Freundin zu sein, welchen Platz ihr zu versagen Undankbarkeit wäre, wiewohl sie mich nie ganz kennen lernen kann, da sie mich mit dem Vergrößerungsglas einer Leidenschaft ansieht, die nichts in wahrem Lichte zeigt. Ich hatte sie schon darauf vorbereitet, daß Du vielleicht auf einige Monate nach Tremsbüttel reisen und ich Dich dort sehen würde. Heute schreib ich ihr, daß das Vielleicht fast zur Gewißheit wird. Du sollst sehen, daß sie sich unsers Wiedersehens herzlich freuet, wenngleich den Wunsch, daß wir [sie und ich] uns auch so wiedersehen möchten, nicht unterdrücken kann. Meine Briefe an sie, die die zärtlichste Freundschaft atmen, erfordern freilich zuweilen Kunst. Ohne in meinen Jahren und meiner jetzigen Stimmung des Grades der Liebe noch fähig zu sein, mit dem ein edles Weib geliebt werden muß, kenn' ich doch etwas von der Natur dieser Leidenschaft, und ich weiß, wie leicht sie hofft. Love will hope, where reason would despair.

Ich wollte, daß Du die ganze Folge unsrer gegenseitigen Briefe einmal lesen könntest; Du würdest mir vielleicht nur ein paarmal Mangel an hinlänglicher Vorsicht vorwerfen können. Ich hielt nicht [für] möglich, daß ich der Gegenstand einer Leidenschaft werden könnte. Deswegen war ich minder auf meiner Hut. – Dich, meine Luise, hab ich in dieser ganzen Sache allemal recht verstanden, und vielleicht dadurch noch mehr ehren und lieben gelernt als vorher. Ich fühle so ganz und so tief, daß wir beide nicht allein für diese Welt Freunde sind. Ich habe getäuscht, bin getäuscht worden; Du allein täuschtest nicht, zeigtest Dich von Anfang als das edelste, das beste, als ein einziges Mädchen. Wenn ich auch kälter bin, als ich sein sollte, kälter geworden bin, als ich war, so bist und bleibst Du mir doch, was Du mir warst. Und, glaube mir, ich freue mich unsers nahen Widersehens von ganzer Seele. Auch das fühle ich und freue mich darüber, daß ich Dich im März (eher kann ich nicht) und vielleicht an demselben Tage wiedersehen werde, an dem wir uns vor dreien Jahren trennten. – Auf die Tresenreuter wieder zu kommen: ich wollte, daß Du ihr nichts an Amalia auftragen mögest. Ich fürchte bei dem überströmenden Herzen der einen und der Unvorsichtigkeit der andren ihre Korrespondenz.

Von der Kestnern habe ich in so langer Zeit nichts gehört. –

Bürgers Almanach ist unbegreiflich mittelmäßig, und ohne ein einziges ausgezeichnetes Stück. Daß er wieder ganz in Unmut, Erschlaffung und Trägheit versunken sein muß, schließ ich auch daher, weil er mir nun seit anderthalb Jahren nicht geschrieben hat. Er ist in einer höchst unangenehmen, allen Mut niederschlagenden Lage.

LUISE   Celle, 14. November 1783

Lieber Boie, die Weiber sind meistens alberne Geschöpfe. Du wirst aus dem Brief der Tresenreuter ihre Verfassung sehen. Die Tr. ist heftig und weiß nicht, was Vorsicht und Selbstüberwindung bedeuten. Ich habe nichts weiter zu der ganzen Zankgeschichte mit ihrer [hiesigen] Schwiegerin gesagt, als daß ich aus Erfahrung behauptete, man könne, wenn man will, mit dem Teufel selbst umgehn, und sich nicht zanken. Ich erzählte ihr von meiner verstorbenen Schwiegerin, die, wenn sie Launen hatte, mir vierzehn Tage bis drei Wochen durchaus nichts anderes zu essen vorsetzte als Habersuppe und Semmelpudding, weil ich beides nicht mochte. Ich habs immer gegessen und mit keiner Miene meinen innren Unwillen verraten. Dies war von mir nichts als Stolz. Ich wollte mich nicht kränken lassen. Aus diesem Grunde allein beklag ich mich auch nicht, wenn ich beleidigt werde. – Ich bin in allem mit der Tresenreuter unzufrieden, lieber Boie. Es ist kein Plan, keine Ordnung in der Frau, meine Freundin kann sie nie werden. Müßte ich sie oft sehen, würd ich sehr vorsichtig mit ihr sein, um sie nicht gegen mich aufzubringen. Du kannst leicht denken, daß hier viel von ihr geschwatzt wird. Sie hat nicht *einmal* von ihrem seligen Mann gesprochen (und von dem ,seelgen Mann' muß man doch im ersten halben Jahre oft sprechen), im Gegenteil Lehren gegeben, wie die Männer mit Kunst begegnet sein wollen.

Das alles häuft ihre Schuld [in ihrem Celler Verkehrskreis]. Nach dem gestrigen Morgenbesuche wird sie mich viel zu kalt gefunden haben. Ich freue mich, daß sie so viel Weiblichkeit in mir entdeckt hat. Es vermindert ihre zu große Idee von mir, und ich möchte um alles nicht ohne Weiblichkeit sein. Noch eins: So wie die Tr. mich sah, sagte sie, mein Bild hinge in Deinem Zimmer.

Die gute Kestnern hat mir, als ich ihr meine Reise schrieb, ein bißchen beleidigend geantwortet. Sie findet den Entschluß sehr wunderlich. Ich verzeih ihr den Unwillen, weil sie zum siebentenmale guter Hoffnung ist, und man alsdenn den Weibern vieles zu Gute halten muß.

Amalia soll mein Schattenbild haben, so bald ich nur jemand finde, der mich abzeichnet. Das arme Weib! Boie, in einem Deiner Briefe schriebst Du mir, die Liebe [zu Amalia] wäre in Deinem Herzen – „sie oder keine!" Aber ich will und kann nichts mehr dazu sagen. Sag' A., daß sie mir ewig lieb sein wird.

Von dem ältesten Bremer hatt' ich vorigen Posttag einen Brief voll Klagen über sich selbst und seine eigne Unzufriedenheit. Er hat niemanden in Hannover, der in seinem Herzen lieset. Beide Bremers haben sogar Bekanntschaft mit der Mejern gemacht, um nur Nachricht von uns zu erhalten. Diese wird sehr dadurch geschmeichelt, glaubt aber im Ernst, daß ich den Ältesten, die Pestel den Jüngsten ein bißchen lieb haben.

Der General la Motte ist mit einigen Offizieren von Gibraltar zurück. Die Bataillons, die dort in Garnison waren, heißen künftig Gibraltar-Bataillons. Sie bekommen neue Fahnen, worauf die Festung Gibraltar steht. Die Gemeinen ein weißes Band um den linken Arm.

Ob Sprickmann etwas schreibt? Du kannst ihm sein Stillschweigen nicht ganz übel nehmen. Er gehört anjetzt der Fürstin Gallitzin, denkt, hört und sieht nichts als sie.

Im ‚Deutschen Merkur' finde ich so wenig Interessantes. Die Probe des Romans hätte wegbleiben können. Der Schleier, worin mancher Instinkt des Menschen verhüllt ist, steht immer gut. Warum den Schleier wegnehmen? Die Tresenreuter würde hierüber lachen, so wie sie über meine Schleiermütze lachte, die mir Sarah Hugo geschenkt, und die mich freute.

Heute ist das Wetter wie im Novemver. Der Wind heult entsetzlich. – Ich bin bei Dir mit meinem ganzen Herzen.

Meine Liebe für Dich hat ein eignes Gepräge. Du könntest viele Frauenzimmer mehr lieben und schätzen als mich, und es würde mir Freude machen, weil Dein Herz mehr Interesse erhielte, mehr Leben und Wärme, aber ich müßte Dein Vertrauen dabei nicht verlieren. Und wär' ich Dein Weib, Boie, ich könnte nicht anders empfinden. In meiner frühsten Jugend, da der Keim der Freundschaft in mir sich entwickelte, dacht ich grade so als jetzt. Ich habe nie eine unmutsvolle Empfindung gefühlt, wenn Julie [Knigge] andre mehr liebte als mich. Sie tat's, täuschte sich und liebte wieder, aber ich wußte das alles, sah es und war doch glücklich dabei.

Von der Gräfin hab' ich ein Briefchen. Sie will auch Dir über meine Hinreise schreiben, daß ich ja recht bequem fahre, und nicht krank werde. Sei Du nur ganz unbesorgt, ich komme leicht nach Hamburg, wo ich Klopstock sehen soll, und den Wagen vorfinde, der mich nach Tremsbüttel führt.

Beaulieu hat die Conditions, die ihm seine Frau zugeschickt, unterschrieben. Er hat getobt, gewinselt, geweint, und nun am Ende sich eidlich verpflichtet, alles zu erfüllen.

Der Doktor Lentin vom Harz kommt nach Lüneburg, Wilhelm Böhmer aus Göttingen wünscht Lentins Stelle zu erhalten, darüber steh ich in großer Korrespondenz mit der Niepern und meinem Bruder. Ich sehe es für Doktor Böhmer als *kein* Glück an, aber ich kann mich irren und gebe keine Gründe gegen seinen Entschluß an. Du wirst lachen, daß ich in so manche Sachen verwebt werde.[1]

BOIE   Meldorf, 19. November 1783

So geschwind hatt ich doch nicht geglaubt, daß die Tresenreuter von der Cellischen Bühne abtreten würde. Das Vernünftigste ist, daß sie nicht gleich hieher zurück geht. Des Spektakels und Gewäsches würde kein Ende sein. Was mich am meisten gegen sie aufbringt, ist, daß sie Dich gesehen hat und es nicht verdiente. Dich sogar in einem Briefe, den sie an mich schreibt, beurteilen will – die Närrin!

Du mußt mir von der Schleierhaube mehr schreiben, damit ich Dich mir darin denken kann. Ich liebe Sarah, weil sie Dir diese Freude machte.

[1] Böhmer erhielt die Stelle, heiratete Karoline Michaelis, starb schon 1788.

Ich kaufe jetzt Wolle für die Gräfin. Sie will – ich weiß nicht, ob spinnen oder spinnen lassen. Sie zankt sehr ernsthaft mit mir wegen der Einrückung des Stückes ‚Philosophie oder Christentum?‘ ins ‚Museum‘, daran ich nicht Schuld bin, und das so gar schlimm auch nicht ist.

Die arme Kestner! Wieder guter Hoffnung! Wie sollte sie nicht ein wenig närrisch sein? und Luise es nicht verzeihen?

Ich habe seit acht Tagen wieder nicht wenig Arbeit mit Kriminalbehörden gehabt. Es ist, als ob meine Gefängnisse wieder voll werden, nun ich wieder einen Aktuar habe. Doch muß ich, so gut er sich sonst anläßt, [ihm] noch alle Protokolle diktieren. Ein Kerl, der mir jetzt viele Mühe macht, hat zwei Mädchen betrogen, sich mit der dritten, vorgegebener Krankheit wegen, auf dem Bette trauen lassen, und den verordneten Eid, daß er sich mit keinem andren Mädchen abgegeben, getan – es wird ihm übel gehen. Alle Untersuchungen sind der Art und zeugen zum Teil von fürchterlicher Rohheit.

LUISE   Celle, 25. November 1783
Der Vossische Almanach ist ganz allerliebst. Die Gedichte von Fritz Stolberg sind alle so schön. Aber ich finde, daß seine Liebe zu Agnes weit sanfter, inniger, herzlicher sich ausdrückt, als die Empfindungen der Liebe in den vorigen Gedichten.

Von der La Roche hab ich einen Brief, der aber sonst nichts enthält, als daß ihr Mann eine Reise durch Holland gemacht, und ich im November der ‚Pomona‘ eine Erzählung finden würde, worin der Charakter ihres Mannes erscheint und überhaupt ein Bild ihres Schicksals. Sie hat mir die leicht hingeworfene Zeichnung des alten Turms bei Speyer geschickt, worum ich sie bat. Ich will nun sehen, wie ichs mit dem Haar zeichnen oder sticken kann.

Gestern Nachmittag war ich beim Prinzen. Er hat bauen lassen und wohnt allerliebst. Hier wird viel von Kopenhagen geschwatzt. Aller Augen sind dahin gerichtet, mit der Erwartung einer sonderbaren Veränderung.

In Hannover ist alle Sonntage Club von unserm Zirkel. Fünfzehn Häuser, Herren und Frauenzimmer. Dazu werden Bremers gebeten.

                                              Celle, 29. November 1783
Die gute Kestnern hat eine große Kränkung erlitten, warum ich sie von ganzem Herzen bedaure. Bis Weihnachten entreprenierte

Brandes alle vierzehn Tage ein Picknick. Nach dem Tanz kaltes Essen. Diese Tanzpartien waren wie gewöhnlich. Nach Weihnachten entrepreniert der Hofrat von Hinüber und in der Gesellschaft sind: Frau v. Grävemeyer, Sarah, Zimmermanns, Rudloffs, Mejers, Niepers, die Böhmer, Brandes. *Nicht* Kestners. Endlich ist also die Societät geschieden, und ein kleiner Adel entstanden. Die Kestnern ist höchst aufgebracht und rächt sich durch Schwatzen und bittre Anmerkungen. Ich wünschte, sie schwiege, wäre so höflich wie zuvor, daß niemand den Triumph fühlte, sie gekränkt zu haben. Wie wohl ist mir, lieber Boie, von Hannover entfernt zu sein!

(den 2. Dez.) So bald ich genaue Nachricht habe, welchen Tag in der Woche der Hamburger Bote über die Elbe fährt, setze ich meine Reise fest.

Unsre liebe Frau von Beaulieu ist seit Sonnabend wieder hier. Morgen hoff' ich, sie zu sehen. Sie ist von ihrem Mann und seiner Familie mit Entzücken aufgenommen worden. Der Mann hat ihre Zimmer aufputzen und verzieren lassen. Ihre Tochter schläft in ihrer Kammer, und er wohnt am andren Ende des Hauses. Morgen geht er auf die Jagd, will oft abwesend sein, so wie er sichs *jetzt* vornimmt. Die Familie, auch der Mann, suchen durch Zärtlichkeit das edle Weib zu überwinden. Gelingt es, so ist sie verloren. Ja, wohl wird sie nicht mehr Freiheit haben als sonst. Sie kann nie glücklich werden, aber hat sie Festigkeit genug, genießt sie doch mehr Ruhe. Sie wird mich zu streng finden, denn ich fordre von ihr, daß sie ferner an Br. nicht schreibt. Ihr Briefwechsel *kann* hier nicht geheim bleiben; er ist unschuldig, würde es aber nie für die Augen der Welt sein. Ich habe vielleicht eine überspannte Idee von den Pflichten einer verheirateten Frau, aber Du verstehst mich. Eine Frau, und wenn sie auch an den elendesten Mann gefesselt ist, kann doch ruhig sein durch sich selbst. So lange Br. hier war, konnte die B. nicht über sich siegen, das wäre ungerecht gewesen, wenn ich das erwartet hätte. Jetzt muß sie an sich selbst arbeiten. Sie ist Mutter, ich hoffe, Mutterzärtlichkeit soll ihr Stärke geben. Das arme Weib! Sag *Du* mir nicht, daß ich zu streng bin. Bremer schrieb mir: „Machen Sie mit mir, was Sie wollen. Ich tue alles, um die Beaulieu nicht unglücklicher zu machen, als sie schon ist." Die gute Pestel kennt das menschliche Herz nicht ganz, begreift nicht, was Liebe ist oder eine Neigung, die mit der Liebe verwandt ist. Und da sie die Klagen des Mannes [der Beaulieu] auch anhören muß, darf sie weniger handlen als ich.

Freitag hat mir wieder geschrieben. Er ist besser, doch aber lange nicht wieder hergestellt. Er hat sich zum Bischof tragen lassen, der ihm um den Hals fällt, und die größten Beweise der zärtlichsten Teilnahme ihm zeigt. Darauf läßt er sich zur Mejern tragen, die ihn sehr höflich empfängt, ihm keinen Stuhl bietet, sondern gleich sagt, sie müsse zur Oper. Der arme Schelm hat sich so geärgert, daß er wieder elender ist. Die Mejer *kann* nicht wissen, daß Freitag an Lisette[1] gedacht, sonst könnte ich mir ihre Kälte erklären, denn Weiber sind meistens so töricht, zu verlangen einzig geliebt zu werden.

Wilhelm Böhmer hat sich zu Clausthal präsentiert, und gefällt. In Göttingen würde der gute Mensch nicht viel Glück haben, weil ein junger Arzt, Osann, sehr vielen Beifall findet. Auf dem Harz, fürcht ich, aber noch weniger.

Ich glaube, daß das Erziehungsinstitut zu Colmar das beste ist, was wir anjetzt haben. Der jüngste Bremer kam vorige Ostern dahin; dessen Briefe, worin die Beschreibung des Instituts, hab ich mit vielem Vergnügen gelesen. Pfeffel muß einer der liebenswürdigsten, edelsten Menschen sein. Sein Sohn, der schon Lehrer ist, wird nicht sehr geliebt. Alle seine Kinder sollen den Wunsch des Vaters nicht ganz erfüllen.

BOIE   Meldorf, 3. Dezember 1783

Diesen ganzen Vormittag bis um zwei Uhr hab ich meine ganze Stube voll Bauern gehabt, und mir den Hals heiser reden müssen. Es betraf eine vor mehreren Jahren verpfuschte Einkoppelung, die schon manchen Prozeß veranlaßt hat und noch mehrere verursacht haben würde, welcher Gefahr nun abgeholfen ist, da durch eine langwierige Untersuchung der Fehler gefunden, und die Nebenstreitigkeiten verglichen sind. Die Bauern schienen, so verschieden ihr Interesse war, vergnügt von mir zu gehen. Wenn es so glückt, arbeitet man gern. Aber sehr oft kommt man mit aller Mühe zu nichts. Dahin hab ich's nun doch, Gottlob! gebracht, daß selten ein Prozeß um eine Lapperei mehr entsteht, weil alle wissen, daß ich dergleichen hasse, und Schikane bestrafe. Eine alte Frau, die ich wegen Dieberei hatte festsetzen und hernach mit einigen Schlägen hatte laufen lassen, hat mir in diesen Tagen Angst gemacht. Kaum war sie wieder in ihrem Haus, als sie alles zer-

---

[1] Lisette von Vincke, siehe Anhang.

schmiß, einiges Werg anzündete und mit der Drohung, sie wolle sich ersäufen, davon lief. Die Nacht verfloß mir dadurch nicht sehr angenehm, doch hoffe ich, daß sie ihre Drohung nicht erfüllt haben wird.

Vergiß die Schleiermütze nicht, wenn Du nach Tremsbüttel kommst. Daß Du die ganze Familie [Stolberg], auch den sehr edlen Bernstorff, Gustchen und Wilhelmine sehen wirst, freut mich unbeschreiblich. Wenn nur das Rütteln des Wagens Dir nicht schadet! Für die Wasserreise fürcht' ich, weil Du keine Furcht davor hast, so sehr nicht.

Die Kestner, arme Frau! Ich bedaure sie, daß sie schon so früh einsehen muß, daß sie nicht mehr jung und neu und allgeliebt ist.

Auch ich freue mich von ganzer Seele, daß der Tage, die uns trennen, immer weniger werden.

LUISE   Celle, 5. Dezember 1783

Gestern Abend spät erhielt ich das Novemberstück vom ,Museum' und den ,Prüfstein' von Stolberg. Boie, ich bin wie berauscht vor Freude und Vergnügen. Daß ich nicht bei Dir bin, Dich nicht an mein Herz drücken kann!

„Empfindung, welche ungeheißen kommt,
Ist nie Empfindelei. – – –
Kennst du den Prüfstein, der des Herzens Gold
Bewähret? Selbstverleugnung heißt er.
Was ist die Freundschaft ohne sie? Ein Traum!
Und Liebe, was? . . . .“

Boie, wie wahr! wie wahr! es ist vortrefflich! In ihrer Art ebenso vortrefflich ist die Rede von Schlosser.

Du hast mir in den drei Jahren unsrer Trennung noch nie schriftlich gesagt: „Du durch *mich* glückliche Wise!“ Sag's mir doch in Deinem künftigen Briefe, bitte bitte, daß ich doch einmal empfinde, wie mir ist, wenn Du es mir schreibst, denn wenn ich Dich wiedersehe, dann sollst Du mir es tausend-tausendmal wiederholen. – O, ich weiß sehr gut die Mittel, daß Du mir das sagst. Ihr lieben Männer seid immer durch Bitten zu zwingen, und ich kann ganz entsetzlich bitten.

Wahrscheinlich bin ich den Montag vor Weihnachten in Hamburg. Hier im Hause wird behauptet, daß ich ungewöhnlich munter anjetzt bin. Boie, es ist wahr – und wie sollte ich nicht?

Sollten die ledernen Handschuh kommen, so behalte sechs Paar ohne Finger und das Dutzend Fingerhandschuh für mich zurück. Leb wohl. Einen herzlichen Gruß an Amalia.

Celle, 9. Dezember 1783

Auf Weihnachten werden auch hier die neuen Armenanstalten eingeführt. Ich dachte vorigen Sonntag, als die Prediger zur Ermahnung der Beiträge baten: Wenn Boie doch auch so weit wäre! Jeder zeichnet auf, wie viel er alle halbe Jahr bezahlen will. Ein Haus ist gekauft und zum Werkhaus eingerichtet. Frau von Pless hat sich zu dreihundert Reichstaler jährlich unterschrieben. Fräulein Schild hat vierhundert zum Hauskauf hergegeben.

Viele Grüße von Freitag. Ich habe einen Brief von ihm von zehn Bogen. Eine weitläufige Beichte seiner vierzehnjährigen Aufführung mit der Mejern. Ich habe ihm seine Absolution geschickt, denn er ist wahrhaftig nicht der erste gewesen, der der Frau Torheit, Leichtsinn und Eitelkeit in den Kopf gesetzt hat. Freitag bedaure ich. Wenn alle Männer für ihre Jugendsünden so büßen wie er, weh den armen Männern!

Frau von Beaulieu ist vergnügt, so wie sie noch nie gewesen. Sie wird an Bremer schreiben, und bat mich so rührend, daß ichs ihr erlauben möchte, daß ich schwieg. Mit bangem Herzen verlasse ich sie.

Lebe wohl, Du Einziger. Noch drei Monate.

BOIE   Meldorf, 12. Dezember 1783

Zwei liebe, liebe Briefe meiner Luise, die mir die gestrige Post brachte, kann ich heute nur kurz beantworten.

Wie wohl ist mir bei dem Gedanken unsers immer mehr sich nähernden Wiedersehens, unsrer so wenig erwarteten und nun doch wieder gewissen Umarmung! „Meine durch mich glückliche Wise" soll ich sagen, und ich sag es, weil ich überzeugt bin, daß ichs mit Wahrheit sagen kann und sagen darf.

Du meine gute Meinung von Dir nicht erfüllen, wenn ich Dich wie in Hannover täglich sähe? O, Luise! was ich bin oder vielmehr sein möchte und zu werden strebe, bin ich durch Dich. Ich fühle das mit innigem Dank gegen Gott und gegen Dich.

Ich bin wahrscheinlich zu der Zeit, wo Du in Tremsbüttel ankommst, in Glückstadt, wo ich die Festtage zuzubringen versprochen habe. Wo meine Gedanken sein werden, weißt Du von selbst.

Ich trage Dir nichts an meine Freunde in Hamburg auf, weil Du vielleicht auch nicht von mir zu sprechen Gelegenheit hast. Desto mehr in Tremsbüttel. Der Dir von dort her in Hamburg entgegenkommen wird, bin leider nicht ich, sondern ist wahrscheinlich Graf Christian, oder Fritz. O Luise! Wenn ich's wäre!

Meldorf, 22. Dezember 1783

Noch einmal, meine Teuerste, laß mich Dir nach Hamburg schreiben. Es ist mir so süß zu denken, daß Du, was ich heute schreibe, morgen schon lesen wirst; denn unmöglich wirst Du doch so eilen, daß Du nicht einen Rasttag in Hamburg halten solltest. Ich bin sehr glücklich, da ich Dich glücklich weiß.

Von Amalia hab ich einen Brief. Daß ein sehr zärtlicher Gruß an Dich in dem Brief ist, versteht sich von selbst. Ich wünsche, daß Du Amaliens nicht gegen die Stolberge gedenkst.

Was ich Deiner Freundschaft schuldig bin, soll ich nicht sagen? Gut, liebe, süße Schwärmerin, ich lege die Hand auf den Mund, und schweige.

Armer Freitag! Ja, es ist schwer, sich aus Banden zu reißen, die man lange getragen hat, auch wenn man ihre Unwürdigkeit fühlt! – Sollte er wohl diesen Winter noch in Hannover bleiben, und mir aus den dortigen Plantagen einige Bäume zu meiner neuen Anlage verschaffen? An Wernern mag ich mich nicht wenden, Höpfnern auch nicht aus seiner geliebten Untätigkeit reißen. Freitag nimmt gern eine Bemühung für einen Freund über sich, und diese kostet ihn am Ende auch nur einen Ritt nach Herrenhausen.

Lebe wohl, meine Teuerste. Ich drücke Dich in Gedanken an mein Dir ganz ergebenes Herz.

DER GOLDENE KÄFIG

Die Entwicklung, die sich seit dem Sommer 1783 in den Briefen des ahnungslosen Paares vorbereitet, würde der psychologischen Darstellung eines Romanverfassers Ehre machen. Amalias Bild – schon halb verblaßt, als das Bild der Gräfin Luise Stolberg sich deutlicher in den Vordergrund schiebt – wird immer schattenhafter, je mehr Aufmerksamkeit die Gräfin für ihre Pläne erzwingt. Doch gerade diese rücksichtslosen Pläne dienen von vornherein dem Schicksal, das Boie und Luise zusammenführen will. Luise würde nicht nach Tremsbüttel gehen, wenn nicht das Wiedersehen mit Boie dadurch zwanglos zustandekäme; damit sie aber das Wiedersehen begehrt, hat die bedauernswerte Amalia resignieren müssen. Luise vergißt das nicht, als sie selbst glücklich geworden ist.

Kurz vor Weihnachten bricht Luise nach Norden auf, fährt über die Elbe und wird in einem Hamburger Gasthof von Dr. Mumsen, der dem dortigen Freundeskreis angehört, in Empfang genommen. Später geleitet die Jungfer der Gräfin Luise sie nach Tremsbüttel. Hier findet sie Fritz Stolberg mit seiner Agnes und die etwa fünfzehnjährige Lotte Bernstorff, die ihrer Tante zur Erziehung anvertraut ist. Auch Voß kommt nach dem Fest (das keine besondere Rolle spielt, sonst würde Luise es noch in Celle verlebt haben) für einige Tage. – Luises erster Brief aus Tremsbüttel fehlt.

LUISE   Hamburg, 23. Dezember 1783

Ich kann Dir nur mit zwei Worten erzählen, wie es mir geht, weil ich der armen Pesteln schreiben muß. Ich weiß nicht, warum ihr Abschied von mir so traurig war. Genug, er war es, und Pestel hat mich wirklich betrübt. Er weinte wie ein Kind.

Die Gräfin hatte an Toby Mumsen geschrieben, daß er für mich sorgen und mich bei seiner Cousine logieren möchte. Toby Mumsen kam gleich zu mir. Ein Mann, der mich im ersten Augenblick erstaunend interessiert hat. Um halb zwei Uhr sollte ich zu Klopstock mit ihm fahren. Der Wagen blieb etwas lang aus, so daß uns Klopstock begegnete mit der Winthem, sich zu uns herein setzte und wir [dann] zusammen speisten. Klopstock war munter, natürlich, ich auch, so gut ichs konnte. Er lachte über mein Nichtessen, ich konnte vor innrem Frost nicht essen, habe, seitdem ich aus Celle bin, nichts essen können. Die Mumsen hab ich lieb. Sie ist so herzlich. Wir sprachen viel von Voß etc. Sie wunderten sich alle, daß ich so viele ihrer Freunde kannte. Die Luftmaschine war ein Hauptgegenstand der Unterhaltung am Tisch. Toby hat etwas darüber zu Papier gesetzt, das er Klopstock erklärte. Den Nachmittag fuhren wir zu Toby, dessen Zimmer an den Konzert-Saal stößt, wo wir das ,Heilig, Heilig' von Bach[1] hörten. Die Winthem ging zu Haus, Musik zu üben auf den dritten Feiertag.

Verzeih, lieber Boie, wenn ich Dir sage, daß mir die Winthem durchaus nicht gefällt. Sie ist kalt und macht kalt, aber weiß diese Kälte durch gekünstelte Empfindungen zu verstecken. Klopstock liebt sie, das sah ich gleich. Sie liebt ihn aber, weil er Klopstock heißt, aus Eitelkeit. Den Abend bis elf Uhr waren wir bei der Winthem und bei Klopstock. Ich kann Dir nicht genug sagen, wie gütig alle gegen mich waren.

Wenn ich nicht im entzückten Ton heute schreibe, mußt Du mir zu gute halten, daß mir ist, als ob mir Blut und Empfindung noch mehr als gestern erfroren.

Tremsbüttel, 27. Dezember 1783

Gestern Abend, lieber Boie, erhielt ich Deinen Brief vom 22sten. Mein letzter Brief war kurz, weil ich für die Gräfin etwas abschreiben mußte, da vollendete also Voß den Brief. Wir schrieben an *einem* Tisch in meinem Stübchen. Er schrieb auch an seine Frau, dazu ich ein paar Zeilen fügte. Voß ist mir gut, lieber Boie. Er ist vergnügt hier, und wir alle mit ihm und über ihn. Ich höre hier so viel zu meiner Belehrung, daß ich nicht reden kann. Gestern Morgen macht ich eine kleine Probe, der Gräfin vorzulesen, und sie schien zufrieden. So lange Voß hier ist, kommen wir nicht zu der Ordnung des Lesens. Die Gräfin lernt Latein und ist schon weit gekommen. Voß muß ihr jetzt eine Stunde geben. Ich soll's auch lernen, aber da ich keinen deutlichen Begriff von Grammatik habe, wird's nicht gehen. Agnes [Stolberg] winkt mir immer, ja nicht das wunderliche Latein zu lernen. – Fritz hätte nie glücklicher heiraten können. Gegen den 16. Januar reisen sie nach Dreilützow, der Abschied von Agnes wird mir schwer werden, denn so wenig wir uns sprechen können, so seh ich das Weibchen [doch] so innig gern. Die Gräfin bewundre ich, lieber Boie, und ehre sie. Ob ich mich ihr nähern werde, weiß ich noch nicht. Über die kleineren

[1] Philipp Emanuel Bach, siehe Anhang.

Details hier im Hause einmal mündlich. Lotte [Bernstorff] hab' ich
sehr lieb. Wir beide wollen Englisch mit einander studieren.
Meiner Meinung nach muß Lotte [hier] weg, aber da das unmöglich ist, will ich sehen, was ich für das gute Mädchen tun kann.
Hätte sie einen philosophischen Kopf und Anlage, was zu lernen,
wäre sie glücklicher, aber das hat sie grade gar nicht. Der kleine
Fritz Bernstorff ist ein trefflicher Junge.

Ich habe nicht die mindeste unangenehme Empfindung nach
meiner Reise. Hier im Hause könnt' ich leichter krank werden. Es
ist ein ganz unausstehlicher Zug in allen Zimmern, die Öfen ver-
schlingen das Holz, heizen aber sehr wenig. Ich frug Klopstock,
ob er nicht mit mir fahren wolle? Er antwortete mir, daß seine
Gesundheit nicht erlaube, im Winter in einem Hause zu sein, wo
niemand warm würde. Ich sollte ihn nicht verraten, aber die
Gräfin als Baumeisterin hätte kein Kunststück bewiesen. Voß
jammert auch um den Zug, die Gräfin selbst merkt beim Ofen, im
Fußkorb, nichts davon, und freut sich des warmen Hauses. Agnes
schüttelt dann den Kopf, sagt aber nichts.

Die Reise von Hamburg hieher machte mir viel Vergnügen. Im
Sommer muß es hier schön sein.

Gestern Abend las Graf Christian seine Übersetzung der ‚Elektra‘ aus dem Sophokles vor. Ein herrliches Stück, Boie! Nur zuletzt gefällt mir Elektra nicht. Sie wird zu grausam, hat zu sehr den
Wunsch, sich zu rächen. Die Chöre sind vortefflich.

Die ‚Iphigenia‘ von Goethe, Dein Exemplar, hat die Gräfin.
Voß soll sie lesen.

(den 28.) Gestern Abend ward die ‚Antigone‘ vorgelesen. Antigone ist sanfter als Elektra, gefällt mir so im Vorlesen besser als
Elektra. Beides muß ich aber noch für mich allein lesen.

Die Gräfin hat heute weitläufig mit mir über Lotten gesprochen, und mir aufgetragen, Lottens wahre Herzensmeinung
zu erforschen. Sie fühlt, daß das Mädchen unglücklich ist. Mit
jeder Minute hefte ich mich mehr an . . . [der Rest des Briefes
fehlt]

BOIE   Meldorf, 29. Dezember 1783

Gottlob, Du bist also glücklich in Tremsbüttel angekommen
und zufrieden und heiter unter den besten Menschen. Wie verlangt mich nach Nachrichten von der Reise, von Klopstocks Aufnahme, von Deinem ersten Eintritt in Tremsbüttel!

Luise, wir sind nun keine drei Monate mehr getrennt, und außerdem einander so nahe, daß ich Deinen Brief vom 25. schon am 27. erhielt. Voß beschwört mich, Dich zu bereden, daß Du ihn mit mir in Eutin besuchest. Von meiner Mutter hatte ich vor einigen Tagen einen sehr heitren Brief und darin einen sehr zärtlichen Gruß an Dich.

Meine Gedanken sind itzt immer in Tremsbüttel. So begegnen sich unsre Gedanken gewiß sehr oft. Daß Du meiner unter den Edlen, mit denen Du jetzt lebest, oft erwähnst, darum bitte ich Dich nicht, weil Du es von selbst tun wirst. Hätt' ich hier doch auch irgend ein Geschöpf, mit dem ich von Dir und ihnen reden könnte!

Grüße, Empfehlungen, trag ich Dir nicht auf. Alles das ist so kalt. Lebe wohl, Du Gute, Liebe, und fasse Vertrauen zu Dir selbst.

Voß AN Boie   Tremsbüttel, 30. Dezember 1783

Wir haben von Dir gesprochen, Luise und ich, lieber Boie. Du bist der einzige, der ihr jetzo helfen kann, und muß. Ich habe das Leben hier angesehn, und finde, daß Luise hier schlechterdings nicht glücklich sein kann. Du kennst die Gräfin Luise, wie gut sie ist und wie herrschend. Sie ist im Stande, uns mit lauter Gnade zu Tode zu stopfen. Sie meint unsrer Luise Gutes zu tun, wenn sie sie zu ihrer Gesellschafterin oder so etwas macht. Sie würde sie unglücklich machen, so wie sie mich selbst durch ihre Lesesucht nicht glücklich gemacht hat, und ich kann doch noch etwas abbeißen. Daß L. hergereiset ist, war nicht zu ändern. Jetzt gilts mit Ehren, das heißt ohne Bruch, wieder wegzukommen. Luise hat ihrem Bruder versprochen, ihn, wenn seine Frau im Anfang April niederkommt, zu besuchen. Dies muß sie halten. Dringt die Gräfin darauf, daß sie nachher wiederkommen soll, so kann man das obenhin erwarten lassen, auch geradezu versprechen, wenn keine andre Hoffnung ist, damit sie nur wegkomme. Du glaubst im März in diese Gegend zu kommen. Aber könntest Du nicht so viel früher kommen, daß Luise, wie wir so herzlich wünschen, vorher mit Dir nach Eutin reiste, und Du sie dann nach Hamburg zurück brächtest? Tue es, Lieber! Wir wollen Dir alle danken, Luise, Ernestine und ich. Morgen reise ich, wenn das Wetter mich nicht abhält.

Gute Nacht, Lieber, und ein fröhliches Neujahr.

Voß

Luise schreibt weiter:

Wundre Dich nicht über diesen Brief, bester Boie, Du mußt mich nicht mißverstehen. Ich schätze, bewundre und liebe die Gräfin, aber glücklich kann ich hier nie werden. Das wußte ich voraus, und mein Bewegungsgrund zu dieser Reise war [nur], Dich, Einziger, wiederzusehen. Hier im ganzen Hause ist keiner glücklich, und doch wird von nichts als glücklich sein geredet. Fritz Stolberg und seine Agnes, wenn sie nicht bei der Gräfin ist, sind wahrhaft glücklich. Graf Christian wird wie ein Schuljunge gehalten. Er fühlt seine goldene Kette. Momente kommen, wo er seine Frau bewundert, aber Bewunderung und Liebe, Zutrauen, o Boie, wie verschieden! Lotten wird grausam begegnet. Das Kind ist bitter geworden durch die abscheulichen Vorwürfe, was man alles für sie tut und sie nicht [an]erkennt. Der kleine Fritz sagt: „Tante ist so gut gegen mich, und dennoch kann ich sie nicht ausstehn." Keiner in der Welt vermag etwas über die Gräfin als – Du errätst es nicht – ihre Kammerjungfer. Das hat die Gräfin mit den mehrsten Damen gemein. Ich merkte es schon auf der Reise hieher, die Jungfer holte mich ab von Hamburg. – Lotte soll fort, und ich soll der Gräfin Vorleserin und Secretair werden. Das alles würd' ich mit Vergnügen, aber ich bin nicht gelehrt genug, mein Verstand ist auch nicht darnach gestimmt, ewig zu studieren. Ich lese [abwechselnd] in sechs Büchern, und werde gefragt daraus wie ein Kind. Die Angst, mit der ich lese, nimmt mir allen Nutzen. Dann ist meine Philosophie ganz der Gräfin ihrer entgegengesetzt. Man stopft hier die Menschen mit Lektüre, wie man Gänse mit Nudeln stopft. Die Gräfin hat heute ihre Rechnung beschlossen: sie hat in diesem Jahre 75 Bände durchgelesen ohne die Journale etc. – und 911 Briefe geschrieben. Die Freiheit in Celle ist mir Elysium, und dieser Aufenthalt, wenn er länger als März dauert, die Hölle. Die Gräfin überhäuft mich mit Attentionen. Sie glaubt und hofft mich glücklich zu machen, sie setzt voraus, daß jeder mit ihr glücklich sein *muß* (so sagte sie) und will mich, um ein gutes Werk zu stiften, meiner unglücklichen Lage in Celle entreißen. Boie, das ist edel, aber es paßt nicht. Das Herz der Gräfin sündigt nie, aber ihr Verstand, der groß ist, den sie aber noch größer glaubt, irrt stündlich. Sie selbst ist nichts weniger als glücklich. Sie fordert Liebe und fühlt, daß man sie nicht liebt. Sie ist eine große Frau, die man immer bewundert, und in der Ferne, wo ihr eisernes Zepter nicht hin reicht, liebt.

Ich schreibe Dir ungern diesen Brief, lieber Boie, aber ich muß. Ich habe heute erst mit Voß gesprochen, und da er mir sagte: „Gute Luise, Sie passen nicht hieher", da konnte ich meine Empfindungen nicht mehr zurückhalten, und ich freute mich, jemand zu finden, der mit mir fühlte. Ich habe hier noch keine Nacht über zwei Stunden geschlafen, vor Unruhe und Gedanken, wie ich weg kommen wollte, ohne mich zu brouillieren. Da kam Voß auf die Idee, daß Du mich von hier abholen solltest. Dieser Trost soll mich beruhigen. Wenn Du Graf Christian sähest, wie sanft wie ein Lamm er duldet, dann hinaus geht; wenn Du Lotte jammern hörtest, daß wir den Milton lesen sollen – die Kammerjungfer an meiner Türe lauschen sähest, wenn Lotte bei mir – die Gräfin selbst lauschen [sähest] – ach Boie, Du würdest mich nicht tadeln.

Voß soll diesen Brief mitnehmen, denn ich bin nicht sicher damit; die Freiheit, daß einer des andren Briefe liest, geht weit, und ist hier Pflicht. Ich werde Dir auch nur alle Woche einmal schreiben, sonst will man wissen, was ich schreibe, so wie man es heute übel nahm, daß Voß so lange in meinem Zimmer geblieben. Deinen Namen hör und nenne ich beinahe gar nicht. Die Freude, von Dir reden zu können, ist auch verschwunden. Ich beschwöre Dich, laß kein Wort von meinen Empfindungen merken. Die Gräfin wird Dir wohl bald schreiben, dann antworte Du ihr, daß ich hier glücklich wäre pp., Du würdest [aber] im März kommen, mich abzuholen, weil ich zur Zeit der Entbindung meiner Schwiegerin in Osterode sein müßte. Verzeih, daß ich Dir vorschreibe, was Du tun sollst. Du kannst das feine Gewebe dieser Familie nicht wissen, Du hast immer nur die glänzende Außenseite gesehn. Gestern sprach die Gräfin mir von Hierbleiben, aber sie brach das Gespräch ab, als ich ihr widersprach, da sie sagte, Pestel verdiene kein Mitleiden, er wäre ein Tor. Antworte mir weiter nichts, als daß Du diesen Brief erhalten und kommen wirst im März *gewiß, gewiß!* –

FRAU VON PESTEL AN LUISE   Celle, 2. Januar 1784
Mit sehr feierlichen Empfindungen schloß ich das vorige Jahr. Ich glaube, kein Kätzchen ruhte gestern, alles war in Bewegung, und ich hab nie so viel Besuch gehabt als gestern. Drei Visiten hab ich nur gegeben, dem Prinzen, der alten Beaulieu und Pless, das übrige ließ ich übergehn.

Da kömmt Dein Brief, und zugleich einer von [dem verwitweten] Schlepegrell, mit der Nachricht, daß er sich am 28. mit der

Fräulein Horn versprochen und am 30. Hochzeit halten würde. Das ist wieder ganz in seinem Charakter, er hat sie vorher nie gesehn, aber sie hat ihm durch Überredung gefallen. Sie soll hinken, nicht hübsch sein, sondern sehr kränklich. Hauptmann Osten hat sie nicht gewollt, wie man sie ihm vorgeschlagen.

Aber zu etwas Besserm, zu Deinem Briefe. Ich staune und bewundre – ich habe allzeit gedacht, daß Leute so leben müßten wie die Gräfin lebt, aber nicht, daß es welche würklich ausführten. Luise, ists nicht möglich, sich zu dem Grade (nicht von Genie, das nur gibt Natur) aber der Tätigkeit, Enthaltsamkeit, tiefer Frömmigkeit zu bringen? Ich beneide sie dieser Kraft wegen, denn sie leben schon auf Erden im Geister-Reich, und wir übrigen kriechen im Tier-Reich. Wenn Molly[1] diese Beschreibungen liest, so wendet sie alle Kräfte an, auch so zu leben, um zu sein wie die Stolberge, ich wollte, es wäre der Sache selbst wegen. – Ich hungre jetzt nach Deinen Briefen. Ich kenne nicht halb das, was Du liesest, könnt es auch nicht lesen, aber ich fühle doch mit innrem Schmerz, daß man so wenig tut, und so viel tun könnte. Was willst Du aber anfangen, wenn Du zurück? Du kannst die Töne leichterer in die Höhe als herabstimmen. Luise, Dir gab der Himmel einen besondern biegsamen Geist, von ihm auch, glaub' ich, entlehnte Dein Körper das biegsame, denn so gelenksam, wie alle Deine Glieder sind, und doch natürliche Form behalten, so ist auch Dein Geist. Dies ist mein Trost, denn ich fühle, wie sehr wir Erdenkinder sind, wünsche Dich zurück und verwerfe den Wunsch wieder.

Dank Dir, Luise, für alles, was Du mir schreibst, jede Zeile ist mir Stärkung. Du weißt, ich hänge an wenigen Menschen in der Welt, mit diesen wenigen kann ich alles, aber ohne diese bin ich schwach.

Fritz grüßt, er kommt eben, ich muß aufhören. Morgen ein mehreres. Grüße von allen verstehn sich von selbst.

Ich habe auch ein Paar den Deinen ähnliche Strumpfbänder erhalten.

LUISE   Tremsbüttel, 1. Januar 1784

Gestern nach dem Essen reisete Voß von hier. Er ist mir unbeschreiblich lieb geworden, und sein Weibchen. Ihre Briefe an Voß

[1] Frau von Grävemeyer.

sind mir wegen der Ähnlichkeit im Ton mit den meinigen an Dich, lieber Boie, sehr aufgefallen. Die Gräfin hat mit mir weitläufig über mein Wiederkommen geredet. Sie scheint mit mir zufrieden. Ich bin seit meinem Briefe, den Dir Voß schicken wird, sehr ruhig und heiter. Der Himmel sandte mir Voß zum Schutzengel.

Nun will ich Dir unsern Tageslauf erzählen. Um zehn Uhr wird gefrühstückt. Dann liest Stolberg ein Kapitel in der Bibel und einen Gesang aus Klopstocks Liedern vor. Jeder geht nach seinem Zimmer. Ich lese dann in dem ‚Spectator‘, der ‚Physiognomik‘ und noch einigen Büchern, die mir die Gräfin gegeben hat. Sie kommt zu mir herunter, indeß Lotte übersetzt, und ich lese ihr den ‚Pontius Pilatus‘ von Lavater eine Stunde vor. Indessen sie ihre lateinische Stunde hat, schreibe ich ab für sie, oder lese für mich, bis angerichtet ist. Nach Tisch und dem Kaffee liest Fritz aus den ‚Lebensläufen‘, dann kommt Lotte zu mir herunter, und ich lese mit ihr den Milton eine Stunde. Dann gehen wie wieder herauf, und ich lese dem Grafen und der Gräfin vor, aus dem Plutarch[1], bis es Teezeit ist [um] neun Uhr Abends. Nach dem Tee liest Stolberg ein Kapitel in der Bibel und einen Gesang aus dem Klopstock vor; damit Gute Nacht.

Wenn der Geist nur erst an diese reiche Nahrung gewöhnt ist, ist sie ganz vortrefflich. Der Plutarch interessiert mich unbeschreiblich. – – –

Die Gräfin störte mich jetzt. Sie grüßt Dich. Ich habe sie gebeten, kein Versprechen von mir zu erwarten. Ich käme wieder, wenn ich könnte. Sie scheint ruhiger zu werden. Ich bin sehr neugierig, auf welche Art die Gräfin von mir schreibt an Dich, Lieber.

Ich reise mit nach Dreilützow. Fünf Wochen bleiben wir da, dann ist meine Zeit der Abreise. Wo Du mich wiedersiehst, guter Boie, weiß ich nicht. So viel sehe ich aber wohl, daß es nichts als Wiedersehen, kein ruhiger Genuß werden wird. Auch das muß gut sein für Deine Wise.

Jetzt erhalte ich Deinen Brief vom 29. Dezember. Du hattest keine Aufschrift an mich gemacht, und die Gräfin hatte den Brief erbrochen. Sei so gütig und schicke Deine Briefe geradezu an mich.

Graf Christian wird Dir die Chöre aus dem Sophokles schicken.

---

[1] In einer französischen Übersetzung.

Leb wohl. Ich habe noch viel abzuschreiben aus einer Satire über Voß und Stolberg: ‚Empfindelei und Kraftgenies, Modevorurteil und Scheinfreuden‘. Erstes Heft.

Adio.

BOIE   Meldorf, 1. Januar 1784

Den ersten Brief in diesem Jahre schreibe ich an meine Luise, und wie könnt ichs angenehmer für mich anfangen? Der letzte, den ich im vorigen [Jahr] erhielt, war von Dir, wie konnt ichs vergnügter beschließen? Ein neues Jahr unserer Freundschaft ist also angefangen, und wie süß ist das Gefühl des Wiedersehens, das dieses Jahr auszeichnen wird! Ich bin gestern Abend bis diesen Morgen in Gedanken um und bei Dir gewesen, habe mit inniger, ruhiger Empfindung des Glücks Gott gedankt, der Dich mir gab, und erhielt, und uns wieder zu einander führt. Mein Brief ist nur die Fortsetzung derselben Beschäftigung, und mög ich nur lange ungestört bleiben. Ich habe das verwünschte Gratulieren zwar schon ziemlich abgeschafft. Die Leute bringen mir nur Steifheit und Zwang und Kälte in mein Zimmer. Da kommt schon einer. – – –

Herzlichen Dank für Deinen letzten Brief, der mich mit Deiner jetzigen Lebensart vertrauter macht. Ich suche alles so einzurichten, daß ich acht Tage ruhig in Tremsbüttel bleiben kann, und je weniger ich in der übrigen Zeit mich von Dir trennen darf, desto lieber wirds mir sein. Vossens Urteil über die Gräfin ist ja so ziemlich das unsrige. Auch wir fanden bei ihr immer zu wenig Weiblichkeit.

Wegen Lottens Gesundheit wünscht ich so sehr, daß Du nach Tremsbüttel kommen mögest. Das gute Mädchen wird gewiß Vorteil davon haben. Deine Versicherung, daß Fritz mit Agnes so glücklich ist, freut mich unbeschreiblich. Daß sie nicht ganz seinen Wert fühlt, tut so viel nicht zur Sache. Er ist in so hohem Grad ein edler Mann und allumfassender Geist, als nur wenige Menschen sein können. Graf Christian wird Dir aber auch fast so lieb werden wie sein Bruder. Das darf ich voraussagen. – Klopstock verzärtelt sich seit einigen Jahren ein wenig zu sehr. Er würde auch nach einem wärmeren Hause im Winter nicht über Land gefahren sein. Daß aber das neue Haus so viel Zugluft hat, und nicht erwärmt werden kann, ist traurig. Das Zimmer, das Du [unten] bewohnst, kenne ich recht gut.

Die verwünschten Gratulanten! Alle Augenblick unterbrochen
– es wird ein wahrer Neujahrsbrief.

Lebe wohl, Du Beste. Ich will noch ein paar Zeilen an den Grafen schreiben, an den ich dies einschließe.

LUISE   Tremsbüttel, 5. Januar 1784

Ich gestehe Dir sehr beschämt, lieber Boie, daß ich am ersten
Tage im Jahre kaum über unsre Freundschaft nachgedacht habe.
Ich denke hier überhaupt viel weniger an Dich wie sonst. Lesen
und Schreiben wechseln bis Abends spät miteinander ab, daß ich
wahrlich an nichts denke als an das, was ich gelesen, aus Furcht,
es zu vergessen. Die Gräfin hat mit mir weitläufig gesprochen von
dem Wiederkommen in September. Sie wünscht, daß ich mich
bis dahin übe, Rechnungen zu führen, und [später] das hiesige
Hauswesen übernehme, auch im Sommer, wo ich *nicht* mit ihr
reisen könnte, für alles im Hause sorgen möchte. Dabei das leisten,
was ich jetzt [schon] tue, das heißt von Morgens bis halb elf
Abends lesen und schreiben. Ich wüßte nicht, lieber Boie, warum
ich Sklavin sein sollte, da ich in Celle *frei* atme. Leide ich in Celle,
so leide ich mit meiner Freundin zugleich. Ihre Freuden sind auch
die meinigen. Mein Geist hat nicht die Nahrung wie hier, aber wozu im Treibhause blühen, da ich noch nie aufhörte zu wirken, zu
wachsen ohne Blühen? Du hast aus wohlmeinender Güte der
Gräfin Luise gesagt, daß ich in Celle nicht glücklich wäre. Ich bins
durch Freiheit, bins durch das Gefühl, daß ich denen viel bin, mit
denen ich lebe. Ich kann bei der Gräfin die Idee, daß sie mich
glücklich macht, nicht geradezu zernichten, aber ich komme *nicht*
wieder. – Sieh, Boie, das ist mein fester Entschluß, den ich Dir
sage, aber sonst verbergen muß. Es ist edel von Dir, daß Du für
mich sorgen wolltest, aber besser wär es gewesen, wenn Du mir
damals gleich offen gesagt hättest: „Luise, die und die Projekte hat
die Gräfin mit Dir." Du wolltest mich nach Deinen Ideen glücklich machen, es macht Deinem Herzen Ehre, aber ich kann Deinen
Ideen nicht folgen. Ich habe viele Jahre in Unterdrückung gelebt,
die Ruhe, die ich danach genoß, Deine Zärtlichkeit, haben mir das
Leben wieder lieb gemacht. Jetzt soll ich in der nämlichen Unterdrückung wieder leben? Nein, Boie, nie! Hier im Hause herrscht
eine despotische Regierung wie in Rußland. Sie macht mich
schaudern, weil mein Vater grade so handelte wie die Gräfin,
Schrecken der Erinnerung treffen mich jede Minute, und ich habe

alle meine Besinnungskraft nötig, mich zu verstellen. Du kennst, wie viele Menschen, die Gräfin nur von *einer* Seite. Sie ist groß und edel an Geist und Herz, aber ihre Herrschsucht macht niemand froh. Sie leidet nicht, daß man sich spricht, wenn sie nicht jedes Wort hört. Agnes leidet in dem Zwang, sie schweigt aber, sogar gegen ihren Mann. Über Lotte wage ich kein Urteil zu fällen; nach dem, was mir die Gräfin von ihr sagt, ist sie ein Ungeheuer, das an der Kette liegen muß. Ich werde ewig die Gräfin lieben und ehren, aber mit ihr leben – lieber wollt ich die Frau des Bürgermeisters in Osterode sein. Warum, Lieber, kümmert Dich meine [spätere] Verfassung? Hab' ich Dir je geklagt, daß ich unglücklich sei, hast Du nicht immer in meiner Seele wie in einem Spiegel gelesen? Traue doch meinem Schicksal, sorge nicht wieder, nicht mehr für mich. Die Gräfin hat eine auffallende Ähnlichkeit mit der Rehbergen in dem Wunsch, einzig geliebt zu werden. Vielleicht ist das immer mit Geistes-Stärke verbunden. Ich werde Dir mündlich viel zu erzählen haben. Bei Voß will ich wieder Luft schöpfen, da will ich mich Deiner freuen, lieber Boie, da will ich auch Abschied nehmen von Dir. Wir haben uns denn doch einmal wieder gesehen. Das ist immer Glück, aber so lieb, wie Du meinem Herzen bist und ewig sein wirst, die acht Tage, die ich [in Tremsbüttel] Dich jährlich vielleicht sehen würde, *kann* ich nicht mit Sklaverei erkaufen.

Sei stumm über alles, was ich Dir sage, gegen jeden von der Familie [Stolberg], und sei ruhig über mich. Lieber entwöhne Dich des Gedankens an mich, als daß Du für mich sorgen willst. Noch einmal beteure ich Dir, ich bin nicht unglücklich in Celle.

Ich mag den kleinen Ernst von Agnes so gern, ich bin zweimal zu dem Kinde hinauf geschlichen. Gestern sagte mir die Gräfin, daß Lotte so entsetzlich Kinder liebte (sie darf das Kind nicht sehen), und mit Bitterkeit setzte sie hinzu: „Das ist das Gefühl, daß sie gerne Mütter sein möchten – was *ich* hasse". Ich ward feuerrot und schwieg, weil ich dies Gefühl, wenn es nicht ausartet, nicht verdammen kann. – Ich mag nichts mehr schreiben, denn es ist gefährlich.

Die Gräfin grüßt Dich, und was die Wolle kostete?

Die Chöre aus dem Sophokles sind noch nicht abgeschrieben. Nimm doch ja das Haus der Frau von Jessen. Das Deinige wirst Du wohl wieder los. Grüße Amalie und Deine gute, treue Mutter von mir. Die Pesteln schreibt mir, sie vermag nichts über ihren

Mann, nun ich weg bin. Er quält sich mit dem Gedanken, ich wäre nicht vergnügt in Celle, und wollte nicht wiederkommen.

Lebe wohl, lieber Boie. Findest Du Bedenklichkeiten, unter meiner eignen Adresse zu schreiben, so adressiere die Briefe an den Grafen Christian, aber ich bitte Dich, vergiß nie wieder meinen Namen auf einen Brief zu setzen. Lebe wohl. Künftig sollst Du *vernünftige* Briefe von mir haben.

BOIE   Meldorf, 5. Januar 1784

Daß ich nun weiß, wie es Dir in Hamburg gewesen, ist mir lieb. Über die Winthem urteilst Du beim ersten Blick wie ich und andre, die sie kennen. Ich wollte, daß Klopstock weniger schwach für sie wäre. Wie manchen Mißton hat sie schon in seine letzten Jahre und seinen Umgang mit andern Freunden gebracht. Sie gefällt mir so wenig wie Dir, ob ich gleich ihre Gnade vorzüglich zu haben glaube. – Voß ist einer der edelsten und besten Menschen, die wir kennen. Die anscheinende Härte in seinem Charakter verschwindet, wenn man ihn recht kennt.

Wie es möglich gewesen, daß ich der Gräfin einen uneingeschlossenen Brief an Dich habe schicken können, begreif' ich nicht; so viel ich mich erinnere, war ein Umschlag darum. So sehr ich sie ehre und liebe, darf doch auch sie nicht lesen, was und wie ich Dir, meiner einzigen Freundin, schreibe. Ich könnte Dir nicht schreiben, was ich tue, wenn ich wüßte, daß es jemand außer Dir läse.

Gott! was gäb ich darum, wenn ich jetzt, statt Dir zu schreiben, was doch nicht halb aus der Feder kommt, mit Dir sprechen könnte. Ich schreibe natürlich der Gräfin nichts. – Ob sie die von mir geschickte Wolle bekommen und sie gut gefunden hat?

Die Lebensart in Tremsbüttel und Einteilung der Zeit ist gut, aber, wie Du mit Recht sagst, nicht für zarte Nerven. Zu viel Anstrengung des Geistes ist Gift, wie dem Körper Ausschweifung.

Daß Du mit nach Dreilützow reisest, ist mir doch lieber. Ich bringe Dich dann nach Eutin, und von da nach Hamburg.

Meldorf, 8. Januar 1784

Ich hatte mir vorgenommen, Dir heute nicht zu schreiben, weil ich Dir mit der vorigen Post geschrieben hatte. Aber ich kann auf Deine beiden Briefe vom 30. Dezember und 2. Januar nicht schweigen, es ist mir nicht möglich, Luise. Seit gestern, da ich sie empfing, hab ich nichts gedacht als Dich, nicht geschlafen, und würde wieder nichts als Dich denken, und wieder nicht schlafen, wenn ich Dir nicht schriebe. Ich schicke diesen Brief an Fritz, von dem Du ihn sicher erhalten wirst. Mein erster Brief an Dich hatte auch einen Umschlag, ich pflege so unvorsichtig mit Briefen nicht zu sein. Ich verstehe nun Deine leisesten Winke. – Gott, Luise! ich – Dich – – [in diese Lage gebracht] Auf den Knieen möcht ich Dir abbitten. Was sind die Menschen! Auch die größesten, edelsten können klein sein. Ich brachte Dich hin nach Tremsbüttel, ob ich gleich, wie Du wohl weißt, nicht eigentlich überredet habe; aber von der Absicht – ich schwör es Dir – daß du Sekretär, Vorleserin, Gesellschafterin, Sklavin sein solltest, wußt ich kein Wort. Nächst dem Bewegungsgrund, Dich wiederzusehen, glaubt ich, daß Du der guten Lotte Schicksal erleichtern, die Gräfin in manchen Stücken auf andre Gedanken und Grundsätze bringen, und dadurch das Glück so würdiger Menschen vermehren könntest. Du mußt nicht bleiben, aber bis Mitte des Märzes – ich kann kaum, nur wenn die äußerste Not es erfordert, früher reisen. Fürchtest Du, daß Deine Gesundheit leiden möchte – nur ein Wort, und ich fliege zu Dir, bringe Dich zu Vossen, von da wieder nach Hamburg, und wenn die Pestel uns den halben Weg nach Celle entgegen kommen will (denn ganz dahin darf ich wohl nicht gehen?), liefere ich Dich wieder in ihre Arme. Voß schreibt mit großer Teilnahme und herzlicher Freundschaft von Dir. Ihm antworte ich heute noch nicht. Du siehst aus dem unordentlichen, abgebrochenen Gang dieses Briefes, daß ich Dir nicht ruhig schreibe. Wenn nur der Zwang keine üble Wirkung auf Deine Gesundheit hat, so kommen wir wohl die paar Monate noch durch. Ein Bruch ist freilich aufs äußerste zu vermeiden; aber lieber Bruch, lieber alles, als wenn aufgeopfert, was nicht wieder ersetzt werden kann.

O Luise! warum kannst Du nicht gleich zu mir hieher kommen, in meiner Hütte die Ruhe finden, die Du gewiß darin finden würdest! Daß Du in Celle unglücklich wärest, ist mir nie in den Sinn gekommen. Man fand [in Tremsbüttel], daß Du dort unter Menschen lebtest, die Dich nicht ganz verstünden, und das konnt ich nicht anders als bejahen. Ich glaubte, Dir ein paar recht glückliche, heitre Monate und Nahrung für Geist und Herz auf mehrere folgende zu verschaffen. –

Wie oft hab ich auch bei der jetzigen Kälte an Dich gedacht, die auf dem Lande in einem allein stehenden, vor der Zugluft nicht verwahrten Hause doppelt streng sein muß.

Die beiden herrlichen Gedichte von Graf Fritz schick ich Dir wieder. So vortrefflich und herzrührend die Elegie ist, so hat mir doch das liebliche Wiegenlied fast noch mehr gefallen.

Mit voriger Post erhielt ich einen Brief von der Witwe Hölty, die über die Ausgabe der Gedichte ihres Sohnes ganz entzückt ist.

An das Jessensche Haus denk ich sehr ernsthaft[1], und kann ich mit einigen Hundert Talern Verlust von dem andern abkommen, ist es so gut als beschlossen, daß ich es behalte. Dann könnte ich gegen Michaelis dieses Jahres völlig eingerichtet sein. –

Das Geld für die Wolle kann mir die Gräfin ja geben, wenn wir uns sehen. Den Sack, den ich nur geliehen habe, hätt ich gern wieder.

Gott befohlen!

Meldorf, 13. Januar 1784

Beinahe zum erstenmal, Luise, bin ich über einen Geschäftsbrief hoch vor Freuden in die Höhe gesprungen. Mit der vorigen Post erhielt ich die Nachricht, daß ich nicht am 18. März, wie ich dachte, sondern [schon] am 23. Februar zur Landausschuß-Session nach Itzehoe reisen soll. Am 25. oder sicher am 26. bin ich also in Tremsbüttel, sehe Dich, meine Teuerste, und vergesse dann, daß wir nun fast drei Jahre getrennt sind. Richte Deine Sachen darnach ein. Ich habe nun einmal mein Herz darauf gesetzt, daß ich Dich über die Elbe wenigstens bringen muß, laß mich also. Am Montag schreib ich an die Pestel und bewege sie, uns ein paar Stationen entgegen zu reisen. Auch überleg' ich mit ihr, was das qu'en dira-t-on?,' zu sagen hat, und ob ich Dich nicht eben so gut ganz nach Celle begleiten kann.

Ich sage nicht mehr; aber nun wird die Zeit vollends kriechen, bis ich Dich wieder sehe. Ich schreib an die Gräfin, schließe diesen Brief, den ich gewiß nicht vergesse zu siegeln, an sie ein, und meld ihr, daß ich fast einen ganzen Monat früher komme, als ich dachte.

Herzlichen Dank für den neuen, schönen Geldbeutel, den Du mir gestrickt hast. So wert als dieser ist mir fast keiner der übrigen.

---

[1] Die Witwe des Etatsrats v. Jessen bietet Boie ihr Haus zu günstigen Bedingungen an.

Ich hab ein ganzes Magazin von Beuteln. Unsre Damen hier, die von Zeit zu Zeit einen neuen, und immer einen schöneren bei mir sehen, zerbrechen sich den Kopf, woher sie kommen, und können immer noch nicht klug aus mir werden (was für sie das Hauptunglück in Absicht meiner ist). Ich bin desto mehr in mich zurückgezogen, je neugieriger das Geschlecht ist, unter welchem ich lebe.

Deinen letzten Brief werd ich nicht verbrennen. Auch darin, wie in allem, was Du schreibst, sprichst und denkst, bist Du, Luise, mir teurer als alles in der Welt und teurer, je mehr ich Dich durch und durch kennen lerne.

Von Luise fehlt mindestens der eine Brief, den Boie auf ihren Wunsch hin verbrennen soll. Von Boie fehlt jener Brief, den die Gräfin – angeblich wegen mangelnder Aufschrift – öffnete. Sie muß daraus ersehen haben, daß das Paar in sehr vertraulichem Ton korrespondiert, daher fragt sie Luise bei nächster Gelegenheit über ihr Verhältnis zu Boie aus.

LUISE   Tremsbüttel, 15. Januar 1784

Ich habe Dir entsetzlich viel zu sagen, lieber Boie, und weiß wahrlich nicht, wo ich anfangen soll.

Zuerst muß ich Dir sagen, daß ich bei der Gräfin in sehr hohem Credit stehe. Sie hat wirklich ein Zutrauen zu mir, das ich nicht verdiene. Sie sagt mir die geheimsten Sachen der Familie, und ist erstaunend gütig gegen mich. Und doch macht die Gr. mich nicht glücklich. Das ist aber nun einmal ihr Schicksal, daß sie das nie kann, trotz ihrem besten Wunsch und Willen. Sie sprach von Dir, daß sie Dich lieb hätte, Du wärest so edel und gut (nun tauete ich auf), warum wir uns nicht geheiratet? Ich versicherte sie, daß das Deine Absicht nicht sei, und wenn es geschehn, Du viel viel aufgeopfert haben würdest, meine innige Zärtlichkeit für Dich wäre von der Hoffnung oder dem Wunsch, mit Dir vereint zu leben, gar nicht begleitet. – „Wenn nun aber Boie die Absicht noch hat, liebe Luise?“ – „Die hat er gewiß nicht, Frau Gräfin!“ – „Aber wenn! Wenn Sie ihm nützlich sein, ihn in seiner Einsamkeit erheitern können?“ – „Das kann immer eine Frau, die gut ist, und für die Boie nichts aufopfert.“ – „Liebe Luise, was nennen Sie aufopfern? Fürchten Sie Einschränkungen in Dingen, die zu entbehren keine Schande, und [die] sich aus Vernunft zu versagen sehr süß ist?“ – „Nein. Für mich fürchte ich nichts, aber wenn Boie um meinetwillen sich einschränken soll, so kann ich nicht glücklich sein, denn jede seiner Mienen, die nicht heiter ist, würde mich zittern machen und mit Vorwürfen verfolgen." – „Wenn Boie Sie liebt, wird er an tausend Dinge nicht denken, die er auch nicht vermissen wird." – „Das beste ist, Boie denkt nicht an mich." – „Aber wenn er es nun täte?" – „So sollen Sie entscheiden, Frau Gräfin, indem Sie am unparteiischsten für Boie urteilen können. Denken Sie ganz an Boie, und nehmen Sie keine Rücksicht auf mich. Ich schwöre Ihnen, ich bin und lebe sehr vergnügt. Boie ist gewiß glücklicher ohne mich." – „Nun, wir wollen sehen, liebe Luise, was Boie denkt. Ich rate Ihnen nicht. Aber darum bitte ich Sie, wollen Sie nicht Boies Gattin werden, daß Sie sich nicht wieder von mir trennen, denn ich habe Sie sehr lieb. Nur an Boie kann ich Sie geben, sonst bleiben Sie bei mir, wie ich Ihnen schon den Vorschlag getan. Es kommt jetzt darauf an, daß Sie glücklich sind. Ich glaube, Sie können es bei mir sein, und ich würde mich freuen, ein Mädchen wie Sie glücklich bei mir zu sehen."

Von diesem Dialog würd ich Dir natürlich nicht schreiben, wenn nicht zwei Zeilen in Deinem Briefe jetzt mich nachdenkend gemacht hätten. Lieber, einziger Boie, ich beschwöre Dich, sei gerecht gegen Dich selbst, laß Dich nicht von Parteilichkeit [für mich] hintergehen. Ein Todesschauer durchläuft meine Adern, wenn ich mir denke: ich Dich unglücklich [machen] –! Mein Herz sagt mir, daß Du ohne mich glücklicher sein wirst. Um Gottes willen, prüfe Dich. – Ich bin hier weder frei noch ruhig genug, um Dir vernünftig hierüber schreiben zu können. Aber die Gräfin sagte: „Bedenken Sie sich, bis Boie kommt, dann wollen wir sehen, ob er Sie wirklich sehr liebt. Laß es ihm sauer werden, desto besser für Sie."

Boie, das war zu gewöhnlich für meine Empfindungen, wovon keine für Dich gewöhnlich ist. Diese Worte zeugten in mir den sonderbaren Entschluß, Dir [dies alles] zu schreiben. – Die Gräfin hat außerordentlich wenig weibliche Zärtlichkeit in ihrem Herzen, daher kann sie das meinige so wenig berühren. Sie glaubt auch mich frei von dieser Zärtlichkeit, und das ists, glaub ich, warum ich ihr gefalle. Nie soll sie's erfahren, wie innig ich Dich liebe, sie würde meiner spotten, wie sie Gustchens spottet, daß die ihren Mann liebt. Auch dieser Brief sei ein Geheimnis für die Gräfin, Boie. Ich kann nicht *das* wissen und [Dir gegenüber] schweigen. Du bist mir zu lieb. Mündlich könnte ich Dir vielleicht nichts darüber sagen.

Diesen Abend hab ich Agnes eine Stunde allein gesprochen. Sie bat mich so freundlich, nicht zu viel zu tun, ich würd es nicht aushalten. Beide Grafen wüßten nicht, daß die Gräfin so ganz meine Zeit erschöpft, dürften's auch nicht erfahren, sonst käme Streit. Die süße Agnes schüttete einmal ihr Herz aus. Wenn ich Dir erst alles erzählen werde, wie wirst Du Dich wundern. Agnes bat mich, es wohl zu bedenken, eh ich wieder [nach] hier käme. Ich bin jetzt ziemlich natürlich, hier. Daß ich wenig spreche, hat die Gräfin recht gern. Sie glaubt, Du hast *sie* von der ganzen Familie am liebsten. Darum liebt sie Dich auch.

Gute Nacht. Es schlägt eins. Ich bin sehr müde.

(den 16.) Agnes sprach ich heute wieder ein Viertelstündchen. Sie versicherte mir, sie wäre nie glücklich, wo die Gräfin wäre, aber sie schwiege auch gegen ihren Mann darüber. Das arme Weib will so gern [nach Dreilützow] zu Gustchen, die so viel darum bittet, und soll nicht. Jeden Tag wird ein neues Hindernis aufgesucht. Sie bedauert mich, denn ich bin wirklich in einer äußerst kritischen Situation wegen Lotte und der Gräfin. Wenn ich glücklich herauskomme, werd ich stolz auf mich selbst werden. Mit Zittern begrüße ich jeden kommenden Tag, aber der Himmel hilft weiter. Und doch ist die Gräfin eine der edelsten, größten Frauen. Ich habe ihren ‚Emil‘ und ‚Stefanus‘ gelesen, die mir beide unbeschreiblich gefallen. Der Plutarch, den ich des Abends von halb acht bis neun vorlese, ist mir sehr interessant.

Guter Boie, sag mir doch, ist Dein Herz auch rein von Vorwürfen gegen mich? Wie gehts Amalia? Meine Gedanken, Rückerinnerungen irren im Labyrinth. Sei nur nicht unruhig. – Die Gräfin hat mir auf zehn Jahre Bücher zum Lesen ausgesucht, auch soll ich welche mit nach Osterode nehmen, da [d. h. wo] ich nicht lesen kann, auch nicht lesen will.

Der Postbote ist ausgeblieben. Das Herz ist mir so voll, und doch kann ich Dir jetzt und vielleicht so lange ich [hier] noch bin, kein vernünftiges Wort [mehr] sagen.

(den 17.) Es ist spät, aber ich muß Dir doch noch sagen, daß ich Deinen Brief vom 13. heute erhalten, in dem Brief liegt unglaublich viel Trost für Deine Luise. Deine [beabsichtigte] frühere Reise hieher will mich nicht freuen, denn ich weiß, daß ich nicht mit Dir weg komme, da die Gräfin von mir selbst weiß, daß ich erst Ende März reisen *muß*. Projekte, Pläne, Entschlüsse werden jeden Tag anders entworfen. Es läßt sich nichts Gewisses davon sagen. Fritz kam heute von Hamburg zurück. Ich fürchte für Agnes' Gesundheit. Sie ist entsetzlich schwach nach ihren Wochen geworden und krittelt [ärgert] sich so oft heimlich. Die Gräfin hat das Projekt, Fritz soll sein Amt aufkündigen und eine [gemeinsame] Haushaltung mit ihrer führen. Das Haus soll dafür etwas verändert werden. Indessen wollen sie doch das Amt antreten, und Agnes' Schwester soll ihnen die Wirtschaft führen.

Lieber Junge, Du meintest das so gut, was Du der Gr. geschrieben. Sie nahm es [aber] übel und machte es, indem sie es erzählte, lächerlich. Ich war sehr verlegen, antwortete, Du glaubtest mich noch so matt wie vor 3 Jahren. „Auch dann hätten Sie wahrhaftig hier keine Anstrengung gefunden." Lieber Boie, schreib nichts, was ich nicht weiß vorher. Wenn man alle Dinge in der Welt voraus sehen könnte, hätte ich nicht her kommen müssen, da es aber einmal geschehen, so will ich auch ohne Verdruß und mit Ehren hier wieder weg. Also sag ich nichts davon, daß es Deine Absicht ist, mich vier Wochen früher abzuholen. Es wird sich finden.

Klopstock[1] soll sehr munter gewesen sein. Agnes und keiner hier kann die Winthem ausstehen. ,Hermann' wird dem Markgrafen von Baden dediziert werden. Bei dieser Gelegenheit sagt ihm Klopstock etwas über die Aufhebung der Leibeigenschaft. Der Kaiser ist auch in Klopstocks Gnade gefallen. Ich mag nicht, wenn man sich zu früh seine Parteilichkeit für die Fürsten merken läßt.

Zimmermann hat Fritz gebeten, ihm seine Satiren zu dedizieren. Agnes will nicht, daß Fritz einem so eitlen Mann öffentlich huldigt, ich glaube aber, daß es gewiß geschehn wird, denn die Bitte kann Fritz nicht gut absagen. Agnes hat in meinen Hölty ein paar Zeilen von Fritz zum Andenken geschrieben. Das kleine Weib macht Liederchen, Käthchen hat sie jetzt. Wäre hier Freiheit, so wäre Tremsbüttel Elysium.

FRAU VON PESTEL AN LUISE   Celle, 15. Januar 1784

Du wirst heute nicht viel von mir hören, liebe Luise, denn ich habe zwei angstvolle Tage zugebracht, bin gestern von acht Uhr

---

[1] Fritz Stolberg hatte Klopstock besucht. Sein „Amt" siehe Anhang.

Morgens bis spät Abends nicht im Hause gewesen, sondern bei der Pauli, die, nachdem sie zwei Nächte und einen Tag gelitten, von einem Sohn entbunden worden. Wilhelmi hat das Kind geholt, und da es zu groß gewesen, ist es von ihr gerissen, sie hat die ganze Nacht laut geschrien, und gebeten, sie ruhig sterben zu lassen, es ginge ihr wie der Schlepegrell, aber zur Verwunderung aller Menschen kam das Kind gestern morgen sechs Uhr zur Welt, ganz gesund, außer entsetzlichen Kontusions am Kopf, von den Zangen. Die Mutter ist sehr schwach, hat heute heftiges Fieber. Ich werde gleich wieder zu ihr gehn. Denke Dir meine Verfassung, daß den Abend, da sie so elend war, ich bei Werlhof essen mußte, und den andern Mittag bei Werkmeister, ich tat törichte Dinge, um mir nichts merken zu lassen.

Ich kam eben von der Pauli und habe sie nicht gut gefunden, sie hat gewaltige Schmerzen. Du kannst Dir vorstellen, daß ich nicht zur Maskerade, sondern zu ihr gehe.

Adieu. Fritz und George grüßen.

LUISE   Tremsbüttel, 19. Januar 1784

Das Abendstündchen, das ich meinem Schlaf stehle, ist doch immer das süßeste, ruhigste. Dann gehöre ich Dir, Du Einziger. Heute war wieder ein sehr unruhiger Tag. Die Gräfin fordert schrecklich viel. Sie weiß, daß ich meiner Schwiegerin in ihren Wochen notwendig bin, um es recht wichtig zu machen, sagte ich alles, was ich sagen konnte, gab meiner Reise alle Farben, die sie haben mußte, ich fügte noch hinzu, daß ich das Eisenbad wieder gebrauchen würde, und im Winter den Pyrmonter trinken – dennoch verlangt sie, daß ich ihr diese Reise aufopfern soll. Meinen Bruder darf ichs nicht merken lassen. Er war über meine Reise hieher [schon] verdrießlich, ihm war die Idee, daß ich hier als Gesellschafterin sein sollte, anstößig. Ich komme mir grade so vor als eine Maus, die mit lockender Speise in die Falle geführt ist. Bitterkeit und Verachtung für alles, was Genie ist, tobten heute in meiner Seele.

Montag wollen Fritz und Agnes fort nach Dreilützow. Himmel, was müssen die für Tricks spielen, um weg zu kommen, und was werden für Mittel ausgesonnen, sie hier zu halten, bis wir [andern] am 1. Februar reisen. Wir sind also gar nicht hier, wenn Du in diese Gegend kommst, lieber Boie. Sag mir, Lieber, kannst Du Dein erstes Projekt, im März zu kommen, nicht ausführen?

Ich dächte, Du bleibst hier zwei Tage (das ist nach meiner Erfahrung lange genug, denn Voß blieb viel zu lange), dann führen wir zu Voß. Kannst Du es nicht, so – verzeihe meine Offenheit – so seh ich Dich lieber gar nicht, obgleich [der Gedanke an] das Wiedersehen mich hieher zauberte. Es wird mir nicht schwer, Dich nicht wieder zu sehen, denn die Freiheit, die ich genießen muß, um mich, nach dreijähriger Trennung von Dir, zu *freuen*, finde ich hier so wenig als in Dreilützow. Die Gräfin würde rasend, wenn Du mich früher mitnehmen wolltest, und Du, unschuldiger Junge, kennst ihren Zorn nicht. – Sag, Boie, muß es mich nicht kränken, daß eine mir ganz fremde Person solche Opfer von mir verlangt? Himmel und Erde bewahre jedes weibliche Geschöpf vor mehr als gewöhnlichem Verstand. Verzeih! – beinahe gehts mir als Lotte, der ich heute den Mund mit meinem Schnupftuch stopfte, da sie ganz blau im Gesicht ward vor Ärger, und ich das arme Mädchen [an]flehte, sie möge sich beruhigen. Du hättest auch wohl nötig, mir den Mund zu stopfen. Aber noch tausendmal beschwöre ich Dich, denke nur nicht durch Winke oder sonst etwas mir helfen zu wollen. Ich will mir schon heraushelfen, aber nicht eher als bis Ende März. Ich gehe hier indessen nicht weg, eh ich noch einmal mit der Gräfin gesprochen. Wenngleich ich hier nicht ganz gekannt werden kann, so will ich auch nicht mißverstanden werden. Wie froh bin ich, daß meine gute Pestel nicht weiß, was in mir vorgeht.

(den 20.) Diesen Morgen scheint die Sonne so freundlich, so freundlich auf den tiefen Schnee. Ich schäme mich, Boie, daß ich hier bloß Maschine bin, die schreibt und lieset, als ob ein Ressort, aber kein Geist die Maschine belebt. Ich schäme mich, daß es Trost ist, wenn ich meine Empfindungen aufs Papier male, da sie Dich unruhig machen. – Vielleicht machte ich mir mit zu viel Schwärmerei ein Bild von großen Menschen, und soll nun belehrt werden, daß auch die Edelsten [nur] Menschen sind. Ich lerne viel, und ein ganz neuer Blick ins menschliche Herz, das voll Widerspruch ist, öffnet sich vor mir. – Mit Dank fühle ich, daß Du mir werter bist als alles, was Stolberg heißt, so lieb mir beide Grafen sind.

(Abends) Ich habe mein Herz gegen Agnes ausgeschüttet. Sie erzählte mir, daß Fritz der Gräfin gesagt, sie möchte mir nicht zu viel zumuten. Da hat die Gräfin geantwortet: „Die Mejer ist hier wie im Himmel, nach dem, was sie gewohnt ist“. Als ich

Agnes darauf von der Pestel erzählt, sagte sie, die Gräfin hätte von Dir mit mir gesprochen, um zu erforschen, ob ich rasend genug wäre, verliebt zu sein; nun sollte mich nichts von ihr trennen, da ich das nicht wäre. Agnes sagt auch, Du wärest die unschuldige Ursache dieser Gefangenschaft [hier], denn Du hättest der Gräfin es dadurch in den Kopf gesetzt, daß Du gesagt, ich wäre in Celle unglücklich. Ach Boie, verzeih, Du meintest es ja so gut, aber die ganze Familie meint jetzt, Du hättest gute Worte darum gegeben, daß mich die Gr. aufnehmen möchte.

Der heutige Tag war wieder sehr stürmisch. Lotte mußte sich zu Bett legen. Lotte ist heftig und stolz wie ihre Tante, wird täglich gereizt und gewiß noch zur Verzweiflung gebracht. Das arme Mädchen sah, daß ich auch litt. Sie sagte, indem ihr die Tränen aus den Augen stürzten: „Gehn Sie, bis Ihnen die Füße wund werden, um aus dieser Sklaverei zu kommen." Sie wunderte sich, daß mich das Schicksal durch Mißverstehen hieher geführt hätte, dieser Besuch sollte von mir eine Probe sein, ob die Gräfin mit mir fertig werden würde. Das schrieb die Gräfin auch neulich nach Rom, fügte hinzu, ich gefiele ihr sehr. Meine Furchtsamkeit wäre ihr lieb, es wäre ein Beweis meiner Ehrfurcht und das bescheidene Bewußtsein, daß ich nicht mit meinesgleichen wäre. Da sie mir ihre Briefe zum Teil diktiert, so weiß ich das alles.

Arme Agnes! Sie sagte mir heute wehmütig: „Mit dem besten Willen mordet mich meine Schwiegerin. Ich hüpfte wie ein Vögelchen so froh, was bin ich nun? Stolberg liebt mich, aber seine Bücher rauben mir oft die Teilnahme, die er für mich wirklich hat. Dazu darf ich keinen Brief (außer von meiner Familie) bekommen, den sie [die Gräfin] nicht liest, das ist ein entsetzlicher Zwang. Bernstorff ist mit beiden [Fritz und Christian] unzufrieden, er sagt, sie lebten nicht in der wirklichen Welt, mit ihren Übersetzungen nützten sie [nur] wenig Menschen."

Bernstorff hat nicht Unrecht. Die Gräfin affektiert, daß ihre Einsamkeit sie so glücklich macht, es ist Unwahrheit.

(den 21.) Agnes grüßt Dich, liebster Boie. Ach, was mir das traurig ist, daß ich Deinen Namen sonst gar nicht nennen höre, nicht selbst nennen darf. Agnes schlich leise ein paar Minuten zu mir herunter (ein Unglück ists, daß die Kammerjungfer neben mir an wohnt, ich kann mich nicht bewegen, ohne daß sie es merkt) und sagte, daß gestern Abend die Gräfin gesagt: „Die

Mejer *soll* bleiben. Ich müßte einen dummen Kopf haben, wenn ich das nicht anzufangen wüßte. Boie kommt im Frühjahr, der soll sie nicht mit haben, dann will ich sie hinhalten, bis ihre Schwiegerin entbunden ist, dann braucht sie gar nicht zu reisen."

Agnes bat mich, Dir alles zu schreiben, aber mit der Bedingung, daß Du an keinen, auch ja nicht an einen der beiden Grafen, etwas Dir merken ließest. Du sollst [später] alles wissen, was mir zu schreiben nicht möglich ist, ich wills [hier aber] so machen wie alle Menschen, die die Gräfin genau kennen: sie mit Entzücken loben, daß sie mir nicht schadet. Gott, wie kann sie hassen! Wilhelmine [Bernstorff] ist hier auch so unglücklich gewesen. Sie sollte diesen Sommer wieder [nach] hier kommen, aber ihre Mutter wills nicht. Boie, daß ich Dummkopf mir einbildete, man suchte mein Vergnügen!

Agnes weiß sehr wohl, daß Graf Christian nicht glücklich ist, aber beide Brüder leiden durchaus nicht, daß ein Dritter das geringste Wort gegen die Gräfin sagt. Agnes fühlt, daß ihres Mannes Herz ganz an seinem Bruder hängt. Fritz fühlt, daß er seinem Bruder alles ist, fühlt auch, daß Agnes hier unglücklich ist, aber sagt ihr nichts als dann und wann ein Wort [des Trostes]. Agnes sagte: „Muß ich hier bleiben, so ist mein Leben dahin. Die Gr. ist unglücklich, weil sie geliebt sein will, und nicht geliebt wird. Nun ist alles bei ihr in Aufruhr, eine Idee folgt der andren, sie knirscht vor Wut, und ist dann wieder sanft wie ein Lamm. Sie hätte Kaiserin in Rußland werden müssen. Das wäre ihr Fach." Gottlob, daß Agnes noch Mitleiden mit mir hat, das gute Weib teilt so herzlich meinen Gram.

Die Gräfin hatte es erfahren, daß ich gestern Agnes besucht, sie sagte zu mir: „Gehn Sie nicht zu Agnes, sie muß noch vieles lernen, Sie stören sie nur." Ich seufzte.

Lina[1] ist Agnes abscheulich begegnet. Diese Furien-Begegnung hat Fritz kälter gemacht [gegen Lina]. Er liebt Agnes, sie ist auch zu süß, um nicht geliebt zu werden, aber sein Herz bedarf Leidenschaft. Er strebt und strebt, weiß das Phantom, das er haschen will, nicht deutlich zu nennen, und überfließt dann, durch ewigen Streit und Täuschung gereizt, in Bitterkeit gegen alle Menschen. Christian hat viel mehr Anlage glücklich zu sein,

---

[1] Karoline Baudissin, für Stolberg bisher immer noch anziehend.

er ist unbeschreiblich sanft, aber hat Hang zur Grämelei, wenn sein Bruder nicht im Zimmer.

Lebe wohl, Du ewig Teurer. Du mußt mir jetzt viel zu Gute halten – der Himmel mag Dir's lohnen. Ich will Dir jeden Posttag schreiben. Schreib Du mir wieder, aber so, wie ich Dich gebeten habe: ein Couvert darum an die Pesteln und versiegelt, dann noch ein Couvert darum mit meiner Adresse. Wirds denn mal aufgebrochen, findet man nichts darin als einen Brief an die P., den man nicht aufmachen wird. Deine Briefe waren mir nie so wichtig als jetzt.

Leb wohl. Ich muß diesen Brief schließen. Morgen ist keine Zeit dazu. Ich bin im vierten Gesang im Milton. Der Gesang ist außerordentlich schön, aber – – – Mangel an Freiheit tötet doch Geist und Körper.

FRAU VON PESTEL AN LUISE   Celle, 19. Januar 1784

Etwas Hoffnung ist zu der Pauli ihrer Besserung. Thaer sagte gestern, es wäre eine gute Krise, hielt sie aber noch nicht außer Gefahr. Es war rührend anzusehen, wie die Mutter zum erstenmal ihr Kind verlangte. Man legte den dicken Jungen bei ihr aufs Bett und sie weinte herzlich, mit den Worten: „Es ist ein Schmerzenskind." Dies war würklich schon ein Beweis von mehrerer Stärke, denn vorher nahm sie Teil an nichts. Die Mutter der Pauli ist eine wahre Heldin. Sie besorgt alles mit der größten Genauigkeit, fühlt alles, aber vergießet keine Träne. Die alte Großmutter sitzt vor dem Bett und schreit dem armen Weibe die Ohren taub. Die alte Hebamme entfernt alles, was nicht ein Dutzend Kinder gehabt hat, und sagt, „dat verstünden sie nich". Wenn ich mich dem Bett nur nähere, so werd ich fortgeschupst.

Stolberg seine Elegie ist wieder recht schön. Der Lenthen werd ich sie freilich nicht zeigen, denn im Grunde liebt sie sie nur, weil sie von Stolberg. Ich bin am Sonnabend bei ihr gewesen, wo sie mich zu einer kleinen Gesellschaft gebeten hatte. Sie frug nach Dir, und grüßt tausendmal. Ach, Luise, könnt ich Dich abholen von Harburg, welche Freude, dann Dich und Boie zu sehn. Aber Fritz bliebe dann allein, und ich mache mir Vorwürfe genug, daß ich auf Maskeraden und Picknicks gehe, und er nicht. Noch gestern war ein großes Picknick auf dem Rathause, der Königin zu Ehren. Wilhelmine [v. Beaulieu] war hübsch wie ein Engel, sie tanzte alles mit, um künftigen Freitag nicht zu befremden.[1] Bremer wird *nicht* reisen[2], und jeder Argwohn ist schlimmer wie jemals. Vorgestern war Br. drei Stunden hier. Er zwingt sich gewaltig, aber wird der Zwang nicht bald erleichtert, kommt so viel zusammen, daß es ihn am Ende doch zu einem verzweifelten Entschluß treibt. Ach, Luise, schicke mir Deinen Genius, der mir beisteht.

(den 21.) Schmerz und Zerstreuung wechseln bei mir ab. Die Pauli liegt noch ebenso. Ich gehe nicht zu ihr, aus Furcht vor Doktors und alten Weibern, es kostet mich aber Überwindung, um so mehr, da sie mich zu sehen wünscht.

– – Luise! Luise! wie schlägt mir das Herz. Bremers sind hier, und der Zufall regiert alles sehr schön. Münchhausen war diesen Morgen hier, bat mich um einen Tanz zur Maskerade und sagte, er hätte einen Brief vom jüngsten Br., sie kämen diesen Abend. Kaum ist er fort, fährt ihr Wagen schon vorbei. Noch bei Tisch erhielt ich einen Zettel von Wilhelmine, Beaulieu wäre auf die Jagd, und sie könnte Br. gleich bei mir sehn. Ihr Zettel verriet unsinnige Freude.

(den 22.) Unbeschreiblich war gestern die Szene. Halb vier kam der älteste Bremer. Wir hatten kaum wenige Worte gesprochen, so trat Wilhelmine herein, die beinah ohnmächtig ward. Der jüngste kam, und von vier bis acht Uhr mußte ich in einem fort mit diesem sprechen, unterdessen sich die beiden andern ansahen und seufzten. Der Zufall wollte, daß wir [Pastor] Wichmann und seine Frau zum Souper gebeten hatten, die Gustedt dazu. Gegen 8 Uhr bat ich, die Herren möchten gehn, aber umsonst. Fräulein v. Gustedt tritt auf – und wir sitzen da [noch] zusammen, ich schämte mich. Nun ging die Beaulieu weg, und auch Bremers.

(den 23.) Luise, verzeih. Die Unruh, in der ich jetzt leben muß, macht mich närrisch. Gestern morgen von zehn bis halb zwei Uhr hab ich Br. und Wilhelmine wieder [hier] gehabt. Diesen Morgen war ich noch nicht angezogen, waren Bremers schon wieder da, und blieben bis Mittag, wo sie zur Lenthen zum Essen gebeten. Wir haben viele Dinge abgehandelt, die ich Dir nach und nach erzählen will, da ich mich aber noch zur Redoute zurecht machen muß, ist's mir heut ohnmöglich.

[1] Sie hoffte dann viel mit Bremer zu tanzen.   [2] Vgl. S. 209.

Luise, mit Stolbergs zu leben wäre wohl für Dich, aber Du opferst es mir auf. Dein Brief voll ernsthafter Dinge, Bremer mit seinen Überlegungen und Rat fragen, Pestel mit seinen [unleserliches Wort] und die Schreibern [die Dienerin] mit ihrem Frisieren und Maskeraden-Putz kehren mir den Kopf. Ists möglich, samml' ich mich morgen und sage Dir weitläufig, was ich denke. – Die Pauli ist besser.

Mit einem Courir (zweifelhaft ist, ob mit einem besonderen oder ordinären Courir) hat der Bischof die Nachricht erhalten, daß den 17. Januar des Pitt seine motion wegen Ostindien mit 43 Stimmen überstimmt worden, worauf der König das Parlament dissolviert hat. In der Holländischen Zeitung ist sehr hämisch bemerkt, daß zwei teutsche Herrn einen starken Einfluß in Englischen Sachen hätten.

BOIE   Meldorf, 22. Januar 1784

Ich sehe und kenne Dich so ganz in Deinem Briefe, meine Luise, und will die Wahrheit darauf schreiben, wie sie in mir ist. Du weißt, was ich Dir vor Jahren einmal sagte, wie Du [darauf] zurück schrecktest, wie ich versprach zu schweigen, und schwieg. Ich behielt diese Idee, gab sie auf, nahm sie wieder, ließ mich hier täuschen, täuschte dort wider meinen Willen, fand immer: wenn ich Dich schon nicht liebte (wie ich denn eigentlich des, was man Liebe nennt, mich nicht mehr fähig halte), daß keine Deines Geschlechts Dein Bild in mir auslöschen, daß auch die, die ich zu lieben glauben könnte, in der Vergleichung mit Dir, in dem bloßen Gedanken an Dich, verlieren würde. Nun machte ich wieder Pläne, dachte Dich als meine Gattin, und fühlte innig, daß ich glücklich sein würde, wenn Du's wärest. In so einer Lage meiner Seele schrieb mir einmal die Gräfin ein ähnliches „Warum" als sie Dich gefragt hat. Auch Voß schrieb mir mit gutherziger Zudringlichkeit über diesen Punkt, und ich hab ihm geantwortet, daß durchaus kein Dritter sich darein mischen müßte. Auch die Hand der Gräfin muß nicht dazwischen. Wir müssen und werden den Punkt allein unter uns abtun, ohne Vorurteil und Leidenschaft [das] was für und widern die Sache ist, wägen – und, nicht wahr, Luise, uns dann der Fügung des Himmels überlassen. Wenn ich handeln könnte, wie ich wollte, ich würde längst gehandelt haben. Ich hatte aber Schulden, habe mehr machen müssen, muß noch mehr machen, um mich einzurichten. Das, und nicht künftige Einschränkungen, fürcht ich. Nichts mehr – – – weil ich heute durchaus nicht mehr kann. Nun beschwöre ich Dich, fürchte unser Wiedersehn nicht. Wir wollen uns weder quälen noch mißverstehen, sondern uns gegen einander wie Geschöpfe erklären, die sich kennen und achten.

Du bist und bleibst meine Luise und mußt gewiß sein, daß durch Dich auch nur *minder* glücklich zu sein nicht möglich ist. Ich bewundre und liebe Dich noch mehr, daß Du mir Deinen letzten Brief schreiben konntest. Ich will gewiß mich nicht verändert gegen Amalia zeigen. Meinen Dank an Graf Christian verschieb ich bis Montag.

LUISE   Tremsbüttel, 22. Januar 1784

Heute bin ich heiter. Der Zufall will, daß ich oft des Mittags mit Agnes ein Viertelstündchen allein sein kann. Sie hat meinen Plan, wie ich handeln will, gebilligt. Die Gräfin will getäuscht werden, sie will geliebt sein, bedarf des Weihrauchs, der aber freilich nicht zu stark sein muß, daß er nicht dampft. – So viel hab ich heute erreicht: Lotte darf zwei Stunden des Morgens allein im Nebenzimmer sitzen, um zu lernen, auch hab' ich die Gr. über Lottens Gesundheit so erschreckt, daß L. gleich heute reiten mußte. Den Trost möcht' ich doch gern haben, daß ich nicht umsonst hier unglücklich war. Kann ich die Wut der Gr. gegen Lotte mildern, so bin ich belohnt. Wie es zugeht, daß es in mein Schicksal verwebt ist, andren Menschen zu dienen mit gänzlicher Aufopferung meiner selbst, begreif ich doch nicht. So wars von den ersten Jahren, wo ich denken konnte, bis jetzt.

Arme Agnes! geht oft hungrig vom Tisch mitsamt ihrem Mann. Das ist *auch* noch ein wichtiger Artikel [hier], geistige Speise nützt dem Körper zur Erhaltung wenig. – Hier ist ein Wiegenlied, das Agnes gemacht. Ist es nicht recht hübsch?

(den 23.) Heute erhielt ich Briefe, keinen von Dir. Der Vater meiner Schwiegerin [Hofrat Lunde in Clausthal] ist nach fünftägiger Krankheit gestorben. Das arme Weibchen liebte ihren Vater sehr. Der Schrecken kann ihr in ihren jetzigen Umständen schaden. Mein Bruder klagt entsetzlich über meine weite Entfernung, bittet sehr, ich soll doch früher kommen. Vielleicht kann mir diese Nachricht zum Vorwande dienen, mit Dir im Februar weg zu kommen. Gott, wenn das mit Ehren anginge!

Der Legationsrat von Hinüber ist gestorben. Mein alter Onkel ist auch sehr schlecht [daran], aber stirbt gewiß nicht, er hat einen Bund mit dem Tode gemacht. Zimmermann hat von der Gräfin ein Buch mit einem gar schönen Brief erhalten, worüber er seine Meinung sagen soll. Sein unartiger Brief, worin er geradezu sagt, er wolle mit ihr nichts zu tun haben, kreuzte sich mit diesem. Er antwortet keine Zeile. Nun werden die Anti-Stolberge wieder deklamieren: „Zimmermann à la tête.“

Während Lotte reitet, geh ich zu Agnes. Das Weibchen läßt jetzt in Eutin einpacken, will ihren Haushalt recht vernünftig einrichten, keine Haushälterin haben, aber einen besseren Tisch führen wie hier, [dabei] alles so genau einrichten als möglich, „denn“, sagt sie, „mein Mann kann nun einmal nicht mit Geld umgehn, [aber] sein Vergnügen einzuschränken wäre grausam, *ich* muß also sparen“. Heute ging sie wieder hungrig vom Tisch, sie hatte Tränen in den Augen und sagte: „Das kommt alles von dem dummen Studieren; zuletzt wird das ganze Haus noch hungern müssen“. Dies ist bloß Fehler der Anordnung, darum seufzt die Gräfin so, daß ich bleiben soll, um dieses Departement ganz zu übernehmen.

Die Reisenden[1] haben wieder aus Rom geschrieben. An Käthchens Briefen lese ich mich herzlich müde. In zehn Bogen steht oft nichts von Bedeutung. Julchen [Reventlow] ist mir tausendmal lieber, obgleich sie weniger Kenntnisse hat. Apropos, ich bin ruhig geworden: *Du* hättest nie Charlotte v. Schubart zur Frau erhalten. Der Familien-Stolz der Gräfin[2] hätte die Verbindung nie erlaubt. Doch gefällt mir das Familien-Bündnis in diesem Cirkel. Nur die beiden Grafen St. harmonieren *ganz*, dennoch halten sie alle fest zusammen.

(den 24.) Guter Boie, ich bin mir böse, daß der Gedanke an Dich hier so verdrängt wird. Gegen mich ist die Gräfin erstaunend freundlich, aber ich weiß ja die Absicht der Freundlichkeit. – Ich fange nun auch die Geographie mit Lotte an, damit die Stunde nach Tisch, bis das Licht kommt, nicht verloren geht. Angenehm ists mir nicht, denn von allen Ländern hab ich einen Überblick, und mehr brauch ich für mich nicht, doch tue ich alles und wenns auch dahin kommt, Vokabeln auswendig zu lernen. Ich soll durch

---

[1] Graf F. Reventlow, seine Frau (Julie) und Katharina Stolberg.   [2] Charlottes Schwager auf Brahe Trolleburg ist ein Bruder der Gräfin.

mein Exempel Lotten Lust zum Lernen geben, sage immer zu ihr, wie gern ichs tue, sie [aber] widerspricht mir grade ins Gesicht, daß es nicht wahr ist. – Lieber will ich nie [mehr] etwas lesen als mit der Parforcepeitsche von einer Stunde zur andern so getrieben werden.

(den 25.) Ich habe einen Brief von Voß. Er erwartet mich in einigen Tagen, da Du den 17. zu ihm kommen würdest, und ich durchaus vierzehn Tage früher [als Du] kommen müßte, er hat das auch an Fritz Stolberg geschrieben. Vor einigen Tagen hat Agnes gesagt: „Die Mejer *muß* zu Voß", worauf die Gräfin geantwortet: „Das soll sie nicht. Hier hat sie viel edlere Beschäftigungen, dort spielt sie mit den Kindern, und sieht zu, wie die Vossen eine Biersuppe kocht."

Ich fange aber an, die Gräfin zu entschuldigen. Sie hat es ganz so verstanden von Dir, daß ich entsetzlich unglücklich wäre. (Denn wer den ganzen Tag nicht schreibt und liest, ist nach ihrer Idee schrecklich unglücklich.) Sie denkt, ich bin verlassen von der ganzen Welt, ohne Vermögen, muß *dienen*, nun will sie mich zu sich nehmen, und wahrhaftig, *dafür* begegnet sie mir sehr gut. Nun muß ich aber auch meinen Stolz entschuldigen. Das Dienen hat für mich nicht so viel Demütigendes, aber ich will nicht Personen dienen, deren Stand über dem meinigen, und wären sie Engel in Menschengestalt.

(Abends) Die Gräfin störte mich vorhin. Boie, ich habe versprochen, im Herbst wieder hier zu sein. O, ich würde [sogar] meineidig werden, um mich zu befreien. O, wie ich mich verlassen fühle! Das beschreibe ich Dir nicht.

Ich hatte heftiges Nasenbluten gehabt, sie frug mich, was mir fehle. „Nichts, Frau Gräfin, [nur] der Tod von meines Bruders Schwiegervater hat mich erschreckt, weil er Folgen haben wird, und ich hier etwa früher werde abreisen müssen, das kommt aber auf Briefe an." – „Luise, das können Sie nicht, wir gehn nach Dreilützow." – „So muß *ich* zu Voß gehn, oder von *da* abreisen." – „Sie müssen aber wieder kommen, so bald Ihre Schwiegerin entbunden ist, wenn ich etwa ins Bad reisen sollte, denn Sie oder Elise (die Kammerjungfer) muß ich mit haben." – „Das kann ich nicht, Frau Gräfin, ich kann meinen Bruder nicht verlassen." – „O, liebe Luise, ich kann mich nicht von Ihnen trennen. Sie müssen meinen Haushalt, meine Rechnungen führen, lesen, schreiben für mich, mit Lotten sein etc. – ich lasse Sie nicht reisen, bis Sie mir versprechen, wiederzukommen." (Die Angst des Wiederkommens machte mich zittern.) „Ich will wiederkommen, wenn mein Bruder mich nicht mehr bedarf, oder sonst keine Verhältnisse kommen, die mich daran hindern." – „Verhältnisse? was für Verhältnisse? die können aus dem Wege geräumt werden. Sie müssen wiederkommen, und sollte ich Sie auch abholen lassen von dem Ende der Welt." – „Ja, ich will wiederkommen, Frau Gräfin." – „Luise, Sie können Ihr Zeug gleich hier lassen, bis Sie wiederkommen." – „Frau Gräfin, ich habe sonst nichts, als was ich mitbrachte." – „Luise, [aber] nur sechs Wochen bei Ihrem Bruder, bitte, bitte." – „Das kann ich nicht versprechen." – „Sie müssen! Sie machen mich glücklich, ich will Ihnen alles ersetzen: Ihre Freundin, Boie, Ihren Bruder." Mir war, als ob eine Schlange mich umhalste (sie drückte mich an ihre Brust). „Ja, ich will wieder kommen, Frau Gräfin." Der Himmel wird mir meine Falschheit verzeihen.

Es gibt große, gute Menschen, mit denen man [doch] nichts zu tun haben mag. Das ist mein Fall. Mit diesem Gefühl stimme ich ganz zu Voß und bin Deine Antipodin. – In dem Briefe [der Gräfin] an Käthchen steht heute: „Die Mejer ist hier unaussprechlich glücklich, wie wohl ist mir, daß ich das gute Mädchen glücklich mache!" Noch einen Zug von dem Charakter der Gräfin. Sie weiß, daß ich drei Morgen ein halb Stündchen bei Agnes gewesen bin und frug mich, was wir gesprochen. Ich erzählte lauter unbedeutende Dinge, da sagte sie: „Luise, suchen Sie Agnes auszuforschen, ob sie mich wirklich liebt, ich glaube, sie zieht Gustchen vor." – „Das kann ich nicht, Frau Gräfin, ich habe Agnes zu wenig gesprochen, um dergleichen sagen zu können." – „Luise, ich muß es wissen, ob mir Gustchen vorgezogen wird." Um dieses Examen zu verhüten, darf ich Agnes [nun] nicht wieder besuchen.

(den 26.) Agnes wollte übermorgen nach Dreilützow. Da kam die Gräfin mit glatten Worten und bat Fritz, zu bleiben. Fritz, der Satirenschreiber, der seine Dornenpfeile verschießt in der ganzen Welt, sagte: „Ja, liebe Luise, wie du willst." – Agnes war totenblaß und ging hinaus. Die Gräfin sagte: „Fritz, kehr dich an nichts, c'est une fantaisie d'un enfant gâté, bemerke so was gar nicht." Ich hätte Fritz schlagen mögen, so bös war ich. – Ihr elenden Männer! Ein Weib macht Euch zu niederträchtigen Geschöpfen, wenn sie will! Boie, meine Bitterkeit hat, fürcht ich, Einfluß auf meine Empfindung für Dich.

Es ist entschieden worden, in diesem Augenblick, daß wir Sonnabend [alle] nach Dreilützow reisen. Ich habe denn auch meine Anweisung bekommen, die Gräfin in Dreilützow nicht zu verlassen, de rester auprès d'elle und mich um niemand sonst zu bekümmern. Die Gräfin frug mich, ob ich Deinen Rat erst nötig hätte, Dir geschrieben hätte von Wiederkommen und Bleiben, da antwortete ich: „Ich frage nie um Rat, so lange ich mir selbst helfen kann". Also Du weißt von nichts.

Frau von Pestel an Luise   Celle, 25. Januar 1784

Gestern wollte ich versuchen, Dir weitläuftiger zu antworten, aber Bremers störten mich wieder. Ich fühle mich nicht mehr glücklich durch ihr Kommen, da es nicht mehr ihr Beruf ist, hier zu sein. Der älteste ist unverändert, mit Stunden dauernder Heiterkeit und Tage langer Schwermut. Sie grüßen Dich herzlich. Vorgestern auf der Maskerade gings über und über [zwischen Bremer und Frau von Beaulieu], die ganze Welt mußte davon sprechen und wird sprechen. Sie saßen beständig zusammen, viele Freunde aus Hannover müssen es bemerkt haben. Diesen Nachmittag kommen sie hier wieder zusammen, unvorsichtig sind sie aufs äußerste, aber – er sagt, es tut nichts. Seine Kälte schmilzt bei ihrem Feuer, und nichts als Mangel an Gelegenheit schützt sie.

Den ersten Abend, wie Bremers hier waren, kam W. durch den hohen Schnee im roten atlasnen Negligé, daß ich von der Schreibern hören mußte: wenn Frau von Beaulieu nicht gewußt, daß die Herren von Bremer hier wären, würde sie wohl nicht so elegant gewesen sein.

(den 26.) Das war gestern ein schwarzer Tag, und heute möcht ich weinen. Hier hast Du, was vorfiel: Um 4 Uhr kam Wilhelmine, halb 5 Uhr kam die Lenthen, ihre Absicht war, zu bleiben, aber Wilhelminens finsteres Gesicht und unsre Verstörung scheuchte sie weg, sie sagte: „Jetzt haben Sie ja Gesellschaft, ich komme bald wieder." Eben war sie weg, so kamen Bremers. In den vier Stunden, da Bremer und W. zusammen waren, haben sie kaum ein Wort gesprochen, sondern vor einander gesessen, sich angesehn und geküßt. – Luise, ist dies edle Liebe? Liebe, wie Du und ich sie fordern? Tränen hatte ich immer im Auge, aber ich habe in einem fort mit dem Jüngeren die gleichgültigsten Dinge von der Welt gesprochen. Dieser führte sich äußerst vernünftig auf, merkte meine Verlegenheit, suchte ihr immer zuvorzukommen. Es war die sonderbarste Verfassung. W. ging zuerst, da ihr Wagen kam. Ich konnte nicht mehr, und schwieg still, der jüngste lief [dann] fort, nahm seinen Bruder mit. Diesen Morgen sind sie abgereiset, aber vermutlich kommen sie bald wieder.

BOIE   Meldorf, 26. Januar 1784

Ich habe zu diesem Briefe nicht länger Zeit, als [bis] die fahrende Post aus Norden kömmt, die wegen des Schnees spät kommen wird. – Jeder Deiner Briefe, meine Teuerste, ängstigt, betrübt, verwundet mich. Gott, daß *ich* Dich in diese Sklaverei führen mußte! Ich kannte, sehe ich nun wohl, die Gräfin weniger als irgend einer, und kein Wunder – Du weißt, wie sie ist, wenn sie gefallen und einnehmen will. Länger hab ich sie nur in Pyrmont gesehen, wo ich nicht mit ihr in einem Hause wohnte, und nach meiner Zurückkunft aus Kopenhagen, wo sie sehr guter Laune, und Lotte Schimmelmann da war. Hernach nur auf wenige Tage in Tremsbüttel oder an andern Orten. Daß sie gern herrschen möge, fühlte freilich auch ich, aber ich war ihr so nahe nicht und bog oft durch einen Scherz aus. Der Einfall, daß Du einige Monate bei ihr zubringen solltest, kam ganz von ihr. Unwiderstehlich, wie ich Deine Güte und Sanftheit kannte, glaubte ich Tor, Du würdest auch dort Deinen Einfluß verbreiten und sie sanfter machen können. Weder Gustchen noch Bernstorff müssen Lottens Lage ganz kennen – wie wär es sonst möglich, sie dort zu lassen?

Welche Zumutungen, alles der Gräfin aufzuopfern, die andern auch nicht mal eine Grille aufopfert! Du mußt zu Deiner Schwiegerin. Ich komme nicht im Februar, komme doch erst am Ende März. Alles übrige bleibt, wie es abgeredet ist, über die Elbe bring ich Dich gewiß, da ich ohnehin den Vorwand habe, mit dem Oberdeichgrafen Beckmann sprechen zu müssen.

Welch ein neuer Zug, allenthalben der Mittelpunkt, die Spindel sein zu wollen, um die sich alles dreht. Und dann, was ich sonst am wenigsten vergebe, die Stelle in dem Briefe, an welchem sie Dich selbst schreiben ließ. Alles nur Bezug auf sie, auf kein Geschöpf, kein Verhältnis in der Welt. – Stolz, hohen Stolz kannte ich wohl bei ihr, aber *Adels*stolz? – Es kocht in mir. – Ich muß mir Luft machen! – Recht, wahrlich Recht: das Weib, in dem keine Liebe ist, ist Tyrann. Liebe bleibt der edelste Zug im weiblichen Charakter. Durch diesen allein soll die Frau gefallen, rühren, interessieren und

– herrschen. Jetzt erst kann ich mir denken, wie unglücklich Graf Christian ist. So ganz geschaffen, Liebe zu geben und zu erwidern. – – Daher allein seine Grämelei, die sonst nicht in seinem Herzen ist. – Es wird mich [viel] kosten, zu sein, wie ich sonst war, wann ich nach Tremsbüttel komme, aber Du sollst sehen, daß auch ich mich fassen kann. – O Luise, wie hat Deine Geschichte auch meine Menschenkenntnis erweitert! Traurig, so ganz auf Deine Kosten! – Ich hatte so manche Winke, selbst von den Brüdern [Stolberg], und ward doch nicht klüger. Voß wird mich am meisten tadeln. Er hat die Gr. besser gekannt als ich, weil er ihr so nah nicht gekommen, sie ihn nicht an sich zog. O, der Kurzsichtigkeit! der Verblendung! daß ich, so oft betrogen in der Welt, mich doch nicht des Vertrauens erwehren kann. Von keinem andern als Dir hätt ich mich überzeugen lassen.

Hab ich Dich wegen der zudringlichen Frage in Absicht der Liebe ruhig, oder noch unruhiger gemacht? Sieh, Luise, wenn ich mich so einrichten kann, daß wir zusammen leben können, so müssen wir zusammen leben, wir sind beide sonst nie ganz glücklich. Das ist mein offenherziges Geständnis, kürzer kann ichs nicht zusammenfassen. Über alles das näher mündlich – warum nicht? Wir kennen uns so ganz, so lange, sollten wir nicht ernsthaft über die ernsthafteste Angelegenheit des Lebens und Du ohne weibliche Schüchternheit über diesen Punkt mit dem reden können, dessen Herz Dir offen liegt, wie er's selbst kennt? Ich will Dir dann meine Umstände, alles sagen, was ich fürchte und hoffe. So glücklich, wie Du sein müßtest – das fühle ich innig und mit Beschämung – kann ich Dich durch Liebe nicht machen, aber ich fühle eben so innig, daß ich Dich nicht unglücklich machen werde. Wenn ich auf Deine [wiederkehrende] Gesundheit gerechnet hätte, ich wäre nicht aus Hannover gegangen, hätte dort den Zeitpunkt der näheren Vereinigung erwartet, die freilich dort weniger Schwierigkeiten hatte als hier, weil ich dort viel weniger bedurfte. Ich sehe mich nun ziemlich als fixiert an, und Deine Geschichte hat mich um ein sehr großes häuslicher, in mich selbst zurückgezogener gemacht. In mir, in meinem Hause muß ich das Glück suchen; ich find es sonst nirgends. Ich kann Dir nicht sagen, wie mir wird bei dem Gedanken, mit Dir hier mein Leben zubringen zu können. Selbst Meldorf würde mir dann ein Paradies werden.

Die Post ist da. Also Gruß und Kuß und Gott befohlen! Was ich schreibe ist Vernunft, nicht Leidenschaft, darauf rechne sicher.

War je ein weibliches Geschöpf glücklich, so bin ichs durch Dich, Boie. Wohl mir, daß Du mich nicht verkannt hast. Du weißt auch jede Ursache meines Handelns. Was ich Dir den 11. September 78 auf dem Walle in Hannover hinter Deinem Fenster sagte, war Liebe und Furcht, Dich unglücklich zu machen, das Zurückschrecken war Überraschung. Meine Liebe und innige Zärtlichkeit mußt Du aus meinem folgenden Betragen gegen Dich gefühlt haben. Ich glaubte, Du hättest die Idee [einer Heirat] gleich aufgegeben. Ich konnte aber nur einmal oder nie lieben, konnte Dich nicht vergessen. Deine herzliche Freundschaft machte mich glücklich, jeden Tag freute mich der Gedanke: ich habe Boie nicht gefesselt, er ist glücklich ohne mich, und das war auch mein einziger Trost, wie Du Hannover verließest. Amaliens Liebe war mir zuerst nicht angenehm, ich schämte mich dessen, glaubte, es sei Eigenliebe in mir, und wünschte nachdem diese Verbindung. Ich hätte die Frau eines andern Mannes werden können, bloß um *Dich* zu beruhigen, weil Du über mein Schicksal bekümmert warest. Diese Ängstlichkeit, glaubte ich, hätte mich hieher gebracht, weil Du mich so glücklich machen wolltest, als ich nach Deiner Überzeugung nur werden konnte. Verzeih, daß ich Dich dadurch beleidigen konnte, ich gestehe Dir, ich bin hier oft so fürchterlich bitter, daß ich mich selbst nicht kenne.

Die Gräfin will mich durch tausend Künste von der Reise abhalten und ich sage immer: ich muß reisen. Diesen Morgen hatte ich folgende Unterhaltung mit ihr: „Hat Boie Ihnen nicht von seinen Ideen [d. h. Plänen] geschrieben?" – „Nein, Frau Gräfin." – „Luise, so wie ich Sie kenne, haben Sie ein zu zartes Gefühl, und Boie ist kalt, Sie wären nicht glücklich mit Boie." – „Kalt ist Boie nicht." – „Nun, so geben Sie ihm ein junges rasches Mädchen, die ihn aufschüttelt." – „Für das junge rasche Mädchen möchte Boie wohl zu kalt sein." – „Luise, *ich* muß das Verdienst haben, Sie glücklich zu machen, und kein andrer." Gott weiß, wie mir zu Mute wird, wenn ich das höre. Sag der Gräfin weiter nichts, als daß Du überzeugt wärest, ich müßte zu meinem Bruder, er und sein niedliches Weibchen verdienten meine Liebe. – Glaube nicht, daß Dir die Gräfin bös ist, sie schätzt Dich, nur will sie Dir nichts aufopfern.

Nimm es Voß nicht übel, daß er Dir von mir geschrieben. In einem vertraulichen Stündchen, das wir verschwatzten, frug er mich, ich antwortete ihm [die] Wahrheit. „So haben Sie Boie einen *Korb* geben können?" – „Nennen Sie mir das Wort nicht, Voß', das verwundet mich. Liebe war's", und nun erzählte ich ihm, wie wir uns kennen gelernt. Er hatte Tränen im Auge, sagte, Du wärest ein so herrlicher Junge, aber äußerte seinen Wunsch [daß es zu einer Heirat kommen möchte] nicht. Ich danke Dir, daß Du keine dritte Person haben willst, wo wir keine gebrauchen. Leb wohl, ich habe heute viel abgeschrieben. Ich umarme Dich herzlich, *mein* Boie.

(den 28.) Unsre heutige Unterhaltung war wieder sehr erbaulich. Sie handelte von den vielen Gefahren der Ehe, von den Launen der Männer, und daß ich bei meinem biegsamen Character nicht heiraten müßte. „Glauben Sie nicht, Frau Gräfin, daß mein Character so ganz biegsam wäre." Nun sagte sie, daß ich durchaus nicht zu Voß sollte, denn da würde man mich *überreden*. Das Wort schmerzte mich, aber ich schwieg. Überhaupt gesteh ich, daß noch nie meine Empfindung von weiblicher Delikatesse so beleidigt worden ist, als hier. Unter andrem: die Stühle sind alle hier sehr niedrig, sie sind mir unangenehm, denn mein Rücken tut mir weh, weil wir Weiber unsre Beine doch nicht voraus strecken können. Agnes hat immer einen hohen Stuhl, weil sie es auch nicht kann, Lotte wird täglich ausgescholten, daß sie ihre Beine voraus streckt, ich sitze ganz steif, ohne mich zu bewegen. Über das hohe Sitzen machte die Gräfin eine Bemerkung, die kein Weib auch nur *denken* sollte, viel weniger sagen. Ich schämte mich darüber, ob ich gleich ein Lob kriegte, daß ich die niedrigen Stühle gern möchte. – Der kleine Ernst ist der Gräfin unbeschreiblich zuwider, das macht Agnes so unglücklich. Kinder zu lieben [meint die Gräfin] ist unerhörte Schwäche, und verrät eine unedle Neigung! Boie, Boie, wie komme ich zu einem *solchen* weiblichen Geschöpf!

Die Art, wie hier studiert wird, ist für Genies, nicht für andere Menschen, Nutzen hab ich nicht daran, denn so alle Stunde etwas anderes macht mich verwirrt. Die Gräfin findet, daß ich „nichts tue", weil ich die lateinische Grammatik noch nicht lernen will. Gottlob, daß wir reisen, es ist wenigstens eine Veränderung der Gefangenschaft. Ich kann so nicht gesund bleiben, denn leider kann und mag die Gräfin nicht [spazieren] gehen, nun darf es auch niemand von uns. Die Luft ist uns allen wie untersagt. Leb wohl, Du Einziger, Teurer. Übermorgen reisen wir.

(den 29.) Agnes sagte mir heute, daß die Gräfin es immer sehr gewünscht hätte, daß ich Deine Gattin würde, es wäre aber sehr möglich, daß ihr eignes Interesse nun die Übermacht behielte, und sie dagegen wäre. Jetzt habe ich zwei Stunden geschrieben, die Gräfin diktierte mir einen Brief nach Rom, der mich unbeschreiblich amüsierte. Sie ist ein Engel an Verstand, sie kann sehr glücklich machen auf Stunden, aber dann – dann klirren wieder die Ketten, und fort ist bei mir und Agnes der Zauber, der so leicht blendet. – Sie fühlt, daß sie Lottens Verderben ist, dennoch findet ihre Eigenliebe sich gekränkt, sie will das Mädchen nicht weggeben. Ich unterstehe mich Lottens Heftigkeit zu bändigen, aber hier, wo sie immer gereizt wird, muß sie zur Furie werden.

Boie, ich bin heute [aber] wieder heiter, Dein Bild ist in meiner Seele, das Kolorit hat zugenommen an Schönheit und Stärke, es ist nicht mehr wie mit Pastell gemalt. Ich bin ewig Dein.

Boie   Meldorf, 28. Januar 1784

Ich kann noch von meinem Erstaunen über alles nicht zu mir selbst kommen, ob ich gleich vorbereitet bin. Der Schleier ist nun zerrissen, meine Anhänglichkeit [an die Gräfin] ist hin. Was Du mir schreibst, ist Geheimnis für alle außer uns. Schreib mir, so lange Du's mit Sicherheit kannst. Dein Herz muß Luft haben.

Jetzt sei diese feierliche Abendstunde, wo ich allein bin und gestört zu werden nicht mehr fürchten darf, Dir und mir geweiht. O Luise! wenn Du jetzt bei mir wärest, wenn ich mit Dir sprechen könnte! – Wann ich nun komme, Dich abzuholen – ich komme nach Dreilützow oder Tremsbüttel, wohin Ihr wollt. Das beste wäre, wenn Du vor der Reise nach Dr. nach Eutin fahren könntest, und ich Dich dort abholte. Dann sähe ich die Stolberge gar nicht, und das wäre in gegenwärtiger Lage der Sachen das beste.

Wie sehr ich getäuscht bin, dazu bedarf es keines größeren Beweises, als daß ich Dich täuschen, Dich in die Falle locken half. Ich erstaune, daß ich nicht aus manchen Veranlassungen, die ich hatte, mehr Schlüsse zur Vorsicht gezogen habe. Aber da kam meine vorgefaßte hohe Meinung und verschleierte alles mit einem Rosenschleier. Denke Dir dazu die ausgezeichnete Art, mit der man mir immer begegnete, die Kunst, mit der jede Seite, die nicht gefallen konnte, mir versteckt ward. Ich war zu kurzsichtig, zu gutmütig, zu schwach, wenn Du willst. Nicht als wenn ich gar nichts gesehen hätte, das mir mißfiel, aber meine Verehrung war in den wenigen

Stunden, die ich die Gräfin – in großer Gesellschaft oft nur – sah, gewachsen. Aber ich wiederhole Dir meine heilige Versicherung, daß ich der Gräfin nie einen Wink gegeben, und daß ich eben so wenig die Bestimmung ahndete, die man Dir jetzt geben will. Unser ganzes Reden darüber war zu kurz, zu flüchtig, als daß ich einen bestimmten Plan darin hätte suchen oder finden können. Wie viel ich *Dich* überredet habe, weißt Du. Klage mich an, Beste, Einzige, nur verkenne Deinen Boie nicht.

Bleiben mir künftig die Großen dieser Welt vom Halse! Ich bin so bitter wie Du gegen diese Ersten des Volks. Ich will ihrer entbehren lernen, und mich wie eine Schnecke in mein Haus zurückziehen.

Die Pestel hat mehr gewußt, als sie sich gegen Dich merken lassen, ohne Zweifel durch die Lenthen. Gute Pestel, ich habe Dir viel abzubitten.

Nun gute Nacht, meine Teuerste. Ich gehe mit dem Gedanken an Dich zu Bett und stehe mit ihm wieder auf.

(den 29.) Bei meiner letzten Untersuchung lernte ich einen Knaben von fünf Jahren kennen, der mir außerordentlich gefiel, und mich sehr rührte. Durch seine Naivität wurden Vater und Mutter eines Diebstahls überführt. Ohne je gehört zu haben, daß Stehlen nicht recht sei, wußte er's durch sein innerliches Gefühl. Wenn ich reich, oder nur eingerichtet gewesen wäre, ich hätte den Knaben bei mir behalten, ihn erzogen und einen braven Mann aus ihm zu machen gesucht, wozu er gewiß alle mögliche Anlage hat. Warum hat der Staat oder warum macht er keine Anstalten zu diesem seinem ersten Bedürfnis, das künftige Geschlecht zu bilden, was bei dem gegenwärtigen schon zu spät ist? Man wird betrübt, wie wenig der Staat für die Menschen sorgt. Ihre Ruhe und Sicherheit ist doch nicht der einzige Zweck der Regierung. Wir sind in unserm Lande noch unbeschreiblich weit zurück in diesem Stücke. Alle bis jetzt noch gemachten oder versuchten Pläne und Projekte sind Quacksalbereien, wovon meist niemand gut hat als der dabei angestellte Arzt.

Hab ich Dir schon geschrieben, daß die Handschuhe endlich in meinen Händen sind? Ich hab ihre Bestimmung vergessen. Soll ich sie Dir alle mitbringen?

Wie mir wird, da ich, nach dreien Jahren Trennung, Dich wiedersehen werde, kann ich nicht ausdrücken. O Luise! Warum mußten wir getrennt werden!

Aus Kopenhagen hab ich endlich wieder Briefe, auch von Amalia, die wohl und heiter ist und Dich grüßt.

Könnt' ich doch mit Dir reden, wie ich Dir schreibe! Das ist immer mein Wunsch, und nie mehr als jetzo.

LUISE   Tremsbüttel, 31. Januar 1784

Es ist spät in die Nacht hinein, aber ich muß Dir, liebster Boie, noch ein paar Zeilen schreiben, denn wer weiß, ob ich sogleich aus Dreilützow schreiben kann?

Diesen Morgen erzählte mir die Gräfin Amaliens Liebe zu Dir als einen Beweis, daß Du mich nicht liebst. „Frau Gräfin, das hat gar keine Verbindung mit unserer gegenseitigen Freundschaft. Ich habe Boie zu dieser Heirat geraten." Da erfolgte nun ein langes, unbedeutendes Geschwätz. Ich habs Dir abzubitten, lieber Boie, daß ich meine Empfindungen, die ich für Dich habe, der Gräfin ganz verberge, aber ich kann ihre rauhen Anmerkungen nicht ausstehn.

Sie sagte mir, sie säh's ein, daß ich zu meinem Bruder müßte, aber wiederkommen sollte ich durchaus, und ewig bei ihr bleiben, nach ihrem Tode[1] sollte ich zu einem von ihrer Familie. „Erlauben Sie, daß ich, eh ich so viel voraus zusage, Boie erwarte?" – „Bei Gott, Luise, Boie soll Sie gar nicht allein sprechen, darum will ich auch Ihre Reise zu Voß nicht. Boie soll mit mir reden, und wenn ich finde, Sie können glücklicher mit ihm sein wie mit mir, dann, Luise, soll Boie hier das Amt haben, des Amtsschreibers Haus will ich ihm einrichten, so kann ich Sie alle Tage haben, und geht das nicht, müssen Sie ein paar Monate im Jahr mit mir leben, denn ich kann Sie nun einmal nicht mehr entbehren." – Fritz hat zu Agnes gesagt: „Luise [Stolberg] hat eine Leidenschaft für die Mejer, ich wüßte nicht, daß sie sich so für jemand hätte interessiert wie für die." Ich bin nicht stolz darauf, doch ists mir lieb, denn nun geht alles gut, bis daß Du kommst.

Es ist mir innig leid, daß ich Deinen Glauben an [Dich] auszeichnende Menschen geschwächt habe. Wir müssen das Glück nicht außer uns, sondern in uns finden. Guter Junge, hab ich denn je das, was Du Liebe nennst in Dir, für mich gewünscht? Hier meine Hand, Boie, ich werde Dein Weib, wenn ich finde, daß Du Dir nicht dadurch schadest. Die Freude, daß Du mich glücklich

---

[1] Die Gräfin, im gleichen Jahr geboren wie Luise, starb erst 1824.

machst, sollst Du jeden Augenblick Deines Lebens fühlen. Gott, wie sonderbar ist unser Schicksal!

Es ist 3 Uhr [nachts], ich habe so lange abgeschrieben und muß morgen noch so viel schreiben, auch noch einpacken, daß ich die Feder niederlege, um zu schlafen. Ich sollte mit Agnes fahren, aber nein, ich fahre mit der Gräfin, und muß im Wagen vorlesen.

Gute Nacht. Ich kann nicht vernünftig schreiben, ich bin oft so verwirrt, daß ich über mich selbst erschrecke.

FRAU VON PESTEL AN LUISE   Celle, 2. Februar 1784

Diese Tage hab ich wieder in einem ewigen Herumirren zugebracht, und habe selbst viel Gesellschaft gehabt, wobei Fritz so grämlich war, daß ich habe sehr entscheidend sprechen müssen, um ihn nur etwas zu sich selbst zu bringen. Vorgestern ging er so weit, daß, wie sich die Mahrenholzen und die Lenthen [zum Nachmittag] anmelden ließen, und ich denen eine Spielpartie zusammenbat, er (ohne krank zu sein) sich wollte zu Bette legen. Dies alles ertrug ich mit Geduld, aber wie er mir den Mittag sagte, er hätte im Schnee nasse Füße gekriegt, aber die Leute im Hause hätten für die Fremden zu tun, und Fl. [der Diener] könnte ihm die Stiefel nicht ausziehen – flog ich auf. Keiner im Hause tut für die Fremden einen Handschlag, es war also die empfindlichste [unleserliches Wort]. Ich sagte meine Meinung ziemlich heftig, setzte mich drauf zu Tisch und aß nichts. Keine Kur konnte besser anschlagen, Fritz ward freundlich, ich auch, er bat sehr ruhig, ich möchte essen, ich aß. Er sprach, erzählte, war den Nachmittag recht gut [aufgelegt], daß sich ein jeder wunderte. Wir hatten 5 Spieltische, und den Abend war er sehr zufrieden, daß alle Menschen so vergnügt gewesen waren. Seine Krankheit macht ihn zum Kinde.

Die Pauli ist besser, aber noch nicht außer Gefahr. – Manche andre Kleinigkeit hätt ich Dir zu erzählen, aber ich muß erst zu Boies Antwort. Sie ist beruhigend, und bestimmt doch nichts. Schulden etc. sind nicht, was ihn abgehalten hat,[1] aber seine sonderbare Zärtlichkeit für Dich, die, wärst Du seine Gattin geworden, eine andre Wendung nehmen würde, und sie war von jeher zu schön, zu edel, als daß er eine Veränderung wagte. Und doch, wie er sagt, kann keine andre Gattin neben Dir stehen, jede würde

---

[1] Luise schon früher zu heiraten (Boie korrespondiert auch mit Frau v. P.).

in der Vergleichung mit Dir verlieren. Es ist mehr wie Freundschaft, es ist mehr wie Liebe, das Boie fühlt; für [das] was es ist, ist
kein Name, was draus wird, weiß ich nicht, am besten, es bleibe,
was es ist – aber Empfindungen und äußere Umstände stimmen
selten zusammen. Ich mag nicht dran denken, und, wie B. sagte,
kann und darf sich auch niemand dreinmischen, aber schade wär's,
wenn [auch nur] die leichteste Schattierung was dran änderte.

Du frägst mich um das Resultat aller Überlegungen von Wilhelmine [v. Beaulieu] und Bremer – können Leute etwas überlegen, die nicht ohne Leidenschaft sind? Wenn er sie sah, so hemmte
ihr Blut alles Nachdenken. War er allein, so sammlete er tausend
Dinge, die er sagen und fragen wollte, und vergaß sie, so wie sie
ins Zimmer trat. So ist nichts geschehn, und die Sachen sind wie
vorher. Es wäre traurig, wenn Wilh. noch sollte durch eigne
Schuld unglücklich werden.

Die Strickstöcker sind nicht fertig zu haben, und die Leute versuchen erst, ob sie sie so fein machen können.

LUISE   Dreilützow, 3. Februar 1784

Ich kann Dir nicht schreiben, wie ich gern möchte, weil ich nie
allein in dem Zimmer bin, aber ich bin hier vergnügt. Bernstorff
ist der edelste Mann, den ich kenne, er gefällt mir, verzeih, besser
wie beide Stolberge, er hat gewiß alle ihre Tugenden und Vollkommenheiten, und nicht ihre Sonderbarkeiten der Genies. Die
Stolberge haben alle erstaunende Achtung für Bernstorff, auch die
Gräfin Luise geniert sich etwas, aber, Gott! wie sonderbar ist die
ganze Familie zusammen. Keiner ist offen gegen den andern,
keiner sagt, was er denkt. Bernstorff ist sehr gütig gegen mich,
auch Gustchen, die mich gleich erhaschte, und der ich alles
wegen Lotte gesagt habe. – Ich muß zur Gräfin Luise. Schreiben
kann ich nicht vernünftig, aber ich liebe Dich innig und bin ewig
Dein.

(den 5.) Ich wünschte, daß ich Dir mit Muße schreiben könnte,
Du Einziger, denn ich habe Dir so viel, viel zu sagen, und doch
kann ichs nicht, denn mein Tag ist wieder ganz eingeteilt.

So angenehm, wie mir die Rückerinnerung dieses Aufenthalts
sein wird, will ich mich doch freun, wenn ich diese Familie verlasse, und doch liebe ich sie alle. Mein Character ist aber zu offen,
und jeder [hier] ist verschlossen. Jeder sagt [nur] dem Dritten,
was er denkt, das ist ein ewiges zirkelmäßiges Klagen und Über-

legen, das mich ungeduldig macht. Gustchen und Agnes stimmen ganz mit mir zusammen, ich bin nur bei allen in dem zu hohen Kredit, daß ich sie nicht verlassen soll. Agnes ist die einzige, die mir sagt: „Sie müßten Boies Gattin werden", bleibt aber immer besorgt, daß ich Dich nicht genug liebe. Dann darf ich Gustchen so wenig als Agnes allein sprechen, denn auch Gustchen sagte mir, die Gräfin wäre fürchterlich jaloux; so muß ich mich entsetzlich hüten, alles Sprechen, was ich tue, ist Geflüster.

Ich wünschte, meine Empfindungen wären jetzt sanfter für Dich. Daß ich Dein werden kann, ist mir weniger gegenwärtig als die Furcht, Dich zu verlieren, die ich noch nie gehabt habe. Alle meine Empfindungen sind in Aufruhr. Meine Briefe sind jetzt Fragmente ohne Zusammenhang. – Heute kommt die Post, vielleicht bringt sie mir etwas von Dir, Du Einziger.

(den 6.) Keinen Brief hat mir die Post gebracht, auch von Celle nicht.

Bernstorff gefällt mir mit jedem Tage mehr. Die Gräfin ist schon mißvergnügt und kalt. Die andren sind alle verlegen mit ihr. Ich folge ihr wie ein Schatten, muß bei ihr bei Tisch und Tee sitzen, so daß ich mit niemandem sonst sprechen kann. Das entsetzliche Vorlesen greift meine Brust an. Gut, daß bald alles vorbei ist. Gestern Abend sagte sie mir: „Luise, ich kann nicht mehr ohne Sie sein, Sie müssen Boie vergessen." Ich schwieg. Wohl mir, daß ich so gut schweigen kann, das ist das einzige Mittel, um hier fertig zu werden. Wie glücklich könnte diese Familie sein! und alle so mißtrauisch, zum Teil auch mißtrauisch aus Delikatesse, einer des andren zu schonen. Boie, wenn Du mir nicht schwörst, daß Du mir alles sagen willst, was Dir in mir und in meinen Handlungen mißfällt, werde ich nie ruhig sein. Werde ich Dein, mußt Du dieses Zutraun mir zusagen. Dann gehe ich immer einen sichren Weg. – Gustchen ist recht traurig über den Mißton in der Familie. Gottlob, daß sie mit Bernstorff so glücklich ist.

BOIE   Meldorf, 5. Februar 1784

Wie freu ich mich, daß auch der leiseste Verdacht, Dich wissentlich in die Falle gelockt zu haben, nun von Dir entfernt ist. Noch mehr freu ich mich über die Art, wie Du mir Deine Gesinnungen ganz ohne Schleier zeigst. Daß Du keiner Ziererei fähig sein würdest, wußt' ich vorher. Du glaubst nicht, wie süß ich seitdem manchmal träume.

Das Haus der Frau von Jessen wird das meinige, ob wir gleich der Bedingungen wegen noch nicht völlig einig sind. Mit nicht großem Aufwand kann ich eine ganz erträgliche und bequeme Einrichtung darin machen, und wir können – in einem gewissen Fall – so wohnen, daß uns bloß ein kleines Zimmer trennt. Der Garten wird größer als der Pestelsche, und das Erdreich kann nicht besser sein. Aus einem Gartensaal, den wir im Sommer gemeinschaftlich bewohnen würden, geht man unmittelbar hinein. Nun kommt alles darauf an, ob ich das [benachbarte] Tresenreuter-Haus aus dem Konkurs für 400 bis 500 Taler erhalten werde, und, wenn ich die Versammlung der Landschaft und ihr Archiv hinein verlege, es ganz [miet]frei haben kann. In diesem Hause sollte nach meinem Plan der Sekretär wohnen und Johann, der von Ostern an nicht mehr mein Diener ist.

Zum Hause, siehst Du, ist nun Rat, aber woher nehm ich, was ich zur Einrichtung brauche? Ich habe nur geringe Schulden. Meine hiesige Einnahme wird für unser beider Bedürfnis, da wir unser Glück [nur] in uns suchen werden, völlig hinreichend sein, und ich darf auch eine Vermehrung derselben hoffen. Als geprüfte Freunde und rechtschaffene Leute im strengsten Begriff kenn ich nun Niebuhren und seine Frau, die beide auch Deine Freunde sein werden. Die übrigen sind ganz gute Leute, die Du ertragen lernen wirst.

Welch ein Monopolium aller Liebe, aller Achtung treibt doch die Gräfin Luise, und alles führt sie nur auf sich selbst zurück. Ob das nicht überhaupt der Fehler der außerordentlichen Menschen ist, daß sie alle andren, die ihnen nahe kommen, nur zu Werkzeugen ihrer Absichten, ihrer Leidenschaften, ihres Interesses brauchen?

Gräfin Auguste Bernstorff möchte Luise als Erzieherin der jüngeren Kinder gewinnen. Luise deutet ihr an, daß, ganz abgesehen von den Wünschen der Gräfin Stolberg, Boie das Recht habe, in ihren Angelegenheiten mitzureden. Gustchen ist zwar zum Verzicht bereit, wenn Luises „Glück" das erfordert, aber sie gibt das Projekt, an dem sie hängt, noch nicht ganz auf. Auch Agnes, der Luise sich offenbar anvertraut hat, scheint trotz ihrer spontanen Anteilnahme Luises Zukunftshoffnungen für nicht ganz sicher zu halten. Luise ist genötigt, sich bei Boie einen vorzeigbaren Brief zu bestellen, der alle Zweifel beseitigt. „Wenn sie nicht sehen, daß Du mich wirklich liebst, so hab ich Verdruß, indem so viel dagegen geschwätzt wird." Dies letzte bezieht sich auf alle Damen außer der ganz isoliert stehenden Gräfin Luise, die nach allgemeiner Übereinkunft von nichts erfährt.

Ich beschwöre Dich, Einziger, Du bists nicht, der mich hieher
geführt. Es ist nichts als Schicksal. Ich bin auch hier nicht mehr
glücklich. Denk Dir, daß die Gräfin verlangt, daß, wenn Du
äußertest, daß ich Dein sein sollte, Dir entsagen solle, sie will
durch Bernstorff machen, daß Du in Kopenhagen eine Stelle erhieltest, und so hättest Du meiner nicht nötig, hättest denn ja eine
gute Stelle bekommen. Ich schweige, aber ich schäme mich nicht,
Dir zu gestehen, daß die Kunst, die man anwendet, mich von Dir
losreißen zu wollen, mich nur noch mehr an Dich schmiegt.

Ich bin hier der Federball, womit jeder spielt, soll jeden bereden,
das zu tun, was der andre will – nein, Boie, so was erlebte ich nie.
Gustchen ist lieb und gut, wünscht mich bei ihren Kindern zu
haben und nimmt es übel, daß die Gr. schon Ansprüche auf mich
hat. Die Gräfin will öffentlich vorgezogen sein. Agnes ist leicht beleidigt, denn ich darf die Gr. nicht verlassen, kann Agnes fast nicht
sprechen. Lotten soll ich hüten, daß sie nicht mit ihren Brüdern
nach Tische spricht. Tue ichs, so ist Lotte empfindlich, tue ichs
nicht, so ists die Gräfin. Wilhelmine [Bernstorff] liebt mich, hat
aber grade alle Eigenheiten der Gräfin, ohne es zu wissen, angenommen. Nichts interessiert sie als Platon, Buffon etc. Sie liest den
ganzen Tag mit Extrapost; Gustchen will, ich soll sie zurück bringen von dem verwünschten Lesen ohne Genuß, aber sie ist so
ganz darin verwebt. Bernstorff allein hat Ruhe und gibt Ruhe, aber
beide Stolberge sind gegen ihn, wenns arg kommt, läßt er sie mit
der größten Höflichkeit ablaufen.

Nun muß ich Dir meine jetzige Beschäftigung sagen. Um neun
Uhr wird gefrühstückt, von zehn bis zwölf schreibe ich für die
Gräfin oder lese Wilhelminen, die üble Augen hat, vor. Von zwölf
bis eins der Gräfin vorgelesen. Von eins bis zwei bei ihr gearbeitet.
Dann gegessen und im Zirkel geblieben bis gegen acht. Von acht
bis neun vorgelesen. Ich muß der Gräfin täglich zusagen, daß ich
auf den Winter wieder zu ihr kommen will. Sie frägt jeden Tag
nach allen, als ob ich ein Spion wäre. Gustchen flüstert mir zu:
„Was sagt Luise von uns?" Es gehört ein viel künstlicherer Kopf
dazu, als ich [ihn] habe, um keine dummen Streiche zu machen und
die Bitterkeit auch nicht zu vergrößern. Wie es weiter gehn wird,
weiß Gott. Wenn wir des Schnees wegen reisen können, so sind
wir den 2. März in Tremsbüttel. Von hier wegzureisen ist [mir]
nicht möglich, denn ich habe meine Sachen in Tr. Dann will ich

auch allen Eklat verhüten. Du Einziger, ewig Teurer, Geliebter meiner Seele, das Wiedersehn wird sonderbar sein.

Jetzt ist es Nacht. Wilhelmine schläft, ich bin wieder aufgestanden [um zu schreiben]. Wenn ich Dich doch minder quälte! Guter Boie, Du hast mich nicht überredet, hieher zu kommen, mein Herz spricht Dich von allem frei. Das ist so schön in Deinem Briefe, daß Du mehr auf meine Zärtlichkeit rechnest als ich selbst. Grüße Amalia tausendmal. Schreiben kann ich ihr nicht. Entschuldige mich, und versichre sie meiner innigen Liebe. Verzeih, wenn ich so lange Amaliens Namen nicht genannt habe, ich kann eigentlich an nichts denken als was mich fühlbar umgibt. – Weißt Du, daß die Gräfin nicht sich bei Hofe in Kopenhagen sehen lassen darf? Wenn Bernstorff in Kopenhagen bleibt, muß *er* ihr den Zugang zum Hofe erst wieder verschaffen. Gustchen sagte mir, ihr Name wäre verhaßt allenthalben, doch schont sie jeder, daß Graf Christian nichts merkt. Sie hat allenthalben [hin]geschrieben, daß ich ewig bei ihr bliebe. Täglich seufzt sie darum, daß ich nicht längst bei ihr gewesen.

Ich muß schlafen. Leb wohl, Du Einziger. Gott lohne Dir Deine unnennbare Güte und Teilnahme.

(den 10.) Heute schreibt mir die Pesteln, sie wäre immer unruhig meinetwillen, und wüßte nicht warum. Sie machte sich Vorwürfe, dieser Reise nicht alle Gründe entgegen gesetzt zu haben. – Bremers sind in Celle gewesen. Ich bin nicht zufrieden mit Frau von Beaulieu. Ach, Boie, die Weiber, auch die besten, sind schwach, wenn sie lieben.

Sei so gütig und schick mir ein Paar Handschuhe ohne Finger. Die andern bringe mir mit. Von Hannover hab’ ich Briefe. Alles grüßt Dich. Ich sagte der Gräfin, daß mir mein Bruder den 27. März Pferde und Wagen nach Celle schickte. Dabei bleibt’s, lieber Boie. Du hast doch Deinen eignen Wagen? Denn die Gräfin hat schon gesagt, wenn sie mir keinen Wagen und Pferde gäbe, müßte ich wohl bleiben. Hole mich, bester Boie!

BOIE   Meldorf, 9. Februar 1784

Wie froh mich Dein Brief gemacht, vermag ich Dir nicht zu sagen. Ich war wegen der Reise wirklich sehr besorgt. Ich habe hier täglich wegen Instandhaltung der Wege bei dem immer mehr angehäuften Schnee Befehle abzugeben und höre doch täglich Klagen. Wie schlimm mag es, dacht ich, dort an der Grenze sein, wo wenige reisen und vielleicht niemand sich um die Wege bekümmert. Aber Du bist itzt da, und bist zufrieden, und so muß alles gut sein.

Von Graf Bernstorff kannst Du nicht größer denken als ich. Er hat tolerant gegen die Menschen werden müssen, da er so viel unter ihnen gelebt hat. Aber das wundert mich, daß er bei dieser tiefen Kenntnis der Menschen alle die Güte, all das Gefühl beibehalten hat, das ihn auszeichnet. Dazu half vielleicht seine Stolbergische Gemahlin.

Aus Deinem Briefe seh ich, daß das gute, sanfte Gustchen glücklich ist, und wie freut mich das! Meinen nächsten Brief an Dich schließ ich an sie ein; dieser mag so laufen. Was und wie wir einander schreiben, bleibt natürlich Geheimnis für jedermann. Wie könnt' ich glauben, daß Deine jetzige Verlegenheit Deinen Entschluß, mein zu sein, geschaffen hat! Nein, Luise! so wenig als ich dadurch veranlaßt worden bin zu schreiben, was ich geschrieben habe. Oh wärst Du erst mein Weib, Luise! Könntest Du von Dreilützow gleich in meine Arme fliegen! Ich denke itzt nichts als Haus und Einrichtung, und die Menschen finden mich, trotz meiner Sorgen, heitrer, als ich seit langer Zeit war.

FRAU VON PESTEL AN LUISE   Celle, 9. Februar 1784

Geschwind erst die Beschreibung der Haar-Arbeit, die ich Dir schon hätte sollen im vorigen Brief mitteilen. Das Elfenbein oder Knochen, worauf die Arbeit soll gemacht werden, wird mit aufgelöstem Gummi Arabicum bestrichen, die Haare mit der Schere so fein geschnitten als möglich, mit einem Pinsel auf dem Elfenbein rangiert, dann wieder mit Gummi bestrichen, daß es fest wird, und dann wieder Haare drauf, wo noch Schattierung nötig ist, und immer wieder Gummi drüber, der es fest macht. So hat mir's die Willichen beschrieben. Ich begreife nur nicht, wie man kann die Haare so fein mit einer Schere schneiden, denn sie müssen wie Staub sein.

Eben erhalt' ich Deinen Brief, liebe Luise. Deine Beschreibung von Bernstorff ist äußerst, äußerst interessant. Ich werde nun noch mehr mit der Lenthen drüber sprechen. Welch ein reicher Vorrat von Ideen und Bildern wird sich in Deinem Kopf sammlen, und welch Vergnügen, daß ich künftig drin blättern darf. Du mußt Dich sehr glücklich fühlen, Luise, und dies macht gewiß Epoche auf Deine Lebenszeit. Mir mißfällt nur, daß meine Briefe nicht ankommen. Grade in den letzteren hab ich so viel von Wilhelmine und von Fritzen geschrieben. Berechne ja auf jede Woche zwei Briefe, sonst erkundige Dich darnach. – Hannöversche Neuigkeiten erhältst Du durch die Freitage. Hier ist alles uniform, außer daß ich alle Tage herum schwärme. Die Pauli ist völlig außer Gefahr, aber noch matt, sie grüßt Dich zärtlich.

(den 10.) Nein, liebe Luise, einem solch unleidlichen Souper wie dem gestrigen hab ich lange nicht beigewohnt. Ostens hatten nur fünfzehn Personen gebeten. Den Morgen kommt allen jungen Fähndrichs und Auditors die Idee in den Kopf, die jungen Fräuleins und, dem Souper zu Gefallen, auch Frl. Ostens im Schlitten zu fahren. Neun Schlitten mit lauter Offiziers und Laffen, und mit der Oberstin Manderode als einziger [verheirateter] Frau, zogen durch die Stadt, und alles kam zu Ostens und blieb auch dort. Die beiden alten Damen und meine Wenigkeit machten eine traurige Figur unter den jungen Leuten, die das dümmste Zeug sprachen, und das Schlitten-Recht bis den Abend zehn Uhr dehnten.

Diesen Morgen erwart ich Bremer. Da mag ich vorher den Himmel um Geduld und Klugheit bitten. Am Montag kommt Prinz Karl, und wir sollen noch eine Maskerade haben. Ich bin ärgerlich darüber, denn mein Redouten-Zeug muß ganz neu gemacht werden.

Triumph, liebe Luise, eben verläßt mich Bremer und hat mir erzählt, daß der Prinz eine Partie zur Donnerstags-Redoute nach Hannover arrangiert hätte. So sehr Bremer schimpft, so angenehm ists Wilhelminen.[1] – Adieu, liebe Beste.

BOIE   Glückstadt, 25. Februar 1784

Gestern Morgen kam ich von Itzehoe hieher und schon schreibe ich. Ich wohne hier bei einem ehemaligen Universitätsfreunde, der jetzt schon eine Tochter hat, die allenfalls heiraten könnte. Wenn man nur nicht so viel schmausen müßte! Morgen ist sogar Ball. Mit der Frau von Schulz, die immer an Fritz Reventlow noch vielen Anteil nimmt, hab' ich denn viel von Julchen, von der italienischen Reise usw. reden müssen.

Alle Welt will mich verheiraten. In Itzehoe hatte man die zuverlässige Nachricht, ich würde Kammerherr und heiratete die Frau

---

[1] Frau v. Beaulieu ist offenbar mit eingeladen worden.

von Schulz. – Glückstadt hat mit Celle viel ähnliches. Das Hauptvergnügen nächst dem Essen ist das Spiel.

Ich möchte so früh in Tremsbüttel sein, daß wir den 18ten reisen können. Wie wohl ist mir, daß ich nun die Tage des Wiedersehens zählen kann. – Ich soll mich ankleiden, also – guten Morgen! Verzeih, Beste, diese kalte, abgebrochene Schreiberei.

(den 29.) Vor Tische besah ich gestern noch das Zuchthaus oder durchlief es vielmehr, denn der Gegenstand verträgt kein langes Verweilen. Es sind 10 bis 12 Menschen aus meiner Landschaft darin, die sich alle um mich herum drängten. Diesen Morgen geh ich in die Schloßkirche, um den Konsistorialrat Lange zu hören, der ein Geistlicher ist, wie ich sie liebe. – Heute Nachmittag muß ich Abschied nehmen, und der Abend soll in großer Gesellschaft von allem, was hier vornehm und artig heißt, zugebracht werden.

Lebe wohl, gutes, liebes Mädchen, und verzeih mir dies Gewäsche.

LUISE   Dreilützow, 27. Februar 1784

Die Gräfin ist ein wahres Ungeheuer in weiblicher Gestalt. Ich kann Dir nicht alles erzählen, genug, es kam durch mich ein Gewebe von Lügen [der Gräfin über Lotte] an den Tag, und ich nahm die Gelegenheit, Gustchen ernsthaft vorzustellen, daß Lotte durchaus von Tremsbüttel weg müßte, weil der fortdauernde Verdruß das Mädchen töten würde, sie ist oft elend von dem Drang des Blutes und leidet entsetzlich an den Augen. Gustchen spricht mit ihrem Mann davon, dieser will Lotte [aus Tremsbüttel] wegnehmen. Aber wie es anfangen? Nun denke Dir, alle Weiber wollten mich aufopfern; sie wollten mich zitieren, daß *ich* gesagt, Lotte müßte weg usw., weil ich als fremd mich an den Zorn der Gräfin nicht kehren würde. Das Projekt beleidigte mich bis zu Tränen, ich sagte [aber] ganz ruhig: „Wenn man einen Dieb oder Mörder haschen will, so verspricht man Prämien und die Verschweigung des Namens dem, der ihn entdeckt, und mich, da ich aus Mitleiden für Lotte redete, will man strafen mit dem Staupbesen." Denn die Gr. würde mich mit Aufsehen fort schicken.

Wilhelmine fühlte das [mit mir] und lief gleich zu Gustchen, Agnes aber glaubte, ich könnte mich leicht über den Zorn der Gr. hinweg setzen. Ich tat hierauf einen Vorschlag, ohne Aufsehen Lotte wegzunehmen, vielleicht wird er befolgt, vielleicht nicht.

Gustchen wollte jetzt ihrem armen Bruder Christian den Zauberschleier, worin die Gräfin für ihn gehüllt ist, zerreißen, Agnes eben so bei ihrem Mann. Ich sagte, beides wäre unüberlegt. Graf Chr. darf nie etwas erfahren, was den Zauber schwächer macht, er hat doch Stunden, die ihn martern, und Fritz würde entweder gar nichts glauben, oder nur so lange glauben, bis die Gräfin seinen Schwächen schmeichelt, dann würde er Agnes boudieren (ich weiß grade kein anderes Wort), das er ohnehin oft tut, und die Gräfin würde mehr wie jemals Gewalt über ihn erhalten, dadurch daß er sich Vorwürfe machte, ihr in seinem Herzen Unrecht getan zu haben. – Endlich fand man, ich könnte Recht haben.

Komm nicht später, wenn's möglich ist, als den 17ten, lieber noch früher. Könntest Du mir nicht 2 Pistolen leihen? Schicken lassen kann ich mir kein Geld, und ich komme nicht aus mit meinem Geld. Es sind abscheuliche Domestiken im Hause, so wie überhaupt die ganze Wirtschaft nichts taugt. Gustchen fühlt es sehr gut, sie kann es aber nicht ändern, denn die Leute sind schon lange Jahre hier im Dienste, und Bernstorff übersieht das alles als notwendiges Übel. Lebe wohl, es ist sehr spät in der Nacht. Ich muß schlafen. – Die Reisenden sind in Neapolis. Die Angelika [Kaufmann] und eine Lady Forster haben ihnen Kopf und Herz ganz eingenommen, so daß für die Merkwürdigkeiten Roms nicht Platz übrig blieb. Fritz schimpft darüber, aber es hilft nicht.

(den 29.) Morgen früh gehts wieder zu dem traurigen Tremsbüttel zurück. Ich bin wie ganz außer Odem, so jagen sich die Empfindungen der Verachtung und Achtung, des Mitleidens und des Zorns im Zirkel herum. Gestern bekam Lotte heftige Krämpfe. Die Gr. sagte, Ohrfeigen wären das beste Mittel. Die Krämpfe dauerten aber so lange, daß sie endlich selbst bange ward. Bernstorff hat sich schon ehgestern so geärgert, daß er Kopfweh bekam und er fürchtet ein Fieber. Ich bin noch nicht verrraten worden, B. hat es äußerst schlecht gefunden, daß man mich so aufopfern wollte. Der große Fehler dieser Familie ist, daß sie sich nie Erklärungen geben, aber jeden Tag weiß man genau, wer sich gut ist oder nicht. Die Domestiken reden sogar davon, das ist man aber so gewohnt, als wenns nichts wäre. Guter Boie, ich zähle die Stunden bis zu meiner glücklichen Freiheit.

Heute tanzten die Kinder unter sich. Ich habe sie alle sehr lieb, sprechen kann ich nicht mit ihnen, das wird immer verhütet.

Gute Nacht, du Lieber.

Liebe Luise, entgegen kommen kann ich Dir recht gut, so weit Du willst, und bin fest entschlossen, es auf jeden Fall zu tun. Ich sehe Dich dann drei Tage früherer. Fritz ist recht wohl jetzt, er behält [so lange] Georgen, und ich werde vorher für alle Bequemlichkeit sorgen. Verdirb mit meine Freude nicht durch Einwürfe, ich bin sehr glücklich durch diese Idee, um so mehr, wenn ich Boie auch sehn könnte. Er allein kann wissen, ob er eher ertragen kann, ohne Dich zu leben, oder das schöne Verhältnis zu ändern, in dem Ihr jetzt steht. Könnt er mit Dir an einem Ort leben, tät ers nie, aber so begreif ichs [daß er an Heirat denkt]. Ich freue mich Deiner Ruhe, aber Du kannst nicht in ruhiger Duldung bleiben, sondern Du wirst bestimmen, handlen müssen. Das Wort Heirat war von jeher Mißton in meinem Ohr, und daher muß *mich* keiner fragen. Wenn zwei Engels sich heiraten sollen, so seufz ich, ob gleich Himmel und Menschen es zur Ordnung machen.

LUISE   Tremsbüttel, 3. März 1784

Seit gestern, lieber Boie, sind wir wieder hier. Wie öde find ich's, nun Agnes und Fritz zurückgeblieben. Vor der Abreise zerriß noch der letzte Faden der Freundschaft, der die Bernstorffs mit der Gräfin verband. Es kam die Nachricht, wir könnten nicht reisen, das Wasser wäre zu hoch. Die Gräfin brach aus in Flüche, warf sich an die Erde und heulte laut. Gustchen ward blaß vor Verdruß, die ganze Familie war indigniert. Graf Christian wurde verspottet, denn er wollte seine Frau entschuldigen, auch Fritz wollte das. Bernstorff schickte schnell einen Mann zu Pferde aus, um zu rekognoszieren; nach zwei Stunden kam er mit der Nachricht, wir könnten reisen. Nun war die Gräfin allerliebst, sie sang und hüpfte wie ein Kind. Der Abschied war kalt. Ich verschluckte Tränen, denn ich habe die Kinder erstaunend lieb. Gustchen verlangte von mir das Versprechen, zu ihren Kindern zu kommen, wenn ich nicht Dein würde. Boie, lieber wollte ich doch bei Wasser und Brot mein Leben erhalten, eh ich zu einem dieser Familie ginge. Gustchen ist mir die liebste, aber sie hat auch den Familien-Fehler, Uneigennützigkeit ist ihnen *allen* ein leeres Wort. Daß keiner *Dich* so recht geliebt hat, kann ich nicht verdauen. Es war Interesse, was sie für Dich fühlten, weil Du sie liebtest, und sie Dich brauchen konnten. Gustchen sagte: „Boie wird nie klug, er läßt sich sein ganzes Leben täuschen, jeder kann ihm glauben machen, daß er geliebt wird." Ich will für Dich beten, Boie, daß Du von dieser Schwachheit (die einen sehr edlen Grund hat) geheilt werden mögest.

Die La Roche hat mir geschrieben. Die ganze Familie [hier] ist eiskalt gegen sie, Fritz besonders, der es ihr nicht verzeihn kann, daß sie die Fürsten so lobt.

Ich habe entsetzlich viel abschreiben müssen, dies wird also kein Brief. Gute Nacht, liebster Boie.

Tremsbüttel, 8. März 1784

Nun schreibe ich Dir nicht mehr bis zu unserm Wiedersehn. Dieses Blatt will der Graf [Bernstorff] einlegen, oder ich seinen Brief an Dich. Ich erwarte Dich sehnlichst. Die Pesteln kommt uns ein oder zwei Stationen entgegen.

Um etwas bitte ich Dich: kein Wort davon, daß mein Wiederkommen nicht geschehen könnte, es ist unumstößlich gewiß, kein Zweifel findet statt, also hiervon nichts als mit Gewißheit gesprochen, kann mich [jetzt]nicht deutlicher erklären, genug, erfülle diese Bitte, und laß mich nur weiter sorgen.

Leb wohl bis zum glücklichen Wiedersehen. Lebe wohl, Du guter Boie!

DAS GLÜCKLICHSTE JAHR

Beim ersten Wiedersehen in Tremsbüttel sind Boie und Luise befangen. Auf der gemeinsamen mehrtägigen Reise (ohne Begleitung) tauen sie allmählich auf und es kommt zur zärtlichen Verlobung. Boie begleitet Luise noch bis Celle, obwohl Frau von Pestel ihr entgegengefahren ist. Über ihr Entrinnen aus Tremsbüttel berichtet Luise Ende März an Voß. Sie entschuldigt sich, daß sie nicht nach Eutin gekommen ist. „Ich sollte und konnte nicht, Sie müssen mir dieses glauben. Es ist zu weitläufig, Ihnen alles zu sagen." Das Wesentliche sagt sie immerhin. Die Gräfin habe ihr Boie auf eine „seinem Charakter nachteilige Art" geschildert. „Ich widersprach. Dieser Parteilichkeit in mir gab sie eine Farbe, die meinen Empfindungen für Boie fremd war. Ich schwieg, sie glaubte mich bekehrt zu haben, sie wollte aber durchaus nicht, daß ich Sie besuchen sollte – aus Furcht, meine Freundschaft für Boie möchte wieder erwachen. Fritz wünschte diese Reise für mich, ihm ward aber gesagt, *ich* wollte nicht. Lieber Voß, ich war herzlich unglücklich. Es wurde alles angewandt, mich von Boie zu trennen, die schrecklichsten Lügen sollten mein Mißtrauen erregen, endlich verlangte die Gräfin, ich sollte immer bei ihr bleiben, ihr meine Freunde und Verwandten, auch Boie aufopfern." Die Gräfin habe, schreibt Luise weiter, sie von Dreilützow aus gleich nach Hamburg bringen und von dort weiterexpedieren lassen wollen nach Celle, damit Boie, der im Begriff war, nach Tremsbüttel zu reisen, sie dort gar nicht vorfände. „Ich antwortete sehr kalt, daß ich B. sehen würde, und wenn ich auch in Hamburg bleiben müßte, bis ich B. Nachricht gegeben, wo ich wäre. Sie mußte es sich also gefallen lassen, mich mit nach Tremsbüttel zu nehmen und Boie zu erwarten. Er kam den 15. Die Gräfin sagte mir voraus, sie wollte den ersten Augenblick des Wiedersehens ausspähen, um unsere Empfindungen zu beurteilen, es ging aber so gut, wir sahen so kalt aus, daß sie selbst gestand, sie wäre nun sicher, daß B. mich ihr nicht entreißen würde." Am übernächsten Tag habe die Gräfin sie aufgefordert, mit Boie eine Stunde in ihr eigenes Zimmer zu gehen, „wir hätten doch wohl zu sprechen mit einander." Boie habe aber begriffen, worauf es ankam, und während des Alleinseins mit ihr nur belanglose Dinge gesprochen, so daß Luise dann die Frage der Gräfin, ob von einer Verbindung die Rede sei, „ohne Falschheit" mit Nein habe beantworten können.

Die Gräfin hat darauf ganz beruhigt Luise sozusagen Urlaub für die nächste Zeit gegeben. Am 21. ist das nunmehrige Brautpaar in Celle angekommen. „Liebster Voß", schließt Luise, „Ihr Wunsch wird erfüllt. Boie hat die Idee

einer unauflöslichen Verbindung immer behalten, nur mein Wunsch, ihn verheiratet zu sehen, entfernte diese Idee." Sie dankt Voß, daß er ihr bei dem Gespräch in Tremsbüttel, Ende 1783, Mut gemacht habe. „Sagen Sie sich das zu
Ihrer Zufriedenheit." Im übrigen solle außer den Allernächsten noch niemand
von der Verlobung wissen.

Daß Boie sich nicht durch äußere Umstände, Mitleid oder Pflichtgefühl hat
überrumpeln lassen, sondern von Herzen glücklich und jetzt der rechte
Partner für Luises Liebe ist, spiegelt sich in allen seinen Briefen aus dem Ver-
lobungsjahr.

LUISE   Celle, 24. März 1784

Du schläfst, wie ich hoffe, lieber Boie, und Deine Luise ist im
Geist bei Dir. Ich war zu glücklich. Drei Jahre Trennung von Dir
Einzigem sind ganz in mir ausgelöscht. Du tilgtest die Schmer-
zensempfindung in Hamburg schon aus, und der folgende Tag
in Sahrendorf war noch inniger. Nachdem Du weggefahren,
schlich ich in mein Stübchen. Die Verwandlung von dem, was
ich war, ist so süß, so glücklich. Boie, wär Dir auch so! Ich weiß,
wo Du schläfst, weiß, an wen Du gedacht. Wüßte ich nur, ob
Dein Husten besser ist. Ich bin nicht eher ruhig, als bis Du ganz
wohl in Meldorf wieder bist.

(den 25.) Da kömmt Dein liebes Briefchen, Du Guter. Alles ist
so unruhig um mich her. Ein Besuch nach dem andren, und was
mich ärgert, ist, daß jeder findet, ich bin mager geworden. – Boie,
sag mir, wo ist Deine Kälte? Wenn ich allein diese Verwandlung
fühlte, glaubte ich, mich zu täuschen, aber die Pestel empfindet
es auch. Endlich hat sie mit mir gesprochen über Dich, sie hat
viel, viel dagegen, aber Du hast doch alle ihre Einwürfe überwunden.

(den 26.) Guten Morgen, mein Boie! Mittwochen, wenn Du
diesen Brief bekommst, bin ich unterweges nach Hannover und
Freitag auf dem Wege nach Osterode. Leb wohl, Du Bester. Ich
muß noch an Wilhelmine, Lotte und, ist's möglich, an Voß
schreiben.

BOIE   Sahrendorf, 24. März 1784, Abends 10 Uhr

Seit halb acht bin ich hier, aber es ist nicht gegangen, wie ich's
mir gedacht hatte. Ich sitze nicht in Luisens Stube, nicht an dem
Tisch, wo wir gegeneinander über saßen, werde nicht in dem
Bette schlafen, wo sie schlief – ein paar Kaufmannsdiener haben

alles eingenommen und reden da gewiß von ganz andren Dingen, als wir. Ich habe darüber gegrämelt, und versuche nun durch Schreiben in eine bessere Stimmung zu kommen. – Ich fühle ganz, daß ich Unrecht habe, das Ende der glücklichsten Tage zu beklagen, die ich seit Jahren gelebt habe, [und] die mich überzeugen, daß in meiner Brust, wie ich zu fürchten anfing, die Quelle des einzigen Glücks dieser Welt noch nicht versiegt ist. – Was Du heute machst, gutes, bestes, einziges Mädchen, kann ich mir so ziemlich denken. Sag mir aufrichtig: diese Trennung war doch nicht wie die vorige? Mich hat sie ganz anders erschüttert. So viel seh' ich voraus, Luise – keine Trennung mehr! Eine neue halt ich nicht aus, so ein eiskalter Mensch ich mir auch manchmal selbst scheine. Die Fäden, die das Band unsrer Freundschaft so nach und nach, so langsam, so eng, so lieb und warm zusammenwebten, sind nun so viel geworden, daß für [uns] alle beide keine besondre Existenz mehr denkbar ist. O, wie viel enger haben sie die dritthalb Tage des häuslichen Beieinanderseins zusammengezogen! Ich sehe Dich itzt noch im Geiste mir am Tisch gegenüber sitzen, ruhe mit meinem Aug in dem Deinigen, wiege Dich auf meinem Schoße, drücke Dich an mein Herz, ruh an dem Deinigen, wecke Dich mit dem Kuß der hingebensten Liebe . . . O Beste! Beste! welche Erinnerung! Warum mußten mir [heute] die Menschen in der andern Stube den Abend verderben! In Deinem Bette wollt ich schlafen, meinen Kopf dahin legen, wo der Deinige, wo am Morgen meiner bei dem Deinigen lag. Wenn ich nur wenigstens noch in Hamburg unsre gemeinschaftliche Stube bewohnen, in Deinem Bette schlafen könnte!

Jetzt hast Du mein Briefchen aus Witzendorf, vielleicht liegt es an Deinem Herzen. – Und nun, mein Kind, es ist doch schon itzt ganz anders schreiben, als sonst. Seitdem das Wort Liebe über die Zunge, hab ich eine andre Existenz bekommen.

Da läßt mir der Postmeister das Dintenfaß abfordern, das einzige im Hause, und ich *muß* schließen.

Harburg, 25. März 1784, 1 Uhr Mittags

Um fünf Uhr sollt' ich abreisen, kam aber erst gegen acht in Gang, fuhr aber auch dafür mit Sechsen, die mich denn endlich vor einer halben Stunde hieher gebracht haben. Wie viel hätte ich noch schreiben können diesen Morgen! Es war aber wieder nicht zu dem Dintenfaß zu kommen, das der Postmeister brauchte.

Ich hab die ganze Nacht ruhig und gut geschlafen. Aber, Luise, wie ganz werd ichs erst fühlen, wenn ich wieder allein bin, daß ich von Dir, Du Einzige, getrennt bin! Warum konnt ich Dich nicht gleich mit nach Meldorf führen, Dich nicht schon in Borstel – in Tremsbüttel hätt ich's nicht können – als ganz die Meinige in die Arme schließen! – Leb wohl bis Hamburg!

Hamburg, 26. März 1784, Morgens 7 Uhr

Endlich ist's mir doch geworden, wie ich wollte. Ich bin in Deiner Stube, Luise, hab in Deinem Bette geschlafen, vermutlich an der selben Stelle, wo Du, armes Mädchen, schliefst, denn man kann nur an einer schlafen; und *wie* und wie oft ich an Dich gedacht habe, sag ich Dir nicht. Heute muß ich ganz historisch und noch dazu im Memoirenstil schreiben, wenn ich die Geschichte des gestrigen Tages vollenden will. – Büsch hatte schon bitten lassen, daß ich gleich dahin kommen möchte. Vor Büschens Tür fand ich zu meiner nicht kleinen Verwunderung Soldaten und das Haus voller Menschen. Ich hörte bald, daß ein großes Konzert gegeben werde. Die erste Frage der Büschen war: ob ich versprochen sei? Ich antwortete, daß sich so eine Frage in großer Gesellschaft nicht beantworten lasse. Das Konzert war zum Entzücken und schüttelte mich bald ganz auf. Man gab Klopstocks ‚Morgengesang', den ich Dir beilege, obgleich Du ihn schon hast, und Glucks ‚Alceste'. Bach[1] dirigierte, und die Winthem und ihre Tochter sangen himmlisch. Über hundert Menschen waren da. Ich saß bei der Mumsen, und wir fingen gleich von Dir an zu schwatzen. Ich sagte ihr alles, was wir verabredet hatten, und sie schien sich zu freuen, daß Du nicht in Tremsbüttel geblieben wärest. Klopstock bedauerte Deine Mattigkeit und Schüchternheit [bei der ersten Begegnung], die ihn verhindert hätte, Dich kennen zu lernen, wie er gewünscht hätte.

(den 27.) In dem Kästchen findest Du außer einer Flasche Lavendelwasser einen Teetopf und eine Milchkanne, die ich sehr hübsch finde und Dir auch Vergnügen machen werden, und endlich Klopstocks neues Stück. Ich hatte es eben gekauft und erhielt von dem Dichter selbst ein Exemplar. Übrigens hab ich Hausrat besehen und mir allerlei bestellt, auch von den Stühlen, worüber wir sprachen. Ich bin fast für ganz einfach graue Ta-

---

[1] Philipp Emanuel Bach.

peten mit einer grünen Borte bestimmt, oder denkst Du, daß das
zu einfach sein werde?

Es hat wieder so geschneit daß der Weg kaum zu finden sein
wird. Welch ein Wetter!

LUISE   Celle, 27. März 1784

Jetzt, da mir jede Stunde Einsamkeit Wohltun sein würde,
jetzt lebe ich wie im Taumel. Die Stunden der süßen Erinnerung
entschlüpfen mir viel zu schnell. Du bist mir immer nahe, mein
Boie, aber das gänzliche Hingeben meiner Seele an Dich hat meine
Empfindungen so grenzenlos gemacht. Ich möchte so gern
schwärmen, aber diesen Zustand magst Du ja nicht in mir, es
soll auch nicht sein. Boie, Gottlob, daß Deine Kälte vorüber ist!
Alles hat eine andre Farbe, auch die Menschen.

Gute Nacht, *mein Kind*. Weißt Du noch, wie *mir* das Wort unbewußt entschlich? Heute vor acht Tagen saßen wir am Ofen
nebeneinander, meinen Mund drückte ich an Dein Herz, und
mir ist noch, als fühlte ich Dein Herz klopfen. Wenn ein paar
solche Tage Jahre schmerzlicher Trennung auslöschen können,
wie wirds sein, wenn die Tage an einander gereihet sind!

BOIE   Elmshorn, 27. März 1784, Abends um 9 Uhr

Klopstock hörte mich mit Teilnahme von Dir sprechen, aber
erlaubte sich keine indiskrete Frage, mit denen die lieben Damen
mich so überhäuft haben, daß ich kaum ausweichen konnte. Er
wollte mir erst verdenken, daß wir nicht den Abend unserer Ankunft gleich zu ihm gekommen wären, oder, wenn Du nicht
hättest ausgehn können, es ihm hätten sagen lassen, wo er gern
zu uns gekommen wäre. Daß wir allein bleiben wollten und mußten, durft ich ihm nicht sagen, also war Deine Schwachheit und
Erschütterung von der Reise die ganze Entschuldigung. Im Konzert sah ich auch die alte liebe Schmidten, die Schwester von
Klopstocks Meta, die Du kennst. Bei Büsch traf ich die Winthem
wieder. Wir sprachen lauter Ökonomie. Wenn ich ihr früher geschrieben hätte, hätte ich schönen weißen Kattun zu Gardinen
für einen spottwohlfeilen Preis und alles, was dazu gehört, gehabt. Sie geht auf alle Auktionen, und hat daher öfters solche
Gelegenheiten.

Weiße Stühle im Geschmack der Gräfin, aber noch schöner,
sind bestellt, das Stück acht Taler – Ich fuhr noch in Altona bei

Unzers[1] vor. Beide freuten sich, mich zu sehen. Mein Hochzeits-
gedicht hat Unzer schon im Kopf, und mahnt mich, bald zu
machen, daß es aufs Papier komme.

Hier hat mir die Jungfer Postmeisterin, ein sehr geschwätziges
Mädchen, eine ganze Stunde verdorben, Tee mit mir getrunken
und hätte [auch] mit mir gegessen wenn ich sie gebeten hätte.
Der Herzog von Württemberg hat mit seiner Dame[2] in eben der
Stube gewohnt, wo ich itzt bin. Das war denn der ganze Inhalt
ihres Gesprächs. Von Amalia sind mir aus Meldorf zwei Briefe
nachgeschickt: „Wie schonen Sie Ihre Freundin, indem Sie sie auf
alles vorbereiten. Ja, ich will mich an den Gedanken zu gewöhnen
suchen, Sie durch das engste Band geschlossen zu wissen. Glauben Sie mir, ich werde die, die Sie glücklich macht, sehr lieben und
sie wird um Ihretwillen meine Freundin werden." Das ist also
ziemlich gut gegangen.

Entweder mein Licht brennt zu dunkel, oder die Augen wollen
nicht weiter. Gute Nacht also. Ich schließe Dich an und in mein
Herz.

Meldorf, 29. März 1784, Morgens 7 Uhr

Gestern Nachmittag um vier Uhr kam ich hier an, ging zu
Niebuhr und mußte Abends wieder zwischen meinen Damen
sitzen, denen ich glücklicherweise jetzt allerlei von Moden, Ge-
richten, Konzerten usw. zu erzählen hatte, und die gerne nach
anderen Dingen gefragt hätten, wenn sie's nur zu machen gewußt hätten. Man sagt sich ins Ohr, daß ich endlich als Bräutigam
zurück gekommen bin. Wie mir dabei zu Mute ist, kann ich Dir
nicht beschreiben, außer daß ich fühle, wie wohl mir die Arbeit
tun wird, die ich vorgefunden habe. Schlafen hab ich so wenig
können als in Tremsbüttel. Ich bin schon seit länger als einer
Stunde auf. Es sieht draußen aus wie der völlige Winter. – Die
Möblen der guten Frau von Jessen sind von ihr und Niebuhr
taxiert und zu ungefähr 350 Taler geschätzt worden, daher ich
wohl zuschlage. Dadurch bekäm' ich auf einmal so ziemlich,
was ich an Bettstellen mit Gardinen, Spiegeln, Stühlen, Küchengerät, Leinenzeug usw. für's erste brauche. Wenn ich nur jetzt
gleich Geld zum Bauen schaffen könnte!

---

[1] Vermutlich Joh. Chr. Unzer, siehe Anhang.   [2] Franziska von Hohen-
heim, später mit Karl Eugen morganatisch verheiratet.

Das Herz klopft mir nach einem Briefe von Celle. So sehnlich, Luise, hab' ich noch nie einen Brief von Dir erwartet, selbst nicht, als Du unter der Tremsbütteler Tyrannei seufztest. Ich fühle mich nur halb, seitdem ich von Dir getrennt bin, und empfinde bei jedem Zurückkommen zu mir selbst, daß meine bessere Hälfte so viele Meilen von mir entfernt ist und bald noch mehrere sein wird. – Mit Niebuhr muß ich von Dir reden, mein Herz muß Luft haben, es überfließt.

Luise   Celle, 29. März 1784

Boie, Du hast mir nie so geschrieben als da ich Deinen Brief und das Kästchen erhalten. Ich ging in mein Stübchen, um allein zu sein. Meine Zärtlichkeit für Dich hat so viel Feierliches. – Wenn ich Dich damals an mein Herz drückte, so entzogst Du Dich meiner Innigkeit, ich habe auch [noch] gegrämelt, daß Du in Sahrendorf das Bild der Erinnerung Dir nicht lebhaft denken konntest. *Der* Abend und *der* Morgen! Süßer kann ich doch nie einschlafen und erwachen wie in Sahrendorf. Doch ja – in Meldorf bei Dir, wo das Gefühl von Unzertrennlichkeit durch jede Saite des Herzens tönt und alles von dem jetzigen Zustande noch verschieden sein wird. Die gute Pestel sagt: „Luise, ich begreife deine Ruhe nicht, denkst du nicht an alle die künftigen Pflichten?" – „Ach, liebe Pestel, die Pflichten sind mir ins Herz geschrieben."

Dein Teetöpfchen und die Milchkanne sind gar hübsch. Frau v. Beaulieu hat beides mit uns eingeweihet. Ich freue mich über alles, was Du mir von Hamburg schreibst. Ich fühle, daß ich albern war mit Klopstock, aber die dumme Schüchternheit liegt in meinem Charakter neben der Furchtlosigkeit.

Wähle ja Tapeten und Meublen, die am simpelsten sind. Zu einfach ist nicht leicht etwas.

Übermorgen früh reise ich. Freitag fahre ich aus Hannover.

Den Prinzen hab ich auf der Straße gesprochen, er sah aus, daß ich ihm meine Hand ohne Handschuh nicht gegeben hätte. Daß Du ihn besucht, war ihm sehr lieb.

Ich umarme Dich noch tausendmal für alles, was in dem Kästchen war. Ich *muß* aufhören. Die Pestel grüßt. Adieu.

Hannover, 2. April 1784

Guter Boie. Ich bin hier seit ehegestern Abend 6 Uhr und reise jetzt weiter. Sagen muß ich Dir aber doch, daß ich vor dem Steintor abstieg, um über den Wall zu gehen, den wir beide den 11. September 1778 gingen. Die Mejer schimpfte, daß ich keinen Boten geschickt, sie hätte gleich herüber kommen wollen. Höpfner nannte Dich einen Teufelsbraten, war sehr gerührt. Der Mejern, Niepern, Freitag hab ichs unterm Siegel der Freundschaft gesagt. Die M. weinte aus Freude und die N. denkt an meine künftige Wirtschaft mit lebhaftem Vergnügen. Lebe wohl, ich muß zur Kestnern. Alles grüßt Dich mit freudigem Herzen.

BOIE   Meldorf, 3. April 1784

Am Mittwochen hatt' ich die erste heitere Stunde nach unsrer Trennung, bestes Mädchen – ich erhielt Deinen lieben Brief. Mir war so wohl und weh; ich hätte weinen können, und war doch nicht unglücklich. Mir ist nun so ganz anders als vor drei Jahren. Nichts zerstreut mich mehr, ich habe keinen Gedanken, keine Wünsche als die Du weißt. – Am Mittwochen kommt der Vizekanzler aus Glückstadt mit seinen Söhnen, und das leidige Schmausen wird wieder angehen.

Wie süß ist es mir, daß Du Deinen ersten Brief schriebst, eh Du noch den meinigen hattest! Ja, Beste, meine Kälte ist dahin, ist geschmolzen vor der zartesten Empfindung der Liebe. Heftig stürmende Leidenschaft wird diese Empfindung nie werden, aber ich fühle, daß sie ewig bleiben wird, und daß keine andre ähnliche in mein Herz kommen kann. Was mich kalt, zurückhaltend gegen Deine unzurückgehaltene Zärtlichkeit machte, weißt Du nun. Ich hatte Unrecht, ich kannte Dich, kannte mich nicht. Ich Tor konnte früher glücklich sein, und haschte bunten Seifenblasen nach, die zerplatzten, indem ich sie erhascht zu haben glaubte. – An meine Mutter schreib ich wohl noch nicht von Gewißheit, nur von Hoffnung. Die Gräfin verachte ich, der neue Zug von Unwahrheit in ihrem Charakter ist abscheulich.[1] Daß Du noch an die unwahre Dame schreiben mußt! Aber ohne Kunst läßt eine solche Frau sich nicht behandeln.

O Du liebes, liebes Mädchen! Wie steht das Bild Deines Erwachens in Sahrendorf noch itzt so lebendig vor meinen Augen! und wie freu ich mich Deiner Versicherung, daß Du nie so an-

[1] Lotte B. hat in einem Brief unwahre Behauptungen der Gräfin über Luise mitgeteilt, die sinnlos sind, weil die Gräfin wissen muß, daß Lotte, Agnes und andere den wirklichen Sachverhalt genau kennen.

genehm erwacht bist, und nur künftig in den Armen Deines Boie noch angenehmer erwachen kannst. – Deine Locke reiset, mit einer von mir verschlungen, Montag nach Hamburg, und ich werde den Goldschmied treiben, daß er eile und seine Sachen gut mache.

Wenn Du nur meinen Wolfspelz mit nach Osterode hättest nehmen können! Luise, was gäb ich darum, jetzt zu wissen, wie Du angekommen bist und Dich nach der Reise befindest! Aber ich muß Geduld haben. –

LUISE   Osterode, 7. April 1784

Nach einem schwülen Morgen und angstvollen Tage komme ich zu Dir, mein Boie. Meine Schwiegerin wurde diesen Nachmittag vier Uhr glücklich von einem gesunden, großen Sohn entbunden. Sie litt dreizehn Stunden mit der größten Gelassenheit. George verließ sein kleines Weibchen nicht und behielt Mut. Ich desertierte bald und wurde allgemeiner Handlanger. Das Amt hat mich schrecklich ermüdet. Wenn Du mich jetzt sähest, liebster Boie, müßtest Du wahrlich lachen. Drei Tage hab' ich fleißig Kinderzeug genäht, heute den Haushalt übernommen, die Küche besorgt, das alles geht recht gut, mit [nur] *einem* Mädchen. Du hast Recht, man kann, was man will.

Die Mejern, Freitag und die Niepern wissen also unser Verhältnis, sonst keiner. Ich kann Dir nicht genug sagen, wie sehr mich das Betragen dieser guten Leute rührte. Ich hatte ein unwiderstehliches Bedürfnis, von Dir zu reden. Mein Brief aus Celle, nach welchem Du so verlangtest, mehr als nach dem ersten aus Tremsbüttel (wunderlicher Junge), war kalt. Ich freue mich, daß Niebuhr Dein Vertrauter ist.

Nun gute Nacht, mein Kind. Es schlägt eins. In Gedanken küsse ich Dich leise auf das Herz.

BOIE   Meldorf, 7. April 1784

Ich bin allein und will noch ein friedliches Abendstündchen mit Dir verplaudern, nachdem ich den ganzen Morgen mit gerichtlichen Sachen, den Nachmittag mit einer Untersuchung von allerlei Unfug zugebracht und verdorben habe.

Gestern ist endlich alles wegen meiner Häuser und auch wegen der Möbeln zustande gekommen. Mit dem Kaufe der ersteren scheint ziemlich alles zufrieden, mit dem letzten Handel nur einige Damen nicht, die dies und das auf der Auktion zu erstehen dachten. Ich habe schon einige wieder versöhnt, und ihnen einiges überlassen, das ich doch entbehren konnte. Nur von der Portechaise wollt ich auf Verlangen nicht abstehen, und sagte zur Entschuldigung, daß meine künftige Frau eine haben wollte und die allen vorginge. Was sie davon glauben, weiß ich nicht. Niemand fragt, wo ich die ganze Zeit gewesen bin, aber allen scheint die Frage auf der Zunge zu schweben. Durch meinen Handel hab ich eine Zeugrolle, Servietten, Küchengerät, 24 Tische, sechs Spiegel, viele Schränke, Kisten und Kasten, ein Service von Fayence und eine Menge Sachen mehr bekommen, die zum Haushalt unentbehrlich sein sollen, und [die] ich zum Teil nicht zu nennen weiß. Auch drei bis vier Dutzend Stühle sind dabei. Ein Dutzend neuer Stühle mit einem Kanapee hab ich bestellt, ein paar Spiegel brauch ich auch noch. Die größte Sorge macht mir nur das unentbehrliche Leinenzeug, nebst den Betten. Auch brauch ich noch ein Teeservice, das ich, weil ichs doch neu anschaffen muß, gern hübsch hätte, am liebsten weiß und auch so große Tassen dabei, als sie in Tremsbüttel haben. Du wolltest Dich ja nach Fürstenberger erkundigen. Überhaupt, Beste, muß ich von nun an alles das mit Dir überlegen. Bauen muß ich noch diesen Sommer, weil der Bau die Küche betrifft, die ich hernach brauche. Noch hab ich das nötige Geld nicht – vielleicht schaff ich aber noch Rat. Sobald vom Hause und Garten der Riß fertig ist, schick ich ihn. 115 meistens gute Obststämme habe ich, brauch aber doch mehrere. So viel von ökonomischen Angelegenheiten.

Mich verlangt so sehr nach genaueren Nachrichten von Hannover. Ich fühle tief, wie Du dort an Deinen Einzigen gedacht haben wirst. Mich selbst begreife ich nicht, wie ich Dich kennen, ehren, lieben konnte, und diese Liebe bloß für Freundschaft zu halten, nur einen Augenblick zu denken im Stande war, daß für mich eine andre Verbindung möglich wäre.

Niebuhr kann die Zeit nicht erwarten, Dich kennen zu lernen, und ich sehe voraus, daß Du ihm in den ersten vier Wochen unentbehrlich geworden sein wirst. – Gott sei mit Dir, mein süßes, süßes Mädchen! Ewig der Deinige.

LUISE   Osterode, 14. April 1784

Zehnmal hab ich Deinen lieben Brief vom 3. gelesen, dann wieder an seinen Platz auf mein Herz gelegt und so damit geschlafen. Boie, ich glaube, die Liebe rächt sich jetzt an mir. Ich fühlte ihren Einfluß, täuschte mich und borgte von der Freundschaft den Ausdruck. Jetzt läßt sie mich beschämend stehen, ist zu Dir geeilt, lacht an Deiner Seite über mich. Mag's denn sein, Du Einziger! Ich fühle es mit unendlichem Dank, daß Dein Herz aufgetaut ist. Du wirst glücklicher sein, als Du je es warst, auch ohne mich würdest Du es sein, Boie, denn Deine Empfindungen haben gesiegt über die Dumpfheit. Vielleicht verlierst Du vorerst den amüsanten Ton, der Dich in Gesellschaft unentbehrlich machte. Du wirst aber, wenn Du weniger gefallen solltest, dafür doch inniger geliebt werden von den edlen Menschen, die Dich zu kennen und zu lieben verdienen.

Es schmerzte mich unbeschreiblich, daß ich Dir mit voriger Post nicht schreiben konnte, aber es war unmöglich. Drei Nächte wanderte ich mit dem kleinen Jungen umher, der immer schrie aus Hunger. Meine Schwiegerin hatte sich die Freude gedacht, den Jungen selbst zu säugen, sie ist aber zu schwach. Mein Bruder ließ heimlich eine Amme kommen, die ich mit dem Kinde in meiner Stube habe, Tag und Nacht, bis die kleine Frau erst besser ist. Am ersten Feiertag ward der Junge getauft. Wilhelm hielt ihn über die Taufe. Er grüßt Dich herzlich und möchte, daß Du ihm gut wärst. – Seit acht Tagen führe ich das entgegengesetzte Leben [von dem], was ich in Tremsbüttel lebte. Ich sitze im Tage keine Stunde und am Abend, wenn ich meinen Tag überdenke, freu ich mich, daß ich Gesundheit, Kraft und Tätigkeit wieder habe. – Deinen Teetopf habe ich nicht hieher gebracht, nicht einmal das Eau de Lavande. Du weißt nicht, wie geizig ich mit allen Sachen bin, die von Dir kommen.

Ich bewundre Amaliens Antwort auf Deinen Brief. Was hat das arme Weib getan, daß sie Dir nicht ist, was ich Dir bin! Kann Freundschaft die Liebe vergessen lehren? Schone sie, Boie, A. muß durch unsre Zärtlichkeit keine trüben Stunden haben. – Hier hast Du den letzten Brief von der Gräfin [Luise]. Verschweigen mußt Du es der Gr. nicht, wenn sie nach unserm Verhältnis frägt, denn Gustchen hat es schon nach Gartow geschrieben, von da weiß es die Lenthen. Gustchen bittet mich inständig, nur auf sechs Monate zu ihr zu kommen. Das sag ich ab. Lotte hat mir wieder heimlich geschrieben, auch die Kinder haben mir geschrieben. – Es schlägt Eins. Gute Nacht, Du Bester.

(den 15.) Die Stühle sind nicht zu teuer. Ich möchte nicht gern, daß in der Wahl alles dessen, was Du kaufst, im mindesten etwas auffallendes gefunden würde, was Neid veranlassen könnte. Durch Ordnung, Simplizität und Reinlichkeit mag Dein Haushalt brillieren, das beleidigt niemand.

Leb wohl, Einziger. Wenn Du einen Druck auf Deinem Herzen fühlst, so ist's mein Mund.

BOIE   Meldorf, 14. April 1784

Verdorben sind mir fast alle Stunden der vorigen Woche durch das ewige, unausstehliche Schmausen, das denn endlich gestern Abend sein glückliches Ende erreicht hat. Nun hab ich den ganzen Morgen wieder gearbeitet, und der Himmel wird mir durch den Berg unabgetaner Sachen helfen, der sich wieder auf meinem Schreibtisch angehäuft hat. Aber welch langsamer Gang der Posten! Deinen Brief vom 5ten erhielt ich erst heute. Auch Dir muß es nicht besser gehen, denn Du erwähnst keinen meiner Briefe. Sehr glücklich haben mich die wenigen Zeilen Deines heutigen Briefes gemacht. Weiß ich doch nun, daß Du in Osterode angelangt und gesund bist. Ich erinnere mich mit Freude, wie ruhig Du vorigen Sommer in Osterode lebtest und wie ganz [Du] öfters mit Deinem „Einzigen" beschäftigt warst. Der Himmel wird Dir auch itzt solche Tage geben.

Ich bringe fast alle Nachmittage eine Stunde in meinem neuen Garten zu, säe, pflanze und fühle schon, daß dies selbst gepflegte Kind mich glücklicher machen wird als alles, was ich hier bisher hatte. Nach meinem jetzigen Plan leg ich vor dem Saal, wo unsre Sommerwohnung sein wird, ein großes ovales Boulingrin [Rasenplatz] an, in dessen Mitte ich auf einem kleinen Hügel Rosen pflanzen will. Rund um dasselbe soll sich eine Blumenrabatte ziehen und hinten das Boskett, das ganz bis ans Ende des Gartens in gerader Linie gehen soll und dann mit zweien Armen den übrigen Teil des Gartens, wo Obstbäume und Küchengewächse gezogen werden, einfassen, so daß ich durch und um den ganzen Garten einen schattigen Gang bekomme. Ich projektiere auch eine Laube von lauter schlingenden Stauden und Gewächsen, die die schönsten von allen Lauben geben. Seit gestern haben wir endlich Frühlingswetter, und heute regnet es so sanft und milde, daß dadurch wieder Leben in die erstorbene Natur kommen muß. Es ist auch Zeit. Der arme Landmann weiß nicht mehr, woher er Nahrung für sein Vieh nehmen soll, und auf dem Felde ist noch kein Hälmchen Gras.

Vorigen Montag war ich mit der Gesellschaft in Heide zum Schmause. Es ist in diesen Tagen wieder viel von meiner Verheiratung gesprochen worden. Johann hat erzählt, daß ich außer dem Bilde der La Roche, das jetzt unter dem Deinigen hängt, eins aus Hamburg mitgebracht hätte, das ich nicht zeigte. Das Bild (es ist Amaliens) soll nun von Bedeutung sein.

Von den Stolbergen hab ich noch kein Wort. Auch Voß schreibt nicht. Für's ,Museum' hab ich eine sehr artige Epistel von einem Frauenzimmer bekommen, die ich nach ihren Briefen kennen muß, aber doch nicht erraten kann. Wenn Du wieder in Ruhe bist, werde ich von verschiedenen Stücken Dein Urteil erfahren. Mich dünkt, daß ich selbst wenig Teil daran nehme, seitdem Du's nicht liesest.

LUISE   Osterode, 17. April 1784

Der kleine Junge schreit mir den Schlaf hinweg, und da es vier Uhr schlägt, will ich Dir, mein Bester, einen guten Morgen sagen. Heute vor vier Wochen kamst Du in Sahrendorf in mein Zimmer, Deine Wise aufzuwecken. Tausend Erinnerungen kommen zurück, da ich denn fragen möchte: weißt Du dieses und jenes noch? Eine sonderbare Entdeckung hab ich gemacht, ich möchte sie Eifersucht nennen: ich bin unzufrieden, daß ich für andre lebe, und nicht für Dich.

Gewiß, Lieber, haben uns unsre Freunde in H. besser gekannt wie wir uns selbst gekannt haben. Die Mejern behauptete immer, wir könnten beide nicht ohne einander glücklich sein, und wenn ich widersprach, ihr Deine ruhige Freundschaft darstellte, so sagte sie: ,,Wenn Boie dich heiraten *kann*, so verschwindet die Freundschaft und wird Zärtlichkeit''. Oft hab' ich mich über das alles geärgert. Mein Gefühl für Dich lag zu tief in meinem Herzen, ich konnte es keinem sagen wie Dir, weil ich gewiß wußte, Du warst mein Freund. Wir hatten einen sehr hohen Grad Achtung für einander, diese Achtung täuschte uns beide. – Sag mir doch nicht, daß Du meiner nicht wert warst, lieber Junge. *Ich* mußte durch Dich empfinden lernen, daß ich ein weibliches Geschöpf sei, denn ich hatte mich als eine Ausartung der Natur angesehen, mir waren die Männer zu gleichgültig. Zur Leidenschaft war mein Herz nie gestimmt, und wer von Euch Männern fordert die nicht? Wer in der Welt würde mit meinen Empfindungen zufrieden sein als Du, Einziger? Daß ich Dich ewig lieben und ehren werde, weiß Du. Gott wird uns segnen, lieber Boie! warum sollten wir daran zweifeln!

Nun von Ökonomie. Es ist mir unbeschreiblich lieb, daß Du Meublen etc. wohlfeil erstanden hast. Von dem ganzen Verzeichnis wünscht' ich nichts zu wissen als wie viele Bettstellen Du gekauft und wie viel Betten Du überhaupt bedarfst. So bald ich mit Georgen gesprochen habe, schreibe ich Dir, wie es mit meinem bißchen Gelde steht. Kannst Du wohlfeil Leinen kaufen, so kaufe es. Jetzt bin ich zu zerstreut, habe aber doch schon an hübsches Tischzeug gedacht. Wovon sind die Umhänge der Betten? Leinen lieb ich sehr, weil das am reinlichsten gehalten werden kann. Blau und weiß, so wie das auf meinem Kanapee grün und weiß ist, wird hier sehr gut gemacht. Das könnt' ich hier bestellen. Laß nur etwas meine jetzige Unruhe vorüber sein, so erkundige ich mich nach Leinen und Drell, gebe auch der Mejer Kommission, es ist ein wichtiger Punkt. Der Flachs wird ja auch einmal wohlfeiler, dann fleißig gesponnen im Hause, so kommt man weiter. Sag mir auch, ob Gelegenheit kommen kann, wo Du mehr als 24 Personen zu Tische haben mußt? Ein gutes Gedeck muß [dafür] da sein. Hier leg ich ein Verzeichnis von Fürstenberger Porzellain bei. Bestimme nur, ich habe Gelegenheit, es zu bekommen. George hat selbst davon.

Mein Bruder will Dir einen Plan zur Einrichtung eines Werkhauses schicken, das sich selbst ernährt. Er hat aber das Büchelchen noch nicht. Der Verfasser soll viele Ehre damit eingelegt haben. Kein König, Fürst, noch Minister (denen er seinen Plan geschickt) hat ihm geantwortet als der König von Preußen. – Ich bin neugierig, was George sagen wird zu unserm Verhältnis. Er wird wohl erschrecken. Gestern Abend sagte er mir noch: „Wollte Gott, Luise, Du bliebst immer bei uns." Sein Weibchen wird sich freuen, und weinen, daß ich so weit weg komme. Beide sind mir doch lieb, doch müßte George noch mehr umgeschmolzen werden, das aber nicht geschehen wird, denn nur Wenigen ist ein Kind zur Frau gut.

Die Portechaise macht mich zu lachen – Luise in der Portechaise! Die Größe des Gartens macht mir so viel Freude. Du mußt mich dann Bäume, Kräuter und Blumen kennen lehren. Wenn Pestel mir's zeigte, dann waren meine Gedanken immer bei *Dir* –

und ich vergaß den folgenden Tag, was ich den heutigen gelernt hatte.

(den 19.) Ich habe an Gustchen, Agnes und Wilhelmine geschrieben, nun bin ich stumpf. Die Post will weg.

BOIE   Meldorf, 17. April 1784

Ich war so gewiß, heut einen Brief von meinem süßen Mädchen zu erhalten, und – habe keinen bekommen. Dein ist ganz gewiß nicht die Schuld, Du hast geschrieben, die Post ist allein Schuld. Ich weiß, um in bessre Laune zu kommen, kein andres Mittel, als Dir zu schreiben. Von der Gräfin hab ich einen nach ihrer Art sehr freundschaftlichen Brief, der mich aber, wie ich jetzt von ihr denke, nicht heiter machen konnte. – Über das ‚Museum‘ wieder einen Zank. Ich hab eine Geschichte erzählt, die Du am Ende des ‚März‘ finden wirst. Sie ist wahr, und gewiß nicht zur Nachahmung erzählt. Cramer und Bernstorff haben die Geschichte abscheulich gefunden – ich finde sie auch abscheulich, glaubte aber nicht, daß irgend ein vernünftiger Mensch den Leichtsinn und die Dummheit des Korporals [in der Geschichte] dem Erzähler beimessen könnte. Fritz wird nun wieder boudieren. Mögen sie alle. Recht mach ichs ihnen doch nicht.

Von meiner guten Mutter hab ich einen Brief. Sie hatte fast die Hoffnung aufgegeben, mich verheiratet zu sehen, ob es ihr gleich immer geahndet, daß ich endlich durch meine Luise noch glücklich werden würde. Aber daß ich Dich nicht gleich heim hole, das begreift, das billigt die gute alte herzliche Frau nicht. – Ich auch nicht, Luise. O, wenn es anders sein könnte!

Gestern waren die Niebuhr und die Jessen bei mir. Sie nahmen meine Möbeln und mein übriges Gerät in Augenschein. Wir überlegten, was noch nötig sei, und fanden freilich mehr, als mir lieb war zu hören.

Gegen Amalia bin ich wieder etwas weiter herausgegangen, ob ich ihr gleich bloß von meinem Wunsch geschrieben habe, daß für mich keine Verbindung auf ewig möglich sei, als mit Dir. Daß ich mit aller Schonung und Vorsicht geschrieben, denkst Du Dir von selbst.

Nun, meine Teuerste, mag ich den dummen Brief nicht weiter fortsetzen. O Luise! Meine halbe Existenz ist jenseits des Harzes. Lebe wohl, Du Süße!

Welch ein Schneckengang der Post! Ich bin zu beschäftigt, zu verwirrt, aber an mein Mädchen schreiben muß ich doch. Graf Bernstorff geht Freitag – nicht dem Namen, aber der Sache nach – als erster Minister nach Kopenhagen.[1] Wohl unserm Lande! Du kennst mich und weißt, daß meine Freude bloß vaterländisch, nicht für mein kleines Selbst ist. Von der Gräfin Luise erhielt ich die erste Nachricht, hab aber auch andere mit mehr Detail aus Kopenhagen. Der 16jährige Kronprinz hat seinen ersten Schritt als ein selbständiger Mann getan, und der Plan ist so fest und vorsichtig angelegt gewesen, daß der Donnerschlag aus heiterm Himmel geschehen und keine Revolution erfolgt ist. Gleich bei seinem ersten Eintritt in den Staatsrat hat er auf Aufhebung des Kabinetts angetragen, und den König gebeten, einen Teil seiner jetzigen Minister, die zu jung wären, und deren Ratschläge das Land herabgebracht und unglücklich gemacht hätten, zu entlassen. Der König hat die schon fertigen Papiere gleich unterschrieben, und ist in sein Kabinett gegangen. Hierauf ein sehr lebhafter Auftritt zwischen dem Kron- und [dem] Erbprinzen, aber die Sache ist geblieben, wie sie war. Guldberg hat gleich Erlassung von allen Chargen erhalten. Der Jubel der Rechtschaffenen ist allgemein. Ich bin noch zu unruhig, schreib aber gewiß mit der Montagspost an Graf Bernstorff, um ihm auch meine Freude zu bezeugen. Das Ansehen der Königin muß auch ganz gefallen sein, da ein paar ihrer Protégés mit gestürzt sind, und es könnte wohl sein, daß sie und der Erbprinz die ihnen in Holstein geschenkten Güter nun bewohnen müssen. So geschwind hätt ich die Revolution nicht erwartet. Ich hatte heut eine politische Rolle zu spielen, indem ich mit dem alten Eggers doch darüber reden mußte. Er hatte einen sehr philosophischen Brief von seinem Neffen, dem Ex-Minister. Die Freude und Erwartung der ganzen Familie war hoch gespannt [gewesen], nun ist alles so gefallen. Auch Behrens, mein Kollege, hat seinen überwiegenden Einfluß verloren. Ich werde nun viel freier handeln können und gewiß handeln. Einen Teil meiner Nachrichten aus Kopenhagen hab ich von Amalia.

Zu Deinem Brief vom 7., meine Liebe: ich erwartete die Entbindung so frühe nicht. Wie sehr ich Teil an Deiner Freude, der Deines Bruders und der kleinen Mutter nehme, bedarf keiner

[1] Siehe Anhang: Dänemark.

Versicherung. Und Du wieder Krankenpflegerin, dazu Kinderwärterin und Haushälterin? Ich kann Dir nicht sagen, welch ein Gefühl mich bei der Idee durchströmt! Woher jetzt meine verdoppelte Anhänglichkeit, ich möchte sagen verhundertfachte Zärtlichkeit für Dich? Ich weiß es selbst nicht, Luise. Ob ich den letzten Zauberschlag brauchte, um aus meinem Schlummer zu erwachen? – Die feierliche Abendstunde, Beste, sei immer Deine Schreibstunde, wie sie meistens die meinige ist, aber schreib nicht wieder bis nach Mitternacht, versprich mir das.

Gott sei mit Dir, meine Einzige, und erhalte die kleine Frau und ihr Kind.

LUISE   Osterode, 25. April 1784

Wehe mir, wenn ich vor drei Jahren meine jetzigen Empfindungen gehabt hätte! Ich würde das unbegreifliche süße Verlangen, Dich zu sehen, nicht haben aushalten können. Mir ist herzlich bange, daß Du noch einen Posttag ohne Nachricht von mir geblieben bist.

Diesen Mittag ging ich spazieren, freute mich des hervor keimenden Grases und der Leute, die so fleißig in den Gärten arbeiteten. Da dacht ich an Dich, mein Boie, an den Rosenhügel auf dem Boulingrin und die Lauben von Geißblatt. In dem Saale neben Dir sitzen, an Deinem Arm im Garten umher gehen, hundert Dinge mit Dir teilen, Dich mit mir zufrieden sehen – ach Boie, ich fürchte, es ist zu viel Glück. Gefiele ich doch Deiner Mutter und Deinen Geschwistern! Mein Herz wird mächtig pochen, wenn ich einen von ihnen sehe. – Ich zittre um Amalia. Ihr Opfer ist sehr groß. Sie wird keiner Freundschaft künftig mehr trauen, da die unsrige sie getäuscht.

Nach Deinem Briefe scheint es, als wenn die Zurückberufung Bernstorffs Dich überrascht hat. Was für ein Minister bekommt die *deutschen* Affären?

Du hast der Pestel wieder geschrieben, Boie, und das ist mir herzlich lieb. Das arme Weib verfällt wieder in ihre Hypocondrie, Dumpfheit, oder wie ichs nennen soll. Dein Brief hat sie wieder lebend gemacht. – Gute Nacht, Du Einziger! Es ist spät.

BOIE   Meldorf, 29. April 1784

Mehr Trieb, allein zu sein und mich mit Dir zu unterhalten, mein süßes Mädchen, hab ich nicht leicht gefühlt, als gestern nach Empfang Deiner beiden Briefe vom 14. und 17. So innig ruhig und zufrieden bin ich seit unsrer letzten Umarmung nicht gewesen. Meine Luise, Du bist, wenn ich mich so ausdrücken darf, des Gebens und Nichtwiederempfangens in der Zärtlichkeit [so] gewohnt, daß Du Dich nicht gleich darin finden kannst, nun der böse Schuldner endlich ans Wiederbezahlen denkt und blankeres Geld gibt, als Du zu sehen pflegtest.

Du arme Kinderwärterin! Wie unsre Pestel in einem sehr liebevollen Briefchen mir gestern schrieb: „Eine sonderbare Abwechselung, ein sonderbares Verhältnis, ein sonderbares Mädchen! Erst Krankentrösterin, dann in einer ganz gelehrten Existenz, dann Kindermuhme! Und in alles scheint sie sich so ganz zu passen, daß Augen, die sie ganz kennen, dazu gehören, um zu sehen, welche Lage die rechte ist."

Durch die Veränderung in Kopenhagen werden auch die Pläne der beiden Gräfinnen sich sehr ändern, und sie werden Dich nun leichter entbehren. Wie, wenn die Gräfin Luise ihren Plan durchsetzte, und ihr Mann Gesandter in Neapel würde? Und wenn es mir dann angeboten würde, meine Stelle hier mit der in Tremsbüttel zu vertauschen? Ich tät es, Luise, denn ich fühls, daß ich ewig den Dithmarsischen Geist mir nicht zu eigen machen werde, und nur glücklich hier sein kann, wenn ich mich keinem mitteile als dem guten Niebuhr, der kein Dithmarscher ist. Ihm würde mein Wegziehen unbeschreiblich nahe gehen. Doch das sind alles Luftschlösser.

Wegen der Stühle hab ich an die Reimarus geschrieben, daß sie sie weiß oder braun bestellen möchte. Sie antwortet, daß sie weiße gewählt habe, weil alles Weiße im Zimmer und im Leben so hübsch wäre. – Ich habe fünf Bettstellen gekauft und besitze selbst eine. Zwei will ich noch in Hamburg machen lassen für unser künftiges Schlafzimmer. Zwei gute neue Betten hab ich selbst. Eins für Johann bekomm ich von Frau von Jessen, und eins für den neuen Diener, den ich auf Michaeli annehme, hab ich alt gekauft. Ich suche nun noch ein zweischläfriges für die zwei Mädchen zu bekommen. Acht Laken hab ich, die zum Teil recht gut sind, acht andre hab ich mir in Hamburg neu kaufen lassen, mit den dazu gehörigen Kissenbühren. Handtücher hab ich für den Anfang hinreichend. An Tischdecken besitze ich zwei gute Gedecke mit zwölf Servietten und ein altes, das wohl noch mit durchläuft. Ich habe ein schönes mit achtzehn Servietten, ein damastenes mit zwölf, und sechs ordinäre Tischtücher, zu jedem sechs Servietten für den täglichen Gebrauch, in Hamburg bestellt, alles auf Rat der Niebuhr und Jessen, ohne die ich nichts vornehme. Für die [Dienst-]Leute kauf ich hier Leinen zu Bettlaken und Tischtüchern; Servietten für sie sind hier nicht in Gebrauch. Um zwei der gekauften Bettstellen sind wollene Umhänge, um eine andere zitzene mit rotem Taft gefüttert. Um das Bett für den Sekretär bestimme ich kattunene, für unsre Betten möcht ich leinene haben.

Zu den zwölf kleinen plattierten Messern und Gabeln, die ich besitze, laß ich mir zwölf größere von der gleichen Art in Hamburg kaufen, zwölf Löffel, die sich dazu passen, von Silber machen. Größere Gesellschaft als von zwölf [Personen] will ich mit *meinem* Willen nie haben. Möglich ist freilich der Fall, daß sie einmal bis auf 24 sich erstrecken könnte, aber darüber [hinaus] kann ich mir keinen denken.

Ganz weißes Porzellan wär auch mir das liebste, aber ich hätte gern die großen Tassen dabei. Suche Du aus, Liebe.

Meine Bäumchen sind gepflanzt und die Gänge angelegt, die uns künftig Schatten und Vergessen der ganzen übrigen Welt geben sollen. Ich bin jeden Nachmittag im Garten, und er fängt an, einiges Ansehen zu gewinnen. In das Tresenreuter-Haus nehme ich, damit der Sekretär doch nicht ganz allein und verlassen darin sei, den einen meiner Gerichtsdiener mit seiner Frau auf, weil sie reinlich, ordentlich und fleißig sind. Den Mann brauch ich zum Arbeiten im Garten und zu allen schweren Arbeiten im Hause, damit wir nicht zu viel Gesinde halten müssen. Der neue Diener wird die Gärtnerei lernen.

Grüße George und sein kleines Weibchen auf das zärtlichste. Ewig der Deinige.

LUISE   Osterode, 1. Mai 1784

Dein Brief vom 21. ist mit einer Freude geschrieben, die meine ganze Seele entzückte. – Wohl dem Lande, wohl dem Prinzen, wenn er einen festen Charakter auch in Zukunft zeigt! Wilhelmine hat mir geschrieben. Gustchen traurt, alles traurt, denn nun ist allgemeine Trennung, nur die Gräfin frohlockt. Was mich ein bißchen befremdet, ist, daß Gustchen verlangt, ich soll hier fort eilen, um gleich mit ihren Kindern nach Kopenhagen zu gehn, Du würdest unsre Verbindung doch noch nicht vollziehn können, sie hätte Niemanden bei den Kindern. Es ist doch wahrlich, als ob ich ein Mädchen aus dem Walde wäre, die keine Freunde, keine Verwandten hätte. Glaub' mir, lieber Junge, ich kann das hin und her zerren nicht mehr aushalten, ich will mich der ganzen Familie nicht wieder nähern, sie in der Entfernung schätzen und lieben. Es ist gut, daß das Schicksal sie trennt, denn in der Entfernung herrscht lauter Liebe und Einigkeit. Ich sage mit Agnes: wenn nur der Ruhm der Familie bleibt, so mögen sie sich zanken, aber es muß nur niemand erfahren.

Eine gute häusliche Nachricht hab ich Dir zu sagen, mein Bester. Vielleicht entschließt sich eine gute Person, als Haushälterin zu Dir zu kommen. Du hast oft ihr Lob von der Kestnern gehört. Sie bekommt 25 [?] Lohn, und versteht den Haushalt ganz vollkommen. Die Person ist nicht anmutig, macht keinen Staat, also wird sie auch den Neid der Meldorfer Mägde nicht erregen. Sag aber, wenn's geschieht, keinem, wie viel Lohn Du gibst, gute Haushälterinnen bekommen 40–50, eine gütige Dame möchte den Einfall kriegen, sie Dir sonst bald ungetreu zu machen.

Gestern ging ich den Harzweg hinauf, den Eichbaum aufzusuchen, in dessen Rinde ich voriges Jahr Deinen Namen eingeschnitten. Der Gesang der Lerche war mir eine schöne Melodie zu meinen süßen Träumereien.

BOIE   Meldorf, 1. Mai 1784

Die Niebuhr hat zufällig ein Stück von dem schönen ostindischen Zeuge bekommen, in das ich meine Luise so gern gekleidet sehn möchte. Es sind 25 Ellen, die Elle sechs Viertel breit. Aus dem, was Du nicht brauchst, machst Du Deinem Boie einige Binden, nicht wahr? Der Ring, aus meinen Haaren gemacht, wird Dir, hoff ich, gefallen. *Deinen* Ring hab ich gleich an den Finger gesteckt. Er ist just ebenso und enthält Deinen völligen Namen: L. J. M. im Zuge, nur etwas größer. Recht lieb wird er mir erst sein, wenn ich weiß, daß Du auch den meinigen trägst.

Als ich Dir am Donnerstage schrieb, vergaß ich Dir von dem fürchterlichen Sturm zu schreiben, den wir am Sonnabend hatten. Mir schauert, wenn ich an den Schaden denke, den er angerichtet hat. Gottlob nicht an den Deichen, für die ich am meisten zitterte, sondern an Häusern und Scheunen, deren unzählige eingestürzt sind. Der verursachte Schaden geht an 70 bis 80000 Taler. Ich suche Remissionen und Ersetzungen für die armen Leute. Mein mit Stroh gedeckter Stall ist an der einen Seite abgedeckt, und ich muß ihn so stehen lassen, weil ich kein Stroh bekommen kann. Urteile, was denn andre Leute bekommen! Die Häuser bebten, und Steine, Pfannen und Stroh flogen, wo man hinsah.

Von Bürgern hab ich endlich nach mehr als jährigem Schweigen einen langen, kläglichen Brief gehabt, der mir seine ganze freilich traurige Lage detailliert, und auch nicht verschwiegt, was er versehen hat, welches denn peinlich ist, wie ich's mir dachte. Er will nun nach Göttingen gehen, aufhören ein Poet zu sein, und dort [als Privatdozent] zu lesen anfangen, welches ein desperater Entschluß ist.

LUISE   Osterode, 5. Mai 1784

Hier ist ein Briefchen an Mama, mein Boie. Ich habe [ihr] nichts von Glück gesagt, nichts von Liebe, es wollte nicht aus der Feder. Bin ich einmal ganz Dein, so laß ich meine Handlungen, mein achtungsvolles Betragen gegen Dich reden. Das ist besser als alle Beteurungen.

(den 6.) Ich verlasse heute den kleinen Jungen des Nachts, ich kann das Nichtschlafen nicht mehr aushalten, es ist mir leid, aber ich kann nicht. Wer wollte glauben, daß ein kleiner Mensch von vier Wochen so viel Unruhe verursachen könnte durch seine ungewöhnliche Heftigkeit? Ich glaube, es wird ein Genie.[1]

BOIE   Meldorf, 5. Mai 1784

Die ruhige Abendstunde sei wieder meinem süßen Mädchen gewidmet. Deine Unruhe, Dein Unmut beim Ausbleiben eines Briefes hat mir doch ein wenig Freude gemacht. Ich sehe, daß es Dir just geht wie mir. Gutes, gutes Mädchen! Deine veränderte Stimmung, Dein Wunsch, Dich mitteilen, von Deinem Boie reden zu können, alles zeigt es. Auch darin sind wir eins. O Luise, wäre der künftige Frühling nur erst da!

Daß ich mich in Amalia nicht geirrt und das rechte Mittel gewählt habe, sie zu beruhigen, zeigt ihr heutiger Brief.

Sag Wilhelm, daß ich sehr hoffe, ihn einmal als meinen Freund zu umarmen. Sage ihm auf seine Frage auch, daß Meldorf gegen

---

[1] Das Kind lebte nicht lange.

vierhundert Häuser enthält, ein Nest wie ungefähr Northeim ist. Die Häuser sind freilich fast alle massiv, selten mehr als eine Etage hoch, und viele noch mit Strohdächern. Der Anblick ist nicht der ergötzlichste. Selbst mein neues Haus, obgleich eins der besten, fällt, so groß es ist, nicht sehr in die Augen.

Heute hab ich ein mir angenehmes Rescript aus Kopenhagen gehabt, wodurch der König meine Bitte wegen der unglücklichen Witwe, Mutter dreier unehelichen Kinder, gewähret, und die in solchem Fall gewöhnliche Zuchthausstrafe in ein sechswöchiges Gefängnis hieselbst verwandelt, daß ich noch dazu in drei Abschnitte einteilen darf. Ich erzählte Dir von meiner Bitte, deren Gewährung der alte Eggers fast unmöglich fand.

Am Sonnabend treffen der neue lübeckische Resident[1] und seine Braut hier zusammen, und nach vier Wochen reiset sie mit ihrer Mutter wieder nach Rügen, er mit der seinigen nach Lübeck. Ich sehe jetzt auch ein mir gleichgültiges Brautpaar mit ganz anderem Gefühl an, als sonst.

Der Sturm hatte mir zwei schöne Reineclaudenbäume fast umgerissen, ich habe sie aber gestützt und hoffe, sie sollen beim Leben bleiben. Alles, was mich umgibt, und ich itzt anschaffe, gibt mir Hoffnung.

Das Bett für die Mädchen will ich noch hier zu kaufen suchen. Ein Bett hast Du ja auch noch, und Deinen Sofa bringst Du auch mit. Von allen Deinen Sachen könnt' ich den Sofa, auf dem wir so oft beisammen saßen und glücklich waren, am wenigsten entbehren.

Mein Ring hat am Sonntag, da ich ihn zum erstenmal angesteckt hatte, kein geringes Aufsehen erregt. Ich erklärte die Buchstaben LJM durch „Laß Ihn Mir" (nämlich den Ring); was sie davon glauben, gilt mir gleich. – Ich habe jetzt einen herrlichen Strauß Levkojen vor mir stehen. Möcht' ich ihn Dir bringen können, wie Du so oft Deine liebsten Blumen für mich aufhobst. Hier hält man wenig von Blumen und kennt sie nicht. Aber wir wollen sie zusammen ziehen und uns überhaupt der kleinen Freuden so viele machen, als wir nur können – nicht wahr, Luise? Suppenkraut und Gemüse im Garten sind auch gut und müssen nicht darin fehlen, aber die Freude geben doch Bäume und Blumen. Heute hab' ich das Vergnügen gehabt, das erste Gericht

[1] Sohn der Frau von Jessen.

Spargel in meinem neuen Garten zu stechen, und sie der Niebuhr zu bringen.

Gute Nacht, Du Holde.

LUISE   Osterode, 9. Mai 1784

Meine kleine Schwiegerin hat eine böse Brust. Gestern war Böhmer[1] hier, der alle Stunde warme Umschläge verordnete. Der kleine Junge schreit unaufhörlich. Ich schlafe, so gut ich kann. Die einzige Frau hier im Orte, die ich des Nachts bei dem Kind an meiner Stelle haben wollte, hat schon gestern gesagt, sie könne es nicht [mehr] aushalten. Dazu seit acht Tagen ein neues Mädchen, das einzige im Hause außer der Amme, die gar nichts von der Küche versteht, aber es geht alles recht gut.

Ich möchte Dir recht viel auf Deinen Brief sagen, mir war unbeschreiblich wohl danach. Um ihn zu lesen, ging ich gestern nach Tisch an den Fluß, der so klar über kleine Steine dahin rollte. Die Lerche sang, der Geruch von Veilchen duftete mir entgegen. Ich war so in mich gekehrt, daß der Wind meinen Hut in den Fluß warf und schnell mit ihm fort eilte. Ich freute mich, daß es Dein Brief nicht war, und blieb sitzen. Nach einiger Zeit begegneten mir zwei Weiber, denen sagte ich meinen Unfall und ich bekam meinen Hut wieder.

Ich sehe zu meinem wahren Erstaunen, daß Du ganz eingerichtet und allerliebst eingerichtet bist. Du allein hast so alles besorgt – und ich? Heute aber sage ich Dir nichts von Ökonomie, ich habe keine Zeit dazu.

BOIE   Meldorf, 12. Mai 1784

Ich habe heut einen Brief von dem edlen Grafen Bernstorff gehabt, der im wahren Triumph wieder nach Kopenhagen gekommen und mit allgemeiner Freude aufgenommen ist. Ich weiß ungefähr, was in einem solchen Briefe Kompliment ist; indes wird er Dich doch freuen, wie er mich gefreut hat. B. konnte nicht erster Minister werden, da alle, die ihm vorgesetzt sind, älter im Staatsrat waren; keiner wird aber seinen Einfluß haben.

In Schweden sollen große Unruhen und Bewegungen sein, wir rüsten uns deswegen auch. Wenn noch keine Revolte ist, soll es

---

[1] Nachfolger des Dr. Lentin in Clausthal, heiratet im Juni Karoline Michaelis.

einer Revolte nahe und alles über den König aufgebracht sein, der außerhalb repräsentiert, und sein ohnehin armes Land aussaugt. Was Schweden[1] im vorigen Kriege von Dänemark gewonnen hat, geht durch die Reise alles auf. Prinz Karl von Hessen wird unser Feldmarschall, da der Herzog von Bevern, wie es heißt, resigniert.

Ein neues Porzellanservice brauch' ich nun vielleicht überhaupt nicht, da die gute Frau von Jessen mir das ihrige, ein blau und weißes Meißner von zwölf Kaffee- und zwölf Teetassen nebst dem Zubehör geschenkt. – Ich fange morgen an, ein Dekokt von Kräutern und Wurzeln zu trinken, das ich sehr nötig habe, um eine gewisse Schärfe und Unreinigkeit im Geblüte zu vertreiben. Den Pyrmonter zu trinken wag ich nicht, da ich mich nicht angenehm genug dabei zerstreuen und von Geschäften entfernen kann. So eine Brunnenkur sollte ich mit meiner Luise machen, mit ihr umher wandeln können, wenn der Brunnen was helfen sollte. Das wollen wir denn künftig tun, es werden ja auch sorgenfreie Tage kommen.

Die sonst recht hübsche Braut des jungen Jessen gefällt mir nicht. Er hängt an ihr mit der ganzen Innigkeit der ersten Liebe, und sie scheint die Heirat mit ihm als eine gute Versorgung anzusehen. Sehr klug für ein siebzehnjähriges Mädchen.[2]

Niebuhrs grüßen herzlich, auch Amalia, von der ich heute einen sehr freundschaftlichen Brief wieder habe.

Verzeih, Beste, meinen heutigen Brief. Er ist, dünkt mich, kalt und uninteressant wie eine Zeitung. Ich drücke Dich in Gedanken an mein Herz, das nicht kalt ist.

LUISE   Osterode, 15. Mai 1784

Ich war eben im Begriff, mit dem Kinde nach dem Garten zu gehen, als mir Deine Briefe gebracht wurden. O Boie, kaum konnte mir die Amme mit dem Kinde folgen, so eilte ich vor Ungeduld, ich schickte die Wärterin dann zu Haus, legte den Jungen ins Gras, schloß den Garten zu, und nun öffnete ich das Paket und sah den Ring an, er ist außerordentlich schön, aber Dein Haar ist doch das schönste daran. Boie, der Ring hat eine magische Kraft. Ich sank neben dem Kinde ins Gras, es lächelte mich an, es war mir, als ob das Kind und die ganze Natur sich mit mir freuten.

---

[1] Siehe Anhang unter ‚Schweden‘.   [2] Boie hat dies Urteil später revidiert.

Nach und nach fing ich an zu denken, und da ward mein Gefühl lauter Wunsch, Dich in dem Augenblick zu sehen. Willst
Du dieses Gefühl für Dank annehmen? Ich glaube, Du wirst
es tun.

(den 17.) Die Jungfer Fiandt ist als Haushälterin für Dich gemietet auf Michaelis. Du wirst Dich vielleicht noch erinnern, daß
die Kestnern Dir diese Person immer zugedacht. Bei der Besorglichkeit der Kestnern, Deine künftige Frau möchte der Fiandten
nicht gut begegnen, hab ich [ihr] mit heutiger Post unsre Verbindung geschrieben, und mich soll verlangen, was die Kestnern antwortet. Nun glaub' ich, wenn Du [noch] ein Mädchen mietest zu
der groben Arbeit in der Küche, Holz und Wasser holen, Rein-
machen, Jäten im Garten etc. – die Haushälterin scheut auch keine
Arbeit – so wäre der weiblichen Geschöpfe genug; denn ich
übernehme, wie sichs von selbst versteht, das Departement der
Nähnadel *ganz*, und Du weißt, daß ich zu meinem Anziehen, Putz
etc. keiner Hülfe bedarf. Die Fiandten ist keine Haushälterin aus
der vornehmeren Klasse, sie ist wie eine Sklavin gehalten worden,
und sehnt sich nach einer besseren Begegnung. Ich werde manches von ihr lernen, damit, wenn sie Dein Haus verläßt (sie hat
einen Bräutigam), Du ihre Abwesenheit nicht zu sehr empfindest.

Ich freue mich Deines Gartens, Deiner Bäume, alles [dessen],
was Dein ist.

BOIE   Meldorf, 16. Mai 1784

Luise' wenn Du doch den Bach, der zu Osterode so klar zu
Deinen Füßen floß, mit hieher nehmen könntest! Nichts wird
unserm künftigen Garten fehlen als ein solcher. Die Geschichte
mit dem Hute und Deine Ruhe dabei hat mich sehr gefreut.

Ein bißchen eingerichtet wirst Du mich finden, aber Dir wird
noch viel einzurichten und zu besorgen übrig bleiben, weil Du es
nach Deinem Geschmack einrichten sollst. Das Haus hat jetzt acht
Fenster nach der Straßenseite, und bekommt noch neun mehr,
wenn mein Bau geschehen ist.

Zimmermanns Buch über die Einsamkeit soll in zweien schönen Großoktavbänden mit Kupfern und Vignetten heraus sein,
und zwei Bände sollen noch folgen. Wie ein Mann, der nur für, in
und mit der großen Welt leben kann, ein solches Sujet gewählt hat,
begreif' ich nicht – und noch weniger, was er darüber gesagt haben wird. Und dann die Kupfer und Vignetten – –

Ich steche jetzt täglich Spargel auf eignen Beeten – ich habe deren zwölf – und bringe sie zur Niebuhr, wo ich sie meistens esse. Niebuhr ist sehr glücklich, da ich jetzt seine Frau, die sehr in das Stubenhocken kam, heraus in freie Luft und in Bewegung bringe. Er hat mir gleich einen Schlüssel zur Gartenpforte gegeben, wodurch wir ganz unbemerkt zu einander kommen können.

Luise   Osterode, 18. Mai 1784

Ich hatte einen Gruß für Amalia vergessen, da ich doch das edle Weib bewundre und eben so sehr liebe. Ich fühle ihr großes Opfer ganz. Ich kann ihre Empfindungen sehr gut beurteilen nach den meinigen. Deine beiden Briefe vom 8. und vom 12. hab' ich heute erhalten. Du errätst nicht, worüber ich mich in Deinen Briefen vorzüglich freue. Es ist Dein Gebrauch von Dekokt. Schon in Celle wollte ich Dich bitten, eine Kräuterkur zu gebrauchen. Dein Magen ist schwach, Du hast seit Jahren zu wenig Bewegung gehabt und zu schwere Sachen gegessen. Vergiß nicht, den Saft vom ausgepreßten Kraut der Kuhblume und Bitterklee oder Trifolium dazu zu geben. Ersteres ist die vortreffliche Medizin von Zimmermann zum Auflösen alles Bösen im Körper, und letzteres ist eine Stärkung für den Magen und [die] Eingeweide. Trinke den Pyrmonter, zwei Glas des Morgens beim Aufstehen, dabei kannst Du arbeiten, aber Du mußt das ein paar Monate tun. Seit ein paar Tagen nehm' ich auch Kräuter, bis zum Pyrmonter. Böhmer wollte mir helfen, [aber] ich ward recht elend nach seiner Arzenei. Nachdem ich sie weggeschüttet, wurde mir besser. Ich weiß aus Erfahrung, was ich gebrauchen muß, ich bedarf der Ärzte nicht.

Ich schlafe wieder bei dem Kleinen, er liegt in meinen Armen des Nachts, und seitdem ich die Amme viel arbeiten lasse und in die Luft schicke mit dem Kinde, wird der Junge ruhiger. Körperliche Anstrengung schadet weit weniger als die des Geistes! Ich bin [hier] lange nicht so gedrückt als in Tremsbüttel.

Wenn Du mich nur ganz kennst! Ich fürchte mich immer für versteckte Eigenheiten, die ich selbst nicht weiß, und [die] Dir unangenehm sein könnten. Schone mich nur nicht aus Zärtlichkeit. Doch ich habe Dein Versprechen. So einen Abend und Morgen in Sahrendorf erkaufte ich gern mit einem Jahre Aufenthalt in Tremsbüttel. Wie schnell verschwand schon in Hamburg das Andenken an die drei Monate! Sie gehören allerdings zu unserm jetzigen Vergnügen, [denn] so wie auf der Reise hätten wir uns an keinem Orte sehen können – und, Lieber, in ein paar Stunden hätten wir uns doch nichts gesagt.

Die Jahre, mein Teurer, die wir vielleicht Hand in Hand glücklich hätten sein können, sind nicht verloren, kein Augenblick ist davon verloren. Wir mußten beide wohl eine Vorbereitungszeit bedurft haben zu diesem großen Schritt.

Der gute Jessen dauert mich doch, er ist gewiß nicht glücklich. Ich hab's nie begreifen können, wie die Versorgung einem Mädchen so am Herzen liegen kann. Gern hätte ich mich in ein Kloster sperren lassen, aber zu heiraten wie doch die mehrsten Menschen heiraten, wäre der Tod jedes guten Gefühls meiner Seele gewesen. Ich kann Dir nie genug danken für die Entwicklung meines ganzen Selbst. Du hast mein Herz gebildet, das nichts war als unschuldig. Das zu ernten, was Du in meiner Seele zum Emporkeimen gesäet hast, soll, denk' ich, Dein Leben so versüßen, wie Dein Garten Dich freuet, der ganz Deiner Hände Werk ist.

(den 20.) Die gute La Roche hat schon wieder geschrieben, auch an die Pesteln, um Nachricht von mir zu haben. Ihre Ungeduld ist mir doch sehr schmeichelhaft.

Die Mejern schenkt uns ein weißes Teeservice. – Ich bitte Dich um eins von Deinen Hemdern, das Dir um Hals und Arme gut paßt, und eine Deiner best passenden Halsbinden. Ich bekomme Leinen für Dich, mein Bester, zu hübschen Hemdern.

Das Herz pochte mir doch, eh ich wußte, ob Dir die Fiandten [als Haushälterin] gelegen war. Ich kenne sie nicht, und weiß nur, daß durch sie eine Frau, die [vorher] nie einen Fußtritt in der Küche gehabt, die beste Hausfrau geworden ist. Die Pesteln will sich totlachen über mein Kochen [in Osterode], aber es geht recht gut. – Die Fiandten machte die Prätension, mit Dir am Tische essen zu dürfen, das hab' ich abgesagt. Sie kann also mit Johann oder allein essen.

Daß Du meinen Sofa wiedersehen willst, hat mich tief gerührt. Die Kissen davon bring' ich mit, aber ob das Holz der Mühe wert ist? Mein Bett, ein Bett für ein Mädchen, Bureau, Kommode und Schrank folgen mir auch. Vor dem Bureau hast Du geschrieben, auf der Kommode lagen Deine Bücher, und Blumen für Dich standen darauf. Boie, wie kamst Du zu allen den Erinnerungen an vorige Zeiten? Aber lies meine Briefe nicht wieder, bis ich bei Dir bin, dann will ich Dir sagen, was ich hie und da empfand. Unsre

Briefe müssen wir ordnen, daß ich darin blättern kann, so oft ich will, und ich werde oft wollen.

Da schlägt die Postglocke. Immer werd' ich nicht fertig mit Schreiben. In einer Stunde geh' ich wieder mit Deinem Ring am Finger spazieren.[1] Ich umarme Dich tausendmal.

BOIE   Meldorf, 20. Mai 1784

Ich lege den Brief der Gräfin bei, den ich gestern erhielt. Woher hat sie alles erfahren? Sie [be]nimmt sich recht gut dabei. Das Eis ist nun von selbst gebrochen. Ich verließ mich immer darauf, daß alles sich von selbst am besten einleiten würde.

Daß ich mir die Ungnade des Weimarischen Hofes durch Einrückung der Nachricht von der Geburtstagsfeier[2] zugezogen habe, weiß ich recht wohl. Herr von Schardt schrieb mir darüber einen Brief, den ich so beantwortet habe, als ich mußte. Wie kann man mir übel nehmen, was im ‚Museum' steht, als dessen Herausgeber ich mich nicht öffentlich nenne? – Daß man in Hannover die ‚Briefe aus Westfalen', besonders die letzten, sehr übel nehmen wird, kann ich mir wohl vorstellen. Man macht selten seine Cour, wenn man die Wahrheit sagt.

Ich bin Abends wohl ein wenig zu lang im Garten geblieben und habe mich verkältet. Ich kehre mich nicht daran, denn die Weichlichkeit, die ich mir durch mein Stubensitzen zugezogen habe, muß wieder heraus.

Meldorf, 24. Mai 1784

Noch nicht den sehnlich erwarteten Brief, keinen Brief von meiner Luise mit der letzten Post! Ich suche mich damit zu trösten, daß ich nun gewiß am Mittwochen zwei Briefe haben werde, aber der Trost wollte Sonnabend nicht verfangen, und es war ein Glück, daß ich so viel Beschäftigung hatte. Heute gehts schon besser, denn ich rechne, daß bis Mittwochen nur noch zwei Tage sind.

In der am Sonnabend gehaltenen Versammlung der Landschaft ist ein großer Schritt zum Vergleich in der Großen Prozeß-Sache wegen Instandsetzung der Deiche geschehen. Ich hoffe nun, die

---

[1] Luise kann den Ring vorläufig nur tragen, wenn sie allein ist.

[2] Wohl die für den langersehnten Erbprinzen, ein prunkvoller Maskenaufzug des ganzen Hofes, Goethe im Purpurmantel auf einem Schimmel reitend, der Herzog als morgenländischer Fürst.

Sache vor Ablauf des Sommers zu Ende zu bringen, und habe dann etwas sehr Wesentliches zu Stande gebracht.

Ich lege Dir einen von mir hingeworfenen Riß der beiden Häuser bei. Du bemerkst die herrliche Spalierwand im Garten ganz nach Süden. Der Hühnerhof wird gut, da er ganz von eignen Gebäuden eingeschlossen ist. Der Stall enthält außer der Kutschenremise Raum für Feurung und vier Pferde und vier Kühe, die ich freilich nicht gleich zu halten gedenke. Alles zusammen ist wenigstens 120 Fuß.

Wir haben vortreffliches Wetter und ich bringe die Zeit, so viel ich kann, im Garten zu, wo Braut und Bräutigam [Jessen] mir oft Gesellschaft leisten. Ich sehe die Leutchen mit ganz eigener Empfindung an, und sie scheinen zu glauben, daß mir auch halb zu Mute ist wie ihnen, und ich sie bestens verstehe. Mein Ring hat ihr außerordentlich gefallen, und *sie* hat, unterdes ich vor einigen Tagen ihren Namen in einen Baum schnitt, die Buchstaben des Ringes mit denen meines Namens, von einem Myrtenzweig eingefaßt, in einen andern geschnitten.

Lebe wohl, Beste, innigst Geliebte.

LUISE   Osterode, 24. Mai 1784

Mit voriger Post erhielt ich Briefe von Wilhelmine [Bernstorff]. Soll ich Dir meine Schwäche bekennen – sie haben mich geärgert. Gustchen nimmt es sehr übel, daß ich nicht im Juli mit den Kindern nach Kopenhagen gehen will. Dann beschuldigen sie und Agnes mich der Falschheit gegen die Gräfin, ich schriebe ihr zu freundschaftlich. Ich konnte das Wort Falschheit nicht verdauen. Die Gräfin hat mir sehr oft und außerordentlich gütig geschrieben, ich kann doch nicht grob darauf antworten. Sie und beide Grafen Stolberg finden Deine und meine Zurückhaltung, [ihnen] unsre Verbindung nicht gleich geschrieben zu haben, sehr wunderlich. Ich habe Wilhelminen auf diesen Punkt geantwortet, daß ich keine unangenehmere Lage kennte, als ein Jahr öffentlich versprochen zu sein. Es ist [aber] wohl das Beste, lieber Boie, daß Du der Gräfin es [nun] schreibst, und mir den Brief schickst. Lesen muß ich Deinen Brief wohl, sonst möchten wir die Sache verschieden vorstellen. Lotte Bernstorff hat mir wieder heimlich geschrieben, ihr ist vor dem Abschiede aus Tremsbüttel noch infam begegnet worden. Aber ich will nichts mehr von allen den doch edlen Menschen sagen.

Gestern sagt ich im Vorbeigehen halb im Scherz meinem Bruder unsre Verbindung. Seitdem ist er niedergeschlagen, es ist mir leid, doch mußt' er es erfahren. Henriette, deren Befinden [noch] immer schwach bleibt, würde diese Nachricht nicht ohne Bewegung, die ihr schaden könnte, ertragen.

(den 26.) Von Vossens habe ich einen herzlichen, traulichen Brief erhalten. Voß scherzt über das Geheimhalten unsrer Verbindung, da Du es ein paar Damen in Hamburg vertraut, diese es allgemein bekannt gemacht [hätten]. Wir haben also Unrecht gegen die Stolberge, und es wundert mich sehr, daß die Gräfin sich noch so vernünftig dabei [be]nimmt.

Ich habe eine recht kindische Freude über Dein Spargelstechen. Boie, die nahe Nachbarschaft mit Niebuhrs gehört unter die Wohltaten des Himmels. Grüße doch beide von ganzer Seele von mir. Die Sorge für Deine Gesundheit vertraue *mir* nur an, aber ich fordre, wie die Ärzte, unbedingten Gehorsam. Seufze nicht über die Ketten des Ehestandes, es hilft nichts. „Das allerbeste Weib bleibt doch des Mannes ärgste Plage."

Sechzehn Spargelbeete sind doch sehr viel. Aber schön! Wenn Du Dir Hühner anschaffst, so nimm doch lauter weiße. In meiner Kindheit hatte ich das Federvieh zu besorgen, da waren mir schon die weißen so lieb.

Mein Bruder findet Deinen Ring auch ganz außerordentlich schön. Henriette weiß noch nichts. Ja, wohl fehlt dem Kinde Muttermilch, aber der Junge wäre bei der Mutter verhungert. Ich füttre ihn seit zwei Tagen noch dazu. Der Himmel gebe, daß der kraftvolle Junge recht gut werden möge.

Denk doch des Abends von sechs bis sieben an mich. Das ist meine Spazierstunde. Die Natur in ihrer jetzigen Schönheit haucht mir eine süße Wehmut ins Herz. Sag einmal, ist Dir auch wohl so? oder ist das nur eine Empfindung der weiblichen Seele? Ich baue keine Luftschlösser noch Feengebäude, aber hell und milde wie die Morgen- und Abendkühle im jetzigen Frühling sind alle meine Empfindungen.

Endlich ist also Zimmermanns großes Werk erschienen? Er wird *schön* geschrieben haben, aber hat gewiß nicht viel dabei empfunden. Es ist gut, daß sein Ruhm durch dieses Buch wieder erwärmt wird, denn von ihm ist alles so stille [geworden] in der ungelehrten Welt, daß es doch seiner Eitelkeit gewiß weh tut.

(den 27.) Guten Morgen, Du Einziger! Vergiß doch des 2. Juni nicht, unsres schönen Tages! – Der kleine Junge liegt mir im Schoß und lacht, als ob er sagen wollte: Grüße Deinen Boie.

BOIE   Meldorf, 26. Mai 1784

Wie freut's mich, daß der Ring Dir gefällt. Die gute Pestel, von der ich gestern ein herzliches Briefchen erhielt, ist ganz entzückt davon. Ja, Luise, ich stecke ihn an dem feierlichen Tage unsers gemeinschaftlichen Glücks Dir an den Finger, aber Du sollst ihn vorher tragen, wie ich den Deinigen. Alles, was Du über den Ring sagst, ist so süß, so aus dem innersten Herzen, und rührt mich bis zu Tränen.

Sehr freu ich mich, daß die Fiandt schon auf Michael zu mir kommen will, und alles, wie Du's gemacht hast, ist herrlich. Johann freut sich darüber, daß er nun nicht mehr mit dem Gesinde essen soll. Zwei Mädchen hab ich gemietet, und muß sie wenigstens für diesen Winter behalten.

Daß ich mich von Meldorf weg wünschte, soll Bernstorff nie erfahren, und wenn ich nur etwas besser gesetzt werde und auf 2000 Reichstaler jährlich kommen kann, will ich auch wohl hierbleiben. Wahrscheinlich wird diese Ergebenheit in mein Schicksal noch mehr gegründet, wenn Du in meinen Armen bist.

Guldberg ist Stiftsamtmann zu Aarhus geworden und geht schon in der nächsten Woche dahin ab. Er hat die Stelle nicht annehmen und sich nicht aus Kopenhagen von den Prinzen entfernen wollen, aber man hat ihm angedeutet, daß er nur die Wahl zwischen dieser Stelle oder keiner Pension hätte. Die Stelle ist übrigens sehr gut.

Die Braut des Residenten [Jessen] gab mir gestern Abend von selbst einen Kuß, und bat mich, daß ich ihn der Freundin meines Herzens überschicken und ihr dabei schreiben möchte, daß sie noch viel lieber nach Lübeck ginge, wenn sie uns beide mitnehmen könnte. Das versprach ich zu tun, und tu es hiedurch.

Mein Hausrat-Verzeichnis sollst Du mit dem Hemde haben. – Wenn das grüne Leinen Farbe hält, wie ich nach Deinem Sofa zu urteilen glaube, wäre mir das lieber als das blaue. Ich denke, daß alle Deine Möblen sich auf einen Frachtwagen packen lassen, und so muß auch der Sofa mit. Verzeih den kalten Brief. Ich drücke Dich an mein Herz.

An unsre liebe Pesteln hab' ich schon diesen Morgen geschrieben. Es scheint, daß wir, da Du nun nicht dort bist, in eine ordentliche Korrespondenz kommen. Meine gute Mutter, die sonst nicht gern mehr schreibt, hast Du in Atem gesetzt, ich erhielt einen unerwarteten Brief von ihr, der voll ist von Dir. Bei allem, was ich ihr von Dir geschrieben und gesagt, hab' ich Dich nicht weiter als Luise genannt, und ich muß mich jetzt erst fragen lassen, wer Du denn eigentlich bist? Auch ihr ist diese Frage erst itzt eingefallen. Ein Zug, der sie charakterisiert. Wie reich Du bist, und ob Du es überhaupt bist, davon keine Frage, welches niemand hier würde begreifen können, da das hier immer die erste Frage ist.

Von mir weiß ich Dir wenig zu erzählen. Ich habe des Morgens meine Geschäfte getan, etwas gelesen, bin dann in meinen Garten und Abends in Gesellschaft gegangen. Seit elf Tagen ist dies der erste Abend, den ich ruhig für mich zubringe. Drei folgende sind nun schon wieder besetzt.

Von der Frau von Jessen muß ich Dir doch noch etwas erzählen. Sie hat mir, wie Du weißt, einen Teil ihres Porzellans geschenkt und [ge]braucht, nun das ihrige eingepackt ist, schlechte Tassen von englischem Steingut. Zweimal hat sie mir nun schon Listen von Sachen, die sie nicht mitnimmt, geschickt, und aus dem überflüssigen Zinn hat sie mir allerlei Sachen machen lassen, die mir fehlten. Noch viele Züge von ihrem edlen Herzen könnt' ich erzählen. Und diese Frau hat man hier für einfältig gehalten! Ihr Mann regierte und sprach; sie gehorchte und schwieg. Ich habe sie jetzt erst recht kennen lernen, ob gleich immer gefühlt, daß sie mehr wäre, als sie hier galt.

Der persische Mandelbaum blüht, man kann nichts süßeres sehen. Dem großen Akaziobaum hat das Verpflanzen nichts geschadet, und er ist von oben bis unten grün. Deine vier Platanen haben alle Blätter. Ich habe noch nicht Kirschen genug, die ich sehr liebe. Liebst Du Quitten? Ich hab ein paar herrliche Bäume.

Wie viel ich Leinen brauche, weißt Du vielleicht besser als ich. Ich möchte das grüne für unser künftiges Schlafzimmer, also zwei Bettumhänge, zwei Gardinen für die Fenster und Überzüge zu etwa zwölf Stühlen. Noch zu mehreren Stühlen bedarf ich Überzüge, aber ich mag das Blaue nicht recht und alles kann doch nicht grün sein. Ein schönes Bureau möcht' ich für Dein Zimmer noch haben.

Wenn unsre Verbindung mehr bekannt wird, muß ich doch auch wohl Deinem alten Onkel schreiben. Sage Du mir, wann es geschehen muß.

Luise, weißt Du es ganz, was Du Deinem Boie bist? Gutes, süßes Mädchen, ich lege mich nieder mit dem Gedanken an Dich.

Meldorf, 3. Juni 1784

Deine Briefe vom 24. und 26. Mai haben mich sehr glücklich gemacht, so flüchtig und leer ich heut antworten werde.

Die gute Frau von Jessen war zum letztenmal bei mir, ich hatte die Niebuhrs und die bischöfliche Familie auch gebeten. Ich kann vor Mittwochen schwerlich umziehen [in das Jessensche Haus], da am Dienstag die Kommission wegen der Pferdezucht kommt, die ich bewirten muß.

Ich wollte beinahe, daß die guten Damen Dir ungeschrieben ließen, was die oder die sagt.[1] Es sind alles gräfliche Übereilungen, die so übel nicht gemeint, aber doch nicht angenehm sind. Wir können und müssen uns in die kleinen Zwistigkeiten der Familie nicht einlassen, und uns ihr künftig nicht weiter nähern, aber auf einem guten Fuß müssen wir allerdings mit ihr zu bleiben suchen.

Freitag Morgen reiste Frau von Jessen. Ich führte sie an den Wagen, und der Abschied blieb von beiden Seiten nicht ohne Tränen. Die Niebuhr war untröstbar und allein der Gedanke an Dich und die Hoffnung, daß Du ihr den Verlust ersetzen würdest, trocknete ihre Tränen. Sie ist eine herzensgute Frau, braucht aber Stütze und Leitung. Ihr größtes Unglück, sag ich immer, ist, daß sie eines Doktors Tochter und dadurch auf ihre und ihrer Kinder Gesundheit zu aufmerksam geworden ist. Die Kinder sind beide von vorzüglichen Anlagen, aber mit der Erziehung, die sich dem Verzärteln nähert, bin ich nicht recht zufrieden. – Amalia wird wohl unterwegs nach Hadersleben sein. Sie verlangte sehr, daß ich sie dort besuchen möchte, aber ich habe es ihr ausgeredet.

In der gestrigen Landesversammlung hab ich endlich meinen Zweck wegen des unglücklichen Streites zwischen den Kirchspielen der Landschaft so gut als erreicht, und es dahin gebracht, daß beide Parteien einer besonders dazu erbetenen Königlichen Kommission den Ausspruch überlassen wollen. Auch hoff' ich

---

[1] Es ist vor allem Wilhelmine Bernstorff, die etwas klatscht, das Material dafür wird ihr hauptsächlich durch Agnes Stolberg geliefert. Vgl. S. 360.

eine zwischen dem guten Niebuhr und den Kirchspielvögten ent-
standene Irrung, die unangenehme Folgen hätte haben können,
beigelegt zu haben. Keine Partei hatte ganz recht, und so war es
das beste, einen Vergleich zu machen, der das Ende alles Haders
ist.

Die gute Niebuhr will mir, was ich einzumachen habe, alles besorgen, da das meiste geschehen muß, eh die Haushälterin kommt.
Ich habe vortreffliche Kirschen im Garten und viele Himbeeren,
die ich besonders liebe. Die in großer Menge gepflanzten Erbsen
bestimme ich ganz zum Trocknen und Einmachen. Du siehst also,
daß ich schon ganz haushälterisch für den Winter sorge.

Ich habe den ersten Band einer allerliebsten kleinen Ausgabe
von Wielands Gedichten bekommen, die viele Verbesserungen
enthalten soll, die ich aufzusuchen noch nicht Zeit gehabt habe.
Wären wir schon beisammen, so würde dies ein gemeinschaftliches
Vergnügen sein.

Meldorf, 10. Juni 1784

Zwei Nächte habe ich nun in meinem neuen Hause geschlafen
und beidemal so fest, wie ich's sonst nicht pflege. Ich habe Dir
also von keinem Traum etwas zu erzählen. Noch am Dienstag boten sich mir so viele Hände zum Helfen an, daß vor neun Uhr
Abends in den beiden Zimmern, die ich bewohne, alles schon an
seiner Stelle stand. Gestern hab ich meine Bücher wieder in Ordnung gebracht. Sie stehen in dem Stübchen hinter der Schlafstube,
das künftig Deine Garderobe wird. In der Vorderstube, die grau
und grüne hübsche Tapeten hat, steht das Kanapee, und ihm gegenüber hängt Dein Bild und wird mich oft dahin ziehen. Wenige
andre, aber ausgesuchte Bilder sind an den Wänden verteilt. Niebuhr, der mich gestern Nachmittag besuchte, machte Deinem
Bilde das erste Kompliment, und dann mir eins.

Frau v. Jessen schickte mir aus Lübeck zu meinem Souper am
Montag einen Korb voll Krebse mit den Wagen, die ihre Sachen
nach L. gebracht haben. Ich erzähl es Dir als neuen Beweis ihres
Wunsches, ihren Freunden Vergnügen zu machen.

Steine und Kalk zum Bauen sind nun bestellt, und am Montag
verschreib ich auch das mir nötige Holz. – *Weiße* Hühner sollst Du
gewiß in meinem Hofe finden, wenn Du zu mir kömmst, aber die
rechte Hühnerzucht geht erst im folgenden Jahr an, da ich den
Hühnerhof noch beim Bauen gebrauche.

Deine Briefe liegen nun in einem besondern kleinen Schränkchen, das an der Wand im Schlafzimmer hängt. Deine Tasse steht darauf. In diesem Zimmer ist kein ander Bild als drei Silhouetten, Deine, die der guten Pestel und unsrer Mutter.

LUISE   Osterode, 12. Juni 1784

Heute hatte ich keinen einzigen Brief. Da der Fehler in Hannover ist, so will George darum schreiben. Ich halt es nicht aus, so selten Briefe von Dir zu haben. Nun bin ich stumpf und dumm und weiß Dir nichts zu sagen. Es schlägt jetzt elf Uhr. Weißt Du noch, wie Du um diese Zeit meine Tür in Sahrendorf zuschlossest? Wo bist Du jetzt, mein Boie? Bei Niebuhrs oder einsam kramend in Deinem neuen Hause? Boie, wie ward es doch, daß ich Dein bin? Ich weiß nicht die Stufen der immer erhöhten Zärtlichkeit, ich weiß nur, daß ich Dein war auf ewig seit dem 15. Juni 1777, da ich in Deinem Kabinett mit Dir stand am Geburtstage der Pestel; Du auch, Einziger, hast diesen Abend nicht vergessen.

Jetzt verlasse ich Dich. Der kleine Junge schreit wieder.

(den 14.) Die fatale alte Schwiegermutter kam – und mit ihr doppelte Unruhe. Dazu wird geweißt, wir wohnen in der zweiten Etage. Leider schaff ich Dir kein Leinen vor Ende Juli.

                                              Osterode, 28. Juni 1784

Ich sitze am Klavier – vor welchem Wilhelm ganz vortrefflich spielt – um Dir zu sagen, daß ich durch Deinen Brief wieder so glücklich bin.

Unsre Pestel hat ihrem Fritz unsre Verbindung gesagt. Er ist tief gerührt worden, die P. sollte mir gleich schreiben, daß unser festlicher Tag in Celle sein müsse, oder eine Partie aufs Land, wohin wir wollten, wenn es nur bei *ihnen* wäre.

Was Du mir von dem [dänischen] Kronprinzen schreibst, interessiert mich ganz außerordentlich. Ich kann nur nicht begreifen, daß bei *der* Erziehung er hat so gut werden können, denn wenn er auch jetzt alle Hülfe und Beistand hat, so muß er doch schon lange selbst gedacht haben. Die Antwort an den großen Friedrich ist vortrefflich.[1]

Fritz Reventlow nach London? Ach Boie, der kann Dir vielleicht von den beiden unartigen Engländern Dein Geld verschaf-

---

[1] Der betreffende Brief Boies fehlt, ebenso ein Brief vom 26. Juni.

fen, das sie Dir von Göttingen her schuldig sind. Das käme sehr zu rechter Zeit.

Die Niepern grüßt Dich. Sie war hier recht vergnügt, es amüsierte sie nicht wenig, Deine Luise als Wirtin zu sehen.

(den 30.) Wir heizen ein, und ich friere herzlich in meinem Bade, das mich dieses Jahr kaum merklich erschüttert. Der gute Wilhelm ritt diesen Morgen wieder hinauf nach Clausthal. Sonderbar ist's, daß ich mit ihm am besten von Dir reden kann, besser wie mit Henriette, die doch ein Frauenzimmer ist. Wilhelm empfindet lebhafter wie sie.

An Amalia und Niebuhrs meinen innigsten Gruß. Der Grasplatz zum Bleichen freut mich, so wie jede Deiner Einrichtungen mich herzlich freut und wundert, wie Du so an alles denkst. Du weißt, wie sehr ich hübsches Weißzeug liebe, darum ist mir auch an dem Grasplatz so viel gelegen.

Hier ist ein Briefchen an unsre vortreffliche Mutter. Ob George schreibt, weiß ich nicht, er sitzt den ganzen Tag auf dem Kornboden,[1] ich habe ihn nur bei Tisch gesehen.

Mit inniger Liebe drücke ich Dich an mein Herz.

Osterode, 5. Juli 1784

Der Schluß Deines Briefchens vom 26. Juni: „der Himmel, der uns zusammenführt, und uns nicht verlassen wird . . .", traf gerade die Stimmung, in der mein Herz war. Ich hörte vorher von dem Tod zweier Ärzte. Der eine ist ein Dr. Meyer in Hannover, der nach Neujahr ein liebenswürdiges, sanftes Mädchen geheiratet. Noch in den Honigmonaten ihrer Ehe rettet der Mann das Leben eines Kranken am Fleckfieber, und stirbt an der nämlichen Krankheit. Der zweite Arzt, Osann in Göttingen, heiratete im März eine junge Witwe, bekommt einen Ruf nach Weimar, reiset hin und stirbt schnell an einem Blutsturz. Nie hat eine Erzählung so auf mich gewirkt, die Tränen stürzten mir aus den Augen, und ich verließ meine Gesellschaft. Die Nacht schlief ich nicht. Am Morgen wollte ich Dir schreiben, und konnte nicht. Ich schrieb meine Empfindungen an Wilhelm, der die Trennung glücklicher Eheleute sehr gefühlt hat, mein Herz wurde leichter, und Dein Brief gab mir die Ruhe wieder.

---

[1] George hat beruflich mit der Verwaltung des großen staatlichen Osteroder Kornmagazins zu tun.

In *einer* Zeile Deiner Briefe ist mehr Zärtlichkeit als in einem ganzen Blatt, das ich Dir schreibe. Ich habe den weiblichen Ton, der hundertmal tönt, eh er die Stärke Deiner Töne erreicht.

Georges Stillschweigen nimm nicht als Gleichgültigkeit auf. Gestern sagte Henriette zu ihm: „Boie wird Dein Schweigen gewiß übel nehmen." – „Ich kenne Boie besser", war seine Antwort. Wahr ist's, seine Unruhe und Arbeit geht in einem fort. George freut sich vorzüglich Deiner Häuslichkeit, und Henriette schätzt *mich* vorzüglich glücklich, daß ich alles bei Dir so schön und wohl eingerichtet vorfinde. Daß mich dies als ein Beweis Deiner Zärtlichkeit beglückt, begreift sie nicht. Ich weiß nicht, wie Du aber auch so an alles denken kannst! – Die zinnernen Terrinen, Suppe darin zu kochen, freuen mich mehr, wie Du glaubst. Meine Mutter hatte solche, ihre Leute aßen auch von Zinn, hatten zinnerne Löffel.

Dein Johann muß sich verlieben, das ist das beste Mittel für seine Hypocondrie. Er hatte ja in Hannover ein Mädchen, ist die ihm etwa untreu geworden?

Das Bad hat in diesem Jahr eine ganz andre Wirkung auf mich. Ich bade eine ganze Stunde und fühle mich jedesmal merklich gestärkt. Morgen fange ich mit dem Pyrmonter an. Ich seufze nach Sonnenschein. Es ist hier so kalt, daß ich den Hauch meines Odems sehen kann.

Pestels sind in Rehburg. Die Kestnern hat den sechsten Sohn, ich habe ihr geschrieben. Hinüber war gestern hier. Ich saß im Bade, dankte ihm in Gedanken für die gute Ordnung der Posten.[1] George und Henriette grüßen herzlich.

Leb wohl, tausend-tausendmal.

BOIE   Meldorf, 5. Juli 1784

Nun ich mich wieder auf die Posten zu verlassen anfange, wäre ich gewiß doppelt unruhig geworden, wenn ich vorgestern keine Nachricht von Dir erhalten hätte. Es kommt ja auf mehr oder weniger unter uns beiden nicht an, da wir nur nach den neuesten Nachrichten begierig sind. Wenn für Dein Baden nur die Witterung nicht zu rauh ist! – Nichts wächst im Garten, als das Unkraut, und ich kann nicht genug dahin sehen, daß es die klei-

---

[1] Damals genügte eine Beschwerde, damit der Hofrat v. Hinüber, der Leiter des hannoverschen Postwesens, persönlich Abhilfe schaffte. S. Anhang.

nen Pflänzchen nicht ersticke, die ich allenthalben hingesetzt habe.

Der alte liebe Schmid hat mir ein großes Gedicht von fast 1200 Versen geschickt, das so voll Laune, Munterkeit und Poesie ist, als man es kaum von einem so alten Mann erwarten sollte, und im August des ‚Museums‘ abgedruckt wird. Von der Gräfin von Medem, Schwester der Herzogin von Kurland, hab ich auch nicht schlechte Verse erhalten.

Vor mir steht eine herrliche gelbe Rose, die mir eben geschickt [worden] ist. Meine wird erst im künftigen Jahre blühen, und ich hoffe, Dir dann die erste Blume davon zu bringen, so wie auch von der Moosrose.

LUISE   Osterode, 7. Juli 1784

Gestern erhielt ich keinen Brief von Dir. Es war mir sehr lieb, daß wir gleich nach Tisch nach Gittelde fuhren (einem hübschen Dorf, wo das Eisen granuliert wird, das Wasser verfahren und ein paar artige Häuser sind, wo Leute logieren, die da baden), die Niepern und ihre Mutter zu besuchen. Die N. bat mich um die Erlaubnis, ihrer Mutter unsre Verbindung im Vertrauen zu sagen. Nun hättest Du die alte Böhmern sehen sollen, Boie! Sie fing an zu jauchzen, als wenn Du *ihr* Schwiegersohn geworden wärst. Ich lachte, wie sie mir versicherte, es hätte gar nicht sein können, daß wir getrennt geblieben. Sie behauptete es aus der auffallenden Harmonie unsrer Charactere. Sie küßt Dich als ihren Vetter tausendmal in Gedanken. Wir waren recht vergnügt, und es ward viel von Dir gesprochen.

Henriette ließ sich ehegestern mit ihrem Kinde auf dem Arm vor dem Altar einsegnen. Das ist hier der Gebrauch. Sie übernimmt morgen ihre Wirtschaft wieder. Übermorgen werde ich also meine schönen einsamen Morgenwanderungen wieder anfangen.

Bleibt es bei Georges Project, so reisen wir den 7. August nach Wolfenbüttel, den folgenden Tag nach Braunschweig, und den Tag darauf nach Fallersleben, wo Henriettens Schwester, die Amtmannin Niemeier, wohnt. Von Fallersleben reise ich nach Celle, das sind 6 Meilen. In Braunschweig sähe ich gern die Jerusalem, aber es geht nicht, die Zeit ist zu kurz.

Die Niepern sagte, daß man Kestner das Gevatter-bitten bei dem sechsten Sohn übel nähme: der Major Struve, der Geh. Kr.-

Sekr. v. Reiche, und die durchreisende Md. Beckmann, die von Kestners [gar] nicht gekannt ist. Das sind *reiche* Leute, sagt die Medisance. – Es ist nicht Eigennutz in K., sondern Stolz, und dieser macht beiden so viele Feinde.

BOIE   Meldorf, 10. Juli 1784, Abends um 11 Uhr

Dein Brief vom 5ten, meine Holde, ward mir schon heute und ich eile, noch so viel darauf zu sagen als ich kann, weil ich morgen aufs Land zu einem Schmause fahren soll, der mir doppelt langweilig sein wird, weil ich außer Niebuhrs die ganze hiesige Sozietät dort finden werde.

Sonderbar und bis zu Tränen gerührt hat mich, was Du von Deinem Gefühl bei den beiden Todesfällen schreibst. Dr. Osann hab ich gekannt. Seine Frau war mir durch ihren ersten Mann verwandt. Sie ist also in zweien Jahren zweimal Witwe geworden, ein harter Schlag, wenn sie beide Male, oder auch nur einmal geliebt hat. O Luise, wie fühl ich, daß Du nicht an mich, wohl aber an Wilhelm schreiben konntest!

Meine Kirchenvisitation war sehr heiß, die Rückreise aber sehr angenehm. Ein vorbeiziehendes Gewitter hatte die Luft abgekühlt, und eine Regenwolke traf uns unterwegs. Ich behielt meinen Aktuar bei mir und wir waren bis nach zehn Uhr im Garten, der von dem Regen sehr erfrischt war, er ist jetzt wirklich sehr reizend. Rosen, Jasmin, Geißblatt, die ich alle in Menge habe, und manche andre duftende Sträucher und Blumen blühen und ich schwimme in Wohlgerüchen. Im Saale stehen vierzig Töpfe, worunter viele Reseden und Levkojen. Zwei von Deinen Bäumchen blühen jetzt. Ich habe es keinen Tag unterlassen, die Blüten zu belauschen, und sie so zu sagen im Aufbrechen ertappt. Ich esse jetzt jeden Morgen Kirschen, jeden Abend Erdbeeren eigener Ernte. – Du stellst Dir nicht vor, wie mich bei dem oder jenem Einfall der Gedanke glücklich macht: das wird Luise gut, angenehm oder nach ihrem Geschmack finden. Auf die Idee von zinnernen Suppenterrinen, die man mir als leicht verderblich beschreibt, brachte mich die Frau v. Jessen. Die Fiandten, dacht' ich, wird sie wohl zu brauchen wissen, ohne daß sie schmelzen. Nun freut mich's doppelt, sie machen lassen zu haben.

Ich muß mich losreißen, wenn ich vorm Schlafengehen auch noch mein Flensburger Päckchen schließen will. Lebe wohl, *meine* Luise.

Meine Erwartung, zwei Briefe von meinem teuren Boie zu bekommen, ward doch nicht getäuscht am Sonnabend. Und zwei so liebe, herzliche Briefe! Nach Tisch ging ich mit den Briefen und dem ‚Mai' des ‚Museums' ins Eichhölzchen, Wilhelm und seinem jüngeren Bruder entgegen, die ich jetzt wieder [zurück] begleitet habe. Die Mutter aber, die gestern Abend kam, bleibt leider noch hier, und hat diesen Nachmittag Gesellschaft, auch ist der Bürgermeister da, den ich nach ihrem Willen durchaus heiraten soll.

Der ganze ‚Mai' ist sehr, sehr gut. Das ‚Museum' ist und bleibt doch das beste unsrer jetzigen Journale. Ich freue mich darüber und wundre mich zugleich, daß es bei der Sündflut von Journalen nicht erstickt wird. Der gute alte Schmid! Sieh, lieber Boie, wie Du noch das Alter aufwecken kannst!

Endlich hab' ich Antwort von Kestner, herzlich, so wie er sein *kann*. Beide bezeugen ihre lebhafte Freude, doch ist so eine Versorgungsidee darin. Kestner erkundigt sich, wie weit die Fiandten, die reformiert ist, von einer reformierten Kirche entfernt sein wird, nur zum Kommunizieren.

Wie könnte ich zürnen, Bester, daß Du die Haarschleife behalten willst? Glaub' mir, ich fühle tief Deine Zärtlichkeit, wovon dies wieder ein so lebhafter Beweis ist.

Osterode, 15. Juli 1784

Einen heitren Morgengruß schicke ich Dir Einzigem! Ich denke, Du sitzest jetzt beim Frühstück, so wie ich Brunnen trinke, der mir meinen Kopf nicht im mindesten angreift. Dr. Böhmer[1] besuchte uns gestern. Henriette wird nun auch den Pyrmonter anfangen. – Den künftigen Montag, den ich recht für mich zu feiern gedachte, kommen die Niepern und ihre Mutter. Heute sind's vier Monate, als ich Dich in Tremsbüttel wieder sah und Dir einen so kalten Knicks machte. Ein Wiedersehen nach drei Jahren, und so kalt! Luise taute auch nicht in Deinem Wagen auf der Reise nach Hamburg auf. Boie, dachtest Du da nicht: Wise ist nicht mehr Wise? Ich fühlte das.

George und Henriette grüßen herzlich. Das ganze Haus ist voll Bauern, die Korn holen wollen. Da die Zufuhr aus Sachsen

---

[1] Jetzt Nachfolger Dr. Lentins in Clausthal, jungverheiratet. Vgl. S. 260.

aufgehört, leidet die Armut sehr in dieser Gegend. Alles herr-
schaftliche Korn wird also verkauft.

Ich umarme Dich herzlich. Nicht einmal einen Strauß kann
ich Dir am Montag darreichen. Hast Du Vergißmeinnicht im
Garten? Da kein Wasser da ist, fürchte ich, das hübsche Gras-
blümchen hat keine Wohnung bei Dir. Ach Boie, wie kann ich
je dankbar genug sein für die neunjährigen Freuden unsrer Zärtlichkeit! Leb wohl. Leb wohl.

Boie   Meldorf, 18. Juli 1784

Daß Du im ‚Museum‘ noch immer vieles von Deinem Geschmack findest, freut mich nicht wenig. Voß spricht ein hartes
Verwerfungs-Urteil über Unzers Gedicht, aber Voß mag sagen,
was er will, es hat sehr gute Stellen. Ein Journal kann und soll
nicht lauter Meisterstücke liefern, das wollen so manche meiner
Freunde gar nicht begreifen. Im Junius, Julius und August wird
Dir manches auch gefallen. Alle diese Monate haben Beiträge
von Niebuhr.

Daß Kestners bei der Nachricht von unsrer Verbindung sich
zugleich über Deine Versorgung freuen würden, dacht' ich wohl.

Amalia ist nach fast drei Wochen endlich in Hadersleben. Das
beste bei der langweiligen Zögerung war noch, daß das Schiff
die meiste Zeit in der Nachbarschaft von Kopenhagen lag, wo
sie von ihren Freunden noch Besuche haben und frischen Pro-
viant bekommen konnte. Sechs- bis achtmal gingen sie unter
Segel, weil der Wind gut zu werden schien, und mußten wieder
zurück, oder kamen nur um ein weniges weiter. –

Nun ruhe der Brief bis morgen früh.

(den 19.) Mit welchen Gedanken ich diesen Morgen erwachte,
weißt Du, ohne daß ichs Dir sage. Noch ein Jahr weiter, und
Dein Kuß wird mich an diesem Morgen erwecken. O Luise, in
welche Träume verliere ich mich bei der Vorstellung! – Daß
ich Deiner immer würdig sein möge, war diesen Morgen mein
Gebet.

Ich werde schon heut Abend zur Kirchenvisitation nach Burg
fahren. Ein Jahr weiter, und Du begleitest mich bei gutem Wetter
nach angenehmen Gegenden, wie diese ist. Selten stößt mir etwas
zu, das mich nicht bald auf Dich bringt.

Ich soll noch mehr Briefe schreiben, sonst hätt' ich mehr Zeit
für mein süßes Mädchen.

In Kopenhagen sind wieder verschiedene Veränderungen gemacht. Graf Christian Reventlow ist Chef der Rentekammer und Graf Ludwig des Kommerzkollegiums geworden, wie es heißt. Der Kronprinz fährt fort, sich beliebt zu machen, ist in immer während der Bewegung und Tätigkeit, und der Erbprinz, der manchmal mit ihm ist, muß ansehn, daß das Volk jenen vergöttert und sich um ihn nicht bekümmert. Die Königin ist noch immer nicht zu versöhnen.

In einem englischen Magazin von 1780 las ich in diesen Tagen zufällig, daß John Vaughan Esq. of Golden Grove gestorben sei. Kein Wunder also, daß er meine Briefe nicht beantwortet hat. Es ist ein Glück, daß ich auf die Hoffnung, von ihm noch etwas zu erhalten, nicht viel gab.

Ich drücke Dich an mein Herz, Dich, meine einzige Hoffnung, und fühle mit Beruhigung, daß ich nicht unglücklich sein kann, so lang ich Dich habe.

(den 21.) Meinen Geburtstag hab ich mit vieler Arbeit gefeiert. Gleich nach meiner Ankunft [in Burg] fing das Ungewitter an, das das plötzliche Sinken meines Barometers mir schon verkündigt hatte, dauerte den ganzen Tag durch, und ist noch nicht aus der Luft. Ich ließ mir von meinem Geburtstage nichts merken, konnte aber keinen rechten Teil an der Gesellschaft nehmen. Ich hätte jemanden um mich haben müssen, mit dem ich von meinem holden Mädchen hätte reden können. – Der kalte Knicks in Tremsbüttel steht mir noch lebhaft vor Augen. Aber so kalt Du den Empfang zu machen glaubtest, so kalt die Beobachter ihn hielten, so sah ich doch durch die Kälte, und sah mit einem Blick, daß Du noch meine Luise wärst.

Als mir vorgestern Abend so sanft, so fast wehmütig zu Mute war, ist es vielleicht Dein Kuß gewesen, der mich so gestimmt hat.

LUISE   Osterode, 22. Juli 1784

Am vorigen Montag beim Dessert stand Wilhelm auf und sagte mir leise: „Ich trinke Boies Gesundheit." Er saß bei der guten Niepern und Böhmern, wir viere tranken klingend Dein Wohlsein, die übrige Gesellschaft erfuhr nicht, wessen Gesundheit. Deinen Ring trage ich täglich. Er wurde sehr bewundert.

Gut, daß Du nicht nach Celle kommen willst im Herbst. Ich gestehe Dir frei, ich kann Dich nicht wieder weg fahren sehn. Bitte, bitte, nicht wieder sehn, eh ich nicht mit Dir fahren kann.

Unsre Reise nach Braunschweig geschieht noch, wenn der Kornpreis fällt; wo nicht, muß George bleiben, daß die Amtsuntertanen Korn erhalten, das ihnen der König zum wohlfeilen Preis verkauft, zum Teil auch schenkt.

Das Bett für die Fiandten schick ich Dir, lieber Boie. Was meinst Du, wenn ich Dir mein eignes auch schickte für den Sekretair? so brauchst Du keines zu kaufen. Es ist mit einem grünen Umhang, schickte sich also gut für den Sekretair. Die Fiandten, denk' ich, schläft ohne Umhänge. Sag mir, ob die dortigen Leute-Betten so sind wie die unsrigen? Nämlich ein Sack von grobem Leinen, worin Stroh oder Heu, anstatt der Matratze, dann ein Unterbett, zwei Pfühle, Kissen, Decke und Oberbett. Bettlaken, Kissenbühren, Handtücher für den Sekretair und die Fiandten schicke ich Dir, weil ich sie habe. Auch zwei Tischlaken und zwölf Servietten für die Fiandten und Johann. Die Servietten sind klein, weil der Drell schmal. Für uns zum Gebrauch hab' ich noch vier Tischlaken mit Servietten, recht gut, zwar gebraucht, aber beinahe neu.

George ist gestern nach Göttingen gereiset. Ich wäre mit ihm gefahren, wenn nicht die Unannehmlichkeit des Logierens (bei Böhmers oder Heynens) mich gehindert, denn beide Häuser sind beinahe Feinde. Alles stürmt gegen Heynen, und so philosophisch Therese ist, machts ihr doch keine Freude, daß Karoline Michaelis verheiratet ist und Friederike Böhmer im Mai heiratet. Sie rächt sich durch Ironie und weiß nicht, wie sehr sie sich dadurch schadet. Der Dr. Böhmer war mit seiner Karoline am Montag hier. Der Mann ist unbeschreiblich vergnügt, sie nicht; sie klagte über die Harz-Nation. Er bat mich so dringend, auf acht Tage ihn zu besuchen, um seine Frau zu trösten, daß es mir leid ist, es abzusagen. Am Sonntag fahren wir [zu ihnen] nach Clausthal, den Abend wieder zurück.

Osterode, 24. Juli 1784

Ich fange jetzt an, die Abende zu begrüßen, nicht den Morgen des Tages. Jeder [Abend] bringt mich Dir näher. Weißt Du nicht ohngefähr den Tag, wo ich Dich bei Kestners zuerst sah? Es war im Oktober. Wie gegenwärtig ist mir noch dieses Sehen! Zärtlichkeit ahndete mir nicht, auch da nicht, wie ich Dir das erste Maiblümchen gab, das, an meiner Brust schon halb verblüht, an der Deinigen wieder auflebte.

Die literarischen Konnektions sind Dir Erheiterung, sonst riete ich, das ,Museum' aufzugeben, denn Du machst es nur wenigen recht. Daran ist aber nicht das ,Museum', sondern der Ekel Schuld, den jeder jetzt für die unzähligen Journale hat, und die doch aus Langeweile gelesen werden. Voß ist zu streng. Ich fürchte, seine Strenge wird ihn einst minder glücklich machen.

Vaughans Tod ist mir lieber, als daß er aus Vergessenheit schwieg. Nun, *das* Geld ist ja verschmerzt, lieber Boie. Reich wirst Du nie. Wir verstehen beide die Kunst nicht. Es ist mir sehr lieb, daß Du mein Oberhofmeister wirst.

So lange die Königin in Kopenhagen bleibt, bin ich immer noch furchtsam. Der Himmel segne doch endlich einmal das Land mit einem vernünftigen, tätigen Regenten und erhalte Bernstorff! Ich habe mich jetzt mit Dänemark so bekannt gemacht, daß ich beinahe den Namen einer Untertanin verdiene. So bald ich bei Dir bin, muß ich die dänische Geschichte lesen, sie mag interessant sein oder nicht. – Lotte Bernstorff ist unbeschreiblich glücklich in Gartow, und jeder ist mit ihr zufrieden.

(den 26.) Gestern regnete es unaufhörlich zu Clausthal. Sonnabend kommen Böhmers wieder zu uns. Sie sind einfach, aber sehr hübsch eingerichtet, und ich hoffe, die junge Frau stimmt sich herab und macht den Mann glücklich. Wilhelm [Lunde] und seine Mutter haben ein neues Haus bezogen, ich sollte Wilhelms Zimmer mit meiner Gegenwart einweihen. Ich setzte mich an sein Klavier und spielte ihm zu seiner größten Verwunderung eine Arie, die er mir vorige Woche vorgespielt, und die ich heraus studiert hatte. Ich setzte mich auch an seinen Schreibtisch, und nahm [danach] sehr gerührt Abschied von einem Zimmer, das ich nie wieder sehe. Wilhelm grüßt Dich innigst. Wenn der Himmel nicht seine Mutter bald sterben läßt, ist der arme Junge ein Opfer ihrer Launen. Lieber Gott, wie unglücklich sind doch manche Kinder durch ihre Eltern!

Ich glaube nicht, daß die Mejer Wort halten kann, uns ein Tee-Service von Fürstenberger Porzellan zu geben. Das ganz weiße ist sehr häßlich, und wird nicht mehr gemacht anjetzt. Ich habe eine Tasse gesehn. Wir habens so nötig nicht.

Apropos, kannst Du märkische Rüben auf den Winter bekommen? Ich glaube nicht, schreibs mir, so bestell ich welche für Dich. Nicht von der kleinsten Sorte.

Ich hoffte heute einen Brief von Ihnen zu kriegen, meine Luise, aber diese Hoffnung war vergebens. Wie lange bleiben Sie denn noch in Osterode, meine Beste? Ach, wie viel lieber möchte ich Sie mir in Celle denken können, das wäre so sehr viel näher. – Freuen Sie sich mit mir, heute habe ich die Nachricht erhalten, daß meine geliebten Brüder glücklich im lieben Kopenhagen angekommen sind, jetzt sehne ich mich recht nach einem Brief von the darling of my heart.

Den Milton haben wir glücklich geendigt, er ist wirklich wunderschön. Wir wollen itzt Young lesen, den haben wir aber noch nicht, und unterdessen lesen wir in Greys Poems, das ist sehr hübsch.

Welches größere Glück kann der Himmel immer wohl geben als a friend – und möchte ich hinzusetzen a friend wie meine Luise. Ich lese izt mit Emilie die ‚Eneide‘, die fängt an mich sehr zu interessieren – ach, Liebe, ich verschmachte vor Hitze, sie machte mich heute und gestern ganz, ganz matt. Ich habe heute einen hübschen, zärtlichen Brief von Onkel Christian gekriegt, wenn man nur nicht immer antworten müßte, so wäre das charmant. Wilhelmine kriegt beinahe alle Posttage ganze Bücher [Briefe] von Tante Agnes und da darf man denn keine Zeile sehen. Ich habe einen sehr hübschen Brief von Tante Louise gekriegt. Ich bin heute gar nicht zum Schreiben aufgelegt und will darum auch lieber schließen. [Ende des Briefes unleserlich.]

BOIE   Meldorf, 28. Juli 1784

Nimm, Du Beste, den zärtlichsten, wärmsten Dank für Deinen lieben Brief, der mich froh und heiter gemacht hat, wie ichs diesen Morgen nicht war. Weißt Du noch, Luise, wie ich eben so in einer großen Gesellschaft, ohne daß es jemand wußte, Deinen Geburtstag feierte? Eine von den Erinnerungen der vergangenen Zeit, die uns künftig noch oft glücklich machen sollen! Unter Umständen, glaub ich nun fast, wird eine zärtliche Freundschaft zwischen Personen verschiedener Geschlechter doch meistens Liebe, oder vielmehr, es gehören besondere Umstände und Personen dazu, wenn sie's nicht werden soll. Freundschaft und Liebe mögen wohl näher verwandt sein, als man's gemeiniglich glaubt, wenigstens sind die Übergänge von einer zur andern nahe und leicht. Wenn es nicht Liebe ist, was wir für einander empfinden, so gelüstet mir nicht nach Liebe; mir genügt an dieser Empfindung. O Luise, einziges, süßes Mädchen! ich hätte Dir oft so viel zu sagen, und wenn ich's schreiben will, will es nicht aus der Feder. So sehr ich's manchmal fühle, daß Du mir fehlst, so seh ich doch, wie schnell die Tage entschlüpfen. Wenn wir uns nun wiedersehen, ist es auf immer.

Über Deinen Vorschlag wegen des Bettes sprechen wir noch. Dein Bett ist für den Sekretär zu gut, er soll nicht in dem Bette schlafen, worin Luise so viele Jahre geschlafen. Was mir fehlt, ist ein zweischläfriges Bett für die Mädchen. In die Betten für die Leute tut man hier bloß Stroh, in die andern einen Strohsack. Von pferdehaarenen Matratzen weiß man hier so wenig, daß die, die ich habe, vielleicht die erste im ganzen Lande war. Nun haben Niebuhrs auch welche. Noch erwart ich umsonst den Schiffer, der wenigstens schon seit zehn Tagen von Hamburg abgegangen ist, und wegen des widrigen Windes nicht hat einlaufen können. Ich kann nicht anfangen zu bauen, als bis er hier ist, und es wird nachgerade Zeit.

Heynens Lage in Göttingen ist doch traurig. Bei allem, was ich wider ihn habe, nehm ich doch viel Teil daran. Therese nimmt zu früh zu der Rache verlassner Mädchen ihre Zuflucht. Auch sie hätte einen Mann und sich glücklich machen können, und wird schwerlich weder das eine, noch das andre. Karoline wird noch Mühe haben, die Göttingische Natur abzulegen, und ehe sie das nicht tut, macht und wird auch sie nicht glücklich.

LUISE   Osterode, 30. Juli 1784

Dr. Böhmers kommen diesen Nachmittag von Clausthal, und bleiben bis Montag. Ehgestern hatten wir mit der hiesigen Gesellschaft eine Partie ins Holz verabredet. Jeder nimmt kalte Küche mit. Ein paar von den Ratsherrn haben im Frühling den Wald durchhauen lassen, Kabinette, Gänge, Herd, eine Eremitage pp angelegt. Es war sehr hübsch, aber um sieben kam Regen, wir Frauenzimmer flüchteten in die Eremitage, die mit Schilf bedeckt, zuletzt durchregnete. Mein Vergnügen war, die Gesellschaft zu bemerken [d. h. die verschiedenen Temperamente in dieser unangenehmen Lage zu beobachten]. Um 11 Uhr, nachdem alle Wagen aus der Stadt zusammen geholt worden, kamen wir zu Haus. Traurig ists wirklich, daß kein einziger Tag der beiden letzten Monate ohne Regen vorüber gegangen. Alles seufzt und klagt.

Die Nachricht ist gekommen, daß der Prinz von Wallis[1] im September nach Hannover kommen werde. Die Königin wünscht so sehr seine Entfernung, um ihn vor den schrecklichen Ausschweifungen zu sichern. Die Hannoveraner würden seinen Tod nicht beweinen, denn sie beten den Bischof an. Prinz William[2], der sich hat verleiten lassen, das von Ahlemann privilegierte schlechte Haus zu besuchen, hat einen derben Verweis bekommen. Der Bürgermeister Falke (der junge Hofrat) hat des Nachts alle Weiber in dem Hause arretieren lassen, den folgenden Morgen sind sie am öffentlichen Markt gestäupt, und so der Stadt verwiesen [worden].

Osterode, 2. August 1784

Ich war sehr vergnügt mit Böhmers. Gesagt hab ich beiden unsre Verbindung. Karoline nahm wirklich Anteil daran.[3] Die Nachricht kam ihr aber unerwartet, dem Doktor nicht, der hatt' es immer gewünscht, wie er sagte. Der ganze Tag war hübsch. Die Böhmer [Karoline] würde Dich interessieren, lieber Boie. Die Kunst in ihrem Charakter ist sehr fein.

Den 20. bin ich vielleicht auf dem Wege nach Celle. Wilhelm, den ich jetzt bis zum Eichhölzchen begleitet habe, wo sein Heinrich mit dem Pferd ihn erwartete, grüßt Dich von ganzem Herzen, auch George und Henriette.

Karoline sagte mir, daß die Universität [Göttingen] ganz ihren Ruf verloren habe, und würden Jahre vorübergehn, ehe sie sich wieder erholte. Diez geht nach Mainz als Bibliothekar, Beckmann hat auch dahin einen Ruf. – Die mir von Böhmers bezeugte Teilnahme hat mich doch sehr gerührt. Nun muß ichs [auch] der Heynen schreiben.

Lebe wohl, tausend-tausendmal.

BOIE   Meldorf, 31. Juli 1784

Das Wetter hat sich gebessert. Man prophezeit einen schönen Nachsommer und Herbst, der auch dem Lande so wohl tun, und

---

[1] und [2] Siehe Anhang: England. [3] Luise will hier nicht sagen, daß Karoline mehr Anteil nimmt als ihr Mann; die „wirkliche" Teilnahme der jungen Frau (die in der Böhmerschen Familie wohl von vornherein als ein etwas fremdes Element empfunden wurde) ist ihr nur besonders aufgefallen. Vgl. Boies Antwort. S. 365.

die gebeugten Einwohner wieder aufrichten würde. Die Roggen-
ernte wird dem Anschein nach reichlich und gut werden, das
übrige Korn aber steht mittelmäßig. Viel Obst werden wir auch
bekommen. Die große schwarze Morelle, von der ich ein paar
Bäume habe, hat fast so viel Früchte als Blätter.

Den Tag, wo wir uns zuerst sahen, weiß auch ich so genau
nicht mehr, obgleich er mir noch sehr gegenwärtig ist. Es war
im Oktober 1775. Wenn wir erst beisammen sind, werden wir
diesen und andre feierliche Tage schon näher bestimmen.

Ich habe heut auch einen Brief von Amalia gehabt. Sie hat
mir das ostindische Zeug zu Überzügen des Sofas und der Stühle
im Saal geschickt. Ich lege Dir eine Probe davon bei.

Mein Schiffer ist endlich angekommen, und ich bin recht ungeduldig, bis ich meine Sachen habe. Deine Reise nach Clausthal
freut mich. Daß Du spieltest, hab ich gar nicht gewußt; wie geht
das zu? Und nun hab ich kein Klavier für meine Luise.

Lebe wohl, meine Süße.

LUISE   Osterode, 4. August 1784

Gestern Morgen hab ich sechs Hemder für Dich zugeschnit-
ten. Gern hätt' ich zwölf gehabt, aber vorerst konnte ich kein
Leinen bekommen.

Daß Du mein Bett dem Sekretair nicht geben willst, machte
mich lächeln. Guter Boie! Glaub ja nicht, daß mir etwas entschlüpft [entgeht], das mir Deine Zärtlichkeit zeigt. Wenn es nicht
Liebe ist, die unsre Herzen füllt, bin ich der Liebe nicht gut. Be-
rauschung ist Taumel und hört auf. Unsre Empfindungen hören
nie auf. Ich umarme Dich tausendmal für das, was Du davon
sagst. – Hast Du in dem Briefe von unsrer Mutter wohl bemerkt,
daß sie mich am Ende „Du" nennt? Das tönt mir süß.

Zimmermanns ‚Einsamkeiten' lese ich in Celle. Die Zimmermann hat das Buch ihrer Großmutter geschickt mit den Worten:
es sei die Frucht ihrer beider einsamen Abendstunden. Die Frau
Hofrätin hat [aber] gewiß keinen Teil daran.

BOIE   Meldorf, 5. August 1784

Ich komme aus dem Garten. Es war der reizendste Abend,
und Rosen, Nelken, Levkojen, Geißblatt und Reseda erfüllten
die ganze Luft mit Wohlgeruch. O Luise! Mit welcher Sehnsucht dacht' ich an Dich. Den gestrigen Abend mußt' ich am

Spieltisch vergähnen, und war deswegen übler Laune. Heute bin ich gottlob allein. Niebuhr und der Aktuar haben bei mir Tee getrunken, und zwar im Garten. Vorigen Montag kamen meine Sachen aus Hamburg. Die Gardinen sind schon aufgehängt. Die im Wohn-, Schlafzimmer und der Bibliothek sind von gestreiftem Nesseltuch sehr gut gemacht, aber mit Quasten, die ich nicht daran haben wollte, aber [nun] doch ganz hübsch finde. Alle Gardinen sind im Bogen, d. h. die Hölzer, von welchen sie herabhängen, sind wie ein Bogen gemacht. Meine Gardinen sind jetzt das Gespräch des Orts. Die Mägde gehen vorbei, sie zu besehen, und ihren Frauen davon zu rapportieren.

Da ich nun Bauholz habe, wird der Bau und meine Unruhe in der nächsten Woche wohl recht angehen. Verschrieben hab ich die Arbeiter schon. O, stünd erst alles, wie es stehen soll, so könnt' ich meine Geliebte in mein Haus einführen!

Mein Aktuar hat mir gestern gestanden, daß er gewählt und Ostern ein Mädchen zu heiraten gedenke, das er von Jugend an geliebt habe. Wohl ihm! Ich werd' ihm dadurch noch eins so gut.

LUISE   Osterode, 7. August 1784

Morgen fahren wir noch einmal nach Clausthal. Böhmers bitten so herzlich darum. Montag nach Northeim, die Kammersekretairin Mejer zu besuchen, Mittwochen über Seesen nach Fallersleben. Daß ich Seesen wieder sehe, wo seit zwölf Jahren meine Julie [Knigge] ruht, und ich fünf Monate mit ihr lebte, ist mir eine Freude, die Du, mein Boie, fühlst. Immer hatt' ich den Wunsch, diesen Ort wiederzusehn.

Donnerstag begleitete ich am Abend Wilhelm zum Eichhölzchen, wo er seinen Heinrich mit dem Fuchs fand, auf welchem er wegritt. Da nahmen wir Abschied. Er war sehr gerührt, ich war's auch. Was mich freut, ist, daß ich ihn so ganz mit Dir bekannt gemacht habe, daß er Deinen Wert und unsre gegenseitige Zärtlichkeit fühlt, und eine Gewißheit, daß edle Empfindungen noch in Menschen wohnen, durch uns in sein Herz gekommen. Für ihn ists [aber] gut, daß ich wegreise. Er frug mich ganz ernsthaft, ob ich auch gewiß sei, Du würdest unsren freundschaftlichen Ton mir erlauben. Ich lachte und antwortete, das sei eine Frage, die er *mir* nicht tun müßte. Henriette ward sogar unruhig, ihr konnte ich's nicht verständlich machen, daß bei unsrer Zärtlichkeit kein Mißtrauen stattfinden könne.

(den 8.) Gute Nacht, bester Boie. Ich bin zurück und habe bei Böhmers herzlich auf Deine Gesundheit getrunken. Böhmers und Wilhelm waren sehr gerührt beim Abschiede. Alles grüßt Dich, mein Boie.

BOIE   Meldorf, 8. August 1784

Bei den gestrigen Gesprächen [mit Niebuhrs] von Einrichtung und Haushaltung fiel mir ein, daß in der Garderobe auch ein Kleiderschrank für Dich stehen müßte. Ich habe mir, gleich bei meiner Ankunft hier, einen mit Fächern, die ausgezogen werden können und worauf die Kleider gelegt werden, machen lassen. Zu zweien neuen Kommoden hab ich allerliebste Beschläge aus Hamburg erhalten.

Ich kann nichts dawider haben, wenn Du unsre Vereinigung denen vertraust, die Teil daran nehmen, ich wünsche sie bloß hier in Meldorf nicht bekannt, um die hunderterlei Fragen zu vermeiden, die ich nicht beantworten mag, als bis es Zeit ist. Daß der Doktor [Böhmer] sich freuen würde, des war ich gewiß; daß seine Frau es auch tut, ist mir lieb. Ihr Urteil über Göttingen ist wohl ein Urteil von ihrem Vater, und wenigstens nur in gewisser Hinsicht wahr; in anderer hat Göttingen vielleicht nie mehr Ruf gehabt, als eben izt. An dem dicken Diez macht die Universität Mainz eben keine große Acquisition. Er ist zu phlegmatisch, um noch etwas zu wirken. Beckmanns Abgang wäre ein Verlust für Göttingen. – Bürgers Frau ist gestorben. Er hat mir einen sehr rührenden Brief darüber geschrieben, den ich, wenn ich kann, noch heute beantworte.

LUISE   Osterode, 10. August 1784

Es ist Mitternacht, und morgen um fünf Uhr reisen wir, aber ich kann nicht schlafen, eh ich Dir nicht für Deinen herzlich lieben Brief gedankt habe. O Boie, wie so innig gut bist Du! Zürne nicht, wenn ich Dir sage, daß ich nicht halb so gut bin als Du Einziger.

Gestern waren wir nach Northeim, die Kammersekretairin Mejer und ihre Mutter zu besuchen. Die Mejer denkt und spricht mit vieler Zärtlichkeit von Dir. Sie sagte mir, daß unsre Verbindung gemutmaßt wird in Hannover. Die Kestner grüßt Dich tausendmal und schreibt mir recht teilnehmend.

Hier leg' ich einen Zettel bei von der Dr. Böhmer [Karoline], daß Du ohngefähr siehst, wie sie schreibt.

BOIE
Meldorf, 19. August 1784

Die armen Niebuhrs haben einen großen Schrecken gehabt. Sie haben einen Hund, der seit einigen Tagen beißiger schien als sonst. Vorigen Sonntag, unterdeß die Eltern in der Kirche sind, beißt er den Knaben in die Hand, und als er deswegen von dem Bedienten gezüchtigt wird, läuft er weg, und beißt verschiedene Hunde, kommt indeß wieder, wird an die Kette gelegt, ist ruhig, säuft, so daß alle Furcht, er könne wütig gewesen sein, verschwindet. Am Montag aber reißt er sich wieder los und beißt nun alles, was ihm in den Weg kommt, Menschen und Hunde. Nun muß Niebuhr ihn erschießen lassen, und die Mutter bleibt in der fürchterlichen Erwartung des größten Unglücks. Gott! welche mancherlei Übel umringen den Menschen, und wie gut, daß wir zwischen den meisten durchgehen, ohne sie zu merken. Der Knabe hat die spanischen Fliegenpflaster, die noch immer nachgelegt werden, wie ein Mann ertragen, und klagt nur manchmal, daß sie schmerzen.

Wenn nur die verwünschten Schmausereien nicht wären! Seit acht Tagen hab' ich nicht einen Abend zu Hause essen können.

Meldorf, 22. August 1784

Vorgestern reiste die Tante.[1] Sie wird von ihren Kindern geliebt, doch sorgen sie nicht genug, ihr das Leben angenehm zu machen, und kennen gewisse zuvorkommende Aufmerksamkeiten nicht, die ihm eigentlich Reiz geben. Eben so ungefähr gehts unsrer Mutter in Flensburg. Reinhold sorgt mit aller kindlichen Zärtlichkeit für sie, aber er ist oft abwesend und kann auch nicht alles tun, was er möchte. – Wie viel haben wir gestern wieder von meinem süßen Mädchen gesprochen! Er wird nicht müde zu hören, wie ich nicht zu erzählen.

Gegen Mittag erwart' ich meine Zimmer- und Maurermeister. Gleich morgen kann der Anfang der Arbeit gemacht werden. Hätt' ichs schon diesen Frühling anfangen können! Dich vielleicht noch vor dem Winter in Dein neues Haus einführen – – –

Der kleine Niebuhr befindet sich nach dem unglücklichen Vorfall sehr wohl, aber die zärtliche Mutter ängstigt sich noch unbeschreiblich.

Nun kein Wort mehr, weil sonst die Post nicht fertig wird.

[1] Sie ist bei Boie zugleich mit seinem Bruder Reinhold auf Besuch gewesen. Boie hat sich ihr nicht anvertraut, aber dem Bruder.

Endlich, mein teurer Boie, bin ich zurückgekehrt. Mit Zufriedenheit sehe ich den verflossenen Monaten nach, und danke dem Himmel, der mir die Kräfte gab, viel zu nützen. Heute muß ich einige Besuche geben [machen], aber ich will Dir [von meiner Reise] in der Kürze sagen, so viel ich kann.

Donnerstag Nachmittag gegen sechs Uhr kamen wir in Braunschweig an. Wilhelm fand ich im Tor. Er hatte mich noch einmal sehen wollen. Wir sahen [im Theater] ‚L'ombres chinoises‘, die sehr hübsch waren. Der Hof war da und die [Hof-]Loge so nahe, daß ich mit meinem Glase Goethe, der mit dem Herzog von Weimar in der Loge war, sehr gut sehen konnte. Freitag Morgen fuhren wir nach Salzdahlum, die Bildergalerie zu sehen, die mir sehr gefallen, nur konnt' ich mich an die dicken weiblichen Schönheiten der niederländischen Gemälde nicht gewöhnen. Eine Madonna mit dem Kinde hat mich entzückt. Ein sehr heftiges Gewitter, das so schön in den Zimmern tönte und zwei Stunden anhielt, machte uns bis ein Uhr verweilen, und so sahen wir Wolfenbüttel nicht. In dem Porzellan-Zimmer fand ich ganz vortreffliche Stücke, aber das Ganze wollte meinen ungeübten Augen nicht gefallen. Es ist alles im chinesischen Geschmack, wie Du weißt. Den Nachmittag besuchten wir die Opera Buffo. Wilhelm und Henriette hatten nie dergleichen gesehen. Musik und Gesang entzückten den guten Wilhelm, vorzüglich eine junge Person, die ganz außerordentlich schön ein Konzert auf der Violine spielte. Als wir Sonnabend Morgen auf den Wall und durch die besten Straßen der Stadt gingen, begegneten wir dem jüngsten Bremer, der mit mir ein halb Stündchen schwatzte. Vom ältesten hatte ich in Osterode einen Brief erhalten, worin er mir schrieb, er wollte mit seinem jüngsten Bruder die Schweiz durchlaufen.

Sonnabend Nachmittag [be]sahen wir die Messe. Im Vorbeigehn frappierte mich das schöne Blau eines atlaßnen Stoffes von dieser [beiliegenden] Probe. George eilte ohne mein Wissen gleich, mir das noch einzige Stück von dieser Farbe [zum Kleide] zu schenken. Diese Attention rührte mich sehr. – Sonntag Morgen trennten wir uns. George und Henriette schluchzten beide. Wilhelm war stumm, aber totenblaß. Ich äußerst wehmütig. Der Abschied von dem Kinde brachte mich beinahe aus aller Fassung. Der kleine Junge soll meine Augen haben. Der Himmel segne Mutter und Kind, und gebe dem kleinen naiven Weibchen Gesundheit und Mut. – Auf der Reise hieher tönte noch der Abschied in meiner Seele – der sich etwas linderte durch die lebhafte Freude der P. und Beaulieu, die mich mit Ungeduld erwarteten.

Auf der Messe in der Porzellanfabrik habe ich achtzehn Chokoladetassen etc. gekauft, bunt gemalt und ganz hübsch. Noch eine ökonomische Frage: was wünschest Du, das mein Bett für einen Umhang hätte? Es ist mir alles gleich. Grün, blau oder rot, Zitz oder Leinen. Was Du gut findest.

Ich bin nicht für das hinlegen der Kleider. Oben im Hause ist wohl eine kleine Kammer, wo ein sogenanntes Hakenbört gemacht werden kann. Sie hängen weitläufig am besten, und werden mit Laken vor dem Staub bewahrt. Ich denke [nichts zu brauchen als] ein weißes [Kleid], leicht stoffenes oder gros de tour, ein hellgraues, dies blaue atlassene, Dein herrliches weißes, und ein braunes, zum Strapazieren zu nehmen. Wozu viele Kleider? Du wirst es mir aber zu gute halten, daß ich sie nicht ganz im neuen Geschmack machen lassen werde. Die Mode ist zu kostbar [kostspielig], ändert sie sich, ist kein Kleid mehr zu gebrauchen. Dann kann ich mich auch unmöglich entschließen, mich mit Pferdehaar so auszustopfen. Die Weiber tragen sich alle ungeheuer dick, Du weißt [aber], ich kann das auffallende nicht leiden. Eleganz ist nun einmal nicht in mir. Ich habe mir von dem weißen Piqué zu Unterröcken gekauft, die Du gern weiß leiden magst. Flachs habe ich bestellt, die gute Niebuhr kann davon bekommen, so viel sie will. Der tödliche Schrecken über den Hundebiß, den die guten Leute gehabt haben, betrübt mich sehr. Vor zwei Jahren ging es Pestels eben so. Der Hund biß verschiedene Leute, wurde erschossen und niemand hat Schaden davon bekommen. Auch der Kammerjunker v. Lenthe hat vor einigen Wochen dasselbe Unglück gehabt. Zimmermann versichert, es würde ihm nichts schaden, indessen braucht er Merkurius.

Die Briefe der Stolberge haben mich doch sehr gefreut, obgleich ichs ihnen ansehe, daß es noch nicht ist, wie es sein sollte. Die Gräfin wird mir und Dir nie öffentlich böse sein, denn sie hat sich gegen mich zu weit entdeckt, ich kenne sie ganz und das fühlt sie. Ich will so bald schreiben, als ich nur kann.

In der Kunstkammer in Braunschweig, wo wir noch vor der Oper hineingingen, sah ich Lübecker Kaufleute mit ihren Frauen. Sie frugen so zweideutig, so albern, daß der Rat Höfer, der die Kunstkammern zeigt, häufig Sottisen sagte, die mir sehr mißfielen. Die guten Weiber lachten über alles. – Zu Jerusalems konnte ich nicht mehr gehen.

Bürger muß seinen Verlust natürlich sehr fühlen, doch ists mir lieb, daß die gute Frau tot ist. Sie war doch unglücklich [mit ihm]. So wie ich höre, arbeitet er an Journalen, wofür er vierhundert Reichstaler erhält.

BOIE   Meldorf, 26. August 1784

Die Gegenwart meines Bruders und die Bau-Unruhen hindern mich im Schreiben, wie Deine Zerstreuungen Dich. Am Sonnabend geht Reinhold wieder nach Flensburg. Seine Heiterkeit hat ihm hier allgemeine Liebe verschafft. Er singt recht gut, und wir haben vor einigen Abenden sogar bei dem alten Eggers gesungen. Ich gehe jetzt mit einem Projekt wegen des guten Jungen herum. Er wird in Flensburg nicht glücklich werden, wenn er mit unserm Schwager völlig in Kompanie tritt. Reinholds Offenheit und Geradheit mit dessen Furchtsamkeit und Verschlossenheit werden nie ganz zusammen stimmen. Wir haben eine Cousine hier, die Geld hat und ein gutes Mädchen sein soll. Wir wollen heut ihre Mutter besuchen, und wenn das Mädchen Reinhold nicht mißfällt, will ich einmal versuchen, ob ich sie ihm nicht zur Frau verschaffen kann. Erhält er sie, so soll er ein Landmann werden und hier bleiben. Unter der Hand hab ich schon ein wenig vorbereitet. Wir schwärmen jetzt alle Tage, und ich hab am Morgen kaum Zeit, meine nötigsten Geschäfte zu tun.

Mein Bau macht doch mehr Unruhe, als ich mir vorgestellt hätte. Was mich unbeschreiblich verdrießt, ist die Erklärung der Arbeitsleute, daß sie, wenn ich alles Holz vorrätig hätte, mit dem ganzen Bau noch gegen Ende Oktober fertig geworden wären. Warum sagten sie mir das nicht früher? Ich hätte sonst alles Holz angeschafft und Dir künftigen Sommer eine große Unruhe erspart. Indes will ich so weit zu kommen suchen, als nur immer möglich ist. Unsern Hühnerhof, der herrlich wird, werden wir doch vor dem [nächsten] Herbst schwerlich brauchen. Mein Einfall, den Kellereingang in die Küche zu verlegen, glückt ungemein und verbessert das Haus sehr.

Voß und sein Weibchen, die beide so gern Briefe haben und sie so ungern schreiben, versprechen Dir bald zu schreiben. Ich hatte gestern ein Briefchen mit der Ankündigung seiner Gedichte, die eine davon erschienene unbefugte Ausgabe ihn zu sammeln zwingt. Der erste Band wird 25 Gulden kosten. Einige Exemplare bringst auch Du bei unsern Freunden wohl noch unter.

In Kopenhagen fängt die Königin doch an, sich etwas in ihre neue Lage zu finden. Die Herrschaften haben bei ihr gegessen und auch Graf Bernstorff, den sie von den neuen Ministern noch am meisten leiden zu können scheint. Nachgerade kommt alles wieder in ein Gleis, und die Geschäfte gehen wieder einen festen Gang.

Lebe wohl, mein holdes, süßes Mädchen. Ich drücke Dich mit wahrer Zärtlichkeit an mein Dir ganz ergebenes Herz.

LUISE   Celle, 27. August 1784

Wir sind uns näher, Gottlob! Du hast Recht, Boie, die Monate enteilen uns wie Tage. Die gute Pestel betet um Verlängerung jeder Stunde. Das gute Weib hatte eine traurige Nachricht gestern. Ihr Bruder, der Assessor, ein gesunder Mann, erwacht vor einigen Monaten, das eine Bein ganz krumm zusammengezogen und ohne Gefühl. Sein Arzt hält es für Gicht und läßt ihn schwitzen. Das Bein wird im Knie dick. Man schickt ihn nach Rehburg, da findet sich denn, daß Gliedwasser im Knie. Der Arzt gibt Merkurius und macht die Portion zu stark. Grävemeyer ist äußerst elend nach Meinberg geschickt worden, gestern kam die Nachricht, daß er sterben würde. Diese fürchterliche Gewißheit macht uns sehr traurig. Pestels haben ihn gebeten, hieher zu kommen, aber der Kranke will nicht, aus Furcht, seiner Schwester lästig zu werden. Ich wünschte, er käme.

Heute wäre die Hälfte des Tages ganz für mich gewesen, Pestels gehen zum Prinzen, dann zum Picknick (es ist des Prinzen Geburtstag). Nun läßt mich [aber] Frau von Lenthe bitten, die vom Lande herein gekommen. Kann ich also heute nicht viel schreiben, mußt Du's mir verzeihen, bester Boie.

Die Proben der Tapeten gefallen mir sehr wohl. Die blaue besser wie die grüne. Die Pestel hat sich eine zu delikate Tapete aus Hannover kommen lassen. Hellgrau mit weißen Muschen, oben eine grüne Girlande. Sie ist sehr hübsch, aber nicht von Dauer. – Die Einrichtung des Essens, die Dir die gute Frau v.

Jessen schriftlich gegeben, ist für die Fiandt und mich von großem Wert. Ich möchte gern nach dortiger Gewohnheit handeln,
damit nicht Widerwillen gegen eine Fremde erregt wird. Auch
bin ich ganz Deiner Meinung, *mein Kind*, daß der Tisch nicht
kostbar, aber das Essen *gut* zubereitet werden muß. Wir haben
einen Begriff von Rechtlichkeit ohne Pracht.

Die Pestel sagt: „Erlaube ja keinem [andern] Mädchen Deine
Sicherheit, denn es gibt nur *einen* Boie." Sie hat Recht.

Prinz William, der keine Nacht aus Hannover [fort] sein darf,
ist diesen Morgen angekommen, er muß aber auf die Nacht zurück. Das Monument der Königin Mathilde[1] wird in kurzer Zeit
fertig, es wird täglich daran gearbeitet, auch an dem schönen
Sarg, denn wie es gewiß heißt, wird die Leiche mit großer Pracht
nach Kopenhagen gebracht werden.

BOIE   Meldorf, 28. August 1784

Ich fühle Dich mehr mir angehörend, seitdem ich Dich in Celle
wieder weiß. O Luise, ich kanns Dir nicht sagen, wie ich Dich
ehre und liebe, wie Du mein Herz so ausfüllst, daß mir nichts zu
wünschen übrig bleiben wird, als die Dauer unsres Glücks. Aber
ich will nicht deklamieren und Dir lieber erzählen, was ich seit
meinem letzten Briefe gemacht habe.

Unsre Reise am vorigen Donnerstag ging ganz gut ab. Die
Cousine hat dem guten Reinhold nicht mißfallen, sie scheint
ein gutes, unverdorbenes Mädchen, freilich ohne Bildung zu sein,
aber ich will mich doch erst auf nähere Kundschaft legen, eh ich
einen Schritt weiter tue. Ob mein Bruder gefallen und man etwas
von der Absicht gemerkt hat, weiß ich noch nicht. Er ist heute
Morgen abgereist. Deinen Schattenriß hab ich ihm für unsre
Mutter mitgegeben, er hing in meinem Schlafzimmer. Ich werde
die Lücke durch keinen andern ausfüllen.

Nach unserer Zurückkunft mußten wir auf einen Ball gehen,
der freilich für Leute aus der Welt nicht gewesen wäre, aber
doch, nachdem ich die Menschen erst ein wenig in Gang gebracht hatte, sehr vergnügt wurde, und sich erst gegen Morgen
endete. Von den sogenannten Vornehmen hier (das ist der Ausdruck) war niemand weiter da, als Niebuhrs. So wenig dergleichen Vergnügen für mich sind, so schließe ich mich doch

---

[1] Karoline Mathilde, siehe Anhang unter ‚Dänemark'.

nie aus und die Leute wissen auch, daß ich sie nicht störe und gern heiter sehe. Die beste Tänzerin war Niebuhrs Tochter. Sie mit ihrem Bruder walzen zu sehen, ist wirklich allerliebst. Gestern Abend feierten wir bei Niebuhrs den achten Geburtstag des kleinen Bartold.

Meine Arbeiter sind sehr fleißig. Die alte Küche ist eingerissen und ein Teil der neuen steht schon wieder. Was mich freut, ist, daß andre, die sich vorher aus dem Plan gar keinen Begriff machen konnten, einzusehen anfangen, daß die Einrichtung gut und bequem wird. Aber von der Unruhe, die das Bauen macht, hab ich wirklich vorher keinen Begriff gehabt, und ich bin nicht wenig froh, daß ich den größten und beschwerlichsten Teil ohne Dich zu ertragen habe. In der künftigen Woche muß ich auch meine Zimmer verlassen, und in den Saal ziehen.

Die Farbe des Kleides, das Dein Bruder Dir geschenkt, ist allerliebst und wird Dir sehr gut stehen. Ich fühle seine Attention wie Du, und lieb ihn deswegen.

Für unsre Betten in dem [künftigen] Schlafzimmer hab ich blau und weiß gestreifte leinene Vorhänge machen lassen. Ich habe verschiedene Dachkammern, die Du nach Gutbefinden brauchen kannst, und die täglichen Kleider können auch in der Garderobe unter einem Vorhang aufgehängt werden. – Die Kleider, die Du mitbringst, sind mehr als hinreichend. Aller Flitterstaat und das Äußerste der Mode ist weder für Dich noch mich. Du kannst mir nicht zu einfach sein. Weg mit dem modischen Kopfputz und den falschen Haaren! Daß Du von dem piquierten Baumwollenzeuge zu Unterröcken genommen hast, ist mir lieb. Ich schicke Dir noch einen wollenen Unterrock für den Winter, der Dir nicht mißfallen wird. Bestellt ist er schon. Willst Du Dir nicht ein Reitkleid von Halbtuch für die Reise und rauhe Witterung machen lassen? Stehen, dächt' ich, müßt' es Dir vortrefflich.

Daß ich die Erwartungen der Meinigen von Dir nicht zu hoch stimme, dessen kannst Du gewiß sein. Reinhold fragte mich ganz treuherzig, ob ich es auch leiden könnte, wenn er mir künftig sagte, daß ihm etwas an meiner Frau nicht gefiele? Ich sagte, daß ich das von ihm erwarte. Er fragte gar genau nach und konnte besonders nicht glauben, daß ich in neunjähriger Bekanntschaft keine Launen bei meiner Luise entdeckt hätte.

Hab ich Dir einen Gruß von Voß gebracht? Von seinen Gedichten will ich Dir einige Ankündigungen schicken. Er hat die

größte Strenge an sich selbst bewiesen, umgearbeitet und ohne
Schonen verworfen, was für zehn andre gut genug sein würde.
Ich freue mich, daß ich klug genug gewesen bin, meine Reimereien nie unter meinem Namen zu geben, und vieles gar nicht
drucken zu lassen.

LUISE   Celle, 30. August 1784

Liebster Boie. Der Brief an die Gräfin Luise hat mich wahre
Mühe gekostet, weil ich fühle, Agnes wird wieder schelten, daß
ich zu viel gesagt, und dann wird geschwatzt. Auch fühle ich, die
Gräfin war mir gut. Ach es ist dumm, Boie. Du wirst den Brief
verstehen, denk ich, bitte, mach ihn zu mit einer Oblate. Ich hoffe,
daß die Gräfin nicht den Einfall kriegt, mich den Winter noch
[einmal] bei sich haben zu wollen.

BOIE   Meldorf, 2. September 1784

Das Klopfen, Hämmern, Brechen im Hause dauert den ganzen
Tag noch ununterbrochen fort; ich muß sehen, wie viel Besinnung
ich dabei behalte, den Brief meiner Geliebten zu beantworten.
Morgen wird die neue Haustür eingesetzt, der zur Seite ich noch
ein großes Fenster machen lasse, um der Diele die nötige Helle zu
geben. Wird die Wand in meiner jetzigen Wohnstube nicht trok-
ken genug, daß ich sie wieder bewohnen kann, so würd ich mich
diesen Winter knapp genug behelfen müssen, und für mein holdes
Weibchen durchaus keinen Platz haben, auch wenn ich sie schon
hätte. Am meisten freut mich die Küche. Ich lege einen Regenbach sogleich darin an, eine Bequemlichkeit, die in den Marsch-
und an die Marsch grenzenden Gegenden, wo das andre Wasser
nichts taugt oder durch die Weite, von der man's holen muß, kostbar wird, fast notwendig ist. Es ist dies ein wasserdichtes Gewölbe,
das halb außerhalb und halb innerhalb des Hauses angelegt wird,
und worein alles gesammelte Regenwasser abfließt, sich frisch
erhält und so läutert, daß ichs dem schönsten Quellwasser fast
vorziehe. In Tonnen oder überhaupt hölzernen Behältern nimmt
das Regenwasser einen Holz- oder fremden Geschmack an, den
es an sich nicht hat, und kaum durch das Kochen verliert. Man
steigt in der Küche nur ein paar Stufen hinab, und schöpft das
Wasser unmittelbar.

In Absicht der Schlafkammer ist nur noch eine Frage, ob ich die
zum Gang führende Türe stehen lasse, oder wegnehme? Ich war

für das letzte, habe mich aber von den Damen überreden lassen, sie fürs erste noch zu dulden. Ich fand nämlich eine Türe von außen in das Schlafzimmer unschicklich und fürchtete auch aus dem Gang den Zug daher, sie aber sagen, es wäre gar unbequem, wenn man, um dies Zimmer reinigen zu lassen, immer durch das Wohnzimmer gehen müßte, und keinen andern Ausweg hätte.

Nun noch eine Frage, die Du so gerade beantworten mußt, als ich sie tue. Solltest Du gegen Michael nicht ein paar hundert Taler nach Hamburg schicken können? Meine Kosten gehen weiter, als ich gerechnet hatte. Setze Dich aber ja nicht in Verlegenheit, sondern antworte mit völliger Zuversicht.

Manchmal wünsch ich, daß Du den Fortgang meines Baues mit ansehen könntest, aber nur manchmal! Im ganzen bin ich froh, Dir die Unruhe ersparen zu können.

LUISE   Celle, 3. September 1784

Hast Du die ‚Gothaische Gelehrte Zeitung' gelesen? Wo nicht, wird Dir dieser daraus abgeschriebene Brief [Zimmermanns] angenehm sein. Zimm. bleibt doch ewig der eitle Mann, er hat das Versehen von Ettinger als eine Beleidigung genommen. Nun kann sich wieder ein Federkrieg erheben, der das Publikum amüsiert. Ettinger konnte sich nicht ärger rächen, als daß er diesen Brief so ganz ohne Anmerkung drucken ließ. – Zimmermanns ‚Einsamkeiten' sind uns versprochen, ich erwarte sie mit Ungeduld, denn die Urteile über dieses Buch sind zu verschieden, um nicht meine ganze Neubegierde rege zu machen.

Eine Anekdote über Gustchen muß ich Dir noch mitteilen, weil Du 79 in Meinberg mit ihr warst, und die harte Kur von Dr. Trampel angesehen. Zimmermann (der es jetzt selbst erzählt) schreibt an Trampel über Gustchens Befinden und nennt die Ursache ihres Übels eine Geistes-débauche. Trampel, der das Wort nicht versteht, fällt nach langem Sinnen auf die Idee, es sei nur höflich eingekleidet, und da er wohl mehr solcher Krankheiten des Körpers kuriert haben mag, gibt er der armen Gustchen die abscheuliche Arzenei, wovon sie so elend ward.

Die freie Luft ist so wohltätig. Des Abends gehn die Pestel und ich wieder im Mondenschein in Pelze gehüllt spazieren, und schwatzen traulich von Dir Einzigem! Manchen Gruß schicke ich Dir auf den Flügeln des nun schon kalten Abendwindes zu, aber Du, lieber stummer Boie, fühlst es nicht. Adieu.

Zimmermanns Brief an den Buchhändler Ettinger rechtfertigt allerdings die ungünstige Meinung, die man in Hannover von ihm hatte. Durch das Versehen eines Angestellten war eine von einem Professor Zimmermann in Braunschweig bestellte Büchersendung an den hannoverschen Namensvetter gegangen, mit höflicher Entschuldigung, daß bei der Besorgung französischer Bücher „Weitläufigkeiten" entstanden seien. Zimmermann antwortete, entweder habe Ettinger Visionen oder der Brief sei „in der Raserei eines hitzigen Fiebers" geschrieben. „Ich kenne Sie nicht. Ich habe in meinem Leben nie französische Bücher bei Ihnen bestellt. . . . Wenn Sie krank sind, so bedaure ich Sie und verzeihe Ihnen Ihre Torheit. Sind Sie aber nicht krank, so verlange ich von Ihnen zu wissen, warum Sie sich solche Impertinenzen einfallen lassen", u. s. f. Kein Wunder, daß Ettinger sich wehrte, indem er diesen Beweis Zimmermannscher „Urbanität" der Öffentlichkeit überlieferte.

LUISE   Celle, 7. September 1784

Mein Morgengruß, so zärtlich er auch ist, kann nicht einmal zu Dir dringen, so lärmt, klopft und hämmert es um Dich her. Ich höre jeden Hammerschlag, der Dich stört, so weit ich auch von Dir entfernt bin. Das schöne Wetter wird freilich das nun Gebaute bald trocken machen. Du darfst in keinem Zimmer wohnen, wenn es auch nur etwas feucht ist. Die Türe im Schlafzimmer auf den Gang laß ja nicht zumachen. Die Damen haben recht, sie ist bequem wegen des reinmachens, und ich liebe sehr, des Morgens die Betten herauszunehmen und zu jeder Jahreszeit eine halbe Stunde von Zugluft durchwehen lassen, es ist gesunder. Hast Du Windofen? Mit Deiner Erlaubnis werde ich die Oberaufsicht über Deinen Ofen führen. Du sitzest zu warm bei dem Schreiben. Die Einrichtung der Küche und das Wasserbehältnis ist gar bequem und angenehm. – Ich hoffe Dir gewiß Geld schicken zu können. Es ist mir lieb, bester Boie, daß Du mirs sagst.

Dank für die Absolution in Absicht meiner Kleider. Ich hätte Dir diese Kleinigkeit nicht geschrieben, wenn mich nicht die Mejer gequält, ganz außer meinem Geschmack herauszugehen. Wenn Du die jetzigen Moden sähest, Du würdest sie abscheulich finden. Ich werde immer den Mittelweg annehmen. Ein braunes Reitkleid zum Reisen, auch einen Überrock werd ich tragen. Ich weiß, daß Du die Art Kleider gern magst.

Hast Du noch Manschetten mit kleinen Spitzen oder dergleichen? Ich erinnere mich, daß Du mir sagtest, Du trügest sie nicht, weil niemand sie zu waschen verstünde. Willst Du sie mir wohl bei Gelegenheit schicken? Einige Paare müßtest Du doch haben.

Sollte Klopstock kein schwarzes Steinzeug mit erhabnen Figuren [als Teegeschirr] finden, so laß ihn nichts kaufen. Mein Bruder wollte es [nur] für den Dr. Böhmer, der keine Bezahlung nimmt, zum Geschenk haben.

Den guten Reinhold liebe ich täglich mehr. Der Himmel segne Deine Pläne für ihn. Aber Boie, ein Mädchen ganz ohne Bildung? – und doch, wenn sie nur unverdorben ist, mehr darf keiner anjetzt fordern. Wenn die Sittenlosigkeit in Deiner Gegend so groß ist, als in dieser, wehe den Männern!

Voß soll ein allerliebstes Gedicht an Agnes gemacht haben. Ich werde es bekommen, auch ein neues Abendlied von Fritz Stolberg. Sag mir doch, wer ist der Pfarrer von Grünau in den Idyllen von Voß? und die Luise? – Ja, wohl ist's gut, bester Boie, daß Deine Gedichte nicht so verstümmelt werden können, da sie unter Deinem Namen nicht bekannt sind! Darf ich denn wohl künftig einmal bei der Schublade kramen, worin Dein Archiv unvollendeter Sachen, Gedichte pp sind?

Den 9. will ich an das Brautpaar [Jessen] denken. In einigen Monaten ist auch *unser* Verbindungstag. Mit Ruhe und feierlichem Ernst seh ich diesem Tag entgegen. Boie, wir wollen nicht an die Dauer unserer Freuden denken, die eine weise Vorsehung nach unsrem Besten verlängert oder verkürzt, wir wollen jeden süßen Augenblick mit Dank genießen. Findest Du diese kleine Silhouette von Deiner Luise ähnlich? Die Böhmer [Karoline] hat mir den Schattenriß gegeben, ich fand ihn in ihrer Brieftasche und bat um die Kopie, obgleich ich mich selbst nicht erkenne.

(den 10.) Vielleicht erinnerst Du Dich, daß die Amtmannin Ostmann zu Scharzfeld eine Cousine von mir ist. Sie besucht vorige Woche Henriette, der sie erzählt, daß sie gehört, ich heirate einen Mann, der auf einer Insel wäre, die ganz entsetzlich weit von unsrem Lande entfernt. Sie könnte diesen Entschluß durchaus nicht begreifen, denn sie hätte immer gehofft, ich würde die Deinige. Henriette erzählt mir [brieflich] diese Szene so komisch, daß ich herzlich lachen mußte. Sie hat die Grausamkeit gehabt, die Cousine in ihrem Wahn zu lassen.

Laß ja viel Obst trocknen. Wer weiß, wann ein so gutes Obstjahr wiederkommt. Macht man in Deiner Gegend auch Zwetschenmus von ungeschälten und geschälten Zwetschen? Das ist so sehr gut in der Haushaltung. Zum Braten, auch auf dem Brot zu essen für die Leute wirds hier gern gegeben.

Ich habe Zimmermanns ‚Einsamkeiten' angefangen. Urteilen will ich nicht über das Buch, auch wenn ichs ausgelesen, denn Z. lacht, daß so viele Frauenzimmer Indezenzen darin fänden, da es seiner Meinung nach gar keine gibt. Der Stil des Buchs ist lange nicht so gut wie der der ‚Erfahrungen'. Lieber hätte Zimmermann noch einen Teil seiner Erfahrungen schreiben sollen, wohin viele Dinge gehören. Weh uns, wenn erst das Buch über die Temperamente erscheint! Ich verkenne den Nutzen nicht, den Zimmermann durch die Freiheit seiner Feder stiftet, aber wir haben ja Briefe über das Mönchswesen, worin, glaube ich, genug gesagt ist. Zimmermanns Eitelkeit, Stolz, den ganzen Z., wie er lebt und ist, wirst Du allenthalben antreffen. Glaub nicht, lieber Boie, daß ich die Schönheiten [in dem neuen Buch] nicht fühlte. Ich freue mich aber der Zukunft, wo Du viele meiner Ideen berichtigen wirst, wo ich mit Dir lesen werde.

Grüße Amalia tausendmal, und alles, was Niebuhr heißt. Die Kleinen mit einem Kuß. – Dich umarme ich mit inniger Liebe.

BOIE   Meldorf, 12. September 1784

Mein Bau ist in der vorigen Woche wieder ansehnlich fortgerückt. Drei neue Schornsteine sind fertig, die neue Treppe steht da, ein Erker oben, der das Haus zu sehr beschwerte, ist abgebrochen. In beiden Häusern hab ich nur zwei Öfen, die von außen geheizt werden; die andern sind alle Windöfen, die hier überhaupt die gewöhnlichen sind.

Daß Du mir Geld schicken zu können glaubst, ist mir sehr lieb. Alles kostet mehr, als ich geglaubt hätte.

Hast Du das Reitkleid schon machen lassen? Sonst nimm lieber Olivengrün statt Braun. – Meine Manschetten will ich Dir wohl gelegentlich schicken. Die mit kleinen Spitzen trag ich noch. Wenn die Fiandt erst bei mir ist, denk ich, wird das alles besser in Ordnung kommen.

Vossens neue Idylle leg ich diesem Briefe bei. – Deinen Schattenriß, der freilich nicht *ganz* ähnlich ist, hat mit Deiner Erlaubnis die Niebuhr bekommen, der ich ihn gestern zeigte, und die solch ein Wohlgefallen daran verriet, daß ich ihn ihr nicht versagen konnte. Den auf meiner Tasse find ich ähnlicher.

Am 9., als ich Jessens Hochzeitstag feierte, war auch ich sehr ernsthaft. O Luise, wie oft denk auch ich an diesen für uns so wichtigen Tag, und seufze dann, daß er nicht schon da ist.

LUISE   Celle, 14. September 1784

Hier sind vier junge Frauen angekommen (dabei 3 Oberappel-
lations-Rätinnen). Ich suche in jeder etwas, das der Pesteln meine
Trennung von ihr erleichtern könnte, aber sie sind so ganz alltäglich. Eine v. d. Wense ist ein ganz niedliches Weibchen. Sie könnte
sich ausbilden, aber der Mann haßt die Bücher. Die Frau heißt
Mette, schreibt sich aber Meta, er haßt den Namen, weil die Klopstock so hieß.

Es ist nicht artig von der Kestnern, daß sie mir nicht antwortet,
wann die Fiandt kommt. Sie verlangte, ich sollte nach Hannover
kommen und bei ihr logieren, das konnte ich nicht, denn ich
kann in H. nicht mit Vergnügen sein, ich bin immer geniert und,
was das schlimmste ist, so überlaufen von meinen Bekannten und
jungen Herren, daß ich gar keinen Genuß habe, und kleine Spöt-
tereien noch dazu anhören muß.

Einen Vorschlag wegen der Fiandt, mein Boie: Gib ihr nicht
alles unter die Hände, solltest Du große Vorräte haben. Ich
zweifle nicht an ihrer Treue, aber sie ists nicht gewohnt. Komme
ich zu Dir, möchte sie die Veränderung [sonst] hart finden. Deine
Luise muß Hauswirtin in dem wahren Verstande des Worts werden, und nicht von einer Haushälterin abhängen. Ich muß so werden, wie Du mit mir am gewissesten zufrieden bist.

BOIE   Meldorf, 14. September 1784

Heute haben wir Jahrmarkt gehabt, der für den Landvogt immer seine Unruhen mit sich führt. Mehr als zwanzig Menschen
vom Lande und Fremde sind bei mir gewesen, und das Strafamt
hab ich obendrein verwalten und ein paar Kasten mit Medizin
konfiszieren müssen, mit denen die unprivilegierten Mörder, die
Tablettenkrämer und andere Hausierer, das Land durchziehn,
und die armen Bauern anführen. Ein paar merkwürdige Beispiele
fast offenbarer Morde durch solche unberufnen Ärzte haben
meine Sorgfalt in diesem Stück verdoppelt.

Ich sitze wieder in meinem Schlafzimmer. Die Wand ist von der
scharfen durchziehenden Luft schon so trocken, daß ich in vierzehn Tagen ohne Gefahr die Tapete wieder überziehen lassen
kann. Auf dem neuen Herde ist heute zum erstenmal Teewasser
gekocht. Der Schornstein zieht vortrefflich.

Daß der Herbst kömmt, hab ich auf meiner Reise [nach Heide]
mit Wehmut, aber auch mit Freude gefühlt – mit Freude, weil der

kommende Winter mich meiner Geliebten so viel näher bringt. Der gute Aktuar hat mir viel von seinem Mädchen vorerzählt. Ich hört ihn mit Teilnahme, und wiegte mich in süße Träumereien. Mehr als einmal war mir das Herz auf den Lippen; ich wollte von Dir zu reden anfangen, und schwieg doch. Du wirst dem Krück gut werden, wenn Du ihn erst kennst.

Von Reinholds Heirat weiß ich nur so viel, daß der Antrag der Mutter [des Mädchens] sehr zu behagen geschienen. Ich habe die Großmutter in Brunsbüttel besucht, wo ich immer, so viel es die Zeit erlaubt, von meinen Verwandten sehe, die Du auch gern für die Deinigen erkennen wirst, obgleich ganz schlichte Bauersleute darunter sind. Einige haben mehr Geld, als ihr Vetter je bekommen wird. Freilich ist es mit dem Heiraten, ohne sich zu kennen, so eine Sache; aber Reinhold ist einer von den Leuten, die jedes unverdorbne Mädchen glücklich machen müssen. Wenn er Landmann wird, bekömmt er Eigentum. Von Pacht wissen wir in dieser Gegend nichts, oder sehr wenig.

LUISE   Celle, 17. September 1784

Noch hab ich kein Kleid für mich besorgt. Olivengrün ist recht hübsch, aber zu einem Reise-Kleide wirklich zu delikat. Liebst Du die braune Farbe nicht, magst Du vielleicht grau leiden?

Glaub nicht, daß ich die gute Niebuhr vergesse. Ich mache für Dich und für sie einen Blumenkorb von getrockneten Kräutern hinter Glas im Rahmen auf Taft. Eine Idee, die ich in Tremsbüttel gesehn. In Deinen Korb kommen Blumen, die Du mir vor Jahren selbst gegeben, darunter auch die gelben Eternellen aus Seeland.

Gegen die Mitte des Oktobers ist die Fiandt gewiß bei Dir. Sie weiß nichts von unserer Verbindung. Sie kennt mich nicht, wie [auch] ich sie nicht kenne.

Celle, 21. September 1784

Die Pestel lief mit Deinem Briefe [an sie] fort, um ihn allein zu lesen. Ich frug: ,,Was soll ich Boie von Dir sagen?" – ,,Tausend Grüße, und ich schreibe ihm einmal selbst wieder," war ihre Antwort. Wenn sie Deinen Namen nennt, seh ich ihr die Empfindung ihres Herzens im Gesicht [an].

Zimmermanns ,Einsamkeiten' hab ich nicht auslesen können. Der Herr Verfasser würde mich ins Fegfeuer schicken, wenn er es wüßte. Ich verlor das Interesse zu sehr.

Wir fahren am Freitag durch Hannover [nach Koldingen] und trinken bei Mejers am Nachmittag Kaffee. Hoffentlich spreche ich da die Kestner.

Bei Limmer ist ein Gesund-Brunnen entdeckt, der zweite in der Gegend von Hannover, der täglich von vielen Hundert Menschen besucht wird. Ein Sattler in Hannover hat die sogenannte „Wurst" aus den königlichen Remisen gekauft. Jeder bezahlt etwas für einen Platz auf diesem Wagen, und bei dem Brunnen ist ein Haus, wo man Kaffee, Tee, auch zu essen bekommen kann. – Es wird mich doch sehr freuen, wenn ich noch einmal mit meinem Boie einen Ort wiedersehen werde, wo wir früher manchen glücklichen Tag zubrachten. Du wirst alles sehr verschönert finden.

(den 22.) Bester Boie, vierhundert Reichstaler wollte ich Dir schicken. Ich kann sie [bis] Martini bekommen. Hast Du Zeit bis dahin? Ich schreibe dieses nur, damit Du Nachricht weißt.

BOIE   Meldorf, 23. September 1784

Jetzt ist es in dem Saal, dem einzigen Ort, wohin ich noch meine Zuflucht nehmen könnte, auch unruhig, weil an der Haustüre gearbeitet wird, die zunächst daran stößt. Die Arbeit wird in der Tat gut gefördert. Das macht, daß ich, mit Vorbeigehung der hiesigen, lauter fremde Arbeiter habe, die sich nun des Zutrauens wert zeigen wollen, das der Landvogt ihnen zeigt.

Ich habe gestern mit dem Schiffer allerlei neuen Hausrat aus Hamburg bekommen. In meinem Zimmer ist es so voll, daß kaum der Gang zu dem Schreibtisch frei bleibt. Du siehst also, daß ich für Dich durchaus keinen Raum hätte, wenn ich auch diese Unruhe mit Dir teilen möchte. – Die neuen braunen Stühle mit Pferdehaaren sind ungemein schön, gut und einfach. Mir sind Blumentöpfe und Gefäße zu abgeschnittenen Blumen in Vasenform von englischer Arbeit geschenkt worden, die kaum schöner sein können. Zwei der Töpfe sind lichtbraun und weiß gestreift mit goldenen Rändern, zwei weiß mit grünen Bändern wie Tonnenreifen. Sie sind für Dein Zimmer alle bestimmt und ein Geschenk für Deinen Geburtstag. Das Porzellan schickst Du doch mit den andern Sachen an Klopstock?

Meldorf, 26. September 1784

Mein erster Gedanke [am 25.] war meine Luise, und den ganzen Tag durch bei allen Geschäften fühlte ich immer wieder, wie glücklich mich Deine Liebe macht, und dankte Gott, der Dich mir gab.

Ich habe den Abend [des 25.] nicht allein feiern wollen und den guten Krück gebeten, eine Flasche Rheinwein mit mir zu trinken. Deine Gesundheit ward ohne Namen getrunken, doch schien dem guten Aktuar was zu ahnden. Um den Abend auch für ihn feierlicher zu machen, las ich Vossens ‚Idylle', die er ganz fühlte und mit Tränen anhörte. Auch sein Vater war ein rechtschaffener Mann und Prediger, wie der meine. Ich sagt' ihm noch von Dir nichts, aber von seinem Mädchen und seinem künftigen Glück sprachen wir, und ich dachte dabei an das meinige. So feierte ich einst in Hannover auch Deinen festlichen Tag, ohne daß jemand die Ursache gewußt hätte, als Du und ich.

Von Reinholds Sache weiß ich noch nichts gewisses, außer daß die Tochter sich erklärt hat, sie würde, wenn die Mutter ihn ihr zuführte, Reinhold ohne Weigerung annehmen, könne aber selbst nicht urteilen, da sie ihn nur einmal gesehen habe, welches denn freilich auch wahr ist. Ich hätte so gern eine bestimmte Erklärung gehabt, da ich ihm sodann einen Boten nach Husum geschickt hätte, wo er jetzt ist, aber ich muß den guten Leuten notwendig ihre Bedenkzeit lassen.

Des Himmels bester Segen sei mit meiner Luise! Ich drücke Dich an mein klopfendes Herz und bin ewig Dein.

Meldorf, 29. September 1784

Daß Du Martini Geld nach Hamburg schicken kannst, ist mir sehr lieb und überhebt mich einer Sorge. Für Dein hastiges Briefchen umarm ich Dich in Gedanken. In allem, was Du tust und schreibst, bist Du so ganz Du, meine einzige, unvergleichliche Luise.

Endlich hab ich Lessings Nachlaß. Von dem ‚Schlaftrunk' stehen leider nur wenige Zeilen mehr darin, als ich habe, aber das Fragment der ‚Matrone von Ephesus' ist vortrefflich.

Heut Abend weiß ich weiter nichts, als daß ich mit Leib und Seele der Deinige bin. Morgen früh geht's aus dem Bett in den Wagen.

LUISE   Celle, 5. Oktober 1784

In Hannover sprach ich Mejers, Kestners, Freitag und Bremers. Tausend Grüße von allen. Die gute Kestner verzieh es mir nicht recht, daß ich ihrem Wunsche, nach Hannover zu kommen, widerstanden.[1] Sie hätte mir vieles zu klagen, das sie der Feder nicht anvertrauen könne. Ich war unartig genug zu fühlen, daß es gut sei, den Klagen entwischt zu sein. Doch geht mir jede Verlegenheit, in der sich meine Freundinnen befinden, nahe. Die K. hat in Ramdohrs Abwesenheit Brandes zum Freunde gewählt. R. kommt in diesem Monat zurück, und Brandes geht nach London, um den Winter dort zu bleiben. Da sitzt die ganze Verlegenheit der guten Kestner. Ich habe sie vor beiden gewarnt. Brandes ist jedem Frauenzimmer gefährlich, wenn sie seine Schmeicheleien, die er nach den Neigungen einer jeden einrichtet, annehmen, denn er verführt ihren *Verstand*. Ich schätze Brandes und alle jungen Leute in Hannover, die zu ihm gehören, ich interessiere mich lebhaft für sie, aber meine Freunde sind sie nicht weiter als jeder andre. Du wirst Dich überhaupt wundern, wie verändert alles in Hannover ist. Der Ton unsres ehmaligen Cirkels ist ganz ausgeartet. Freitag fühlt das, die übrigen fühlen es nicht.

Der Bischof kommt heute zurück. Die Illumination der Ägidien-Neustadt und Friedrichstraße wird sehr schön. Vielleicht geben noch die beiden ersten Minister ihm zu Ehren eine freie Redoute. Ich wünsche jedem Fürsten, daß er so geliebt werden mag, wie der Bischof von den Hannoveranern. Sie beten ihn an. Der Prinz von Wallis ist wieder besser. Seine häufigen Unpäßlichkeiten sind Folgen seiner Ausschweifungen, doch wird behauptet, daß er außerordentlichen Verstand haben soll und das beste Herz. Leid ists mir doch, daß die Liebe des Bischofs für die Busschen in den gewöhnlichen Ton fällt. Sie sehen sich heimlich bei ihrer Schwester.

Die Fiandt ist spätestens in vierzehn Tagen bei Dir, lieber Boie. In der Gegend von Hannover hat man sie Dir abspenstig machen wollen. Es ist gut, daß die F. nicht lange allein bei Dir ist, denn, so wie ich höre, wird sie leicht in ihr eignes Geschwätz verwickelt. Dein Johann mag ein bißchen Geduld mit ihr haben am Tisch, bis sie sich gewöhnt.

Wie gern verschaffte ich Dir Azia-Gurken, wenn nur Gurken zu haben wären, aber sie haben durch den Frost gelitten. Ich danke

[1] Vgl. S. 378 und 380. Luise hat während des kurzen Aufenthalts in Hannover Lotte Kestner wohl bei Mejers gesehen, sie aber inmitten der dort versammelten Freunde nur flüchtig allein gesprochen.

Dir herzlich für die schönen Töpfe und Potpourris, die mein Zimmer zieren sollen. Kräuter und Blumen will ich aus Deinem Garten darin sammeln. Ich freue mich zu dem Zimmer, und zum ganzen Hause, als zu einem Tempel der Ruhe, Heiterkeit und häuslichen Freude.

Nun soll dieser Schreibtisch weggetragen werden.[1] Noch eins: Therese [Heyne] heiratet – aber es bleibt ein Geheimnis, weil die Hochzeit erst in einem oder zwei Jahren ist. Ich weiß es durch die Kestner, der es Brandes vertraut hat. Sie heiratet Forster, der in Wilna in Polen Professor geworden ist. Er war Theresens erste Liebe, wurde vergessen. Da sie beide [bis zur Hochzeit] nicht an *einem* Orte sind, geht alles gut, denn Therese schreibt sehr schön. Vielleicht auch hört die Koketterie auf, nun sie Einen Gegenstand ihrer Liebe gewählt hat.

BOIE   Meldorf, 6. Oktober 1784

Mein Bau ist wenig fortgerückt. Bei der Ausgrabung des Regenbachs wollte die Erde nicht stehen, und es sank so viel ein, daß gestern bald einige Arbeiter darunter begraben wären, und ich befürchten mußte, daß die Wand meines Wohnzimmers einstürzen würde. Nun ist die Gefahr vorüber, und morgen wird mit Anlegung des Gewölbes selbst der Anfang gemacht. Freilich wird der Regenbach uns von großem Nutzen und nicht geringer Bequemlichkeit sein, aber wenn ich das und alle Kosten voraus gesehen hätte, würd ich mich vielleicht bedacht haben. Wenn er indes da ist, werden die Kosten verschmerzt werden, und Nutzen und Bequemlichkeit bleiben.

Wir haben gegessen, und Reinhold sitzt mir gegenüber, schneidet Feder und Bogen zurecht, will auch schreiben. Er ist so unruhig, ich wünsche, daß er nur erst Gewißheit hätte. Dank für alles, was Du mir über Jennys Brief und bei der Gelegenheit schreibst. Der Luisen unter Deinem Geschlechte gibt es wahrlich unendlich wenige, auch unter dem edlen, gebildeten Teil desselben. – Lotte von Einem dauert mich. Der verwünschte Sprickmann! wie oft hat er mit seinem stürmischen, überwallenden Gefühl sich und andre unglücklich gemacht. So sehr ich ihn liebe und achte, möcht ich so ein Bewußtsein nicht mit mir herumtragen.

---

[1] Pestels und Luise ziehen in ein anderes Haus.

Von Amalia hab ich heute einen Brief. Sie hat an Deinem Geburtstag Deiner und meiner mit Zärtlichkeit gedacht.

Wärst Du nur erst bei mir! Ich komme vorher zu keiner Ruhe, keinem Genuß, keiner wahren Freude. Ich bin, wo ich bin, nur halb, fühle, genieße alles nur halb, und doch würde es mir unerträglich sein, wenn Du meine jetzige Lage teilen solltest. Lebe wohl, mein süßes, holdes Mädchen! mein Alles!

Meldorf, 9. Oktober 1784

Ich bin allein. Mein Bruder ist – bei seiner Braut, und reiset morgen mit ihr und ihrer Mutter zu der Großmutter in Brunsbüttel, wo das feierliche Ja gegeben werden wird. Der gute R. hatte keine Geduld, ich Mitleiden mit ihm und schickte einen Boten, um uns auf gestern Nachmittag melden zu lassen. Wir fuhren nach Tisch hinaus, die Mutter sagte, daß er ihre Einwilligung hätte, und wenn die Tochter wollte, würde sie ihn gleich als ihren Sohn annehmen. Ich schaffte ihm Gelegenheit, mit dem Mädchen allein zu reden, und nach einer Viertelstunde kamen sie beide Hand in Hand und ihrer Sache einig herein. Es ist ein gutes, unverdorbenes, harmloses Geschöpf, das gewiß den guten Jungen lieben wird, so bald sich ihr Gefühl erst entwickelt hat. Ich überlasse mich nun meiner Freude, einen Bruder, den ich sehr liebe, künftig in meiner Nachbarschaft zu haben. Die Mutter hat es gleich in seine Wahl gestellt, ob er den Hof, den sie noch bewohnt, übernehmen, oder sich nach Meldorf setzen und sein Geschäft treiben will. Der Hof ist von Bedeutung, nährt seinen Mann auch ohne die verhältnismäßig großen Mittel (10000 bis 12000 Taler), die das Mädchen meinem Bruder zubringt, aber ich fürchte die lateinischen Bauern ein wenig. Groß wird die Freude unsrer guten Mutter sein. Des armen Reinhold Schicksal ging mir immer nahe. Daß mir mein für ihn gemachter Plan so gut gelungen, ist mir wahre Wonne. Unglücklich kann er nicht werden. Der Segen unsrer Eltern ruht zu sehr auf ihm. Er verließ den sterbenden Vater mit keinem Auge, und war die letzten Tage beständig um ihn, ohne aus seinen Kleidern zu kommen. Seitdem war er der Trost und die Stütze der Mutter. Wie viel mehr Reiz wird auch *unser* künftiges Leben durch dies vermehrte und verstärkte Familieninteresse bekommen! Ungebildet ist das gute Mädchen noch sehr, und gar nicht unter Leuten gewesen. Du weißt, was ich über die Bildung denke, die entweder ganz vollendet sein, oder nicht über einen gewissen Grad hinaus gehen muß, wenn sie uns glücklich machen soll. – Die Schwester der Braut ist hübscher, aber das arme Mädchen – hört fast nichts, außer was sehr bekannte Stimmen ihr in das eine Ohr fast schreien. Ein trauriger Anblick, wenn man sie unteilnehmend da sitzen sieht, und doch ihr im Gesichte liest, daß sie gern Teil nehmen möchte.

Mit meiner Brüchdingung[1] bin ich, Gottlob, heute zu Ende gekommen, und habe noch eine größere Freude gehabt. Vorgestern nämlich war ein Kerl [gerichtlich] eingezogen, der einen vielleicht unartigen Jungen so verprügelt hatte, daß es Mitleiden erregte, das Unwillen und Verdacht ward, als der Junge einige Tage nachher nicht wieder zu finden war. Ich zitterte vor der Untersuchung eines vielleicht unvorsätzlichen, aber doch immer schrecklichen Mordes, und jubelte, als ich gestern Abend die Nachricht erhielt, daß der Junge zurückgekommen sei.

LUISE   Celle, 12. Oktober 1784

Bitte Reinhold, daß er seinem Mädchen nicht viel von mir sagt. Ich will ihr Zutraun zu erwerben suchen durch Liebe und Zärtlichkeit. Du weißt, lieber Boie, ich bin nicht parteiisch für mein Geschlecht, aber der Mann kann seine Frau umschaffen, wenn er will. Das gibt mir Mut für Reinholds Geliebte, wenn sie nicht ganz sein sollte, wie er sie sich wünscht. Einer gewissen Festigkeit im Charakter des Mannes, ohne Rauheit, widersteht auch der größte weibliche Eigensinn nie. Du hast mir in den neun Jahren unsrer Freundschaft nur ein einziges Mal eine Bitte nicht erfüllt, und ich beteure Dir, daß mitten in dem Gefühl des Verdrusses ich Dich mehr liebte als jemals. Du weißt es sicher nicht mehr, aber seitdem ich Dein bin, denke ich oft daran, und immer mit der angenehmen Gewißheit: Boie wird mich für [vor] Torheit und Weichlichkeit bewahren.

Von der Gräfin habe ich ein Briefchen. Sie fordert mich auf zum öfteren Schreiben. Ich soll ihr viel von mir selbst und meinen Plänen sagen. Daß doch niemand glauben will, daß ich nur den einen Plan habe, alles zu *Deiner* Zufriedenheit beizutragen. Ich bin das planloseste Geschöpf, das nur existieren kann. Pläne und Wünsche gehören nicht in meinen Character. Erstere nicht, weil die Erfahrung mich gelehrt, daß unsre besten Pläne oft, oft ver-

[1] Alter Ausdruck aus der Strafjustiz (v. Thing, Ding).

eitelt werden, und Wünsche erlaube ich mir für mich nicht, weil ich sie als einen Mangel an Vertrauen und gänzlicher Hingebung in den göttlichen Willen ansehe.

Prinz Ernst hat bei der Königin angefragt, ob es wahr sei, daß die Prinzessin Auguste den Kronprinzen von Dänemark heirate? Die Königin hat ihm geantwortet, es sei nicht daran gedacht. Hier ist jedermann von der ältesten Tochter des Prinzen Karl von Hessen eingenommen. Frau v. Böttcher vermutete, der Prinz von Dänemark könnte sie nicht sehen, ohne sie zu lieben. Sie sei nicht schön, etwas dick und klein, aber tausend Annehmlichkeiten machten sie äußerst liebenswürdig. Bei ihrer Durchreise hat sie mit ihren Eltern bei Frau von Pleß soupiert.

Die Pestel und ich wollen, wenn wir in Ruhe sind, unsre Briefe ordnen, und [den ganzen Briefwechsel] zusammen legen. Das will ich künftig mit den Deinigen und meinigen auch tun. Mein Myrtenbäumchen blüht, und drei Heliotropium, auch Reseden. Lebe wohl, lebe wohl.

Boie   Meldorf, 13. Oktober 1784

Ich leb abermals im Taumel, und es scheint, als wenn ich nicht eher Ruhe haben soll, als bis ich Dich habe. Die Verbindung meines Bruders wird mir auch wohl den Winter ziemlich unruhig machen, da ich ihn manchmal bei mir haben werde. Er ist sehr glücklich, und das neue Brautpaar scheint so für einander passend, als wenn sie sich selbst gefunden hätten. Gestern saßen sie ganz traulich bei einander, alle Schüchternheit und Verlegenheit war weg. Die Mutter bezeugte mir recht gerührt ihre Freude. Die erste Zusammenkunft mit den Verwandten in Brunsbüttel ist auch recht gut abgegangen. Am Freitag kommt die Braut mit ihrer Mutter herein und wird bei mir essen. Reinhold bringt seine meiste Zeit bei ihr zu, und reitet auch morgen früh wieder nach Barlt hinaus.

Gestern Abend bei der Rückreise hatten wir ein kleines Abenteuer, das uns sehr belustigte. Mein Vorspann verfehlte den Weg und brachte uns in der Dunkelheit an ein etwas abgelegenes Dorf, wo wir bei dem ersten Licht hielten. Der Vorreiter klopfte an. Es war ein Backhaus, wo eben ein ganzer Haufe von Mägden beschäftigt war. Sie hielten es für Spaß der Knechte, wollten nicht aufmachen. Nach langem Hin- und Herreden kamen sie endlich unter großem Gelächter mit Leuchten heraus, und ihr Erstaunen war wirklich komisch, als sie erst die Kutsche und hernach mich sahen. Nun gings an ein Entschuldigen, aber meine gute Laune stellte auch ihre bald wieder her; sie halfen uns wieder aus dem Dorf hinaus und wieder auf die Heerstraße.

Die Hälfte meiner Zisterne ist fertig, und ich hoffe, vor Ende der Woche die Küche wieder dicht zu haben. Sonst geht itzt alles langsamer, da die Tischlerarbeit nicht so von der Hand geht, als was Maurer und Zimmermann beschaffen.

Was Du mir aus Hann. schreibst, ruft angenehme Erinnerungen zurück. Ich dachte wohl, daß der Kestner Sehnsucht nach Dir nur Bedürfnis sich mitzuteilen und zu klagen wäre. Armes Weib! Das ist immer die Folge, wenn man sein Glück nicht in sich selbst sucht! Ich bedaure sie doch. Brandes hätte eben so wenig der Kestner Freund, als Ramdohr sein sollen. – Arme Busschen! Wenn sie erst den Bischof heimlich sieht, ist sie hin.

Die erste Liebe Theresens für Forster wußte ich. Ich freue mich, daß er sie heiratet, freue mich aber auch, daß sie nicht meine Frau wird.

Was Du mir von Deinen Empfindungen, Deinem ganzen inneren und äußeren Sein schreibst, fühl und versteh' ich alles ganz. Tief im Herzen freut mich Deine vermehrte Lebhaftigkeit bei Deiner ganz erwachten Liebe. Ich hab immer gesagt, daß mehr Heiterkeit, Tätigkeit, Leben in Dir sei, als Du selbst glaubtest. Am meisten freut mich das deswegen, weil dies innere Leben von Deiner nun fixierten Gesundheit einen so herrlichen und redenden Beweis gibt. Ach, warum kannten wir uns nicht vor Jahren schon so ganz! O Luise! Wo fänd ich eine andre so offen, so gut, so ohne alles Gezier und allen Anspruch empfindend, so liebend! Meine, meine Luise! ewig meine!

LUISE   Celle, 16. Oktober 1784

Gott segne Reinhold und sein liebes Mädchen! Bezeuge ihm meine lebhafte Freude. Ich bin so ruhig über die Zukunft bei dieser Heirat. Du hast Recht [mit dem], was Du über die ungebildeten Mädchen sagst. Wenn sie so frei als möglich von Vorurteilen sind, und erhalten werden, gebe ich ihnen den Vorzug mit ganzem Herzen. Sie haben tausend Torheiten weniger. O Boie, Du bist der Schöpfer von Reinholds Glück!

Morgen, denk' ich, reiset die Fiandt nach Hamburg, und ist vielleicht mit diesem Briefe zugleich bei Dir. Die Kestner ist in diesen Tagen in ein sehr hübsches neu erbautes Haus gezogen, dicht an des Syndikus Guden Haus, und erwartet ihren guten, braven Vater. Er bringt ihr seine jüngste Tochter, die einige Zeit in H. bleiben soll. Sofiechen kränkelt viel.

Ramdohr hat bei dem Bischof in Wien gespeiset, und dieser hat selbst um zweimonatliche Verlängerung des Urlaubs für Ramdohr gebeten. Der Bischof ist so enthusiastisch für das Wiener Deutsche Theater eingenommen, vorzüglich von Schroeder, daß er diesen inständig gebeten [hat], auf den Winter nach Hannover zu kommen.

BOIE   Meldorf, 16. Oktober 1784

Meine neue Schwester kam gestern mit ihrem Geliebten allein. Ich bat Niebuhrs noch, und sie kamen trotz der späten Einladung. Die Braut war anfangs schüchtern, fand sich aber bald und ist, wie ich von R. höre, so vergnügt und zufrieden gewesen als möglich. Sie hat zu Niebuhrs auch schon Zutrauen gefaßt. Das gute Mädchen wird sich in ihre neue Lage bald finden lernen. Schreib lieber nicht [an sie]. Das gute Kind ist der Feder ganz und gar nicht mächtig, und Du würdest sie nur in Verlegenheit setzen. Als ich gestern ihr Aug auf Dein Bild geheftet fand, sagt' ich ihr, daß sie ihre künftige Schwester sähe, und erzählte ihr von Dir, und erlaubte ihr, es auch ihrer Mutter zu sagen, da ich nun vor ihnen, als meinen Verwandten, kein Geheimnis mehr haben wollte. Sie schien sich darüber zu freuen. Überhaupt fühlt sie schon, was ihr fehlt, und fühlt auch, daß sie deswegen nicht weniger geachtet und geliebt wird. Das ist der erste Schritt zur Bildung. An Verstand fehlts ihr nicht, und zur Verfeinerung wollen wir sie nicht führen. Sie spricht, wie es hier üblich ist, bloß Plattdeutsch, versteht aber Hochdeutsch. Wir haben schon mit einander ausgemacht, daß ich hochdeutsch mit ihr rede, und sie in ihrer Sprache antwortet. Ich kann bis jetzt noch nicht gut in Unterredungen im Plattdeutschen aushalten, da ich zu sehr merke, daß ich nur mit Mühe mein Hochdeutsch übersetze, und kein wahres Plattdeutsch rede. Kannst Du Plattdeutsch? Ich wenigstens habe Dich nie so reden hören. Auch ist das hannöverische, verzeih, bei weitem so gut und rein nicht, als das hiesige.

Amalia grüßt Dich. Sie schreibt mir in einer sie betreffenden Sache mit einer Offenheit, die ein Beweis ihrer Achtung ist. Ihr Schwager, der Dr. Schönheider, will sie heiraten, und dadurch seinen acht Kindern die beste Mutter wieder geben. „Seitdem ich Sie liebe", schreibt sie, „das heißt, seitdem ich Sie kenne, selbst seitdem ich weiß, daß ich die Ihrige nicht werden konnte, hab ich den Gedanken einer andern Verbindung nicht ertragen können. Doch alles das bei Seite gesetzt: soll ich mein ruhiges Leben gegen ein so beschwerliches vertauschen? Und dann – darf ich meinen Kindern die Hälfte ihres Vermögens entziehen? Ist es Pflicht, den Kindern meiner Schwester eine Mutter wieder zu geben, so ist es [für mich] größere Pflicht, den meinigen das Ihrige nicht zu entziehen. Nur die Liebe konnte mich sie vergessen machen." – Ich sage: sie muß Sch. nicht heiraten, will aber, um noch ruhiger zu überlegen, vor Donnerstag nicht antworten.

LUISE   Celle, 19. Oktober 1784

Meine Empfindungen über Deinen Brief vom 13ten, mein Boie, sind über alle Deine Vorstellung glücklich. Die Pestel las, drückte mich an ihr Herz, und sagte: „Gott, wie glücklich bist Du, Luise!"

Boie, ich wünsche wie Du, daß wir uns [schon] vor Jahren so ganz gekannt [hätten], und so glücklich geworden wären, wie wir nun sein werden, aber die Vorsehung wollte mich durch lange Jahre der Leiden Deiner Zärtlichkeit werter machen. Die Liebe sagt so gern: „Wir sind einer für den andren geschaffen!" So dreist bin ich nicht, aber ich fühle es, daß Du der Einzige für *mich* bist. Oft denk ich, so lange wie Du in Hannover warst, und nachher bis zu unserm Wiedersehen, war ein Schleier vor unsern Augen, der das süße Bewußtsein der gegenseitigen Zärtlichkeit hinderte. Nun ist dieser Schleier verschwunden, und mir ist, als ob meine Seele sich jetzt erst entwickelte für Dich.

Agnes [Stolberg] ist guter Hoffnung, will ihre Wochen diesen Winter in Neuburg halten, die Gräfin will sie [aber] bei sich behalten, und Du sollst sehen, Fritz bleibt in Tremsbüttel. Ich kann Dir nicht sagen, wie innig froh ich bin, nicht mehr in Tremsbüttel zu sein.

Ich bat meinen Bruder, er möchte an Klopstock vorerst zweihundert Reichstaler schicken, und die andren beiden [Hundert] Martini, wenn er nicht anders könnte. Er schreibt mir, daß er es getan. Ich hätte Dir so gern gleich jetzt mit vierhundert geholfen.

Könntest Du mir durch Klopstock nicht schicken lassen ‚Geographisches Kartenspiel von Campe'? Ich möchte gern dem kleinen Georgen hier ein Weihnachtsgeschenk davon machen.

Marcard ist vermutlich nach Berlin gereiset, um das Urteil [der Hannoveraner] über sein Buch nicht zu hören. Er soll wieder sein Mütchen über den hannöverschen Adel gekühlt haben. Ich will doch sehen, daß ich das Buch erhalte, die Kupfer [darin] sollen sehr hübsch sein.

Auf der Redoute in Hannover zu Ehren des Bischofs sind für acht arme Predigerkinder, die in einer Zeit von einigen Wochen beide Eltern verloren, siebzig Reichstaler gesammlet worden, auch hat der Club fünfzig hergegeben.

Oeser ist noch nicht hier, das Monument der Königin Karoline Mathilde zu vollenden,[1] es wird also vor dem Winter nicht fertig. Die erste Idee, die Oeser entworfen, und der König so übel genommen, ist diese: die Wahrheit ringend mit der Verleumdung, Amor besiegt die Wahrheit.

Da kömmt Besuch! – Leb wohl.

BOIE   Meldorf, 20. Oktober 1784

Nimm, Du Herzensmädchen, nimm meinen herzlichen Dank für Deinen heutigen Brief. Ich hatte mich eben zu Tische gesetzt, als er ankam, ich wollte die Suppe vorlegen, gab aber meinem Sekretär den Löffel, las, und hatte Mühe mich zurückzuhalten, daß ich Deinen teuren Brief nicht an Herz und Mund drückte. Du kennst meine Gesinnungen; Deine Briefe malen Dich mehr, als Du selbst denkst.

Was Du in Deinem vorigen Briefe von meinem einmaligen Abschlagen Deiner Bitte schreibst, hat mich aufmerksam gemacht. Konnt' ich Dir je etwas abschlagen? und was war es? Sag' es, Beste, hilf meinem Gedächtnis! –

Jetzt komme ich eben von meinen Arbeitsleuten. Die Küche wird sehr hell. Daß ich ein eigen Waschhaus bekomme, wird Dir doch lieb sein, daß ich eine gute Zeugrolle habe, weißt Du, und für den Bleichplatz ist auch gesorgt. Ich liebe sehr die gute Wäsche. – Von kostbaren Möbeln fehlt mir nichts mehr, als ein paar schöne Spiegel für den Saal. Gestern bekam ich den letzten Transport aus Hamburg. Die meisten Stühle sind sehr hübsch, hübscher als die zu Tremsbüttel. Der Sofa ists auch. Ich hab auch noch eine große geblasene Laterne für die Hausdiele bekommen.

[1] Siehe Anhang unter ‚Dänemark‘.

Man hat hier nun ausgedacht, daß ich die Mutter von Reinholds Braut heiraten soll. Es sollte mir doch nicht lieb sein, wenn sie den Schickschnack hörte.

An unsre Pestel tausend herzliche Grüße. Ich umarme sie in Gedanken. Gott, wie verdient' ichs, daß so viele gute und edle Menschen sich an mich schließen! – Ich umarme Dich mit dem Gefühl der wärmsten, hingegebensten Liebe.

LUISE   Celle, 22. Oktober 1784

Deine Briefe sind mir so alles, mein Boie, ich fürchte jetzt schon den Schnee und die bösen Wege für die Posten.

Grüße Amalia zärtlich von mir. Ich wollte aber wohl behaupten, daß sie doch [wieder] heiratet, wenn auch ihren Schwager nicht. Ihr Herz ist zu lebhaft empfindend.

Neugierig bin ich, wie es mit der Fiandten geht. Sie ist mit einer Art von Anbetung für Dich abgereiset. Die Mejern ist sehr von ihr eingenommen. – Tausend zärtlichen Dank für's ‚Museum'. Von wem sind die ‚Denkmale am Lebenswege'? Es sind wenn ich nicht irre, Empfindungen der Frühlingsjahre des Verfassers, wo das Edle, Schöne noch so hell glänzt.

Heynens haben Therese nach Gotha geschickt zu Mamsell Schneider, der Geliebten des Herzogs. Es ist wahr, Therese kann Forster in Göttingen nicht treu bleiben, denn ihr Herz oder Verstand ist von Schmetterlings-Art – aber zu einem Mädchen sie zu schicken, dessen Ruf zweideutig ist? Die Schneider soll ein ganz allerliebstes Mädchen sein. Schön, von edlem Herzen. Der Herzog liebt sie schon einige Jahre, und sie liebt ihn, aber – wie mir Therese eher versichert – liebte ihn in der Stille, sagte es ihm nicht. Der Gram hoffnungsloser Liebe hat ihre Gesundheit ergriffen. Dieses Mädchen – und in der Lage – mußte Theresen auffallen und sie sich an sie heften. [Aber] Th. *wohnt* bei der Schneider, ich begreife es nicht.

Bester Boie, ich kann kein Plattdeutsch, versteh' es aber recht gut, und Du sollst sehen, wie schnell ichs lernen will, wenn Schwester Reinhold mein Stammlen mit Geduld anhören will, und mich belehren.

BOIE   Meldorf, 23. Oktober 1784

Ich bin häuslich und allein und will ein trauliches Wort mit meinem süßen Mädchen schwatzen, deren lieber Brief vom 19ten, deren reizende Geschenke[1] mich heute wieder so glücklich gemacht haben. O Luise! Du weißt es nicht halb, welche Freuden Du mir gibst! Und welche wirst Du erst geben, wenn ich im täglichen Umgange alle Empfindungen mit Dir teilen werde! – Aber mein Brief wird so lyrisch als eine Ode, mitten in die Sache hinein, daß die Fiandt diesen Mittag angekommen ist. Die arme F. hat [von Hamburg aus] eine unangenehme Reise auf dem offnen, einen Schneckengang gehenden Frachtwagen gehabt. Wäre sie nur lieber Freitag mit der Post gegangen, und so lange in Hamburg geblieben, aber die Kestner scheint ihr kein Geld und nur dem Schaffner den Auftrag gegeben zu haben, alles bis Hamburg für sie zu bezahlen. Ich habe mit der Fiandt diesen Nachmittag ein langes tête à tête gehabt, und sie Tee mit mir trinken lassen. Sie scheint Ökonomie zu kennen und ausüben zu wollen. Im Hausgerät vermißt sie noch nichts, außer daß ihr meine Spinnräder nicht gefallen, daher ich wohl ein andres für sie machen lassen muß. Sie will gleich im Nebenhaus – da meine Küche noch nicht fertig ist – zu kochen anfangen. Sauren Kohl will sie auch gleich einmachen und für das Trocknen des übrigen Obstes sorgen. Morgen soll sie zur Niebuhr gehen und von ihr mehr ökonomische Anschläge hören, als ich ihr geben kann. Du schickst mir doch noch Rüben? Auch um Wachslichter wollt' ich Dich bitten. Für 2 Pistolen etwa. Wir halten die Cellischen für besser. Niebuhrs sollten die Hälfte haben.

Die Fiandt hat mir allerlei von Hannover erzählt, auch von der Friedrichstraße und den Spaziergängen um den Wall.

Luise   Celle, 25. Oktober 1784

Du konntest, mein Boie, in keine Lage kommen, wo Du mehr die Wirkung Deiner Tätigkeit empfinden würdest, wie in der, wo Du bist. Du nährtest Wünsche, machtest Pläne, lehntest Dich auf diesen oder jenen Stab, der Dich nicht tragen konnte, weil Du Deine Wirksamkeit nicht fühltest. Der Himmel mußte Dich durch eine lebhafte Freude aufwecken zu neuem Genuß, neuem Leben. Das Glück hat uns beide frommer gemacht, hat unser Vertraun gestärkt. Gottlob, daß der Himmel uns diese Stufe des besser seins durch Freude, nicht durch Leid gelehrt hat.

---

[1] Luise klebt in dieser Zeit unermüdlich „Blumenkörbchen", wie sie in ihrem Brief vom 17. 9. beschreibt.

Du willst wissen die abschlägige Bitte? Lieber Junge, ich war eine Törin, und Du vernünftig. Marcard hatte durch ein klagendes Billet mich gebeten, bei Dir um die Entfernung Deines Alekto zu bitten – ich bat. – „Marcard ist ein Narr, der Hund soll bleiben." – *Du* fühltest des Mannes Narrheit, ich nur seine Hypocondrie. Ich hielt die Erfüllung meiner Bitte für gering, hatte Mitleid für den wunderlichen Menschen, und doch, ich vergesse es nie, daß Du so fest warst. Es war gut, daß Marcard fühlte, Du ließest Dich auch von *mir* nicht zu einer Nachsicht aus Schwäche überreden. Es freut mich noch, wenn ich daran denke.

Apropos, von Marcard habe ich hundert Seiten in seinem Buch über Pyrmont gelesen. Manches ist mir aufgefallen, das die Zahl seiner Feinde vermehren wird, aber alles ist mit Mäßigung gesagt. Sein Witz ist viel angenehmer wie der von Zimmermann. Derbheit wird [bei ihm] nicht Grobheit.

Die Meldorfer sind wunderliche Leute. Du Annas Mutter heiraten? Was wird doch nicht alles ausgedacht, um zu schwatzen!

Ich denke oft mit großer Unruhe an Dich. So lange in dem Wirrwarr [des Bauens] zu sein, muß für Dich unerträglich sein. Armer Boie! – Auf Ostern wollte ich Dir 1000 Taler schicken, das kann ich nun nicht, so lange der alte Onkel lebt.[1] Ihm mag ich keine Weitläufigkeiten machen, und mein Bruder kann sie mir nicht anschaffen. Boie, hätte ich noch 10000 Taler, wie ich sie von meiner Mutter hätte haben müssen, die könnten Dir helfen. Doch ich will nichts weiter hievon sagen, meinen Mund drück ich auf Dein Herz, fühle ganz mein Glück – –

Diesem Briefe wirst Du es ansehen, daß ich oft daran gestört bin. Jetzt war es ein Besuch von Frau von Lenthe. Sie reiset am Freitag auf acht Tage nach Gartow. Auf so kurze Zeit nicht mitzugehn hab ich keine Entschuldigung, ich reise also schon wieder, mein Boie. Meiner Eitelkeit könnte die dringende Einladung schmeicheln, aber ich weiß, was mir bevorsteht. Ich wollte, daß ich schon wieder zurück wäre.

Die Bäume und Sträucher bestelle ich für Dich. – Der Himmel wache über Deinen Wünschen, ewig teurer Boie.

---

[1] Luise hat vergeblich auf die Rückzahlung eines Darlehns gehofft, das sie ihrem Bruder gab. Sie könnte wohl von dem Onkel ihren Anteil an dem von ihm bewohnten Familienhause verlangen, scheut aber diese Auseinandersetzung.

Für die paar Tage, die die Fiandt hier ist, hat sie schon viel in Ordnung gebracht. Sie schien den Damen, die mich gestern, wahrscheinlich der neuen Haushälterin wegen, besuchten, zu gefallen. Meinen Wein hat sie heut abgezapft und der Keller ist gut versorgt. Die Küche wird in dieser Woche fertig, am Sonntag sollen Reinholds Braut und Schwiegermutter sie einweihen, womit ich denn in Gottes Namen meine Haushaltung anfange.

Von der Schlegel [Amalia] hab ich das Nesseltuch bekommen, es kostet in dortigem Gelde mit Porto 55 Taler in Golde. Sie beharret in ihrem Entschluß, ihrem Schwager ihre Hand nicht zu geben. Ich hab ihr auf ähnliche Art geschrieben, als Du Dich erklärst.

Der Verfasser der ‚Denkmale‘ ist ein junger Mann, Matthisson, der als Hofmeister der russischen Grafen Sievers in Altona lebt. Von ihm steht im ‚Oktober‘ eine nicht schlechte Ode an Klopstock. Dein Urteil darüber ist das meinige.

Unbegreiflich ist mir Heynens Entschluß, Theresen der Schneider anzuvertrauen. Mag sie so gut, so edel sein, als sie will, für ein Mädchen ist sie doch keine Gesellschafterin, und gibt's denn auch nicht in Gotha junge Herren, die Köpfe und Herzen verdrehen können?

Du brauchst nicht Plattdeutsch zu sprechen. Wenn Du's nur verstehst! Gestern Abend beim alten Eggers ward auch *meiner* Braut Gesundheit ausgebracht, und viel angespielt von Tremsbüttel. Eine alte süßliche Katze von Cousine flüsterte mir sogar beim Weggehen Deinen Namen ins Ohr, und man mag sich hämisch freuen, dies Geheimnis ausgespäht zu haben. Woher, mag Gott wissen. Zum erstenmal fühlt' ich bang, daß ich Dich noch nicht hatte, endlich vergaß ich meines Verdrusses, was gehn mich am Ende die armseligen Weiber an? Mögen sie glauben, was sie wollen, zum Geständnis sollen sie's doch nicht bringen, bis es mir selbst gefällt. Wie wenige Menschen haben doch Gefühl von Diskretion.

Verzeih den grämlichen Ausgang dieses Briefes. Ich werde mich noch ganz in mich selbst zurückziehen müssen, und wie leicht wird mir das werden, wenn ich erst Dich habe!

Morgen früh reise ich und komme Sonntag spät in Gartow an. Das Wetter trübe, der Wind sauset, aber dafür bin ich auch heute über acht Tage Abends wieder hier.

Die Gräfin wird über mich die Achseln zucken, denn ich habe ihr so geschrieben, daß sie wohl sieht, ich werde in Meldorf glücklich sein. Ich möchte, sie behielte ihre Pläne, Dich von da wegzuführen, für sich, denn ich kenne ihre Flüchtigkeit, und weiß, daß der Grund [ihrer Pläne] allemal Eigennutz von irgend einer Art ist. Du weißt nicht, wie sehr das mein Glück erhöht, daß Du keine Projekte für die Zukunft mehr hast. Sollst Du denn einmal Meldorf verlassen, auch gut. Wenn Meldorf ein zweites Sibirien wäre, dächt ich nicht anders. Ich bin glücklich, wo ich Dich sehe, Dich habe. Die Menschen in M. werden meine Heiterkeit nie trüben können als vielleicht in den Augenblicken, wo es in meiner Seele nicht hell ist, und das [d. h. was] immer eine physische Ursache zum Grunde hat.

Das Buch über Pyrmont hab ich vollendet. So wie ich den Verfasser kenne, finde ich es sehr bescheiden. Es hat mich interessiert, ich lese gern etwas von der Chemie, auch medizinische Erfahrungen und Beobachtungen, letztere aber nicht von dem großen Zimmermann. Ich bin kein Verteidiger der ausgearteten Natur, aber Zimmermann macht den Menschen zum niedrigsten Tier, aus Menschenhaß. Er ist wie ein eigennütziger Maler, der das Gewand eines unschuldigen Mädchens mit Gewalt entreißt, die sich nach und nach an die frechen Blicke gewöhnt, und [schon] mit freier Stirn dem zweiten Maler ihren Schleier darreicht. – Du wirst über mein Zürnen lächeln, aber laß mich immer ein bißchen schimpfen auf Zimmermann.

Ach, wie es regnet! Wenn ich mit Dir reisete, bemerkte ich den Regen nicht. Weißt Du noch, wie wir in Hamburg ins Schiff mit unserm Wagen gehoben wurden? Boie, Boie, es war eine herrliche, glückliche Reise. Die künftige mit Dir ist auch so glücklich, noch glücklicher, aber doch verschieden.

BOIE   Meldorf, 30. Oktober 1784

Meine Geschäfte sind für heute abgetan, ich komme von Niebuhr, wo ich Tee getrunken, habe mit der Fiandt allerlei abgeschwatzt, und bin nun allein. Dein Brief vom 25sten hat mich sehr, sehr glücklich gemacht. Reinhold ist noch in Barlt, kommt aber morgen mit der ganzen Familie herein, um bei mir zu essen. Die Küche ist ganz fertig, und die Fiandt sieht schon alles im Geiste an der Stelle stehn, wo es stehn soll. Sie hat auf meine Angabe verschiedene Besuche gemacht, ist nicht wenig ausgefragt, auch wohl bedauert worden, daß sie eine so weite Reise gemacht, um nach Meldorf zu kommen.

Armes Mädchen! Wieder auf der Reise, und bei diesem Wetter? Mein Trost ist, daß Du nun schon in Gartow sein mußt. Hin und her gezogen wirst Du in Gartow genug werden, wenn gleich nicht so arg als in Tremsbüttel. Mit eisernem Zepter regiert dort höchstens der Graf [Bernstorff, Bruder des Ministers], den wirst Du wenig sehen.

(den 31.) Ein herrlicher Morgen! Wahrscheinlich sitzest Du itzt mit Wilhelminen oder Lotten, hörst ihre Konfidenzen, erteilst Räte, die die guten Mädchen nicht begreifen, oder denen sie nicht folgen können. Wüßt' ich nur erst, daß die Reise Dir keinen Schaden getan, so mögest Du gern in Gartow sein.

Die Hannöverischen Bäume sollen, so viel möglich, beisammen bleiben, und der Platz, den sie beschatten werden, dem Andenken unsrer ersten Bekanntschaft geheiligt sein. Es sind herrliche Sachen darunter, wenn sie geraten. Für einen andern Platz bestimme ich eine Urne, dem Andenken unsres Vaters heilig. Oh, Luise, hättest Du den guten Mann gekannt! und er Dich! Wie würd er Dich geliebt, Du ihn verehrt haben!

(Abends um 11) So weit schrieb ich diesen Morgen und ward gestört. Nun sind meine Gäste weg, und ich will meiner Luise noch etwas von dem heutigen Tag erzählen. Alles ist recht gut gegangen, besser als ich und alle es erwarteten. Das Essen war untadelhaft und alles so in Ordnung, als ob Küche und Vorratskammer schon wären, wie sie sein sollten. Ich bat die Fiandt, den Kaffee einzuschenken, und sie blieb nachher bei uns, welches, wie sie wohl weiß, nicht immer sein kann und wird. Sie hat sich bei der Schwiegermutter nicht wenig insinuieret, und versprechen müssen, sie bald zu besuchen. Die gute Frau brachte mir herrliches Obst, woran in Barlt ein großer Segen ist, und noch allerlei von ihrem überflüssigen Vorrat mit. Die Fiandt scheint von ihrem neuen Herrn sehr eingenommen und wird sein Interesse gewiß nicht verabsäumen. Nur die Mägde dürften mit ihr nicht zufrieden sein, denn sie will mehr und rascher gearbeitet haben, als hier Sitte ist. Niebuhrs waren [heute] auch da. Johann und der Aktuar spielten die Flöte und die Kinder tanzten. Vor dem Fenster waren nicht weniger Leute versammelt, als wenn es der Ball nach der Hochzeit gewesen wäre. Reinhold hat nun Abschied genommen. So leer mir's sein wird, mag ich ihn doch nicht aufhalten. Er reist aus wahrer Zärtlichkeit für die Mutter, die ihren lieben Sohn unmöglich länger entbehren kann, und sich erst nach und nach an seine Abwesenheit gewöhnen muß. Sein Herz hast Du ganz.

Nun stehen mir drei saure Tage bevor, durch die mich der Himmel auch wird kommen lassen. – Gute Nacht! Der Gedanke an Dich begleitet mich in mein einsames Bett.

Meldorf, 4. November 1784

Lange hab ich nicht mehr Verdruß empfunden, als bei einer diesen Morgen entdeckten Bosheit, die gleich morgen, und wie sie's verdient, bestraft werden soll. Es ist wegen des verlorenen, angeblich zu Tode geschlagenen Jungen, von dem ich Dir schrieb, und der sich zu meiner Freude bald wieder fand. Ich entließ darauf den denuncierten Mörder sogleich seines Arrestes, mit dem Versprechen, daß ich die Sache untersuchen, und ihm alle Gerechtigkeit widerfahren lassen wollte, wenn er unschuldig wäre. Der Junge hat den Kerl bestohlen, ist von ihm gar nicht über die Gebühr gezüchtigt worden, hat sich darauf aus Bosheit versteckt, ist von der Mutter, die die Anklage selbst gemacht, mit noch größerer Bosheit drei Tage versteckt gehalten worden, um sich an dem Züchtiger des Buben zu rächen, und [auch] an seinem Brotherrn, dem sie dadurch Verdruß zu machen glaubte. Wie sie gesehen, daß der Mensch durch Gerichtsdiener abgeholt worden, und daß die Sache zur Untersuchung kommen werde, ist ihr bange geworden, und der Junge hat sich wieder finden lassen müssen. Ich lasse das gottlose Weib morgen hereinbringen, und sie soll ihren verdienten Lohn empfangen. – Noch eine andre leidige Untersuchung hab ich wegen Dieberei, obgleich der Diebstahl nur klein ist. Es sind viele Leute, besonders hehlenshalber, darin verwickelt, und ich untersuche dergleichen gerne genau, um andere zu schrecken. Die bitterste Armut, deren Grund Faulheit und Liederlichkeit ist, hat eine Frau diesmal verführt, obgleich sie [freilich] schon von ihrer Kindheit an gestohlen. Beide, Mann und Frau, hatten kein Hemd auf dem Leibe und sie hat [schon] den Tag vorher ihrem Kind kein Stück Brot [mehr] geben können. Dergleichen schneidet durchs Herz, obgleich die Leute selbst Schuld an ihrem Unglück sind. Für die Klasse der Arbeiter, woraus sie sind, ist hier reichlicher Erwerb, wenn sie sich nur fleißig und treu zeigen.

Bei meiner eigenen Haushaltung wird mir doch ganz wohl. Die Fiandt kocht schmackhaft, ohne Fett, das ich nicht liebe, und [ohne] Gewürz, das mir schädlich ist. Dabei zeigt sie sich äußerst rätlich und sparsam, weiß alles ganz anders zu nutzen, als man's hier gewohnt ist. Wodurch sie sich im hohen Grade bei mir insinuieret, ist ihre große Aufmerksamkeit auf alles, was zur Reinlichkeit beiträgt. In der Küche und der Speisekammer ist nun alles ganz anders geworden, als ichs hätte angeben können. Für alles, was man braucht, ist nun Platz, und alles ist an der rechten Stelle, außer daß ich wünschte, die Lage wäre nach Norden, welches aber zu machen nicht möglich war, ich habe meinen Plan oft genug darnach herumgedrehet, mußt' aber immer bei der alten Einrichtung bleiben.

Ich habe nun meinen Kaffee mit dem Schlag sieben auf dem Tisch, wohin ich's bisher nie bringen können. Die Fiandt steht um sechs auf, und setzt die Mägde in Bewegung. Johann und sie werden auch recht gut mit einander auskommen. Erst in 14 Tagen erhalt ich meinen neuen Diener, an dem [noch] viel zu hobeln sein wird, aber ich will lieber einen Lümmel als einen verdorbenen Kerl aus der Stadt. – Montag soll die erste kleine Wäsche, nur zum Versuch, vorgenommen werden, und die Woche darauf das Schlachtfest. Dann werd ich so weit sein, daß ich, ohne über meine Einrichtung lachen zu machen, eine Gesellschaft bitten kann, welches ich bis dahin abgelehnt habe. Ich schreibe Dir alles so genau, damit Du mir bei Zeiten sagst, was Dir nicht ansteht.

Ich hatte heut einen Brief von der Schlegel. Sie hat mit guter Art sich aus der Verlegenheit mit ihrem Schwager gewickelt. „Ich konnte nicht nachgeben", schreibt sie, „und hab ichs nicht von Ihnen gelernt, daß man nicht zu mitleidig sein darf? – Ich will nun ganz für meine Kinder und Freunde leben."

Marcards Buch muß ich auch lesen. Was Du von Zimmermann schreibst, ist sehr wahr und vortrefflich gesagt.

Meldorf, 7. November 1784

Der verwünschte Aufenthalt mit den Posten! Ich kann von Kopenhagen geschwinder Antwort haben, als von Celle. Der Schluß Deines Briefes brachte mir unsre Reise vom vorigen März wieder in Gedanken, und alle Bilder derselben gingen noch einmal vor mir vorüber, eh ich einschlief. Vor allem die süßen Abende, die noch süßeren Morgen! Wie Du in meinem Arm, an meiner Brust ruhtest, ich an die Deinige mein Haupt legte! O, liebes, liebes Mädchen, hätten wir nur erst die Abende, die Morgen wieder! Aber seitdem, wie sind die Monate geschwunden! Die noch übrigen werden auch schwinden!

Ich bin nun mit den Vorbereitungen zur Einführung des neuen Gesangbuches beschäftigt, die am ersten Adventsonntage geschehen wird. Es hat große Vorzüge, wird aber, meiner Meinung nach, doch von dem Berlinischen übertroffen. Die Einführung wird hier keine Unruhen erregen, denn zur Schwärmerei neigen unsre Leute gar nicht, ob sie gleich das alte, das ihnen bekannt ist, für besser halten, und für ein neues nicht gerne Geld ausgeben. Einen witzigen Einfall eines alten Tischlers in der Nachbarschaft muß ich Dir doch bei der Gelegenheit erzählen. Er wird, indem er mit Hobeln beschäftigt ist, von seinem Prediger gefragt: ob er das neue Gesangbuch schon kenne, und wie es ihm gefalle? und antwortet, ohne aufzusehen und sich in seiner Arbeit stören zu lassen: „In meiner Jugend gab es Grob Courant und Speziestaler, jetzt haben wir Bankozettel und kupferne Sechslinge.''

Nun ist mein Kaffee getrunken, und ich will an meine Arbeit gehen. Ich umarme Dich mit der zärtlichsten Liebe.

(den 8.) Guten Morgen, bestes Mädchen! Ich bin, mit Wieland zu reden, etwas unwürsch aufgestanden. Ich wüßte ein Mittel, mich gleich heiter zu machen – ein Brief von meiner Luise – oder noch besser ein Blick, ein Kuß – –

Reinhold hat mir ein paar Fruchtbäume von der Insel Alsen, wo man besonders eine vortreffliche Art Äpfel zieht, verschafft, die ich mit denen, die ich durch Deine liebe Vorsorge aus Hannover bekommen, in den Hühnerhof setzen will, da ich die andern darauf stehenden Bäume, eine große schöne Linde ausgenommen, wegnehmen lasse. Was mir noch fehlt, werd ich durch Tausch leicht haben können.

Am Donnerstag reist der gute Krück, um sein Mädchen abzuholen, und wird nach acht Tagen wieder hier sein. Ich sehe ihn nicht ohne Neid reisen, aber – die Tage bis zu meiner Reise lassen sich doch schon zählen. – Ich schreibe doch heute nichts gescheutes; also Gott befohlen! Unsrer Pestel gib einen Kuß.

Meine Reise war angenehm. Die Sonne vergoldete die gelben Blätter der noch dicht belaubten Bäume, vorzüglich die Buchen, so schön. Ich sah Birken mit herabhängenden Zweigen, die einige Ähnlichkeit mit der Klageweide haben. Zum erstenmale freute ich mich der verwelkten Blätter. Ganz unbefangen sagte ich das zur Lenthen, und setzte hinzu: „Denn sonst wird es nicht wieder Frühling." Sie lächelte, und antwortete, meine Empfindung verriete, daß ich liebte. – Liebe, Liebe! Ich fühle stärker wie jedes [andere] Mädchen diese Zauberkraft, denn ich war wirklich kalt, eh ich Dich liebte. Ich hielt mich für ein Stiefkind der Natur, und erinnre mich eines kleinen Aufsatzes ‚An die Liebe' in dem Idyllen-Ton von Geßner. Ich schrieb diesen zu der Zeit, als ich fühlte, der gute Haltermann in Stade liebte mich. Ich war dem Mann so gut, wollte ihn so gern lieb haben, und doch konnte ich nicht. Niemand als Julie sah meine Schreibereien, dann wurden sie verbrannt, diese Elegie wurde zufällig aufgehoben; Juliens Vater, dem sie gefiel, raubte sie. Jetzt möcht ich das Blatt wieder lesen, um meine vorigen und jetzigen Empfindungen noch lebhafter vergleichen zu können.

In Gartow hab ich entsetzlich viel geschwatzt. Des Morgens halb acht kam die Gräfin Bernstorff zu mir. Die Frau hat viel Verstand und wahres Gefühl, eine bewundernswürdige Sanftheit und einen schnellen Blick, dieses alles ist aber in eine unleidliche Steifheit gehüllt, die sie dem Mann zu gefallen angenommen hat. Seine Excellenz spricht sehr wenig. Die Kinder sagen in seiner Gegenwart kein Wort. Den Vormittag teilte ich zwischen Wilhelmine und Lotte. Nach Tisch ward eine Stunde Conversation im Stehen gehalten, dann setzten sich die jungen Mädchen um mich her, und ich mußte erzählen. Des Abends bis ein Uhr blieb Wilhelmine oder Lotte bei mir. Das Haus ist fürstlich zu Gartow, alles größer und brillanter wie zu Dreilützow, aber tot und öde. Ich glaube, der Graf liebt keine Menschen, denn selbst die Domestiken werden sehr entfernt gehalten. Lotte ist noch mehr gewachsen, hat sich unglaublich nach dem Ton der großen Welt gebildet. Sie spricht sehr gut, erzählt schön, deklamiert etc. Die Figur von Cajus [Reventlow] hat ihr vorzüglich gefallen, und die Aufmerksamkeit auf die Figur ist mir in jedem Mädchen immer ein Beweis, daß das Herz weniger als die Einbildung gerührt oder getroffen ist. Lotte muß in allem Betracht bald heiraten.

Gräfin Luise hat ihr unglaublich geschadet. Wilhelmine ist unglücklich dadurch, daß sie das Gefühl der Stolberge nachahmen will, und nie dahin kommen kann. Ich sagte ihr: es ist größer, einen eigenen Weg zu gehn, als nachzuahmen.

Bernstorff ist bös, daß Fritz [Stolberg] lieber in Tremsbüttel so weg lebt als für ein eignes Plätzchen sorgt, das ihn, sein Weib und Kinder nährt. Agnes fürchtet Armut, hängt mit ganzer Seele an ihrem Mann, der sie eben so innig liebt, und dennoch seine Abneigung für Geschäfte nicht überwinden kann. Gustchen findet sich so unglücklich, in der großen Welt zu leben, und weniger studieren zu können, daß sie ihren Mann und die Kinder betrübt. Das verwünschte Ideenleben! Ich bin wirklich grämlich, daß man von allen Stolbergen nichts fordern kann, und sie durchaus nicht in diese Welt gehören *wollen*.

Du hast es gut gemacht, Mama das Körbchen zu schicken. Ich arbeite an einem Körbchen für Anna. In Gartow schenkte mir Wilhelmine ein getrocknetes Vergißmeinnicht, damit muß ich Dir, Du Einziger, noch ein Körbchen machen.

Mit vielem Vergnügen lese ich alles, was Du mir von der Fiandt schreibst, und habe der K. herzlich für das gute Mädchen gedankt. Glaub mir, eine solche Person schafft wahren Vorteil im Haushalt. Eine Räucherkammer ist unentbehrlich, lieber, bester Boie. Alles geräucherte Fleisch, Würste pp. ist so angenehm, und so nützlich für Domestiken. Laß Dir doch Gänse fett machen, und in Essig einkochen. Das aßest Du so gern in Hannover. Eh ichs vergesse: sag der Fiandt, daß, wenn Du Schweine schlachtest, sie die Knappwürste, so wie solche aus dem Kessel genommen werden, gleich in kaltes Wasser legen muß, und nach einer Viertelstunde in das zweite kalte Wasser, so werden die Würste weiß. Nur wenige wissen dieses Mittel.

Frau von Grävemeyer schreibt mir, daß, wenn es wahr wäre, daß ich mein Vaterland verlassen wollte, sie mich durchaus vorher sehen müßte. Jenny schickte mir ihres Vaters Schattenbild auf Porzellain en medaillon, für mein künftiges Zimmer. – Kurz vor meiner Reise hatte ich eine Freude über ein Urteil im [hiesigen] Tribunal. Ein rechtschaffner Mann wird von seinem Gläubiger hart gemahnt, er kann nicht gleich bezahlen. Als die Frau einmal ausgeht, tötet er sein einziges Kind von zwanzig Wochen mit dem Messer, und schneidet sich selbst in den Hals. Er hatte das Kind aus Zärtlichkeit getötet, denn er fürchtete Armut und

Hunger für das Kind. Der Mann mußte nach den Gesetzen sterben, denn er hatte den Mord mit kaltem Blut getan. Den Tag, wie im Tribunal sein Urteil gegeben wurde, hatte ich eine entsetzliche Unruhe, aber des Mannes Leben ist zu meiner großen Freude gerettet.

Amalia liebe ich noch mehr nach ihrem letzten Entschluß. Deine Freundschaft, Du Einziger, ist einem empfindenden Herzen mehr wert als die Liebe des besten Mannes.

BOIE   Meldorf, 10. November 1784

Nun weiß ich doch, daß die Reise, vor der ich mich fürchtete, vollendet, und Du wieder in Celle bist.

Mit der Wäsche sind wir durch. Die Fiandt findet meine Wäsche abscheulich behandelt, und sie mag Recht haben. – In meine neue Küche sind mir schon Eßwaren allerlei Art geschickt, und mein Vorrat würde noch größer sein, wenn ich nicht alles zurückwiese, was von Leuten kommt, die Prozesse haben, oder vermutlich haben werden. Ich habe schon vier große Puter [im Hof] gehen. Für die Aufbewahrung der Fische laß ich im Hofe eine große steinerne Kumme einmauern.

(den 11.) Als ich gestern eben schrieb, wurden einige fremde Bettler eingebracht, die ich [in Arrest] setzen lassen mußte, und diesen Morgen abhören will, um sie nach Befinden gleich aus dem Lande schaffen zu lassen, da wir in einem von der Landstraße entfernten Winkel wohnen, und schrecklich von Bettlern heimgesucht werden. Ich erwarte alle Tage ein Kommando, das dieser wegen das ganze Land durchsuchen soll.

Wenn Dein Bruder wieder Geld nach Hamburg schickt, muß er sich mit den Pistolen in Acht nehmen. Es sind unter den letzt geschickten viele zu leicht gewesen, und ich habe fast einen Reichstaler daran verloren.

Diesen Mittag ißt die kleine Niebuhr allein bei mir, welches ein großes Fest für sie ist.

LUISE   Celle, 12. November 1784

Dein Haus, Hof und Garten wird wie ein kleines Elysium, als die Pesteln sagt, die nichts mehr wünscht, als uns begleiten zu dürfen, um Zeuge meiner Überraschung zu sein. Dein Haushalt wird, wenn das Ganze erst in einer gewissen Ordnung ist, nicht so teuer kommen, als Du es Dir vielleicht gedacht.

Bei uns, glaube ich, versteht man die Kunst, mehr auf Kleinigkeiten zu sehen, besser wie dort, weil hier die Leute minder
wohlhabend sind. Wir leben auch einfacher überhaupt, denk ich.
Frau v. Plessen gibt hier ein sehr gutes Beispiel.

Unsre Politiker schimpfen entsetzlich auf den Kaiser [Jo-
seph II.]. So wie die Begleiter des Bischofs sagen, sollen die Untertanen des Kaisers sehr unzufrieden sein und über die vielen,
in manchen Kleinigkeiten bestehenden Verordnungen murren.
Bei dem Fürsten Kaunitz ist der Bischof zu Mittag gewesen. Als
angerichtet ist, tritt der Fürst herein, macht sein Kompliment,
geht nach dem Speisezimmer, und nimmt die erste Stelle bei der
Tafel ein. Nach dem Dessert bringt ein Bedienter einen Spiegel,
Waschbecken, Zahnbürste etc., der Fürst macht förmlich seine
Toilette bei Tisch, und wie er fertig, wird die Tafel aufgehoben.
So wenig wie der Bischof für alles, was Etikette heißt, empfind-
lich ist, hat ihn dieses Betragen doch frappiert. Der große Friedrich soll einen allerliebsten Brief an den Bischof geschrieben
haben, als er ihm vor einigen Wochen das Geschenk schöner
Pferde schickte.

Unsre Soldaten aus Gibraltar sind sehr gut empfangen worden. Bei ihrem Durchmarsche ist in jedem Dorfe geläutet [wor-
den], in Nienburg die Kanonen gelöset, junge Mädchen haben
dem Major von Hugo einen Kranz von Eichenlaub geopfert,
den er in der Kirche am Fuße des Altars niedergelegt. Nach dem
Liede „Nun danket alle Gott" ist jedem Offizier und Soldaten
eine Armbinde mit dem Namen Gibraltar gereicht [worden] und
allen der Beifall gegeben, den sie verdienen. Ihr ganzer Einzug
und diese Szene soll sehr rührend gewesen sein.

Dem guten Krück wünsche ich von Herzen Glück zu der Heim-
holung seines Mädchens. Wir werden wohl den Schluß machen
der Neuverbundnen, lieber Boie.

BOIE   Meldorf, 14. November 1784

Ich wollte eben von einem sehr guten Taubenfrikassee essen,
als Deine Briefe kamen, bestes Mädchen, ließ alles stehen, zum
großen Verdruß der guten Fiandt. Hernach ward ich bis Abends
um sechs von Leuten belagert, die mich sprechen wollten, und
ich hatte Auftritte aller Art. Gestern Morgen ists nicht besser gegangen. – Es hat ein paar Tage sehr geregnet, und mein Regenbach ist fast halb voll. Zum Trinken ist das Wasser noch nicht,

weil das Gemäuer noch zu frisch ist, aber die Bequemlichkeit ist weit größer, als Du sie Dir vorstellst.

Deine Reise ist also doch gewesen, wie ich sie mir dachte. Deine Freude über die hinsterbende Natur durch die Hoffnung des darauf folgenden Frühlings hat mich innig gerührt. Wie gern säh ich Deinen kleinen Aufsatz ‚An die Liebe' – geschrieben, als Du noch nicht liebtest, und Dich keiner Liebe fähig hieltest. O Luise, wie konnte [gerade] ich bestimmt sein, diese Empfindungen zuerst in dem edelsten weiblichen Herzen zu wecken! Wie wahr das, was Du über Lotten schreibst, und daß, wo die „Figur" Eindruck macht, die Einbildungskraft mehr getroffen ist, als das Herz! Was Du mir von Gustchen schreibst, betrübt mich. Wohl Dir, daß Du nicht in diese Familie gekommen bist!

Die Fiandt versteht den Haushalt wie keine hier, besonders in der Kunst, mit der sie jeden Abfall zu nutzen weiß. Ich gebe, bei allem, was ich noch an kleinem Küchengerät und Vorrat anschaffe, nicht so viel aus, als ich sonst auszugeben pflegte. Trotz der Betriebsamkeit, die sie von den Mägden fordert, scheint es doch, als wenn sie mit ihr zufrieden sind. Auch [den] Johann, der grämlich, ich glaube gar hypochondrisch geworden ist, schüttelt sie wieder auf. Nichts übergeht die Aufmerksamkeit, mit der sie für meine Bequemlichkeit und Ruhe sorgt. Ich bin das so gar nicht gewohnt. Du wirst einen verzogenen Mann vorfinden, und brauchst dies Geschäft nicht erst zu übernehmen. Die Fiandt traut niemandem hier wie mir, und hat nur für mein Interesse Augen. Das gefällt mir natürlich und ich trag es gern, wenn sie sich zuweilen ins Schwatzen verliert. Die Wäsche ist sehr gut ausgefallen. Die Mädchen, die anfangs die neue Art nicht begriffen und wohl gar lächerlich fanden, sagen selbst, daß sie besser ist und weniger Mühe macht. Die F. kann sich recht gut mit den beiden Streicheisen, die ich habe, behelfen, da beide gut und neu, wenn gleich nicht schwer genug sind. Die Rauchkammer war schon beschlossen, eh ich Deinen Brief erhielt. Gänse, auch zum Einkochen, sind schon im Sommer bestellt, und werden bald kommen. Die Methode mit den Knappwürsten kennt sie. Ich habe ihr, so weit ich konnte, vorgelesen, was Du von ihr und der Haushaltung schreibst, und sie ward durch diesen Beweis des Vertrauens bis zu Tränen gerührt. Sogar hat sie, wie sie mir diesen Morgen erzählte, von Dir geträumt. Laß immer für sie noch ein Spinnrad machen. Es ist *ein* Transport. Die Niebuhr mag sich diesmal ohne Flachs behelfen, wenigstens will ich ihr nicht viel abgeben. Aus ihrem Spinnen wird doch nicht viel herauskommen.

Voß hat sich von den Damen in Hamburg, die [unsere Verbindung] nur vermuteten, ausfragen lassen, hat selbst erzählt, und will nun Recht haben. Mag er, [aber] was ich nicht gesagt haben will, sag ich auch ihm künftig nicht. Ich mag nicht herrschen, aber durchaus auch mich nicht beherrschen lassen, welches des guten Mannes Art ist, und ich bin, so sehr ich ihn liebe und schätze, sehr zufrieden, daß wir nicht an einem Orte leben. Ich hasse nichts mehr als den Familienzwang, von dem ich hier täglich unausstehliche Äußerungen sehe. Meiner Heirat wird [hier] gar nicht mehr gedacht, mein Gesicht muß abgeschreckt haben.

An großem Hausrat fehlt mir nun nichts mehr, als drei schöne Spiegel und zwei Öfen für den Saal und die neue Stube. In der nächsten Woche wird Deine künftige Wohnstube ganz fertig, und in der folgenden will ich darin das erste Souper geben, worauf man hier schon lange harrt.

Die Vossischen Subscribenten hast Du beizulegen vergessen.

LUISE   Celle, 16. November 1784

Deine Häuslichkeit rührt mich so sehr. Wenn Du Vossens recht glücklich machen willst, so schreibe ihnen oft davon. Ich erinnere mich, wie sehr Voß diesen Zeitpunkt für Dich wünschte. Deine Briefe tragen auch anjetzt die Farbe der wahren, innigen Behaglichkeit, die die Quelle der sanften Freude ist.

Wie in aller Welt behandlen denn die Meldorfer die Wäsche? Die Fiandt macht wohl gar noch Epoche bei den Meldorfern, und ich finde es nun ganz natürlich, daß man in Holstein und Dänemark so gern Haushälterinnen und Mägde aus unserm Lande hat. Auch bin ich mit der Notwendigkeit, die Fiandt haben zu müssen, ausgesöhnt, denn sie kann die Mägde eher in Trott setzen, als ich tun könnte.

Von meinem Bruder ist es mit den zu leichten Pistolen Unachtsamkeit, die ich überhaupt so sehr in ihm hasse. Er grüßt Dich herzlich mit seinem Weibchen.

Die Gräfin [Luise] merkt, daß wir sie ein bißchen durchsehen, gewiß. Ihr Verlangen, daß wir sie besuchen sollen, ist nicht natürlich, denn sie haßt alle Besuche ohne Unterschied. Sag ihr auch in meinem Namen Liebe und Achtung zu, kleide alles ein, so daß es ihr gefällt. Ja wohl müssen wir sie schonen! – Kennst Du den wunderlichen Lenthen? Er war ehgestern hier, sah in meinem Zimmer Dein Bild und wünschte mir in vollem Entzücken Glück. Gestern begegnete mir der Prinz auf dem Walle, ich sah es ihm an, was er sagen wollte, wich ihm aber aus, weil mehrere Gesellschaft bei mir war. Er hat die Pestel gefragt, ob die Hochzeit hier sein sollte, – die gleich, aus Furcht, er möchte sich dazu bitten, geantwortet, von der Hochzeit sollte niemand etwas erfahren. Du hast aber keine Idee davon, wie wahren Anteil alle, die uns kennen, an unsrer Verbindung nehmen. Ich fürchte mich für [vor] Ramdohrs Glückwunsch. R. kommt noch diese Woche hier[her].

Der Gedanke, daß der junge Frühling unsren Bund schließt, ist mir unbeschreiblich süß. Dann sind es zehn Jahr [her], als ich Dir das erste Maienblümchen gab.

Verschiedne Gibraltaner nehmen ihren Abschied, weil sie beinahe noch einmal so viel Pension als die gewöhnliche erhalten. – – –

Ich werde gestört. Adieu, Du Einziger.

BOIE   Meldorf, 17. November 1784

Was der liebe Bruder macht, siehst Du in seinem beigeschlossenem Brief, an dem Du Dich schadlos halten magst, wenn meine Feder mich etwa nicht gar weit führen sollte. Die Tage sind so verzweifelt kurz, daß ich meine Arbeitsleute mit dieser Woche noch nicht los werde. Wir haben nun auch das Schlachtefest überstanden. Die Mägde sperren die Mäuler auf, und können nicht begreifen, wie die Fiandt so mit allem fertig wird.

Daß die Untertanen des Kaisers unzufrieden mit den vielen auf einander folgenden, immer die Freiheit einschränkenden Verordnungen sein müssen, ist natürlich, aber Gutes wirken werden sie [die Verordnungen] gewiß, wenn er nur standhaft seinen Weg fort geht, und Joseph wird in zwanzig Jahren sein Land umgeschaffen haben, wenn er so lang lebt. Was Du mir von dem Fürsten Kaunitz erzählst, ist just, was ich von zwanzig andern gehört habe. Er ist ein großer Mann, der sein Gewicht fühlt, und dabei sehr sonderbar. – Die Rückkunft der Truppen aus Gibraltar mag rührend gewesen sein, und ich freue mich der Art, wie die Helden bewillkommnet sind, die doch nicht nach dem Phlegma aussieht, das man den Hannoveranern Schuld gibt.

Du hast ganz Recht, daß man im Hannöverschen einfacher lebt, als hier. Allein an Butter brauchte meine Wirtin 18 Pfund, wo die Fiandt jetzt mit 6 eben so weit kommt. In den ersten Jahren werden wir noch dann und wann feierlich zu essen geben müssen; wenn einmal einige der Alten nicht mehr sind, fällt das weg und wir werden leben können, wie wir wollen. Ich habe jetzt, wenn ich allein bin, nicht mehr als zwei Schüsseln, aber so, daß ich immer jemand bitten kann, der unvermutet kommt. Durch dieses einzelne Bitten ehre ich die Leute, spreche mehr aus Herzens Grunde mit ihnen, und gewinne ihr Vertrauen. – Bei dem, was Reinhold von dem leidigen Rauchen schreibt, das er sich angewöhnt hat, muß ich doch anmerken, daß dieses hier sehr allgemein ist. Du kannst [aber] das Rauchen nicht ertragen, und da ich selbst nicht rauche, muß es eine Distinktion sein und bleiben, wenn jemandem bei uns eine Pfeife angeboten wird.

LUISE   Celle, 19. November 1784
Grüße Reinhold aufs zärtlichste von mir. Grüße die Fiandt. Ihre Vorsorge für Dich, ihre vernünftige Sparsamkeit macht sie mir sehr wert. Gib ihr die Versicherung, daß sie auch mit mir zufrieden sein soll. Gute [Dienst-]Leute zu haben ist ein großer Vorzug, die mehrsten wissen sie nicht zu schätzen.

Ich glaube, daß ich das Regenwasser gern trinken werde, denn ich bin beinahe mit allem [andern] Wasser brouilliert, ich trinke daher auch zu wenig, und Wein will ich mir nicht angewöhnen; genug, daß der liebe Kaffee getrunken wird, den ich ein halbes Jahr entbehrt habe.

Das ‚Museum‘ ist recht gut, die Ode an Klopstock und ‚An das Glück‘ hab’ ich sehr lieb. Das Stück ‚Weiblichkeit‘ hat mich frappiert. Solche Züge müssen bekannt werden. – In unsrer Lesegesellschaft ist ganz abscheuliches Zeug anjetzt.

Voß gehört wegen seiner Liebe zu herrschen ganz zu den Stolbergen, denen er sich überhaupt in manchen Dingen nähert, in einer Entfernung werden wir recht gut mit ihm fertig werden, lieber Boie.

Celle, 22. November 1784
Die Zeit währt mir lang, eh Du die Rüben und der Fiandt ihr Bette bekommst. Wenn die Bäume, die Wachslichter und der Flachs auch so lange unterweges bleiben, wirst Du mich gewiß ungeduldig sehen.

Eine Pfeife Tabak ist bei vielen Männern das, was bei Dir das zweite Glas Wein ist, Boie. Du sagtest immer, das zweite Glas Wein mache Dich heiter. Das Rauchen vertrage ich sehr gut, warum das den Leuten versagen! Reinlich müssen sie dabei sein, so viel kann ein jeder sich genieren, daß er nicht in die Stube spuckt, und der Rauch verschwindet leicht, wo Windöfen sind.

Achtzehn Pfund Butter die Woche? Die Leute müssen einen andren Magen haben als wir hier zu Lande. Ich bin sehr froh, daß Deine Wirtschaft nicht so teuer kommt, als Du Dir dachtest. Laß nur erst den Bau fertig und das Nötige da sein, so will der Himmel uns schon weiter helfen.

(den 23.) Diesen Morgen war der Prinz hier, meine Blumenkörbchen zu sehen, wovon viel geschwatzt wird. Sie gefallen ihm sehr und er will uns lehren, Landschaften von Moos zu machen. Er sah Dein Bild in meinem Zimmer, und schwieg.

Ich bitte Dich, iß nicht viel Gemüse, sondern mehr Fleisch. Allen Menschen, die so viel sitzen, bekommt es besser. Kennst Du die neue Art, die Kartoffeln wie einen Brei zu essen? Die Kartoffeln werden sehr weich gekocht, durchgerieben und mit Milch zurecht gemacht. Es schmeckt sehr gut.

BOIE   Meldorf, 24. November 1784

Morgen früh soll ein Schwein geschlachtet werden, das wohl bis Sonnabend alles, was zur Küche gehört, beschäftigen wird. Ich habe im Hofe eine steinerne Zisterne, die gesprungen war, mit Klinkern ausfüttern und mit einem Drahtgitter überziehen lassen, und denke, daß sie zum Aufbewahren der Fische nützliche Dienste leisten soll. Alles Kupferzeug [in der Küche] ist neu verzinnt worden. Ich habe Küche, Speisekammer und den Eingang zum Keller gelb malen lassen. Der Hofplatz zwischen beiden Häusern ist nun gepflastert, und vor Ende der Woche wird auch die Einfahrt und die neue große Pforte an ihrer Stelle stehen. Dem Bedienten hab ich heute seine neue Livree, stahlgrau mit grün, anmessen lassen. Die Fiandt entfernt, so viel sie kann, alle alten Weiber aus dem Hause, sie tun selten etwas mehr, als Klätschereien herumtragen.

Für die gröbere Arbeit im Garten, Graben, Holzhauen, Holz- und Torftragen hab ich den Gerichtsdiener, dem ich dafür einstweilen im Nebenhause freie Wohnung und Feurung nebst etwas Geld gebe. Johann kann ich beim Schreiben sehr gut brauchen, und darauf und auf mein Haar [d. h. Frisieren] schränk ich ihn nun auch ganz ein, außer daß er mit beim Aufwarten helfen muß, wenn ich Gesellschaft habe.

Vossen werd ich von meiner Häuslichkeit kein Wort schreiben, er mag sich künftig davon selbst überzeugen. Ich bin des ewigen Zurechtweisens, Mäkelns usw. müde, und werde mich hüten, ihm irgend eine Gelegenheit, seine Weisheit zu Markte zu bringen, wieder zu geben. Nenne das nicht Empfindlichkeit. Ich kann gewiß den Tadel meiner Freunde vertragen, ehre und liebe Vossen, aber möchte um keinen Preis mit ihm an einem Orte leben. Ich kann mich wohl einmal mißverstanden sehen, aber nicht immer.

Deine Blumenkörbe sind so allerliebst, daß sie auch ganz unwissende Augen auf sich ziehen, wie ich noch gestern an dem meinigen die Erfahrung machte, ungeachtet er gar nicht so hängt, daß er in die Augen fallen kann.

Kennst Du die langen Strohteller, die man aufrollt und worauf in der Mitte des Tisches die Schüsseln stehen, daß das Tischtuch nicht schmutzig werde? So einen wünscht die Fiandt sehr.

Luise, nach dem Deister müssen wir, wann wir zusammen nach Hannover kommen! Und Höpfner muß mit, um uns noch einmal Ziegen weiden zu sehen.

LUISE   Celle, 26. November 1784

Ich habe Ramdohr gesehen[1], und bin sehr mit ihm zufrieden. Er entzückt hier alle Menschen, so wie in Hannover. Er hat als maçon [Freimaurer] große Vorteile genossen, auch bei Höfen. Paris bleibt sein Lieblingsort, das ist natürlich, denn sein Character ähnelt dem französischen am meisten. Über Frauenzimmer scheint er [jetzt] gelinder zu urteilen, und beteurte, daß die Hannoveraner an Cultur und Sitten immer vor andren, die er gesehn, den Vorzug erhielten. Er erzählte uns Beispiele von Frauenzimmern, die uns verwunderten. In Wien findet er das schönste Theater. Er hat alle Abende in dem Hause der Gräfin Thun zugebracht, die für gelehrt gehalten wird, ihre Gelehrsamkeit erstreckt sich aber nicht weiter als über Romane und französisches Theater.

Dem Kaiser ist er präsentiert, auch den Königen von Frankreich und Neapel, er ist aber behutsam zu seinen Äußerungen.

[1] Ramdohr war längere Zeit auf Reisen gewesen.

Ich glaube, daß er mit Nutzen gereiset ist, denn er hat für sich studiert, und die Abende in Societät zugebracht. In Regensburg bei dem Gesandten v. Ompteda hat er unsre Verbindung erfahren. Er machte mir ein Kompliment darüber.

Gestern Abend hörte ich eine Geschichte, die dieses Jahr in Ratzeburg vorgefallen. Ein Dienstmädchen, die einige Kleidungsstücke ihrer Kameradin sehr geliebt, entwendet sie ihr nach und nach, und als beide von ihrer Herrschaft über Feld geschickt, schlägt sie die andere mit einem Stück Holz tot, und stößt sie in einen Morast. Das Mädchen kommt zu Haus, ist ganz ruhig, sagt, daß ihre Kameradin früher als sie gekommen sein müsse, und dabei bleibts. Einige Tage hernach wird der tote Körper gefunden, der Täter ist nicht auszuforschen, bis nach ein paar Monaten die Mörderin die Kleider zu tragen anfängt, und arretiert wird. Sie gesteht nichts, und hüllet die Art, wie sie die Kleider erhalten, in eine sehr gute Erzählung ein, so daß beinahe die Richter von ihrer Unschuld überzeugt worden. Da [aber] ihre große Eitelkeit bemerkt ist, gibt man ihr hübsche Kleidungsstücke, und durch das Versprechen nach besseren entlockt man ihr das Geständnis des Mordes. Sie hat gar keine Begriffe von Religion gehabt, und ein paar Advokaten haben [vergeblich] alle ihre Beredsamkeit angewandt, diese Unwissenheit zu ihrer Entschuldigung anzuführen. Sie ist durch einen geschickten Prediger zum Tode vorbereitet [worden], der [aber] ihre Attention nicht hat fixieren können. An ihrem Sterbetage hat sie die Kleider der ermordeten Person angezogen, „weil sie am hübschesten wären". Frau v. Wense sagt, daß die Hinrichtung dieses Mädchens auf dem Gerichtsplatz einen sehr großen allgemeinen Eindruck gemacht hätte.[1]

Daß Du von Georgen noch kein Geld erhalten, verdrießt mich.

Ich habe darauf gedacht, der kleinen Niebuhr eine Freude zu machen, da die Mutter so viele Güte für uns hat. Wenn ich ihr ein Kleid mitbrächte? Man hat sehr hübsches, nicht ganz seidnes

---

[1] Zu der Erzählung des Mordfalls äußert Boie später, er möchte die Geschichte wohl ausführlich als einen „neuen Zug von Weiblichkeit" ins ‚Museum' aufnehmen. Daß junge Burschen genau so aus Schwachsinn und asozialer Veranlagung morden können, die „Weiblichkeit" also bei jener Tat nicht das Entscheidende war, erkannte man damals wohl noch nicht.

Leipziger Zeug, wovon man jetzt anfängt Kleider zu tragen, ich kann es in Braunschweig bekommen, und würde rot und weiß nehmen. Was sagst Du dazu, bester Boie?

BOIE   Meldorf, 28. November 1784

Ich hatte gestern Abend nicht Lust zum Schreiben, vertiefte mich in die aus Hamburg geschickten ‚Mémoires de Voltaire‘, und konnte, so sehr ich mich über vieles darin ärgerte, nicht davon abkommen. Sie sind unstreitig von ihm, wenigstens kenn' ich noch den nicht, der seine Manier so nachmachen könnte. Gott behüte [aber] jeden Menschen vor solchem Freund und Gesellschafter. Vieles, was er vom König von Preußen schreibt, mag wahr sein, und stimmt mit ähnlichen mir sonst bekannten Anekdoten überein. Aber mußte Voltaire es der Nachwelt überliefern? Friedrich ist auch doch nicht mehr der, der er in seiner Jugend, und hauptsächlich durch die französischen Witzlinge verführt worden, war. Und wie so ein Franzose auf alle Ausländer als auf Barbaren herabsieht! Gleim wird aus Ärger in acht Tagen nicht geschlafen haben, nachdem er die ‚Mémoires‘ gelesen.

Ich bin diesen Morgen in der Kirche gewesen, und schreibe dies nach Tische, weil ich leider heut Abend noch in Gesellschaft soll. Dank, meine Einzige, für Deinen Brief vom 22sten. Meine üble Laune war nur ein vorüberziehendes Wölkchen, das gewiß einer Deiner Blicke vertrieben hätte. Mir geht es mit der Zimmerluft just wie Dir.

Am Freitag will ich Deine künftige Stube durch die erste Gesellschaft einweihen. Keiner wird ahnden, wie feierlich mir dabei zu Mute sein wird. Der Eckschrank wird Dir gefallen, den ich habe machen lassen. In den Saal kommt ein größerer und mehr wie ein Schenktisch eingerichteter. Die Fiandt empfiehlt sich Dir angelegentlich. Montag will sie die Küche aufputzen, die nun gemalt und, ich denke, die beste Küche in Meldorf ist. Dienstag schlachten wir Gänse. Kartoffelbrei, den ich nicht kenne, soll sie mir kochen.

Tausend Grüße an unsre liebe Pestel. – Eh der Dezember zurückgelegt ist, kann ich mich unsrer Vereinigung nicht recht freuen. Die Kluft, die zwischen uns ist, dünkt mich noch entsetzlich groß. Ich küsse Dich mit dem Kuß der innigsten Liebe.

Die Pestel will mich bei Dir verklagen, daß ich weniger teilnehmend (an Kleinigkeiten) bin wie sonst. Ich vergäße *alles!* und das ist wahr, ich bin so ganz mit meinen Gedanken in Meldorf. Dein lieber Brief tat mir gestern so wohl.

Voß muß von Dir in einer gewissen Entfernung gehalten werden, das fühle ich. Daß keiner *meiner* Verwandten uns nahe sein wird in Meldorf, darüber frohlocke ich jeden Tag. Sonderbar [aber], daß der alte Onkel nicht antwortet. Die Mejern prahlt [vor ihm] mit uns. Du weißt, wie sie ist, sie macht es schlimmer mit ihrer Gutmütigkeit. Überhaupt, lieber Boie, mache ich immer mehr Erfahrungen, oft bin ich verdrießlich – aber das weiß ich, daß ich bei Dir Ruhe und Glück finde, die nur der Himmel und nicht Menschen uns rauben können. Glaub mir, das Glück heiligt mein Herz. Unglückliche Tage machten es starr, empfindungslos, jetzt ist mir, als hätte ich tausend Herzen, dem Himmel zu danken, tausend Herzen, Dich zu lieben.

Hast Du zufällig Herders ‚Ideen zur Philosophie der [Geschichte der] Menschheit‘, so schick mir's, ich kann es nicht geliehen bekommen, denn Brandes ist in London – und hier? Wer liest so was? Sarah Hugo schreibt mir, es sei das beruhigendste, was sie je über diese Materie gelesen. „Herder zeigt, wie klein und tierisch der Mensch, aber auch, wie groß er werden kann und soll, wie schön die Harmonie des Ganzen, und wie genau diese mit jener Welt verbunden, [das] macht das hinüber schreiten so leicht; wie der Schlaf werde der Tod auch nur das Fieber des Lebens kühlen, die zu einförmige und zu lang fortgesetzte Bewegung sanft umlenken," etc. Dieses macht mich nach dem Buche so verlangend.

Ich könnte Dir noch so viel sagen auf Deinen Brief, aber ich werde nie fertig. So gehts ja immer. Schreib mir nur alles, was Dir noch fehlt [im Haushalt]. Aber ich bitte Dich, wie machst Du's, daß Du so an alles denkst? Ich freue mich auch über die Fiandt. Daß sie die alten Weiber, die in so manchen Haushaltungen als Taglöhner gebraucht werden, nicht leiden kann, ist mir lieb, ich kann sie [auch] nicht ausstehen. Den Hühnerhof lässest Du doch nicht pflastern? Sonst kommen keine jungen Hühner auf, und an dem Federvieh wirst Du doch Deine Freude haben, wenn Du sie manchmal nach Tische mit Deiner Wise fütterst.

Meldorf, 1. Dezember 1784

Mein Zimmer soll rein gemacht werden, ich mußte also in das Deinige flüchten, aber auch da verfolgten mich Tischler und Maler. Ohne die Betriebsamkeit der Fiandt, die alles in Atem setzt, was Hände hat zu arbeiten, wär es nicht möglich gewesen, so weit zu kommen. Ich hab ihr heut Abend ordentlich den Text darüber gelesen, daß sie sich zu stark angreift.

Die Sachen aus Hamburg sind nun alle da. Mit welcher Empfindung ich Deinen Kasten öffnen sah, vermag ich nicht auszudrücken. Ausgepackt hab ich alles selbst, dann rief ich die Fiandt, und ich kann ihre Freude nicht beschreiben. Das Bett ist vortrefflich. Die Fiandt findet es für sich zu gut. Herrlich ist auch das Teezeug. Welchen Dank sag ich Dir dafür, Du Einzige. Ich werde künftig aus keinem andern trinken mögen.

Die Schlegel [Amalia] bittet mich sehr, ihr meinen Schattenriß zu senden, um ihn gefaßt neben dem Deinigen aufhängen zu können. Ich weiß ihn aber nur durch Dich zu bekommen, da ich kein Exemplar mehr habe.

Nachgerade wünscht' ich doch, daß unser George das Geld schickte. – Ein Kleid für die kleine Niebuhr wäre wohl zu viel und dürfte in Verlegenheit setzen, aber irgend eine Galanterie, einen hübschen Hut oder so etwas wünscht' ich wohl, daß Du ihr mitbrächtest, nicht schicktest.

LUISE   Celle, 3. Dezember 1784

Die ‚Mémoires de Voltaire' kann man hier noch nicht erhaschen, der Anekdoten draus trägt man genug herum. Wenn Fritz Stolberg die Memoiren liest, wird er noch mehr auf die Franzosen schimpfen, und doch sind der hämischen Voltaires wohl in allen Nationen. Zimmermann würde, wenn er Freund eines Königs gewesen wäre, sich auch gewiß so zu rächen suchen, er hat nur nicht Voltaires Kopf, und die Hämischkeit würde in ihm Grobheit. Es ist mir leid, lieber Boie, daß mit den zunehmenden Jahren Enthusiasmus für die großen Männer sich vermindert. Die Täuschung möchte ich gern verlängern, doch seitdem diese in mir aufgehört hat, liebe ich die Menschen überhaupt mehr wie sonst, verlange nicht Außerordentliches von ihnen und suche das Gute mehr auf, das ich sonst viel weniger bemerkte.

Mein alter Onkel hat geantwortet, und in *seiner* Art sehr freundlich. Mir ists doch lieb, so unbedeutend mir seine Gnade oder

Ungnade auch ist. – Hast Du Lust, so schreib an Höpfner und sag ihm unsre Verbindung. Ich wünschte, der Höpfner fände ein Mädchen, mit welcher sein Herz wirklich sympathisierte, er kommt nicht eher in Ruhe.

Lieber Boie, schicke mir doch die ‚Geschwister‘ von Goethe. Die junge Dr. Böhmer [Karoline] bittet mich so sehr freundlich darum, daß ich es ihr nicht absagen kann. Du erinnerst Dich wohl, ich schrieb das Stück für Dich ab. Es hat einen eignen Eindruck auf mich gemacht, meine Empfindungen sympathisierten so ganz mit dem lieben Mädchen [darin]. Ich liebte *Dich*, als Bruder und Freund, und mir ahndete nicht, daß Du mir jemals mehr werden könntest. Das Stück ist jetzt sehr bekannt, doch aber nicht gedruckt.

Leb wohl, Du ewig Teurer. Von Osterode grüßen sie Dich. Henriette ist durch ihren kleinen Jungen sehr glücklich, sie schreibt mir beinahe alle Posttage, und recht niedliche Briefe. Unsre teure Mutter versichre meiner kindlichsten Liebe.

BOIE   Meldorf, 4. Dezember 1784

Ich habe jetzt die Geschäfte des Tages geendigt, mit meinen Mauerleuten abgerechnet, die ich endlich alle los bin, Tee getrunken bei Niebuhr, Zeitungen gelesen und will den Rest des Abends brauchen, mich mit meiner Geliebten zu unterhalten.

Mein gestriger [Einweihungs]-Schmaus ist ganz vortrefflich ausgefallen. Alles ward fertig und am Freitag Morgen waren Küche und was der anhängig ist, samt Deiner Stube, im Stande, sich sehen und auch einer Kritik aussetzen zu lassen, alles gemalt und trocken, geputzt, gescheuert wie nur möglich, und das Haus bis in seinen kleinsten Winkel rein. Auch Anton, mein neuer Diener, prangte in seiner neuen Livree, dunkelgrau mit grün. Als die Damen ankamen, machte er einen närrischen Streich. Es regnete stark. Ich hatte ihm gesagt, daß er, wenn sie aus dem Wagen stiegen, bei der Hand sein und den Regenschirm überhalten müßte, damit sie nicht naß würden. Pünktlich befolgte er das bei der ersten Dame, hielt den Schirm über bis vors Zimmer, unterdes die andern sich so gut helfen mußten als sie konnten. Wir waren 15 Personen. Nach dem Tee ward die Küche besehen, man fand – was sie wirklich ist – sie die beste in Meldorf, in allen Stücken gut versehen und alles in musterhafter Ordnung. Eben so passierten Speisekammer und Keller die Musterung. Die

Speisekammer hat rund herum Börte, an einer Seite einen großen Tisch mit einem Schrank darunter, an der andern einen noch größeren mit 16 großen Schiebladen, und dem gegenüber einen Gewürzschrank mit vielen großen und kleinen Schiebladen. Über dem großen Tisch hängt die Waage. Der Keller ist trocken, luftig, hinlänglich groß, und hat drei besondere Abteilungen.

Was am meisten in Verwunderung zu setzen schien, war, daß nirgend eine Spur vom Abendessen zu sehen war, das die Fiandt in der an die Speisekammer stoßenden künftigen Gartenstube verschlossen hatte.[1] Beim Tee ward Dein Porzellan sehr bewundert, und wie schmeckte mir die erste Tasse daraus! Du hast gewiß auf meine Dresdner Tassen Rücksicht genommen, als Du es kauftest, wenigstens paßt alles dazu, und nur ein Kennerauge unterscheidet, daß es feiner ist. Die Fiandt hatte sich den Abend „zeigen" wollen, ich ihr ihren Willen gelassen; sonst waren wirklich die 9 Schüsseln, die in 3 Gängen aufgesetzt wurden, außer aller Ordnung. Meine Gäste machten der Mahlzeit Ehre und es ward, trotz der Klagen über die Vielheit der Schüsseln, von allem recht gut gegessen. Ich hielt mich an einen Puter à la Daube, den niemand kannte. Noch unbekannter war eine vortreffliche Kalbssülze, über welches Gericht man sich gar nicht vergleichen konnte, bis ich mit einer Kennermiene entschied, was es wäre. Noch lange wird von diesem Souper gesprochen werden, aber es soll auch das letzte der Art sein, das ich gebe. Wie oft, meine Luise, dacht' ich bei dieser Einweihung an Dich, und dachte zugleich, daß ich Deine Einführung in mein Haus nicht mit einem so großen Feste feiern könnte. An meiner Seite saß die Krück [die junge Frau des Sekretärs], die ich unter meine Protektion genommen, weil die „ersten" Damen über sie hinweg zu sehen schienen. Madam Eggers kann es dem Krück nicht vergeben, daß er sie nicht zur Vertrautin seiner Liebe und Einrichtung gemacht. Wird sie Dich auch so empfangen, so sehen wir uns künftig nur einmal im Jahre.

Die Fiandt passiert hier halb für eine Hexenmeisterin. Auch die Niebuhr, finde *ich* schon, hat eine zu kostbare [kostspielige] Einrichtung ihrer Haushaltung, und versteht wenigstens den ökonomischen Teil nicht genug.

---

[1] Nach Landessitte kamen die Gäste schon zum Tee, das Essen folgte erst später am Abend.

Ich schicke Dir mit diesem Brief etwas, worüber Du ja nicht lachen mußt: Zeug zu einem Unterrocke. Es ist aus einer neuen Fabrik in Rendsburg und hat noch etwas vom Geruch der Fabrik an sich, das erst ausgewittert werden muß. Ich hab es durch die Niebuhr und bracht' es heute Abend unter meinem Rocke selbst her, weil ichs nicht abholen [lassen] und nicht mir schicken lassen mochte. Ich lege Herders Buch bei, das ich erst jetzt bekommen. Es ist nicht gebunden, weil der Buchbinder jetzt nichts bindet als Gesangbücher. Was ich beim Hineinblicken gesehen habe, scheint mir im hohen Grade trefflich.

Von Graf Christian hab ich heute die Jamben seines Bruders erhalten. Für die meisten Leser werden sie zu poetisch schön sein.

Und nun, mein süßes Mädchen, schlöss' ich wohl für diesen Abend, ich habe unvermerkt zwei Bogen beschrieben. Es geht mir wie Dir, ich schreibe mit Lust und ohne Zwang nur an Dich, und das ist in meiner Lage schlimmer als in der Deinigen. Ich umarme Dich in Gedanken, meine Einzige, und freue mich, daß die Umarmung bald nicht mehr Traum sein wird.

Meldorf, 8. Dezember 1784

Ich habe heute von Schiller, dem Verfasser der ‚Räuber‘ und zweier andern kraft- und genievollen Trauerspiele, einen sehr artigen Brief gehabt, und darin einen Einschluß von der Gensiken, die jetzt in Mannheim ist. Sie ist Witwe und hat in Bonn, Wien, Dresden und Mannheim Schicksale genug erfahren. Armes Weib! Die erste in ihrer Kunst wird sie nicht, obschon sie itzt eine mehr als mittelmäßige Schauspielerin sein soll.

Am Montag leg ich Goethens ‚Geschwister‘ bei. Auch ich habe bei dem Stücke mehr als einmal an Dich, Du Holde, gedacht. Die mir von Julchen [Reventlow] mit Gewalt entführte ‚Iphigenie‘ hab ich noch nicht wieder. Die lieben Damen! Sie wollen immer mit Heftigkeit, und eben so bald ist, was sie wollten, vergessen. So viel ich indes wider Julchen habe, wünscht' ich doch sehr, sie einmal wieder zu sehen; denn mein Herz hängt noch immer an ihr. Künftigen Frühling werden sie auf der Reise nach London durch Holstein fliegen, und ich habe jetzt Flügel von Blei, und werde gar keine mehr haben, wenn erst die, die mich alles andere vergessen machen wird, mein Kämmerchen teilt. Die Damen werden nachgerade wohl Verzicht auf mich tun. O meine Luise, wie dankbar ist mein Herz gegen die Vorsehung!

Mein neuer Diener lernt von Johann schreiben, vom Sekretär hochdeutsch, von der Fiandt die Aufwartung. Gestern hat er der letzteren geholfen, Birnensaft zu pressen, von dem, sagt sie, Du noch kosten sollst. Das ist immer ihr Refrain bei allem, was sie macht. Auch Alekto befindet sich nun besser, wird gefüttert, wie er soll, und hat nicht die Versuchung, umherzuschweifen, wie er sonst tat. Außerdem hab ich noch eine von der Frau von Jessen geerbte Katze, die wie der Hund immer auf die Fiandt sieht, und bei mir nur einen Besuch abstattet.

LUISE   Celle, 28. Dezember 1784

Gestern störte mich Kestner und heute Timmermann und Kraut am schreiben. Unser guter Kestner mag wohl jetzt immer brummen. Gestern unterhielt er mich von der Täuschung in der Liebe, und gab mir Winke der Warnung. Beide Leute dauren mich. Ramdohr hat beide von dem Wege der Natur geführt,[1] nun finden sie ihn nur auf Augenblicke wieder. Wie wenig Männer sind wie Du, Einziger! Du hast mich mit einem hohen Grade von Geduld ertragen, ich mußte gut sein, weil Du es warst, mein Boie.

Denk doch den letzten Tag im Jahre an mich, mein Boie. Man sagt, daß dieses der einzige Tag sei, da die Weiber herrschen dürften, ich will mein Recht auch behaupten – wie, das sollst Du künftiges Jahr wohl empfinden! – –

Da kömmt Frau v. Beaulieu, nun muß ich Dich verlassen.

BOIE   Meldorf, 30. Dezember 1784

Deinen Brief vom 24sten erhielt ich gestern bei Niebuhrs, wo wir mit den Barltern und Krücks aßen. Die ersteren fuhren um zehn Uhr wieder heraus, Reinhold aber blieb hier und bleibt bis Neujahr, wo er die Fiandt, die dort [in Barlt] in großem Kredit ist, mit sich nimmt.

Heute hab ich Gesellschaft, und werde nun beinah alles, was ich bitten kann und muß, einmal gebeten haben. Einmal im Jahr müssen wir künftig alle die, zu denen wir, oder die zu uns kommen, bitten. Die Last läßt sich auch tragen. Gegen die Alten müssen und werden wir uns immer mit einer gewissen Deferenz

---

[1] Hier ist wohl gemeint, daß die harmlosen Kestners, fasziniert von Ramdohrs boshaft-geistreicher Art, Gefühle zu zergliedern, sich in Reflexionen eingelassen haben, die ihrer Ehe schlecht bekommen.

und Gefälligkeit gegen ihre Launen betragen, und können dann desto gerechter Duldung der unsrigen fordern. – Bunt und barock genug sind unsre Damen hier [übrigens] geputzt, aber sehr kostbar doch eben nicht.

Freilich werden die hiesigen Menschen weder Dich noch unsre Liebe begreifen. Wenn wir unsre Liebe zeigten, würden wir's noch weniger recht machen. Von einem Landvogt und seiner stattlichen Gattin erwartet man gar keine Äußerung der Liebe.

Ich wurde wegen einiger ins ‚Museum' aufgenommenen Nachrichten, Mainzische Angelegenheiten betreffend, bedroht, und Göckingk hat wegen ähnlicher so viel Verdruß gehabt, daß er sein Journal aufgeben will. Ich fürchte, daß er im Aufgeben seines Planes vielleicht zu rasch handelt. Er verliert, wie er mir schreibt, gegen 300 Pistolen dabei, die er doch gewiß wieder herausbrächte, wenn er fortführe. Ich schreib ihm noch heute deswegen ein paar Worte.

Vor Tisch habe ich ein Verhör zu halten. Eine Frau, die ich wegen Dieberei einziehen lassen, die alles bekannt hatte, und vorgestern ihr Urteil empfangen sollte, sagte im letzten Verhör, sie sei unschuldig, ihr Mann habe den Diebstahl ausgeübt, und sie gezwungen, die Schuld auf sich zu nehmen, sie könne [aber] nicht ertragen, länger von ihren Kindern getrennt zu sein. Das verändert nun die ganze Sache und die Untersuchung muß von vorn angehen. Ich bedaure das arme Weib, wenn sie, wie ich glaube, die Wahrheit gesagt hat. Ihre ganze Bildung zeigt, daß sie bei einiger Erziehung und einem braven Mann ein braves Weib geworden wäre.

Lebe wohl, bestes, geliebtestes Mädchen, und nimm noch den letzten heißen Kuß der Liebe in diesem Jahr, wenn gleich kalt und ohne Spur, wenn Du dies Blatt empfängst.

Der Deinige jetzt und immer.

L̲u̲i̲s̲e̲   Celle, 31. Dezember 1784

Heute, den letzten Tag im Jahre unsrer Trennung, möchte ich doch wirklich mit Dir Einzigem zürnen. Du mußt mir nie wieder schreiben „*Dein Haus*"[1], es ist alles Dein. Du weißt, ich bin

---

[1] Vom 8. Dez. bis Weihnachten sind keine Briefe vorhanden. Am 26. 12. schreibt Boie flüchtig aus Barlt und bezieht sich auf Briefe Luises an seine Familie. „Du liebes, liebes Mädchen, daß Du die alte Tante gern in Dein Haus aufnehmen würdest, davon bin ich überzeugt".

sehr für die alte Sitte, wo die Weiber nur glücklich durch ihre Männer waren, sie wohnten in dem Hause, das dem Mann gehörte. Sie forderten keine Liebe, suchten nur des Mannes Zutrauen wert zu sein. Die Männer sagten ihre Wünsche, und gönnten ihren Weibern die Freude, sie zu erfüllen. O gute Zeit! Boie, Du bist von der neuen Sitte, und ich sehe es im voraus, wir werden uns – zanken.

Die Plessen ist ganz entzückt über Stolbergs Satiren. Sie behauptet jeden zu kennen, den Fritz gezeichnet hat. Ich höre jetzt von nichts anderm reden. Sogar Pestel weiß ganze Stellen davon auswendig, und hier hat jeder auf einmal Interesse für die Stolberge erhalten. Von der Gräfin habe ich wieder einen sehr freundlichen Brief. Sie quält mich, ihr recht viel von meinem Lesen zu schreiben, und ich lese nichts. So zerstreut ging auch noch beinahe kein Jahr vorüber als dieses, aber auch noch keines so reich an Freuden für mich. Ich bin so ganz aus meiner Ordnung gekommen, daß ich nicht einmal meine Ausgaben anschreibe.

Ich habe wieder an meinen Bruder des Geldes wegen geschrieben. Es beunruhigt mich nicht wenig, so schweigend ich auch darüber bin.

Mir ist so leicht, daß Kestner nicht mehr hier ist, ich kann seine Launen doch nicht vermindern. Ich bin jetzt unempfindlich, wenn einige Fäden der Bekanntschaft reißen, ich kann nicht allen ein Genüge leisten.

O, wie kalt ist es, lieber Boie! Ich bin aber spazieren gewesen im hell glänzenden Schnee, es war so schön. Wenn der heutige Tag wiederkehrt, so gebe der Himmel, daß wir der Vorsehung vereint für unsre Zufriedenheit und häuslichen Freuden danken mögen. Ich beschwöre Dich noch einmal, gönne mir das Glück, Deine Wünsche zu erfüllen. Du erfüllest so ganz die meinigen.

Adieu. Morgen ist der Anfang eines sehr glücklichen Jahres für Deine Luise.

BOIE   Heide, 2. Januar 1785

Vor einem Jahre, wie war mir da anders! Ich ahndete schon, daß ich Dich nicht nach Tremsbüttel hätte locken helfen sollen, und daß Du dort nicht glücklich sein würdest, und was für Vorwürfe macht' ich mir deswegen bei jedem neuen Briefe von Dir! Die Vorsehung aber hat auch das zu unserm Besten geleitet, und ohne diese Reise träumte ich wohl noch heute ohne Zweck und Absicht mein Leben hin.

Von der Gäfin hab ich schon wieder einen äußerst freundschaftlichen Brief, so daß, wenn ich sie nun nicht ganz kennte, sie mich abermals täuschen könnte. Sie schreibt mir von einem dramatischen Stück ‚Othanes‘ oder ‚Athames‘ von ihr selbst oder Graf Christian, das ich bald lesen soll.

Der gute Kestner hat freilich auch wohl seine Erfahrungen in der Liebe gemacht, aber ich mag ihn doch nicht davon reden hören.

An Dich gedacht hab ich den letzten Tag im Jahre, wie ich jeden Tag an Dich denke, nur noch etwas ernster und feierlicher. – In Meldorf weiter.

Meldorf, 3. Januar 1785

Ich kam in einem schlimmen Schneegestöber zurück, und der kalte Ostwind, der die Flocken gleich frieren machte, stand mir gerade entgegen.

Soll ich alle von Dir bestellten Exemplare der Vossischen Gedichte nach Celle schicken? Ich bestelle nun in allem vierzig Exemplare davon. Voß streicht alles Persönliche weg, das er eingemischt hatte, wie z. B. die Zueignung einer Idylle an mich – die ganz wider Lichtenberg war –, welches mir nicht wenig lieb ist. Ich bin kein Gelehrter, kann und will keiner sein, mag auch nichts zu tun haben mit ihren Zänkereien, ob ich gleich weiß, daß durch Streit auch manche Wahrheit gewonnen wird. Ich bin nicht einmal gewiß, ob ich recht tue, das Museum noch fortzusetzen, wenn schon mein Name dabei wenig oder gar nicht genannt wird. – Iffland hat mir einen sehr gefühlvollen Aufsatz über den Tod einer Mannheimer Schauspielerin zugeschickt.

Der lieben Pestel und der auch lieben Frau von Beaulieu sag recht viel Gutes von mir. Ich bin ewig Dein.

LUISE   Celle, 3. Januar 1785

Dank Dir, mein Boie, für Dein herzliches Briefchen, und Reinhold für das seinige. Gut ists, daß Ännchen mit ihrer Mutter nicht in einem Hause wohnt, künftig. Sie wird sich viel leichter gewöhnen, wenn sie mit ihrem R. allein ist. Unsres R. Briefchen ist nicht in seiner heitersten Stimmung geschrieben, wie er auch selbst sagt, aber es ist immer ein Beweis des Zutrauens, sich im Neglige zu zeigen.

Hier ist ein Briefchen von Jenny. Daß Sprickmann so gar nicht aus seinen öfteren Berauschungen aufzuwecken ist, macht mich traurig. Ich wette, seine Heirat ist die Quelle der unendlichen Verirrungen seines Kopfes und Herzens. O Labyrinth des Zufalls, du Menschenherz! Wenn ich an alle unsre Genies denke – wehe dem weiblichen Herzen, das sich an sie schließt, es blutet früh oder spät. Wird doch [selbst] Agnes verwundet, und sie ist das Weib eines Engels unter den Männern.

Bernstorffs Verlangen, daß Fritz und Agnes [in Kopenhagen] Gustchen erheitern sollten, ist umsonst. Nun doppeln sich die Klagen über Zerstreuung.[1] Agnes kann bei ihren jetzigen Umständen das Anziehn etc. nicht aushalten, und seufzt. Gott wache über *unsrem* künftigen kleinen Familiencirkel, und lehre uns allen glücklich zu sein!

Göckings Journal ist, wie mir deucht, eine Art von Intelligenzblatt, es wird viel gelesen, vorzüglich auf dem Lande. Kannst Du und Reinhold nicht zusammen eine Art Journal für Deine Gegend ersinnen, das [eben]so allgemein interessiert? Die Einnahme würde sehr angenehm sein. Jetzt ist wahrlich eine Epoche, wo die Schriftsteller Geld verdienen.

Der Herr Basilius von Ramdohr gibt uns heute im Intelligenzblatt ‚Nachrichten über die Justizverfassung in verschiedenen Ländern‘. Er fängt natürlich mit Frankreich an. Vermutlich wird er am Ende unsrem Lande das Kompliment machen, daß die beste Justiz darin sei.

Deine Diebin bedaure ich von ganzem Herzen, wenn sie die Wahrheit gesagt, wie ich fast nicht zweifle. Bestrafe doch den Bösewicht von Mann recht streng. Wollte Gott, ich könnte solchen Leuten helfen! Sie mögen es verdienen oder nicht, genug, sie sind unglücklich.

Der Hofrat Ebel hatte vor acht Tagen den Bischof und die ganze Noblesse zu einem sehr eleganten Frühstück einladen lassen, um einen von ihm verfertigten Luftballon steigen zu sehen. Nach dem Frühstück schneite es, so daß der Ballon nicht steigen konnte. Nun hat er wieder eingeladen, der Bischof läßt sich sein Telescop [eigens] nachbringen. Der Ballon steigt in Hauses Höhe,

---

[1] Auch Gräfin Auguste Bernstorff, die ohne Rücksicht auf die Stellung ihres Mannes ganz ihren eignen Interessen lebt (vgl. Boies Brief vom 7. 4. 85), empfindet diesen Besuch als Last.

fällt nieder, und wird sogleich von Jungens zerrissen. Ich bedaure Ebel, der nie klug werden wird. Ausgezischt wird er doch allemal bei seinen schönen Einfällen. Seine arme Frau daurt mich unbeschreiblich. Sie ist beständig krank.

Gruß und Kuß von unsrer Pesteln. Mit dem neu angefangenen Jahre fühlt sie die herannahende Trennung – und ich fühle Dein baldiges Wiedersehen mit der innigsten Freude.

BOIE   Meldorf, 5. Januar 1785

Warmen, innigen Dank für Deinen letzten Brief vom vorigen Jahre, den mir die heutige Post gebracht. Ich habe auch wieder einen Brief von Graf Christian und einen von der Gräfin [Luise] erhalten. So ist die Korrespondenz ja recht wieder in Gang, und man scheint mit uns beiden sehr zufrieden.

Die Fiandt kam am Montag Mittag [von Barlt] zurück. Sie hat sich in B. als Kennerin des Landhaushalts gezeigt, und das ist der Mama starke Seite. Ännchen hat ihr sehr treuherzig gestanden, daß sie Reinhold über alles liebt.

„Unser" Haus will ich also künftig denken und schreiben, und das ist auch besser. In dem Wörtschen *unser* liegt itzt für mich sehr viel Glück, und eigentlich alles, was ich empfinde.

Aus Hamburg hab ich Proben von Papiertapeten erhalten, darunter für die Vorderstube eine lichtgrüne mit dunkelgrüner Einfassung, für den Saal eine rot und weiß gestreifte, für das Zimmer daneben eine braune. Die Gipsdecken werden wohl schon im nächsten Monat gemacht werden, auch geht die Tischlerarbeit an Fensterrähmen, Paneelwerk usw. unverrückt fort. Das Gerichtszimmer im Nebenhaus ist geräumig und licht geworden, der Sekretär ist auch mit seinem Zimmer nicht wenig zufrieden. Er müßte wohl von Dir ein Geschenk haben. Ich denke, da er noch keine Uhr hat, wird eine Uhr das angenehmste sein, und wenn Du auch der Meinung bist, will ich Reinhold eine recht gute silberne abkaufen, da er von seiner Braut jetzt eine goldne erhalten hat. Wie oft bin ich in Versuchung, meinen glücklichen Bruder zu beneiden, der seinem Mädchen nicht schreibt, sondern bei ihr ist – aber weg mit dem Neide, ich habe so viel Glück! Es ist jetzt ein Gerücht hier, daß ich eine Müllerin aus Hannover heirate. Mich frägt man nicht, aber die Fiandt wird nicht wenig gequält. Sie versichert, daß, wenn ich eine Braut habe, sie solche nicht kenne, aber niemand glaubt es ihr.

Meine Haushaltung geht nun ihren ordentlichen Gang. Ich habe alles in Vorrat, was ich brauche. Ich habe gegenüber einen Bäcker wohnen, der mir auf alle Weise gefällig zu werden sucht. Ich bat ihn gestern zum Tee, und habe dadurch vollends sein Herz gewonnen. – Die Fiandt hat wegen verschiedener Sämereien für den Küchengarten an den Rittmeister von Knigge, der ein großer Küchengärtner sein soll, geschrieben.

Mit dem Lesen geht es mir wie Dir, ich lese fast nichts. Lesen werden wir erst, wenn wir ruhig bei einander sind, aber wir werden nicht, wie zu Tremsbüttel, allein von Seelenspeise leben.

Daß Du des guten Kestner mit seiner kalten Philosophie los bist, freut mich nicht wenig. Unser Niebuhr hat, wie Du finden wirst, gar viel ähnliches mit ihm, nur daß er wegen seiner Reisen und wirklichen Erfahrung viel interessanter ist. Aber wenn er einmal eine Idee im Kopfe hat, kann er ihrer gar nicht los werden, und quält sich und andre damit. So gehts mir noch immer mit seinem verwünschten Zwist mit den Kirchspielvögten. Wenn er, wie ich ihm riet, die Sache leichter genommen, weder gesprochen, noch geschrieben hätte, wär alles längst vorbei. *So* kann es noch Jahre währen. Ich wünschte übrigens, daß die Niebuhr etwas von dem volatilischen[1] Wesen der Kestner hätte.

Wirst Du auch ungeduldig, daß das ‚Museum‘ so lang ausbleibt? Ich hab im ‚November‘ etwas umdrucken lassen müssen, aber nun sollen die Monate geschwinder folgen. Voß hat seine große Idylle [‚Luise‘] in den ‚Merkur‘ gegeben, um Wielanden – ich weiß nicht für welche Höflichkeit – dadurch ein Kompliment zu machen.

Es ist traurig an einem Orte wie Meldorf. Das gegenseitige Bedürfnis wird uns hier an einander ketten, wenn es nicht die Liebe täte. Wir werden einer den andern hier gar nicht entbehren können. Ich bin nun so an Reinhold gewöhnt, daß mir immer was fehlt, wenn er nicht da ist. Ich denke, daß Ännchen nächstens auf einige Tage herüber kommen und bei mir bleiben wird. Die Komplimente sind nachgerade vorbei, und auch die Mutter fängt an, den ‚Justizrat‘ zu vergessen. Reinhold soll nächstens die Dispensation wegen der Haustrauung suchen, und dann, denk ich, soll sie einmal ganz unerwartet bei mir geschehen. – Apropos wegen der Trauung. Du kannst mir wohl nicht sagen, ob ich mich auch,

---

[1] *volatilis* (lat.) fliegend, flüchtig, schnell.

wann ich nach Celle komme, mit einer Dispensation oder sonst einer Förmlichkeit der Art versehen muß? Du könntest Dich wohl durch Pestel erkundigen.

Meine Feder ist stumpf, mein Papier am Ende – gute Nacht, einziges, bestes, geliebtestes Mädchen. Dein bis ins Grab.

LUISE   Celle, 7. Januar 1785

Ich habe, so lange Du in Meldorf bist, die Last sehr gefühlt, die Dir das ‚Museum‘ machte, konnte aber die Aufgebung nicht wünschen, weil ich Dich dann so abgestorben für die Literatur ansah. Du mußt so Etwas zu Deiner Erholung, Aufmunterung, auch Herzens- und Kopfs-Nahrung behalten. Zerschneidest Du den Faden – das wieder anknüpfen ist schwer.

Das feierliche Deiner Empfindungen bei dem Wechsel des Jahres ist mir sehr rührend. Die Pesteln sagt oft im Scherz zu mir: „Luise, Du bist Boie nicht wert.“ Du glaubst nicht, wie ich die Wahrheit davon tief fühle!

Da kommt Wichmann, will mir, weil ich allein bin, Gesellschaft leisten, das ist mir entsetzlich unangenehm, ich schwatzte noch so gern mit Dir. Adieu, mein Boie.

BOIE   Meldorf, 8. Januar 1785

Indem ich mich eben hinsetzen wollte, den lieben Brief meiner Luise vom 3.ten, den ersten im letzten Jahr unsrer Trennung, zu beantworten, tritt Reinhold ins Zimmer. Alles ist wohl in Barlt, und er hat auch für Dich einen schwesterlichen Gruß mitgebracht. Sehr groß war seine Freude über den von Deiner Hand gearbeiteten vortrefflichen Beutel, womit ich einen Levkojenstrauß belohnte, den er mir von seinem Mädchen brachte.

Gestern hab ich auch alles andre erhalten, was Du für mich nach Hamburg geschickt, die Bäume, das Leinenzeug, die Rüben, die Leuchter und die beiden allerliebsten Blumenkörbe, die beide ganz unbeschädigt angekommen sind. Ich trug den für die Niebuhr bestimmten gleich zu ihr. Wegen der Bäume war ich sehr besorgt, aber mein Gärtner, auf den ich mich ziemlich verlasse, sagt, daß sie keinen Schaden gelitten. Die Leuchter mit der Lichtputze sind mir unbeschreiblich angenehm. Ich kenne beide noch sehr, und sie rufen mir tausend Bilder der Vergangenheit zurück. Sie mußten gleich gestern Abend auf den Tisch gesetzt werden. Die ich bisher im Gebrauch gehabt, sind künftig für Dein Zimmer. Was mir jetzt [noch] fehlt, bist fast allein Du. Wenn ich Dich erst habe, werd ich wenig mehr entbehren.

(den 9.) Einen lieben freundlichen Guten Morgen von mir und unserm Reinhold, der noch seinen Tee trinkt und mit der Pfeife auf und ab geht. Ich werd also schwerlich in einem Zug fortschreiben können.

Ich lasse mich durchaus in keine schriftstellerischen Unternehmungen mehr ein, will aber das ‚Museum' noch einige Jahre im Gang zu erhalten suchen. Göckingk hat bei seiner Unternehmung bis itzt noch Schaden. Der Verdienst der periodischen Schriftsteller wird sich bald ganz legen, wenn sie sich so zu vervielfältigen fortfahren. – Herr v. Ramdohr wird die Hannöverische Welt noch wohl mehr mit den Früchten seiner Reise unterhalten. Er macht es aber sehr klug, wie er überhaupt mehr Klugheit auf der Reise gelernt zu haben scheint.

LUISE   Celle, 11. Januar 1785

Die Idee, Ännchen einmal mit der Trauung zu überraschen, ist allerliebst, und daß sie bei Dir sein soll, ist noch hübscher. Unsre Pestel will ihren Mann fragen wegen der Trauung. Ich glaube, daß [dafür auch] so Etwas, ich weiß nicht was, da sein muß, von Dispensation. Ich selbst mag nicht darnach fragen, mag Pesteln nicht erinnern an die Gewißheit, daß ich [bald] mit ihm ausgeschwatzt habe, er mag auch nicht davon hören.

Die Kestner ist wieder guter Hoffnung. Sie dauert mich unbeschreiblich. Eine Mutter, die nur die Beschwerlichkeiten ihres Zustandes lebhaft empfindet, nicht die Freuden, Mutter zu sein, so *ganz* fühlt, bedaure ich von Herzen. Kestner opfert wirklich einen Teil seines Vergnügens den Kindern gern auf, nur versteht er nicht, eine Frau, die an ihrer Gesundheit leidet, und dadurch oft unheiter ist, mit einer gewissen Teilnahme zu ermuntern, zu trösten.

Die Idee mit der silbernen Uhr für Deinen Sekretär macht mir Freude, aber nun sag mir, was soll Johann haben? Leinen zu sechs Hemdern? Ich weiß sonst nichts. Erkundige Dich bei der Fiandt, wie viel die Mägde zu Kamisol und Rock von anderthalb Ellen breitem Zeuge haben müssen? Ob die F. ein weißes nesseltuchnes Kleid hat? Das möcht ich ihr [sonst] wohl mitbringen.

Bitte, bitte, mein Bester, nimm keinen braunen Grund zu der Tapete, sondern hell grau. Es ist viel sanfter.

Heute haben wir aus der Lesegesellschaft ‚Kabale und Liebe‘ erhalten. Ich habe nur flüchtig hinein gesehn, und ganz vortreffliche Stellen darin gefunden, aber wie es mir jetzt mit den Trauerspielen geht, wirds mir mit diesem auch gehen. Sie verstimmen mich entsetzlich, erregen Unwillen, aber rühren mich viel weniger als sonst. ‚Die Räuber‘ zum Exempel hab ich nicht lesen können. Es geht mir nicht so damit wie andren Weibern, deren Einbildung lebhaft davon getroffen wird, ich weiß selbst nicht, wie es ist. Hab’ ich Dir geschrieben, welche Szenen hier die ‚Räuber‘ zu Folgen gehabt? Junge Leute von der Schule führten das Stück auf im vorigen Frühling, und es gefällt ihnen so wohl, daß vier sich verbinden, Räuber zu werden. Diese Kinder haben, bis vor ein paar Monaten, da es entdeckt wurde, allerlei Kleinigkeiten mit unbeschreiblicher Geschicklichkeit entwandt, haben durch eine Art von selbst erfundner Tortur sich zum Schmerz abgehärtet. Zwei von ihnen sollten konfirmiert werden, ihre Lehrer ließen sich durch ihren Fleiß und den Schein ihrer Frommheit so hintergehen, daß sie diese zum Exempel für andre aufstellten. Sie sind mit der Peitsche bestraft, die sie [aber], an Schmerz gewöhnt, nicht fühlten.

Der Besuch Deines Nachbarn, des Bäckers, freut mich. Die Art, wie Du mit den Leuten umgehst, ist so gut, so ganz nach meinem Wunsch.

Was ist’s für eine Idylle, die Voß in den ‚Merkur‘ gegeben? ‚Luise‘ gönne ich Wieland nicht recht, sie hätte ins ‚Museum‘ müssen.

Gestern hatte ich einen hübschen Tag. Ich las Deine Briefe vom vorigen Jahre, und siegelte sie ein, wie ich alle Jahre zu tun pflege. Wie reich bin ich das vergangene Jahr durch Deine Briefe geworden! Das Paket ist so groß, die Sprache der Briefe so traulich gestimmt, nicht mehr die zurückstoßende Kälte, die meine zärtliche Anhänglichkeit für Dich nicht auftauen konnte. Bin ich erst bei Dir, will ich doch unsre Briefe zusammen legen, daß auch *sie* nicht getrennt bleiben.

Mich verlangt doch sehr, daß wir wieder mit einander lesen. Du hattest mich an diese Freuden so sehr gewöhnt. Leb wohl, Du Einziger!

Celle, 14. Januar 1785

Ein halber Monat ist wieder dahin geeilt. O Boie, wie glücklich verschwindet mir jeder Tag, von Deinen zärtlichen Briefen begleitet! Wenn so viel Zauber in Deinen Briefen liegt, wie leicht wird es Dir denn werden, mit einem Blick alle meine Empfindungen zu veredeln, die Du durch Liebe in mir anfachtest.

Trenne den Knoten, der Dich an die [dortige] Gesellschaft bindet, nicht zu früh, auch nicht meinetwillen. Das Zurückziehn findet sich nach und nach von selbst. Es ist so besser, als die Leute aufbringen. Reißt der Faden Deiner Geduld, dann will ich ihn wieder anknüpfen und, wenn ich meiner Gewohnheit nach auflodre, so macht mich ein Wort von Dir gleich wieder vernünftig.

Das Buch von Herder, Boie, schick ich Dir aus wahrem Eigennutz nicht zurück, da ich wenigstens Dir nahe sein will, wenn Du es liesest. Mit tiefer gerührter Bewunderung steigt der Leser die Leiter der Schöpfung hinan, und betet von glühendem Dank durchdrungen zu dem ewigen Schöpfer, vor dem der Mensch so groß und so klein ist. – Auch habe ich mit mehrerem Vergnügen, als ich erwartete, Schiller sein Stück ‚Kabale und Liebe‘ gelesen. Es hat vortreffliche Stellen. Die Maitresse des Herzogs ist gewiß nach dem Leben geschildert. Der Charakter ist zu gut gezeichnet, es kann nicht bloß Idee sein. Wenn Schiller das Brausende seiner Leidenschaften wird gemildert haben, so wird er unbeschreiblich interessieren und hinreißen. Jetzt sind die Farben [noch] zu stark aufgetragen. Nach den heutigen Zeitungen hat ihn der Herzog von Weimar zum Rat ernannt nach der Vorlesung des ‚Don Carlos‘.

Von Agnes hab ich einen Brief gelesen, den sie an Wilhelmine geschrieben. Bernstorffs Haus [in Kopenhagen] gleicht einer Akademie. Jede Stunde ein andres Kollegium. Die Besuche werden schon seltener, weil sie, mit Kälte aufgenommen, sich lieber entfernen. Bernstorff wird das ganz und gar nicht gefallen, indessen Gustchen ist heiter.

Ich habe ein blühendes Orangenbäumchen vor meinem Fenster. Pestel frug heute so traurig: „Wollen Sie denn das Bäumchen auch mitnehmen nach Meldorf?“ – „Nein, das sollen Sie behalten, sonst möchten Sie mich vergessen.“ Pestel eilte mit trüben Augen aus meinem Zimmer. Habe ich Dir gesagt, daß den Tag vor Weihnachten mein grauer Hut verbrannte, und wie ich einen hübschen schwarzen Filzhut eine Stunde hernach auf meiner Kommode fand? Eine Attention von Pestel, die mich sehr freute.

Ich gehe täglich spazieren. Künftig mit Dir, mein Boie.

Unser Ball war sehr heiter, und dauerte bis sechs Uhr Morgens. Die Abwesenheit aller derer, die sich sonst als die Haupt-
personen ansahen, schadete nicht. Unsre Bürger sind darüber
entzückt, daß ich meinen Saal zu ihrem Vergnügen hergegeben,
vollends, da ich mit einigen eine Partie Quadrille machte. Die
Fiandt war gar nicht zu ermüden, und tanzte mit einer Raschheit,
von der man hier keinen Begriff hat. Die Niebuhr war bei ihrem
Sohn zu Hause geblieben, der ein wenig Fieber hat, die Tochter war
aber mit dem Vater da. Ich betrübe mich über jede Unpäßlichkeit
des Knaben, weil seine Verzärtelung an Körper und Seele dadurch zunimmt.

Über das Geschenk für die Mädchen und Johann schreib ich
Dir nächstens. Wegen der Tapeten kannst Du nun besser urteilen, da Du die Proben hast. Sag mir ja Deine Meinung.

An welchem Ort haben denn die ‚Räuber‘ solchen Eindruck
auf die Knaben gemacht? Die Anekdote ist sehr merkwürdig,
und ich möchte sie gern mit nähern Umständen fürs ‚Museum‘
haben. ‚Kabale und Liebe‘ ist das beste Stück des Verfassers,
aber, so gut er manchmal die Natur trifft, zu oft noch über und
außer der Natur. Die ‚Luise‘ von Voß, die Du kennst, steht im
November des ‚Merkur‘.

Ich schließe für heute. Doch will ich noch eines Briefes von
Heyne erwähnen, oder lieber ihn selbst beilegen.

So eben hab ich ‚Timoleon‘ von Fritz Stolberg gelesen, den
Frau von Plessen der Pestel auf eine Stunde geliehen hat. Lieber
Boie, ich bitte Dich, mach, daß Du das Stück bekommst, und
dann denk an mich bei diesen Stellen:
        „Wenn meine Seele zagte, folgt' ich Dir
        Wie in dem Wogensturm das Wasserhuhn
        Dem Schwane folgt, der ihm die Fluten teilt."
        „Es blühte nie die Blume des Gesangs,
        Es reifte nie der edlen Taten Frucht,
        Wo nicht der Freiheit Strahl die Seelen wärmt."
Dann wieder die vortrefflichen Chöre. Und die Stelle:
        „Mir ist zu Mut, wie einem Fischer ist,
        Den schwarze Wogen aus zerschelltem Kahn
        In dunklen Stunden warfen hin und her, . . .

Bis ihn die Brandung ans Gestade warf.
Ach! ans Gestad in seinem kleinen Dorf,
An seine Hütte, wo sein treues Weib
Den Säugling in dem Arm vor offner Tür
Sein harret, und ihn bei des Herdes Schein
Erkennt, sie drücken sprachlos sich ans Herz!"

Boie, so wird Deiner Luise zu Mute sein, wenn sie an Deinen Arm gelehnt in Dein Haus tritt.

Du ewig Einziger, verzeih dem Mädchen, das noch schwärmt, aber wie kann ich sprachlos bleiben, wenn jede Saite des Herzens nur von *Dir* tönt, Verzeih mir jetzt und künftig, ich muß schwärmen, Boie. – Gut, daß ich abgerufen werde.

BOIE   Meldorf, 19. Januar 1785

Mich freut, daß meine braune Tapete Dir gefällt, nun Du sie gesehen hast. Der Architekt aus Wandsbeck, der wahrscheinlich die neue Kirche bauen wird, deren Plan und Erbauung mich jetzt beschäftigen, hat mir eine sehr artige Zeichnung zu einem Eckschrank im Saal gemacht, die mein Tischler auszuführen versprochen hat. Auch für das Entreezimmer und den Saal hat mir der Baumeister die Fayence-Öfen unter seiner Aufsicht machen zu lassen versprochen. Für das erste [Zimmer] wähl ich eine weiße geriffelte Säule, für das andre eine weiße Pyramide auf einem eisernen Fuß, die Pyramide mit goldenen Leisten, daran ein Medaillon, und oben darauf eine bronzierte Urne. Oben auf den Eckschrank im Saal kommt auch eine Urne.

Fürchte nicht, daß ich den Knoten, der mich an die Gesellschaft bindet, zerschneiden werde, ich sage und denke so was nur zuweilen, wenn ich mich gar zu unbehaglich darin fühle – nur etwas loser such ich ihn nach und nach zu machen.

Wir wollen Herders Buch zusammen lesen. Laß es daher binden, oder heften. – Schiller wird, ich hoff es, einer der ersten dramatischen Schriftsteller werden, da er nun selbst fühlt, daß er überspannt war, und oft Menschen darstellt, die nicht in der Natur sind. Sein neues Sujet ‚Don Carlos‘ kann unter seiner Hand ein Meisterstück werden. Du erinnerst Dich des unglücklichen Sohnes von Philipp II., der, wie der Roman oder die Geschichte sagt – denn noch ist die Wahrheit unausgemacht –, als ein Opfer der Eifersucht wegen seiner schönen, erst ihm bestimmten Stiefmutter fiel. – Wen hat denn Lotte Einem geheiratet? Man hat

Beispiele, daß auch solche Verbindungen gut ausfallen, und schwache Mädchen doch gute Frauen werden.

Ich gönne dem lieben Pestel das Orangenbäumchen, das er behalten soll (aber das Myrtenbäumchen nehmen wir mit, und zwar in unserm Wagen). Sein kummervolles Weggehn hat mich gerührt, so wie die Galanterie mit dem Hute, von der Du mir noch nichts geschrieben hattest. – Ich habe die Fiandt, ohne daß sie's gemerkt, wegen eines Kleides sondiert, und finde, daß sie sehr wünscht, ein weißes nesseltuchenes zu haben. Ob wir das nun nicht lieber in Hamburg kaufen? Für die Mädchen muß man von 6 Viertel breitem Kattun 12 bis 13 Ellen haben, wenn, wie's doch wohl sein müßte, etwas übrig bleiben soll.

(den 20.) Ich will doch meine Briefe nicht schließen, ohne meinem süßen Mädchen noch ein paar Worte zu schreiben. Die Fiandt hat diesen Morgen Dein Tischzeug in die neue Kommode gelegt. Ich lasse jetzt einen großen Leinenschrank machen. Er soll in der Garderobe stehen, die ich rundum mit Schränken zu versehen denke, damit alles, was wir brauchen, bei der Hand sei. Auf der Diele soll nichts stehen, als die Serviettenpresse.

Aus Flensburg haben wir Briefe. Von Ernestinens Niederkunft erwart ich mit jedem Posttage Nachricht. – Kein zärtliches Wort hab ich Dir noch in meinem Briefe gesagt, und kein Wort des Danks für alles, was Du mir in dem Deinigen sagst; aber Du kennst mich, kein Wort geht bei mir verloren, wenn ich's gleich nicht immer erwidere.

Luise   Celle, 21. Januar 1785

Die Gräfin wird sich freuen, daß Du und ich den ‚Timoleon‘ zufällig zu *einer* Zeit gelesen haben. Ich schrieb ihr, daß ich das Stück so ganz unbeschreiblich schön gefunden. – Die Pesteln ist ganz entzückt über Deinen Ball. Sie behauptet, ohne Tanz ist keine gesellschaftliche Freude, und bedaurt, daß ich die Fröhlichkeit des Tanzes zwar fühle, aber nicht mitmache.

Das, was ich Dir von den ‚Räubern‘ schrieb, ist hier in Celle vorgefallen. Die Geschichte ist so, wie ich sie Dir erzählt. Bekannt darf sie nicht werden, die Eltern der jungen Leute würden sich [sonst] sehr darüber betrüben.

Mein Brief wird herzlich leer, lieber Boie, Du mußt es der heutigen Redoute verzeihn. Die Pesteln schwärmt mit ihrem

Frisieren und Putzen um mich her, ruft mir aber zu, daß sie Dich zärtlich umarmte, um Dir den Mund zu stopfen, daß Du nicht mit ihr zürnen möchtest.

George hat noch kein Geld geschickt? O Boie, ich fürchte, daß mir ein sehr harter Schlag bevorsteht. – Du bist mir alles!

BOIE   Meldorf, 23. Januar 1785

Dieterich hat mir gestern seinen Kalender geschickt und allerlei von Göttingen dabei geschrieben. In dem Kalender stehen drei herrliche Stücke von Bürgern, die zeigen, daß er wieder aufzutauen anfängt, und wird, was er war. Er wird wahrscheinlich seine Schwiegerin heiraten, und gebe Gott, daß er sich nicht abermals getäuscht habe, und glücklicher mit ihr sei, als mit der ersten Frau. Die Liebe [zu seiner Schwägerin] entstand bald nach seiner ersten Heirat, hat ihn sehr unglücklich gemacht, und eigentlich alles Unbegreifliche in sein Wesen und seinen Charakter hinein gebracht. – Von Lichtenberg stehen ein paar Fabeln im Almanach, die ich gewiß nicht hätte drucken lassen, wenn ich sie ja einmal in einer üblen Stunde gemacht hätte. Was stolzeres gibt es doch wohl auf Erden nicht, als so einen Göttingischen Gelehrten, der alles übrige Verdienst nicht achtet und auf alle herabsieht, als auf arme Sünder.

Boie ist in dieser Zeit, wohl unter dem Einfluß der neuen Haushälterin, besonders eifrig mit praktischen Dingen beschäftigt.

Im vorigen Brief ist zum erstenmal von einem Projekt die Rede, das die beiden Verlobten fast bis zu ihrer Hochzeit lebhaft interessiert und in allen nun folgenden Briefen einen breiten Raum einnimmt: Boie möchte seinem Bruder Reinhold, der anscheinend etwas unstet und unschlüssig in seinen beruflichen Plänen ist, das nach einem Todesfall freigewordene Amt eines Kirchspielvogts in seinem Bezirk verschaffen. Doch bereitet ihm die Sache, teils durch Reinholds Schuld, viele Umständlichkeiten und auch Ärger.

LUISE   Celle, 24. Januar 1785

Boie, Deine Zimmer werden ja ganz allerliebst! Die Öfen müssen sehr schön werden, und die Eckschränke so hübsch! Wird denn der Neid über das alles nicht erwachen, mein Bester? Dein Haushalt sieht jetzt schon zehnjährig aus, so vollkommen ist alles. Guter Boie, ich denke an die Zukunft, an alles, nie ohne tief gerührten Dank!

(den 25.) Die Ritterakademie[1] wird verbessert, zwei Prinzen kommen dahin. Vielleicht geht der vierte Prinz[2] nach Göttingen. Der arme König will seine Kinder gern gut [erzogen] haben, aber leider, die Hofmeister tun nichts dazu. Prinz William ist gerade so als die Engländer sind, wovon Du oft erzähltest, aber [hat] sehr viel Verstand.

Grüße alle, die Du liebst, von mir.

BOIE   Meldorf, 27. Januar 1785

Erst jetzt fällt mir ein, Dich zu fragen, ob Du einen Pelz hast. Du kannst ihn hier nicht entbehren, doch schaffe Dir keinen an, wenn er Dir noch fehlt, sondern laß mich sorgen.

Wegen des Geldes [das George senden sollte] bin ich nun außer Verlegenheit. Weygand hat endlich das assignierte geschickt. Sei also deswegen außer Sorge. Der gütige Gott, der uns zusammen geführt hat, wird uns auch erhalten. Ich habe jetzt mehr Mut, als ich je hatte.

Ein Monat ist fast wieder hin, und die uns noch trennenden zwei oder drei haben in meinen Gedanken Flügel. Wie war es so ganz anders mit uns beiden im vorigen Jahre! Du in einer befangenen Lage, ich unglücklich durch den Vorwurf, Dich in dieselbe versetzt zu haben. – Ich habe Deine Briefe aus jener Zeit durchblättert, und kann sie noch nicht lesen. Welch einen Band hab ich von Deinen Briefen, die uns künftig in traulichen Stunden manche süße Unterhaltung gewähren werden.

LUISE   Celle, 28. Januar 1785

Bürgers Schicksal rührt mich. Seine Schwiegerin, die hier in der Nähe bei ihrer Schwester wohnt, hat den Ruf einer Kokette, woran sie vielleicht sehr unschuldig ist. Man hat lange gesagt,

---

[1] Anstalt, in der junge Adlige fürs Studium oder für die Offizierslaufbahn vorbereitet wurden. Hier ist die Lüneburger Akademie gemeint.

[2] D. h. der viertälteste Sohn Georgs III., Eduard, von dessen jüngeren Brüdern aber keiner nach Lüneburg kam. Der drittälteste, damals zwanzigjährige Prinz, „William", der schon am Seekrieg teilgenommen hatte und in diesem Jahr Leutnant wurde, bedurfte keiner Akademie-Ausbildung mehr, wenn auch während seines hannoverschen Aufenthalts der General v. Freitag noch eine diskrete Aufsicht über ihn ausübte. (Vgl. Anhang unter ‚England‘.)

sie sei mit einem Offizier versprochen. Boie, daß doch die Liebe so wenig Menschen glücklich macht! Bürger wird geliebt in Göttingen. Ich hoffe, er soll die Gegenpartei der Stolberge vermindern.

Das ‚Museum' hat mich ungemein gefreut. Die Revision des Schul- und Erziehungswesens von Campe scheint viel zu versprechen. Ich wünschte, sie machte der Überschwemmung der jetzigen Erziehungsschriften ein Ende. Es ist nie über Erziehung so viel gedacht und geschrieben worden als jetzt, und nie größere Weichlinge erzogen als jetzt. Ich bin Bernstorffs Meinung, die beste Erziehung ist, Kinder vor allen bösen und nachteiligen Eindrücken zu bewahren, bis ihr Herz stark genug ist, das Böse ohne Schaden kennen zu lernen.

Die Beiträge zur alten deutschen Literatur lese ich gerne. Wird in dem künftigen Jahrhundert unsre jetzige Sprache auch so fremd und rauh scheinen wie uns die des vorigen Jahrhunderts ist?

Schiller ist ja wohl in dem Württembergischen Institut gewesen? Aber wo haben ihm die ‚Räuber' Schaden getan? –

Lieber Boie, es ist ein Schnickschnack um mich her, daß ich wohl aufhören muß. Ich umarme Dich und bin ewig Deine glückliche Luise.

BOIE   Meldorf, 30. Januar 1785

Wenn die geschwindere Ankunft meiner Briefe eine Folge der neuen Einrichtungen des Herrn von Hinüber ist, so hab ich ihm Dank zu sagen. Deine pfleg' ich seit mehreren Monaten immer am fünften Tag zu haben, wie ich auch gestern den vom 24sten hatte. Der Jänner ist außerordentlich geschwind vergangen, ebenso werden die noch übrigen Monate der Trennung uns vergehen, und dann Wonne! Wonne!

Meine Einrichtungen gefallen nicht alle hier, daher sie auch keinen Neid erregen. Der Saal dürfte vielleicht künftig ein wenig zu sehr in die Augen fallen, aber mag denn das sein.

In der nächstfolgenden Woche kommt ein hiesiger Kaufmann durch Celle, den ich bei der Pesteln vorzusprechen gebeten habe. Er heißt Lempfert, und kennt auch meinen Bruder, weiß aber von Dir nichts.

Für Hannover ist es sehr gut, daß der König so viele seiner Prinzen schickt, und ich glaube, daß sie dort besser aufgehoben sind als in England. Die Lüneburger Ritterakademie, die in der Tat zu sehr vernachlässigt worden ist, wird sich sehr wohl dabei befinden, wenn zwei Prinzen dorthin kommen, und wie wird sich Göttingen vollends blähen! Alsdann wird mit den gelehrten Herren dort gar nicht mehr auszukommen sein.

LUISE   Celle, 1. Februar 1785

Dein Brief hat mich unbeschreiblich getröstet, mein Boie. George ist, fürchte ich, ruiniert. Wie es zugeht, verstehe ich nicht, sein Haushalt kommt [kostet] ihm sehr wenig. Er muß entsetzlich viel Schulden in Hannover durchs Spielen gemacht haben, die ihn noch drücken. Voll Vertrauen gab ich ihm meine Obligation, Weihnachten sollte ich Geld haben – ich bekomme nichts, Du nichts, das gab mir Mißtraun. In Osterode verlangte ich schon oft die Rechnungen von dem Bezahlen der Schulden meines Vaters zu sehen, das wurde immer vergessen. Zwei Briefe habe ich [von Georgen], worin steht: hier sind endlich die verlangten Rechnungen, und sie waren nicht dabei. Nun erkundige ich mich bei Wilhelm und der, voll Erstaunen, sagt mir, daß mein Bruder sich für reich ausgegeben, wie er geheiratet, und 2000 Reichstaler von seinen Schwiegereltern erhalten hätte, mich davon auszuzahlen, weil er seine Kapitalien nicht kündigen könnte. Denke Dir meine Betrübnis. Mein Bruder konnte mich so hintergehen! Er gibt sich für reich aus, nimmt ein liebenswürdiges, unschuldiges, hübsches Mädchen, die mit ganzer Seele ihn liebt, ist Vater eines Kindes und wird Vater des zweiten im Juni – wie will das alles werden? – Ich habe ihm gestern einen sehr bittren Brief geschrieben. Erschüttern muß ich ihn, denn zwingen kann ich ihn nicht. Ich habe daran gedacht: wie oft wurde Boie getäuscht und betrogen, und es ist wirklich, als wenn unser Schicksal darin übereinstimmte.

Wie ich fürchte, ist G. Weihnachten in Hannover gewesen und hat das Geld verspielt. Ohne ihn zu verraten, kann ich mich nur nicht darnach erkundigen. In H. wird entsetzlich Hazard gespielt. Henriette weiß von nichts. Sie ist vergnügt, schreibt mir alle Woche naive, niedliche Briefe, und träumt von innigem Glück. Wohl dem lieben, guten Weibe!

Sonderbar, daß Du an einen Pelz für mich denkst, da ich aus Unentschlossenheit, und weil die Verschiedenheit der Preise so beträchtlich gegen Lübeck oder Hamburg ist, noch keinen ge-

kauft habe. Das ist auch ein sehr entbehrlicher Luxus. Die mehrsten tragen hier seidne Watten statt des Rauchwerks, das sitzt
eben so warm, ist viel leichter, und viel wohlfeiler. Bei schlech-
tem Wetter trage ich einen Überrock. Ich bitte Dich also, mein
Bester, vergiß vorerst des Pelzes.

Zimmermann hat von der Kaiserin von Rußland[1] für seine
‚Einsamkeiten‘ die große goldene Medaille von der Statue Peters
des Großen und einen Ring von hohem Wert, mit einem eigen-
händigen Briefe erhalten, worin der Ausdruck ist, Z. „hätte viel
wohltätige und heilsame Rezepte für Menschenseelen darin geschrieben“. Ob nun Zimmermanns ‚Einsamkeiten‘ ihre Seele
kuriert oder er ihren cancerworm an der Brust kuriert hat, das
weiß ich nicht.

Der Prinz Eduard kommt allein vorerst nach Lüneburg. Er
bringt einen Engländer als Hofmeister mit. Man sagt, der König
bestimme ihn zum Bischof von Canterbury. – Prinz Williams Gutmütigkeit bei aller seiner Wildheit ist doch immer zu loben. Vor
einigen Tagen sieht er einen alten Mann, der die Treppe der Brücke
beim Clevertore nicht hinaufkommen kann. Der Prinz trägt ihn
hinauf und gibt ihm ein Goldstück – hundert solcher Dinge mehr.

Ja wohl, Boie, wird es süß sein, unsre Briefe [später] durchzu-
blättern, und die Fäden unsres Schicksals zu bewundern! Meine
Briefe aus Tremsbüttel sind mir immer ein Vorwurf, daß ich Dich
mißverstehen konnte.

Lebe wohl, Du innig Geliebter. Apropos, Du mußt eine Dispensation wegen des Aufgebots haben, und ich auch.

BOIE   Meldorf, 2. Februar 1785

Gestern war die Kommission wegen Eindeichung der Außendeiche hier versammelt, die diesen Sommer ihren Anfang nehmen
soll, mir viele Arbeit geben, aber doch auch etwas einbringen wird.
Sie kostet dem König in dem ersten Jahre 50000 Taler und in jedem der beiden folgenden 100000 Taler. Das beste ist, daß ich verschiedene Leute, denen ich gern helfen wollte, dabei versorgen
kann, da die Bestellung der Unteraufseher, Marketender usw. von
mir abhängt.

Sehr lieb ist's mir, daß Du die letzten Museumsstücke interessant findest. – Von Schillers Schicksalen weiß ich nichts rech-

[1] Katharina II., siehe Anhang.

tes, als daß er im Stuttgarter Institut gewesen und nach Erscheinung der ‚Räuber', die vielleicht lokale Anspielungen enthalten, das Württembergische Land hat verlassen müssen.

Meine Mistbeete sind nun fertig. Ich lasse hinter denselben in dem abgelegenen Teil des Gartens eine Kegelbahn anlegen, um dadurch dann und wann eine heilsame Bewegung ohne Umstände haben zu können. Niebuhr freut sich auch darauf. Vielleicht versuchst Du das Spiel künftig auch.

LUISE   Celle, 4. Februar 1785

Jetzt, sieben Uhr, gehen die beiden Bremers fort. Mein Kopf vom Schwatzen ganz ermüdet; kann Dir nichts mehr sagen als herzliche Grüße von beiden. Der älteste ist entsetzlich hypoconder, er daurt mich unbeschreiblich. Klagen tut er nie, er arbeitet [aber] nicht, geht nicht aus, sitzt in einer Ecke seines Zimmers allein und denkt nichts. Er leidet sehr an Krämpfen und hat Zimmermann zum Arzt, der dem Hypocondristen leider kein Rezept „Mut und Kraft zur Selbstüberwindung" zu verschreiben versteht. Selbst die Neigung für Frau v. Beaulieu vermag gar nichts [mehr] über ihn. Der jüngste ist munter und froh. Künftiges Jahr besuchen sie uns [in Meldorf].

Die Liebesaffäre zwischen Bremer und der Frau von Beaulieu scheint trotz Wertherischer Gefahrenmomente ohne äußere Katastrophe abgeklungen zu sein.

Der „Kaufmann Lempfert", den Boie in Celle angemeldet hat, ist sein Bruder Reinhold, der aus eigenem Antrieb von Hamburg aus Luise aufsucht, weil er ungeduldig ist, sie kennenzulernen. Der Scherz, sich unter anderm Namen einzuführen oder sich als eine andere Person zu verkleiden, ist damals nicht nur auf dem Theater beliebt; man denke an den Bericht Goethes über seinen zweiten Besuch in Sesenheim.

BOIE   Meldorf, 5. Februar 1785

Ich habe mit der heutigen Post den freundschaftlichsten Brief von Fritz Reventlow gehabt. Wegen meiner Geldangelegenheiten heißt er mich ganz unbesorgt sein. Siehst Du, meine Liebe, wie auch da wieder der Himmel für uns sorgt. Was Du von Deinen Besorgnissen wegen Deines Bruders schreibst, ist freilich schlimm, aber unglücklich soll und wird es uns nicht machen, und wenn auch alles verloren wäre. Billigen läßt sich sein Verhalten freilich nicht, entschuldigen – kaum.

Wir haben hier wieder völligen Winter. Der Schnee liegt eine halbe Elle hoch. Einen Pelz kannst Du durchaus nicht hier entbehren, aber da Du Dich bis itzt beholfen hast, wollen wir mit dem Ankauf bis künftigen Winter warten. In Lübeck, glaub ich, hat man die Pelze am wohlfeilsten. Ist der Pelz schwarz, so muß der Überzug weiß sein, und umgekehrt. Ich muß auch notwendig für künftigen Winter einen haben, und denke, daß ich einen Wolfspelz nehme.

Das ‚Museum' vom Jänner ist gestern gekommen. Ich habe sehr charakteristische Gespräche über Sitten von Berlin bekommen, die Aufsehen machen werden. Weil diese Sitten nun eben keine Ehre machen, trag ich noch Bedenken, ob ich die Gespräche alle drucken lassen werde.

LUISE   Celle, 7. Februar 1785

Boie, Boie, wie hast Du mich gestern Abend überrascht!

Der Kaufmann Lempfert ließ nach *mir* fragen, ich, verlegen, was ich sagen sollte, da ich glaubte, der Mann wüßte von mir nichts, kam ihm entgegen, und mag wohl albern genug ausgesehen haben. Der gute Reinhold konnte die Rolle nicht aushalten, und wie er sagte: „Zum Komödianten bin ich verdorben, ich bin Ihr Bruder", rief ich: „Luise, Luise!" Das unwillkürliche Gefühl meines Herzen war, gleich diese Freude mit der guten P. zu teilen. Darüber vergaß ich, daß R. nun nicht wissen würde, welche Luise die rechte Luise sei, und das war entsetzlich komisch. Stumm war ich wie immer in meiner Freude, konnte Reinhold erst ein paar Stunden nach dem ersten Moment unsres Sehens [recht] umarmen. Die P. hatte gleich Reinholds Ähnlichkeit mit Dir entdeckt, diese hätte *mir* doch am ersten auffallen sollen, aber das alles schleicht so langsam in meinem Herzen herum. Lieber Junge – um meinentwillen eine Reise von 13 Meilen in dieser Jahreszeit zu unternehmen! Du glaubst nicht, wie ich das fühle.

Reinhold logiert im Sandkrug, die P. wollte, er sollte im Hause bleiben, ich sagte ihm nichts [davon], aus Furcht, von beiden Seiten möcht es genieren. Du weißt, wie das ist, wenn man sich nicht kennt. Morgen wollte R. weg, aber er kann nicht weg, sagt er. Wie sehr mich das freut, beschreibe ich Dir nicht.

Reinhold fügt hinzu:

Deine Luise, bester Bruder, wird Dir schon gesagt haben, daß ich ein schlechter Comödiant bin. Wie glücklich wir hier zusammen sind, kannst Du Dir denken, Du armer Mann hast dagegen nichts als Deine Akten. Ich soll Dir den Eindruck schreiben, den Luise auf mich gemacht. Ach, Bruder, welch eine Frau kriegst Du, mache nur, daß Du sie bald heimholst, es wird doch eher aus Dir nichts. Seh nur nicht grämlich aus, daß ich Luise so gut finde, sie ist ja das Weib, das meinen Bruder, den ich so lieb habe, glücklich macht. Du wirst es noch erst recht fühlen, wenn sie ganz Dein ist, wenn nichts als der Tod Euch trennt. Ich kann noch nicht wegreisen, es ist hier zu viel, das mich hält. Schreiben kann ich heute nicht, ich muß wieder zu Luisen und der Pesteln. Bruder, uns steht viel Glück bevor, Gott gebe uns Schultern, die es tragen können.

FRAU VON PESTEL AN BOIE   Celle, 8. Februar 1785

Ihr Mädchen und Ihr Bruder schreiben Ihnen beide, lieber Boie, ich schicke Ihnen also selbst meinen warmen, herzlichen Gruß und Kuß, und sage Ihnen, daß Ihr Bruder beinahe so gut ist, wie Sie sind. O, das war lustig, lieber Boie. Wir hatten Sonntag Abend eben unsern Tee getrunken, ich schon ganz im Nachtkleide sitze bei Luisen, wie ein Fremder gemeldet wird, der sie zu sprechen verlangt. Ich bitte sie, ihn vorne im Zimmer zu sprechen. Erst war eine Stille, nach dem ruft mich Luise im Verwundrungs-Ton [herbei], ich glaube einen alten Bekannten zu sehn, aber ein Fremder staunt mich mit großen, starren Augen an, und scheint jeden Zug meines Gesichts ausspähen zu wollen. Er frägt endlich: „Welche ist denn nun meine Schwester? Die [dort] heißt Luise, aber nur jene sieht doch dem Bilde gleich, so mein Bruder hat." Da fing ich laut an zu lachen, und brachte ihm seine Luise gleich in die Arme. – O, bester Boie, wie war mir da, bald werde ich sie Ihnen mit [vor] Freud und Schmerz zerrissenem Herzen auch so in die Arme bringen. Vergeben Sie der Träne, die schon jetzt das Papier netzt, dafür sollen Sie aber auch keine sehen, wenn Sie hier sind. Ich stärke mich durch Pläne vom öfteren sehn und zusammen Reisen, worin mich Ihr guter Bruder treulich unterstützt.

Adieu, Boie, wären Sie doch auch mein Bruder, zwar lieben könnt ich Sie deswegen nicht mehr, wie ich Sie schon jetzt liebe.

LUISE   Celle, 11. Februar 1785

Reinhold ist diesen Morgen früh abgereist. Dein Brief vom 6ten kam gestern Abend und machte uns sehr glücklich. Ich habe mir viel von Reinhold erzählen lassen. Es ist ein Unterschied wie Tag und Nacht mit unsrer Art zu leben, und der in Deiner Ge-

gend. Wir sind ganz andre Geschöpfe, die Verfeinerung hat
wahrlich von unsren Herzen etwas abpoliert.

Ich fürchte, daß ich [in Meldorf] in dem ersten halben Jahre
eine wunderliche Figur spielen werde. Ich bin zu schüchtern, das
wird niemand als Du verstehen, und niemand als Du wird damit
Geduld haben. Ich fühle erst *jetzt* alle die Schwierigkeiten, die Du
zu überwinden gehabt hast, und mit welchen Du noch zu kämpfen
haben wirst. Guter, einziger Boie!

Reinhold hat einen hohen Grad von Edelmut und Charakter.
Ich kann Dir nicht sagen, wie lieb er mir geworden ist. Nie konnte
er zu einer gelegnern Zeit kommen, denn er hat von dem unangenehmen Ton, der hier herrscht, nichts gesehn. Die Lenthen war
ein paar Stunden bei uns, und die paßt sich zu allen Menschen.
Pestel war munter, zu meiner Freude, und die Pestel in high
spirits, die ganz Reinholds Eroberung gemacht hat. Ein paar
Stunden ehe er ankam, reiseten Bremers weg, ,,les enfants du haut
goût'', wie Marcard sie genannt, als er sie zuerst gesehn – und nun
[dagegen] der kraftvolle Reinhold! Bremers Feinheit und Reinholds Gradheit! Sonderbar, Boie, war der Kontrast.

Die Pestel hat Reinhold für Ännchen eine Brieftasche mitgegeben und ein Paar Strumpfbänder. Ich einen Arbeitsbeutel. Dir
wird er die Tasse mit Deiner Silhouette mitbringen und eine andre
ganz gewöhnliche Tasse, die ich Dir zum Spaß schicke, weil sie
der erste Gewinn in meinem Leben ist. In einer Lotterie von Porzellain gewann ich sie. Dann bekommst Du ein Mooskörbchen
mit meiner Silhouette für Amalia. Schreiben will ich ihr, so bald ich
kann. Das Körbchen für Ernestine nimmt R. auch mit. – Das
Zucht- und Werkhaus hat Reinhold besehn, von letzterem will er
Dir erzählen, mein Boie.

Apropos, Reinhold hat immer in der Pestel Stube geraucht. Da
wird er Deine Besorglichkeit, daß wir den Tabaksrauch nicht vertragen könnten, belachen. Er raucht aber auch sehr vernünftig. –
Gut, daß Du ihn nicht hieher begleitet hast, mir wäre heute nach
Deiner Abreise ganz entsetzlich zu Mute. Tausend Grüße von
unsrer Pestel! Leb wohl, Einziger!

Sag mir ja, ob R. mir auch recht gut ist.

BOIE   Meldorf, 12. Februar 1785

Hab ich ihn also, den so erwarteten Brief! Ich kann Dir nicht
sagen, meine Teuerste, und möcht' es doch so gern, wie glücklich

ich heute bin. Ich stelle mir alles so lebhaft vor, und seh es vor meinen Augen noch einmal vorgehen. Ich hab eine Woche voll kaum bezwingbarer Sehnsucht gehabt, und bin mit meinen Gedanken fast immer in Celle gewesen. Ich erwarte Reinhold nun mit der Ungeduld eines jungen Mädchens, und es ist sehr gut, daß ich in der folgenden Woche, des Gerichts wegen (des ersten, das in meinem Hause gehalten wird, bei dem dritten bist Du schon da!), der Ungeduld nicht nachhängen kann. Welch ein Augenblick, wenn er wieder bei mir ist, und zu erzählen anfängt! Wie ganz anders werden wir nun von Dir reden! – Du kennst und liebst doch nun einen von den Meinigen, und weißt schon mit mehr Überzeugung, daß Du in eine liebende Familie kommst.

Neues ist hier nichts. Gestern mußt ich mir mit Lesen die Grillen vertreiben. Heute schreib ich bloß. Ich habe in der vorigen Woche mein zweites Schwein geschlachtet. Ich habe mich bei der Gelegenheit gewogen und nicht ohne einen kleinen Schrecken gefunden, daß ich zwanzig Pfund schwerer geworden bin, als ich vor fünf Jahren in Brahe Trolleburg wog. – Die Fiandt trägt mir, indem ich dies schreibe, ihre warme Empfehlung auf.

LUISE   Celle, 14. Februar 1785

Der Wind sausete so scharf am Sonnabend, als unser Reinhold über die Elbe fahren mußte. Ich bin unruhig, daß ihm die Reise schadet. Was würde sein Ännchen sagen, wenn das wäre? Der Himmel verhüte allen Unfall auf dem Wege nach Barlt! Sag dem teuren Bruder recht viel zärtliches von mir.

Jenny hat mir den ‚Timoleon‘ wieder geschickt, mit tausendfachem Dank für Deine Güte. Sie ist ganz Entzücken über das Stück. – Lotte Einem hat einen Kaufmann Enninghaus in Erfurt geheiratet. Jenny schickt mir einen Brief von Lotte, sie schreibt ohne alle Bitterkeit von Sprickmann, bittet Jenny, sie möchte ihn grüßen und ihm sagen, sie sei glücklich. Zuletzt fügt sie hinzu: „Jenny, es war Vorsehung, daß ich erfuhr, Sprickmann sei der Johanne Gatterer das, was er mir war, – daß ich in seinen Briefen an das gute Mädchen den Ausdruck seiner Empfindungen fand, die er mir in dem Tone auch gesagt. Vielleicht hätte ich ohne diese Entdeckung meinen braven Mann noch verkannt." Diese Gatterer sah ich in Göttingen, das gute Mädchen hatte die Miene des Grams, dazu hustete sie und warf Blut aus. Boie, mir schaudert, wenn ich an Sprickmann denke.

Mein Bruder hat noch nicht geantwortet. Ich gestehe Dir, gekränkt bin ich, und wie mir Reinhold von den dortigen Menschen so manche edle Züge erzählte, habe ich oft Tränen verschluckt.

(den 15.) Hier ein Briefchen für unsre vortreffliche Mutter, und das andre für Amalia, bei Übersendung des Mooskörbchens und meines Schattenrisses. An Amalia hab ich so flüchtig geschrieben. Ich bin verstimmt zum Schreiben, und das ärgert mich, weil ich nicht verstimmt sein will.

Habe Geduld mit mir, Boie, daß ich im Negligé vor Dir erscheine, und zürne nicht, wenn Du mich so siehst. Jetzt will ich das ‚Museum‘ lesen, vielleicht schüttelt mich so was auf.

BOIE   Meldorf, 16. Februar 1785

Von einem großen Schmause kaum aufgestanden und mitten in der Gerichtswoche kann ich meiner Luise nicht viel schreiben, aber doch ihren mir so lieben Brief nicht ganz ohne Antwort lassen. Deine Neugierde nach Reinholds Urteil von Dir kann ich schon itzt befriedigen. Er ist in hohem Grade von Dir eingenommen und hat seinem Mädchen ganz in dem Ton geschrieben. Daß er die Lenthen gesehen, ist mir doch lieb, und sehr lieb, daß Pestel munter gewesen, und Reinhold auch der lieben kleinen Frau gefallen hat. Die Geschenke für Ännchen freuen mich sehr.

Deinen Spiegel, wenn er auch schlecht ist, bring immer mit. Wir brauchen in einem so großen Hause viele, und auch schlechte sind da nicht überflüssig.

Ich sage wie Du: wohl mir, daß ich Reinhold nicht begleitet habe. Freilich hätt ich Dich *wirklich*, nicht in Gedanken wie itzt, an mein Herz gedrückt, hätte – – aber besser, daß es ist, wie es ist. Nun keine Trennung weiter, Luise!

Von Voß hab ich endlich heute den so gewünschten Brief. Ernestinchen, die sich wohl befindet, hat ihn zum Vater eines frischen, gesunden Buben gemacht, und er ist glücklich wie ein König. Der Junge heißt Abraham nach dem Kapellmeister Schulz, den Voß sehr liebt. V. klagt sehr über die Arbeit, die ihm die Verbesserung und Ausgabe seiner Gedichte mache. Gerstenberg arbeitet an einem Trauerspiel. Fritz Stolberg hat wieder ein neues gemacht, ‚Theseus‘. Wenn er nur nicht so geschwind arbeitete! Aber das Feilen ist ihm von jeher ein Greuel gewesen und wirds, fürcht ich, immer bleiben.

Du fürchtest, hier nicht zurecht zu kommen. O Luise, denk ja nicht, daß Du unter Kinder der Natur mit vollem Herzen kömmst. Wenn ich nicht ganz wüßte, wie Du Deinen Boie liebest, ich hätte nie gewagt, Dich in dies Nest zu locken. Es ist kein Sinn hier für das Edle, Gute und Schöne, [aber] eben Deine Schüchternheit und Bescheidenheit wird hier Dein Glück machen. Du wirst keine unsrer Damen verdunkeln wollen. Ich wünsche nichts, als daß sie uns so wenig stören als möglich.

Gott sei mit Dir, meine Einzige.

LUISE   Celle, 18. Februar 1785

Boie, wie gut bist Du! Wär ich doch so ganz wie Du wünschest! Mit jedem Tage nimmt meine Furcht, Dir nicht das zu sein, was Du Dir denkst, zu, die vielleicht eine natürliche Folge vierjähriger Trennung ist. Wenn wir erst in unsrer lieblichen Hütte sind, fürcht ich nichts mehr, denn ich kenne Dein Gesicht zu gut, jeder Blick [von Dir] bestimmt meine Handlungen. So war's ja auch in der Kindheit und Jugend unsrer Zärtlichkeit und so wirds wieder sein, nur mit der glücklichen Verschiedenheit, daß Du nicht mehr so schweigend sein wirst. Apropos, das ist Reinhold gar nicht. Ich bin überzeugt, er wird mir künftig grade zu sagen: „Luise, da haben Sie einen dummen Streich gemacht", und mir doch nicht minder gut bleiben.

Du bist 20 Pfund schwerer geworden wie vor fünf Jahren? Ich wüßte wohl, was Dir diente, das wäre Reiten. Nichts wäre besser für die Erhaltung Deines Befindens als das. Doch will ich mich freuen, wenn Du auch nur mit mir *gehen* willst. Was kümmert uns die Gegend, mein Boie? Der freie Himmel ist überall, mehr braucht es nicht.

Grüße die Fiandt von mir. Bei ihrer Geschwätzigkeit ist es viel, daß sie schweigt über unsre Verbindung. Ich fürchte, daß, wenn ich hinkomme, das gute Mädchen mir weniger gut bleiben wird, denn ihr Fehler ist Herrschsucht, die werde ich mit der größten Schonung einschränken. Ich habe einen Brief von ihr an ihre Mutter gelesen – den mir die Kestner geschickt – woraus ich sie ganz kennen lerne, und weiß, daß sie geleitet werden muß, sonst haben wir beide Verdruß, mein Boie.

George hat geantwortet. Er fühlt es sehr, daß er mich gekränkt hat, verspricht alles. Ich *muß* mich hart stellen, aber ich leide.

Leb wohl, Teurer. Ich kann nicht mehr schreiben, Luise [v. Pestel] stört mich mit ihrem Putz zur Redoute. Sie ist in meinem Stübchen, denn ihr Zimmer wird nicht warm bei der Kälte.

Gewiß, lieber Boie, Du kannst sehr von Deinen Ausgaben zur Haushaltung zufrieden sein. Ist der Bau überstanden, so sind die großen Ausgaben nicht mehr. Boie, was Du hast, und was Du bist, hast Du alles durch Dich selbst. Ich fühle das so oft.

Die liebe Niepern ist guter Hoffnung. Ihr Brief, worin sie mir es schreibt, hat mich zu Tränen gerührt. Gott wache über dieser wonnevollen Freude, und mache sie glücklicher, als sie das letztemal war!

Knigge kommt im Mai, mich noch einmal zu sehen. Im Mai, dann sehe ich Dich, Einziger.

BOIE   Meldorf, 19. Februar 1785

Gestern, als ich eben vom Essen aufgestanden war, kam Reinhold von Barlt durch den tiefen Schnee hieher geritten. Er hat bei der Reise nicht ohne Gefahr auf schwankendem Eise über die Elbe gehen müssen. Mit welcher Freude hab ich ihn umarmt, den lieben Bruder! Aber er ist kein guter Erzähler, man muß ihn nach allem fragen. Als er eben ein wenig aufgetaut war, und nun das Fragen recht angehen sollte, kam Gesellschaft, und einer löste den andern ab, um 8 Uhr waren wir endlich allein. Ich hatte just Austern, und wir verzehrten sie unter seinen Erzählungen. Auf meine Frage, wie Du ihm denn gefallen, antwortete er mir: „Wohl Dir, daß du sie verdienst!" Wie mich das traf, kann ich Dir nicht ausdrücken.

Von der Pesteln spricht er mit großer Lebhaftigkeit, auch mit ihrem lieben Mann ist er sehr zufrieden. In Hamburg hat er bei Klopstock mit Graf [Christian] Stolberg und seiner Gemahlin gespeist und beide haben ihn als meinen Bruder aufgenommen. Dem ungeachtet hat die Gräfin seine Eroberung nicht gemacht.

Reinhold ist, nachdem er recht ausgeschlafen, so wohl als möglich. Er hat in einer neuen runden Perücke, die er sich in Hamburg machen lassen, und die ihm sehr wohl steht, ein rundes, frisches, sorgenleeres Gesicht, das einem Prior Ehre machen würde.

Wegen Deines Bruders bedaure ich Dich und bedaure noch viel mehr ihn. – Weh mir, wenn ich Dich nicht im Negligé sehen sollte. Ich kenne, liebe Dich ganz wie Du bist, und will Dich ja nicht anders haben. Da kommt Reinhold und ich schließe. Gott befohlen!

Boie, wie unbeschreiblich wohl wird mir sein, wenn ich erst neben Dir sitzen werde! Und wenn die Meldorfer Kamtschatdalen wären, so könnten sie meine Freuden doch nicht stören.

Die La Roche täte wohl, wenn sie nicht mehr für den Druck schriebe, denn sie hat sich bis auf den letzten Odemzug ausgeschrieben. Den Briefwechsel der ,Pomona' will niemand haben, ich werde aber sehen, daß ich die Leute noch auf dieses Jahr berede; künftig kann ich nichts mehr dazu tun.

Der Februar des ,Museums' ist sehr hübsch, lieber Boie. Die Elegie von Eschenburg hat mich sehr gerührt. Auch Eschenburgs Aufsatz über Händel ist mir sehr lieb. Alles ist mir interessant in diesem Stücke, die Chöre von Stolberg, Goethens Rede, das Gedicht von Mathisson. Das von Rüling ,Mein ist die Schuld' will mir nicht ganz behagen, es kommt mir so vor, als ob ein Vögelein zwitscherte.

Hier ist ein Briefchen für Ernestine, das letzte [für sie], eh ich Dich wiedersehe, Du trauter Junge. Es will mir mit dem Schreiben nicht mehr glücken. Leb wohl, mein Boie. Mußt auch nicht zu viel Wurst essen. Weißt Du noch, wie Du krank davon wurdest, da Höpfner bei Dir war? Adieu, Du Bester, die beiden Luisen umarmen Dich.

Die gestrige Post brachte mir sowohl von der Gräfin, als von Gustchen und Käthchen Briefe, die Du mit der Montagspost haben sollst, weil sie meinen heutigen Brief zu sehr beschweren würden. Graf Christian hat außer dem ,Otanes' einen ,Belsazar' geschrieben, den Klopstock jenem noch vorzieht. Ich bin nicht wenig neugierig auf alle die Stücke.

Ich fühl es, daß ich mir mehr Bewegung machen müßte, aber ich fühle auch, daß es nicht besser werden wird, als bis ich mich im Garten beschäftigen kann, und Dich erst habe. – Freilich ist Herrschsucht der Fehler der Fiandt. So nachgebend ich manchmal bin, so weiß sie doch schon, daß ich Herr im Hause bin, und ich sag ihr auch oft, daß meiner künftigen Frau, nicht ihr, die Direktion des Hauswesens gebührt. Sie hat ihre guten Seiten, und ihr Attachement für mich scheint wahr. An Bildung fehlts ihr aber gänzlich. Ich bin ganz ruhig dabei, da ich Deine Klugheit kenne, und am Ende sind wir ja auch mit ihr nicht so verbunden, daß wir uns nicht trennen könnten.

Der Saal wird hell und schön, und wird im Sommer gewiß unser Lieblingsaufenthalt werden. Es kommen zwei ovale Spiegel hinein. Ich bekomme noch immer viel in meine Küche geschenkt, und erhielt vor einigen Tagen einen Karpfen, 8 Pfund schwer.

LUISE   Celle, 25. Februar 1785

Heyne in Göttingen ist gefährlich krank, kaum ist seine Frau von einem heftigen Brustfieber wieder hergestellt. Es geht mir sehr nahe. Der letzte Frost hat viele Leute sehr krank gemacht, alle an Brustkrankheiten.

Unserm König geht es doch übel mit den Projekten; in Lüneburg ist kein Lehrer, der den Prinzen unterrichten könnte. Jeder [der in Frage kommenden Lehrer] hat in seinem Fache einen Aufsatz liefern müssen, um seine Fähigkeiten zu erkennen. Nun soll Prinz Eduard nach Göttingen, wohin ihn der König so ungern schickt. Der Ritter Michaelis hat 20000 Taler Kassenmünze für sein Haus gefordert, der König wird es wohl kaufen müssen, [denn] sie wissen den Prinzen nicht zu logieren.

Sollte Möser den ersten Aufsatz im Februar des ‚Museums‘ nicht etwas übel nehmen? Der Aufsatz hat mir sehr gefallen. Die Westphälinger sind ungemein weit zurück in jedem Betracht, doch hat sich da wie bei uns der Luxus eingeschlichen, und vergiftet die Menschen wie bei uns, ob sie gleich noch stärkere Nerven haben wie wir. *Wir* sind wahrlich schon sur le retour. Das zu gute Leben der Leute, das [übertriebene] Traktieren pp. hört sehr auf. Dennoch sind Conkurse eine Epidemie, und es daurt gewiß noch eine Generation, eh diese Epidemie aufhört, oder sich verliert.

Einmal, lieber Boie, desertiere ich noch, eh ich Dich wiedersehe. Frau von Lenthe bat so dringend um einen Besuch nach Schwarmstedt. Es ist schmeichelhaft für mich, daß jeder mich noch einmal sehen will, ich fühle das auch mit warmem Dank.

Die Gräfin Luise konnte unsrem Reinhold nicht gefallen, dem *ich*, glaube ich, [schon] nicht weiblich genug bin, und sie ist ein Mann im Vergleich mit mir. Ich freue mich aber, daß er sie und ihren Gemahl gesehen hat. Tausend Grüße für Dich und Reinhold von unsrer guten Pestel. Genuß haben wir nicht recht mehr von einander. Pestel stimmt auch oft ein Trennungslied an. Mir ists lieb, daß Luise täglich ausgehn muß. Die Zerstreuung ist ihr gut. Ich schwatze indessen mit Pestel und nähe oder spinne, das künftig meine vorzügliche Arbeit sein wird. Ich bekomme ein allerliebstes Rädchen von Frau von Lenthe und schönen, feinen Flachs aus Uelzen. Die Fiandt muß auch spinnen, wenn ich da bin, mein Beispiel soll auf sie wirken, hoff ich.

Voll Vertraun zu Deiner Zärtlichkeit, die noch nie ermüdet [ist], drück ich Dich an mein Herz.

BOIE   Meldorf, 28. Februar 1785

Wieder um einen Monat einander näher! Nun noch zwei – nur sechzig Tage – und ich bin in den Armen meines Mädchens, meines holden Weibchens. O Luise! welch eine Aussicht! Ich muß [freilich] in diese beiden Monate noch schrecklich viel zusammendrängen, Amtsgeschäfte, Bau – Du wirst noch verzweifelt kahle Briefe von Deinem Boie in der Zeit lesen. Der immer noch anhaltende, ich möchte sagen immer stärker werdende Frost setzt mich unglaublich zurück in meinen Planen; ich dachte halb fertig zu sein, eh ich reiste, alles vollendet zu finden, wann wir zurück kämen, und ich werde vor meiner Abreise kaum angefangen haben. Ein guter Teil meines Holzes ist noch in Hamburg und die Elbe ist von neuem gefroren. Und dann meine Pflanzung – ich mag nicht daran denken, das meiste wird verfroren sein. Du bist vernünftiger als ich, gehst aus in der Kälte, ich sehe kaum einmal in den Garten. Aber Du wirst mich auch in diesem Stücke vernünftiger machen.

LUISE   Celle, 28. Februar 1785

Heute vor sechs Jahren pflückten wir Veilchen. Heute scheint die Sonne auch, aber sie schmelzt den Schnee nicht hinweg, und doch, Du Einziger, ist der heutige Tag schöner wie der, davon die Erinnerung mir so lebhaft ist. Oft denke ich, wenn meine Mutter das glückliche Schicksal ihrer Tochter wissen könnte, sie würde für die Zärtlichkeit, mit welcher Du mich liebst, Dir danken. Ihre letzten sterbenden Worte enthielten die Bitte, mit *Güte* mich zu leiten. Oh, sie hätte Dich unendlich geliebt!

Heyne bessert sich etwas. Gottlob! – Der Prinz kommt nach Lüneburg vorerst, bis in Göttingen alles zu seinen Studien eingerichtet ist. Es wird schwer werden, ein solches Arrangement, wie der König wünscht, zu treffen, der Prinz soll gar keinen Einfluß haben, weder auf die Professoren noch Studenten. Ich sehe nicht ein, wie das zu erhalten sein wird.

Bald hab ich die Vorstellung, ich bekomme gar kein Geld von meinem Bruder, überwunden. Ein Wort von mir gegen irgend jemand kann ihn um sein ganzes Glück bringen. Er würde nie eine bessre Stelle bekommen, wenn man sein Betragen nur ahndete. Mag er ruhig und vergnügt leben mit dem Scherflein, was mir noch von dem Schiffbruch übrig blieb. Ich wollte es nur anwenden zu unsrer beider Nutzen, mein Boie – aber auch diesen Verlust will das Schicksal, warum? frag ich nie. Vielleicht, um in einigen Jahren noch lebhafter zu fühlen, wie Gott *Dich* segnet. Hast Du doch nie über die unempfindlichen Engländer geklagt, die Dich nicht bezahlten, und ich sollte über meinen Bruder klagen? Lieb ist's mir, daß ich diese bittre Erfahrung vor einem Jahre noch nicht ahnte – und glücklich bin ich, daß Du Boie bist!

(den 1. März) Die Pestel umarmt Dich. Reinhold sagte, die Trennung der beiden Luisen möcht' er nicht mit ansehen. Er hat wohl Recht. Leb wohl, lieber Junge.

BOIE   Meldorf, 2. März 1785

Am 2. April muß ich nach Itzehoe und, ich fürchte, wieder nach Glückstadt, da ich mit dem Kanzler ein Geschäft habe. Als ich im vorigen Jahr in Itzehoe und Glückstadt war, war ich Dir so nahe und sah mit klopfendem Herzen unserm Wiedersehn entgegen. Jezt ist es bis zum Wiedersehn vielleicht etwas länger, aber dann ist es auch Vereinigung bis auf den Tod.

So sehr ich gestimmt wäre, mit Dir zu schwatzen, so wenig bin ichs heut zum Schreiben. Eben wann ich am meisten fühle, daß ich Dich noch nicht habe, mag ich am wenigsten schreiben. Vielleicht wird bei so naher Aussicht der Vereinigung aus dem Schreiben überhaupt itzt nichts Rechtes mehr.

(den 3.) Guten Morgen, mein holdes Mädchen. O, wären sie schon vorüber, diese beiden kriechenden Monate! – Was hab ich noch alles zu beschaffen, eh ich mich auf den Weg machen darf! Ich möchte die paar Wochen meiner Reise gern so ruhig sein als möglich, und nicht mit dem bösen Gewissen unabgetaner Arbeiten abreisen. Am Montag geht mein Gesuch an den König, wegen des Urlaubs auf sechs Wochen, ab. Was meinst Du, Luise, wollen wir so lang in Celle und Hannover bleiben? Von Hannover gingen wir über Osterode nach Braunschweig, und von da gerade nach Lübeck oder Hamburg, wo ich mich wegen eines Kleides für mich und einer Livree für meinen Diener doch wohl ein paar Tage aufhalten muß. Ich möchte deswegen, und weil wir ohne Schmausereien und vielfältige Besuche nicht abkommen würden, die Rückreise nicht über Hamburg machen. Von Lübeck führen wir nach Tremsbüttel, blieben einen Tag da, gingen dann nach Eutin, und kämen von dort hieher.

LUISE   Celle, 4. März 1785

Dein Brief erschreckte unsre Pesteln so, daß sie alle Contenance verlor. Auf einmal stand die Trennung vor ihr, die bis jetzt als ein Gedanke, dem man gern entflieht, nicht deutlich gedacht wurde. Sie will Dich bitten, daß Du die Woche nach Pfingsten kommen mögest, ich bitte Dich auch darum. Luise hatte sich Dein Kommen immer erst nach Pfingsten gedacht. Anfang Mai haben wir eine große Wäsche. Pestel hat vor Pfingsten die Senate im Tribunal. Wir haben einen langen Winter, der Anfang des Mais ist gewiß noch nicht angenehm, und in Hannover werden wir uns doch nicht lange aufhalten. Wahren, ruhigen Genuß haben wir auch hier nicht zu erwarten, und den Visiten, die durchaus nicht notwendig sind, entginge ich so gern. Der Tag, nachdem Du hier ankommst, ist unser feierlicher Tag. Niemand soll davon wissen, sonst kommen der ungebetenen Gäste noch mehr. – Zürne nicht, Du Einziger, über den kleinen Aufschub. Auch für Dich ist er gut, Reinholds Wahl ist dann vorüber. Alles, was Du noch pflanzen willst im Garten, ist geschehen.

Ich möchte gern, daß Luise mit uns nach Hannover ginge, Pestel bleibt hier. Wir gingen zusammen spazieren, sie führe mit uns nach dem Deister, und dies alles gäbe ihr Trost.

Ich bin durchaus nicht mit Fritz Stolbergs Mut und Starrsinn zufrieden. Er muß in Kopenhagen verhaßt werden. Schafft er Nutzen? Wo nicht, so müssen er und seine Kinder kein Opfer seiner Unbiegsamkeit werden. Würde er nicht mehr wirken, wenn er nicht mit der ganzen Gewalt (ich errate ohngefähr den Inhalt der neuen Stücke), sondern nach und nach sagte, was er wollte? Ist Bernstorff sein Kredit unerschütterlich, so laß F. alles wagen; wo nicht, sollten die Stolberge Bernstorff schonen. Fürstengunst ist ein schwankendes Rohr. Kabale sucht immer heimlich zu schaden. Mir ist bange für Bernstorff. Fritz ist freilich without reach.

Adieu, Frau von Beaulieu kommt zu uns, ich muß schließen.

BOIE   Meldorf, 5. März 1785

Mit Tränen im Auge hab ich gelesen, was Du von Deiner Mutter schreibst. O Luise, ich fühle mich solcher Liebe, als jeder Deiner Briefe atmet, nicht wert, aber ich will Deiner wert werden. Ich
unterschied Dich gleich von allen, die ich in Hannover kennen
lernte, aber daß Du mir werden würdest, was Du geworden bist,
hatte ich damals mir nicht träumen lassen. Ich wär ein ganz andrer,
viel besserer Mensch geworden, wenn ich Dich nur einige Jahre
früher gekannt hätte. Aber, gottlob! ich fand Dich, und habe Dich
noch nicht zu spät gefunden.

Wie ich nachlässiger Mensch Dir denn noch nichts von den erhaltenen Tassen geschrieben habe, und sie haben mir doch so große Freude gemacht! Aus der roten Tasse und aus keiner andern
trink ich jetzt, Deine Leuchter leuchten mir, auf Deinen Bettlaken schlaf ich, und wenig fehlte daran, so hätt ich auch Dein Bett
genommen und der Fiandt das meinige gegeben. So täusch ich
mich, bis ich Dich selbst habe.

Heynens Bessrung freut mich. Stolz und Hinwegsetzung über
andre war immer der Ton seines Hauses, und ist durch die Verbindung mit Brandes nicht besser geworden. Du sagst sehr recht, daß
es nicht möglich sein wird, den Einfluß des Prinzen auf Professoren und Studenten in Göttingen zu verhüten.

Über Deinen Bruder betrüb ich mich – seinetwegen. Der arme
Mensch! Wie mag ihm sein, wenn er an Dich denkt! Aber hat er
denn den ganzen Rest Deines Vermögens in Händen gehabt?
Wird er sich uns zeigen können, der arme Bruder? Du denkst über
die Sache so, wie ich's erwartete, und es ist mir von ganzer Seele
lieb, daß Dir vor einem Jahr noch nichts davon ahndete.

LUISE   Celle, 7. März 1785

Mit Deinem Reiseplan bin ich von ganzem Herzen zufrieden.
Vier Tage hier [in Celle] sind genug. Genuß haben wir an keinem
Orte, und allen Schmausereien möcht' ich gern entgehen. Das will
ich auch der Mejern schreiben, die sich, wie ich merke, zu einer
Fête anschickt. Nach Osterode reise ich herzlich gern mit Dir.
Meinen Bruder und sein Weibchen machtest Du sehr glücklich
durch den Besuch, und Du kämst in eine Gegend, die mir durch
das Andenken an Dich geheiligt ist. Daß Du mich nicht nach Hamburg führen willst, macht mich glücklich, denn Friederike Böhmer ist denn verheiratet und würde uns in ihre Fêten verwickeln. –

Ich habe die Ruhe nicht mehr, Dir vernünftig zu schreiben. Mein Herz ist so voll, und doch weiß ich, daß es nicht ganz auftaut, bis ich in Meldorf bin.

(den 8.) Gestern ward ich gestört, und heute kann ich Dir kaum einen Morgengruß schicken.

Von Georgen bekomme ich Geld. Du kannst also sicher auf die 300 Reichstaler rechnen. Er hat meine Briefe mit der größesten bittenden Liebe beantwortet. Da ich schon alle Hoffnung aufgegeben, ist es mir desto angenehmer.

Hier hast Du auch eine Probe Tuch von meinem Reisekleide. Nicht um der just neuen Farbe willen hab ichs genommen, aber ich liebe sie vorzüglich, und dunkel muß ein solches Kleid sein. Übermorgen ganz früh reisen wir zur Lenthen nach Schwarmstedt. – Die Pestel wollte auch schreiben, aber heute ist ein Introduktionsschmaus. Apropos, mein Boie, Du hast doch einen offnen Wagen? Ich scheue die zugemachten Wagen entsetzlich, so wie ich überhaupt unter die luftigen Wesen gehöre.

BOIE   Meldorf, 9. März 1785

Ich fange meinen heutigen Brief mit der Erklärung an, daß ich erst in der Woche nach Pfingsten in Celle sein werde. Ich werde die Reise dann mit mehr Ruhe unternehmen, auch ein paar Wochen mehr dazu nehmen können. Bist Du so mit Deinem Boie zufrieden, Luise? Die gute Pestel! Ich mag an die Trennung der beiden Schwesterseelen nicht denken.

Alle meine Hoffnung auf einen frühen Frühling ist hin, und es wird noch lange dauern, eh etwas im Garten gearbeitet werden kann. An Stellen, die vom Schnee entblößt sind, hab ich es auf einen Fuß und noch tiefer gefroren befunden.

Von Niebuhrs, wo ich Tee getrunken habe, soll ich Dir viel liebes und freundschaftliches sagen. Beide unterlassen nie, Dein Bild zu grüßen, wenn sie bei mir sind. Sie sehn es noch mit mehr Teilnahme an, seitdem Reinhold es so außerordentlich ähnlich findet. Mein Bild gleicht, wie er sagt, lange nicht so sehr: ich bin [ihm] zu jung [darauf], und freilich mag ich auch in vier Jahren mein Teil älter geworden sein.

Wegen der Trauungs-Erfordernisse wend ich mich wohl am schicklichsten an den Herrn Consistorialrat Nieper?

Sollte es wirklich wahr sein, daß die Hannoversche Armee mit 10000 Mann vermehrt werden soll? Es sieht mehr als je nach einem großen, weitaussehenden Krieg aus, und doch wollt' ich noch wetten, daß wir überall keinen Krieg bekommen werden. Die Hunderttausende an allen Seiten und die allenthalben verbesserte Taktik halten die Schwerter in den Scheiden zurück.

Meldorf, 13. März 1785

Ich komme von Barlt. Der 12. April ist bestimmt, und Reinholds Hochzeit geschieht in meinem Hause. Nachdem alles festgesetzt war, war alles froh. Das Brautkleid und andre schöne Siebensachen mußten erst besehen und gelobt werden. Ich zeigte die ganz nach meinem Geschmack ausgesuchte Probe zu Deinem Reitkleid und sagte, das würde *Dein* Brautkleid werden, aber sie wollten's nicht glauben. Für Ännchen ist's recht gut, daß Du nicht eitel bist, sie würde sonst leicht der Mode leben lernen. Weißt Du, was ich mir gedacht habe? Du sollst ihr den Myrtenzweig zum Kranze schicken. Ich sollte denken, daß er sich die vier Tage, die er unterwegs bleibt, frisch halten könnte.

Von der Vossen hab ich einen Brief für Dich bekommen, und bin ihr nun wieder gut. Das wohlgeborene Schreiben des cher oncle leg ich wieder bei. Ich hab es mit Lachen gelesen.

Ob ich meinen Wagen mitbringe, weiß ich noch nicht gewiß. Da er nicht Spur hält, würd er sehr leiden von der Reise, und auch nicht Bequemlichkeit genug geben. Ich sollte meinen, daß wir schon einen andern zur Miete finden werden. –

Lebe wohl, Du Freundin meiner Seele. Ich grüße unsre Pestel und drücke Dich an mein Herz.

LUISE   Celle, 15. März 1785

Ich weiß nicht, mein Boie, ob die Pesteln oder ich froher war über Deine Briefe. Die gute Beaulieu kommt zu uns an unserm festlichen Tage, und das ist mir lieb, denn die Pesteln muß jemand haben, der ihr Festigkeit gibt.

Ich bin sehr zufrieden und froh gewesen die Tage in Schwarmstedt. Es ist da allerliebst. Ein gewisser ton d'aisance, mit der größten Simplizität verbunden. Das Haus sehr hübsch, die Lenthen und Fräulein Forstner herzlich vergnügt. Er, Lenthe, war ganz vernünftig. Wir haben täglich Deine Gesundheit getrunken, sehr viel von Dir gesprochen, auch mit einem Fremden hab ich von Dir geredet, einem Lieutnant von Bothmer, der Dich in Göttingen gekannt.

Eh ich's vergesse, lieber Boie, Du mußt die Erlaubnis vom Konsistorio haben, Dich ohne Aufgebot trauen zu lassen, so wie ich auch von unserm Konsistorio sie haben muß. Da Du nun [selber] Chef vom Konsistorio bist, so weiß Dir niemand von hier darin zu raten. Den guten alten Jacobi habe ich deswegen fragen lassen, der sagt, man wäre hier im Lande gegen keine Nation strenger in solchen Fällen als gegen die Dänen und Holsteiner. Woher sie diese Strenge verdient haben, weiß ich nicht. Willst Du mehr wissen, schreibe ich an Niepern. Der glückliche Reinhold! Ännchen taut auf, wie ich merke, und wird, wenn sie mit ihrem Reinhold erst allein ist, ein sehr liebenswürdiges Weibchen werden. Im Geist seh' ich sie vor mir. Es ist sehr gut, daß die Fiandt bei dieser Hochzeits-Societät am Tisch erscheint. Sie paßt, denk ich, zu ihr, und dieser Vorzug schmeichelt ihre Eitelkeit.

Von meiner Schwiegerin erhielt ich gestern einen Brief, worin sie herzlich bittet, daß sie Dich sehen will. Ich bin mit Georgen so weit in Ordnung. Er hatte meine Obligation von zweitausend Talern als Kaution bei der Kammer, die hat er weggenommen oder besser, das Geld aufgeliehen. Nun hat er mir eine von tausend Talern geschickt, die er auch versetzt hatte, die muß nun gekündigt werden. Dazu hatte ich den Onkel gebeten um die Auszahlung meines Teils an seinem Hause, das ich aus Schonung nicht getan, wenn er nicht ein Testament gemacht und Rudloffens zu Erben eingesetzt hätte. Etwas Geld bekomme ich also gewiß. George hat unsre Verbindung nie vermutet, er dachte, ich sollte bei ihm bleiben, nun wurde er sicher, und kann sich jetzt nicht helfen. Den Anteil, den er an des Onkels Hause hat, hat er mir zediert. Du siehst, daß er alles getan, was ihm zu tun blieb in seiner jetzigen Lage. Mir ist das lieber wie das Geld, beinahe. Ich fühl' es sehr, wie hülflos ein Mädchen oft ist, und doch, ich mochte [früher] nicht an mich selbst denken. Wäre das alles vor einem Jahre gekommen, ich säße jetzt in Kopenhagen [bei Gustchen], da wäre denn die ganze Bitterkeit des Schicksals in mir erwacht. – Gott, wie glücklich ist Deine Luise!

BOIE   Meldorf, 16. März 1785

Ich bin jetzt allein und ruhig, nachdem Reinhold gestern mit seinem Mädchen und ihrer Mutter wieder nach Barlt zurückgefahren ist. Sie aßen gestern Mittag bei mir und blieben bis Abends um zehn Uhr. Niebuhrs kamen zum Kaffee und ließen sich auch zum Abendessen halten. Nach Tische ward noch allerlei gekauft, das Bedürfnis war, oder schien. Wir haben diese Woche Markt, bei der Gelegenheit kommt denn auch hieher allerlei Schönes, das sonst glücklicherweise nicht zu haben ist. Was ich mir gekauft habe, rätst Du wohl nicht: eine Säge und ein Beil.

Seit gestern rumort es wieder im Hause, und der Gipser ist schon in voller Arbeit. Die Vorderstube soll am 12. April durch die Trauung eingeweiht werden. – Noch einen Monat weiter und der Garten wird denen, die ihn vorhin gekannt haben, nicht mehr kenntlich sein.

Jemand aus Hannover, wer, weiß ich nicht, hat mir heute durch ein Päckchen sehr mittelmäßiger Verse unnötige Kosten gemacht, und einer aus Wien noch ärgere. So geht's uns armen Leuten, die die Geburten oder Mißgeburten andrer ans Licht zu bringen uns aufgeworfen haben.

Ich wäre gestern sehr in mich gekehrt gewesen, wenn ich allein gewesen wäre, und mitten in der Gesellschaft schwebte mir das Andenken unsers vorjährigen Wiedersehens mit allen seinen kleinen Umständen vor. Bald weiter keine Trennung, als bis uns scheidet der Tod! – O Luise, Du glaubst nicht, welche Beruhigung, welche Stärkung für mich in dem Gedanken ist – glaubst es nicht? Ja, dem Himmel sei Dank, Du glaubst, weißt es, was Du mir bist!

Noch hab ich Reinhold nicht zum Schreiben an Mama bringen können, seitdem er von Celle zurück ist. Hier kann er immer nicht dazu kommen, in Barlt hindert ihn die Braut. Ich sag ihm manchmal, wie ihm sein würde, wenn er so weit von seinem Mädchen getrennt wäre als ich, und er gesteht, daß er es nicht aushalten könnte. Sauer genug wird es auch mir, meine Unruhen, meine Geschäfte sind vielleicht in meiner jetzigen Lage mein Glück.

LUISE   Celle, 19. März 1785

Die Post kam so spät, daß mir Dein Brief ganz unerwartet war. Es ist so tiefer Schnee bei Harburg gefallen, daß Bauern der Post einen Weg haben schaufeln müssen. An Reinhold schreib ich selbst. Der Ring ist ein bißchen groß, aber doch allerliebst und, was mehr als alles ist, kommt von Reinhold, ist von seinen und Ännchens Haaren. Ich schicke die Myrtenzweige in Sand gepackt von unserm Lieblingsbaum, machte gern den ganzen Kranz, aber das ist unmöglich, weil er von seiner Schönheit zu viel verlieren würde. – Nun ein Wort im Vertrau. Ein einziger Zug (daß Ännchen geweint, als Reinhold sich kein neues Kleid zu seinem Hochzeitstage anschaffen wollte) war mir ein Beweis, daß sie eitel ist, aber verhüllt wie die Blume in der Knospe, sich selbst unbewußt. Reinhold gefiel dieser Zug, mach' ihn nicht aufmerksam. Er ist gerade der Mann, der immer von seiner Frau, sie mag sein wie sie will, geführt werden wird. Es kommt also darauf an, daß er nie das Gängelband fühlt. Aus allem, was er mir erzählt, fühle ich, daß vieles Dir im Ganzen nicht angenehm sein kann, aber verbirg es. Ännchen ist sehr sanft, darauf hoff' ich, aber sie ist noch ungebildet, kommt nun in gänzliche Freiheit, sie müßte geleitet werden, das kann Reinhold durchaus nicht. Er hat sich voller Vertraun so ganz hingegeben und kennt zu wenig der Weiber Herzen. Möchte er immer so unbefangen bleiben als er jetzt ist, denn wahrlich, solches Wissen macht uns nicht glücklicher.

Nun ein sonderbarer Vorschlag, Antrag, der mir geschehen, und der Dir geschehen wird, wenn Du kommst. Wir sollen Emilie Bernstorff aus Gartow auf ein Jahr zu uns nehmen. Vom September zu dem folgenden September. Mir ahndete der Antrag schon lange, ich hatte mich dazu vorbereitet und alle Hindernisse gesammlet, ihn abzulehnen, vorzüglich die: daß Emilie sich nicht gefallen würde, bei uns Leute zu sehen, die so ganz verschiedenen Ton von ihr hätten, sie könne das, was ihr fehle, nicht bei uns lernen, wir könnten uns auch ihretwillen in Ansehung des Umgangs der Gesellschaften nicht genieren, ich wüßte nicht einmal, ob Dein Haus so eingerichtet sei, daß sie Stube und Kammer bekommen könnte, etc. Alles das wurde [indessen] nicht gehört. Nur eine abschlägige Antwort von *Dir* könnte angenommen werden, sonst fände kein Hindernis statt. Emilie brauchte nur eine Schlafkammer, könnte in meinem Zimmer sein. Sie sollte uns in nichts genieren, wir möchten sie ganz als Kind im Hause ansehen. Emilie ist ein gutes Mädchen, aber verblüfft (ich weiß keinen andern Ausdruck, der das so ganz sagt), schon bei Rehbergs zurückgesetzt, noch mehr bei ihren Eltern, die es getan, ohne es zu wollen. Sie muß den ganzen Tag lesen, das verdaut sie nicht, sie sieht niemanden als die Leute im Hause. Das arme Mädchen wird ganz verkehrt gehalten. Sie ist nicht dumm, aber doch kein Genie, das zu den Stolbergs gehört. Sie müßte Handarbeit lernen, eine Idee von Hausgeschäften kriegen, aufmerksam auf die Dinge gemacht

werden, die in der wirklichen Welt sind, und dabei lesen, um ihr
Herz zu bessern, ihren Verstand zu erhellen. Sie müßte Interesse
finden auch an kleinen Dingen, die kleinen Blumen der Freude
pflücken und sammlen lernen. Dabei den feinen Ton beibehalten,
den sie gewohnt ist, Französisch und Englisch weiter lesen und
üben pp. Ganz unverdorben ist Emilie, aber es ist ein großes Unternehmen, sie auf einen andren Weg zu leiten. Die Mutter fühlt,
daß Nachahmung der Stolberge nicht glücklich macht, sie kann
es nicht hindern als dadurch, daß sie Emilien entfernt. Hätte die
Lenthen nicht einen unklugen Mann, so könnte sie zu der, denn
jetzt [schon] in der großen Welt zu erscheinen, das wäre durchaus
nichts; so wäre das Mädchen verloren. – Überlege, mein Boie,
was zu tun ist. Emilie ist die Nichte von Bernstorff. Genieren
würde sie Dich auf alle Weise, unser Haushalt bleibt [zwar], wie er
ist, aber Stube und Kammer müßte Emilie haben, das würden
denn wahrscheinlich das Visiten-Zimmer mit dem Kabinett werden, denn wir müßten sie doch in der Nähe haben. Käme Gesellschaft, so brauchten wir das Zimmer [mit], als ob Emilie nicht darin wohnte. Besuche, die sich nicht paßten für sie – ich verstehe
hierunter die so genannte zweite Gesellschaft, so neulich bei Dir
zu Abend war – sähe sie nicht, dann ginge sie zu den Niebuhrs,
denn ihr Stand darf nicht ganz vergessen werden. Vielleicht hinderte ihre Gegenwart uns von Schmausereien, die guten Meldorfer würden uns weniger bitten, aber das täte nichts. Mit Emilie
getraue ich mir fertig zu werden, und die Pflichten zu erfüllen, die
ich übernehme, aber bessre ich sie dadurch? – Zwang würde ich
fühlen, aber nur den, welcher *Dich* treffen kann, Du Einziger. Angenehmer wäre es mir, wenn ich mich erst selbst recht eingewohnt
hätte, das kaum im September möglich sein wird. Weißt Du
eine gute Art, es abzulehnen, ohne daß *unser* Bernstorff es übel
nimmt, da die zu Gartow so ohne alle Pretensionen den Wunsch
haben und, wenn wir Emilie nur zu uns nehmen, gern [mit allem]
zufrieden sind? Emilie macht mir einen großen Querstrich in manchem Betracht, vorzüglich in dem süßen Beisammensein mit Dir,
mein Boie, ich sehe nur nicht, wie wir den Besuch ablehnen wollen, ohne eigensinnig zu scheinen. Überlege es, daß ich den Ton
meiner Antworten und Äußerungen darnach stimmen kann. Verzeih, daß ich Dir dieses so verworren gesagt.

Herzlich freue ich mich, daß Dir die Farbe meines Reitkleides
gefällt. Ich habe nur an die Ärmel und in der Taille zwei Knöpfe

genommen, mit demselben Tuch überzogen, um nicht gegen die dortige Kleiderordnung zu sündigen, die die blanken Knöpfe, wie Reinhold sagte, verbietet. Ich wette, Du selbst wirst über meine sehr einfache Garderobe lachen. Die Damen [dort] gewiß alle, dafür hab ich die Zufriedenheit, daß ich den Luxus nicht befördere, und doch rechtlich aussehe. – Nun gute Nacht, Du Einziger. Vor einem Jahr war ich jetzt [um diese Stunde] wieder aufgetaut, Du drücktest mich an Dein Herz, ich fühlte mich so glücklich, hatte Tremsbüttel vergessen. Wie schön waren die Tage unsers Beisammenseins! Gott gebe uns eine Reihe von solchen Tagen, und wer denn heitre, zufriedne Menschen sehen will, der komme zu uns.

BOIE   Meldorf, 20. März 1785

Ich muß also doch die Dispensation zur Hauskopulation haben, die ich teils der Kosten, teils deswegen nicht suchen wollte, weil nun, da ein Sekretär der deutschen Kanzlei ein Verwandter von Eggers ist und alles hieher schreibt, was nur interessieren kann, die Sache vor meiner Abreise bekannt wird. Ich muß die Dispensation unmittelbar vom König aus der deutschen Kanzlei haben, will es indes so einrichten, daß die Erlaubnis just den Tag vor meiner Abreise ankömmt. Ich weiß es, daß man sich in Absicht Dänemarks und dänischer Untertanen im Hannöverschen meistens sehr sonderbar [be]nimmt, und hätte darauf vorbereitet sein sollen.

Wohl uns, daß Du so weit mit Deinem Bruder bist, und Dein Geld bekömmst, ohne ihm wehe tun zu müssen. Ich begreife nun wohl, daß Dein Bruder nie darauf gerechnet, Dich verheiratet zu sehen, und damit auskommen zu können geglaubt hat, wenn er Dir Deine Zinsen bezahlte. Armes Mädchen! in welche Lage hättest Du kommen können durch Deine großmütigen Aufopferungen! Gottlob, daß Du jetzt nicht in Kopenhagen, sondern in Celle bist, und Deinen Freund erwartest. Ein Leben ohne Schmerz und Leiden erwarten wir beide nicht, aber wir haben – dem Himmel sei Dank – beide das Bewußtsein, daß auch Leiden Quell von Freuden und Wonne werden, wovon der bloß Glückliche keine Vorstellung hat.

Weißt Du noch, Beste, daß ich Dir auch voriges Jahr aus Glückstadt schrieb? Künftig begleitest Du mich dahin, wenn ja einmal ein Geschäft die Reise notwendig macht. Du hast Recht, diesmal wollen wir lieber an Hamburg vorbei reisen, wo wir nur repräsentieren müßten. Apropos, wegen des Repräsentierens – ich habe meine Garderobe untersucht, und finde, daß ich durchaus noch ein neues Kleid zur Reise brauche. Welche Farbe, meinst Du, soll ich wählen? Alles soll einfärbig, ohne Besatz und mit einem Knopf derselben Farbe, kurz, so sein, wie die neue Luxusverordnung es vorschreibt, nach welcher ich eigentlich noch kein Kleid habe. Auch das rote [Kleid] bring ich mit, ob man es gleich in Hannover schon gesehen hat.

Nun soll ich mich ankleiden, um in Gesellschaft zu gehen.

(den 21.) Bloß noch einen guten Morgen. Ich habe heut einen schweren Parteientag, morgen wieder und überhaupt noch vor dem Fest gar viel in Ordnung zu bringen. Heute vor einem Jahre waren wir um diese Zeit im Begriff über die Elbe zu gehen, und einen so schönen Tag hatten wir vorher noch nicht zusammen gelebt. Dein letzter Kuß des Abends, Dein erster des Morgens, Dein Erwachen fast in meinen Armen – o Luise! Ruhe und Glück kommt mir nicht eher, als bis ich Dich habe. Dann stehen wir da und sehen dem letzten Jahr unsrer Trennung nach, und fragen, wo es geblieben ist. Heut ist es wieder sehr kalt, so kalt wie damals, als wir zusammen fuhren, und wir fühlten doch die Kälte beide nicht.

Dein bis ins Grab.

LUISE   Celle, 25. März 1785

Bald seufze ich über den langen Winter. Ich denke oft an Deinen Garten, denn der Schnee schmilzt nicht hinweg und vor zwei Nächten sind noch ein paar Krähen, die in einem Baum nicht weit von unserm Hause Schutz gesucht, tot gefroren.

Von Wilhelmine Bernstorff hab ich heute einen Brief erhalten, in dem sie mich inständig bittet, Emilie zu uns zu nehmen. Sie sind in Gartow so voll von diesem Projekt, daß ich voraus sehe, wir könnens nicht ablehnen. Mich verlangt nach Deiner Antwort.

Vielleicht finden wir Mejers nicht in Hannover. Sie wollen nach der Schweiz. Freitag hält die beiden Eheleute noch immer in den Schranken des äußern zufriednen Scheins, er tut viel für sie.

Ich habe ein blühendes Heliotropium. Daß ichs Dir nicht geben kann, ärgert mich. Mich verdrießt alles diesen Abend, denn bis jetzt wartete ich noch auf einen Brief. – Die Frau von Düring, Schwester unsrer Frau von Beaulieu, hat ihr Kind von drei Wochen verloren. Allem Vermuten nach taugt ihre Milch nicht. Das Kind, was nicht die Mutterbrust bekommen, ist wohl, zwei sind nun schon tot. Die Frau ist untröstbar. Frau von Beaulieu ist gleich hingereiset, die arme Schwester zu holen, so bald sie reisen darf. Daß auch oft die Erfüllung der süßesten Pflicht Gift werden kann! – Adieu, Du Einziger. Grüße den lieben Bruder und seine Anna. Grüße die guten Niebuhrs, auch die Fiandt. O, ich weiß heute nichts als Grüße, Grüße.

BOIE   Meldorf, 26. März 1785

Der Vizekanzler, des alten Eggers Bruder, ist aus Glückstadt mit seinen Söhnen hier. Wenn ich nicht meines Baues wegen eine so gute Entschuldigung hätte, käm' ich nicht ohne ein Diner davon. Die Frau Konferenzrätin [Eggers] hat eine herrliche Gewohnheit eingeführt: wenn sie nämlich Besuch erhält, bittet sie gleich den Mittag, was ihr Tisch nur fassen kann, zusammen, und erwartet, daß die Gebetenen ihre Gäste nun die folgenden Mittage und auch Abende bitten, wo sie denn für nichts weiter zu sorgen hat. Du weißt, daß ich von jeher nicht für die Mittagsschmäuse gewesen bin, so gern ich einen einzelnen Gast, oder ein paar, bei mir habe. Das wird künftig noch saure Gesichter geben. Wer mich besucht – sag ich schon itzt manchmal laut – besucht *mich*, und ich würd' ihm und mir ein schlechtes Kompliment zu machen glauben, wenn ich ihn nicht ohne beständige Zuziehung anderer unterhalten zu können fähig wäre. Du hast, so gut Du auch Dein Geschlecht kennst, von dem Grad der Leerheit, die in diesen Weiberköpfen herrscht, keinen Begriff und weißt nicht, welch ein Fest hier jedes fremde Gesicht ist. Ich denke mir, wenn ich für mich selbst einmal lachen will, einen Besuch der Gräfin Luise bei uns, und welche Nachrichten bald von der sonderbaren Frau in dem Neste hier herumlaufen würden.

Unsre Mutter hat den Brief, worin Du ihr von Reinhold schreibst, in der vollen mütterlichen Freude an den jüngsten Bruder [Rudolf] geschickt, von dem ich Dir viel Liebes und Gutes sagen soll.

Über Dein einfaches Reitkleid freu ich mich. Wir wollen uns beide nicht durch Putz unterscheiden – elegante Simplizität in allem. Gold und Stickerei kömmt nicht wieder auf meinen Leib, wenn, was ich davon habe, aufgetragen oder verkauft ist. – Der Besuch von Vossens ist ernst. Wir werden diesen Sommer noch manchen Freundesbesuch haben. Gottlob, daß ich endlich sagen kann: *wir!*

Nun komme ich auf den wichtigsten Teil Deines Briefes, den ich mit Absicht bis zuletzt gespart habe. Und was ich dazu sage? Ich glaube mit Dir, daß wir den Antrag nicht ausschlagen dürfen, des Vertrauens wegen, das man uns dadurch zeigt. Ich hab alles reiflich überlegt. Emilia ist ein gutes Kind, und ein Jahr in der Einsamkeit wird ihr keinen Schaden tun. Sie wird uns freilich etwas, aber doch nicht sehr, genieren. Was ich sehr wünsche, ist nur, daß sie keine Kammerjungfer mitbringen möge. Ich fürchte nun einmal die Geschöpfe der Art mehr wie ihre Damen. Wir dürfen uns Emilias wegen schon ein wenig mehr zurückziehen, als uns sonst erlaubt sein würde. Wir werden doch unsre ruhigen, einsamen Stunden, auch Spaziergänge haben können. Wenn ich schon Emilien oft bei Luisen finden sollte, so sucht dafür Luise mein Zimmer [auf], wenn sie ihren Boie allein sehen will. – Ob Du nun schon itzt der Lenthen von unserm Entschluß Nachricht geben willst, steht ganz bei Dir. Wenn Du Dir nur getraust, mit Emilien fertig zu werden, so hab ich bei der ganzen Sache weiter nichts zu erinnern. Ein wenig Störung schadet keinem Genuß. Man genießt die ungestörten Stunden desto inniger.

Die Niebuhr freut sich, daß sie in meiner Luise eine Freundin finden wird, wie sie hier nicht zu finden vermuten konnte. *Er* wartet Deiner mit einer ihm sonst nicht eigenen Ungeduld. Sie sind beide *sehr* gute Leute, die Kinder sehr liebenswürdig. In dem Knaben steckt der Keim zu einem großen Mann und ich fange wieder an zu hoffen, daß er nicht verknickt werden, sondern sich entwickeln wird. Das schlimmste ist sein unbändiger Ehrgeiz, ein Unkraut, das, scharf beschnitten und recht gepflegt, eine sehr edle Pflanze werden kann.

LUISE   Celle, 28. März 1785

Denk Dir, mein schönes, blühendes Heliotropium, das ich so gern für Dich gepflückt [hätte], war den folgenden Morgen verfroren. Ich seufzte, daß das Blümchen dahin war, seufzte über die Kälte, seufzte aufs neue über die Posten, und mein Trost war: nur noch zwei Monate, dann fühle ich ihren Schneckengang nicht wieder, bald drück ich Dich an mein Herz.

(den 29.) Gestern Abend wurde ich wieder gestört durch Wichmann. Nun einen freundlichen guten Morgen, mein Boie!

Die Neugierde der Meldorfer über Dein Heiraten amüsiert mich herzlich. Wie werden sie schwatzen, wenn Du mit der Erlaubnis zum Aufgebot abreisest!

Die Lenthen hat mir wieder über Emilie gesprochen. Sie soll alle Leute sehen, die wir sehen, bringt kein Mädchen mit, soll in keinem Fall auf einem vornehmen Fuß gehalten werden, und von uns beiden ganz abhängig sein. Die Idee, sie von dem vielen Lesen und Nachahmen der Stolberge abzulenken, müssen wir ihr verbergen, sonst folgt sie uns nicht, denn sie ist schon wirklich durch diese Nachahmung halb verkehrt worden. Ich werde zuerst viel mit ihr lesen müssen, um auf sie zu wirken, und sie [erst] nach und nach davon abzuziehn suchen. Mir scheint es ein Plan von unserm Bernstorff zu sein, der die Nachahmung der Stolberge nicht leiden kann. Wie nötig Emilien eine andre Verfassung sein muß, beweist dieser Entschluß, denn daß das Ganze nicht zur vollendeten Erziehung einer Gräfin paßt, müssen die Eltern fühlen.

Boies Brief vom 31. März ist von einem Brief Reinholds begleitet, der, wie Boie sagt, „ein wahrer Bräutigamsbrief ist, nämlich so, wie ein Bräutigam an jede Person schreibt, die nicht seine Braut ist." Im übrigen befaßt sich dieser Brief und ein Teil der folgenden Korrespondenz mit einem Sturm im Wasserglas, der die Haushälterin Fiandt betrifft. Von Meldorf sind Klatschereien bis nach Hannover und Celle gedrungen, an denen der gutmütige Boie ganz schuldlos ist. Anscheinend hat die Fiandt aus haushälterischem Ehrgeiz das rechte Maß der Sparsamkeit verloren und mindestens das Gesinde zu knapp gehalten. Ihre Familie macht ihr deswegen Vorwürfe, darunter den unberechtigten, daß Luise sich bereits vor ihr fürchte. Die Verlobten müssen umständliche Richtigstellungen bei allen Beteiligten vornehmen, besonders dem aufgeregten Mädchen einhämmern, Luise fürchte sich gar nicht vor ihr.

LUISE   Celle, 1. April 1785

Deine Antwort wegen Emilien ist mir sehr angenehm. Die Freude in Gartow wird groß sein. Die Pestel sagt, der Himmel schickte mir Emilie, um der Angst abzuhelfen, die ich hatte, daß ich künftig nicht wirksam genug sein würde. Emilie wird der Frau Konferenzrätin manchen Querstrich machen bei ihren Schmausereien, das wird uns ganz wohl tun. Daß Niebuhrs in Meldorf bleiben, ist mir unbeschreiblich lieb. Wenn ich nur *eine* Frau [dort] habe, die etwas frei von Vorurteilen, Klatschereien pp ist, bin ich sehr vergnügt. Niebuhr ist doch wahrlich der leibhafte Kestner! Er muß Dich oft ungeduldig machen, mein Boie, aber wie würd es ihm ergehen, wenn Du nicht so nachsichtsvoll und freundschaftlich wärst, Du Einziger?

Da es ernst ist, daß Vossens [nach der Hochzeit] nach Meldorf kommen, wird unsre Reise kürzer werden, wie wir geglaubt. Die Tour nach Osterode sind acht Meilen. Du wirst aber meinen Bruder dadurch überzeugen, daß Du ihm gut bist und von unserm Zwist nichts weißt. Ich vergesse ihm alles, obgleich ich noch in Weitläufigkeit bin. Tausend Taler bekomme ich nur, jetzt sind sie erst gekündigt, das vor einem halben Jahre [hätte] geschehen müssen. Wenn Du durch Deine Verbindung mit mir nur nicht zu viel Sorgen hast, lieber Boie!

Nimm ja keine dunkle Farbe zu Deinem Kleide, mein Boie. Magst Du weiß oder perlgrau leiden? Ein solches Kleid trägst Du sehr lange, eine helle Farbe sieht eleganter aus. Hier hast Du eine Probe von meinem besten Kleide. Bei Gelegenheit dieses weißen peau de poule (so heißt das Zeug) habe ich eine grobe Lüge gemacht. Die Kestnern wollte mir das Kleid verschreiben und schickte mir Proben mit den Worten: „Das Zeug ist dünn, aber für Meldorf gut genug." Da ich fürchtete, sie möchte grämlich werden, antwortete ich, Du hättest mir ein Kleid in Hamburg gekauft. Es ist unartig, aber ich wußte mir nicht zu helfen.

Du findest [für Dich] bei mir zwölf Hemder und zwölf Halsbinden, richte Dich darnach im Einpacken. Für sechs Hemder habe ich schmale Spitzchen genommen, ein Paar Manschetten ganz aus Spitzen. Es hätten mehrere so sein müssen, aber ich denke, es ist ein entbehrlicher Luxus. Deine [mit Gold] gestickten Kleider rate ich zu verkaufen, denn die Kleiderordnung wird wohl bleiben, und sie laufen nur an.

Mit einem Wagen kommen wir nicht anders zurecht, als wenn wir einen Mietkutscher nehmen, der uns hinführt, wohin wir wollen. Gehen wir von Osterode nach Braunschweig, nehmen wir meines Bruders Wagen. *Deinen* Wagen mußt Du nicht daran wagen. Ich danke Dir, mein Boie, für die Nachsicht, daß Du mich jetzt nicht nach Hamburg führen willst. Wäre ich nicht voriges Jahr da gewesen, wo mir alles so sonderbar schien, hätte ich vielleicht weniger Abneigung dahin zu gehn.

Der Schnee ist so hoch, daß die Hamburger Post mit acht Pferden gekommen ist. Ich begreife nicht, wie Du hast Bäume pflanzen lassen. Leider kommen hier wieder die bösartigen, abscheulichen Fieber. In Hannover sind verschiedene daran gestorben, in Göttingen elf Studenten, und hier zwei Leute.

Noch Eins, Lieber. Wir müssen schlichte goldne Ringe haben zum Ringe wechseln, ich glaubte, es könnte mit unsern hübschen Namen-Ringen geschehn, aber es geht nicht. Willst Du mir Deine Maße vom Finger schicken? –

Noch zwei Monate, Du Einziger, und wir sind unzertrennlich.

Celle, 7. April 1785

Ich will heute etwas mit Dir schwatzen, mein Boie, aus Furcht, ich möchte morgen durch Besuche der Landtags-Herren gestört werden.

Von Höpfner ein ganzes Heer von Grüßen an Dich. Er ist derselbe, der er war, und entzieht sich dem Club und den Gesellschaften, aus Vorsicht, um den neugierigen Fragen auszuweichen. Er beichtete ziemlich aufrichtig. Seine Situation ist gefährlich. Eitelkeit hat ihn verführt, er spielt Rollen, die ganz gewiß seinem Charakter schaden. Er führt die ganze Intrige des Herzogs[1] mit der Busschen mit einer Delikatesse, die Dich, wenn er sie Dir erzählt, wundern wird. Der Herzog nennt ihm die B. nicht, die B. den Herzog nicht. Bussch nennt auch beide nicht, hat sein ganzes Vertrauen Höpfnern gegeben, der ihn so leitet, daß er ruhiger ist, seiner Frau Freiheit läßt. Sie hat viel Attentionen für ihren Mann, Höpfner führt sie zu den Attentionen, er leitet den Herzog, sich in acht zu nehmen, Busschen zu schonen, und das alles, ohne gerade zu von der Sache zu reden. Das verhütet immer eine gewisse zu große Vertraulichkeit, aber Vertrauter der *drei* Haupt-Personen des Romans zu sein, und nun durch Intrigen, Wahrheiten und Unwahrheiten sie alle zu ihrem besten zu leiten, ist eine schwere Rolle. Der Herzog und die B. sind beide unglücklich durch ihre Neigung. Er liebt, wie H. sagt, so jungfräulich fein und zart; kann diese Feinheit dauern, wohl ihm und der B., aber die Liebe ist trügerisch. Ich hasse dieses Spiel, es erniedrigt H. in meinen Augen, ob ich ihn gleich entschuldige. An Kenntnis menschlicher Herzen wird er reich, aber die Kenntnis macht ihn nicht glücklich. Höpfner ist [überhaupt] allen Großen unentbehrlich geworden in Hannover; sogar hat er das Vertraun des feinen Grafen Wallmoden gefunden, der keine Idee hat, die er ihm nicht mitteilt. *Wenn* H.

---

[1] Gemeint ist der „Bischof", Herzog v. York.

seine bisherige Vorsicht behält, kann alles gut gehn, aber die Stellen der Lieblinge sind immer sehr gefährlich. Hannover ist unbeschreiblich verändert. Lieber Boie, Gottlob, daß wir beide nicht mehr da sind, ich habe die Intrigen voriges Jahr so nahe gesehn, daß ich nach Sibirien zu Fuße gehen würde, um ihnen zu entfliehn. Die Pestel lacht oft über meinen Widerwillen gegen alles das, aber ich kann nicht helfen.

Kestnern hab ich umsonst erwartet. Seine Frau hat ein böses Fieber bekommen. Das arme Weib fühlt auch seit zwei Jahren, wie traurig fortdauernde Kränklichkeit ist. Albert erduldet die Kränklichkeit mit Unmut, wie die mehrsten Männer. Es geht mir herzlich nahe.

BOIE   Meldorf, 7. April 1785

Mit sechs raschen Pferden vor unsrer Kutsche kamen wir gestern Nachmittag um drei Uhr durch den indes niedergesunkenen und aufgeschaufelten Schnee wohlbehalten [aus Glückstadt] hier an. Noch ein paar Worte von meiner Reise. Wir fuhren über die zugefrorene Stör, die in dieser Jahrzeit noch mit Eis bedeckt zu sehen etwas unerhörtes ist, und kamen so früh nach Glückstadt, daß ich noch bei dem Geheimrat von Eyben in einer großen Gesellschaft essen konnte. Einige wenige blieben zum Spiel, die Frau von Schulz und noch eine andre Dame, die mich mit ihrer Gnade beehrt, waren dazu gebeten, und Niebuhr und mein Bruder kamen auch. Am Sonnabend Morgen macht' ich meine Geschäfte ab, machte noch einige Besuche, und alles war zur Abreise auf morgen eingerichtet, als sie durch den am Nachmittag und in der folgenden Nacht gefallenen Schnee unmöglich ward. Er lag so hoch, daß man in den ersten Morgenstunden nicht einmal gehen konnte, und das Tor, wodurch wir hätten fahren müssen, den ganzen Tag nicht aufgemacht ward. Den folgenden Morgen ward geschaufelt, damit die Beisitzer des Landgerichts, das schon am Montag hätte seinen Anfang nehmen sollen, herein kommen konnten; wir fuhren am Mittag ab, und waren schon zwei Stunden nachher in Itzehoe. Ich sah den folgenden Mittag unter andern Freunden und Bekannten auch die mir sonst zugedachte Predigerwitwe, und Reinhold meinte, daß ich, wenn keine Luise in der Welt gewesen wäre, sie hätte wählen müssen.

In Kopenhagen mögen doch die Sachen so schlimm nicht stehen, wie die Gegenpartei es gern glauben möchte. Es ist wieder eine so genannte Dänische Partei da, die dem Grafen Bernstorff entgegen arbeitet, wo sie nur kann. Was man ihm [indessen] zur Last legt, sind Albernheiten. Eine Hauptklage ist sein häusliches Leben und sein Zurückziehen von jeder Gesellschaft als der, worin er lebt. Hätte die gute Gräfin Auguste doch nur ein wenig mehr Toleranz und Klugheit, sich in die Umstände zu schicken! Auch der Geschmack fürs Gute darf, dünkt mich, so ausschließend nicht sein, daß er beleidige. Man muß in gewissen Lagen mit vielen Menschen so umgehen können, daß sie die Liebe und das Vertrauen gegen *andre* wenigstens nicht sehr merken. Fritz Stolberg schadet auch seinem Schwager nicht wenig, und von ganzem Herzen wünscht' ich, daß er nicht in Kopenhagen wäre, wenigstens *itzt* nicht. Man scheint meinen Einfluß für sehr groß zu halten, und mehr als ein Mann von Bedeutung hat mich in Dinge zu verwickeln gesucht, in die ich mich ganz gewiß nicht mischen werde, wie in nichts, das mich nicht angeht.

Von Deinem Gelde hast Du mir nun alles gesagt, was ich zu wissen brauchte, und ich verstehe Dich. Es ist so alles gut, und wir wollen uns schon helfen. – Ich wähle zum Kleid eine lichte Farbe. Das Lichte ist im Zimmer und im Leben so hübsch, sagte mir einmal die Reimarus; auch in Kleidern. Die Probe von dem Deinigen gefällt mir sehr, und ich freue mich, daß auch Dein bestes Kleid einfach und weiß wird. Meine gestickten Kleider muß ich auftragen; wenn ich sie verkaufe, bekomm ich nichts dafür. Aus dem weißen brauch ich nur die Knöpfe schneiden und einen andern Kragen darauf setzen zu lassen. Die Kestnern macht sich von Meldorf einen sehr unrichtigen Begriff, wenn sie meint, daß etwas hier leicht gut genug sei. Geschmack haben wir hier nicht, aber kostbar genug ist, was wir tragen. Du hast sehr gut getan, nicht das dünne Zeug zu nehmen, und auch die Notlüge war also gut. – Montag schreib ich an Bernstorff wegen meiner Dispensation, und auch wegen der Erlaubnis zur Reise. Mir schleichen die Tage.

Meldorf, 10. April 1785

Am Dienstag geht Reinholds Hochzeit vor sich. Alles ist nun zum Feste bereit und eingerichtet. Ich habe gestern allerlei aus Hamburg bekommen, um meine Gäste nach Würden und mit Anstand zu bewirten. Die ich bei dem Hochzeitsschmause nicht lassen kann, bitte ich den folgenden Mittag zum Essen, und es ist sehr möglich, daß wir am zweiten Tage vergnügter sein werden, als am ersten.

Mit doppelter Innigkeit werd ich am Dienstag an Dich denken. Der Tag wird mir unbeschreiblich feierlich sein. Lebe wohl, meine, meine Luise! Gott sei mit Dir und mit mir.

LUISE   Celle, 12. April 1785

Wohl mir, daß ich Dich glücklich wieder zurück nach Meldorf weiß! Ich war unruhig, denn jetzt sind die Wege abscheulich, doch blickt die Sonne erwärmend hervor. Ich gehe wieder spazieren, mich der Luft zu gewöhnen, die, es muß von dem langen Stubensitzen kommen, mir betäubend ist.

Die Predigerwitwe muß ich doch in meinem Leben noch sehen, um sagen zu können, ob *ich* sie Dir gegeben haben würde.

Ich weiß nicht, warum ich für Bernstorff fürchte, aber ich fürchte. Die Gräfin Luise sitzt am Ruder der ganzen Familie und leitet sie. Bernstorff läßt sich indirekt durch Gustchen leiten. Wüßtest Du wie ich, wie unglücklich jedes Bernstorffische Kind durch die Furcht ist, sie könnten die Stolberge nicht erreichen, und wie sie beten und ringen und kämpfen, um ihren [deren] Geist zu erlangen, Du würdest trauren wie ich. Das Flämmchen Gefühl, was ruhig fortlodern würde, erlischt durch die hohe unerreichbare Flamme. – Sollte die Kabale wieder siegen, so ist Bernstorff verloren, er erholt sich nie [mehr]. Ich freue mich Deiner Vorsicht, mein Boie. Du hast diese Vorsicht mit Seufzen über manche Erfahrung gelernt.

Kestner ist noch gekommen. Seine Frau wird besser. Er empfiehlt sich Dir, lieber Boie. Wie sauer wird es mir, mit dem Mann fertig zu werden, es wird auch immer schlimmer mit ihm. Sein ältester Sohn macht Verse – ich freue mich des Vaters Freude, teile sie, aber wäre es mein Sohn, ich sagte keinem davon, und doch – Kestner ist so glücklich dadurch.

Die Pestel hat den guten Kestner so lange in ihrem Zimmer aufgehalten, daß ich nur schreiben sollte, aber die Unterhaltung stockt zu sehr, ich muß sie übernehmen.

Ich bin Deine glückliche Luise. Leb wohl. Leb wohl.

BOIE   Meldorf, 14. April 1785

Was denn so ein Mann schreiben kann, der nicht recht ausgeschlafen hat und schreibt, indem die jungen Eheleute, die Mama, die Fiandt Tee trinken und durcheinander schwatzen. Herzlichen Dank für Deinen gestrigen Brief, Du Holde. – Dein Myrtenkranz ward nicht wenig bewundert, da man hier gar keine Myrten kennt.

Unsere Gesellschaft bestand aus vierzehn Personen. Der alte Konsistorialrat hielt eine sehr ausgearbeitete Rede, die mir noch besser gefallen haben würde, wenn weniger lautes Lob der Eltern darin gewesen wäre. Niebuhr saß während der Trauung Deinem Bilde gegenüber auf dem Kanapee, und warf einmal einen Blick auf mich, dann auf das Bild, der mir bis in die Seele drang. Ich war durch die Rede, durch die Erinnerung an unsre Eltern und manches andre in so wehmütige Stimmung geraten, daß ich sehr große Mühe hatte, mich zu fassen. Bei Tische war ich glücklich, daß alles bald in die rechte Stimmung kam, auch die Frau Konferenzrätin war so zuvorkommend freundlich und heiter, daß ich sie kaum je so gesehen. Das Essen war sehr ausgesucht und gut, die Fiandt hat große Ehre eingelegt, und man kann es nicht begreifen, daß sie mit allem fertig geworden ist, ohne die geringste Hülfe zu gebrauchen. Gestern Mittag hatt ich wieder eine Gesellschaft von fünfzehn Personen, wozu ich verschiedene Freunde meines Bruders und Verwandte gebeten hatte. Auch diese Gesellschaft war fröhlich. – Die guten [Ehe-]Leutchen scheinen sehr glücklich, und Ännchen hängt mit herzlicher Liebe an ihrem Reinhold. Die Schwiegermutter ist's auch, und wir machen eine vergnügte Familie zusammen, der nichts fehlet als unserer Mutter Gegenwart und die meiner Luise. Das war immer der Refrain. Diesen Abend sollen wir bei Niebuhrs sein. Morgen sollen die jungen Eheleute Besuche machen, übermorgen fahren wir nach Heide, Montag oder Dienstag gehen sie erst nach Barlt. Wenn ich wieder in Ruhe bin, werd ich mich auf acht bis vierzehn Tage einschließen müssen, um das nachzuholen, was ich versäumt.

O Luise! wären wir auch so weit als Reinhold und sein Ännchen, und auch aus der ersten Unruhe heraus! Mit welcher Empfindung ich in diesen Tagen an Dich gedacht habe, weißt nur Du und soll auch keiner wissen als Du.

Luise   Celle, 15. April 1785

Bitte die Fiandt, daß sie von den gebrauchten Zitronen Kerne für mich aufhebt. Wenn ich nach Meldorf komme, muß ich sie noch pflanzen zu einer kleinen Orangerie. Ich pflanze gar zu gern ein Bäumchen an den Tagen, die mein Herz feiert.

Timmermann und Kestner haben mir den heutigen ganzen Tag vertändelt, und Kestner kommt gleich wieder. – Sonderbar, daß ich, nun die Zeit bis zu unsrem Wiedersehen so kurz ist, oft grämlich und ungeduldig werden kann. Alles ist mir nicht recht, doch merkt es niemand. Aber *ich* bin nicht damit zufrieden.

Vossens Gedichte hab ich noch nicht erhalten. Zu dem ‚Museum' freue ich mich. – Da ist Kestner! Leb wohl. Leb wohl.

Von Osterode viele Grüße. Gingen wir nicht hin, nähmen sie es als eine öffentliche Zurücksetzung.

Celle, 19. April 1785

Von der Heynen hab' ich ein kleines Briefchen. Ihre Gesundheit bleibt sehr schwach. Ihr Mann bringt sie in vierzehn Tagen den Rhein herauf, und sucht für sie einen Ort aus, wo sie den Sommer bleiben soll. Möchte doch niemand bei einer Heirat sich einen Himmel denken! Georgine träumte nur Glück, und findet Unglück. Es geht mir innig nahe. Boie, weißt Du noch, wie Du einmal den Wunsch hattest, ich sollte nach Göttingen, und *ich* den Wunsch hatte, Georgine möchte Dein sein? O, wie verschleiert liegt die Zukunft vor uns, und wie gütig ist Gott, der oft uns unsre Wünsche versagt!

Das Dir-entgegen-sehen, mein Boie, ist doch schön, es wehet in der Seele wie der Abendhauch im Mai. Mit dieser Empfindung drücke ich Dich an mein Herz.

BOIE   Meldorf, 20. April 1785

Seit gestern, meine Liebe, bin ich wieder allein, und die Ruhe behagt mir nicht wenig. Die Fiandt hat heut Erbsen und Bohnen gesteckt. Ungeachtet meines Bosketts behalt ich Gartenland genug übrig. Noch vor Ende der Woche hoff ich kein kleines Teil desselben bepflanzt zu haben. Die mir von Dir geschickten Sträucher scheinen alle gut durch den Winter gekommen zu sein. Alles ist und bleibt freilich in diesem Jahre noch Anlage, die unter unsern Augen sich nach und nach entwickeln wird. In meinem Mistbeet ist schon brauchbarer Salat und Spinat, auch ließen sich die Radieschen zur Not essen, und die Melonen lassen sich schon verpflanzen. Wir haben einige so herrliche Frühlingstage gehabt, daß man nicht mehr zu heizen braucht, und lieber im Freien sich aufhält als in den Zimmern.

Meine Schwiegerin gewinn' ich immer lieber. Gut, daß sie mehr Ruhe und Kälte hat als Reinhold, der sehr oft handelt und dann erst denkt. Wenn ich's nur dahin bringen könnte, daß er das Herz minder auf der Zunge hätte, sich nicht jedem anvertraute, der ihm begegnet. Bei allen Menschen, die er gesehen, hat er sich so gar keine Menschenkenntnis erworben, weil er alle für so gut nimmt, als er selbst ist, und die Beweise des Gegenteils gleich vergißt. Es muß dies ein Grundfehler der Boien sein, denn auch ich bin noch immer nicht von leichtgläubiger Gutherzigkeit frei. Dich erwartet Ännchen mit Sehnsucht. Ich rede jetzt immer Hochdeutsch mit ihr, damit sie es nach und nach lerne; bis sie es kann, muß sie in Gesellschaft Platt reden. Sie redet wenig, und ich bitte sie fürs erste, dabei zu bleiben. Sie scheint übrigens ziemlich allgemein hier gefallen zu haben, man hat mehr in ihr gefunden, als man erwartete. Die Frau Konferenzrätin, vor der ihr am meisten graute, hat sie höflich und freundlich aufgenommen. Wir mußten Montag Abend da essen. Kurz, es ist alles recht gut gegangen, und nun mag sich die kleine Frau in Barlt von den Unruhen der Hauptstadt erholen.

Mit einer der nächsten fahrenden Posten schick ich Dir ein paar Stücke Gingang, die ich von der Schlegeln [Amalia] bekomme, zu einem Reisemantel, den Du so einrichten lassen mußt, daß er am Hals und bei den Ärmeln geknöpft werden kann, damit er Dich ganz bedecke und einhülle.

Nun noch sechs Wochen – es geht mir wie Dir, Luise. Die Wochen scheinen mir Monate, aber sie werden schwinden.

Vossens Gedichte wirst Du nun haben. Sie gehören ganz gewiß zu den vollkommensten und originellsten in unsrer Sprache, und die Verbesserungen haben mich oft den Dichter bewundern gemacht. Fritz Stolberg hat wieder ein neues Drama geboren.

LUISE   Celle, 22. April 1785

Das Sehnen nach Ruhe, was Du empfindest, ist in mir so lebhaft, daß es beinahe Schmerz wird, wie das Heimweh der Schweizer. Ich bin am Ende mit allem meinem duldenden Gefühl, ganz erschöpft ist meine Seele. Ich hätte nie geglaubt, daß Liebe ohne Leidenschaft ein ihr [der Leidenschaft] ähnliches Gefühl in der Seele geben könnte. Jetzt wäre ich des Opfers, mich freiwillig von Dir los zu reißen, wohl nicht mehr fähig, denn meine ganze Existenz ist nur durch Dich.

An die Gräfin [Luise] will ich noch heute schreiben. Gern sagte ich ihr, daß ich jetzt keine Schreiblaune hätte, aber das gilt bei ihr nicht. Es ist doch hübsch, daß sie Dir Sämereien geschickt.

Gestern hab ich Niepern gebeten, mir die Dispensation [zu] der Trauung zu verschaffen.

Das ‚Museum' ist angekommen. Tausend Dank dafür, mein Bester. – Den Sarg der Königin Mathilde hab ich gesehn, noch ist er nicht ganz fertig. Die Krone und das Kissen sind meisterhaft in Hannover gearbeitet. Es muß durchaus gewiß sein, daß die Leiche nach dem Absterben des Königs oder der alten Königin nach Kopenhagen gebracht wird, denn der Sarg bleibt so lange im Schlosse stehen, und die Leiche in der Gruft. Die Ursache, warum Oeser das Monument nicht unter seiner eignen Direktion zusammengesetzt hat und es jetzt abscheulich aussieht, ist unartig. Er hat die Reisegelder voraus bezahlt haben wollen. Das ist ihm abgeschlagen, weil er dergleichen gewöhnlich nimmt, und doch nicht kommt. Man hat ihm Reisekosten und ein Präsent [hier zu zahlen] versprochen, aber er kommt nicht, und erträgt lieber den lauten Spott von allen, die das Monument sehen und sehen werden.

BOIE   Meldorf, 24. April 1785

Dessen, was noch morgen mit der Post weg soll, ist wahrlich viel zu viel. Auch bin ich in Furcht und Gefahr, eine Zeitlang wieder hinken, wo nicht gar im Bette zubringen zu müssen, scheine aber doch noch mit der Furcht diesmal abzukommen.

Im Garten ist der kleine Hügel, den ich auffahren lasse für ein kleines Blumenstück, und hinter welchem ein Sitz für mein holdes Mädchen und mich angelegt wird, beinah fertig.

Ich hatte gestern wieder einen Brief von der Gräfin Luise mit einigen Pflanzen für meinen Garten; viel Gnade! Auch hatt' ich von Fritz Jacobi einen sehr freundschaftlichen Brief. Er schickt mir ein vortreffliches Manuskript für's ‚Museum', von Heinse, besser als alles, was ich noch von Heinse gelesen, und verspricht Fortsetzung. Es ist ein Fragment seiner italienischen Reise, voll von wahrer Kunstphilosophie und Kunstbegeisterung. Nachgerade ist mir nicht mehr bange, daß ich nicht gut durch die Monate des ‚Museums' komme, in denen ich mich sehr wenig um Schriftstellerei und was dem anhängig ist, bekümmern werde.

Heynens Schicksal und Lage geht mir nicht wenig nahe. O! ich habe oft an Deine und meine Wünsche gedacht, und der gütigen Vorsicht gedankt, daß sie besser wußte, was zu [unser] beider Glück diente, als wir selbst.

Am Mittwochen kommt die Kommission wegen der Außendeiche wieder hieher, und ich soll zu essen geben. Der König könnte das Geld füglich sparen, ich getraute mir mit dem Direktor der Arbeit gar wohl alles selbst in Gang zu bringen und zu halten. Aber Kommissionen müssen ja einmal sein, und am Ende wird ja auch nun die Verantwortung geteilt.

Lebe wohl, meine Geliebte.

LUISE   Celle, 26. April 1785

Magst wohl recht haben, mein Bester, daß die Gutmütigkeit, unbefangene, edle Gutmütigkeit, das Erbteil der Boien ist. Darum bin ich auch nicht halb so gut wie Du. Die Menschen haben mich so häßlich politisch gemacht, ich sehe ihre Kunst, weiß, was Gefühl oder Nachahmung ist, Natur oder Schminke, und da stehe ich dann kalt höflich, das Herz ist fast immer abwesend. Die Leichtigkeit, mich zu täuschen, hinreißen zu lassen, hatte ich nie, so wie unsre gute Pestel, die in ihrem Leben sich nicht davon erholt. Dein Brief macht sie herzlich froh, mit ganzem Herzen umarmt sie Dich dafür, mein Boie.

Die Fiandt ist ja wohl recht vergnügt, daß die Gartenarbeit wieder angeht, denn die mag sie gern, und sie hat Recht, es ist für mich [auch] eine große Freude zu pflanzen.

Von der Heynen hab ich einen Abschiedsbrief, den 1. Mai reiset sie. Sie kann keine Arznei mehr vertragen, ist sehr entkräftet, und klagt über Schmerzen in der Brust. Kann Heyne das Vergnügen, Georgine zu sehen, einige Monate aufopfern, dann könnte Ruhe sie wieder herstellen, aber das will er nicht, höchstens [für] drei Wochen, und die helfen nicht viel. Wie unglücklich ist doch so manche Familie durch Mangel an Zutraun!

Mit dem Gingan, den ich haben soll, machst Du mir ein großes Geschenk. Den Mantel will ich in Hannover machen lassen, hier kennt man keine gute Art. – Eh ichs vergesse, bitte, laß ein paar Rosenstöcke aus der Erde in Töpfe setzen, so blühen sie diesen Sommer [im Garten] nicht; ich treibe solche im Winter; im Winter sind sie so hübsch. Jetzt ist's Zeit, daß sie in Töpfe und in die Sonne gesetzt werden. Ach Boie, wenn wir erst ruhig in

unserm Gärtchen sitzen werden! Reinhold, Ännchen oder Niebuhrs mit uns! Ich kann ohne Tränen nicht an ein so außerordentliches Glück denken. Oh, ich werde mich künftig gewiß
über den Flug der Zeit beklagen. Ich wünschte nichts, hoffte
nichts, fürchtete nichts, und war zufrieden. Jetzt ist es ganz
anders.

Ich habe keine Lust, die Feder hinzulegen, aber ich muß Dich
verlassen. Heut über vier Wochen, wer weiß, ob Du dann nicht
hier ankommst, mein Boie.

BOIE   Meldorf, 28. April 1785

Mir ist wie Dir, meine Luise. Das Schreiben will nicht mehr,
und ich habe doch keinen Gedanken als den der Vereinigung mit
Dir. – Mit der nächsten Post schreib ich doch nicht völlig so kahl
als heute. Verzeih, verzeih, Beste! Ich drücke Dich an mein Herz.

LUISE   Celle, 29. April 1785

Lieber Boie! Diesen Morgen hörte ich die Nachtigall zum
erstenmale wieder, und sie sang mir Freude und Heiterkeit, Liebe,
Zärtlichkeit und erneutes Leben in die Seele. Freude, daß unser
Wiedersehen so nahe, daß keine Trennung mehr sein wird als
der Schlummer, der uns auf kurze Zeit trennt. Lieber Junge, die
Natur in ihrer aufblühenden Schönheit hat eine Zaubergewalt.
Ich vergaß sogar Deines bösen Fußes, Du warest bei mir, ich
hing an Deinem Arm – o, ich schwärme, lieber Boie. Verzeih!

Bei Deiner mäßigen Lebensart wird das Podagra nie recht
schlimm werden, doch wünscht ich, Du gebrauchtest diesen Sommer eine Kur, um das Übel in Schranken zu halten. Bitte, bitte,
frage Deinen Arzt, hüte Dich auch für Erkältungen im Garten.

Dem Sitz auf dem Hügel mußt Du einen Namen geben, Boie.
Wäre ich doch schon auf diesem Hügel! O lieber Junge, ich bin
so ungeduldig, daß, wenn Du mich jetzt durch die Schweiz nach
Italien führen wolltest, eh ich Deinen Garten sehen sollte – – ich
dankte schön.

Aber, lieber Boie, wie willst Du zu mir herüber kommen?
Doch im Wagen, denn auf der Post, das geht unmöglich. Ich
kann Dir Wagen und Pferde bis Harburg schicken, wenn Du
willst. – Wenn wir nach Hannover kommen, bleiben wir bei
Kestners, sehen die, so wir sehen müssen, und lassen uns nicht
[länger als nötig] halten. – Die Pestel grüßt.

471

Es geht recht gut mit meinem Fuße. Vielleicht hat auch die Freude über den Garten den Schmerz mit vertreiben helfen. Hundertachtzig verschiedene Sträucher und Bäume enthält der Garten itzt. Von den hannöverschen, die nun alle gepflanzt sind, scheint nichts in Gefahr als die libanotische Zeder. Über dreißig Rosenarten hab ich. Auch hab ich gestern Maltheserlilien gepflanzt und die Rosen für den Winter. Meine Sommergewächse sind schon aufgegangen, und auch Melonen werden Dir entgegenreifen. Erinnerst Du Dich noch der, die Du mir einst aus Herrenhausen in Deiner Posche mitbrachtest? – Rechts zur Seite der Gartentür bring ich ein Geländer von meist hochrankenden Rebengewächsen an, die zum Teil schön blühen, und uns den Anblick der zur Seite liegenden Mistbeete verbergen sollen. Mein Anton legt den Buchsbaum, und benimmt sich besser dabei als beim Aufwarten, das ihm wohl in langer Zeit noch nicht recht anstehen wird.

Kann meine Geliebte es meinem Garten verzeihen, daß ich auch heute wieder kurz, flüchtig und kalt schreibe? Ich habe wieder den ganzen Tag pflanzen lassen, und habe mich nie weit davon entfernen dürfen, weil es darauf ankam, ob das Ganze Wirkung tun würde. Ich denk es so ziemlich getroffen zu haben, doch Du verstehst mich ohne Zeichnung nicht, die ich doch nicht machen kann, und könnt ich sie machen, wo bliebe das Vergnügen der Überraschung? Ich habe über 200 verschiedene Bäumchen und Sträucher gepflanzt. Von Rosen allein werd ich 40 verschiedne Arten haben.

Ich teile so ganz Dein Frühlingsgefühl, und umarme Dich in Gedanken für alles Gute und Liebe, was Du mir bei der Gelegenheit sagst.

Hast Du auch schon Spargel gegessen? Ich heute die ersten, und zwar selbst gezogen. Salat und Radiese hab ich schon seit vierzehn Tagen.

Ich schlaf ein mit dem Gedanken, der mich allenthalben begleitet. Dein bis ins Grab.

Tausend Dank, mein Boie, für das Geschenk des Nanquin, noch mehr aber für Deinen lieben, süßen Brief. Gern will ich Dir im Brunnen trinken Gesellschaft leisten, denn ich traue dem Pyrmonter sehr viel zu, und so schwer ist es ja auch nicht, drei Wochen zu trinken, um den Vorteil zu erhalten, das ganze Jahr gesund zu sein. Aber, lieber Junge, ich bin ein strenger Arzt, arbeiten darfst du durchaus nicht beim Brunnen. Dein Sekretär mag Dir denn manches abnehmen.

Verzeih, daß ich Dir heute Myrtenzweige schicke, die Wurzeln haben. Sie sind das Postgeld nicht wert, aber ich konnte dem Wunsch nicht widerstehn, eine kleine Myrtenkolonie anzulegen. Ich bitte Dich, setze jeden [Zweig] in einen aparten Topf, in gut zubereitete Erde, und stelle sie alle in ein Zimmer, wo die Sonne sie nicht trifft. In 14 Tagen bis 3 Wochen dürfen sie Sonne haben. Empfiehl sie in Deiner Abwesenheit der Fiandt. Schreib mir ja, ob sie gut angekommen, und lache nicht.

Freitag grüßt herzlich. Ich habe von ihm einen Brief. Er ist zwei Tage in Hannover gewesen, sich beim Herzog von York für den Kammerherrn-Titel zu bedanken. Der General Freitag[1] führt heimlich ein Tagebuch von den Besuchen des Prinzen William, der nun ganz in unserm ehemaligen Zirkel lebt, und sich sehr zu bilden anfängt. Der König soll mit Vergnügen den Umgang mit Bürgerlichen sehen [nach dem], das der General allenthalben bezeugt. Es wäre doch sonderbar, wenn der Umgang mit Bürgerlichen den Prinzen leichter bildete als der des Adels. Dafür kannst Du aber denken, daß die armen Bürgerlichen [nun] ganz erschrecklich vom Adel verfolgt werden. Freitag schreibt, es wäre jetzt [in Hannover] wie in England – Whigs und Tories.

Das Wetter ist vortrefflich. Die gute Pestel grüßt. Ich glaube, ihr Wunsch macht es, daß Deine Reise sich verzögert!

Eine Bitte, mein Boie, die Du mir gütigst beantwortest. Du hast in unsrer Schlafkammer zwei Betten mit blau und weiß gestreiften Umhängen. Hast Du in dem einen Bette auch Inbetten? – Um mein Bett habe ich grüne Tamy-Gardinen wieder genommen, das recht gut aussieht und nicht teuer ist. In dem Bett kann Emilie künftig schlafen. Siehst Du es gern, daß ich [dazu], auf allen Fall, noch ein ganzes Bett mitbringe? Ich weiß nur nicht, wo Du es hinstellen willst, vielleicht hast Du Betten genug.

---

[1] Siehe Anhang.

Celle, 9. Mai 1785

Die Erlaubnis zur Haus-Trauung ohne Aufgebot hab ich erhalten. Auch hab ich meinen Trauring. Reinhold wird darüber lachen, er ist ein viertel so dick wie der seinige.

Sag mir, ob die Elbe an Deiner Seite gar keinen Schaden getan? Alle unsre Gegenden an der Elbe hinauf sind durch die dreimalige Durchbrechung der Dämme auf lange, lange Zeit ruiniert. Der König hat den einen Damm voriges Jahr machen lassen, man sagt, er müsse fehlerhaft gemacht sein. Du hast keine Idee von den vielen Beschreibungen des schrecklichen Unglücks. Graf Bernstorff zu Gartow ist in seinem Wohnhause, das hoch liegt, eingeschlossen. Souterrains, Hof, alles voll Wasser, die Spitzen der hohen Bäume im Garten ragen nicht einmal hervor.

Nun ein paar Fragen, die Dir die Fiandt beantworten kann. Sind die Bettlaken einzeln oder paarweise gezählt? Haben die dortigen Domestiken ein Bettlaken oder zwei auf ihren Betten? Haben sie von den weißen wollnen Decken im Sommer, oder schlafen sie auch im Sommer unterm Federbett, so wie hier auf dem Lande an vielen Orten der Gebrauch ist?

Wenn Du nach Hamburg kommst, habe ich die Bitte für Dich, ein paar hübche Kupferstiche von Angelika [Kaufmann] der Pestel mitzubringen, die wir ihr an ihrem Geburtstage geben wollen. Sie müssen beide von *einer* Größe sein. Die von Heloise und Abälard wähle nicht. Findest Du die neuesten [von ihr] nicht, so nimm ‚Henry and Emma‘ und ‚Palemon and Lavinia‘. Beide sind von Wert, und recht hübsch.

Sei vernünftiger als ich bin. Wir sehen uns [bald] auf immer, Boie. Auf immer!

BOIE   Meldorf, 11. Mai 1785

Habe Dank für Deinen Einfall mit den Myrten. Ich will sie lieben als das beste, was aus Deiner Hand kommt. Auch die Zitronenkerne sind gepflanzt. Unter meine liebsten Plane für die Zukunft gehört ein kleines Gewächshaus.

Ich denke nicht, daß wir noch ein Bett brauchen. Ich habe für beide Bettstellen in unsrer Schlafkammer Inbetten, und mein bisheriges Bett, das sehr gut ist, bestimme ich für Emilien.

Zu den kleinen Bedürfnissen, die man hier nicht kennt, gehört ein sogenanntes Sparende, worauf man die zu kurzen Enden Lichts steckt. Ich schreibe nicht gern bei niedrigen Lichtern, um nicht in die Flamme zu sehn. Kennst Du dergleichen, so bring eins mit. Nachmachen kann unser Klempner recht gut, und er arbeitet auch wohlfeiler, als Du's dort wirst haben können. – Auch sagt die Fiandt, daß uns in der Küche noch ein Quirl fehlt, der hier nicht zu erhalten ist, eben so ein Rolleisen, womit man Tortenteig schneidet.

LUISE   Celle, 13. Mai 1785

Dein Gärtchen wird in ein paar Jahren in Ruf kommen wegen der Seltenheit der verschiedenen Gesträuche und Bäume. Ich bewundre nur, wie Du noch einen Gärtner dort findest, der Dir alles nach Deinem Sinn pflanzt. Meine Freude über alles, was Du mir von dem Garten schreibst, kann ich Dir nicht sagen. – Ich gehe täglich spazieren, und bitte mit dem Landmann um Regen. Du glaubst nicht, wie jetzt alles viel teurer wird. Die Wassernot hat auch für die traurige Folgen, die weit davon entfernt sind.

Lotte Bernstorff wird in acht Tagen konfirmiert. – Ganz leise sag ichs Dir: Vossens Gedichte hab ich noch nicht angesehen, weil ich zum voraus weiß, daß ich sie jetzt ohne Dich nur mit halbem Gefühl lese. Leb wohl, Einziger, ich bin immer mit meinem Herzen bei Dir, mein Boie.

BOIE   Meldorf, 15. Mai 1785

Deine Myrtenbäume, meine Süße, sind gepflanzt und in ein schattiges Zimmer gesetzt. So gibt mir der Himmel immer wieder etwas, meine Täuschung zu unterhalten, bis ich Dich selbst habe. Noch vor einem Monate glaubt ich heut [15. Mai] oder morgen reisen zu können, und noch kann ich nicht einmal den Tag meiner Abreise bestimmen. Ich sage nicht, was ich bei dieser Zögerung leide. Unter andern hatt' ich gestern einen sehr artigen Brief von der Frau v. d. Recke, die Du besser unter dem Namen Elisa kennen wirst. Sie schickt mir eine ihrer würdige Epistel an Fritz Stolberg fürs ‚Museum'. Sie geht mit Göckingk und seiner Frau in diesen Tagen nach dem Karlsbade, wo sie Herdern, Boden und die Gräfin Bernstorff aus Weimar treffen.

Einen Wagen zur Reise kann ich in Hamburg mieten und ihn zurück schicken. Meine Erlaubnis zur Trauung außerhalb Landes kostet nicht viel mehr als die Deinige. – Wir leiden hier nichts vom Wasser, das Bett des Stroms ist hier Meilen breit, nur muß kein Sturm aus Nordwest dazu kommen.

Die Bettlaken hat die Fiandt einzeln gerechnet. Zu den Gesindebetten hat man hier nur ein Laken, da die Federdecken, unter denen fast alles hier Winters und Sommers schläft, mit Bühren überzogen sind. Mir fehlen noch Nachtmützen, die ich aus dem Cellischen Zuchthause gut bekommen zu können glaube. Aber kauf sie nicht, bis ich selbst da bin.

LUISE   Celle, 17. Mai 1785

Die Grävemeyer, die Sonnabend zu uns kam, ist noch hier, und da folgt eine schwatzende Stunde der andern. Doch will ich Dir meine ‚Erlaubnis zur Trauung' abschreiben, weil Deine ‚Erlaubnis zur Trauung außer Landes' Dir hier nichts hilft, wenn nicht darin steht, daß Du *ohne Aufgebot in Meldorf* mit mir getraut werden darfst, und ich bin in Angst, daß, wenn Du kommst, Dir Weitläufigkeiten gemacht werden. Die dumme Erlaubnis! Sie ist nichts als Geldprellerei.

Lieber Junge, ich wollte, Du wärst in Ruhe, ich mit Dir. – Sieh, wie schön es heute regnet! Du wirst Dich freuen, in einigen Tagen die ganz entfalteten Knospen zu sehen.

Die Zitronenbäumchen, aus Kernen gezogen, wachsen noch einmal so schnell als die von Orangen. Sind sie vier Jahre alt, werden Orangen darauf gepfropft, im sechsten Jahr tragen sie. Bäume aus Orangenkernen werden [nur] Zitronenbäume. Die Früchte werden vermutlich des Klimas wegen nicht taugen.

Agnes [Stolberg] hat ein Töchterchen. Glücklich und wohl, Wilhelmine Bernstorff schreibt es mir.

Göckingk macht es mit seiner jetzigen Frau wie mit der vorigen; der Himmel gebe, daß das arme Weib nicht auch vom Gram getötet wird. Er ist verliebt in die Gräfin Medem (die von einem Kurländer von Reck[1] geschieden), sie hat schon lange in seinem Hause gewohnt. Er will sie nach Karlsbad begleiten. Hör, lieber Junge, wir beide wollen auch in unsren Neigungen zusammentreffen. Wenn Du liebst, lieb auch ich. Die Grävemeyer weiß viel von Göckingks Leben durch ihn selbst.

Ein Sparende, Rolleisen und Quirle will ich bestellen.

Zärtlich drücke ich Dich an mein für Dich nur klopfendes Herz, Du Einziger.

---

[1] Siehe Anhang.

Celle, 20. Mai 1785

Ich habe heute keinen Brief von Dir, mein Boie. Die Pestel träumt jetzt immer von Dir, ich träume nichts, bald nehm ichs übel, daß sie diesen Vorzug hat. Schreiben kann ich Dir nichts, Du Guter, mir ist alles, was ich Dir sagen könnte, nicht nach Sinn.

Lieber Boie, wie wird das künftig werden? Ich werde oft nach Deinem Zimmer eilen, Dich einmal ansehn, um neue Freude zu schöpfen, ich werde Deines Blicks bedürfen, so wie jetzt Deiner Briefe. Du wohltätige Liebe, täusche mir heute die betrogne Erwartung hinweg! Leb wohl, Einziger! Ich bin auf ewig Deine Luise, Deine Freundin, Dein Weib.

BOIE   Meldorf, 21. Mai 1785

Mag ichs machen wie ich will, ich kann nicht schreiben. – Ich las etwas, dann kam ein ganz unerwarteter Packen mir sehr willkommener Bäume und Sträucher, mit deren Pflanzung ich mich zerstreute. Es ist die Blutbuche, die Kastanie mit purpurroten Blumen, die schöne Karolinische Linde darunter; wenn alles gedeihet, wird es einen herrlichen Anblick aus dem Gartenzimmer geben. Sogar die Fiandt fühlt, daß es schön werden wird. Bei jedem merkwürdigen Baum oder Strauch, den ich pflanze, denk ich an mein süßes Mädchen, sehe sie mit mir in dem selbst gepflanzten Schatten wandeln, und meine Stimmung wird dann immer wehmütig, aber diese Wehmut hat doch ihr süßes.

Wegen meiner Conzession sei ganz ohne Sorgen. Es ist nichts darin vergessen, und sie enthält außer der Erlaubnis, mich außerhalb Landes, auch die, mich ohne Proklamation trauen lassen zu dürfen. Der Stil der Deinigen hat mich lachen gemacht.

Unmöglich ist es nicht, daß zwischen Göckingk und Elisen eine Art der Liebelei ist. Sie hat den ganzen Winter auf seinem Landhause zugebracht, das ist wahr. Deine Anwendung auf Dich und mich hat mich lächeln gemacht. Luise wird gewiß nicht von Gram *der* Art sterben. Ich achte Dich so ganz, daß ich auch eine Schwachheit Dir nicht verhehlen würde, wenn sie mich beschleichen könnte. Du warst meine Freundin, eh Du meine Geliebte warst, und bist es noch, und wirst es ewig bleiben.

Die Fiandt arbeitet an einem Briefe für Dich, der ihr Angstschweiß auspreßt, und den Du doch halb wirst erraten müssen. – Gute Nacht.

Wenn Elisa nur nicht die Frau von Reck ist, die die Stolberge, ich weiß nicht wo, voriges Jahr angetroffen haben. Sie waren sehr unzufrieden mit ihrem empfindsamen Ton.

Mein Bette hab ich lackieren lassen, es ist sehr hübsch mit dem grünen Umhang. Du sollst hier darin schlafen, denn es ist breiter als das, was die Pestel hat. Sag mir, lieber Boie, ob ich wohl einen Kleiderschrank mitbringen kann. – Du wirst die Pestel sehr glücklich machen durch die Kupferstiche. Können sie gefaßt werden, desto besser. – Nachtmützen kannst Du hier im Werkhause aussuchen. Reinhold hat davon auch gekauft.

Gestern hatten wir eine unangenehme Nachricht. Es ist ein Kourier ehgestern aus London angekommen, der uns den Krieg mit dem Kaiser gebracht. Es sind schon preußische Offiziere in Hannover, um alles zu regulieren. Den 25sten nimmt der Kaiser von Bayern Besitz. Ob unsre Truppen marschieren müssen, davon ist noch nichts bekannt. Die Bayern sollen ganz in Verzweiflung sein, und doch werden sie bei dem Tausch der Landesherrn gewinnen.

Apropos, weißt Du, daß ein neuer Stern am Himmel zu sehen sein soll? Ich habe ihn acht Tage gesehn, weil ich aber nichts von Astronomie verstehe, wußte ich weiter nichts, als daß ich außer dem Abendstern nie einen ihm so ähnlichen Stern entdeckt hatte. Ich fragte die Grävemeyer darum, ihr war es auch so gegangen, und sie hatte in Hannover erfahren, es sei ein neuer Stern. – Adieu. Adieu.

Celle, 27. Mai 1785

Ich freue mich der angenehmen Nachrichten Deines Gartens. Lieber Boie, Du schaffst Dir ja ein kleines Elysium! – Der Stil Deiner Conzession ist tausendmal vernünftiger als der der meinigen. Der Brief von der Fiandten macht mir doch viel Vergnügen. Sie klagt, daß Du im Regen im Garten pflanzest, und sie hat Recht. Auch hast Du [wie sie schreibt] nur zwei Nachtkamisöler, ich wette, Du schläfst ohne Kamisol. Das mußt Du nicht, Du bist ja nicht [mehr] zwanzig Jahr. Verzärteln will ich Dich nicht, aber wir sind ja nun einmal in dem Jahrhundert, worin die Natur der Menschen schwächer scheint.

Die gute Kestner hat das Fieber wieder. Seit der dummen Geschichte mit Ramdohr und ihrem Mann, wo Albert eifersüchtig wurde, hat das arme Weib doch keine gesunde Stunde. Es geht mir so nahe, wenn ich sehe, daß so viele Menschen unglücklich durch sich selbst sind.

Noch ist keine weitere Nachricht vom Kriege. Der König in Preußen hat an alle deutschen Fürsten eine Aufforderung zum Kriege gesandt.

Pestel ist nicht gut [bei Gesundheit] und so entsetzlich hypoconder, daß alles Weiße Schwarz ist. Es ist recht traurig.

Boie will vor seinem langen Urlaub noch Reinholds Wahl zum Kirchspielvogt von Wöhrden durchsetzen. Dazu ist die „Präsentationsordre" aus Kopenhagen nötig, die von Tag zu Tag auf sich warten läßt. Eine kurze Reise nach Wandsbeck zu der alten Gräfin Schimmelmann, bei der sich die Tochter Julie Reventlow mit ihrem Mann aufhält, wird von Boie als willkommene Ablenkung nun doch unternommen. In Wandsbeck trifft er Klopstock, Claudius und andere Freunde, genießt den langentbehrten Nachtigallengesang und die Anteilnahme des ganzen Kreises an seinem Glück. Man beginnt ihn jetzt als Autorität in Gartenfragen zu betrachten. Die Kunst, mit der er seinen Meldorfer Garten aus dem Nichts erschafft, ist für Kenner schon erwiesen, ehe alles herangewachsen ist und der Garten weit über die lokalen Grenzen hinaus als Sehenswürdigkeit gilt. Zu den Kennern gehört auch Gräfin Luise, aber Boie sagt über ihren Garten: „Wie so ganz anders wird doch, was man von fremden Leuten für Geld machen läßt, als das, was die Wärme des Liebhabers selbst schafft." Die Gräfin kommt eigens mit ihrem Mann aus Tremsbüttel nach Wandsbeck, man schwelgt in Literatur und alle Damen verwöhnen Boie wie immer.

BOIE   Wandsbeck, 2. Juni 1785

Klopstock und die Winthem machten hier einen Besuch, sie blieben bis Torschluß. Klopstock hat sein neues Bardiet ‚Hermann und die Fürsten' vollendet, und gibt [es] mir mit nach Meldorf. Auch ist er sehr fleißig an seiner ‚Grammatik' gewesen. Er meint alles sehr deutlich und faßlich gemacht zu haben, ich fürchte aber doch, daß die sonst klassische und treffliche Form bei den meisten Lesern dem Inhalt schaden wird. – Als sie weg waren, lasen wir Christian Stolbergs ‚Belsazar'. Es ist ganz ein Stolbergisches Stück, voll hohen Geistes und Freiheitsgefühls, aber an [mehreren] Stellen so stark, so der Mißdeutung fähig, daß ich dem Druck widerrate. Außerdem hat er einen ‚Wilhelm Tell' gemacht, aber noch nicht fertig. Fritz hat außer dem ‚Timoleon' einen ‚Theseus' und ‚Homers Geburt' geschrieben. Beide sollen noch hier gelesen werden.

Gräfin Luise will diesem Briefe einige Zeilen hinzusetzen, ich muß, wo möglich, noch die folgende Seite voll schreiben, damit ich ihr ohne Gefahr den Brief [über]lassen kann. In Kopenhagen geht's wieder toll her. Bernstorff läßt man noch, aber man will durchaus seine alles vermögende Partei schwächen.

Die Damen sind wieder krank. Julchen und Luise haben Krämpfe gehabt. Es ist doch kein wahrer Genuß mit den verzärtelten Geschöpfen möglich. – Von Ebert hab ich eine neue Epistel an seine Frau fürs ,Museum', worin wenig von der Frau und viel von der Dresdner Reise und den Stolbergen gesagt ist. – Fritz Bernstorff, der mit hier ist, ist ein allerliebster Junge. Er wäre sehr glücklich, wenn das Französische so leicht wär als das Griechische, und er ersteres nicht lernen sollte. Von Lotten wird gar nicht geredet. – Gräfin Luise hat mir viel angenehmes von ihrer vorjährigen Reise erzählt. Besonders hats ihnen in Weimar sehr gefallen und von Goethen und Herdern sind sie nicht wenig eingenommen. Mit der verwitweten Herzogin steht sie noch im vertrauten Briefwechsel. Daß sie vorigen und nicht diesen Sommer ins Karlsbad gereist sind, tut ihnen sehr leid, da die Gesellschaft itzt dort so gut wird. –

Wenn Du sähest, wie schön es aus meinem Fenster ist, und die Nachtigall hörtest! – O meine Luise!

Gräfin Luise fügt hinzu:

Liebe, gute Luise – Hier bin ich und hier ist auch Boie. Herzlich freue ich mich, daß er bald zu *Sinnen* kommen wird. Itzt ist er sehr ob Sinnen – aber ich könnte doch manches erzählen, wenn ich wollte, will aber lieber warten. Hier hat er meine kleine bell [so im Orig. statt bel] esprit intrigue - aber basta – ade – ade – drei [Tage] in Tremsbüttel hat er [als Station auf der Hochzeitsreise] versprochen! – wenig genug.

Gräfin Julie Reventlow fügt hinzu:

Wir feiern nun Ihr Andenken mit dem guten, lieben Boie. Ich freue mich seines Glücks. – Unsre herzlichsten, innigsten Wünsche werden ihn und seine teure Gefährtin immer begleiten. Leben Sie wohl.   Julie Reventlow

Boie schließt:

Und lebe wohl, sag auch ich. Wir schreiben alle in einem Zimmer, schwatzen durcheinander und es ist mir nicht möglich, in diesem Gewühl mehr zu sagen, als daß ich bin, was Du weißt.

Daß ich heute reise, ist beschlossen, was man von allen Seiten auch dagegen sagt. Was hilft mir das gemeinschaftliche Lesen des Abends und das Beieinandersein bis gegen zwei Uhr? Ich könnte darüber gar um meinen Schlaf kommen. – Statt des ‚Theseus‘, den ich nun auch mitnehme, ward gestern die ‚Verschwörung des Fiesko‘ gelesen, ein halbes Meisterstück, und nach der darin verschwendeten Geisteskraft ein ganzes.

Unter den hiesigen Bedienten hab ich mir die Freundschaft eines Mohren zugezogen, der immer um mich ist, mich weckt, frisiert und alles bringt, was ich brauche. Gestern Morgen hat er mich aufgeweckt; so sanft er's tat, schreckte er mich doch halb, als ich ihn vorm Bette stehen sah. Ich erzählte es; die Gräfin fand es sehr lustig, sich vom Schwarzen wecken zu lassen. Das war die Veranlassung eines Gesprächs vom Teufel.

Mama Schimmelmann war nicht zufrieden, daß ich gestern nicht mit den anderen hatte im Negligé bei ihr frühstücken wollen. Wenn ich bei den andern Damen im Negligé wäre, meinte sie, müßt ichs auch bei ihr sein, sie wäre meine Freundin so gut als die andern. Es ist wirklich zu bewundern, daß sie bei ihrem Reichtum und bei dem Überfluß, worin sie immer gewesen ist, so gut, so fähig guter Eindrücke, so geneigt, jedes Elend zu mildern, geblieben ist. Worüber ich mich auch freue und wundere, ist die Wärme, womit sie, so ganz französisch erzogen, selbst größere und stärkere Werke des Genies umfasset. Sie hing gestern mit Ohr und Geist am ‚Fiesko‘, und kann es kaum erwarten, auch das dritte Werk dieses Verfassers: ‚Kabale und Liebe‘ anzuhören. Schiller ist auf dem Wege, der erste theatralische Dichter der Nation zu werden. Stolberg sagt's wie ich und Reventlow, auf dessen Lob ich fast eben so viel gebe.

Luise hat in diesen Tagen nur wenig zu berichten; eine schwatzhafte alte Pastorin, die bei Pestels zu Besuch ist, stört sie beim Schreiben. Als besondere Neuigkeit vermerkt sie nur: „Prinz William hat alle Bürgerlichen von unsrer ehemaligen Gesellschaft besucht, ist auch bei Kestners gewesen und hat Abschied genommen. Er hat laut geweint, doch aber sehr viel Gehorsam bezeugt gegen den Befehl des Königs. Schade um den guten Kopf, schade, daß der Prinz sich durch Ausschweifungen ruiniert." Es wird nicht klar, ob die Zurückberufung des Prinzen nach England eine Strafmaßnahme war, oder ob die Kriegsgefahr den Anlaß dazu gab – Friedrich der Große hatte den „Fürstenbund" gegründet, um den Anschlägen des Kaisers auf Bayern eine Drohung entgegenzusetzen, auch Hannover war eingetreten, entsprechend der politischen Gegnerschaft England–Österreich. In jedem Fall bedeutete des Prinzen Abschiedsbesuch für *Kestner*s eine Genugtuung. (Vgl. S. 261/62.)

BOIE   Meldorf, 5. Juni 1785

Um mit der wichtigsten Neuigkeit anzufangen: gestern ist die Präsentationsordre gekommen und binnen vierzehn Tagen, Gottlob, drück ich Dich an mein Herz. Alles ist schon expediert. Dienstag über acht Tagen ist die Präsentation. Vor dem Sonnabend darauf werd ich schwerlich reisen können. Doch das nähere darüber in meinem nächsten Briefe, wenn ich mich erst ein wenig besonnen habe und weiß, was noch von mir selbst vorher in Ordnung zu bringen ist. Gottlob, meine Luise! Nun kehre ich nicht wieder heim in mein Haus ohne Dich.

Noch geschwind etwas vom letzten Tag in Wandsbeck. Ich ward, als ich zu schreiben aufhörte, zu einem kleinen Drama von Linchen [Baudissin geb. Schimmelmann] gerufen, das vorgelesen werden sollte. Es heißt ‚Bianca Capello‘. Die Sprache ist blühend und schön und das Stück, wo nicht zum Bewundern, doch sehr zum Verwundern. Sie kleckst dergleichen im eigentlichen Verstande hin und nimmt sich nicht die Zeit, die [selbst] das größte Genie braucht, ein Drama hervorzubringen. Der Mittag hätt uns bald dabei überrascht, und die Damen, die sich dabei frisieren ließen, hatten kaum Zeit, ihre übrige Toilette zu machen. Klopstock, die Winthem und Olde waren [zu Tisch] da.

Dr. Unzer, mit dem ich über mein Befinden gesprochen habe, meint, es wäre nichts als die gichtische Materie, die nicht recht zum Ausbruch kommen will. Ich soll Bitterwasser itzt und nachher den Pyrmonter trinken.

Bring immer den Kleiderschrank mit. Ich brauche noch dergleichen. Mit der Einfuhr wird es keine Schwierigkeiten haben. Deine Nachricht vom Krieg hat mich erschreckt. Von dem neuen Stern hab ich gelesen, ihn aber nicht gesehen. Ich bin leider auch kein Astronom. – Nun, meine Einzige, Gott sei mit Dir.

Meldorf, 8. Juni 1785

Das weiß ich [nun] ganz gewiß, daß ich zwischen dem 20sten und 30sten bei Dir sein werde.

Man hatte hier allgemein geglaubt, ich würde von meiner Reise nicht ohne Frau zurück kommen. Mein Anton hatte sich [vorher]

fest eingebildet, meine Geliebte in Wandsbeck zu sehen, und hat
es den Mägden hier sehr naiv erzählt, daß er sich immer nach ihr
umgesehen, aber nichts [hätte] merken können, weil alle Frauenzimmer gleich freundlich gegen mich getan hätten. Überhaupt
mögen seine Erzählungen von der Reise drollig genug sein.

Der arme Prinz William! Trotz seiner Etourderien bin ich ihm
doch gut. – Gestern Abend hab ich Klopstocks ‚Hermann‘ gelesen. Ein Meisterstück im engsten Verstande! aber wie wenige
werden es ganz schätzen! Auch ‚Theseus‘ ist ein Meisterstück,
aber eines jüngeren Meisters. An Kunst geht es dem ‚Timoleon‘
weit vor.

Nun, Gottlob, trennen uns nur noch wenige Tage.

Dein, ganz Dein B.

LUISE   Celle, 10. Juni 1785

Ich wollte, Du hättest diesen Morgen, wie Dein Brief kam,
bei uns sein können! – Lieber Boie, es war ein sonderbares Gemisch von Empfindungen. Du reisest also den 18ten zu mir und
bist den 20sten hier. So denkt es sich unsre Pestel. Ich weiß nicht,
warum sich alles vereint, meine Trennung von der Pestel schwer
zu machen. Pestel kränkelt mehr als gewöhnlich, ist so niedergeschlagen. Frau von Beaulieu fühlt auch die Trennung mehr,
als ichs wünschte. Gottlob, Du Einziger, daß nichts *uns* mehr
trennt, als wenn es eine weise Vorsehung für uns gut findet. So
nahe dem Glück, fühle ich auch so ganz, was ich dem Himmel
schuldig bin. Diese Tage der Erwartung will ich in meinem
Herzen feiern, ich habe niemanden, der mein Gefühl teilt.

Ich muß Dir noch von zwei fremden Herren erzählen, die Dich
hier suchten. Der eine, ein Domherr mit einer unbedeutenden
Physiognomie, sprach wenig. Der andre sagte mir seinen Namen: Hofrat Leuchsenring. Du hättest ihm einmal einen Gefallen
getan, und wenn er in die Gegend von M. käme, wollte er Dich
besuchen. Der Hofrat scheint mir ein sehr unterhaltender, angenehmer Mann zu sein, viel gereiset, spricht sehr gut, aber sagte
nicht ein Wort, was Beziehung auf ihn hätte. Wir schwatzten
eine Stunde; da beide niemanden kannten von interessanten
Menschen, außer der La Roche, Goethe und Herder, blieb die
Unterhaltung ziemlich allgemein. Gestern Nachmittag begegnen
die Herren der Pestel, wollen sie begleiten, die P. geht zur Beaulieu, die an der Tür sitzt und aus Schrecken, daß ihr Mann die

beiden Fremden aus dem Fenster sieht, gar nicht ihre Verwirrung verbergen kann. Wie die Herren nicht zu bleiben gebeten werden, gehn sie endlich weg und werden denken, die Weiber in Celle sind nicht gescheut. In unserm schwerfälligen Niedersachsen haben wir den leichten Ton mit Fremden nicht.

Wie freue ich mich, daß die Stolberge dem Schiller so gut sind! Ich habe von Lotte [Bernstorff] einen sehr lieben Brief.

BOIE   Meldorf, 12. Juni 1785

Ich hätte Dir so viel zu sagen, und kann nicht schreiben. Du erhältst am Donnerstag mit meinem letzten Brief aus Meldorf Gewißheit über das Wann meiner Reise. Morgen ist die Kommission versammelt, und ich habe zum letztenmale ohne Dich Gesellschaft.

Dem Himmel sei gedankt, daß uns bald ein halbes Wort, ein Blick mehr sagen werden, als alle Briefe können. – Mit den letzten beiden Stücken des ‚Museums' wirst Du zufrieden sein. Auch die folgenden beiden werden interessante Sachen enthalten. Von Iffland hab ich auch ein paar Stücke.

Schlaf wohl, meine Süße. Grüß unsre gute, liebe Pestel. Ich möchte so gern für die Küche was aus Hamburg mitbringen. Doch wohl Seefische und Hummer?

LUISE   Celle, 13. Juni 1785

Herzklopfen hab ich, wenn ich daran denke, daß Reinhold nicht gewählt werden könnte.[1] Wird die Erwartung getäuscht, so trage [Du] alles dazu bei, daß er eigne Geschäfte bekommt, die sind allen Männern nötig, vorzüglich aber unserm guten R.

Die drei jungen Bernstorffs, die jetzt in Dreilützow sind, haben mir jeder einen Myrtenzweig zum Kranz geschickt, auch einige Eternellen zu künftigen Blumenkörbchen. – Heute hab ich für die beiden Mägde ein sehr hübsches Baumwollen-Zeug zu Kleidern bekommen. Vielleicht gefällt es ihnen nicht, aber ich konnte doch

---

[1] Reinhold wurde gewählt, wohl seinem Bruder zuliebe, aber eine Gegenpartei focht die Wahl an, wofür sein undiplomatisches Verhalten anscheinend den Vorwand ergab. Die Sache ging an die Regierung, die entschied, daß weder Reinhold noch sein Gegenkandidat das Amt erhalten sollten, sondern daß sie nun selbst unter einigen von Boie vorzuschlagenden Männern, die „dazu geschickt" und „hier im Lande geboren" seien, die Wahl treffen werde.

nicht etwas Häßliches wählen, in der Idee, es möchte ihnen das Bunte besser als das Einfache gefallen. Die Fiandt, denke ich, soll auch ihre Freude an dem Kleide haben, was ich ausgesucht für sie.

Das ‚Museum‘ vom Mai ist sehr hübsch. *Wallenstein* ist *sehr* gut. Den alten Magister hätte ich küssen mögen. Ich freute mich, diese Szene im ‚Museum‘ zu finden.

Heute über acht Tage schreib ich Dir gewiß den letzten Brief.

BOIE   Meldorf, 15. Juni 1785

Gottlob, so schreib ich denn endlich den letzten Brief an mein von mir getrenntes Mädchen, den letzten! – ich bin so voll Freude, und weiß sie doch nicht auszudrücken. Am Sonnabend reis’ ich noch, Dienstag früh aus Hamburg, und bin Mittwochen früh – hoff’ ich zu Gott, in den Armen meiner Luise.

Die guten Pestels! Ich wollte, daß die Trennung erst überstanden wäre. Ich begreife so ganz, daß denen, die Dich kennen und lieben, die Trennung von Dir unbeschreiblich schwer wird. Wir wollen das Andenken aller derer in dankbarem Herzen aufbewahren.

An Leuchsenring hast Du eine sehr interessante Bekanntschaft verfehlt. Ich kenne ihn nur aus Briefen, schätze ihn aber sehr. Er war ehedem Instruktor des Prinzen von Darmstadt.

Die Fiandt ist durch Deinen Brief sehr glücklich und dankt Dir herzlich dafür. – Nun, meine Süße, nimm mein letztes schriftliches Lebewohl. Das nächste, wenn ich Dich einmal auf Stunden verlasse, drück ich Dir auf Deinen Mund. O Luise! es sind nun nur fünf Tage mehr zwischen unserm Wiedersehen; aber wären sie doch erst überstanden, diese fünf Tage! Ich schließe Dich an mein liebendes Herz und bin ewig

Dein HC Boie.

LUISE   Celle, 17. Juni 1785

Heute schreibe ich Dir zum letztenmale, mein Boie! Ich kann es mir noch gar nicht denken, ich träume, und erwache, glaub ich, nicht, bis wir von hier reisen. Tausend unendlichen Dank der gütigen Vorsehung, die uns so weit geholfen. Mit innig gerührtem Herzen seh ich in die vergangene Zeit zurück, und freue mich einer Zukunft, die mit Dir immer glücklich für mich ist. Gott segnet uns! das fühle ich mit Vertrauen.

Die gute P. sagt, sie erwarte Dich Mittwochen Mittag, mit einem heitern Gesicht und uneigennützigen Herzen. Reise nach Deiner Bequemlichkeit, mein Bester, ich bitte Dich, richte es ganz so ein, wie *Du* es für gut findest.

Willst Du etwas für die Küche mitbringen, so nimm Seefische. Sind Austern zu haben, die lieber als Hummer.

Grüße die guten, lieben Niebuhrs tausendmal. Jenny und Möser wollen Dich so gern sehen, vielleicht treffen wir sie in Hannover. Ich will I. heute ein paar Zeilen darüber schreiben.

Leb wohl, Du teurer Einziger! Mittwochen, Boie, Mittwochen! Nun kein Wort weiter! Fort mit der Feder, die so lange Jahre die unvollkommne Dolmetscherin meiner Empfindungen war!

Deine Luise.

„WEH' DEM, DER EIN HERZ HAT"

Die langersehnte Hochzeit wird in aller Stille etwa am 21. 6. 85 stattgefunden haben, Genaues ist nicht bekannt. Auch Nachrichten von der Hochzeitsreise liegen nicht vor. In jedem Fall fuhren die Neuvermählten nach Osterode, wo am 7. Juli das zweite Kind George Mejers getauft wurde, ein Mädchen, das natürlich den Namen Luise erhielt. Das Verhältnis zwischen den Geschwistern war jetzt von beiden Seiten sehr herzlich geworden. Ob die Gäste aber noch bis zur Taufe bleiben konnten, steht nicht fest; denn trotz ihres passiven Widerstandes wurden ihnen Besuche in Tremsbüttel und bei den Hamburger Freunden, vor allem bei Klopstock, doch nicht erlassen. – Am 19. Juli, Boies Geburtstag, kam endlich der Augenblick, in dem Luise ihr neues Heim in Meldorf betrat.

Zwei Tage nach der Heimkehr schreibt Boie an seine Mutter: „Ich bin seit vier Wochen zum erstenmale in meinem Leben ganz glücklich, und daß Luise es ebenso sehr ist, weiß ich – dem Geber alles Guten sei inniger Dank! – Meine Luise gefällt allen, die sie gesehen haben, und ich bin auch dadurch so glücklich, obgleich ich es erwarten mußte. Niebuhr und seine liebe Frau sind entzückt und die Kinder hängen an ihr, als wenn sie sie seit Jahren gekannt hätten. – O, meine Mutter, warum war ich nicht schon seit Jahren so glücklich? Ich hätt' es sein können, wenn ich früher den Glauben an die Vorsicht, und den Mut gehabt hätte, den ich jetzt habe."

Luise nimmt Anfang September den Briefwechsel mit Ernestine Voß auf, der zunächst geruht hat, weil Boies jüngster Bruder Rudolf nach einem Besuch in Meldorf zu Vossens gegangen ist und die Verbindung mit ihnen hergestellt hat, da er mündlich „mehr sagen konnte als zehn Briefe". Nun berichtet Luise selbst von ihrem neuen Leben. Die ersten Schmausereien sind überstanden, aber eine große Gesellschaft in ihrem Hause steht bevor, weil die Herren von der Deichkommission und andere Regierungsvertreter erwartet werden. „Die Menschen, die zu den sogenannten Vornehmen gehören, finde ich durch ihre Steifheit ganz unleidlich. Es würde mir ein schweres Opfer sein, wenn ich oft mit ihnen leben sollte." Nur Niebuhrs sind liebe Freunde. „Boie ist von früh bis spät so beschäftigt, daß ich ihm kaum nach dem Abendessen noch ein Stündchen zum Lesen rauben kann. Ich arbeite" – darunter ist in jener Zeit die Arbeit mit der Nadel zu verstehen, die das Ressort der Hausherrin war, wenn sie genug Personal für die tägliche Hauswirtschaft hatte, – „ordne hier und da etwas an unsrer Einrichtung, und schrieb heute zum erstenmal an einige meiner Verwandten, die nicht wissen, ob ich nicht ganz aus der Welt gereiset bin." Das Wetter ist bisher traurig gewesen, der Garten ist vom Regen zerzaust; nur zweimal in den sechs Wochen seit ihrer Ankunft haben Boie und sie spazieren gehen können. Aber: „Boie ist im Hause vergnügt, ich so herzlich glücklich".

Im Herbst besuchen Boies das Ehepaar Voß in Eutin und nehmen auf der Rückreise die junge Komtesse Emilie Bernstorff aus Gartow in Empfang, die ein Jahr bei ihnen bleiben soll. Seit dieser Reise schreibt Luise mit überströmender Liebe an Ernestine; die beiden sind Freundinnen geworden. Ernestines Unlust zum Schreiben, über die Boie oft geklagt hat, scheint verflogen zu sein, und Luise schließt sich an die erfahrene kinderreiche Frau noch enger an, seitdem es feststeht, daß sie selbst ein Kind erwartet. Sie ist jetzt 39 Jahre alt, nicht kräftig, hat also viel mehr Grund als andere Frauen, ihrer Entbindung mit Besorgnis entgegenzusehen. Im Frühjahr wird sie durch eine schwere Erkrankung noch besonders geschwächt.

LUISE AN ERNESTINE VOSS   Meldorf, 7. November 1785

Ich drücke Dich fest an mein Herz, teure Schwester, für Deinen zärtlichen Brief. Gottlob, daß ich Dich gesehn, und nun so *ganz* weiß, was Du bist. Ich habe Dich so lieb, als ob ich Dich Jahre gekannt hätte. Aber so ists ja auch, liebe Ernestine. Von dem Tag an, wo Du Deine Hand dem edlen Voß gabst, hab ich den Gang Deines Schicksals gewußt. Nun bin ich Deinem Herzen nahe gekommen, und Du hast so ganz meine Liebe, mein Vertrauen. Ich war so glücklich mit Dir.

Die Reise hat mich sehr angegriffen, und ich kann nicht wieder auftauen. Voß hatte uns bis Lübeck einen vortrefflichen Fuhrmann mitgegeben, seitdem sind wir abscheulich gefahren. In Ratzeburg mußten wir den 31 sten bleiben, die Gräfin Bernstorff kam spät, den folgenden Tag mußten wir wieder in Lübeck bleiben. Mit 6 Postpferden, die uns statt 4 gegeben wurden, erreichten wir Donnerstag die letzten sechs Meilen nicht und mußten um Herberge bitten zu Schafstedt, der Wagen zerbrach. In Lübeck nahmen uns Jessens sehr freundlich auf. Es sind herzensgute Leute, den Mann mag ich aber lieber wie die Frau.

Liebe Ernestine, Du *mußt* zu uns kommen, denn ich habe Dich unbeschreiblich lieb. Morgens und Abends bist Du der Gegenstand unsrer Unterhaltungen. Deine Kinder sehen wir immer vor uns, und Boie spricht von keinem mehr als von Hans. In Gedanken sehe ich sie [bei uns] im Garten herum hüpfen, und fühle, daß ich sie noch sehr viel lieber haben werde als jetzt. Heinrich wird bald gemerkt haben, daß die Uhr nicht klingen könnte wie die Uhr von „Tante Mamsell". Dieser Titel von Hans hat mich sehr amüsiert. Küsse alle Deine lieben Buben herzlich von mir, Du gute Mutter. Nenne doch den Kindern oft unsre Namen, daß wir ihnen nicht fremd werden. Dank, mein teurer Voß, für alle Ihre Liebe. Dank für jeden Gedanken an uns, der gewiß nie einsam heimkehrt, ohne den unsren zu begegnen. Lebt wohl!

Meldorf, 8. Dezember 1785

Du bist ein herrlisches Weibchen, meine Ernestine, und Gott segne Dich für die Freuden, die Du mir durch Deine Briefe schenkst. Ich wollte gleich antworten, aber mir war wieder so dumm. Die Reise kann nicht mehr Schuld daran sein. Oft denke ich an den Traum, den Boie die erste Nacht in Eutin träumte, wage aber nicht zu hoffen. Boie ist indessen durch *Vermuten* herzlich glücklich. Ich fühle es jeden Tag lebhafter, daß Du mir fehlst, Schwesterchen. Mir war, als ob ich keiner Freundin bedürfte, und seitdem ich Dich gesehn, sehnt sich mein Herz nach Dir.

Deine Nachrichten aus Hamburg haben mich und Boie sehr interessiert. Es ist mir tröstlich, daß Du in Klopstocks Gesellschaft Dich nicht frei und froh gefühlt. Ich machte mir Vorwürfe, daß *mir* nur so mit Klopst. gewesen. Die [von Dir] bemerkte Veränderung in Claudius tut mir weh. Arme Rebekka!

Unsre Comtesse ist ein ganz gutes, aber leeres Geschöpf. Sie hat tausend kindische Eigenheiten, wovon nur die vornehme Welt Begriffe hat. Du weißt [aus eigner Erfahrung], wie unbehaglich es ist, mit jemand zu sein, zu dem man nicht paßt. Den Morgen hab ich für mich, das könnte ich auch nicht anders, denn ich habe zu viel zu tun. Was mich wohl am mehrsten drückt, ist, daß ich nicht des Abends mit Boie zusammen lesen kann, das fühle ich so, daß es mich vielleicht oft ungerecht gegen Emilien macht. Genieren wird sie uns nicht, wenn Du zu uns kommst, sie wird herzlich gern mit Deinen Kindern spielen, wozu sie sich jetzt schon freut.

Ich habe in vierzehn Tagen zweimal Gevatter gestanden. Boie sagt: der Name Luise würde durch mich in Dithmarschen bekannt werden. – Wohntest Du mir nahe, schickte ich Dir heute frische Würste. Gestern war das Wurstfest. Mir wurde so übel dabei, daß ich ohnmächtig wurde, und zu Bett mußte. Verrate mein Befinden nicht an Mama, denn von Vermutung bis zur Gewißheit ist noch lange hin.

Lebe wohl! Adieu, Voß, lieben Kinder. Ernestine, Ernestine, ich beschwöre Dich, Du mußt kommen, Du mußt!

Meldorf, 24. Dezember 1785

Gern wäre ich diesen Abend bei Euch und sähe die Kleinen, die jauchzend sich des Weihnachtens freuen, den Mütterchen austeilt, mir würde frohen Muts werden. Ich bin ein wunderliches Geschöpf anjetzt. Essen mag ich nichts, aber mein Durst ist unauslöschlich. Vier Wochen nacheinander bekomme ich des Morgens eine Anwandlung von Ohnmacht, Frost, und abscheuliches Kopfweh, ich muß dann zu Bette und leide sehr den ganzen Tag. Ich habe [aber] die Hoffnung, daß ich Deinen Reiseplan nicht verrücken werde. Du sagst mir ein herrliches Trostwort, Schwester, daß Du, wenn es sein sollte [daß das Kind schon früher geboren wird], dennoch kommen willst. Die Freude wird groß sein, Du findest mich Mutter, ich gebe Dir meinen Säugling in Deine Arme, Du drückst ihn an Dein Herz. Lache nicht über meine Hoffnungen, sie sind ja so süß!

Archenholz' ‚Reisen' waren mir sehr angenehm. Er mag wohl über England con amore geschrieben haben, aber weil ich auch etwas Vorliebe für die Engländer habe, hat es mir doppelt gefallen. – Boie hat Diebes-Verhör vom Morgen [bis] zum Abend. Des Abends muß er sich zum Verhör des folgenden Tages vorbereiten, und wenn Emilie auch nicht hier wäre, hätte ich in diesem Winter die Freude des Zusammenlebens doch nicht. Emilie soll ein Jahr bleiben, vielleicht geht sie zu ihrer Schwester [schon] früher, das wäre mir sehr lieb.

Daß ich die Einteilung deines Tages weiß, macht mir so viel Vergnügen. Wohnten wir an einem Orte, wollte ich Deine Vorleserin sein, indes Du arbeitest. Deine Kinder wären die meinigen, und Tante Mamsell würde sich alle Mühe geben, sich beliebt zu machen. Grüße die Kleinen aufs zärtlichste von mir. Lebe wohl, einzige Schwester. Apropos, sagtest Du mir nicht, daß Hensler Deinen Kindern ein so kräftiges Mittel gegen die englische Krankheit gegeben hätte? Hier sind ein paar Kinder, die erbärmlich davon leiden, ich möchte gern helfen, wenn ich könnte.

Meldorf, 22. Januar 1786

Die vorige Woche bin ich ganz vernünftig [gesund] gewesen, ich weiß wohl, daß das nicht dauert, aber die guten Tage stärken, die üblen zu ertragen. Liebe Schwester, es ist doch eine sonderbare Empfindung, wenn ich mir die Mutterfreuden denke, und sollte ich auch immer elend sein bis zu dem entscheidenden Zeitpunkt, die Freude, Mutter zu werden, belebt meine ganze Seele, und hilft mir gewiß alles überstehen. Nie habe ich mir das Glück gedacht. Unsre beste Mutter alsdann hier zu sehen, wäre mir freilich wünschenswert, aber, Liebe, Mama hätte nur Last davon, und ich bin gewohnt, krank zu sein, und bedarf nicht viel Pflege.

Es freut mich herzlich, daß Voß drei junge Russen zur Erziehung gegeben werden, und die Art, wie er sie erhält, ist immer ein Beweis des Vertrauens auf seinen Charakter.

Bürgers zweite Frau, die er so viele Jahre enthusiastisch liebte, ein Jahr unbeschreiblich glücklich durch sie und mit ihr war, ist nach einer glücklichen Entbindung von einer Tochter gestorben.

Mendelssohns Tod schmerzte Boie sehr. Er las die Nachricht bei Tisch, und ward totenblaß. Wer sollte auch nicht um den Edlen trauern! Fritz Jacobi muß seinen Tod vorzüglich fühlen. Er hat jetzt den Verdruß, daß einer seiner Söhne, der bei Claudius war, nachher bei der sonderbaren Fürstin Gallitzin, nun bei dem alten Jacobi in Celle entlaufen ist, man weiß noch nicht wohin. Ein Mensch von sechzehn Jahren, durch Erziehung verdorben.

Lieber Voß, haben Sie innigen Dank für Ihre warme, herzliche Teilnahme an meinen Freuden. Lebt wohl, meine teuren Geliebten. Ich küsse alle vier Kinder, und drücke sie zärtlich an mein Herz.

Boie fügt hinzu:

Viel, meine Lieben, kann ich nicht hinzu setzen, aber ich will Euch doch selbst sagen, daß ich wohl bin und in den Armen meiner Luise mich mit jedem Tage glücklicher fühle. Die Freude, die wir nun fast mit Sicherheit erwarten dürfen, belebt mich mit neuem Dank zu dem Geber alles Guten; aber wenn ich an die Gefahr denke, die meiner Luise und mir bevorsteht, kann ich mich einer Angst nicht erwehren, wie ich noch keine gefühlt habe.

Bürgers Brief hat mich bis ins Innerste erschüttert – und nun soll ich antworten. Armer, armer Bürger! –

Grüßt die Kleinen alle. Ich umarme Euch mit herzlicher Liebe.

Luise an Sarah von Hugo   Meldorf, 22. Januar, 1786

Liebe, teure Freundin Sarah. Ich lebe so weit von Ihnen getrennt, und bin Ihnen doch oft so nahe. – Denken Sie sich hier die glücklichen Menschen, die nie von schwachen Nerven gehört haben, keine Krämpfe und das unnennbare Heer der damit begleitenden Übel kennen, und doch haben wir eine so nasse, feuchte Luft, die von der See kommt, aber mir gar nicht übel tut, ich erkälte mich hier viel weniger wie in Celle, und genieße der Luft weit mehr als dort. Unser Leben ist so einfach, so ruhig einsam, daß ich oft denke, es könnte Ihnen bei uns auf einige Zeit gefallen. Meine Phantasie, die jetzt wohl auf leichteren Schwingen herum irrt, denkt meine Sarah in das Stübchen, worin jetzt Emilie Bernstorff wohnt, und das neben dem meinigen ist. Die Bibliothek von Boie ist nun auch in Ordnung, Sie würden darin die besten deutschen, französischen, englischen und italienischen Schriftsteller finden. In einem Garten Luft schöpfen, der durch seine große Verschiedenheit von Pflanzen, Bäumen und Blumen die Neigung jedes Menschen zur Natur in Ihnen aufs neue anfachen würde. Liebe Freundin, Sie *müssen* uns einmal besuchen. Diese frohe Hoffnung unterhalte ich in meiner Seele.[1]

Ich sende Ihnen, meine teuren Schwestern, die ‚Iphigenia‘ von Goethe, wovon ich in Celle sprach, und den „Timoleon". Behalten Sie beides, so lange es Ihnen gefällt. Die La Roche hat mir geschrieben, ich habe ihr noch nicht geantwortet. So gehts, wenn man noch immer an der Einrichtung des Haushalts arbeitet, und ohne Hülfe, denn Nähen so, daß ichs gebrauchen kann, versteht niemand im ganzen Lande. Ich muß dem Lesen und Schreiben noch so lange etwas entsagen, bis mich der Himmel ein paar Leute aus dortiger Gegend finden läßt, die zu uns kommen wollen, denn die dienende Klasse der hiesigen Nation ist unwissend und träge, so wie die Dänen. Die hiesigen Gesellschaften sind sehr langweilig, aber ich sehe alle die Menschen sehr selten und ersetze mein Nicht-Erscheinen durch Höflichkeit und Attention, die mir nichts kosten, und den Leuten angenehm sind. Gottlob, daß wir in eine Lage gesetzt worden, worin wir wirklich nützen, wirklich tätig sein können!

Apropos, was sagt Zimmermann von Mendelssohns Tode? Boie hat getrauert um ihn wie um einen Mann, den er unbeschreiblich ehrte und liebte. Warum mußte der gute Jacobi, der edle Schwärmer, mit seinem Briefe über Spinoza dem Manne noch wehe tun! Wie tief muß sein Herz [nun] den Tod seines

---

[1] Sarah kam 1788 allerdings nach Meldorf, aber als Boies zweite Frau.

Freundes fühlen! Grüßen Sie doch die liebe, gute Marcard von mir, wenn Sie ihr schreiben. Die Frau von Reck, geborne Gräfin Medem, ist wieder in Berlin gewesen, zu Nicolais silberner Hochzeit, die seine Freunde ihm unerwartet durch ein kleines hübsches Fest von hundert Personen gefeiert haben.

Nun bleiben Sie selbst in der Entfernung von 30 Meilen meine Freundin, und wenn ich stumm bin, so beschuldigen Sie mein *Herz* nicht, denn das liebt Sie mit der wärmsten, zärtlichsten Liebe.

Boie empfiehlt sich Ihnen tausendmal.

LUISE AN ERNESTINE   Meldorf, 22. März 1786

Heute ist mein guter Tag, aber ich bin sehr matt. Wie wunderlich ist man doch, liebe Ernestine, wenn das Gemälde von den [zu] erwartenden Mutterfreuden so immer vor Augen schwebt. Ich zitterte für mein kleines Geschöpf, und fühlte mehr die Furcht, es zu verlieren, als alle Schmerzen. Jetzt, da dem Doktor bange wird, das kleine Wesen möchte zu matt werden, lausche ich auf jede leise Bewegung, und die erheitert mich gleich. Du beste, herrliche Schwester, kommen mußt Du. Die Jahrzeit ist Pfingsten gut, und Unruhe *kann* ich von Euch Lieben nicht fühlen. Im Gegenteil, die große Freude, Dich zu sehen, ist die beste, heilsamste Herzstärkung zu der bevorstehenden entscheidenden Stunde, wenn eine solche Reise aufgeschoben wird, dann verliere ich allen Mut.

Lebt wohl, lieben Kinder, und kommt, ich will mich auch recht schicklich aufführen. Der kleine Junge kann doch erst nach Johannis ankommen.

Boie fügt hinzu:

Dem allgütigen Gott sei Dank, daß wir so weit wieder sind. Die Gefahr, worin Luise gewesen ist, kenne ich nun erst recht. Sie hat noch Fieber, ist sehr mager geworden, aber alles das fürchte ich nun wenig mehr. Einige Tage hat sie schon außer Bette zugebracht. Da sie wieder zu essen anfängt, werden die Kräfte wohl [wieder] kommen. Ob wir uns nicht ein wenig verrechnet haben, steht dahin. Indes ist doch kein Umwerfen zu besorgen, wenn Ihr um oder bald nach Pfingsten kommt. Länger als Johannis trau ich dem Frieden nicht. Beschweren könnt Ihr uns vor der Entbindung auf keine Weise. Das Haus ist groß, und um die Küche braucht Luise sich weiter nicht zu bekümmern, als daß sie anordnet. – Der Zuspruch der geliebten, schon erfahrenen Schwester wird dem guten Weibchen in den letzten Wochen sehr heilsam sein. Ich freue mich wie Luise, das heißt recht sehr, auf Euren Besuch.

Wenn Du wieder schreibst, lieber Voß, so laß mich doch auch den Brief sehen, der Dich zum Hofrat macht. – Von Bürgern hab ich einen Brief, der mich jammert. Er ist durch den Tod seiner Auguste vollends geknickt und zweifelt, daß er sich je von dem Schlag erholen wird. Das Kind lebt. Es geht B. sonst in Göttingen im Äußerlichen ganz erträglich, und er hat die Aufsicht über einen jungen Engländer übernommen. Über Jacobi denke ich ungefähr wie Du. – Lebe wohl, bester Voß. Ich umarme Dich, Dein gutes Weib und die Kleinen.

GEORGE MEJER AN LUISE   Osterode, 13. April 1786

So wenig ich überhaupt auf Träume etwas halte, und auch beim Erwachen fast nie etwas davon erinnere, so sonderbar kommt es mir doch vor, daß der von Pestel übersandte Riß Eures Hauses so vielen Eindruck auf mich gemacht, daß ich diese Nacht im Traume in Deiner Stube gewesen und Dich in dem gestreiften weißen Kopftuche und bunten Rocke fand. Boie war nicht da. Dein nußbrauner Bureau stand zwischen den Fenstern. Ich hatte die Tour [nach Meldorf] allein und zu Pferde gemacht, in so kurzer Zeit, daß die Entfernung keine 40 Meilen sein konnte.

Herzlichen Dank für den Riß des Hauses. Haus, Garten, kurz alles gefällt uns sehr, und wir haben uns auch schon die Stube und Kammer ausgesucht, die wir bewohnen wollen, wenn wir hinkommen. Das Departement [Durchgangsmöglichkeit] von Boies Stube in die Bibliothek, dann in das Archiv und dann in die Schreiberstube gefällt mir, besonders aber der Saal und die Gartenstube. Gibts denn keinen Bach in der Nähe? Ich habe Euren Garten ausgemessen, er ist noch 15 Ruten größer wie unser Garten, der etwas über 90 Ruten oder $^3/_4$ Morgen enthält.

Auch wir sind der Meinung, daß es eine Tochter sein werde, die an unserer [kleinen] Luise Geburtstage Euer Glück vollkommen machen werde. – Henriette und die Kinder sind wohl und grüßen herzlich.

LUISE AN ERNESTINE VOSS   Meldorf, 7. Mai 1786

Gleich will ich Dir meinen Dank und meine Freude über Deinen Brief sagen, Du beste Schwester. Wir fuhren vorige

Woche bei Frühlingswetter nach Heide zum Staatsrat Behrens, wo wir gebeten waren, und kamen im rauhen Winde zurück. Ich bin jetzt so piepsig, ein rauher Wind macht mich stöhnen, aber das kleine unsichtbare Wesen befindet sich recht munter und guter Dinge. Wenn Ihr kommt, bin ich gewiß recht wohl. Der Himmel gebe dann nur gutes Wetter.

Ich freue mich, daß Du ein gutes Mädchen mitbringst. Du bist doch nicht ängstlich, Schwesterchen, für die Blattern? Sie sind hier epidemisch, schon seit dem Herbst, aber so gutartig, als sie nur sein können. Sollten Deine lieben Knaben die Blattern kriegen, so sei nur ganz ruhig, meine Beste, an Bequemlichkeit, Pflege und guter Luft soll es ihnen hier nicht fehlen. Ich bitte Dich nur, sei nicht ängstlich über dies und jenes.

Lebt wohl. Boie hat entsetzlich viel zu tun.

BOIE AN DAS EHEPAAR VOSS   Meldorf, 19. Juni 1786

Noch einmal Dank sei Euch gesagt für alle Freude, die Ihr uns durch Euren Besuch gemacht habt. Euren Brief erhielten wir gestern Abend. Er machte uns sehr froh, wir schwatzten von Euch, bis wir einschliefen. Die Nachricht, die Ihr wünscht, wird Euch dieser Brief noch nicht bringen, aber es wird alle Anstalt gemacht, sie bald zu geben. Mein Bett wird heut in die Bibliothek gesetzt, weil ich von Luisen nicht zu weit entfernt sein will und soll. Bis ich aber vertrieben werde, schlaf ich indes auf einem Ruhebett bei Luisen. Sie ist seit Eurer Abreise eher besser, und die Bewegung, die sie sich, oft nicht ganz mit meinem Willen, beim Zurechtkramen [der Wochenstube] macht, ermüdet sie wohl, bringt aber guten Schlaf.

Wie war uns das Haus so leer, als Ihr weg wart. Sogar dem Gesinde war es nicht recht, die Kleinen nicht mehr zu sehen. Mamsell jammerte, daß man sie beim Abschiede übersehen, wo sie vermutlich – denn sie lebt in und von Komplimenten – noch ein Kompliment über die Küche erwartet hatte, ist aber seit ihrer Erwähnung in Eurem Briefe ganz wieder getröstet.

Nun ist auch dem Fehler wegen der zu großen Kinderhauben abgeholfen; die [von Euch] mitgeschickten sind klein genug, und ein paar andre schon darnach gemacht. Ich rief Mamsell, um ihre Exclamationen zu hören, an denen ich mich manchmal belustige, und sie glaubte, das Kind selbst schon zu sehen, als sie die Kindermütze auf Luisens Bett sah. Nun ging wieder das

Bedauern an, Euch dies und das nicht noch mitgegeben zu haben. Da war an Radiese, Likör, Kaffee, und weiß der Himmel alles was, nicht gedacht, und auch der zurückgewiesene Kälberbraten hätte doch mit müssen. Mich soll nur verlangen, ob der Rheinwein gebraucht wird, wie er sollte, am 22sten, der noch immer der Termin ist, den ich Luisen setze. – Euer Besuch wird uns noch lange freuen, und das Andenken daran unvergeßlich sein.

Alekto scheint noch nach den Kindern zu suchen, der Hügel allein freut sich, daß sie nicht mehr da sind.

(den 22.) Noch geht, oder vielmehr schleicht es so hin.

Jeden Tag heitres, schönes Wetter, und immer kein Regen! Das Jammern wird hier allgemein darnach. – Heute denkt Ihr an uns, wie wir an Euch. Luise ist matt von der Hitze, ist aber sonst wohl. Heute gibts noch nichts.

Luise fügt hinzu:

Es ist öde und einsam um mich her, nun Ihr Lieben weg seid. – Der Himmel segne Euch, Groß und Klein! Hab' ich eine glückliche entscheidende Stunde, so denkt nur, daß die Freude über Euch sie so wohltätig vorbereitet hat. Du gute Schwester, ich kann Dir nicht sagen, wie meine Seele Dich liebt, und auch Dich, lieber Voß! Die Kinder seh ich in Gedanken noch hüpfen und tanzen, Abraham nackend dahinlaufen. O, es waren köstliche Tage des Zusammenseins. Lebt wohl, Herzensfreunde.

LUISE AN ERNESTINE   Meldorf, 7. Juli 1786

Ja, wohl läßt die kleine Mamsell lange auf sich warten. Wäre es ein Junge, dann hätt er sich schon den Weg gebahnt, aber die Mädchen bleiben bescheiden zurück, wollen gebeten sein. Bitte also die heilige Geneviève, liebe Ernestine, die in Madrid bei der Entbindung der Infantin Wunder tun soll, daß das kleine Geschöpf mich nicht gar zu lange warten läßt, denn mein guter Boie soll den 24sten reisen, zur großen Kommission nach Glückstadt. Scherz bei Seite, liebste Schwester, ich möchte oft seufzen, wäre es nicht Unrecht. Wärst Du doch noch hier mit unserm Voß und den Kindern! Ich kann Euch keinen Tag vergessen. Die schöne Familiengruppe ist auf immer in mein Herz gezeichnet, und kein freundlicher Blick von Dir, Deinem Gatten und den Kindern wird sich in mir auslöschen. – Gönne mir ja den Stolz, daß Abraham hier seine ersten Versuche im allein gehen gemacht hat.

Hier am Kirschbaum röten sich die ersten Kirschen. Der Erdbeeren hast Du reichlicher. – Niebuhrs grüßen herzlich. *Sie* freut sich, daß Abraham nicht mehr auf der Erde rutschen wird, daran kann sie nicht denken ohne zittern. Barthold grüßt Paul vorzüglich. Emilie [Bernstorff] empfiehlt sich. Sie spricht täglich von den Kindern. Ich fange wieder an, etwas zu lesen, nur so hie und da, denn meine Gedanken irren zu flüchtig umher, mein Körper geht aber einen förmlichen Schneckengang. Gottlob, daß die Hitze nachgelassen! Du beste Ernestine, ich fühle Dein herzliches Andenken. Deine Wünsche helfen mir gewiß. Sei nur nicht unruhig. Mut hab' ich ja noch, und der Himmel wird mich schützen. Lebt wohl, behaltet mich lieb, und daß mich die Kinder nicht vergessen. Luise Boie

Boie fügt hinzu:

Alles ist noch beim alten. Sollst sehen, das kleine Geschöpf kommt an meinem Geburtstag.

BOIE AN VOSS   Meldorf, 16. Juli 1786

Welch eine ganz andre Nachricht hab ich Euch zu geben, als die wir erwarteten! Wär' sie nur erst aus der Feder! Meine – unsre Luise ist nicht mehr. Kaum Ihr habt von dem unendlichen Jammer einen Begriff, in den ich versunken bin. Betet mit mir zu Gott, daß er mich bald zu ihr bringe, oder mir Kraft gebe zu tragen, was ich allein nicht kann. Ich schreibe mit zitternder Feder, muß Euch aber selbst schreiben, so sauer es mir wird.

Dienstag Abend gingen die Wehen an. Ich ward zu Bett geschickt, konnte aber nicht schlafen, mehr aus freudiger Erwartung, als aus banger. Gegen Morgen gings erst recht an, aber kaum ward gegen Abend der Kopf des Kindes sichtbar. Luise arbeitete die ganze Nacht, aber widrige Krämpfe hinderten immer die Wehen zu wirken. Der Arzt war die ganze Zeit da. Donnerstag Morgen ward der Accoucheur geholt. Die Hoffnung ward immer größer, gegen Abend war der Kopf fast ganz heraus. Luise litt fürchterlich, ich hörte ihr Geschrei, durfte nicht hinein, weil sie's immer verbot. Plötzlich sank sie in Todesohnmacht, und alle vorige Arbeit war umsonst. Sie erwachte wieder, verlangte eine Incision, die geschah und sehr gut ablief. Der Arzt verlangte nun Ruhe für sie, und gegen Morgen wurden neue Wehen erwartet. Sie kamen nicht, das Kind starb in ihr, sie ward mit von dem Todesschauer ergriffen, und als ich kam, kannte sie mich nicht mehr, röchelte und starb. – Ich wäre, glaub ich, ihr gleich nachgefolgt, hätte man mir nicht die Ader geöffnet. Seitdem geh ich umher, weine und habe keine Tränen. Reinhold und Anna sind [mir] auch Bruder und Schwester. Die Comtesse tröstet mich am meisten, weint mit mir, hört meine Klagen an, verläßt mich nicht.

Morgen früh soll sie zur Ruhe gebracht werden. Ob ich mitgehen kann, weiß ich noch nicht. Das Kind war groß und gesund, zu groß und gesund für sie. Ich ahnde, daß es angewachsen gewesen ist – vielleicht an den innerlichen Schaden, von dem wir sie ganz geheilt glaubten – und daher nicht hat geboren werden können. O, warum wußte oder ahndete ich das nicht vorher? Sie wäre mir heilig gewesen wie eine Schwester! – Wenn ich erst schreiben kann, wie viel werd ich Euch schreiben von ihr! Jetzt bloß Nachricht.

O Voß! O Ernestine! Mein Leben hat seinen einzigen Reiz verloren. Wär ich nur bei Euch jetzt! – aus dem öden Hause, aus dem mir so lieben Garten heraus! Alles war für Luisen gepflanzt und eingerichtet. Für wen ists nun?

O meine Lieben, betet zu Gott, daß er mich leite, und mich des Engels würdig mache, der voran gegangen ist und mich erwartet.   Boie.

NACHWORT DER HERAUSGEBERIN

Um die Mitte des vorigen Jahrhunderts forschte der Professor des Staats- und Kirchenrechts Dr. Otto Mejer nach dem Briefwechsel zwischen seiner Großtante Luise Mejer und ihrem späteren Mann Heinrich Boie. Er wußte, daß Briefe vorhanden gewesen waren, und hoffte daraus Material für die Familienchronik zu gewinnen, an der er arbeitete. Es stellte sich heraus, daß die Briefe wohlbehalten bei Boies ältestem Sohn, dem Justizrat Friedrich Boie, in Kiel lagen. Mejer erbat und erhielt sie zur Einsicht. In dem umfangreichen Konvolut, dessen Stücke er mit Geduld entzifferte und ordnete, fand er zwar nicht das, was er suchte, dafür aber viel anderes, was ihn lebhaft beschäftigte. Er war nichts weniger als ein trockener Fachgelehrter, sondern durch literarische Bildung und menschliche Beziehungen noch der Kultur der Goethezeit eng verbunden (die alte Bettina schätzte ihn hoch und Goethes Enkel hob seine Tochter aus der Taufe.) Nimmt man die Tatsache hinzu, daß er neben seinen wissenschaftlichen Werken auch zahlreiche biographische Aufsätze veröffentlicht hat – so über Barthold Niebuhr, Wolf Goethe, den „römischen" Kestner – dann begreift man ganz, welch vielfältige Anziehungskraft jene Briefe und ihre Gestalten gerade auf ihn ausübten. Auch Boies Sohn, der alte Justizrat, den Luises Großneffe 1861 besuchte, hat das offenbar begriffen, denn er schenkte ihm beim Abschied Luises von Schroeder gemaltes Porträt und etwas später, nachdem er die Zustimmung seiner Schwester eingeholt hatte, den ganzen Briefwechsel. Seitdem war Mejer unermüdlich damit beschäftigt, die Briefe, die für den Uneingeweihten viel Unverständliches enthielten, immer vollständiger zu entschlüsseln. Da Boie und Luise (die, gleich vielen Briefschreibern jener Zeit, ihre Korrespondenz, soweit möglich, durch Vermittlung von Freunden befördern ließen, um das hohe Porto zu sparen) mit gelegentlicher Verletzung des Briefgeheimnisses rechnen mußten, bezeichneten sie vorsichtshalber alle Namen, die sie erwähnten, nur mit Anfangsbuchstaben. Schon allein deren richtige Ergänzung kostete angesichts der großen

Menge von Namen – darunter viele verschiedene mit gleicher Chiffre – erhebliche Mühe. Freilich war es bei der Lösung dieser Aufgabe wie auch bei der Erhellung aller biographischen Zusammenhänge von großem Nutzen für Mejer, daß er die Methoden wissenschaftlicher Forschung beherrschte. Es kam ihm auch seine hannoversche Tradition, sein vorzügliches Gedächtnis, sein Interesse für früh gehörte Mitteilungen über Vergangenes zugute und nicht zuletzt seine direkte Verwandtschaft mit Luise selbst. Als er 1893 in Hannover starb, wo er als Emeritus noch Präsident des Landeskonsistoriums gewesen war, hinterließ er eine Abschrift der wichtigsten Briefstellen, durch Interpretationen und gründliche Kommentare verbunden. Seine Nachkommen konnten sich nun mühelos über Wert und Inhalt des Briefwechsels informieren, und wollten sie das Ganze kennenlernen, so war ihnen der Weg gebahnt.

Die Originalbriefe mit allen Erläuterungen und Luises Bild gelangten dann an Mejers Tochter Marie Schreiber, meine spätere Schwiegermutter, und zogen zunächst in den Großen Generalstab zu Berlin ein, wo „Großpapa Schreiber" damals als Chef der Landesaufnahme residierte. Nachdem Marie Schreiber 1912 Witwe geworden war, bewirkten verschiedene unvorhergesehene Umstände, daß dieser kostbare Besitz jahrelang mit überzähligem Hausrat auf einem Speicher in Hannover eingelagert blieb. So oft mein Mann und ich nach Hannover kamen, wo seine Mutter nach 1918 die enge Wohnung ihrer unverheirateten Schwester teilen mußte, unternahmen wir eine Exkursion auf den Speicher, um zwischen verstaubten Möbelbarrikaden nach Familienandenken zu fahnden; dabei entdeckten wir dann auch in einem Schubfach jenen Schatz. Wieder übten die Briefe ihre Faszination, sie wurden Mittelpunkt aller Familiengespräche, und eines Tages überreichten mir die beiden alten Damen das Boie-Mejer-Vermächtnis feierlich als Geschenk. Ich nahm es mit nach Königsberg; später wanderte es mit uns wieder nach Berlin, und den Bomben des zweiten Weltkriegs, den mein Mann nicht mehr erlebte, entging es in meinem abgelegenen Uhlenhof am südlichen Rand der Lüneburger Heide. Die schwerste Gefahr brachte erst der Mai 1945. Ich mußte binnen einer Stunde das Haus mit allem Inventar der britischen Besatzung überlassen und in der ersten Verwirrung dachte ich nicht sofort an den Rucksack im Keller, der die Briefe enthielt. Um sie herauszubekommen, schwindelte ich dem englischen General vor, es handele sich um Liebesbriefe an mich. Worauf der hohe Herr – zwar mit eisiger Miene, aber immerhin – den Abtransport gestattete. Nun nahm der mir befreundete Dr. Neukirch die Briefe ins Celler Heimatmuseum, bis ich sie 1951 in mein oberbayerisches Domizil holen konnte. Erwähnt sei, daß ich früher das Glück gehabt hatte, die Briefsammlung – in der auch heute noch Stücke fehlen (bei einer 10 Jahre umfassenden und fast 200 Jahre alten Korrespondenz nicht verwunderlich!) – etwas vervollständigen zu können. Um 1926 fand ich ganz zufällig in der Preußischen Staatsbibliothek einzelne dazugehörige Briefe und Briefseiten, die ich abschrieb und in meine Sammlung einordnete. Die Bibliothek hatte bereits nach dem Hauptteil des Briefwechsels geforscht und wollte ihn gern von mir erwerben, doch konnte ich mich damals nicht so rasch von meinem kostbaren Besitz trennen. Nun aber wünschte ich selbst, den Familienschatz der Öffentlichkeit zu übergeben. Die Göttinger Georgia Augusta, die eine wichtige Station auf dem Lebensweg vieler Generationen von Boies und Mejers gewesen ist, schien der Platz zu sein, wohin die Originalbriefe gehörten. So sind sie ihr Eigentum geworden und in der Universitätsbibliothek erreichbar. Für diejenigen, die sich ohne wissenschaftliche Ambitionen in das idyllische und doch so bewegte Jahrzehnt versetzen wollen, das wir meist nur als erste Weimarer Zeit Goethes kennen, wurde die vorliegende Buchausgabe geschaffen, die das Wesentliche des Briefwechsels enthält.

Allen, die mir geholfen haben, die Briefe zu bewahren, bin ich zu wärmstem Dank verpflichtet, auch meinen Freunden in der Schweiz. Besonders danke ich noch Dr. Gertrud Grote für ihre verständnisvolle Mitarbeit bei dieser Veröffentlichung und Dr. Joachim Kaiser für sein Vorwort, das den Leser in die allgemeinen Zusammenhänge einführt und ihn mit Spannung erfüllt.

Ilse Schreiber

ANHANG

Die Originalbriefe beginnen durchweg ohne Anrede, sind aber mit Namen unterzeichnet. Auf die Unterschriften wurde bei der Wiedergabe verzichtet, wenn sie nicht in besonderer Art mit dem Schlußsatz verflochten sind. Briefe, die Wiederholungen oder heute unwichtig gewordene Mitteilungen ohne charakteristische Kommentare enthalten, wurden weggelassen; andere, in denen sich nur einzelne interessierende Themen verstreut finden, wurden auf Zwiegespräche über diese Themen beschränkt. Abrupte Schlüsse der Briefe finden sich aber nicht selten auch in den Originalen, wenn die Schreibenden in Eile waren.

Die wiedergegebenen Texte entsprechen dem Wortlaut der Originalbriefe. Nur wurde in Luises Briefen die Verwechslung von Akkusativ und Dativ berichtigt, die bei den frühzeitig an den Gebrauch des Französischen – und in Hannover auch des Englischen – gewöhnten Mädchen ihres Zeitalters nichts Ungewöhnliches ist, sich aber mit dem zunehmenden Interesse für die aufblühende deutsche Literatur verliert. Bei Luise ist das ebenfalls zu beobachten; die Verwechslung von ,,mir`` und ,,mich`` (um diese handelt es sich vor allem) kommt allmählich in ihren Briefen an Boie immer seltener vor, und ihre mehr konventionellen Briefe (etwa an Boies Mutter, Frau v. Grävemeyer, Sarah) sind stets fehlerfrei. Luise ist kein urwüchsig-vitaler Typ in Art der Frau Aja; ihre Briefe amüsieren nicht durch humorvolle Anschaulichkeit (die durch grammatische Schnitzer höchstens einen Reiz mehr gewinnen würde), sondern sie schreibt mit jener an ihr gerühmten Mischung von klarem Verstand und sensiblem Gefühl, aus der manchmal in ganz schlichter Sprache, jenseits des empfindsamen Vokabulars ihrer Jugendjahre, überraschend moderne psychologische Einsichten oder zeitlose Liebesbekenntnisse hervorgehen, daneben gescheite literarische Urteile oder etwas ironisch-spitzige Randbemerkungen. Der erwähnte Fehler kann also für philologisch nicht versierte Leser nur befremdend wirken, weil er zu der Schreiberin nicht paßt; daher schien es unangebracht, ihn mit zu übernehmen. Alle übrigen Eigentümlichkeiten der Ausdrucksweise blieben erhalten; manchmal wurden – dies gilt auch für Boies Briefe – Erklärungen oder Ergänzungen in eckigen Klammern zugefügt. Bemerkungen in runden Klammern sind dagegen Bestandteile der Originalbriefe. – Literarischen Ehrgeiz hat Luise trotz allem nie entwickelt; sie schreibt an Boie in jeder Stimmung so, wie sie auch mündlich zu ihm gesprochen haben würde. Offenbar hat sie ihre Briefe nachträglich nicht überlesen, wenn sie in Eile war; es liegt ihr mehr daran, Boie möglichst viel mitzuteilen. An etwa fünf Stellen der hier wiedergegebenen Briefe wurde deshalb ein Satzgefüge, bei dem die Beziehungen allzusehr durcheinandergeraten waren, etwas zurechtgerückt, ohne daß Neues eingefügt oder Vorhandenes weggelassen worden wäre.

Durch die Modernisierung der Rechtschreibung in den wesentlichen Punkten soll das Buch auch solchen Lesern zugänglich gemacht werden, die sich an einen ganzen Briefband in der Orthographie des 18. Jahrhunderts sonst nicht heranwagen würden. Es wurde also th (thun) durch t ersetzt, y (seyn) durch i, ß (wißen) durch ss, etc. Doch blieben Wörter, deren Schreibweise infolge von Remininszenzen an das Französiche schwankt, in jedem Einzelfall unverändert (Secretär, Secretair, Sekretair, Möblen, Meublen, Cirkel, Zirkel; auch wenn Luise etwa „Phenomen" schreibt, geschieht das wohl in Anlehnung an das Französische). Ebenso wurden Verbformen wie „daurt", „traurt", „sammlet" in Luises Briefen nicht geändert, weil sie so häufig vorkommen, daß man sie auf alten Sprachgebrauch zurückführen mag. Ferner schien die heutige Tendenz, durch Zusammenziehen lange, kleingeschriebene Wörter zu bilden, der gemächlichen Sprache des 18. Jahrhunderts nicht angemessen; so blieb es auch hier bei der alten aufgliedernden Schreibweise („zu Stande kommen" statt „zustandekommen"; „irgend eine" statt „irgendeine"). An strenge Regeln haben sich aber die Briefschreiber in diesen Dingen nicht gehalten; die damalige Zeit gestattete außerhalb der anfangs angedeuteten Grundzüge der Rechtschreibung viele individuelle Variationen, und das gleiche gilt von der Interpunktion, die im ganzen originalgetreu übernommen, nur manchmal um des besseren Verständnisses willen etwas bereichert wurde.

Biographisches über die Briefschreiber

Heinrich Christian BOIE, geb. 19. 7. 1744 in Meldorf (Holstein) als Sohn eines Geistlichen aus altem Dithmarscher Bauerngeschlecht (das seit der Reformation mehrere angesehene Prediger und Landvögte hervorgebracht hat), beschäftigt sich schon in seiner Flensburger Schulzeit mit deutschen, englischen, französischen, italienischen Dichtern, studiert 1764–67 in Jena Theologie, dann Jura, versucht sich aber hauptsächlich in poetischen Arbeiten, knüpft auf der Heimreise 1767 bereits literarische Beziehungen (zu Gleim, Lessing, Klopstock u. a.), bleibt bis 1769 im Elternhause, teils wohl, um versäumte Studien nachzuholen, teils aus Geldmangel. Im Frühjahr 1769 wieder als Jurist immatrikuliert, jetzt in Göttingen, zugleich „Hofmeister" bei jungen adligen Deutschen und Engländern, finanziell dabei eher geschädigt als versorgt, immerhin durch Reisen mit seinen Schützlingen nach Berlin, Westdeutschland, Holland geführt. Neue persönliche Bekanntschaften, so mit Nicolai, Mendelssohn, Ramler in Berlin, mit den Jacobis, der La Roche am Rhein, vor allem mit Goethe, der ihm 1774 in Frankfurt seinen ,Urfaust' vorliest. Schon 1770 gibt Boie mit Gotter den ersten deutschen ,Musenalmanach' heraus; 1771 bis 1775 ist er Alleinherausgeber, schließt enge Freundschaft mit Bürger, Hölty und (seit 1772) Voß, seinem späteren Schwager. Mitglieder des weiteren Freundeskreises (meist nur 1 bis 2 Jahre in Göttingen): Leisewitz, Cramer, Miller, die gräflichen Brüderpaare Stolberg und Reventlow (beginnende Verwischung der Rangunterschiede durch gemeinsame literarische Interessen, hier vor allem durch gemeinsame Verehrung Klopstocks). Stürmische Ablehnung Voltaires und des französisch beeinflußten „Sittenverderbers" Wieland, Begeisterung für Vaterland und Tugend, schwärmerischer Freundschaftskult, eigene dichterische Produktionen, feierlicher Zusammenschluß der Jünglinge im ,Bund' oder (einem beliebten Ausdruck Klopstocks zufolge) ‚Hain', lokalisiert durch einen Eichengrund nahe dem Dorf Weende bei Göttingen. Nach Auflösung des Bundes (1774) Fortdauer fruchtbarer Beziehungen. Boie, allmählich nur noch Literat und gesellschaftlich angesehener Mentor junger Studenten, verkehrt mit bedeutenden Professoren wie Lichtenberg und Heyne, dessen erste, lange kränkelnde Frau (gest. 1775) ihm besonders wert ist. 1775 wird von Boie und Dohm das ‚Deutsche Museum' gegründet, vielleicht die beste damalige deutsche Monatsschrift, mit Beiträgen aus „allen Fächern der Wissenschaft". Ihr Zweck ist neben Vermittlung deutscher literarischer Erzeugnisse (auch älterer Zeit), Nachrichten zu geben von „wichtigen Verbesserungen" und „sonderbaren Beweisen der Aufklärung, des Unverstands und der Dummheit", vom „politischen Zustande der verschiedenen deutschen Länder", „von Ackerbau, Manufakturen und Handel ... von vermehrter oder verminderter Bevölkerung", kurz, „die Deutschen mit sich selbst bekannter und auf ihre eigenen National-Angelegenheiten aufmerksamer zu machen" – eine lohnende Aufgabe angesichts der kleinen und kleinsten deutschen Monarchien, des Mangels an einheitlicher Information auf allen Gebieten. Daher Mitarbeiter verschiedenster Art: neben Dichtern von bleibender Bedeutung (Goethe, Schiller, Lessing, Klopstock, Bürger, Herder) und bloßen Zeitgrößen (außer den übrigen Göttinger Hainbündlern u. a. auch Österreicher) Publizisten wie Möser, Ärzte wie Marcard und Zimmermann, Pädagogen wie Pfeffel und Campe, Naturwissenschaftler, Theologen, Reiseschilderer wie Niebuhr und Heinse. Keine Übersetzungen aus modernen Fremdsprachen, wohl aber solche aus antiken Sprachen.

Boie, längst ohne eigene Dichter-Ambitionen, prädestiniert zum Bearbeiter, Übersetzer, Herausgeber, wirkt nach allen Seiten als Vermittler, beweist Takt, Liebenswürdigkeit, selbstlose Hilfsbereitschaft, Diskretion (Klopstock bezeugt schon 1770 sein Wohlgefallen darüber, daß „der kleine Boie" mit neuen, ihm anvertrauten Manuskripten „so rar tut"). Seine allgemeine Beliebtheit bringt ihm aber keinen praktischen Nutzen. Genötigt, sich endlich (als Jurist ohne Prüfung) ein bescheidenes Amt zu suchen, da das ‚Museum' keine Existenzgrundlage ergibt, nimmt er den Posten als Stabssekretär in Hannover an. Doch führt er die Zeitschrift (zuletzt als ‚Neues Deutsches Museum') nebenberuflich noch 15 Jahre weiter, teils unter widrigen Umständen: Eigenmächtigkeit des Verlegers, Differenzen mit dem zweiten Herausgeber Dohm, Kontroversen zwischen den Mitarbeitern (z. B. Lichtenberg und Voß, deren Streit schon damals kleinlich wirkte), elf Jahre währende Postschwierigkeiten in einem abgelegenen Nest. Seine Bemühungen um sorgsame sprachliche Ausfeilung der Beiträge, gute Komposition der einzelnen Nummern verdienen noch heute hohe Anerkennung, weil sie der Liebe zur Sache entsprangen, ihm weder Autorenruhm noch große Einnahmen brachten. Doch ebenso bewundernswert scheint sein Wirken als Landvogt von Süderdithmarschen (ab 1781): das Richteramt versieht er mit Menschenkenntnis, Diplomatie, Gerechtigkeit; daneben überrascht seine rationelle Arbeitsweise mit oft unzulänglichem Personal, sein schnelles Verständnis für Probleme des Deichbaus und der Bodennützung. – Der Meldorfer Briefwechsel mit Luise spiegelt diese vielseitige Tätigkeit, doch im Mittelpunkt der Briefe von 1776–86 steht fast immer das private Erleben – Freundschaft, Verliebtheit, Liebe – ausklingend in den größten Schmerz, der Boie je getroffen hat.

Nach Luises Tod flüchtet er auf kurze Zeit zu Frau v. Pestel nach Celle, hält mit ihr und Frau v. Beaulieu eine „Totenfeier" für Luise, besucht auch Frau v. Grävemeyer und Sarah v. Hugo in Rehburg. An seinen Schwager George sendet er eine Locke von Luises Haar; auf den Umschlag schreibt er: „Ce n'était qu'une rêve". – Im nächsten Jahr geht er nach Göttingen zu Heynes und nach Osterode. Er fühlt sich physisch wieder gesund, „nur die Wunde im Herzen heilt nicht und wird nie ganz heilen", schreibt er an Voß, erwähnt zugleich „Pläne", an die er „nicht ohne Zittern" denken könne. Frau v. Pestel nämlich rät ihm zur Wiederverheiratung, und da er keine Frau will, „der Luise nicht auch sehr teuer war", kommt vor allem Sarah v. Hugo in Frage (geb. 1754). Sarah selbst äußert Bedenken wegen ihrer Kränklichkeit, doch Boie und sie lassen sich überreden und heiraten 1788. Sarah, sanft, verständig und gebildet wie Luise, aber innerlich weniger sicher und temperamentvoll, füllt offenbar den Platz, den Boie ihr als Nachfolgerin einer Unvergessenen einräumen kann, genau aus. Luises Schicksal wiederholt sich nicht; Sarah blüht auf und schenkt Boie noch fünf Kinder (darunter Zwillinge), von denen vier heranwachsen. Doch das Andenken an Luise bleibt lebendig. „Das Gedächtnis der ‚besten Luise', unter welchem Namen wir die Verstorbene nur kennen lernten, war meiner Mutter wie ein Heiligtum", berichtet Boies Tochter Luise. Im Wohnzimmer hängt, immer mit Blumen geschmückt, das Schroedersche Bild Luises (heute im Besitz der Herausgeberin, vgl. S. 499 f.), im Garten ist ihr ein kleiner Tempel mit der Inschrift „Der Erinnerung" geweiht.

Jene Tochter Luise hat später auch erwähnt, daß sie und ihre Geschwister den Vater daheim für gewöhnlich nur als schweigsamen Mann kannten, doch habe ihn das Zusammensein mit den alten Freunden, auf Reisen oder im eigenen Haus, angeregt und mitteilsam stimmen können. Ein besonders beliebter und häufiger Gast in Meldorf wird seine nunmehrige Schwägerin Molly v. Grävemeyer, aber auch viele andere Besuche finden sich ein.

Im übrigen gehört Boies große Liebe nach wie vor dem Garten, der wegen seiner kunstvollen Anlage und seltenen Gewächse immer mehr Fremde anlockt. Auch die jungen Mädchen der Umgegend, „die man aber öfters lieber ansieht als schwatzen hört", (Boies Meinung von jeher!) kommen, um Blumen zu erbitten, und allmählich entwickelt der von ihnen verehrte Landvogt dabei pädagogische Neigungen. „Ich geb ihnen was zu lesen, les' ihnen vor und sage unverhohlen, was ich von ihnen denke, und mache sie aufmerksam auf die Charaktere der Menschen. Mit den jungen Männern ist weniger zu machen. Gute und gebildete Weiber können die Klötze nur bilden." (1796) – Zu diesem behutsamen Wirken im engen Bereich, mit dem Blick auf die realen „Charaktere der Menschen" statt auf einseitige Theorien, paßt Boies Urteil über die Ereignisse in der großen Welt draußen. Er lehnt die Ausschreitungen der Revolution ab, sieht aber „nur *ein* Mittel, Revolutionen zu verhüten: daß man selbst zu reformieren anfange und mit Klugheit begründeten Beschwerden abhelfe." Diese Billigung vernünftiger Reformen entfremdet ihn den Reventlows und ihrem „Ehmkendorfer Kreis", in dem man die umgestaltenden Kräfte der Zeit fanatisch bekämpft, den leisesten Anflug „demokratischer" Gesinnung verdammt, und sich vor allem immer fester an ein starres religiöses Dogma klammert. Boie gesteht wohl jedem das Recht auf eigene politische und religiöse Überzeugung zu, aber die rigorose Verurteilung jeder andern Meinung – wie er sie bei den Reventlows erlebt – ist ihm unsympathisch. Lange

Zeit teilt Gräfin Luise Stolberg seine Abneigung gegen die starre Ehmkendorfer Bigotterie; aber 1804 schwenkt auch sie zu dem strengen orthodoxen Bekenntnisglauben der Reventlows über. Es ist das gleiche Jahr, in dem Boie, angesichts von Napoleons Aufstieg, sich resigniert von der Politik abwendet, da „im Streit der Macht mit der Übermacht Vernunft und Recht von keiner Seite gehört werden und, was unglücklicher Weise dazwischen kommt, erdrückt wird." Er ist ein müder Mann geworden, seit 1800 leidet er zunehmend unter seinem alten Podagra und unter der Marschluft; und härter noch als Gräfin Luises Gesinnungsänderung trifft ihn 1805 der Tod der treuen Freundin Luise v. Pestel. Er stirbt 1806, erst 62 Jahre alt, an den Folgen eines Schlaganfalls. Sarah, die später in Kiel eine neue Heimat findet, überlebt ihn lange.

Über *Luise Mejer* (25. 9. 1746–16. 7. 1786), Tochter des hannoverschen Kriegssekretärs Franz Otto Mejer (1708–1774) ist außer den auf S. 17/18 mitgeteilten und in ihren Briefen erwähnten Tatsachen nur wenig bekannt. Ihre Mutter, Sophie Katharine Kaiser aus Ratzeburg (1722–1757), die nach der Geburt ihres zehnten Kindes stirbt, – sechs Kinder hat sie bereits verloren und auch das jüngste wird kaum ein Jahr alt – scheint schon vor ihrem Tode längere Zeit kränklich gewesen zu sein. Luise wächst nun als einzige Tochter zwischen einem um 4 Jahre älteren und einem um 7 Jahre jüngeren Bruder (George) heran; den Haushalt führt zunächst ihre verwitwete Großmutter mütterlicherseits weiter. Daher kann Luise später einige schöne Jahre (etwa 1762–66) im Heim ihrer jüngeren Freundin Julie v. Knigge verleben, die zwar 1763 gleichfalls mutterlos wird, aber, im Gegensatz zu ihr, einen liebevollen, geistig interessierten Vater hat, der sich mit beiden Mädchen gern beschäftigt. In dieser Zeit wirbt Joh. Nicolaus Haltermann, ein junger Kollege Mejers, vergeblich um Luise. 1767, nach dem Tode der Großmutter, muß Luise den väterlichen Haushalt übernehmen. Kurz vorher ist Julies Vater gestorben, der als Grandseigneur gelebt hat und nur Schulden hinterläßt. Die verwaiste Tochter bleibt anscheinend in Hannover, bis sie 1769 – wohl aus Versorgungsgründen – den verwitweten Forstmeister von Löhneysen in Seesen am Harz heiratet. Ein einziges erhaltenes Briefblatt Luises bezeugt den Trennungsschmerz und die Vereinsamung der an das freudlose Dasein in Hannover Gebundenen. Doch erlaubt Luises sonst tyrannischer Vater – so wie er früher den Aufenthalt der Tochter in dem glänzenden Kniggeschen Hause geduldet hat, vermutlich aus Rücksicht auf den höheren Stand der Knigges – ,daß Luise 1772 fast ein halbes Jahr in Seesen verbringt, um die schwerkranke Freundin zu Tode zu pflegen. Damit beginnt für Luise, die bis dahin gesund gewesen ist, die Zeit der Krankenpflegen und Todesfälle (Anfang 1774 Tod des Vaters, 1775 Tod des älteren Bruders, 1765 Tod der Schwägerin), aus der sie selbst so leidend hervorgeht, daß man an ihrer Wiederherstellung zweifelt. Der Arzt Marcard, der im 2. Band seiner ,Beschreibung von Pyrmont' 1785 ihre Krankheit genau schildert, nennt Luise „ein Frauenzimmer, das viele Jahre seines Lebens hindurch unbeschreiblich viel Verdruß, Kummer und Fatiguen erlitten hatte", und daher in „eine Mannigfaltigkeit von Leiden" verfallen sei, „die hier unmöglich alle namhaft gemacht werden können". Durch die anfängliche Behandlung auf bloße Nervenschwäche hin ist Luise, Marcards Bericht zufolge, nur elender geworden; endlich zieht man Zimmermann bei, der ein organisches Leiden feststellt und sie durch Kräuter- und

Molkenkuren so weit kräftigt, daß sie allmählich den angreifenden, aber damals als Heilmittel unentbehrlichen Pyrmonter Brunnen verträgt. Sie wird gesund, kein Arzt widerrät der Heirat; ihr tragischer Tod geht wohl auf die zeitbedingte Unzulänglichkeit der Geburtshilfe zurück.

Nachrufe der Freunde bezeugen noch einmal Luises anziehende Eigenart. Knigges Worte wurden schon erwähnt (S. 17). „Sie gehörte unter die wenigen, mit denen ich zu leben gewünscht hätte", schreibt Gräfin Luise, deren Brief im übrigen (schon) ganz auf religiösen Trost gestimmt ist. Rührend ist die Trauer des zehnjährigen Barthold Niebuhr, den die Mutter im Garten findet, im Grase liegend und heftig schluchzend. „Es verging lange Zeit, ehe er diesen Verlust verschmerzte, denn er hatte die vortreffliche, durch Geist, Gemüt und Bildung ausgezeichnete Frau leidenschaftlich geliebt."

PERSONENREGISTER

(Nur bei vielgenannten Ehepaaren werden hier für die Frau besondere Seitenzahlen angegeben, wenn sie allein oder als Hauptperson auftritt.)

ABT, Schauspieldirektor, gastiert auch in Hannover S. 89

AHLEMANN, Hofrat, um 1780 hannov. Bürgermeister S. 102 f., 362
–, seine Tochter, siehe Klockenbring

ALBERTI, Obergerichtsprokurator in Hannov., u. Frau S. 115, 166 f.
–, sein Bruder, Amtmann in Osterode, Vorgesetzt. G. Mejers S. 236
–, dess. Frau, die „Amtmannin", vormals m. Klopstocks Freund Olden verh., Bezieh. zu Klopst. u. Meta (s. d.) S. 232, 236 f., 239

ANDREAE *J. G. R.*, geb. 1724, Apotheker in Hannover, Gartenexperte, belief. Boie m. Pflanzen S. 134, 137, 140

APSLEY, Lord ,wohnte in Hannover bei Rehbergs S. 130

ARCHENHOLZ, *I. W.* (1743–1812), schrieb Reiseberichte über England und Italien; vor allem bekannt ist seine ,Geschichte des Siebenjährigen Krieges' S. 490

BACH, *Philipp Emanuel* (1714–1788), zweiter Sohn Johann Sebastians, seit 1767 Kirchenmusikdirektor in Hamburg, Nachfolger Telemanns S. 268, 319

BASEDOW, *Joh. Bernh.* (1723–1790), pädagog. Reformer, v. Rousseau angeregt (beeinfl. vorübergehend Goethe), gründ. 1774 in Dessau s. Musterakademie „Philanthropinum", hat damit Mißerfolg, seitdem freier Schriftst., verfaßt namentlich theolog. Abhandlungen S. 34
Emilie, seine Tochter S. 80

BAUDISSIN, *Gräfin Karoline (Linchen)* geb. v. Schimmelmann (vh. m. H. Fr. Baudissin, Graf. auf Knoop), Jugendliebe Fritz Stolbergs S. 73, 78, 159 f., 164, 288, 482

BEAULIEU-MARCONNAY, *Wilhelmine* v., (geb. um 1757, verh. m. Oberforstmeist. v. B.-M., Celle) S. 47, 113, 115 f., 119 ff., 124, 153, 176, 186, 188, 191, 202 f., 206 f., 209, 211 f., 216 f., 219 f., 232, 234, 236, 246, 253, 260, 262, 265, 289, 296, 305, 309, 311, 368, 417, 436, 448, 541, 457 f., 483, 505

BEHRENS, Etatsrat, Boies Kollege in Heide (Norderdithmarschen) S. 101 f., 332, 495

BERGER, *Luise v.*, Tochter d. verst. Hofmedikus v. B. in Celle, verw. mit Ramdohr (s. auch S. 186), heiratet 1781 Zimmermann (s. d.) S. 28 (?), 157, 162, 165, 170 f.

BERLEPSCH, *Emilie v.*, geb. v. Oppel, aus Weimar, nächst Frau v. Döring Zimmermanns beste Freundin in Hannov., kehrt 1796 nach W. zurück, angebl., um Heirat m. Goethe zu erreichen S. 136

BERNSTORFF, *Gräfin Charitas* (gest. 1820), Witwe d. berühmten dän. Minist. J. Hartw. v. B., befreund. m. Klopstock, weg. Verheirat. ihr. Nichte (s. Schardt) v. Hamburg nach Weimar gezog. S. 164, 475
–, *Graf Peter Andreas* (1735–1798), dänischer Minister (Neffe des Minist. J. H. v. B.), Besitzer d. Güter Dreilützow u. Borstel, nach Struensees Sturz in wachsender

FLÜGGE, Mitgl. d. hannov. „Cirkels", anschein. literarisch interessiert S. 16, 24, 159

FORSTER, *Joh. Georg* (1754–94) Naturforsch. (begl. s. Vater u. Cook auf Weltreise, deren Beschreib. er veröff.) 1778 Prof. d. Naturwiss. in Kassel, 1784 in Wilna, 88 in Mainz, begeist. für die frz. Revolution, 93 als Abgesandt. d. rhein. Konvents nach Paris, zeitweil. glänz., einflußr. Publizist, zuletzt menschl. u. polit. tief enttäuscht. Verh. 1784–93 m. Therese Heyne (s. d.) S. 38, 383, 387, 391

FREITAG, *Carl v.*, geb. 1744, Offizier, seit 1780 Hauptmann, Vertrauter u. späterer Kammerherr des „Bischofs", seit etwa 1769 Seelenfreund der „Mejern" (der Frau d. Kammersekretärs), geistig interessiert, gebild., sensibel S. 16 f., 43, 50, 59, 70, 75, 87, 89, 91, 134, 151, 194, 210, 220, 263, 265 f., 324, 381 f., 457, 473

–, *Wilhelm v.*, Verwandter d. vorigen, Generalleutnant, Aufseher d. Prinzen William, später Feldmarschall S. 432, 473

FRIEDRICH, Erbprinz, s. Dänemark

–, Herzog v. York, s. York

–, König Fr. II., s. Preußen

–, Kronprinz, s. Dänemark

FÜRSTENBERG, *Franz v.*, Minister u. Generalvikar in Münster, Reformator des Schulwesens S. 45, 108, 254

GALLITZIN, *Amalie*, geb. Gräfin Schmettau (1748–1806), verh. 1768 mit d. russ. Fürsten G., von dem sie sich trennt, um ganz der Erziehung ihrer Kinder zu leben. Freundin Fürstenbergs, Hamanns u. vieler anderer bedeut. Männer, ab 1780 in Münster, zunehm. dogmat.-kathol. Einstell. S. 11 f., 105, 107, 110, 254, 258, 491

GATTERER, *Johanna* und *Philippine*, Göttinger Professorstöchter mit dichter. Ambitionen S. 440

GARRICK, *Dav.*, (1716–79) glänz. engl. Schauspieler, ist 1763–65 in Frankr., Ital., Deutschl. S. 52

GERSTENBERG, *Heinr. Wilh. v.* (1737 bis 1823), Dichter u. Kritiker d. Geniezeit, Jurist, dän. Offizier, beg. mit anakreont. u. Bardendicht., gr. Etfolg durch Tragöd. „Ugolino", mißgl. Versuch, freischaff. zu leb.; ab 1789 Justizdirektor in Altona S. 9 f., 77, 79, 81, 254, 441

GESSNER, *Salomon* (1730–88), angeseh. Buchhändler in Zürich, als Idyllendicht. einflußreich S. 400

GLEIM, *Joh. Wilh. Ludw.* (1719 bis 1803), Dichter u. unermüdlicher Literaturforscher, hilfreicher Protektor junger Talente; Sekretär, dann Kanonikus in Halberstadt S. 43, 68, 94, 411, 504

GÖCKINGK, *Leop. Fr. Günther v.*, (1748–1828) Dichter anakreont. Richtung (befreundet m. Gleim), 1770–86 Kanzleidirekt. in Ellrich, später in Magdebg. u. Wernigerode, 1793 Oberfinanzrat, Berlin. 1777 ‚Lieder zweier Liebenden', vielbeachtet, weil aus echt. Briefwechsel mit s. Frau „Nantchen" hervorgegang. S. 42. 79, 84, 94, 418, 425, 475 ff.

GOETHE, *Joh. Wolfgang v.* (1749–1832) Ende 1775 nach Weimar gek., 1776 bis 86 enge Bezieh. zu Frau v. Stein (anschein. unbeachtet, keine Erwähn. b. Weimarer Neuigkeiten), 1779 Geh. Rat, 82 gead. u. Kammerpräsid. S. 8 f., 15 f., 23, 53, 98, 117 f. 130, 167, 217, 222, 269, 343, 367, 414, 436, 444, 480, 483, 503 f.

GOEZE, *Joh. Melchior* (1717–83), Hauptpastor in Hamburg, streitsüchtig. Vertreter d. verknöcherten Luthertums, zumal Gegner Lessings; schwerste Fehde infolge

HIPPEL, *Th. G. v.* (1741–96), berühmt durch sein Werk ‚Lebensläufe in aufsteigender Linie A. B. C.‘ (erschienen 1778–81); wollte sein eigenes Leben, dann das sein. Vaters u. Großvaters beschreiben, kam über das eigne nicht hinaus. Angeseh. Jurist, geadelt, zuletzt Oberbürgermeister von Königsberg S. 134, 146

HÖLTY, *Ludw. Heinr.* (1748–76), lyr. Dichter, vielleicht der begabteste d. Göttinger Bundes, heute noch bekannt durch Lied. wie „Rosen auf den Weg gestreut“, „Üb immer Treu u. Redlichkeit“, S. 9, 17, 94, 108, 151, 250, 252, 280, 284, 504

HÖPFNER, Geh. Kanzleisekr. Hannov., literar. sehr interessiert, eng befreund. m. Jenny v. Voigts u. Sprickmann, der wohl durch ihn in d. hannov. Kreis eingeführt word. ist. S. 16f., 22, 26, 56, 59, 86, 89, 91, 99, 105, 110, 144, 159, 200, 220, 244, 247, 266, 323, 409, 414, 444, 462

HUGO, *Sarah v.* (s. auch Boie) S. 13, 170, 189, 221f., 235, 245, 247, 260, 262, 412, 491, 506f.

IFFLAND, *Aug. Wilh.* (1759–1814), geschickt. Bühnenschriftstell. u. bedeut. Schauspieler (erster Darsteller des Franz Moor) S. 129f., 141, 148, 420, 484

JACOBI, *Fr. H. (Fritz),* 1743–1819, Kammerrat, spät. bayr. Ministerialrat u. Präsid. d. Akademie d. Wissenschaft. in München, geistvolle Persönlichk., als Philosoph Gegner Spinozas, Fichtes, Kants S. 6of., 92, 121f., 135, 250, 425, 469, 491, 494, 504

–, *Joh. Georg,* Theologe u. Philologe, Kanonikus in Halberstadt, Prof. der Philosophie u. Literatur in Freibg., als Dicht. unselbständ., beeinflußt von Wieland u. Gleim S. 105, 123f., 504

JERUSALEM, *Joh. Fr. Wilh.* (1709–1789), Prinzenerzieher, Hofpredig., Abt in Braunschweig S. 369

–, sein Sohn, Sekr. in Wetzlar, dess. Selbstmord Goethes Werther-Konzeption beeinflußte S. 8

–, seine Tochter, die „jüngste Jerusalem“, verfaßt Gedichte u. veröffentlicht sie S. 9, 110, 115, 189, 202, 353

JESSEN, v., Etatsrat in Meldorf, Onkel der Amalie v. Schlegel, S. 90, 131, 156, 160, 168, 206, 212

–, Frau v., seine Witwe, S. 223, 225, 229, 233, 277, 280, 307, 321, 330, 333f., 339, 346–49, 354, 371, 417

–, „der junge“, sein Sohn, Resident in Lübeck, u. s. Braut S. 337, 339, 342, 344, 346f., 376f., 488

JESSEN, Buchhändl. in Flensburg, vh. mit Boies Lieblingsschwest. Margarete, nach ihr. Tode 1773 mit ihrer Schwester Elisabeth, S. 369

JOSEPH II. Kaiser (1765–90), Sohn Maria Theresias, Vertret. d. aufgeklärt. Absolutismus, neigt zu überstürzt. Reformen (vgl. Papst Pius VI.) S. 51f., 118, 143f., 146, 149f., 167, 239, 251, 254, 284, 403, 406, 409, 478, 481

JUNG, *Joh. Heinr.,* gen. Stilling nach s. erst. autobiogr. Jugendroman, (1740–1817), wird nacheinander Lehrer, Augenarzt, Profess. der Finanz- u. Staatswissenschaft. In Straßbg. 1771 freundsch. Bezieh. zu Herder u. Goethe S. 90

KATHARINA II., *Kaiserin v. Rußland* (reg. 1762–96), geb. Prinzessin v. Anhalt-Zerbst, beteiligt an der Ermordung ihres Gatten Peters III. Hohe Intelligenz, französische Bildung, aber Neigung zu Intrigen u. Günstlingswirtschaft (Potemkin), im ganzen bedeut. Herrscherin, der Rußland viel verdankt S. 435

–, *Ang. Wilh.*, s. Sohn (geb. 1757) gewann den philos. Preis der Berliner Akademie, findet trotzdem in H. keine Stellung. Später Geh. Kabinettsrat, bedeut.Staatsmann, Freund Steins S. 16, 55, 57, 113, 125, 132, 137, 158, 163, 179, 219, 254

–, *Karoline*, jüngste Tocht. s. Frau R. REIMARUS, *Elise*, Hamburg (ihr Vater, Prof. H. S. Reimarus, war d. Verfass. der von Lessing veröff. ,Fragmente eines Ungenannten') S. 333, 464

REVENTLOW, *Graf Cajus*, stud. in Göttingen (s. Boie), heir. später Gräfin Luise Bernstorff S. 400, 503

–, *Graf Friedrich*, s. Bruder, stud. in Göttingen, lebt später in Kopenhagen u. auf s. Gut Ehmkendorf S. 63, 67, 70f., 73, 78, 98, 142, 149, 153, 159f., 180, 293, 311, 313, 350, 436, 479, 481, 504, 506f.

–, *Gräf. Julie*, geb. Schimmelmann, s. Frau, Mittelpunkt d. späteren „Ehmkendorfer Kreises"; wohlgemeinte Bestreb. streng christl. Volkserzieh. unter Ausschaltg. d. Selbständigk. S. 64, 66, 160, 166, 227, 232, 293, 416, 479 f.

–, *Ludwig* (dän. Linie), auf Brahe Trolleburg, Schwager Charlotte von Schubarts (anscheinend nicht Bruder d. Gräf. Luise Stolberg, wie 293 unten angeg., sond. nur Vetter) S. 62, 111, 357

RODNEY, *Lord Georges*, engl. Seeheld (1718–92), wichtige Eroberungen im amerikan. Krieg, besiegt 1782 die französ. Flotte S. 86, 150 f.

ROUSSEAU, *J. J.* (1712–78), überwind. d. Aufklärg., pred. Rückkehr z. Natur, Berechtig. v. Gefühl u. Leidenschaft. Sein unstetes persönl. Leben in d. ,Confessions' 1782 m. Offenheit geschild. Seine Ideen u. sein Stil

faszinierend für die Zeitgenossen (Goethe), auch die Franz. Revol. übernimmt s. Staatstheorien. S.90, 92, 107, 149f., 153, 171, 174, 180, 182, 185f., 192

RUDLOFF, *Wilh. Aug.*, Hofrat in Hannov., Nachfolg. d. alt. Justizrats Mejer S. 22, 262, 452

–, seine Frau, geb. Unger, schöngeist. interessiert, gefallsüchtig u. temperamentvoll, beherrscht den „Oncle" S. 18, 69

SCHARDT, *Karl v.* (1744–1833), Geh. Regierungsrat in Weimar, Bruder der Frau v. Stein S. 225, 343

–, *Sophie*, seine Frau, geb. Gräfin Bernstorff (1755–1819), frühverwaist, b. Joh. Hartw. Bernstorff erzogen, Kusine d. Minist. Peter Andr. B.; ihre Tante (s. Bernstorff) ist ihr nach Weimar gefolgt S. 162

SCHILLER, *Friedr.* (von) (1759 bis 1805), 1782 weg. s. Dramas ,Die Räuber' als Regimentsmedikus in Ungnade b. Karl Eugen v. Württ. gefall., nach Mannheim entfloh., zeitweilig in Bauerbach (,Fiesko', ,Kabale und Liebe'), v. Karl Aug. von Weimar 1884 nach Vorlesung d. 1. Akts d. ,Don Carlos' z. Hofrat ernannt. S. 9f., 10, 12, 175, 416, 427, 429, 433, 435, 481, 484, 505

SCHIMMELMANN, *Heinr. Karl* (1724 bis 1782), aus Pommern, erwarb als Kaufmann (u a. als Lieferant Friedr. d. Großen im Siebenjähr. Krieg) ein beträchtl. Vermög., leitete seit 1764 d. dän. Finanzwesen (schon 1762 Freiherr, 1779 Graf geword.), hinterließ auch bedeutend. Grundbes. in Holstein u. Dänemark S. 81

–, s. Witwe S. 479, 481

–, *Graf Heinr. Ernst*, s. Sohn (1747 bis 1813), seit 1773 im dän. Staatsdienst, 1784–1813 Handelsminist., seit 1824 Außenminister.

BUCHANZEIGEN

Goethe, Werke
Hamburger Ausgabe in vierzehn Bänden

Herausgegeben von Erich Trunz, unter Mitwirkung von Herbert von Einem, Wolfgang Kayser, H. J. Schrimpf, C. F. von Weizsäcker, Benno von Wiese, Lieselotte Blumenthal und Dorothea Kuhn. Rund 10 000 Seiten, davon rund 3000 Seiten Kommentar und Register

Seit zweieinhalb Jahrzehnten genießt die kommentierte Hamburger Goethe-Ausgabe einen ausgezeichneten Ruf. Jeder Band erschien in mehreren, stets überarbeiteten und verbesserten Neuauflagen. Die Kommentare erläutern Wortschatz, Entstehung, Überlieferung, Gehalt und Form der Werke. Die neuesten Ergebnisse der Forschung sind selbstverständlich berücksichtigt.

Goethe, Briefe und Briefe an Goethe
Hamburger Ausgabe in sechs Bänden

Herausgegeben von Karl Robert Mandelkow (alle sechs Bände) unter Mitarbeit von Bodo Morawe (Band 1–4). Rund 3 000 Seiten, davon rund 1 000 Seiten Kommentar und Register

Als Sonderausgaben erschienen:

Goethe, Faust

Faust I – Faust II – Urfaust. Kommentiert von Erich Trunz
150. Tsd. 664 Seiten, davon 243 Seiten Kommentar

Goethe, Gedichte

Kommentiert von Erich Trunz. 744 Seiten,
davon 334 Seiten Kommentar

Goethe, Italienische Reise

Herausgegeben und kommentiert von Herbert von Einem unter Mitarbeit von Alste Horn. 1978. 724 Seiten, davon 168 Seiten Kommentar.
Mit 40 Illustrationen nach zeitgenössischen Vorlagen

Verlag C. H. Beck München